POLOGNE

Nom officiel : République polonaise
Nom local : Pologne
Capitale : Varsovie
Superficie : 312 685 km^2
Population : 38,1 millions d'hab.
Monnaie : Zloty (PLN)
Langue officielle : polonais

Collection sous la responsabilité d'Anne Teffo

Ont contribué à l'élaboration de ce guide :

Édition	Béatrice Brillion
Rédaction	Malgorzata Boutry, Laurent Gontier, Arnaud Léonard, Natacha Sardou
Cartographie	Valentina Alecu, Cristina Bragaru, Stéphane Anton, Michèle Cana, Augustin Ciuraru, Teodora Coroiu, Remi De Matos-Machado, Evelyne Girard, Alexandru Iorga, Thierry Lemasson, Aura Nicolae, Leonard Pandrea, Claudiu Spiridon, Severin Vlad
Informations pratiques	www.stat.gov.pl
Conception graphique	Laurent Muller (couverture), Agence Rampazzo (maquette intérieure)
Relecture	Laurence Michel
Régie publicitaire et partenariats	michelin-cartesetguides-btob@fr.michelin.com *Le contenu des pages de publicité insérées dans ce guide n'engage que la responsabilité des annonceurs.*
Contacts	Michelin Cartes et Guides Le Guide Vert 46, avenue de Breteuil 75324 Paris Cedex 07 ✆ 01 45 66 12 34 – Fax : 01 45 66 13 75 LeGuideVert@fr.michelin.com www.cartesetguides.michelin.fr www.ViaMichelin.com

Parution 2009

Votre avis nous intéresse

Vous souhaitez donner votre avis sur nos publications ou nous faire part de vos expériences ?
Rendez-vous sur **www.votreaviscartesetguides.michelin.fr**

Note au lecteur

L'équipe éditoriale a apporté le plus grand soin à la rédaction de ce guide et à sa vérification. Toutefois, les informations pratiques (prix, adresses, conditions de visite, numéros de téléphone, sites et adresses Internet...) doivent être considérées comme des indications du fait de l'évolution constante des données. Il n'est pas totalement exclu que certaines d'entre elles ne soient plus, à la date de parution du guide, tout à fait exactes ou exhaustives. Elles ne sauraient de ce fait engager notre responsabilité..

Le Guide Vert,

la culture en mouvement

Vous avez envie de bouger pendant vos vacances, le week-end ou simplement quelques heures pour changer d'air ? Le Guide Vert vous apporte des idées, des conseils et une connaissance récente, indispensable, de votre destination.

Tout d'abord, **sachez que tout change**. Toutes les informations pratiques du voyage évoluent rapidement : nouveaux hôtels et restaurants, nouveaux tarifs, nouveaux horaires d'ouverture... Le patrimoine aussi est en perpétuelle évolution qu'il soit artistique, industriel ou artisanal... Des initiatives surgissent partout pour rénover, améliorer, surprendre, instruire, divertir. Mêmes les lieux les plus connus innovent : nouveaux aménagements, nouvelles acquisitions ou animations, nouvelles découvertes enrichissent les circuits de visite.

Le Guide Vert **recense** et **présente ces changements** ; il réévalue en permanence le niveau d'intérêt de chaque curiosité afin de bien mesurer ce qui aujourd'hui vaut le voyage (distingué par ses fameuses 3 étoiles), mérite un détour (2 étoiles), est intéressant (1 étoile). Actualisation, sélection et évaluation sur le terrain sont les maîtres mots de la collection, afin que Le Guide Vert soit à chaque édition le reflet de la réalité touristique du moment.

Créé dès l'origine pour **faciliter et enrichir vos déplacements**, Le Guide Vert s'adresse encore aujourd'hui à tous ceux qui aiment connaître et comprendre ce qui fait l'identité d'une région. Simple, clair et facile à utiliser, il est aussi idéal pour voyager en famille. Le symbole signale tout ce qui est intéressant pour les enfants : zoos, parcs d'attractions, musées insolites, mais également animations pédagogiques pour découvrir les grands sites.

Ce guide vit pour vous et par vous. N'hésitez pas à nous faire part de vos remarques, suggestions ou découvertes ; elles viendront enrichir la prochaine édition de ce guide.

Anne Teffo
Responsable de la collection
Le Guide Vert Michelin

ORGANISER SON VOYAGE

QUAND ET OÙ PARTIR

À FAIRE AVANT DE PARTIR

À SAVOIR SUR PLACE

À FAIRE ET À VOIR

POUR PROLONGER SON VOYAGE

COMPRENDRE LA POLOGNE

PAYSAGES ET RÉGIONS

HISTOIRE

ART ET ARCHITECTURE

CULTURE

TRADITIONS POPULAIRES

LA POLOGNE AUJOURD'HUI

VILLES ET SITES

À l'intérieur des deux rabats de couverture, la **carte générale** intitulée **« Les sites les plus intéressants »** donne :

une **vision synthétique** de tous les lieux traités,
les **sites étoilés** visibles en un coup d'œil,
les **propositions d'itinéraires**.

Dans la partie **« Découvrir la Pologne » :**

les **destinations principales** sont classées par région,
les **destinations moins importantes** leur sont rattachées sous les rubriques « Aux alentours »,
les **informations pratiques** sont présentées dans un encadré vert à la fin de chaque chapitre.

SOMMAIRE

DÉCOUVRIR LES SITES

VARSOVIE, MASOVIE ET PLATEAU DE LUBLIN

WARMIE, MAZURIE ET PODLACHIE

CRACOVIE ET SA RÉGION

PETITE POLOGNE ET CARPATES

SILÉSIE ET SUDÈTES

GRANDE POLOGNE

POMÉRANIE

Un tramway à Cracovie.

F. Soreau / MICHELIN

ORGANISER SON VOYAGE

QUAND ET OÙ PARTIR

La Pologne au fil des saisons

QUAND VOYAGER EN POLOGNE

La Pologne jouit d'un climat continental tempéré avec une influence océanique près des zones côtières. Chaque saison possède ses propres attraits.

Les **étés** sont chauds et ensoleillés, avec une température journalière moyenne de 25° pouvant parfois dépasser les 30°, notamment à l'intérieur du pays peu soumis à l'influence des vents, et où l'atmosphère peut devenir étouffante. C'est en juillet et en août que l'affluence touristique connaît son maximum, car se retrouvent sur les mêmes lieux touristes et vacanciers polonais. On s'adonne à la voile dans la région des lacs de Mazurie de mai à la fin août et les régions montagneuses et les parcs naturels attirent les amateurs de randonnée. C'est aussi le moment où toutes les activités touristiques battent leur plein (festivals, animations dans les Skansen, etc.). Il est impératif de faire des réservations à l'avance et les frais de séjour sont un peu plus élevés (prix de haute saison) qu'à un autre moment de l année.

Le **printemps** et l **automne** sont sans aucun doute les saisons les plus agréables pour se rendre en Pologne : le climat est doux, les journées assez longues, l'affluence touristique raisonnable, et ce sont des périodes idéales pour les activités sportives ou de plein air. Au printemps, le réveil de la nature est spectaculaire dans tout le pays ; c'est le moment idéal pour découvrir les nombreux parcs nationaux. En mai, les magnolias du parc du château de Kórnik, au sud de Poznań, sont en pleine floraison par exemple. À l'automne, les forêts polonaises se parent de toutes les variantes de couleurs allant du vert au rouge lumineux, en passant par toutes les teintes de jaune. C'est à partir de la deuxième quinzaine de septembre que l'on peut entendre le brame du cerf.

Les **hivers** sont froids et secs dans la majorité du pays mais humides à proximité de la Baltique. N'oubliez pas d'emporter des vêtements chauds : les températures tournent autour de 0° sauf en janvier et février, les mois les plus froids de l'année, avec une température moyenne de quelques degrés au-dessous de zéro. La neige recouvre une bonne partie du pays, un peu moins cependant dans les régions côtières. Dans les montagnes, l'enneigement est en général excellent en hiver (janvier, février, mars), et les inconditionnels des sports d'hiver trouveront à pratiquer aussi bien le ski que les randonnées en raquettes. En Mazurie, c'est aussi la période des compétitions de char à voile sur glace. L'hiver peut être aussi une saison idéale pour le tourisme culturel (visites de villes et de musées).

W. Buss / MICHELIN

L'hiver à Malbork.

Une ville et ses environs

Varsovie et surtout Cracovie sont des destinations privilégiées pour passer un week-end. Disposant d'un aéroport international, elles sont faciles à rejoindre. En prolongeant le week-end d'un ou deux jours, vous pourrez également profiter de leurs environs immédiats.

VARSOVIE

Comptez au moins quatre jours pour bien profiter de la ville.

La capitale de la Pologne est en mutation permanente depuis quelques années. Les gratte-ciel côtoient aujourd'hui les immeubles communistes. Tout semble ici aller très vite. Des traces de l'ancien régime survivent dans les atmosphères, les comportements et dans l'architecture, mais le mode de vie occidental prend peu à peu le dessus. L'ensemble donne un mélange des plus… exotiques.

Parcourez la Vieille Ville, admirez sa superbe reconstruction effectuée à l'issue de la dernière guerre. Flânez dans les rues entre les maisons des 17e et 18e s. L'endroit, certes touristique, prend un autre visage à la nuit tombée. Visitez le Musée historique et, depuis le château, rejoignez la Nouvelle Ville par la Voie royale qui ralliait jadis la résidence d'été des souverains dans le parc Łazienki au sud de la ville. Dans le centre, le palais de la Culture est le symbole de Varsovie. Arpentez la place Konstytucji ornée d'immenses lampadaires et faites un crochet par le Musée national et le musée de l'Armée.

Au nord de la ville, on découvre les traces du quartier juif décimé par les nazis. Visitez la synagogue Nożyk, recueillez-vous devant les vestiges du mur du ghetto. Une visite à l'institut historique et au cimetière juif, l'un des plus grands d'Europe, vous relateront l'histoire de cette communauté.

À 130 km au sud-est de la capitale, au bord de la Vistule, **Kazimierz Dolny** est une agréable ville placée tout entière sous le signe de la Renaissance. Elle mérite bien une excursion d'une journée.

CRACOVIE

Passer deux jours à Cracovie est un minimum.

C'est une ville médiévale paisible ; l'une des rares en Pologne à être sortie intacte de la guerre. Si vous avez peu de temps, concentrez-vous sur le centre ancien autour du Rynek et de la halle aux Draps, sur les bâtiments de la fameuse université Jagellonne et la visite du château de Wawel et de sa cathédrale, panthéon des rois polonais. Passez au moins une soirée dans le quartier juif de Kazimierz.

Si vous pouvez y séjourner plus longtemps ou si un premier séjour bref vous a donné envie d'en découvrir plus, vous pouvez consacrer une semaine à l'exploration de ses musées, ses monuments et savourer pleinement l'ambiance de ses rues. Cracovie se découvre à pied, surtout la Vieille Ville entourée par les Planty et Kazimierz.

Côté excursions, rendez-vous au sud dans la tentaculaire mine de sel de **Wieliczka** ou poussez à l'ouest jusqu'au tristement célèbre camp d'**Auschwitz**. Pour chacune de ces excursions, comptez une heure à une heure et demie de trajet et une bonne journée pour les visiter. Dans la proche banlieue, le site de **Zwierzyniec** vous réserve de belles balades dans un cadre champêtre parsemé de tertres anciens et, à 10 km à l'est de Cracovie, vous pourrez visiter **Nowa Huta**, ville socialiste créée de toutes pièces autour d'un village qui possède toujours son monastère cistercien ainsi qu'une église moderne, l'Arche. À 15 km au nord-ouest, parcourez l'impressionnant **Parc naturel d'Ojców**, où les roches calcaires créent des paysages tourmentés et encaissés.

Propositions d'itinéraires

Voici quelques suggestions pour découvrir la Pologne par grands ensembles géographiques.

C. Hervé-Bazin / MICHELIN

Le môle de Sopot sur la Baltique.

GDAŃSK ET LA BALTIQUE

Compter une semaine pour visiter la région en profondeur.

Découvrez la Triville (Trójmiasto) qui comprend **Gdańsk, Sopot** et **Gdynia**. Sur plus de 35 km, cette agglomération est fort bien desservie par les transports en commun. Prenez le temps de flâner dans les rues de l'ancienne Danzig, vénérable cité hanséatique rasée pendant la guerre et magnifiquement reconstruite à l'identique. Deux jours vous permettront d'en faire le tour. Tenté par une atmosphère plus festive ? Échappez-vous le temps d'une journée à Sopot, la cité balnéaire aux airs de Deauville-sur-Baltique où les casinos contribuent à rendre l'atmosphère bien plus frivole. Non loin de là, Gdynia, ville portuaire construite pour donner un débouché maritime à la Pologne quand le port de Danzig était allemand, affiche son architecture des années 1920-1930.

Pénétrez un peu plus vers le littoral en explorant la **péninsule de Hel**, longue bande de terre large de quelques centaines de mètres où les pinèdes croissent sur un sol sablonneux. Vous pourrez passer la nuit dans l'un des nombreux établissements que compte le vieux port de pêcheurs du même nom situé à son extrémité. Les amateurs de baignade trouveront là-bas leur compte ainsi qu'à Sopot ou encore plus au sud le long des plages qui bordent le delta de la Vistule. Plus au nord, la côte continue à l'ouest en direction de la frontière allemande. Là, vous pourrez découvrir à bicyclette et à pied le **Parc naturel de Słowiński** célèbre pour ses dunes mouvantes qui rongent d'année en année les forêts de pins. À **Łeba**, considérée par beaucoup comme la station balnéaire où il faut être vu, de belles plages vous attendent. Il peut être amusant d'y passer la nuit afin de découvrir l'ambiance très jet-set du lieu.

Dans l'arrière-pays de Gdańsk s'étend la **Suisse cachoube** ou Suisse de Petite Poméranie (Szwajcaria Kaszubska). Autour de la ville de Kartuzy, l'influence cachoube, empreinte de traditions, est prégnante.

Enfin, réservez une bonne journée de visite au célèbre et gigantesque château de **Malbork** (au sud-est de Gdańsk), fleuron de l'architecture des chevaliers Teutoniques.

TORUŃ ET LA GRANDE POLOGNE : AUX ORIGINES DE L'ÉTAT POLONAIS

Réservez quatre jours à une semaine à la découverte de la région qui vit naître l'État polonais.

Toruń est peut-être l'une des villes les plus agréables de Pologne. Petite, préservée, on s'y promène entre des constructions gothiques où domine la brique rouge. Flânez autour du Rynek et de son imposant hôtel de ville, sur les rives de la Vistule. La cité hanséatique se parcourt à pied et si une journée suffit à en faire le tour, vous y passerez une nuit paisible à l'abri de ses remparts. Consacrez une demi-journée à la visite de **Chełmno**, petite ville prospère au temps de la Hanse et aux fortifications intactes, située à une trentaine de kilomètres sur la route de Gdańsk. Dirigez-vous ensuite vers Poznań distante d'une centaine de kilomètres au sud de Toruń. Arrêtez-vous en chemin pour visiter le site archéologique de **Biskupin**, surnommée la Pompéi polonaise, et découvrir la vie au Néolithique. Un peu plus loin, **Gniezno** abrite un sanctuaire consacré à saint Adalbert dont la vie est racontée par les bas-reliefs d'une immense porte de bronze. Entre Gniezno et Poznań, la réserve archéologique d'Ostrów Lednicki permet de voir les vestiges du palais lacustre du premier souverain polonais.

La statue de Copernic à Toruń.

Poznań, depuis toujours ville de foire, est une cité animée. Son Rynek est l'un des plus beaux et des plus vastes du pays. Autour de son imposant hôtel de ville, les façades des maisons baroques et classiques ont été restaurées après la dernière guerre. Prenez le temps de découvrir ses rues étroites et ses nombreuses églises. Deux jours suffisent pour l'apprécier pleinement. Consacrez une journée à la découverte des **châteaux de Kórnik** et de **Rogalin** tout proches. S'il vous reste un peu de temps, poussez jusqu'à **Kalisz**, certainement la plus vieille ville de Pologne, et rendez une visite au **château de Gołuchów**, blotti au milieu de son parc, et au **palais de chasse d'Antonin**, situés à proximité.

UNE SEMAINE À TRAVERS UNE EUROPE « D'AVANT »

Depuis son entrée dans l'Union européenne, la Pologne est notre « rempart » est ! Si l'Ukraine a entamé sa modernisation politique et économique, espérant un jour rejoindre les 25, la Biélorussie est un pays beaucoup plus difficile à cerner. L'un et l'autre ont joué un rôle dans la culture polonaise qui porte toujours leurs empreintes. En effet, des populations d'origine ukrainienne et biélorusse peuplent les régions est de la Pologne et perpétuent leurs traditions, leur folklore et parfois aussi leur mémoire politique. **Białystok**, **Lublin**, **Zamość** ou **Przemyśl** en sont les symboles. Outre leurs richesses patrimoniales et celles de leurs environs proches, ce qui fait tout l'intérêt de ces villes, c'est la marque imprimée par leur culture mixte : d'inspiration juive

pour Lublin, orthodoxe pour Białystok, gréco-catholique pour Przemyśl, militaire pour Zamość. Découvrir ces villes, c'est aussi une manière de se fondre dans l'Europe telle qu'elle se dessinait avant les guerres du 20e s.

LA MAZURIE

Vous pouvez compter trois jours pour découvrir la région, mais si vous voulez pleinement profiter de sa nature, il faut prévoir d'y séjourner plus longtemps.

La Mazurie se découvre du printemps au début de l'automne. L'hiver, une épaisse couche de neige et un froid vif permettent de s'adonner aux sports d'hiver de randonnée, à la pêche au trou et à la voile sur glace. À l'exception de **Reszel**, petit bourg gothique où il fait bon séjourner, les villes ne présentent guère d'intérêt. À quelques kilomètres de là, le sanctuaire baroque de **Święta Lipka** est le lieu de l'un des pèlerinages les plus populaires de Pologne. 20 km à l'est, **Kętrzyn** abrite un château des chevaliers Teutoniques et constitue une base pour la découverte du **Repaire du Loup**, le quartier général d'Hitler d'où il supervisait les opérations militaires à l'est. Le site n'est plus qu'une ville fortifiée fantôme à la lisière des **lacs de Mazurie** qui s'étendent à l'est. Les ports de Giżycko, Węgorzewo et Mikołajki attirent l'été la foule des plaisanciers venus naviguer sur les lacs dont certains sont devenus des réserves naturelles. Les forêts alentour dissimulent aussi des sentiers de randonnée réputés. Pousser 70 km plus à l'est vous fait rentrer dans les territoires les plus extrêmes de la Pologne. Encore peu explorés par les touristes, ils recèlent lacs et forêts profondes autour des villes de **Suwałki** et de **Augustów**. De cette dernière ville, le canal du même nom offre d'extraordinaires circuits de découverte en canoë.

F. Soreau / MICHELIN

La basilique baroque de Święta Lipka.

Le tour des villes polonaises en train

Si vous êtes surtout intéressé par les villes polonaises, pourquoi ne pas découvrir le pays, en deux semaines, installé dans les confortables fauteuils en velours de première classe ou, si votre budget est plus réduit, sur la moleskine des seconde. Le train n'est pas très cher et vous dépose toujours en plein centre-ville. De Varsovie à Gdańsk en passant par Malbork, de Gdańsk à Toruń, Poznań puis Wrocław, de Wrocław à Cracovie et de cette dernière à Varsovie, vous aurez l'occasion de voir une grande partie des richesses culturelles de la Pologne.

Et pour vous organiser, deux sites donnent tous les horaires utiles à la planification de vos escapades : *www.polrail.com* et *www.rozklad-pkp.pl.*

WROCŁAW ET LES SUDÈTES

Comptez une semaine.

Wrocław réserve de belles surprises. La capitale de la Basse Silésie vous retiendra bien 2 ou 3 jours. Ils ne seront pas de trop pour arpenter son Rynek bordé de maisons superbement restaurées, pour flâner dans ses rues animées tout au long de l'année par les nombreux étudiants qui peuplent la ville. Promenez-vous le long des quais de l'Oder, explorez Ostrów Tumski, cette ancienne île où se dressent encore aujourd'hui cathédrale et églises. Parcs et espaces verts vous permettront de souffler un peu tandis que les enfants seront charmés par son zoo rendu célèbre à travers le pays par une émission de télévision.

En fonction du temps dont vous disposez et de vos envies, vous pourrez rejoindre la région des Karkonosze et découvrir la ville de **Jelenia Góra** et la station de ski de **Karpacz**. Randonnées et découverte de la nature sont au programme à moins de 100 km de Wrocław. Arrêtez-vous en chemin pour visiter les églises en bois classées par l'Unesco de **Jawor** et de **Świdnica**. À 80 km au sud de Wrocław, le **pays de Kłodzko** vous réserve des balades au cœur des monts Tabulaires et de leurs paysages découpés. La grotte de l'Ours et les souterrains de la forteresse de Kłodzko vous emmèneront dans les profondeurs de la terre. Terminez votre boucle par la ville de **Paczków** que certains considèrent comme le Carcassonne polonais. Une boucle de 350 km au départ de Wrocław vous permettra, en 3 jours, de parcourir tous ces sites, avec, pourquoi pas, un crochet par la paisible ville d'**Opole** et celle de **Brzeg**, dans les environs de laquelle se répartissent une dizaine d'églises en bois aux fresques du 14e s. remises au jour.

L'ANCIENNE PRUSSE ORIENTALE - ELBLĄG ET OLSZTYN

Trois ou quatre jours sont un mimimum pour parcourir la région, mais il faut compter une semaine pour la découvrir véritablement.

Un peu en retrait de la mer Baltique, **Elbląg** est une belle ville hanséatique qui a été reconstruite à l'ancienne sans toutefois se fermer à l'architecture moderne. On pourra visiter sa galerie d'art contemporain réputée. C'est d'ici que partent les excursions sur le **canal d'Elbląg** dont l'une des curiosités est de voir, sur une portion de son parcours, les bateaux tractés sur la terre ferme et hissés sur des rails. La traversée jusqu'à la ville d'Ostróda, dotée d'un beau château teutonique, ne dure pas moins de 11 heures qui peuvent s'avérer, à la longue, fastidieuses. C'est pourquoi il est recommandé de se concentrer sur la partie du parcours qui traverse les 5 écluses les plus spectaculaires. À 15 km au nord-est d'Elbląg, la ville de **Frombork** vit dans le souvenir de Copernic qui y fut chanoine et où il repose. On pourra visiter l'impressionnante cathédrale fortifiée qui surplombe la lagune de Wiślany et d'où, par temps clair, on peut apercevoir, depuis la tour, la ville russe de Kaliningrad. À 60 km au sud-est d'Elbląg, on pourra passer la nuit à **Olsztyn**, ville méconnue et agréable qui s'étale sur plusieurs collines et compte de nombreux parcs. Ne manquez pas le château médiéval. Terminez votre circuit par la ville de **Lidzbark Warmiński** dominée par l'un des plus spectaculaires châteaux gothiques, jadis résidence des évêques de Warmie.

CARPATES ET TATRAS

Comptez au moins une semaine.

On peut traverser les montagnes polonaises en une semaine, de **Zakopane** à **Sanok**, en suivant un circuit d'environ 400 km et en effectuant de temps à autre une randonnée à pied.

ONT Pologne

Le canal Elblag.

De Zakopane au sud de Cracovie jusqu'à Sanok à l'extrême sud-est, la Pologne apparaît comme un pays montagneux. Des petites montagnes comme dans les Beskides (Est ou Ouest), des régions alpestres comme les Tatras autour de Zakopane ou de petites montagnes arrondies et presque désertes comme dans les Bieszczady. Ces régions ont toutes conservé des traditions fortes que l'on retrouve dans l'architecture, le folklore et l'artisanat. Les randonnées, souvent au cœur de parcs naturels, sont bien balisées et accessibles à tous les niveaux.

Visiter cette chaîne de montagne, c'est aussi longer la Slovaquie en permanence. Le massif des Tatras est d'ailleurs beaucoup plus étendu du côté slovaque, et la descente des gorges du Dunajec dans les Piénines se fait entre deux falaises… une polonaise, une slovaque !

LA PETITE POLOGNE ET LES ÉGLISES EN BOIS

Comptez une semaine sur les petites routes du sud.

Partout, en Petite Pologne, vous verrez des panneaux marron « Szlak Architektury Drewnianej » signalant un monument remarquable en bois. Il s'agit pour l'essentiel d'églises. Les plus réputées, inscrites au patrimoine mondial de l'Unesco, sont **Lipnica Murowana**, **Binarowa**, **Sękowa** ou **Dębno**. Mais ces quatre joyaux ne doivent pas cacher la forêt ! Les villages au sud-est de Cracovie, en direction de **Nowy Sącz** et **Gorlice**, comptent des églises du 15e au 19e s. qui ont résisté aux ravages du temps.

Au-delà des limites administratives, les **Beskides Ouest** et les **Bieszczady** ont eux aussi des richesses à découvrir. Pour ceux qui ne disposent pas d'un temps « élastique », il est vraiment conseillé de faire un tour des Skansen régionaux.

Les sites inscrits au patrimoine mondial de l'Unesco

Le centre historique de Cracovie (1978)
Les mines de sel de Wieliczka (1978)
Le camp de concentration d'Auschwitz (1979)
La forêt de Białowieża (1979)
Le centre historique de Varsovie (1980)
La Vieille Ville de Zamość (1992)
Le château de l'ordre Teutonique de Malbork (1997)
La ville médiévale de Toruń (1997)
Kalwaria Zebrzydowska : ensemble architectural maniériste et paysager, et parc de pèlerinage (1999)
Les églises de la Paix à Jawor et Świdnica (2001)
Les églises en bois du sud de la Petite Pologne (2003)
Le parc de Muskau/Park Murzakowski (2004)
La halle du Centenaire (Hala Stulecia) à Wrocław (2006)

Escapades à la frontière

La Pologne, entourée par pas moins de 7 pays différents, offre la possibilité de nombreuses escapades au-delà de ses frontières. Assurez-vous de disposer des documents, et éventuellement des visas, nécessaires. Dans certains pays, il vous faudra aussi vous munir de la carte verte internationale pour votre véhicule. Renseignez-vous avant le départ, les exigences dans ce domaine étant fluctuantes. Si vous louez une voiture, assurez-vous au préalable auprès du loueur que vous êtes autorisé à passer la frontière avec.

EN UKRAINE

Les ressortissants de l'UE n'auront pas besoin de visa.

Si le pays n'est pas toujours d'un accès simple du fait de son histoire politique et de sa culture, une escapade à **L'viv** (à 300 km à l'est de Cracovie) est à conseiller le temps d'un week-end. On y accède par des bus réguliers ou en voiture. Attention, la frontière est une vraie frontière où les tracasseries sont encore possibles. 80 km plus loin, L'viv est la capitale de l'Ouest ukrainien, donc des Carpates. Sa population est en majorité de langue ukrainienne et de religion gréco-catholique. Elle fut le point de départ de la révolution Orange qui balaya les derniers gouvernants issus du pouvoir de l'ex-URSS. L'viv est inscrite au patrimoine mondial de l'Unesco. Étrangement préservée par l'occupant nazi et le pouvoir soviétique, L'viv est un mélange de cultures juive, arménienne et polonaise. Son patrimoine architectural, religieux ou non, ses nombreux musées d'icônes et de peintures, et ses parcs en pleine ville en font une destination de week-end étonnante. Ville universitaire, sa jeunesse a soif d'ouverture et les étrangers d'Europe de l'Ouest sont très bien accueillis.

Attention, les structures hôtelières sont peu « européanisées » ou alors très chères ! Il convient de passer par une agence de voyages (ou son hôtel) depuis Cracovie, Przemyśl, Lublin, Zamość (hôtel Zamojski). Renseignez-vous auprès de leurs offices de tourisme *(voir pages pratiques)*.

EN SLOVAQUIE

Depuis l'entrée du pays dans l'Union européenne, une simple carte d'identité suffit aux ressortissants de l'UE pour y entrer.

Depuis Zakopane dans les Tatras (poste frontière de Łysa Polana au sud de Zakopane ou Chyżne au nord), depuis les Piénines (poste frontière de Piwniczna), depuis Barwinek dans les Beskides, au sud de Krosno, les **Tatras slovaques** sont facilement accessibles. Outre la nature exceptionnelle, il est séduisant de traverser la frontière pour se retrouver dans une atmosphère culturelle différente. Le grand nombre de Tziganes parcourant les routes et les campements ou villages ne sont certes pas des objets de curiosité, mais ils impriment à la région un indéniable caractère. La ville la plus intéressante pour une escapade de quelques heures ou de deux jours est **Bardejov**. C'est une

A. Galy / MICHELIN

Bâtiments sur le Rynek de L'viv en Ukraine.

ville gothique et Renaissance classée par l'Unesco. Ses alentours comptent de nombreuses églises en bois semblables à celles que l'on trouve en Pologne. Le village de Medzilaborce, à une centaine de kilomètres à l'est de Bardejów et proche de la frontière polonaise de Barwinek, abrite le **Warhol Family Museum of Modern Art**. En effet, les parents du fondateur du pop art, émigrés aux États-Unis en 1913, sont originaires d'un village de montagne, non loin de Medzilaborce. À côté de documents relatifs à sa famille, le musée détient des œuvres originales du peintre, certaines provenant de la Andy Warhol Foundation for the Visual Arts de New York.

EN RUSSIE

Le visa est indispensable. Il vous en coûtera 35 € pour trois jours et 54 € pour un mois. De plus, vous aurez besoin d'une lettre d'invitation ou d'une réservation d'hôtel. Il est donc conseillé de préparer cette escapade longtemps à l'avance. Par ailleurs, des mesures de prudence et de vigilance s'imposent, car il faut le savoir, Kaliningrad n'est pas toujours très sûre.

Depuis la Pologne, il y a deux manières d'aborder la Russie ou l'**enclave de Kaliningrad** plus précisément. L'une depuis Gdynia, le port de Gdańsk, où des bateaux partent en direction de Kaliningrad. L'autre est de traverser la frontière à 90 km au nord d'Olsztyn *via* la route 51. Kaliningrad est alors à 40 km. De l'ancienne Königsberg détruite par les raids de l'armée britannique puis par les assauts de l'armée Rouge, la cathédrale gothique de briques rouges est le vestige allemand le plus remarquable. La ville abrite la tombe d'Emmanuel Kant, qui naquit et enseigna dans cette ville.

EN BIÉLORUSSIE

Un visa est indispensable pour passer la frontière.

Depuis Białystok, vous pourrez vous rendre dans la ville de **Hrodna**, aussi connue sous le nom de Grodno, distante de 83 km. Cette cité de 300 000 âmes, bien conservée, est connue pour son patrimoine architectural historique et surtout pour son église en bois du 12e s. et son église du 16e s.

Plus au sud, à la frontière polonaise, la ville de **Brest** est célèbre pour sa forteresse où les Russes résistèrent aux troupes allemandes en 1941. À 60 km au nord de la ville, vous pourrez visiter le versant biélorusse de la forêt primaire du parc Białowieski, qui porte là-bas le nom de **Belavezhskaya Puscha**.

EN LITUANIE

Depuis l'entrée du pays dans l'Union européenne, une simple carte d'identité suffit aux ressortissants de l'UE.

Vilnius est à environ 70 km de la frontière polonaise. Vous pourrez y faire une escapade d'au moins deux jours au départ de Suwałki ou d'Augustów. Au confluent de la Vilnia et de la Neris, la ville a été presque entièrement reconstruite après la dernière guerre mondiale. Elle n'en reste pas moins superbe. Grand centre du baroque, elle est classée au patrimoine mondial de l'Unesco et l'on peut y goûter toute l'atmosphère des pays baltes. Vous en trouverez une description détaillée dans le **Guide Vert Michelin Pays baltes**.

EN RÉPUBLIQUE TCHÈQUE

Une carte d'identité suffit aux ressortissants de l'UE et aux Suisses.

En hiver, la neige rend difficile la traversée des postes frontière qui s'alignent le long des chaînes de montagne. Les cols sont d'ailleurs souvent fermés à cette époque de l'année. **Prague**, accessible par les voies rapides E 65 et E 67 depuis Jelenia Góra et Kłodzko, n'est qu'à 100 km de la frontière polonaise. Si les attraits bien connus de la capitale tchèque vous tentent, consacrez au moins deux jours à cette excursion. Si le temps vous fait défaut, vous pourrez choisir de vous attarder sur le versant tchèque des montagnes que la République partage avec la Pologne.

EN ALLEMAGNE

Une carte d'identité suffit aux ressortissants de l'UE.

De passage à Wrocław ou dans les Sudètes, vous serez sans doute surpris de constater que la ville la plus proche n'est ni Varsovie ni Gdańsk mais **Berlin**. 350 km séparent Wrocław de la capitale allemande. Les routes pour s'y rendre sont bonnes. N'hésitez pas à prendre deux jours sur votre emploi du temps pour vous immerger dans l'ambiance berlinoise et visiter les principaux musées de la ville.

À FAIRE AVANT DE PARTIR

Où s'informer

RENSEIGNEMENTS TOURISTIQUES

Les premières pistes à explorer pour la préparation de votre voyage.

Office national polonais du tourisme à Paris – *9 r. de la Paix - 75002 Paris - ✆ 01 42 44 19 00 - fax 01 42 97 52 25 - www.tourisme.pologne.net - ouv. lun.-vend. 9h-16h.* Vous aurez peut-être un peu de mal à dénicher ce bureau à l'étage d'un immeuble cossu de la rue de la Paix. Le personnel est très compétent et bien renseigné.

Office polonais du tourisme à Bruxelles – *20 av. de la Renaissance - 1040 Bruxelles - ✆ 740 06 20 – fax 742 37 35 - www.polska-be.com.*

ORGANISMES OFFICIELS

Ambassade de Pologne en France – *1 r. de Talleyrand - 75343 Paris Cedex 07 - ✆ 01 43 17 34 00 - fax 01 43 17 35 07 - www.ambassade.pologne.net.*

Consulat général de Paris – *5 r. de Talleyrand - 75007 - ✆ 01 43 17 34 22 - fax 01 43 17 34 34.*

Consulat de Lille – *45 bd Carnot - 59800 - ✆ 03 20 14 41 80 - fax 03 20 14 46 50.*

Consulat de Lyon – *79 r. Crillon - 69458 Cedex 06 - ✆ 04 78 93 14 85 - fax 04 78 93 56 37.*

Consulat de Strasbourg – *2 r. Geiler - 67000 - ✆ 03 88 37 23 20 - fax 03 88 37 23 30.*

Ambassade en Belgique – *29 av. des Gaulois - 1040 Bruxelles - ✆ 02 739 01 00 - fax 02 736 18 81 - www.bruksela.polemb.net.*

Consulat en Belgique – *28 r. des Francs - 1040 Bruxelles - ✆ 02 739 01 21 - fax 02 736 44 59.*

Ambassade en Suisse – *20a Elfenstrasse - 3000 Bern 16 - ✆ 031 358 02 02 - fax 031 358 02 16.*

Ambassade au Canada – *443 Daly Avenue - Ottawa - Ontario K1N 6H3 - ✆ (613) 789 04 68 - fax (613) 789 12 18 - ottawa@polishembassy.ca.*

ASSOCIATIONS

Elles vous donneront un premier aperçu de la Pologne.

Bibliothèque polonaise à Paris (Biblioteka Polska w Paryżu) – *6 quai d'Orléans - 75004 Paris - ✆ 01 55 42 83 83 - www.bibliotheque-polonaise-paris-shlp.fr.* Ouvrages concernant l'histoire et la littérature de la Pologne.

Institut polonais à Paris – *31 r. Jean-Goujon - 75008 Paris - ✆ 01 53 93 90 10 - www.institut.pologne.net.* Il organise des manifestations autour de la Pologne. Concerts, spectacles émaillent son calendrier.

Centre de civilisation polonaise à la Sorbonne – *108 bd Malesherbes - 75850 Paris Cedex 17 - ✆ 01 43 18 41 53.* Cours de langue, de civilisation polonaises, manifestations culturelles, rencontres, colloques. Accessibles aux auditeurs libres.

SITES INTERNET

Ils sont très nombreux, en voici une petite sélection. Certains disposent même de forums de discussion par l'intermédiaire desquels vous pourrez converser avec des Polonais et des inconditionnels de la Pologne. Ils se feront un plaisir de vous donner des informations précises et de première main.

En français

Office du tourisme polonais à Paris – *www.tourisme.pologne.net.*

Présentation de la Pologne – *www.pologne.gov.pl.* Un vaste panorama du pays à travers son histoire, sa société et son économie. Beaucoup d'informations sur les régions touristiques.

Forum de discussion sur la Pologne – *www.polskanova.com/index.php.* Le rendez-vous des amoureux et des natifs du pays. Utile pour des informations de première main.

Cours de polonais en ligne – *lepolonais.free.fr.* Pour vous familiariser avec la langue et perfectionner la prononciation grâce à des enregistrements des mots les plus usuels.

Portail franco-polonais – *www.wirtualnafrancja.com.*

Un autre portail polonais – *www.beskid.com.* Panorama du pays, forums et suggestions de balades.

Autres langues

Leurs pages recèlent en principe une version anglaise. Cherchez bien !

Centre d'information Europe – *www.cie.gov.pl.* Renseignements sur la Pologne dans l'Europe.

Ministère de la Culture – *www.mk.gov.pl.*

Littérature polonaise – *www.polska2000.pl.*

Actualités culturelles – *www.culture.pl.*
Informations sur la société et l'environnement – *www.poland.pl.*
Tourisme en Pologne – *www.travel.poland.com.* Guide de tourisme complet avec, en prime, une fiche par grande région polonaise.

AGENCES DE VOYAGES À PARIS

Des agences de voyages, spécialistes de la Pologne, peuvent prendre en charge les réservations ou l'organisation complète de votre voyage. Par leur biais, vous pourrez résoudre les questions d'hébergement et de billets d'avion, planifier des circuits et des excursions. Les agences suivantes font partie du réseau « Amis de la Pologne » qui regroupe des voyagistes particulièrement actifs et expérimentés sur cette destination et qui ont été sensibilisés au pays par l'office de tourisme polonais. Ils proposent tous au moins des circuits organisés et des week-ends dans Varsovie et Cracovie.

Amslav Tourisme – *10 r. Bachaumont - 75002 Paris - ✆ 01 44 88 20 40 - fax 01 44 82 02 75 - www.amslav.com.*

Les routes de l'Est – *3 r. de Gramont - 75002 Paris - ✆ 01 47 42 25 95 - www.lesroutesdelest.fr.* Propose des séjours à Gdańsk et à Zakopane, des tours « La vie de château » (hébergement en châteaux-hôtels), des séjours dans les stations thermales, en spa et en centre de remise en forme.

International OK Tourisme – *16 r. de l'Évangile - 75018 Paris - ✆ 01 44 89 64 10 - fax 01 44 89 64 19 - www.oktourisme.com.*

Transtours/Marsans – *49 av. de l'Opéra - 75002 Paris - ✆ 0 825 031 031 - fax 01 40 17 94 05 - www.marsans.fr.*

Voyages Wasteels – *40 r. Jean-Jaurès - 93176 Bagnolet Cedex - ✆ 01 43 62 30 39 - fax 01 43 62 30 35.* Ce réseau d'agences en France propose des circuits organisés et des week-ends à Varsovie, Cracovie, Zakopane, Gdańsk, Poznań et Wrocław. Un catalogue est consacré à la Pologne.

AGENCES DE VOYAGES EN PROVINCE

Aliso Voyages – *29 r. Pastorelli - 06000 Nice - ✆ 04 93 62 63 07 - fax 04 93 62 63 91.* Agence du réseau Selectour.

Ellipse Voyages – *2 av. Louis-Lachenal - BP 23217 34518 -Béziers Cedex - ✆ 04 67 35 99 24- fax 04 67 35 24 71 - www.ellipse-voyage.com.*

EastPak – *26 cours Vitton - 69006 Lyon - ✆ 04 72 83 63 33 - fax 04 72 83 63 31.* Séjours combinés Varsovie-Cracovie, escapade week-end à Gdańsk et voyages à la carte.

Lens Voyages – *48 r. de la Gare - 62300 Lens - ✆ 03 21 28 47 40 - fax 03 21 67 64 31.* Cette agence du réseau Selectour propose des circuits organisés, des week-ends à la carte, et se spécialise dans les séjours à la montagne et les sports d'hiver.

Accent de l'Est – *Bastide d'Adabiac - 30580 Lussan - ✆ 04 66 72 70 70 - fax 04 66 72 70 71 - www.accent-de-lest.com.* Week-ends à Gdańsk, Poznań et Wrocław, agritourisme et hébergement chez l'habitant.

Slav'Tours – *29-31 bd Rocheplatte - 45000 Orléans - ✆ 02 38 77 07 00 - fax 02 38 77 18 37.* Ce tour operator propose des séjours combinés Varsovie-Cracovie ou des séjours à la carte.

Formalités

DOCUMENTS IMPORTANTS

Carte d'identité, passeport

Pour les résidents de l'UE, la carte d'identité suffit ; les Suisses et les Canadiens doivent détenir un passeport en cours de validité.

Visa

Pas besoin de visa si vous êtes ressortissant d'un des pays de l'Union européenne ou d'un des 15 pays ayant signé un accord avec la Pologne (dont la Suisse). Le visa reste indispensable pour les Canadiens.

Permis de conduire

Si vous désirez conduire en Pologne, munissez-vous d'un permis de conduire en cours de validité.

Carte internationale d'étudiant

Les étudiants tireront avantage de la carte internationale d'étudiant (ISIC) accordant réductions et avantages. Renseignements sur le site *www.carteisic.com.*

ASSURANCES SANTÉ

Aucun vaccin n'est nécessaire. Depuis l'entrée de la Pologne dans l'Union européenne le 1er mai 2004, vous devez vous munir de la **carte européenne d'assurance maladie** afin que vos éventuels soins sur place soient pris en charge. Elle s'obtient en 2 à 3 semaines auprès de votre Caisse primaire d'assurance maladie ou par téléphone au 0 820 904 175 *(0,12 €/mn)* ou au 36 46 d'un poste fixe. Si votre départ est précipité, vous pouvez retirer à votre centre une attestation provisoire.

En cas de problème sur place, une **assurance complémentaire** vous sera d'un grand secours. Certaines cartes bancaires vous affilient d'office. Sinon, vous pouvez souscrire auprès des prestataires suivants :

Europ Assistance – *1 prom. de la Bonnette - 92230 Gennevilliers - ✆ 01 41 85 94 85 (24h/24) - www.europ-assistance.fr.* Assure principalement le rapatriement en cas de maladie ou de blessure (31 €/sem.) avec prise en charge des frais médicaux. Option à 50 €/sem. pour couvrir votre véhicule en cas de panne ou d'accident.

Mondial Assistance – *tour Gallieni 2 - 36 av. du Général-de-Gaulle - 93175 Bagnolet Cedex - ✆ 01 42 99 82 81 - www.mondial-assistance.fr.* Différentes formules sont proposées. Pour une assistance complète, prévoir 30 €/sem. comprenant rapatriement sanitaire, retour anticipé en cas de maladie, assistance juridique et une couverture des frais médicaux.

Axa Assistance – *Le Carat - 6 r. André-Gide - 92320 Chatillon - ✆ 01 55 92 40 00 - www.axa-assistance.fr.* 49 €/mois pour une formule proposant des garanties individuelles accident et maladie, rapatriement.

DOUANES

Il est interdit d'importer en Pologne de la viande crue ou des viandes préparées artisanalement, des produits laitiers, des fleurs ou plantes en pot et des animaux exotiques. Tout transport et détention de drogues et d'armes ou produits dangereux est bien évidemment prohibé.

ANIMAL DE COMPAGNIE

Si vous voyagez avec votre animal de compagnie, munissez-vous de son carnet de santé et assurez-vous que sa vaccination contre la rage est à jour.

Se rendre en Pologne

EN AVION

Avec le développement des compagnies à bas coût, c'est le moyen le plus pratique et le plus économique de se rendre en Pologne.

Compagnies régulières

Il existe des liaisons directes assurées par **LOT** (Lignes aériennes polonaises). Vous pouvez acheter vos billets à Paris, Lyon et Nice.

à Paris : *27 r. du 4-Septembre - 75002 Paris - ✆ 01 47 42 05 60 ou 0800 10 12 24 - www.lot.com.* 7 vols par semaine avec Cracovie et 4 par jour avec Varsovie.

à Lyon : *BP 167 - 69125 Lyon-St-Exupéry - ✆ 0800 10 12 24 (gratuit).* La liaison avec la Pologne est pour l'instant suspendue mais on peut acheter ses billets avec changement au comptoir de l'aéroport.

à Nice : *Aéroport Nice-Côte-d'Azur - 06281 Nice Cedex 03 - ✆ 0800 10 12 24 (gratuit).* 7 vols par semaine avec Varsovie.

Considérez aussi les aéroports frontaliers aux tarifs légèrement moins élevés. Trois liaisons journalières avec Varsovie depuis Bruxelles *(✆ 078 18 00 14)* et une depuis Genève *(✆ 0817 66 60).*

Air France propose 3 à 4 vols quotidiens Paris-Varsovie. Renseignements au 3654 *(0,34€/mn)* ou auprès des agences suivantes à Paris : *49 av. de l'Opéra - 75002 ; Esplanade des Invalides - 2 r. Esnault-Pelterie - 75007 ; 2 pl. de la Porte-Maillot - 75017 ; 29 r. du Faubourg-Saint-Antoine - 75011 ; 4 pl. Edmond-Rostand - 75006 ; 96 r. de Rennes - 75006 ; 11 r. du Faubourg-Poissonnière - 75009 ; 65 av. du Général-Leclerc - 75014 ; 79 r. Lecourbe - 75015.*

Compagnies à bas coût (low-cost)

Elles vous permettront des économies substantielles. Les réservations s'effectuent par Internet et vous devrez imprimer vous-même votre billet.

Transavia – *✆ 0 892 058 888 - www.transavia.com.* Assure 5 vols hebdomadaires Paris-Cracovie au départ d'Orly.

Wizz Air – *✆ 0 892 682 077 - www.wizzair.com.* Assure 4 vols par semaine

LOT Polish Airlines

Avion de la compagnie nationale polonaise LOT.

entre Beauvais et Katowice et 4 entre Beauvais et Varsovie.

Centralwings – *www.centralwings.com.* Lille-Cracovie, Grenoble-Varsovie.

Norwegian – *www.norwegian.no.* Paris Beauvais-Varsovie.

Easyjet – *www.easyjet.com.* Paris Roissy-Cracovie.

D'autres compagnies aériennes assurent également des vols en direction de la Pologne (avec escales) :

Austrian Airlines – *www.aua.com.* Varsovie, Cracovie, Poznań, Wrocław.

SAS Scandinavian Airlines – *www.sas.se.* Varsovie, Gdańsk, Cracovie, Wrocław, Poznań.

Lufthansa – *www.lufthansa.com.* Varsovie, Cracovie, Poznań, Katowice, Gdańsk, Wrocław.

CSA Czech Airlines – *www.csa.cz.* Varsovie, Cracovie.

Swiss International Air Lines – *www.swiss.com.* Varsovie.

Alitalia – *www.alitalia.com.* Varsovie, Cracovie.

Se renseigner

Opodo – Ce site fruit d'un partenariat entre diverses compagnies aériennes, permet d'étudier et de comparer les différentes possibilités et les tarifs en fonction de la date de votre départ, et de passer votre commande en ligne. *www.opodo.fr.*

Easyvols – Le site recherche les vols et disponibilités et les classe du moins cher au plus cher, parmi les offres proposées par les agences partenaires, c'est-à-dire : Opodo, Govoyages, Lastminute, Anyway. *www.easyvols.fr.*

EN AUTOCAR

Différentes compagnies d'autocars assurent une liaison régulière entre la France et la Pologne. De nombreuses villes sont desservies en Pologne dont Varsovie et Cracovie *via*, notamment, Poznań, Łódź, Wrocław ou Gdańsk. C'est un voyage de longue haleine dans des conditions parfois peu confortables : atteindre la frontière polonaise vous prendra près de 20 heures.

Copernic – *9 r. Gilberte-Desnoyer - 93605 Aulnay-sous-Bois - ✆ 01 40 09 03 43 ; 23 r. Desaix, entresol n° 10 - 69003 Lyon - ✆ 04 72 60 04 54 - www.copernic.waw.pl.*

Karolina – *7 r. Duphot - 75001 Paris - ✆ 01 40 15 09 09 - www.polska.fr.*

Polka Service – *2 r. Mondovi - 75001 Paris - ✆ 01 40 20 00 80.*

Orbis Transport – *36 r. Richard-Lenoir - 75011 Paris - ✆ 01 43 71 60 20.*

Eurolines – *28 av. du Général-de-Gaulle - 93541 Bagnolet - ✆ 0892 89 90 91 ou 01 49 03 40 63 - www.eurolines.fr.*

EN TRAIN

On atteint la Pologne *via* Berlin, Francfort ou Cologne. Compter 24h de voyage. Informations disponibles auprès des gares et agences SNCF ainsi que sur le site de la compagnie : *www.sncf.fr.* Réservation de billets pour la Pologne, mais aussi pour des liaisons à l'intérieur du pays auprès de :

DB FRANCE – *47 av. de l'Opéra - 75002 Paris - ✆ 01 44 58 95 50 - www.dbfrance.fr.*

EN VOITURE

N'oubliez pas les papiers du véhicule. Par ailleurs, la carte verte d'assurance internationale de votre véhicule n'est plus indispensable depuis l'entrée de la Pologne dans l'Union européenne. Elle reste néanmoins imposée aux conducteurs suisses. Sa non-détention les expose à une amende de plusieurs milliers de złotys. Vous pouvez vous la procurer aux postes frontière.

La Pologne se trouve à environ 1 000 km des frontières françaises. Une journée de conduite intensive suffit mais pour des raisons de sécurité, n'hésitez pas à fractionner votre voyage. D'autant qu'une fois sur le sol polonais, votre moyenne risque d'être réduite par les ralentissements dus au trafic.

Grands axes pour atteindre la Pologne

L'**Atlas routier Michelin Europe** permet de trouver les meilleurs itinéraires pour atteindre la Pologne. La Pologne partage ses frontières avec l'Allemagne, la République tchèque, la Slovaquie, l'Ukraine, la Biélorussie, la Lituanie et la Russie. Voici les axes routiers importants à partir de chaque frontière :

E 28 : Frontière allemande, Kołbaskowo, Szczecin, Koszalin, Słupsk, Gdynia, Gdańsk.

E 30 : Frontière allemande, Świecko, Poznań, Konin, Varsovie, Siedlce, Biała Podlaska, Terspol, frontière biélorusse.

Info pratique

Pour savoir quelles cartes Michelin utiliser pour la Pologne, voir la rubrique « Carte » dans le chapitre « À savoir sur place ».

E 36 : Frontière allemande, Olszyna.
E 40 : Frontière allemande, Zgorzelec, Wrocław, Opole, Cracovie, Rzeszów, Przemyśl, Medyka, frontière ukrainienne.
E 67 : Frontière tchèque, Słone, Kudowa Zdrój, Wrocław, Piotrków Trybunalski, Varsovie.
E 75 : Frontière tchèque, Cieszyn, Bielsko-Biała, Katowice, Częstochowa, Łódź, Toruń, Gdańsk.
E 77 : Frontière slovaque, Chyżne, Cracovie, Kielce, Varsovie, Ostróda, Elbląg, Gdańsk.
E 462 : Frontière tchèque, Cieszyn, Bielsko-Biała, Wadowice.

Postes frontière ouverts 24h/24

Avec l'Allemagne

Lubieszyn, Kołbaskowo, Rosówek, Krajnik Dolny, Osinów Dolny, Kostrzyn, Słubice, Świecko, Gubinek, Olszyna, Łęknica, Przewóz, Jędrzychowice, Zgorzelec, Sieniawka, Porajów.

Avec l'Ukraine

Medyka, Korczowa, Hrebenne, Dorohusk, Zosin.

Avec la Biélorussie

Terespol, Koroszczyn, Sławatycze, Kuźnica, Białostocka, Połowce, Bobrowniki.

Avec la Russie

Gołdap, Gronowo, Bezledy.

Avec la République tchèque

Bogatynia, Zawidów, Czerniawa, Jakuszyce, Przełęcz Okraj, Lubawka, Golińsk, Tłumaczów, Paczków, Kudowa Słone, Głuchołazy, Boboszów, Konradów, Trzebina, Pietrowice, Pietraszyn, Chałupki, Cieszyn Boguszowice, Cieszyn, Leszna Góra, Jasnowice.

Avec la Slovaquie

Zwardoń, Korbielów, Chyżne, Chochołów, Łysa Polana, Piwniczna, Konieczna, Niedzica, Barwinek.

Avec la Lituanie

Ogrodniki, Budzisko.

Itinéraires par Internet

Vous pouvez obtenir des « feuilles de route » personnalisées, des adresses d'hôtels et de restaurants, ainsi que des informations pratiques et touristiques sur les lieux traversés en vous connectant à *www.viamichelin.fr.*

Exemples d'itinéraires :

Paris-Varsovie :
1 590 km dont 1 260 km sur autoroute par Liège, Düsserldorf, Berlin et Poznań (17h).

Lyon-Cracovie :
1 617 km dont 1 530 sur autoroute en passant par Mulhouse, Fribourg, Dresde et Wrocław (16h).

Réserver son hébergement

Il existe plusieurs sites Internet qui vous permettent d'effectuer des réservations d'hébergement en Pologne. Si vous ne souhaitez pas planifier vos étapes à l'avance, ces services vous permettront d'affiner votre choix d'hôtels.

Hôtels

Discover Poland Online – *www.discover-poland.pl.*
Hotels in Poland – *www.hotelsinpoland.com.* Bonne sélection de demeures historiques et de palaces en plus des établissements plus classiques.
All Hotels in Poland – *www.polhotels.com.* Assez complet mais très austère.
Hotels Poland – *www.hotelspoland.com.*
Old Town Appartment – *www.warsawshotel.com.* Une alternative intéressante aux hôtels, la location d'appartements. Site en français.

Agritourisme

Agrotouristika – *www.agritourism.pl.* Ce site internet est très bien renseigné avec des photos et des informations complètes sur les hébergements proposés.

Décalage horaire

GMT + 1. Il n'y a pas de décalage horaire entre la Pologne et la France. Les changements d'heure légale interviennent aux mêmes dates qu'en Europe occidentale deux fois par an.

Argent

MONNAIE

L'unité monétaire polonaise est le złoty (qui signifie « doré »). L'abréviation locale est ZŁ et l'abréviation internationale est PLN.
Un złoty se divise en 100 groszys. Il existe des billets de 10, 20, 50, 100 et 200 złotys et des pièces de 1, 2, 5, 10, 20, 50 groszys et de 1, 2, 5 złotys.
Pour des raisons de commodité, munissez-vous de petite monnaie et de billets de petite valeur. L'euro est parfois accepté. Il n'y a pas de règle.

CHANGE

Fin 2008, **le taux de change était d'environ 3,3 PLN pour un euro .**

Le change au noir est occasionnel et de tout façon interdit, d'autant que vous risquez fort de vous faire escroquer.

Vous trouverez partout des bureaux de change (**Kantor**) : dans les postes, les grands hôtels, les aéroports et dans les rues commerçantes. Il ne changent que l'argent liquide et pas les chèques de voyage. Leurs horaires d'ouverture sont variables et, lorsqu'ils ne sont pas ouverts 24h/24, ils ouvrent généralement de 9h à 18h en semaine et jusqu'à 12h le samedi. Ils ne prennent pas de commission.

Le change est quotidiennement disponible sur le site de la Banque nationale polonaise *(www.nbp.pl)*.

BANQUES

Elles ouvrent généralement du lundi au samedi de 8h à 18h.

Chèques de voyage

Les chèques de voyage constituent une garantie fiable contre le vol. En revanche, il n'est pas toujours facile de les convertir en monnaie et les commissions sont assez importantes.

Distributeurs automatiques de billets

On en trouve dans les rues principales des centres-villes, dans les gares, les aéroports et les centres commerciaux. Ils affichent leurs instructions en anglais, en allemand et parfois en français.

CARTES DE CRÉDIT

Les principales cartes bancaires sont acceptées dans la majeure partie du pays. Les hôtels et restaurants importants l'acceptent sans problème ; c'est moins souvent le cas dans les établissements les plus modestes. En cas de perte ou de vol, composez le + 48 225 153 150 ou le 225 153 000.

BUDGET

Un séjour en Pologne ne percera pas votre bourse. Pour une chambre double de bon confort, comptez un minimum de 250 à 300 PLN la nuit à Varsovie ou dans une grande ville, 160 à 205 PLN dans un établissement de moindre importance. Une chambre d'hôte se négocie autour de 100 PLN.

Bon à savoir

La **carte polonaise**, distribuée gratuitement par les offices de tourisme en Pologne, permet de profiter de nombreuses réductions accordées par plusieurs établissements hôteliers, restaurants, musées, sites touristiques et boutiques sur l'ensemble du territoire.

Repas au restaurant : il varie bien évidemment selon la nature et le standing de l'établissement. Comptez entre 6 et 25 PLN pour un plat et de 15 à 50 PLN pour un repas.

Qu'emporter

Tout dépend de la saison à laquelle vous partez et du type d'activité que vous comptez y pratiquer. Sachez que vous trouverez tout ce dont vous pourrez avoir besoin sur le plan des produits de consommation courante, et que l'on trouve souvent les mêmes marques qu'en France. Si vous envisagez un séjour un peu sportif, pensez aux chaussures de randonnée et à des vêtements chauds, au printemps et à l'automne. Ils sont utiles à la montagne et pour la visite de grottes et de souterrains.

Prévoyez aussi une trousse à pharmacie, mais sachez que l'on trouve tout dans les pharmacies polonaises.

Les photographes trouveront dans les boutiques spécialisées des équipements permettant de graver les photos numériques sur disque pour une somme dérisoire.

À SAVOIR SUR PLACE

Adresses utiles

OÙ S'INFORMER

Offices de tourisme – Chaque ville ayant un patrimoine culturel à mettre en valeur possède un office de tourisme. Le personnel francophone, plus rare que le germanophone et l'anglophone, est l'apanage des grands centres touristiques. La documentation est souvent abondante et de qualité : plaquettes sur les curiosités, cartes précises de randonnée, mais là encore rarement en français.

PTTK (Polskie Towarzystwo Turystyczno Krajoznawcze) – L'Association polonaise pour le tourisme et la découverte du pays possède un vaste réseau de bureaux établis dans les plus grandes villes de Pologne. Depuis plusieurs décennies, elle prend en charge l'entretien des sentiers de randonnée, les parcours de rivières et gère quelques musées régionaux spécialisés dans la découverte de la nature.

EN CAS D'URGENCE

Les numéros indiqués ci-après sont à conserver à portée de main. Les opérateurs ne parlent pas toujours l'anglais, et si vous ne parvenez pas à vous faire comprendre, essayez en dernier recours de joindre votre ambassade.

Police : 997 (gratuit), 112 depuis un portable (gratuit).

Pompiers : 998 (gratuit).

Urgences médicales : 999 (gratuit).

Numéro pour les étrangers séjournant en Pologne : 0 800 200 300 (gratuit), 0 608 599 999 (payant depuis un téléphone portable). Actif du 1er juin au 30 septembre de 8h à 20h. En anglais, allemand et russe.

AMBASSADES ET CONSULATS

Ambassade de France

À Varsovie : *Ul. Piękna 1 - ✆ 022 529 30 00 - www.ambafrance.org/pologne.*

Consulats de France

À Varsovie : *Ul. Piękna 1 - ✆ 022 529 30 00 - www.ambafrance.org/pologne.*

À Cracovie : *Ul. Stolarska 15 - ✆ 012 424 53 00.*

À Poznań : *Ul. Św. Marcina 80/82 - ✆ 061 851 94 49.*

À Sopot (Gdańsk) : *Ul. Kościuszki 16 - ✆ 058 550 32 49.*

À Wrocław : *Ul. Powstańców Śląskich 95 - ✆ 071 360 51 31.*

À Łódź : *Ul. Lakowa 11 - ✆ 042 639 19 45.*

Consulat de Belgique

À Varsovie : *Ul. Senatorska 34 - www.diplomatie.be/warsaw - ✆ 022 551 28 00.*

Consulat de Suisse

À Varsovie : *Al. Ujazdowskie 27 - ✆ 022 628 04 81 - www.eda.admin.ch/warsaw.*

Consulat du Canada

À Varsovie : *Ul. Jana Matejki 1/5 - ✆ 022 829 80 51.*

Se déplacer en Pologne

EN AVION

En Pologne, les liaisons intérieures sont assurées par la compagnie **LOT**. Elle dessert les aéroports de Varsovie, Cracovie, Poznań, Lublin, Łódź, Katowice, Gdańsk, Bydgoszcz, Rzeszów.

Renseignements au bureau de Varsovie – *Al. Jerozolimskie 65/79 - ✆ 0 801 703 703 (ou 022 9572 pour les utilisateurs de mobiles) - www.lot.com* (site en anglais).

EN TRAIN

Le réseau ferroviaire national polonais **PKP** (Polskie Koleje Państwowe) compte plus de 25 000 km de voie ferrée. Aussi est-il rare qu'un endroit ne soit pas accessible en train.

A. Galy / MICHELIN

Enseigne de la PTTK.

Les trains express, **Intercity** et **Eurocity**, assurent les trajets longue distance et relient directement les villes importantes. Leurs horaires sont indiqués en rouge et accolés d'un R.

Les **trains dits rapides** sont en fait plus lents puisqu'ils marquent un plus grand nombre d'arrêts. Ils sont aussi indiqués en rouge.

Quant aux **trains classiques**, ce sont en fait de véritables omnibus.

Dans tous les trains, on trouve une première classe et une seconde classe. Les « première classe », qui sont peu chères par rapport aux prix français, proposent des sièges très confortables en velours. L'impression de voyager à une autre époque.

Dans toutes les gares, il y a une consigne où l'on peut laisser ses bagages. Comptez 8 PLN/j.

Les mots à connaître dans une gare :

główny : central, utile à savoir puisque toutes les villes un peu importantes ont plusieurs gares.

tor : voie.

peron : quai.

N'oubliez pas les trains de nuit pour parcourir les plus grandes distances, mais il faut parfois réserver sa couchette assez longtemps à l'avance.

Info pratique

www.polrail.com ; www.rozklad-pkp.pl : ces excellents sites, avec une version en français, vous permettent de trouver horaires et trajets des trains dans toute la Pologne.

EN AUTOCAR

Pour les longues distances, vous préférerez le train, mais le bus, quoique fort lent, est souvent l'unique moyen pour atteindre des lieux ou des sites reculés, particulièrement dans les zones de montagne ou les régions rurales.

Quelques compagnies privées assurent des liaisons entre les grandes villes. Les stations de bus sont souvent aux abords des gares ferroviaires et partagent même parfois leurs guichets. Les compagnies privées ont généralement leur propre station.

Renseignements pour la compagnie d'État **PKS** : *www.pks.pl*, site très complet permettant de trouver les horaires et les destinations.

EN TAXI

Les stations sont signalées par un panneau « Taxi ». Les courses effectuées le samedi, le dimanche et la nuit (de 6h à 22h) ainsi qu'au-delà des zones urbaines sont majorées. Le premier kilomètre coûte environ 4 PLN, les suivants 2 PLN. Une heure d'attente coûte environ 25 PLN. À Varsovie et à Cracovie, les taxis garés devant les gares et l'aéroport peuvent être plus chers. Dans toutes les villes, les taxis peuvent également être appelés par téléphone *(voir la partie pratique de chaque ville)*. Vérifiez toujours que le compteur fonctionne. Pour une course en ville, il faut compter 5 à 20 PLN.

EN TRANSPORTS EN COMMUN

Dans les grandes villes, vous aurez, en général, le choix entre le tramway, l'autobus et le métro (à Varsovie uniquement). On peut acheter les billets dans les kiosques Ruch et dans les hôtels. Il existe des cartes journalières, hebdomadaires et mensuelles. Renseignements auprès des offices de tourisme.

EN VOITURE

Permis

Pour conduire en Pologne, vous devez être en possession de votre passeport et de votre permis de conduire (international si possible). La carte verte n'est plus nécessaire depuis l'entrée de la Pologne dans l'Union européenne.

Location

Louer une voiture en Pologne vous coûtera entre 100 et 400 PLN par jour suivant le modèle. Il est possible de conduire un véhicule de location dans les pays limitrophes à l'exception de ceux situés au-delà de la frontière est du pays. La majorité des compagnies acceptent, moyennant majoration, la restitution de la voiture dans une agence autre que celle dans laquelle elle a été louée.

Les grandes compagnies internationales sont représentées en Pologne. On trouve aussi localement des compagnies privées plus modestes.

En France :

Pour réserver un véhicule avant le départ, vous pouvez vous adresser à :

Autoescape – *137 r. Jacquard - 84120 Pertuis - ✆ 0 800 920 940 (appel gratuit depuis la France) ou 04 90 09 28 28 - fax 04 90 09 51 87 - www.autoescape.com*. Un service efficace et fiable qui permet de réserver un véhicule par téléphone, fax ou courriel. Cependant, contrairement aux autres formules, on paie d'avance. Le bon qui vous sera remis atteste votre réservation.

Vous pouvez aussi louer directement auprès des sociétés internationales :

Avis – ✆ *0 820 050 505 - www.avis.fr.*

Europcar – ✆ *0 825 358 358 - www.europcar.fr.*

Hertz – ✆ *0 825 861 861 - www.hertz.fr.*

En Pologne :

Avis – Varsovie : *bureau en ville - ✆ et fax 022 630 73 16 - aéroport d'Okecie : ✆ 022 650 48 72, fax 022 650 48 71 - informations : ✆ 0 800 120 010.*

Gdańsk : *✆ 058 348 12 89.*

Poznań : *✆ 061 849 23 35.*

Wrocław : *✆ 071 372 35 67, fax 0713 43 09 28.*

Bydgoszcz : *✆ 052 375 38 08.*

Cracovie : *✆ 012 629 61 08.*

Katowice : *✆ 032 257 20 70.*

Budget – *Centre de réservation : ✆ 022 630 72 80, fax 022 630 69 46 - aéroport d'Okecie : ✆ 022 650 40 62, fax 022 650 40 63.*

Europcar – *Centre de réservation : ✆ 022 650 40 62, fax 022 853 47 86 - aéroport d'Okecie : ✆ 022 650 25 64, fax 022 650 25 63.*

Hertz – *Centre de réservation : ✆ 022 621 13 60 - aéroport d'Okecie : ✆ 022 650 28 96, fax 022 650 34 90.*

Gdańsk : *✆ 058 349 48 08.*

Katowice : *✆ 032 259 99 47.*

Cracovie : *✆ 012 429 62 62.*

Łódź : *✆ 042 686 60 01.*

Olsztyn : *✆ 089 527 57 93.*

Poznań : *✆ 061 868 41 77.*

National – *Centre de réservation : ✆ 022 868 75 74, fax 022 868 75 25 - aéroport d'Okecie : ✆ 0 665 301 392.*

Sociétés polonaises de location de voitures en Pologne :

Auto atelier – À Gliwice : *✆ et fax 032 279 59 67.*

Kalisz : *✆ 062 768 00 15, fax 062 768 15 01.*

Ostrow Wielkopolski : *✆ 062 735 02 56, fax 062 735 50 84, www.autoatelier.pl.*

Local Rent A Car – À Varsovie : *✆ 022 826 71 00.*

État du réseau routier

Le réseau routier est fort bien développé mais les routes sont de qualité très variable. Quelques tronçons d'autoroute, marqués par la lettre E suivie d'un chiffre, permettent de sortir des zones urbaines de Varsovie et Wrocław. Deux longs tronçons relient suivant un axe nord-sud Łódź à Bielsko-Biała (*via* Częstochowa et Katowice) et d'ouest en est la frontière allemande à Cracovie (*via* Wrocław et Katowice). Le reste du réseau, en constante rénovation, se partage entre routes étroites et nationales à deux voies (dont la numérotation est précédée d'un A dans le cas des routes internationales). Les plus anciennes de cette dernière catégorie sont souvent marquées d'ornières creusées dans le bitume par le poids des camions. Sur les plus récentes, les bandes d'arrêt d'urgence permettent aux véhicules de se livrer à des dépassements même lorsque le code de la route et le bon sens l'interdisent. Attendez-vous à voir arriver une voiture roulant en plein milieu de la chaussée ! Dans tous les cas, camions et véhicules agricoles, difficiles à doubler, ralentissent bien souvent la circulation. Ne vous fiez donc pas aux indications kilométriques pour calculer votre temps de trajet. La distance entre Varsovie et les lacs de Mazurie (environ 240 km) se couvre généralement en plus de 4h.

L'enneigement hivernal bloque chaque année les cols reliant la Pologne aux républiques tchèque et slovène. Dans les régions isolées telle la Podlachie, de nombreuses routes deviennent également impraticables.

Cartes et plans

La **carte Michelin n° 720 Pologne** au 1/700 000 donne une excellente vue d'ensemble du pays. Les **cartes Régional Michelin n° 555** (Nord-Est), **n° 556** (Nord-Ouest), **n° 557** (Sud-Ouest) et **n° 558** (Sud-Est) au 1/300 000 permettent de découvrir plus en détail une région. L'atlas routier édité par Copernicus vous rendra les meilleurs services, tout comme la carte éditée par Demart. Pour les grandes villes, des atlas existent aussi, permettant de localiser chaque rue et indiquant voies piétonnes et sens uniques.

Code de la route

La circulation se fait à droite ; le code polonais n'est guère différent de celui que l'on connaît dans le reste de l'Europe. La signalisation est d'ailleurs internationale. Cependant, la règle de priorité à droite ne s'applique pas toujours en Pologne où toute autre façon de concevoir la priorité peut être indiquée par les panneaux routiers. N'oubliez pas qu'en ville, les tramways ont la priorité absolue.

DISTANCE ENTRE LES PRINCIPALES VILLES									
	Białystok	Cracovie	Gdańsk	Łódź	Lublin	Olsztyn	Poznań	Varsovie	Wrocław
Białystok	–	490	413	367	260	227	503	193	539
Cracovie	490	–	597	242	295	508	450	296	275
Gdańsk	413	597	–	357	506	268	313	345	448
Łódź	367	242	357	–	261	315	221	139	208
Lublin	260	295	506	261	–	373	477	166	433
Olsztyn	227	508	268	315	373	–	330	218	466
Poznań	503	450	313	221	477	330	–	312	168
Varsovie	193	296	345	139	166	218	312	–	352
Wrocław	539	275	448	208	433	466	168	352	–

Limitations de vitesse

60 km/h en agglomération, 90 km/h sur les routes principales, 130 km/h sur autoroute. La vitesse des véhicules tractant une caravane est limitée à 70 km/h.

Feux de route

Les codes doivent être allumés toute la journée du 1er octobre au 1er mars.

Consignes de sécurité

Le port de la ceinture est obligatoire et les enfants de moins de 12 ans doivent être dans un siège de sécurité. L'usage du téléphone portable est autorisé avec un kit mains-libres. Tout véhicule doit être muni d'un extincteur et d'un triangle de présignalisation. En agglomération, vous êtes tenu d'obéir aux injonctions des policiers en uniforme ou en civil. Hors agglomération, vous obéirez à un agent en uniforme ou à un policier en civil s'il se trouve près d'une voiture de police.

Signalisation routière

Elle est semblable à celle utilisée en Europe de l'Ouest, avec cependant quelques panneaux spécifiques à la Pologne concernant essentiellement les agglomérations. L'entrée de celles-ci est signalée par un panneau évoquant la silhouette d'une ville. Barré d'un trait rouge, il en indique la sortie. Un panneau figurant une petite fille tenant un ballon signale un passage fréquenté par les enfants.

L'alcool au volant

Il n'y a pas de tolérance pour l'alcoolémie au volant. Toute consommation d'alcool du conducteur, même faible, peut entraîner une forte amende et une garde à vue. À partir de 0,5 mg/litre d'alcool dans le sang, l'infraction devient un délit et le contrevenant risque une peine de prison pouvant aller jusqu'à deux ans avec mise en détention provisoire immédiate. Cette procédure peut durer plusieurs mois.

Stationnement

La majorité des villes est aujourd'hui équipée d'horodateurs. Dans les agglomérations de moindre importance, un agent municipal vous vendra un ticket de stationnement (autour de 2 PLN/h). Sa présence est une garantie de tranquillité pour votre véhicule, mais si vous devez stationner la nuit, préférez un parking fermé et gardé. On les trouve dans la périphérie des centres-villes. Compter 30 PLN pour une nuit.

Contraventions

Tout manquement de respect au code de la route est sanctionné par une amende allant de 100 à 500 PLN. Les contrevenants s'exposent aussi à des retraits de points qui, compte tenu d'accords passés entre les autorités polonaises et celles des pays appliquant ce système, seront, en théorie, répercutés sur votre permis. Mais dans la pratique, vous ne risquez qu'une solide contravention.

B. Brillion / MICHELIN

Attention, passage d'enfants !

Carburant

La Pologne est fort bien pourvue en stations-service appartenant soit à des sociétés polonaises, telles que CPN, Petrochemia Plock, Rafineria Gdańsk, soit à des entreprises concessionnaires de sociétés privées. La plupart des postes d'essence, surtout ceux qui sont situés sur les routes principales, sont en service 24h/24. Certains sont ouverts de 6h à 20h, d'autres jusqu'à 22h. On y trouve tous les types de carburants. L'essence ordinaire à indice d'octane 94 est indiquée en jaune, l'essence sans plomb à indice d'octane 95 et 98 l'est en vert. On y distribue aussi de l'essence sans plomb U95 destinée aux voitures non équipées de pot catalytique ainsi que du gazole pour les voitures à moteur Diesel. Compter environ 4 PLN pour un litre d'essence ou de gazole.

Panne

La patrouille **Starter** se charge de vous dépanner sur le terrain. Elle est joignable au 061 831 98 00, 600 222 222 ou au 609 222 222 - *www.starter24.pl*.

La **Fédération polonaise de l'automobilisme et du motocyclisme (PZMot)** assure un service d'assistance routière. Dans un rayon de 50 km autour des villes principales, un simple appel téléphonique vous permettra d'être dépanné et ceci à titre gratuit, si vous êtes titulaire d'un livret de A.I.T. ou membre d'un club automobile affilié à la Fédération internationale de l'automobile. Pour connaître les adresses et numéros de ces postes d'assistance routière, adressez-vous à la Fédération polonaise de l'automobile à Varsovie *(Ul. Solec 22 - ✆ 022 825 97 34)* et aux numéros d'urgence 9637 ou 981 *(en service 24h/24)*.

Il existe également nombre de compagnies privées.

Se restaurer

Manger et surtout bien manger ne vous coûtera pas bien cher en Pologne où les restaurants sont nombreux et variés.

DANS LES BARS MLECZNY

Véritables institutions polonaises héritées de l'époque communiste, les **bars mleczny** (bars à lait) fonctionnent en self-service. Ils drainent une clientèle modeste, et proposent les plats les plus simples et les plus traditionnels. On y mange souvent bien et beaucoup pour environ 10 PLN. Pas de problème de compréhension du menu en polonais : ici, les plats sont visibles derrière le comptoir, il vous suffira de pointer votre choix du doigt.

DANS LES RESTAURANTS

Les restaurants pour les touristes, où la décoration est parfois outrageusement exubérante, se font un devoir de proposer une large variété de plats. Mais leur cuisine étant souvent peu inventive, préférez plutôt un établissement plus discret, reconnu pour ses spécialités et, si le budget suit, n'hésitez pas à pousser la porte d'un restaurant gastronomique.

Certains proposent des spécialités bien polonaises mais on trouve aussi de nombreux restaurants représentatifs des pays voisins comme l'Ukraine.

À côté des restaurants classiques, on trouve des pizzerias et les chaînes de restaurants (genre **Sphinx**) à mi-chemin entre le fast-food et la cuisine « world » où l'on vous servira aussi bien des plats grecs et tex-mex que d'inspiration française. Ces derniers établissements ont la cote auprès des jeunes et des consommateurs branchés des grandes villes. Ils sont cependant peu intéressants d'un point de vue gastronomique.

Horaires

Les restaurants sont habituellement ouverts sans interruption de 11h-12h à 22h. Certains indiquent une ouverture « jusqu'au dernier client » *(Ostatni Klient)*. N'oubliez pas que les Polonais dînent tôt (vers 19h) et que le dernier client peut avoir quitté les lieux vers 21h30. Seuls les restaurants de chaîne ouvrent un peu plus tard, jusqu'à 23h.

NOS CATÉGORIES DE PRIX

	Se restaurer (prix d'un repas)	**Se loger** (prix de la chambre double sans petit-déjeuner)
🪙	moins de 35 PLN **moins de 9 €**	moins de 160 PLN **moins de 40 €**
🪙🪙	de 35 à 70 PLN **de 9 à 18 €**	de 160 à 300 PLN **de 40 à 75 €**
🪙🪙🪙	de 70 à 140 PLN **de 18 à 36 €**	de 300 à 600 PLN **de 75 à 150 €**
🪙🪙🪙🪙	plus de 140 PLN **plus de 36 €**	plus de 600 PLN **plus de 150 €**

Info pratique

Dans les pages pratiques de chaque ville décrite dans ce guide, nous vous proposons une sélection de restaurants pour tous budgets.

Les horaires de repas des Polonais diffèrent des nôtres. Le **petit-déjeuner** est très copieux (œufs, charcuteries, laitages) et permet de tenir une grande partie de la journée. Vers midi, une très légère collation sera prise mais le deuxième repas, qui pourrait correspondre au **déjeuner**, n'a lieu qu'à la fin de la journée de travail, vers 16h. Le troisième repas, le **dîner**, plus léger, se prend autour de 19h. Ces horaires ne sont pas vraiment respectés dans les grandes villes où l'on peut dîner assez tard.

La carte

Dans les établissements les plus modestes, la carte en polonais vous donnera sans doute du fil à retordre et l'occasion de faire des expériences culinaires surprenantes mais pas dénuées d'intérêt. Dans les restaurants plus ouverts aux touristes, la carte sera au moins en allemand, en anglais, voire en russe, plus rarement en français. Les menus affichent souvent plus d'une dizaine de pages, car tout y est détaillé. À côté de chaque plat figure la quantité en grammes qui est servie. Un bon moyen pour choisir en fonction de sa faim !

Addition

Si l'on peut faire un repas copieux dans un bar à lait pour une dizaine de złotys, un repas dans un établissement plus classique coûte de 35 à 40 PLN. Dans un restaurant haut de gamme, la note peut osciller entre 75-100 et 1 000 PLN, vin compris. Les pourboires ne sont pas inclus. Il est de bon ton de laisser l'équivalent de 10 % de la note.

Se loger

Il existe de nombreuses formules pour se loger en Pologne. Les prix sont variables et bien meilleur marché qu'en France.

HÔTELS

On en trouve de tous les standings, pour tous les goûts et toutes les bourses. L'offre a tendance à s'élargir depuis quelques années. Les hôtels de la période communiste n'ont pas tous disparu. Certains ont été rénovés et adaptés à un confort plus moderne et plus agréable, d'autres, de plus en plus rares, ont gardé l'atmosphère du passé : halls immenses en marbre, papier peint ou moquette marron, néons, mobilier et literie vieillots quand ils ne sont pas vétustes. Un véritable voyage dans le temps !

Mais depuis quelques années, les établissements modernes fleurissent, notamment au cœur de certaines villes lancées dans de véritables chantiers de rénovation. De l'hôtel tout confort, affichant de 1 à 5 étoiles, avec parking et chasseur, voire sauna, à la charmante pension, vous trouverez facilement votre bonheur.

Système de réservation polonais des services touristiques et hôteliers : *www.discover-poland.pl.*

On peut aussi réserver des chambres auprès des sites suivants :

Info pratique

La plupart des hôtels d'un certain standing en ville proposent des tarifs plus bas pendant les week-ends (souvent moitié prix).

Il n'est pas utile de se munir de produits tels que savon ou shampoing, la plupart des établissements mettent un point d'honneur à les fournir aux clients

www.polhotel.pl.
www.hotelsinpoland.com.
www.polhotels.com.
www.hotelspoland.com.
Et pour Varsovie :
www.warsawshotel.com.

Orbis est la plus grande chaîne d'hôtels en Pologne. Il s'agit habituellement d'hôtels 4 ou 5 étoiles.

B. Morandi / MICHELIN

Terrasse de café dans une rue de Wrocław.

Réservation auprès des hôtels du groupe Orbis : *✆ 0 801 606 606 ou (+ 48-502) 805 805 - www.orbis.pl.*

Hébergement de charme

Il commence à se développer. On pourra loger, par exemple, dans d'anciens greniers magnifiquement rénovés à Toruń, au château de Reszel ou dans le palais de chasse d'Antonin en Grande Pologne.

HÉBERGEMENT À PETIT PRIX

Il existe plusieurs possibilités d'hébergement à prix réduits par l'intermédiaire d'organismes tels que les auberges de jeunesse, les pensions, les maisons du tourisme ou encore chez l'habitant (villes ou villages des régions et des sites les plus touristiques).

Vous pouvez réserver des places en auberge de jeunesse auprès de la **Fédération polonaise des auberges de jeunesse (PTSM)** : *Ul. Chocimska 28 - 00-791 Varsovie - ✆/fax 022 849 83 54 - www.ptsm.com.pl.*

Dans certaines villes, les **cités universitaires** peuvent accueillir des visiteurs pendant l'été et les vacances scolaires, notamment à Varsovie, Cracovie, Wrocław, Poznań et Gdańsk.

Chez l'habitant

C'est probablement la manière la plus agréable de découvrir les Polonais et la vie rurale. Certains offices de tourisme proposent des adresses agritouristiques. Un site polonais regroupe par régions toutes les fermes proposant un **séjour à la campagne**. Versions polonaise et anglaise : *www.agritourism.pl.*

Que ce soit dans les villes ou à la campagne, les chambres chez l'habitant sont indiquées par les panneaux **Noclegi** (nuitées) ou **Pokoje** (chambres).

Camping

Le réseau de campings (232 au total) couvre l'ensemble du territoire polonais. Les campings sont situés à proximité des grandes villes et des centres touristiques, et sont ouverts en général du 1er mai ou 1er juin au 15 ou 30 septembre.

Fédération polonaise du camping et caravaning (PFCC) – *Ul. Grochowska 331 - 03-823 Varsovie - ✆ 022 810 60 50 - www.pfcc.info.*

Santé

Avant de partir en Pologne, pensez à vous procurer la carte européenne d'assurance maladie. Disponible depuis juin 2004, elle remplace l'ancien formulaire E 111. Cette carte est valable un an. Elle est individuelle : chaque membre de la famille doit avoir la sienne, y compris les enfants.

Vous trouverez d'autres renseignements concernant l'assurance maladie en Pologne sur le site : *www.nfz.gov.pl/ue.*

URGENCES

Les médecins polonais sont compétents quel que soit l'établissement. Cependant, les hôpitaux ont moins de moyens que leurs homologues privés. Ils disposent d'équipements moins performants et le nombre de lits est parfois limité.

PHARMACIES

Aucune différence avec leurs collègues d'Europe de l'Ouest. On y trouve les mêmes médicaments. Le personnel y parle souvent anglais.

MÉDECINS

En cas de difficulté, vous pourrez vous faire aider – en anglais, allemand ou russe – au 0 800 200 300 (appel gratuit d'un téléphone fixe) ou au + 48 608 599 999 (appel payant d'un téléphone portable). La ligne fonctionne du 2 juin au 2 octobre, de 8h à 20h.

Info pratique

Vous trouverez des adresses d'hôpitaux, de pharmacies ainsi que de médecins parlant français dans les pages pratiques des grandes villes.

Sécurité

La Pologne est un pays sûr et, comme partout, il suffit de respecter quelques règles élémentaires pour n'avoir aucun souci : ne pas conserver sur soi une somme trop importante en liquide, éviter de circuler trop tard la nuit, notamment en dehors du centre-ville, aux alentours des gares ou encore dans les parcs. Les trains de nuit ont généralement mauvaise réputation, mais si vous ne perdez pas de vue vos bagages, vous ne devriez pas avoir d'inquiétude. Ne laissez rien d'important dans votre véhicule, les voitures de location ou étrangères étant des cibles vite repérées par les voleurs, et lorsque vous vous déplacez d'une ville à l'autre en voiture, conservez toujours sur vous le numéro d'appel de l'assistance routière et de la police de la route.

Dans la loi polonaise, pas de tolérance pour les stupéfiants quels qu'ils soient. Enfin, n'oubliez pas que, comme beaucoup de pays de l'Est, la Pologne voit circuler tous types de contrefaçons de produits de luxe (vêtements, parfums, sacs, etc.) dont l'exportation vers la France est strictement prohibée.

Communications

POSTE

Les bureaux de poste sont implantés dans les centres-villes et généralement ouverts en semaine de 8h à 19h et le samedi matin. Les timbres s'achètent à la poste ou dans les kiosques (Ruch). Un timbre pour les pays de l'Union européenne coûte 2,40 PLN. Comptez une semaine pour un envoi vers la France.

Info pratique

Au début de toutes les pages pratiques, vous trouverez le code postal de la ville et de la région.

Les localités polonaises ont un code postal de 5 chiffres qui varie selon le quartier, il faut donc bien connaître l'adresse. Nous le notons en disant par exemple pour Varsovie : à partir de 00-033.

TÉLÉPHONE

Pour téléphoner depuis une cabine téléphonique, des cartes de 25, 50 et 100 unités sont en vente dans les kiosques et à la réception de certains hôtels.

/ DR

Carte téléphonique.

Info pratique

Attention, à partir d'octobre 2009, le 0 initial va être supprimé des numéros de téléphone. Par exemple, pour appeler un numéro à Varsovie de l'intérieur du pays, l'indicatif sera 22 et non plus 022. Jusqu'en mai 2010, si vous composez le 0, un répondeur téléphonique en polonais et en anglais vous informera de ce changement.

Pour téléphoner de l'étranger en Pologne :

Composer le 00 puis le 48 (indicatif du pays), suivi du numéro de votre correspondant (sans le zéro initial).

Pour téléphoner de la Pologne vers l'étranger :

Pour la France, composer le 00 puis le 33 suivi du numéro amputé du 0 initial.

Quelques indicatifs nationaux :

Belgique : 00 puis le 32.

Suisse : 00 puis le 41.

Canada : 00 puis le 1.

Pour téléphoner à l'intérieur de la Pologne :

Composez l'intégralité du numéro (y compris le 0 initial). Les trois premiers chiffres permettent d'identifier la zone géographique de votre correspondant.

Quelques indicatifs régionaux :

Varsovie : 022.

Gdańsk : 058.

Cracovie : 012.

Téléphones portables

Le réseau GSM en Pologne est couvert en « option Europe ». La couverture GSM est de bonne qualité sur l'ensemble du territoire. Tous les opérateurs français ont des accords avec les compagnies locales, pensez donc à souscrire à l'« option Monde » auprès de votre opérateur. Sachez cependant que toutes les communications (y compris les appels entrants) vous seront facturées hors forfait et au prix d'une communication internationale, même si vous appelez en Pologne. La note peut être rapidement « salée ».

INTERNET

Les cybercafés sont très nombreux en Pologne et l'on en trouve même dans les petites villes où, cependant, les tarifs sont parfois prohibitifs. Compter 4 PLN pour une heure de connexion.

Achats

La Pologne est actuellement un pays peu cher pour ceux qui viennent d'autres pays d'Europe. Vous pourrez donc en profiter pour acheter des vêtements, des chaussures ou bien d'autres produits de consommation.

Heures d'ouverture

Les magasins ouvrent généralement de 10h à 18h du lundi au vendredi et un peu moins longtemps le samedi. Les enseignes internationales se développent de plus en plus et leurs prix ne sont pas très différents de ceux pratiqués en Europe occidentale.

Dans les villes les plus importantes, on trouve des boutiques d'alimentation et surtout d'alcool ouvertes tard lorsqu'elles n'accueillent pas les clients 24h/24. Vous trouverez dans toutes les villes de petits kiosques où vous pourrez acheter de tout : cartes postales, cartes, cigarettes, journaux, etc.

Pour traverser les frontières

Vous êtes autorisé à ramener de Pologne alcools et tabacs (10 l d'alcool fort, 90 l de vin, 110 l de bière et 200 cigarettes). En revanche, il est interdit d'exporter antiquités et œuvres d'art datant d'avant 1945.

Il est possible de vous faire rembourser la TVA si le montant de vos achats dépasse 200 PLN et s'ils ont été faits dans des magasins agréés portant la mention « Tax free ». Ces derniers vous remettront un certificat d'achat à votre nom et valable 3 mois.

Voir aussi « Que rapporter » p. 39.

Vie quotidienne de A à Z

ÉLECTRICITÉ

Les prises polonaises, semblables à celles que l'on trouve en France, délivrent du courant en 220 V, fréquence 50 Hz. On trouve toujours une prise dans les hôtels pour brancher un ordinateur ou recharger un téléphone portable.

HORAIRES DE VISITE

Les conditions de visite des musées (fermés en principe le lundi) et autres sites touristiques indiqués dans ce guide correspondent à celles que nous avons relevées sur place. Dans la pratique, les choses sont souvent plus aléatoires, surtout hors saison et dans les zones les moins touristiques. N'hésitez pas à frapper à la porte : il arrive qu'un gardien vous l'ouvre.

JOURS FÉRIÉS

1er janvier : Nouvel An.
Pâques : dimanche et lundi.
1er Mai : fête du Travail.
3 mai : anniversaire de la Constitution.
Fête-Dieu : jeudi, fête mobile.
15 août : Assomption.
1er novembre : Toussaint.
11 Novembre : fête nationale de l'Indépendance.
25 et 26 décembre : Noël.

TABAC

Le prix des cigarettes est beaucoup moins élevé qu'en France. On en trouve dans tous les petits kiosques, dans la rue ou dans les passages souterrains très fréquentés en hiver.

A. Leonard / MICHELIN

Boutique.

TOILETTES

Il y a des toilettes publiques un peu partout, en général bien entretenues. Il faut laisser une pièce (1 à 2 PLN).

On reconnaît les toilettes pour femmes à un cercle et celles des hommes à un triangle, parfois remplacés par le signe symbolique du cercle avec une flèche et de la croix surmontée d'un cercle.

À FAIRE ET À VOIR

Les activités et loisirs de A à Z

Les offices de tourisme locaux et régionaux éditent brochures et documentation et répondront à vos demandes concernant les activités praticables dans leur région. Pour trouver notre sélection, reportez-vous aux rubriques « Visite » et « Sports et loisirs » dans l'encadré pratique des villes ou sites.

ALPINISME

Seule la frontière sud de la Pologne est dotée de reliefs montagneux où l'on peut pratiquer l'alpinisme. C'est le cas des Tatras où Zakopane est la base idéale pour partir en expédition. Guides et matériels sont disponibles sur place.

Fédération polonaise d'alpinisme (PZA) – *Ul. Noakowskiego 10/12 - 00-666 Varsovie - ✆ 022 875 85 05 - www.pza.org.pl.*

BAIGNADE EN MER

Avec plus de 600 km de côtes baignées par la mer Baltique, la Pologne offre un grand nombre de plages bordées de falaises, de lagunes ou s'étendant le long des estuaires. En Poméranie de l'Ouest, on se baigne aux alentours de Szczecin. Mais c'est la région de Gdańsk qui rassemble le plus grand nombre et la plus grande variété de plages. Sopot, aux accents de Deauville, remporte tous les suffrages. Un peu plus au nord, Łeba est dans le même style. Plus discrètes, les stations de Kołobrzeg, Międzyzdroje, Darłowo et Ustka ne manquent pas de charme. Enfin, le long cordon sableux de la presqu'île de Hel offre de longues plages jalonnées de villages de pêcheurs. N'oubliez pas que l'eau est ici un peu froide. Mais on la dit si vivifiante.

CANOË ET KAYAK

Le nord-est du pays est particulièrement propice à cette activité. Notamment sur la rivière Krutynia, qui traverse une vaste forêt au sud des lacs de Mazurie, et sur le parcours réputé de la Czarna Hańcza qui se prolonge, par une longue série d'écluses, par le canal d'Augustów. Ailleurs, les rivières Drwęca ainsi que la Drawa, dans la région de Brodnica, attendent les pagayeurs. Au sud de Cracovie, on peut dévaler les torrents de montagne Dunajec et Bobr. C'est un peu plus sportif que la flânerie sur de paisibles rivières mais beaucoup plus riche en émotions.

Fédération polonaise de canoë-kayak (PZK) – *Ul. Erazma Ciołka 17 - 01-445 Varsovie - ✆ 022 837 14 70 et 837 40 59 - www.pzkaj.pl.*

CHAR À VOILE SUR GLACE

Lorsque l'hiver emprisonne lacs et rivières dans une épaisse couche de glace, les inconditionnels de la navigation à voile trouvent toujours un moyen d'assouvir leur passion. La voile sur glace est de plus en plus populaire en Pologne. Elle se pratique essentiellement dans le nord-est, dans la région des lacs et des canaux de Mazurie, de Warmie et de Poméranie. La petite ville de Mikołajki rassemble un grand nombre d'amateurs.

CHASSE

Les forêts polonaises sont riches de gibier tant à poils qu'à plumes. On peut y chasser le cerf (sept.-fév.), le chevreuil (mai-sept.), le sanglier (avr.-fév.), le lièvre (oct.-janv.) ou encore la perdrix (sept.-oct.). Les meilleurs terrains occupent le nord-est du pays ainsi que la région des Bieszczady. Le chevreuil se trouve essentiellement en Mazurie, Poméranie et Grande Pologne. Le prince Antoni Radziwiłł ne s'y est pas trompé puisque c'est dans cette dernière région qu'il fit édifier un somptueux palais de chasse en bois. Quant au cerf, il peuple la majorité des forêts du pays.

Fédération polonaise de la chasse (PZŁ) – *Ul. Nowy Świat 35 - 00-029 Varsovie - ✆ 022 826 20 51 - www.pzlow.pl.*

Les agences suivantes proposent des séjours de chasse :

Chasse et pêche dans le monde – *574 chemin Wettefays - 69300 Calliure - ✆ 04 72 84 91 84 - www.chasse-et-peche.com.*

Chassorbis – *123 r. de Meaux - 75019 Paris - ✆ 01 48 03 55 55 - www.chassorbis.pl.*

Chasse Pêche Loisirs Voyages – *Quartier « Le Balançan » - 83340 Le Cannet-des-Maures - ✆ 04 94 73 48 55 - www.cplv.fr.*

COURSES DE TRAÎNEAUX

Cette coutume polonaise se pratique traditionnellement aux alentours du carnaval dans les Tatras et dans les Beskides. Mais toute occasion est bonne, ainsi, dès les premières neiges, voit-on un peu partout à travers le pays sortir des attelages tractés par des chevaux.

CYCLOTOURISME

Avec la randonnée pédestre, c'est sans doute la meilleure manière de découvrir la Pologne. Elle conviendra d'ailleurs aux voyageurs ne disposant pas de suffisamment de temps pour parcourir une région à pied. De nombreuses villes proposent des circuits de découverte de leurs environs, souvent en association avec des loueurs de vélos. Ainsi, l'office du tourisme de Poznań édite-t-il une carte des nombreuses boucles qui, partant du centre-ville, relient les châteaux de Kórnik et Rogalin ou font un crochet par les sentiers du Parc national de Grande Pologne.

Fédération polonaise de cyclisme (PZKol) – *Ul. Kościuszki 14 - 05-800 Pruszków - ✆ 022 728 85 34 - www.pzkol.pl.*

ÉQUITATION

Populaire en Pologne, elle peut se pratiquer aussi bien dans le cadre de séjours organisés qu'auprès de centres équestres particuliers ou de fermes agritouristiques. La traversée du Parc national des Bieszczady est réputée, tout comme le sont les balades sur les plages de la Baltique. On peut aussi faire des randonnées plus longues, notamment la piste équestre transjurassique qui, sur 250 km, relie les environs de Cracovie à Częstochowa. Dans les Beskides et les Bieszczady, on pourra monter les Houtsouls (Hucuły), petits chevaux de montagne.

Sous-commission du tourisme équestre de montagne PTTK (Podkomisja Górskiej Turystyki Jeździeckiej PTTK) – *Ul. Jagiellońska 6 - 31-010 Cracovie - ✆ 012 421 21 13 - www.pttk.pl.*

Fédération polonaise d'équitation (PZJ) – *Ul. Lektykarska 29 - 01-687 Varsovie - ✆ 022 539 32 40 - fax 022 833 61 58 - www.pzj.pl.*

MUSÉES

Les musées sont fermés le lundi. Un ticket coûte entre 15 et 30 PLN (guide en sus). Dans certains musées, on accueille les groupes uniquement sur réservation préalable. Pour ceux situés en dehors des villes, comptez aussi le prix du parking. Les photos sont en principe interdites. Certains musées les permettent contre le paiement d'un supplément d'environ 20 PLN. Les commentaires sont en anglais ou en allemand dans le meilleur des cas, mais rarement en français. Planifiez vos visites, les musées ferment généralement autour de 15-16h.

NAVIGATION DE PLAISANCE

La région rêvée pour les amateurs de voile est sans aucun doute la Mazurie. Les lacs Śniardwy et Mamry, l'un des plus vastes de Pologne, permettent les plus belles navigations. Un important réseau enchaînant lacs, canaux et rivières permet de naviguer sur des parcours longs de près de 200 km. On embarquera principalement aux ports de Giżycko, Węgorzewo et Mikołajki.

La voile se pratique aussi sur la mer Baltique dans la baie de Gdańsk et autour de la presqu'île de Hel. Pour l'initiation, la lagune de Szczecin est tout indiquée ; l'eau y est calme autour du port de plaisance de Trzebież. De là, on peut atteindre l'île de Wolin, ancienne colonie viking, aujourd'hui parc naturel.

Fédération polonaise de voile (PZŻ) – *Ul. Chocimska 14 - 00-791 Varsovie - ✆ 022 848 04 83 - fax 022 848 04 82 - www.pya.org.pl.*

ONT Pologne

Les lacs de Mazurie, lieu de prédilection pour les amateurs de voile.

OBSERVATION DES ANIMAUX SAUVAGES

C'est une autre forme de chasse bien plus pacifique. Les forêts autour de Suwałki sont encore peuplées de loups tandis que les castors colonisent les multiples lacs. On entendra le brame du cerf dans la forêt d'Augustów ou dans les montagnes de Białowieża. Les lacs de Mazurie sont piquetés d'îles qui sont autant de

NOUVELLES CARTES MICHELIN
Laissez-vous porter par votre imagination.
MICHELIN
EUROPE
MICHELIN
EUROPE

réserves pour les oiseaux protégés. Dans les environs de Białystok, le Parc naturel Białowieski réserve aux visiteurs attentifs et patients le privilège d'une rencontre avec les derniers bisons d'Europe.

PARCS NATURELS

Les balades dans la nature préservée vous enchantent? La richesse de la nature polonaise et la volonté de préserver ce patrimoine ont contribué à l'ouverture de pas moins de 23 parcs naturels à travers le pays. Nombreux sont les milieux et les écosystèmes représentés. Un réel effort de mise en valeur est conduit et, dans chacun d'entre eux, sentiers balisés et itinéraires de découverte sont destinés à sensibiliser le promeneur à la richesse des sites.

Dans le Parc de Góry Stołowe, les caprices de la nature forment le cadre de randonnées fantastiques, tout comme dans les Karkonosze où les sentiers aménagés sur les pentes montagneuses permettent d'apercevoir des bouquetins jadis ramenés de Corse. Dans celui de Wigierski, dans le nord-est, lacs et forêts sont à l'honneur. Des sentiers balisés et entretenus permettent de partir à la rencontre des castors, symboles de la région. À quelques kilomètres au nord-ouest de Cracovie, les chauves-souris qui hantent les grottes sont la mascotte du minuscule Parc naturel d'Ojców. Ici, le paysage calcaire raviné par l'érosion dessine des paysages spectaculaires où serpentent les chemins, entre châteaux perchés et églises au bord de l'eau. Côté mer, on découvrira dans le Parc de Słowiński le curieux phénomène des dunes mouvantes. Quant au Parc Białowieski, il renferme la plus vieille forêt primaire d'Europe.

PÊCHE

Elle se pratique tout au long de l'année. Le gel des lacs en hiver permet de s'adonner à la pratique exotique de la pêche au trou, particulièrement dans la région des lacs de Mazurie où la perche est reine, suivie de peu par l'anguille. Cette dernière région est, avec la Poméranie, la plus réputée. On pêchera aussi la truite dans les torrents tumultueux des Bieszczady. Le saumon abonde près de l'embouchure des fleuves. La mer Baltique offre près de 500 km de côtes où s'adonner à la pêche en mer où l'on prend le cabillaud. Afin de pouvoir pêcher en Pologne, que ce soit en mer ou en eau douce, on doit se procurer une licence.

Association polonaise de pêche (PZW) – *Ul. Twarda 42 - 00-831 Varsovie - ✆ 022 620 89 66 - www.pzw.pl.* On pourra vous indiquer comment obtenir la licence.

L'agence **Planet Fly Fishing** – *18 av. Édouard-Vaillant - 92100 Boulogne - ✆ 01 46 09 00 25, www.planetflyfishing.com* - organise des séjours de pêche à la mouche en Pologne.

PROMENADES EN BATEAU

Le moindre lac, la moindre rivière d'importance invite aux promenades en bateau. Des compagnies privées organisent des croisières pouvant aller jusqu'à plusieurs heures, de la simple promenade nautique jusqu'au véritable parcours thématique. Ainsi le lac de Wigry, en Podlachie, se prête-t-il à une découverte de ses moindres recoins. Sur les lacs de Mazurie, la promenade fait le tour des réserves naturelles et des petites îles-sanctuaires où se réfugient une multitude d'oiseaux protégés. À Toruń et à Wrocław, les circuits sur le fleuve offrent un point de vue inédit sur des villes riches en histoire et en monuments.

RANDONNÉES PÉDESTRES

Forêts, montagnes et parcs naturels, vous n'aurez que l'embarras du choix. La campagne polonaise se prête magnifiquement à la marche. Pistes et sentiers sont nombreux et bien balisés. Dans chaque région, vous trouverez des cartes détaillées sur les différents parcours. Parfois, les temps de parcours entre deux étapes, dans un sens comme dans l'autre, sont même indiqués et les différentes curiosités rencontrées décrites afin d'appréhender au mieux la région que vous traversez. Les autorités polonaises, principalement dans les parcs naturels et les zones protégées, font d'ailleurs de gros efforts pour signaler et entretenir les circuits dont beaucoup constituent l'unique accès à certains lieux. Si votre emploi du temps le permet, n'hésitez pas à vous enfoncer dans la campagne. C'est le meilleur moyen de découvrir la Pologne champêtre et rurale.

SKI

Les stations de ski polonaises ont, depuis quelques années déjà, bonne réputation à travers l'Europe. L'enneigement, de novembre à avril, même si la meilleure saison s'étend de janvier à mars, y est important et de qualité, les paysages sont plus que charmants et les prix des plus abordables. Ski de fond, ski alpin et snowboard sont bien sûr au rendez-vous, sans oublier les randonnées en raquettes et les balades en traîneau.

Incontournable, **Zakopane**, au cœur des Tatras, est la capitale des sports d'hiver en Pologne. Parfaitement équipée en pistes et remonte-pentes, on peut skier à plus de 2 000 m d'altitude. D'autres stations dans les environs valent le déplacement, comme celle de Bukowina Tatrzańska. On skie aussi dans les Beskides, à Szczyrk, où l'altitude s'élève aux alentours de 1 000 m. Dans les Sudètes, la station de Szklarska Poręba, sur les flancs du mont Szrenica, possède une piste éclairée la nuit. À côté, à Karpacz, les skieurs dévalent les pentes du mont Kopa.

Le **ski de fond** se pratique bien sûr dans les stations d'altitude mais aussi dans les vallées des Tatras et dans les Beskides. Près de Szklarska Poręba, dans les Sudètes, la course annuelle des Piast se déroule en janvier. Dans le nord-est du pays, et cette fois en plaine, on peut skier dans la région pittoresque et boisée qui s'étend près de Suwałki ainsi qu'autour des lacs de Mazurie.

Pour obtenir plus d'informations, consultez le site *www.skiinginpoland.com*.

Association polonaise de ski (PZN) – *Ul. Mieszczańska 18/3 - 30-313 Cracovie - ✆ 012 379 34 16 - www.pzn.pl.*

THERMALISME

La Pologne compte une quarantaine d'établissements ouverts toute l'année. La variété des eaux thermales permet des traitements adaptés à diverses affections. Les plus répandus sont les bains hydrominéraux, la fangothérapie, les cures de boisson, les inhalations et l'hydrothérapie. Renseignez-vous auprès de la **Chambre économique des stations thermales polonaises (« Uzdrowiska Polskie » Izba Gospodarcza)** – *Ul. Rolna 179/181 - 02-729 Varsovie - ✆ 022 843 34 60 - www.sanatoria.com.pl.*

Les stations thermales se trouvent essentiellement situées dans les régions montagneuses ou à proximité. Ainsi, le pays de Kłodzko n'en compte-t-il pas moins de quatre : Duszniki Zdrój, Kudowa Zdrój, Polanica Zdrój et Lądek Zdrój. On y traite toutes les pathologies, des troubles respiratoires aux dermatoses en passant par les rhumatismes. Dans les Beskides, on soigne à Krynica et à Ustroń les affections métaboliques comme l'obésité. D'autres stations se situent au pied des montagnes comme Polańczyk, dans la région des Bieszczady, Iwonicz Zdrój, près des Carpates, Rabka, entre

ONT Pologne

La région de Zakopane.

Cracovie et Zakopane, et Cieplice Zdrój, proche de Jelenia Góra en Silésie. Au sud de Varsovie se situe Konstancin et l'on pourra prendre les eaux à Ciechocinek près de Toruń. La ville d'Inowrocław possède son propre centre de soins. C'est au **sanatorium de Wieliczka**, au sud de Cracovie, que revient la palme de l'originalité puisqu'il utilise les infrastructures des impressionnantes mines de sel qui donnent à son eau ses propriétés si particulières.

VISITES GUIDÉES

Dans les villes, elles sont en principe l'apanage du **PTTK**. Cet organisme rassemble des guides polyglottes, parfois francophones, qui proposent des visites guidées que vous pourrez choisir en fonction de vos envies et du temps dont vous disposez. Vous trouverez leurs coordonnées dans les carnets pratiques de chaque ville.

Par ailleurs, chaque ville un peu importante propose des circuits de découverte : renseignez-vous auprès des offices de tourisme. À Varsovie, par exemple, un circuit permet de découvrir la Vieille Ville, la Voie Royale, le palais Wilanów et les principaux monuments. Un autre s'intéresse à l'héritage juif. À Toruń, des croisières sur la Vistule proposent de découvrir la ville par la rivière qui fit sa richesse au temps de sa gloire.

Que rapporter

Dans le nord du pays, autour de la Baltique et en Mazurie, **l'ambre** est roi. Cette résine fossile que l'on prenait jadis pour des rayons solaires cristallisés se prête merveilleusement à la confection de bijoux. Colliers, pendentifs et boucles d'oreilles constitueront des présents appréciés. Devant le développement des résines synthétiques, la prudence est cependant de mise, aussi adressez-

A. Bazydlo / MICHELIN

Étal d'ambre.

vous à des revendeurs agréés. Gdańsk reste sans doute le meilleur endroit pour dénicher de belles pièces. Côté artisanat, vous trouverez de beaux **objets en bois**, boîtes et autres bibelots sculptés. Dans les régions rurales en particulier en montagne, on trouve des **textiles**, aussi bien dans le domaine de l'habillement que dans la décoration. Ne négligez pas les **créateurs contemporains** dont le travail fait parfois montre d'une belle inspiration. Côté souvenirs de voyage, on trouve de fort beaux **livres d'art** qui vous permettront de vous replonger dans les sites et monuments visités. Enfin, n'oubliez pas que la Pologne est l'autre pays de **l'affiche** et du poster. Qu'elle soit politique, culturelle ou militante, on en trouve de belles reproductions dans des magasins spécialisés.

Attention ! Si vous ne résistez pas aux brocantes, gardez en mémoire que toute œuvre d'art et tout livre datant d'avant 1945 doit faire l'objet d'une autorisation spéciale pour pouvoir sortir du territoire.

PRODUITS DE BOUCHE

Côté produits de bouche, vous aurez l'embarras du choix. La **vodka** vient bien sûr en tête. On en trouve pour tous les goûts, du breuvage à l'herbe de bison (Żubrówka) à d'autres plus austères ou plus sucrées. Les **bières** polonaises ont aussi leurs inconditionnels. Les **charcuteries** sont également à l'honneur. Saucisses, jambons fumés pourront rejoindre dans votre panier les **fromages**, dont le goûteux **oscypek** au parfum délicatement fumé. Toruń, avec ses célèbres *pierniki* est la capitale du pain d'épice.

Au bord des routes, il n'est pas rare de croiser une pancarte indiquant des ventes de miel ou d'autres produits de la ferme. Quand on ne tombe pas carrément sur un fumoir à poisson !

Fêtes et festivals

Ils sont légion en Pologne. Nous citons ici les principaux mais chaque année voit arriver son lot de nouveautés. Vous pourrez consulter la liste des festivités de l'année sur les sites suivants : *www.tourisme.pologne.net* ou *www.iam.pl* et *www.culture.pl*.

RECONSTITUTIONS ET FÊTES HISTORIQUES

Les Polonais sont très friands de reconstitutions des épisodes marquants de leur histoire. Ainsi, sur le site préhistorique de Biskupin, se tient tous les ans au cours de la troisième semaine de septembre une grande fête archéologique. À Gniew, en Poméranie et à Gołub Dobrzyń, près de Toruń, on revit les tournois du Moyen Âge. Au château de Frombork, on rejoue fin juillet le siège de la forteresse de 1410.

FÉVRIER

Varsovie – Biennale de l'affiche. Tous les deux ans.

Toruń – Jazz Old Nowa.

MARS

Cracovie – Festivités de la Rękawka.

Wrocław – Festival des acteurs chantants.

Poznań – Festival de jazz.

Toruń – Festival de théâtre Klamra.

LUNDI DE PÂQUES

Cracovie – Foire de Pâques.

AVRIL

Cracovie – Festival international de jazz.

Wrocław – Festival de jazz.

Toruń – Toruńki Festiwal Nauki i Szuki.

MAI

Cracovie – Festival du film.

Zakopane – La Partie de campagne.

Częstochowa – Fête de la reine de Pologne. 3 mai.

Toruń – Festival de théâtre Kontakt.

JUIN

Cracovie – Fête de la ville. 5 juin.

Cracovie – Festival de la culture juive.

Cracovie – Festival international de courts-métrages.

Wrocław – Wrocław Non Stop. Fin du mois.

Opole – Festival de la chanson polonaise. Fin du mois.

W. Buss / MICHELIN

Spectacle de danses folkloriques.

Poznań – Festival de théâtre international de Malta.

Toruń – Festival Song of Songs.

Gdańsk – Festival international de musique d'orgue, jusqu'à la fin août.

JUILLET

Cracovie – Festival international de théâtre de rue.
– Festival d'été de jazz.

Zamość – Festival international de folklore.

Toruń – Toruń Muzyka i Architectura : juillet et août.

Gdańsk – Festival du foklore des peuples du Nord.
– Baltic Sail : régate internationale.
– Festival de théâtre de rue.

AOÛT

Krynica – Festival de musique Jan Kiepura. Deux semaines mi-août.

Zakopane – Festival du folklore des terres de montagne. Dernière semaine d'août.

Częstochowa – Fête de la Vierge de Częstochowa. 26 août.

Kudowa Zdrój - Festival international de musique.

Duszniki Zdrój – Festival Chopin.

Gdańsk – Festival Shakespeare.

AUTOMNE

Cracovie – Mois de la culture juive.

SEPTEMBRE

Częstochowa – Fête de la moisson. 1er dimanche de septembre.

Zawoja – Festival de danses et de chants folkloriques. Fin du mois.

Wrocław – Wratislawia Cantans.

Kłodzko – Festival de théâtre.

Gdańsk – Festival du film de long métrage.

OCTOBRE

Varsovie – Festival de jazz jamboree.

NOVEMBRE

Cracovie – Cracovie en jazz. 1er novembre.

Poznań – Masks, festival international de théâtre.

DÉCEMBRE

Cracovie – Concours de crèches de Noël.

Varsovie – Festival du film international (Warszawa Film Fest).

POUR PROLONGER SON VOYAGE

Quelques livres...

HISTOIRE

La Pologne de Bernard Barbier et Marcin Rościszewski (Que sais-je ?, PUF, 1998).

La Pologne : histoire, société, culture de Daniel Beauvois (Éd. de La Martinière, 2004). Par un éminent spécialiste universitaire du pays, une réactualisation d'un ouvrage précédemment paru en 1995 chez Hatier.

Histoire de la Pologne communiste de Pierre Buhler (Karthala, 1997). Cette « autopsie d'une imposture » retrace la lente décomposition de l'État du prolétariat en Pologne.

Géopolitique de la Pologne de Christophe Dwernicki (Éd. Complexe, 2000).

Kaléidoscope franco-polonais, sous la dir. de Bronisław Geremek et Marcin Frybes (Éd. Noir sur Blanc. Institut Adam Mickiewicz, 2004). Une radiographie complète, par ordre alphabétique, du couple franco-polonais.

La Pensée captive. Essai sur les logocraties populaires de Czesław Miłosz (Les Essais LXVII, Gallimard, 1953). L'ouvrage référence d'un témoin de son temps sur l'asservissement de l'esprit par le totalitarisme stalinien.

Le Roi Stanislas d'Anne Muratori-Philip (Fayard, 2000). La biographie d'un roi condamné à un exil permanent et à qui Nancy doit sa célèbre place.

Une histoire de la Pologne de Michał Tymowski (Éd. Noir sur Blanc, 2003). Dix-sept chapitres condensés pour une approche en version polonaise de l'histoire du pays.

La Pologne au 20e siècle, sous la dir. de Teresa Wysokińska et Alain van Crugten (Éd. Complexe, 2001). La vision de dix auteurs réunis pour un colloque à l'occasion, en 1998, du 80e anniversaire de l'indépendance de la Pologne.

ART

L'Avant-printemps. Pologne 1880-1920 (Europalia 2001 Polska/Tempora). Le catalogue d'une exposition tenue au palais des Beaux-Arts de Bruxelles du 3 oct. 2001 au 6 janv. 2002, consacrée à la peinture polonaise de la deuxième moitié du 19e s. et du début du 20e s.

« Fin des Temps ! L'histoire n'est plus », L'Art polonais du 20e s. Un catalogue édité à l'occasion d'une exposition à l'hôtel des Arts - Centre méditerranéen d'art de Toulon du 3 juil. au 3 oct. 2004.

Le 20e siècle dans l'art polonais (Aica Press, 2004). À l'occasion de la saison polonaise en France, Nowa Polska 2004, un panorama de l'art polonais d'après guerre doublé d'une anthologie de textes d'artistes.

Scène polonaise (École nationale supérieure des beaux-arts, 2004). Une anthologie d'écrits des plus fameux artistes contemporains polonais.

Présences polonaises. L'Art vivant autour du musée de Łódź, catalogue de l'exposition du 23 au 26 sept. 1983, Centre Georges-Pompidou.

Ma création, mon voyage de Tadeusz Kantor (Éd. Plume, 1991). Un beau livre d'art complété par des « commentaires intimes ».

Des slogans et des signes. L'affiche polonaise, 1945-2004, sous la dir. de Maria Kurpic et Jean-Claude Famulicki, ouvrage coédité par le musée de Wilanów, la BDIC et La Découverte, 2005. Le catalogue d'une exposition au musée d'Histoire contemporaine de l'hôtel des Invalides.

La Pologne. La Nation et l'Art de Maria et Bogdan Suchodolski (Arkady, Varsovie, 1989). Avec plein d'illustrations, un bon panorama en images de l'art polonais.

LITTÉRATURE

Panorama de la littérature polonaise du 20e siècle. Poésie de Karl Dedecius (Éd. Noir sur Blanc, 2000). Réunie par un Allemand, cette anthologie en deux tomes contient plus de 1 000 poèmes polonais du 20e s.

Bruno Schulz. Les Régions de la grande hérésie de Jerzy Ficowski (Éd. Noir sur Blanc, 2004). Une biographie consacrée à l'écrivain et dessinateur juif polonais.

Sans queue ni tête d'Aleksander Fredro (Éd. Noir sur Blanc, 1992). C'est ainsi que le « Molière polonais » (1793-1876) raconte sa jeunesse passée au sein de la Grande Armée napoléonienne.

Moi et mon double de Witold Gombrowicz (Quarto Gallimard, 1996). Réunis en un gros volume, les romans principaux de l'auteur de *Ferdydurke* et de *La Pornographie*.

Contre les poètes de Witold Gombrowicz (Éd. Complexe, 1988). Les raisons du pourquoi Gombrowicz n'aime pas la poésie pure et, au final, une subtile réflexion sur l'esthétisme.

Le Tambour de Günter Grass (Seuil). Entre *Le Chat et la Souris* et *Les Années de chien*, le deuxième volet de la « trilogie dantzigoise ». Un classique de la littérature (et du cinéma) avec Gdańsk pour toile de fond, par un natif de la ville. À déguster également du même auteur, *Le Turbot* (Seuil, 1979).

La Gloire et la Renommée de Jarosław Iwaszkiewicz (Éd. Noir sur Blanc, 1999). En 2 tomes, un roman-fleuve et un classique de la littérature polonaise du 20e s.

L'Oiseau bariolé de Jerzy Kosiński (Flammarion et Éd. J'ai Lu, 1966). Le plus célèbre livre de « L'Ermite de la 69e rue » (Plon, 1993), du titre du livre-testament de cet auteur juif américain où il est souvent question de culture polonaise.

La Comédie non divine de Zygmunt Krasiński (Éd. Noir sur Blanc, 2000). Le drame classique de l'un des grands noms de la littérature polonaise du 19e s.

Nouvelles pensées échevelées de Stanisław Jerzy Lec (Éd. Noir sur Blanc, 1993). L'intégralité des aphorismes philosophico-sarcastiques de Lec (1909-1966).

Solaris de Stanislas Lem (Denoël et Folio SF no 92). Un chef-d'œuvre de la science-fiction adapté deux fois au cinéma.

Polococktail party de Dorota Masłowska (Éd. Noir sur Blanc, 2004). Best-seller en Pologne, la description hallucinée de l'univers de jeunes paumés dans la Pologne post-communiste.

Histoire de la littérature polonaise de Czesław Miłosz (Fayard, 1986). Par le lauréat du prix Nobel de littérature.

Œuvres complètes de Sławomir Mrożek (Éd. Noir sur Blanc, 1996). Pas moins de onze volumes pour découvrir l'œuvre sarcastique de l'un des plus grands dramaturges et nouvellistes polonais.

Mémoires de Jan Chryzostom Pasek (Éd. Noir sur Blanc, 2000). La vie tumultueuse du phénomène Pasek (1636-1702) on-ne-peut-mieux-racontée que par lui-même. Selon Mickiewicz, « un monument historique et une œuvre d'art ».

Œuvres complètes de Bruno Schulz (Denoël, 2004). L'œuvre inclassable de l'un des « trois mousquetaires » de la littérature polonaise.

Quo Vadis ? de Henryk Sienkiewicz (Flammarion, 2005). Une nouvelle édition du best-seller à l'occasion du 100e anniversaire de l'attribution du prix Nobel de littérature à Sienkiewicz.

L'Inassouvissement de Stanisław Ignacy Witkiewicz (L'Âge d'homme, 1970). Le roman sans doute le plus abordable du plus fameux des trublions de l'art polonais.

POÉSIE

Les Poètes polonais du « Scamandre » (L'Âge d'homme, 2004). Une anthologie de poètes de l'entre-deux-guerres qui, sans former une école, se désignèrent les « Scamandrites ».

L'Insurrection angélique de Krzysztof Kamil Baczyński (Le Cri Éditions, Bruxelles, 2004). Le premier recueil traduit en français de ce poète, mort à 23 ans, lors de l'insurrection de Varsovie.

Redresse-toi et va de Zbigniew Herbert (Orphée, La Différence, 1995).

Les Aïeux d'Adam Mickiewicz (Éd. Noir sur Blanc, 1998). Le drame poétique du chantre de la nation polonaise.

Vade-mecum de Cyprian Norwid (Éd. Noir sur Blanc, 2004). Le recueil de poèmes posthumes du quatrième « barde » polonais du 19e s.

TÉMOIGNAGES/SOUVENIRS

La Vie est un reportage. Anthologie du reportage littéraire polonais, sous la dir. de Margot Carlier (Éd. Noir sur Blanc, 2005). Un « reportage » sur l'école polonaise du reportage.

Ébène. Aventures africaines de Ryszard Kapuściński (Feux croisés, Plon, 2000). L'expérience du plus littéraire des reporters en terre africaine.

Souvenirs de Starobielsk de Joseph Czapski (Éd. Noir et Blanc, 1987). Le premier livre de souvenirs du peintre Czapski qui, prisonnier des Soviétiques, vit ses compagnons officiers partir pour Katyń.

Proust contre la déchéance de Joseph Czapski (Éd. Noir sur Blanc, 1987). En 1939, le réconfort trouvé dans l'œuvre de Marcel Proust et partagé avec les codétenus d'un camp soviétique.

Les Voisins. 10 juillet 1941. Un massacre de Juifs en Pologne de Jan T. Gross (Fayard, 2001). Un livre qui fit l'effet d'une bombe à propos d'un chapitre tragique de la relation entre Polonais et Juifs.

Le Juif errant est arrivé d'Albert Londres (Le Serpent à plumes, 2000). En 1929, le reporter entreprend un voyage à la rencontre des communautés juives d'Europe jusqu'en Palestine. Il livre un tableau brut et réaliste du ghetto de Varsovie.

À marche forcée de Slavomir Rawicz (Phébus, 2002). Le récit véridique de bagnards s'évadant d'un camp russe, direction l'Inde anglaise. Deux ans, à pied, d'une folle « échappée belle ».

La Dernière Gare de Jarosław Marek Rymkiewicz (Pavillons, Robert Laffont, 1989). Par un Polonais chrétien, un livre-témoignage sur la blessure laissée par la Shoah.

Du fond de l'abîme. Journal du ghetto de Varsovie de Hillel Seidman (Terre humaine, Plon, 1998). Rédigé en hébreu, le témoignage d'un archiviste qui tiendra son journal jusqu'à son arrestation en janvier 1943.

Le Pianiste de Władysław Szpilman (Robert Laffont, 2001 et Éditions Pocket n° 11422). Le récit de l'incroyable survie d'un pianiste juif dans le ghetto de Varsovie, à l'origine du film de Polański.

CUISINE/GASTRONOMIE

Savoureuse Pologne. 160 recettes culinaires et leur histoire de Viviane Bourdon (Éd. Noir sur Blanc, 2002). Une introduction illustrée à la gastronomie polonaise.

MUSIQUE

Frédéric Chopin de Tadeusz Zieliński (Fayard, 1995). Une volumineuse biographie sur le plus mélancolique des pianistes romantiques.

« Chapeau bas, messieurs, un génie... », Frédéric Chopin de Michel Pazdro (Découvertes Gallimard, 1989). Derrière le titre, un compliment de Robert Schumann.

Quelques films

L'Homme de marbre d'Andrzej Wajda, 1976.

Le Décalogue de Krzysztof Kieślowski, suite de dix films réalisés en 1988.

La Double Vie de Véronique de Krzysztof Kieślowski, 1991.

La Liste de Schindler de Steven Spielberg, 1993.

Le Pianiste de Roman Polański, 2001.

Pour retrouver la Pologne

LIBRAIRIES POLONAISES

Librairie polonaise – *123 bd St-Germain - 75006 Paris - ✆ 01 43 26 04 42 - librairie.polonaise@wanadoo.fr.* Installée depuis 1925 dans ces locaux, cette institution polonaise de Paris vend des livres en polonais, des traductions littéraires et des livres en français sur la Pologne ainsi que de l'artisanat.

Librairie Dobosz – *7 r. de la Bûcherie - 75005 Paris - ✆ 01 40 51 76 40.*

ÉPICERIES POLONAISES

Comestibles Ronalba – *58-60 r. du Faubourg-Saint-Denis - 75010 Paris - ✆ 01 47 70 98 38.*

Krakus – *44 r. Pelleport - 75020 Paris - ✆ 01 43 64 09 55.*

Manorek – *156 r. Oberkampf - 75011 Paris - ✆ 01 43 55 86 44.*

RESTAURANTS POLONAIS

La Crypte Polska – *263 bis r. St-Honoré - 75001 Paris.*

La Chaumière polonaise – *2 r. Beudan - 75017 Paris.*

Polonia – *20 r. Legendre - 75017 Paris.*

Mazurka – *3 r. André-del-Sarte - 75008 Paris.*

Le Ravaillac – *10 r. du Roi-de-Sicile - 75004 Paris.*

B. Brillion / MICHELIN

La librairie Polonaise à Paris, bd St-Germain.

Kazimierz Dolny sur les bords de la Vistule.

A. Galy / MICHELIN

COMPRENDRE LA POLOGNE

PAYSAGES ET RÉGIONS

Malgré une idée reçue, la Pologne n'est pas qu'une immense plaine où alternent des petites zones boisées de pins et de bouleaux et des modestes champs en lanières. Le pays offre au contraire une nature riche et variée : des montagnes à caractère alpin et des rochers granitiques aux formes surprenantes, des forêts à l'état primitif, des lacs innombrables, des marais protégés peuplés d'une flore et d'une faune exceptionnelles, d'immenses dunes mouvantes de sable… Ces paysages ne sont pas toujours accessibles par les transports en commun, mais leur valeur environnementale unique en Europe mérite sans conteste le détour.

ONT Pologne

Paysage des Tatras.

Situation géographique

La Pologne s'étend sur 650 km du nord au sud et sur 690 km d'est en ouest, soit une superficie de 312 685 km² qui en fait le **neuvième plus grand pays d'Europe**. Les lignes reliant les extrémités nord-sud du continent (cap Nord en Norvège et cap Matapan en Grèce) et est-ouest (Oural central en Russie et Cabo da Roca au Portugal) se coupent près de Varsovie, ce qui place la Pologne en **position centrale** en Europe. La forme générale du pays évoque une figure plutôt arrondie, avec une crête caractéristique débordant sur la mer, la presqu'île de Hel (34 km de long pour une largeur moyenne de 500 m). Le pays compte plus de **3 000 km de frontières** terrestres, à quoi s'ajoutent les 694 km du littoral de la Baltique. Il voisine au nord avec la Russie sur 210 km (région de Kaliningrad), à l'est avec la Lituanie (103 km), la Biélorussie ou Bélarus (416 km) et l'Ukraine (529 km), au sud avec la Slovaquie (540 km) et la République tchèque (790 km) et à l'ouest avec l'Allemagne (457 km).

Les grands ensembles naturels

La Pologne est essentiellement un pays de **basses terres**, situé dans la grande plaine nord-européenne. Le mot *pole* signifie d'ailleurs « champ » et « plaine » en polonais. L'altitude moyenne est de 173 m et 91 % du territoire se situent en dessous de 300 m d'altitude. Seul le sud du pays présente un relief montagneux, mais le point culminant ne dépasse pas 2 500 m de haut.

Le paysage géographique de la Pologne se divise en cinq principales régions naturelles : la sablonneuse côte de la Baltique et la région des lacs au nord, la grande plaine centrale, les plateaux et le piémont méridional bordant les chaînes montagneuses au sud du pays. Les massifs les plus anciens datent du Primaire (**Sudètes**) alors que la chaîne des **Carpates**, plus élevée, est constituée de montagnes jeunes du Tertiaire de type alpin. Les plus grandes concentrations humaines du pays (**Silésie**) se sont établies sur les soubassements hercyniens, riches en houille, lignite, cuivre, soufre, zinc, plomb et sel gemme.

Au Quaternaire, le grand glacier (inlandsis) scandinave s'est avancé jusqu'au pied de ces montagnes. Les sols limoneux fertiles (lœss) déposés en avant de la calotte glaciaire ont assuré la richesse agricole des plateaux de Lublin, de Petite Pologne et de Basse Silésie autour de Wrocław. Le retrait de l'**inlandsis**, qui s'est terminé il y a quelque dix mille ans seulement, a sculpté le paysage de Mazurie et de Poméranie d'un chaos de **lacs** et de **collines morainiques** boisées aux sols podzoliques pauvres. Le grand glacier a particulièrement désorganisé le drainage et perturbé le cours des deux grands fleuves du pays. La **Vistule** ou Wisła (1 087 km) et l'**Oder** ou Odra (912 km) s'écoulent sud-nord, couvrant la quasi-totalité du pays avant de se jeter dans la mer Baltique. Mais leur tracé est aussi fait de sections est-ouest qui se raccordent presque à angle droit aux sections sud-nord.

La Vistule traverse tout le centre de la Pologne et se jette dans le golfe de Gdańsk. Son principal affluent est le Boug occidental (730 km), qui sert sur une partie de son cours de frontière orientale.

L'Oder prend sa source en République tchèque et sert de frontière occidentale avec l'Allemagne à l'aval de son cours. Son principal affluent est la Warta (753 km). Ces fleuves et rivières ont déjà les caractères propres aux fleuves russes : gel en hiver et fortes crues au printemps avec la fonte des neiges. Mais ils sont navigables une partie de l'année et bien reliés entre eux par des canaux.

LA PLAINE CÔTIÈRE DE LA BALTIQUE

La côte polonaise, large de 40 à 100 km, s'étend le long de la mer Baltique et constitue une zone basse, rectiligne et sablonneuse. Longue de 694 km, elle n'est échancrée à l'ouest que par le golfe de Szczecin (delta de l'Oder et baie de Poméranie) et à l'est par le golfe de Gdańsk (delta de la Vistule).

Les paysages se caractérisent par de longues **plages de sable** (très fréquentées en été) bordées de dunes et de forêts de résineux. C'est cette résine qui, au tertiaire, s'est fossilisée sous forme d'**ambre**, emprisonnant parfois des insectes ou des morceaux de plantes. La clarté étonnante de l'ambre faisait croire aux Anciens qu'il provenait des rayons du soleil solidifiés dans les vagues et rejetés ensuite sur la plage. Le commerce de l'ambre, utilisé pour la fabrication de bijoux et d'ornements, fut le plus intense au 2e s. apr J.-C. Aujourd'hui encore, **Gdańsk** est la capitale mondiale de l'ambre et un grand centre de **construction navale** (avec sa conurbation).

La côte possède plusieurs trésors naturels parmi lesquels domine le Parc national de Słowiński (inscrit sur la liste des réserves mondiales de la biosphère) où l'on peut se promener parmi d'immenses **dunes mouvantes** de plus de 30 m de hauteur et quelques lacs littoraux peu profonds. Mais l'eau de la mer Baltique est **cinq fois moins salée** que celle de la mer du Nord ou de l'Atlantique. C'est pourquoi la faune subaquatique est très pauvre (peu de mollusques et de méduses par exemple). Les grands cétacés (baleines) sont eux aussi exceptionnels du fait du manque de nourriture, de la faible profondeur de la mer, de la quasi-absence de marées et de la difficulté à franchir les détroits danois.

LA RÉGION DES LACS : POMÉRANIE ET MAZURIE

La Pologne septentrionale correspond à un relief de basses collines (200 à 300 m), parsemées de lacs. La **Poméranie** s'étire de la frontière allemande (Oder) jusqu'à la vallée de la Vistule. À l'est de ce fleuve, la **Mazurie** pousse jusqu'à la frontière orientale.

La Pologne compte dans cette région environ **9 300 lacs** de plus de 1 ha, c'est-à-dire plus d'1 % de la superficie totale du pays. C'est un paysage **unique** en Europe. Si c'est en Poméranie que l'on trouve le plus grand nombre d'étendues d'eau, les deux plus grands lacs sont situés en Mazurie (le lac Śniardwy mesure 114 km^2, le lac Mamry 109 km^2). Reliés entre eux par des canaux et des rivières, les lacs constituent d'immenses réseaux de navigation. Beaucoup de gens viennent y pêcher et y faire de la **voile**, surtout en Mazurie, et le plus long parcours nautique court sur 91 km !

Une grande variété de flore et de faune aquatiques s'y développe. Le lac Łukajno fait d'ailleurs partie des Réserves mondiales de la biosphère et on peut y voir canards sauvages, cygnes et hérons.

Les paysages se caractérisent par des collines boisées peu peuplées. Ce sont des terres pauvres où l'on cultive seigle, avoine, pomme de terre et lin, ou servant de prairies d'élevage. Le **chômage** est très élevé dans la région, qui compte peu de grands centres urbains.

ONT Pologne

Les lacs de Mazurie.

LA GRANDE PLAINE CENTRALE

La Pologne centrale est constituée d'un ensemble de vastes plaines, traversées d'est en ouest par de larges vallées. À l'ouest de la Vistule s'étendent les plaines de la **Grande Pologne** (baignée par la Warta) et de la Cujavie ; à l'est, les plaines de la **Mazovie** (drainée par la moyenne Vistule) et de la **Podlachie.** Elles constituent un ensemble plat, peu élevé et faiblement contrasté. Cette bande centrale court en fait de Berlin à Moscou. C'est donc surtout ici que sont passés les hommes, marchands, voyageurs mais aussi envahisseurs. Les Polonais y ont établi leur berceau, Gniezno, un de leurs cœurs économiques, **Poznań**, et aussi leur capitale, **Varsovie**. C'est une des régions les plus **dynamiques** du pays.

Les paysages sont marqués par la monotonie que l'on retrouve dans tous les plats pays sablonneux dépourvus de pierre. Les forêts de bouleaux et de pins alternent avec les champs ouverts découpés en lanières. La forêt vierge de **Kampinos**, à l'ouest de Varsovie, est une curiosité inscrite sur la liste des Réserves mondiales de la biosphère ; le contact de la Vistule et de l'inlandsis scandinave a laissé ici un paysage unique alternant dunes couvertes de végétation et prés marécageux.

La plaine polonaise reçoit assez peu de pluies mais l'épaisse couche sablo-argileuse est parfois à l'origine d'un mauvais drainage et d'un environnement de **marécages** et de **tourbières** (comme l'extraordinaire parc de la **Biebrza**). Les sols sont dans l'ensemble médiocres mais ont été valorisés dans la partie occidentale par un siècle de colonisation prussienne, avec utilisation massive d'engrais chimiques.

LES PIÉMONTS ET LES BAS PLATEAUX

Les bassins de la Vistule et de l'Oder traversent un ensemble de plateaux peu élevés : Silésies, Petite Pologne, plateau de Lublin et Galicie occidentale. Cette bande méridionale concentre de façon assez exceptionnelle plusieurs sortes de **ressources**, à la fois agricoles et minières. C'est donc ici que se sont installées les populations, avec les fortes densités rurales des bassins de Rzeszów et de Sandomierz, les énormes **concentrations urbaines** des Silésies, les anciennes villes marchandes et culturelles de **Cracovie, Lublin** et **Wrocław**.

Le bassin industriel de **Haute Silésie** est réputé pour ses importantes réserves de houille, autour de **Katowice**. Mais c'est aujourd'hui une région en pleine **reconversion**. Le plateau de **Petite Pologne** est dominé par un massif ancien hercynien, les montagnes de Sainte-Croix (Świętokrzyskie) qui culminent au mont Łysica à 612 m, prolongé au nord par le plateau jurassique de Częstochowa. Cette partie du territoire est la plus ancienne géologiquement. On y trouve d'importants gisements de minerais. Les paysages sont vallonnés et présentent des reliefs karstiques, lieux privilégiés de châteaux médiévaux (les nids d'aigles autour de Cracovie). Le plateau de **Galicie** est marqué par une alternance de vallées fertiles, de prairies d'élevage, de sols sablonneux stériles et de marécages. Le plateau sédimentaire de **Lublin**, couvert de lœss et d'alluvions fertiles, est un des greniers à blé du pays.

LES SUDÈTES ET LE MASSIF DES CARPATES

Au sud, les chaînes montagneuses sont les frontières naturelles les plus indiscutables du pays. Elles comprennent les Sudètes à l'ouest (frontière avec la République tchèque) et, à l'ouest, une partie des Carpates occidentales (frontière avec la Slovaquie). Si cet espace occupe moins de 10 % du territoire du pays, il compte énormément dans l'imaginaire polonais, à la fois comme source des deux grands fleuves du pays et comme lieu de villégiature et de récréation riche en traditions. C'est donc la région la plus **touristique du pays**. Au sud-ouest, les **Sudètes** s'étirent sur 250 km de long et culminent à 1 602 m (mont Śnieżka). Ces montagnes accueillent de nombreuses stations thermales, des stations de ski et des parcs naturels impressionnants, comme dans les monts Tabulaires *(Góry Stołowe)* où l'on peut voir de fascinantes formations rocheuses. Le massif le plus haut est constitué des monts des Géants *(Karkonosze)*, un ensemble granitique où les mouflons gambadent sur des rochers aux formes particulières (tournesol, têtes de chevaux, pèlerins, etc.).

Au sud-est, la bordure des Carpates regroupe les **Hautes Tatras** *(Tatry)*, les **Beskides** *(Beskidy)*, les Piénines *(Pieniny)* et les Bieszczady. Le massif cristallin des Hautes Tatras, au sud de Cracovie, culmine à 2 499 m, au sommet du mont Rysy. Les stations de sports d'hiver comme **Zakopane** sont très fréquentées et le Parc national des Tatras accueille chaque année plus de 2 millions de visiteurs. Sur le territoire du parc, on trouve environ 30 lacs à l'eau cristalline appelés *stawy* dont le plus célèbre est Morskie Oko, l'« œil de la mer » (35 ha et 51 m de profondeur), et de nombreux torrents dont les chutes d'eau sont parfois spectaculaires (Wielka Siklawa, haute de 70 m). Au printemps, les prés, appelés *hale*, se couvrent de milliers de crocus. De nombreuses grottes se visitent aussi. Les **Beskides** sont le deuxième massif montagneux le plus élevé du pays, et le sommet le plus haut, le mont Babia Góra, atteint 1 725 m. On peut y observer quatre étages de végétation. Dans les montagnes calcaires du Parc national des **Piénines**, les gorges du Dunajec, qui ont par endroits l'aspect d'un grand canyon très encaissé, se descendent sur des radeaux guidés par les montagnards. Le dernier massif polonais des Carpates, les **Bieszczady**, qui culmine à 1 343 m (mont Tarnica) est particulièrement sauvage et dépeuplé. Les prairies de haute montagne, appelées *połoniny*, sont d'une beauté exceptionnelle. L'Unesco a inscrit ce parc au patrimoine naturel de l'humanité, de même que ceux des monts des Géants, des Tatras et des Beskides.

Les parcs nationaux

La Pologne possède 23 parcs nationaux (couvrant environ 3 150 km^2) et 1 368 réserves naturelles avec une faune et une flore parfois uniques. Le plus célèbre est le Parc de **Białowieża**, un des deux parcs d'Europe à être inscrits à la fois sur la liste des réserves mondiales de la biosphère et sur la liste du patrimoine mondial de l'Unesco. C'est le dernier fragment de l'immense forêt vierge qui recouvrait il y a mille ans la plupart des plaines d'Europe. Au total, neuf parcs nationaux sont inscrits sur la liste des Réserves mondiales de la biosphère : quatre parcs montagnards, deux parcs forestiers, un parc lacustre, un parc littoral et un parc marécageux.

La répartition de la population

Forte de 122 habitants au km^2, la population polonaise est inégalement répartie sur le territoire. Le nord du pays est peu peuplé, au contraire de l'agglomération de **Varsovie** (2,6 millions d'habitants) et de la région industrielle de Haute Silésie (l'agglomération de **Katowice** atteint les 3,5 millions d'habitants !). À l'origine pays majoritairement rural, la Pologne voit aujourd'hui **61 %** de sa population vivre en **ville**.

Le pays compte une quarantaine de villes de plus de 100 000 habitants. En plus des deux agglomérations déjà citées, on peut mentionner trois autres grandes concentrations d'un peu plus d'un million d'habitants chacune : **Cracovie**, l'ancienne capitale de la Pologne sur la Vistule, **Łódź**, la grande cité textile, et **Gdańsk-Gdynia-Sopot**, les ports jumeaux de la Baltique.

La population polonaise se concentre ensuite dans d'autres grandes villes parmi lesquelles on peut citer **Wrocław,** sur l'Oder, important centre métallurgique, chimique et agroalimentaire, **Poznań**, sur la Warta, l'une des plus anciennes villes du pays, **Szczecin**, grand port sur la Baltique, Bydgoszcz, grande cité industrielle de la Basse Vistule, **Lublin**, spécialisée dans les biens de consommation et **Białystok**, deuxième centre textile de Pologne.

Données climatiques

La Pologne est dotée d'un **climat tempéré**, qui se caractérise par des saisons assez marquées et notamment des **hivers froids et secs** et des **étés chauds et pluvieux**. Toutefois, le climat peut varier de manière significative d'une année sur l'autre. Hormis le climat montagnard du sud, le reste du pays est marqué par un climat de **transition** entre le domaine océanique et le domaine continental. La grande plaine nord-européenne est un espace de contact entre les masses d'air humide provenant de l'Atlantique ou de la mer du Nord et de l'air sec provenant de l'intérieur du continent eurasiatique. Par conséquent, on observe une gradation thermique à la fois d'ouest en est et du nord vers le sud.

Le climat de Pologne se caractérise par un temps particulièrement **instable**, souvent nuageux ; on ne compte qu'entre 30 et 50 jours de ciel dégagé dans l'année. Généralement, les flux d'ouest prédominent pendant les mois d'été (précipitations 2 à 3 fois plus importantes qu'en hiver et températures moyennes de 18°) et les flux d'est pendant l'hiver (moyenne de -3°), notamment en décembre et en janvier (mois le plus froid). Les saisons intermédiaires sont à peine marquées. Le mois le plus chaud est le mois de juillet, où la température moyenne se situe entre 16 et 19°. Les journées chaudes avec une température d'au moins 25°, idéales pour le tourisme, sont enregistrées en Pologne à partir du mois de mai jusqu'en septembre (« automne doré »). Leur nombre augmente en s'éloignant de la mer et en se rapprochant des montagnes. Généralement, au nord-ouest de la Pologne, du fait de la proximité de la mer Baltique, prédomine le climat océanique tempéré avec des hivers humides et neigeux et des étés frais (brise de mer) où alternent pluie et soleil.

Dans la partie orientale du pays, le caractère continental du climat reste plus marqué, se caractérisant par des hivers plus rudes qui durent plus de quatre mois et par des étés plus secs. Les montagnes sont surtout caractérisées par la présence de la **neige** une grande partie de l'année. Dans les Sudètes, la neige tombe pendant 120 jours et, dans les Tatras, parfois même pendant 145 jours. Dans les montagnes des Tatras, on assiste parfois à des effets de foehn, vent violent, assez chaud et sec, appelé *halny* en polonais.

Les questions d'environnement

En Pologne, les zones de « désastre écologique » concernent 11 % de la superficie du pays et 36 % de la population. La Pologne doit faire face à un niveau élevé de **pollution de l'air** provoqué par les émissions de gaz toxiques des usines fonctionnant au charbon et au lignite. Près des trois quarts des arbres du pays sont touchés par les **pluies acides**. Les forêts du sud-ouest sont particulièrement abîmées, du fait des vents amenant les polluants rejetés par la Pologne, mais également par l'Allemagne et la République tchèque. La Pologne doit aussi lutter contre les problèmes de **pollution de l'eau** causés par les rejets toxiques de l'industrie, des grands centres urbains, voire de l'agriculture. Les 4/5 des fleuves et la côte de la Baltique sont sévèrement pollués. On peut cependant constater quelques progrès. Les **normes** de pollution s'alignent désormais sur celles de l'UE et le pays a multiplié les stations d'épuration et les filtres antipollution (usines et automobiles). La protection de l'environnement est bien lancée mais demande du temps et des dépenses élevées.

Flore

Malgré une physionomie du pays largement agricole, les forêts couvrent 28 % du territoire. Elles sont composées à 70 % de conifères (surtout le pin sylvestre), le reste étant mixte (résineux comme l'épicéa et le sapin ou feuillus comme le chêne, le hêtre, le charme ou le bouleau). Même si la majeure partie de la forêt polonaise a été défrichée pour la mise en culture, on peut toujours voir dans le pays des terrains qui n'ont pratiquement pas été transformés par l'activité humaine : une trentaine de *puszcze* ou *bory*, forêts vierges, s'étendent sur une partie du territoire.

Parmi les trésors de la flore polonaise, on trouve d'abord les vieux **chênes** de Rogalin, qui se comptent par centaines dans la grande forêt située aux environs de Poznań. Connus pour leur longévité, les plus anciens (plus de 700 ans) portent tous un nom : Bartek, Chrobry, Lech, Czech et Rus sont les héros de nombreuses légendes. Des arbres géants, pouvant atteindre 50 m, peuplent également la **forêt vierge de Białowieża**.

En l'absence de barrières naturelles à l'est et à l'ouest pour limiter les migrations de la végétation, la plupart des plantes sont des espèces transitoires (hormis quelques espèces endémiques des Carpates). On trouve par exemple des baies appartenant à des espèces eurasiatiques et nord-américaines comme l'airelle rouge *(borówka)*, le cassis *(czarna porzeczka)* ou la myrtille *(jagoda)*, dont les Polonais sont particulièrement friands.

Les champignons sont aussi très nombreux, et girolles et cèpes envahissent souvent les tables polonaises en fin d'été et en automne.

Faune

La faune locale est assez identique à celle que l'on trouve dans le reste de l'Europe. Les **chevaux** sont particulièrement chéris des Polonais, qui élèvent des races réputées qu'ils présentent à de nombreux concours. L'équitation est d'ailleurs une grande tradition nationale et l'élevage polonais de chevaux arabes est l'un des plus réputés au monde.

Du point de vue de la variété et du nombre d'espèces, le monde animal est considérablement plus riche que le monde végétal. On dénombre en Pologne 93 espèces de mammifères, 406 espèces d'oiseaux, 9 espèces de reptiles, 18 espèces de batraciens et 55 espèces de poissons.

Parmi les oiseaux, la **cigogne blanche** *(bocian)* tient une place particulière. La Pologne est appelée « le paradis des cigognes » : un quart de la population européenne nidifie ici. Les Polonais sont particulièrement attachés à cet animal et, dès le mois de mars, les habitants scrutent le ciel et attendent le craquètement familier.

Pour les ornithologues aussi il existe un paradis : les **marais de la Biebrza**. 263 espèces d'oiseaux apparaissent sur ces marécages aussi bien en période de couvaison que pendant la saison des migrations. La vallée est l'un des derniers endroits en Europe où peuvent vivre les oiseaux aquatiques et marécageux, car la plupart des marais du continent ont été assainis. Ces terrains sont également fortement appréciés par les rapaces dont le nombre d'espèces (25) est le plus important d'Europe. Dans ces régions marécageuses, on rencontre aussi des **élans**, les cervidés les plus puissants au monde, et des **castors**. Un autre parc de tourbières, inscrit sur la liste des Réserves mondiales de biosphère, est celui de **Polesie**, à l'est de Lublin.

L'emblème national de la Pologne est historiquement le **pygargue** à queue blanche, plus grand rapace du pays. Un nombre très restreint de spécimens nidifie dans le nord du pays, avant tout sur l'île de Wolin (parc national réputé aussi pour ses cormorans et ses loutres) et sur la côte de la mer Baltique.

Une autre curiosité du pays est la réserve de **chauves-souris** de Nietoperek, en Grande Pologne, constituée d'un immense bunker construit par les Allemands entre 1925 et 1941 où hibernent tous les ans quelques milliers de spécimens.

Pour les amateurs de mammifères, la Pologne offre également un spectacle de taille : le **bison**, le plus grand animal européen, est protégé dans plusieurs parcs nationaux, dont celui de Białowieża, qui en compte plus de 250. Tous les bisons pur-sang nés dans des réserves polonaises portent des noms commençant par la syllabe « Po », par exemple Poranek ou Pomruk.

Au sud du pays, les hautes montagnes accueillent une faune particulièrement riche. Les espèces sauvages les plus intéressantes sont le **chamois**, le **mouflon**, le **cerf**, la **marmotte** et l'**aigle royal**. D'autres grands mammifères sont également protégés : l'immense **ours brun**, le **loup**, le **lynx**, le **chat sauvage**. La plupart des spécimens rares vivent dans les Bieszczady, qui disposent des plus grands espaces sauvages du pays.

R. Czerwinski / MICHELIN

Le lynx, un animal rare et protégé.

HISTOIRE

Dès le Moyen Âge, la Pologne fait partie des grands États européens. Au 16ᵉ s., elle connaît son âge d'or en devenant un foyer de la Renaissance et de la paix religieuse. Mais sa noblesse, impuissante face au déclin des grands courants commerciaux, livre le pays à ses puissants voisins : la Pologne disparaît entre 1795 et 1918. C'est durant cette période que se forge la nation, privée d'État. Après 1945, le pays, devenu ethniquement homogène, voit sa résistance à l'URSS menée par l'Église et par des masses ouvrières rêvant de la fin du socialisme. De ces différences est née à l'Ouest l'idée d'une « autre Europe ». L'entrée du pays dans l'UE et dans l'espace Schengen est l'occasion de rappeler qu'au contraire son histoire s'inscrit pleinement dans les grandes heures du continent.

W. Buss / MICHELIN

Le site archéologique de Biskupin (550 av. J.-C.).

Des origines au royaume

DES PREMIERS VILLAGES À L'ARRIVÉE DES SLAVES (3500 AV. J.-C.-6ᵉ s.)

Les plus anciennes traces d'activité minière sur les terres polonaises remontent à plus de 3 500 ans av. J.-C. Le site de Krzemionki Opatowskie, près de Kielce, est l'un des chantiers d'extraction de silex les mieux conservés au monde. Mais peu de vestiges subsistent en Pologne. Le sous-sol sableux d'une grande partie du pays n'a pas permis aux premiers habitants d'établir des structures dont les traces seraient encore bien visibles aujourd'hui. Les sites les mieux connus ont été préservés par la boue et la vase qui les ont envahis après leur abandon. C'est en **Grande Pologne** que l'on trouve la première ville mentionnée dans les textes : Kalisz est citée au 2ᵉ s. apr. J.-C. comme poste de commerce sur la **route de l'ambre**, entre Baltique et Méditerranée. La région de Poznań apparaît alors comme une étape importante sur cette voie marchande. C'est là que s'installe, vers le 6ᵉ s., la tribu slave des **Polanes**, qui donneront leur nom et leurs premiers rois au pays.

La cité lacustre de Biskupin.

DES ROIS CHRÉTIENS ET CONQUÉRANTS (10ᵉ s.-11ᵉ s.)

Les 10ᵉ et 11ᵉ s. apparaissent comme une période de lutte intense dans la région entre chrétienté occidentale et chrétienté orientale. Alors que la plupart des chefs slaves optent pour Byzance, la dynastie polane des **Piast** se rallie à Rome afin de stopper les visées expansionnistes de son voisin, le Saint Empire romain germanique. Le **prince Mieszko** se fait baptiser à Gniezno et son fils Bolesław est sacré premier roi de Pologne par le pape en 1025. Forts de leur soutien romain, les deux hommes parviennent à conquérir d'immenses territoires (Poméranie, Silésie, Petite Pologne). En l'an mil, les frontières du royaume correspondent environ à celles de l'actuelle Pologne. De nombreux missionnaires évangélisent la région. Ces événements unissent le pays au monde latin. L'Espagnol Ibrahim ibn Yaqub et le Français Gallus Anonymus nous ont laissé des descriptions détaillées de leur voyage chez les Piast.

Les portes en bronze de la cathédrale de Gniezno.

FRAGILITÉ POLITIQUE MAIS ESSOR ÉCONOMIQUE (12e s.-13e s.)

Aux 12e et 13e s., les rivalités entre héritiers de la couronne et le morcellement féodal livrent la Pologne aux envahisseurs. Face aux incursions des **chevaliers Teutoniques** et des **Mongols** ou Tatars, les rois Piast préfèrent transférer leur capitale à Cracovie. Sur les terres dépeuplées par les invasions, les princes polonais favorisent l'implantation de colons allemands et hollandais, autorisés à conserver leur organisation juridique et fiscale, bien adaptée à l'économie d'échanges. De nombreux Juifs, persécutés en Europe occidentale, trouvent aussi refuge ici. L'arrivée de ces populations entraîne un essor urbain et commercial. Des milliers de villages et des dizaines de villes sont fondés, qui obtiennent libertés et privilèges (Wrocław en 1242, Poznań en 1253, Cracovie en 1257). Des dizaines de monastères sont bâtis, notamment par des cisterciens, qui apportent tout un savoir en matière de travail de la terre.

Les abbayes cisterciennes de Trzebnica, de Lubiąż et de Mogiła, près de Cracovie.

CASIMIR LE GRAND (1333-1370)

Le dernier roi Piast, **Casimir III**, mérite bien son surnom de « Grand ». Son œuvre est immense : unification du royaume et renforcement de l'État, accueil d'immigrants (en particulier juifs), construction d'églises et de forteresses, aide au développement des villes (les villes de Kazimierz Dolny et de Kazimierz, aujourd'hui quartier de Cracovie, lui doivent leur nom).

Cracovie devient un important centre européen : son **université** (1364) est l'une des premières fondées en Europe. Il n'est donc pas surprenant que le premier historien polonais, Jan Długosz, écrive vers 1470 que « Casimir a reçu la Pologne en bois et l'a rendue en pierre ».

Le Collegium Maius de Cracovie, l'hôtel de ville de Wrocław, les châteaux du Jura polonais, la ville médiévale de Paczków, les cathédrales gothiques de Cracovie, Gniezno et Poznań, les églises de Chełmno.

L'ALLIANCE AVEC LA LITUANIE (14e s.-15e s.)

Casimir n'ayant pas de descendance légale, les grands seigneurs polonais décident d'unir le destin d'une de leurs reines à celui d'un grand-duc de Lituanie, encore païen. L'union entre les deux États est alors scellée pour quatre siècles et la nouvelle dynastie des **Jagellon** peut prendre en main un immense territoire capable de faire face à la menace des chevaliers Teutoniques. C'est chose faite en 1410 lors de l'écrasante victoire de **Grunwald** (Tannenberg) puis après la guerre de Treize Ans (1454-1466) où la Pologne récupère la ville de Gdańsk. Le pays s'étend alors de la mer Noire à la Baltique et englobe une partie de l'Ukraine et de la Biélorussie : c'est le plus grand État européen.

Le château de Malbork, les fresques russo-byzantines de Lublin, les églises en bois des Pieniny et des Précarpates, les monuments gothiques de Toruń et Gdańsk, la cathédrale de Pelplin près de Gniew.

L'ÂGE D'OR : LE 16e SIÈCLE

La Pologne connaît son apogée au 16e s. Les villes de la Baltique, libérées définitivement du pouvoir prussien, peuvent s'allier aux riches cités marchandes de la **Ligue hanséatique**. En 1569, l'Union de Lublin permet à la Pologne et la Lituanie d'avoir une seule Diète (ou Parlement) et le même souverain. L'économie du pays est prospère, bâtie autour d'une bourgeoisie très dynamique, d'une paysannerie nombreuse et d'une noblesse puissante. La constitution « Nihil Novi » (1505) interdit au monarque de prendre des décisions importantes sans l'accord de la Diète. Ce sont ces magnats et les élites urbaines qui ouvrent la Pologne aux influences de l'humanisme (symbolisé par l'astronome **Copernic**), de la Renaissance et de la Réforme protestante. La **Renaissance** se développe d'abord à Cracovie, à la cour des Jagellon, où le roi-mécène **Sigismond Ier** confie la construction d'une nouvelle chapelle du château royal à des artistes italiens. De somptueux hôtels de ville *(Ratusz)* se développent à Poznań, Tarnów (Giovanni Maria Padovano) et Chełmno. En 1581, **Bernardo Morando** commence la construction de Zamość, perle de la Renaissance en Pologne surnommée « la Padoue du Nord ». Les châteaux et

ÉVOLUTION TERRITORIALE DE LA POLOGNE

0 250 500 km

Frontières actuelles de la Pologne

992
La Pologne des Piast

1370
La Pologne à la mort de Casimir le Grand

1771
La Pologne avant les partages

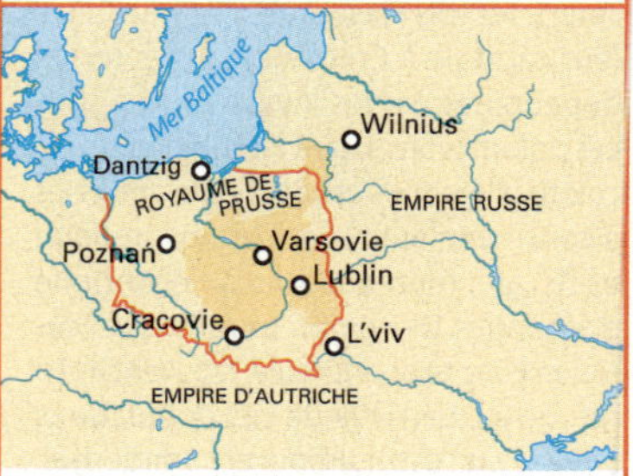

1815
La «Pologne du Congrès» dans l'Empire russe

1923
La Pologne après la 1ère Guerre mondiale

1945
Territoires sous administration polonaise

palais des magnats sont aussi confiés aux **artistes italiens** : Santi Gucci à Baranów, Galeazzo Appiani à Krasiczyn, Matteo Trapola à Łańcut et Nowy Wiśnicz, les frères Parra et Bernardo Neurone à Brzeg. À la fin du siècle et au début du siècle suivant, la cité de Gdańsk, alors plus grande ville du pays, fait appel aux meilleurs architectes et **artistes flamands** : famille van den Blocke, Johan Voigt, Antoni van Obberghen. La Réforme protestante rencontre un certain écho chez les élites désireuses de s'opposer au monarque et de s'emparer des biens du clergé. Dès 1564, les agents catholiques de la Contre-Réforme, les jésuites, arrivent en Pologne pour y fonder des collèges. Mais alors que l'Europe est victime des guerres de Religion, la Pologne apparaît comme une oasis de paix et un refuge pour les hérétiques. En 1573, un an après la Saint-Barthélemy, la Confédération de Varsovie proclame l'égalité entre les confessions. Le développement du protestantisme, basé sur la lecture des textes sacrés en langue nationale, s'accompagne de l'émergence du polonais, qui supplante peu à peu le latin. À la fin du 16e s. commence une intense polonisation des prénoms russes, qui finissent par disparaître. Une littérature nationale émerge, favorisée par le développement de l'imprimerie.

Les hôtels de ville, les châteaux et les palais cités.

Un pays sous influence étrangère

UN ROI SOUS TUTELLE ET UNE NOBLESSE DÉSUNIE (17e s.)

Comme les Piast, les Jagellon quittent la scène de l'histoire par manque d'héritiers. Les nobles, inquiets des volontés belliqueuses des voisins, décident d'élire eux-mêmes leur nouveau roi, qui peut être un étranger. Mais chaque élection donne lieu à des intrigues entre magnats et puissances étrangères. Entre 1587 et 1668, la Pologne est gouvernée par une branche catholique de la dynastie suédoise des **Vasa**. Ce sont eux qui décident au tout début du 17e s. de transférer la capitale de Cracovie à **Varsovie**. Secondés par les Jésuites, les Vasa veulent convertir au catholicisme le pays et ses voisins. Le patriotisme polonais se teinte alors de fanatisme religieux, qui porte en germe les constants mauvais rapports avec ses voisins. Les guerres se succèdent contre les protestants suédois, les musulmans turcs et tatars et les orthodoxes russes et ukrainiens. Après la terrible invasion suédoise de 1655-1660, baptisée « **déluge** », le pays est dévasté et la population, ravagée par la peste noire, a diminué d'un tiers. L'art polonais est alors fortement marqué par le macabre et l'expiation. On assiste à la multiplication des Vierges miraculeuses, des danses macabres, des ermitages et des calvaires. Les magnats adaptent palais, églises et couvents à la mode **baroque**. Les nobles se font portraiturer vêtus d'un long caftan inspiré des Turcs, avec une longue moustache, les cheveux en partie rasés et coiffés d'un bonnet à plumes. L'expression de « **sarmatisme** », du nom que ces nobles donnent à leurs ancêtres mythiques, désigne les traits culturels de cette caste mégalomane et repliée sur elle-même. Cette aristocratie porte un coup fatal au royaume en imposant, à partir de 1652, que les décisions prises à la Diète le soient à l'unanimité (« **liberum veto** »). Même si le roi **Jean III Sobieski** est considéré comme le sauveur de la chrétienté après avoir libéré Vienne assiégée par les Turcs en 1683, il ne peut enrayer le déclin politique. Le dernier sabordage de l'indépendance du pays a lieu en 1717, quand les nobles donnent à la Russie un droit de regard sur leurs privilèges : la Pologne devient de fait un **protectorat de la Russie**.

La chapelle de crânes de Kudowa Zdrój, les ermitages du parc de Wigry, les monastères de Częstochowa, Święta Lipka et Legnickie Pole, le château royal de Varsovie, les palais de Wilanów, Ujazdów, Kielce, Białystok et Ujazd.

LE DERNIER ROI DE POLOGNE (1764-1795)

En 1764, Prusse et Russie imposent leur candidat à la couronne, le Polonais **Stanislas Auguste Poniatowski**. Ce noble éclairé, influencé par les Lumières, choisit comme second prénom celui du premier empereur romain pour montrer qu'il entreprend un programme de réforme des structures archaïques de l'État. Mais son pays est l'objet de négociations territoriales entre Prusse, Russie et Autriche. Au cours du **premier partage**, en 1772, les trois États s'approprient environ un tiers du territoire. Malgré cela, Poniatowski fait venir à sa cour les plus grands peintres et sculpteurs de l'époque. C'est ainsi que **Canaletto le Jeune** peut réaliser des vues de Varsovie, qui serviront par la suite à la reconstruction de la ville après 1945. Le roi réussit à faire adopter en 1791 par la Diète une Constitution libérale. Mais la Russie, considérant que

La Constitution du 3 mai 1791

À partir de 1775, un puissant courant nationaliste se constitue en Pologne. Inspirés par la Révolution française et les travaux de l'Assemblée constituante, ces patriotes veulent abolir la monarchie élective et le « liberum veto », accorder plus de droits au tiers état, affirmer la souveraineté nationale et équilibrer les pouvoirs des législateurs, du gouvernement et des juges. Le 3 mai 1791, la Diète adopte cette Constitution malgré l'hostilité des puissances copartageantes. Elle suit l'exemple américain (17 septembre 1787) mais devance les Français (3 septembre 1791). Le 3 mai est devenu fête nationale.

la « révolution » gagne le pays, envoie son armée, épaulée par les nobles polonais partisans de l'Ancien Régime.

En 1793, le **deuxième partage** réduit encore le territoire du pays et, en 1795, après l'échec de l'insurrection menée par Tadeusz Kościuszko, le **troisième partage** efface la Pologne de la carte européenne pour 123 longues années.

Le palais de Łazienki.

LE BREF ESPOIR NAPOLÉONIEN (1796-1815)

Après la disparition de l'État, Paris devient le principal centre de l'émigration politique. La France étant en guerre contre l'Autriche, le général **Jean Henri Dąbrowski** obtient en 1796 l'accord du Directoire pour organiser, à partir des prisonniers polonais de l'armée autrichienne, les premières « **Légions polonaises** », pour aller libérer leur pays. « Marche, marche, Dąbrowski, de la terre d'Italie vers celle de Pologne [...]. La Pologne n'est pas morte tant que nous vivrons », affirme leur chant, écrit par Józef Wybicki, qui deviendra l'hymne national. Les Légions combattent alors dans plusieurs batailles mais sont finalement envoyées à Saint-Domingue en 1802 pour y réduire la révolte des Noirs ; le premier consul Bonaparte n'était pas encore prêt à sacrifier à la cause polonaise l'équilibre européen. Un clivage se produit alors chez les Polonais entre les partisans de la coopération avec la Russie (Adam Czartoryski) et les tenants du soutien occidental. Cette opposition va durer pendant des décennies et influencer à maintes reprises le sort du pays. Pourtant, Napoléon, auréolé de son titre d'Empereur des Français, n'a aucun mal en 1806-1807, dans sa campagne contre la Prusse, à provoquer un soulèvement des Polonais dans le tronçon prussien. Les terres que la Prusse avait prises à la Pologne sont alors érigées en **grand-duché de Varsovie**, doté en 1807-1808 d'une Constitution et du Code Napoléon. En 1809, l'armée polonaise, commandée par le **prince Poniatowski**, participe à la victoire contre l'Autriche, qui doit céder au duché la majeure partie des territoires qu'elle occupait (dont Cracovie). Pressé par les Polonais de rétablir un véritable royaume, Napoléon leur laisse espérer en 1811 que l'indépendance dépendra de l'issue de la guerre qu'il mène contre la Russie. Mais malgré la mobilisation des soldats et des civils polonais, la catastrophe en Russie scelle le sort politique du duché, occupé par les troupes du tsar.

RÉVOLTES ÉCRASÉES ET INTENSE ÉMIGRATION (19e s.)

En 1815, le **congrès de Vienne**, qui répartit les dépouilles de l'Empire napoléonien, réalise un quatrième partage de la Pologne. Officiellement est créé le royaume de Pologne ou « **Pologne du Congrès** » mais dont le roi est le tsar. Le congrès répartit le reste du territoire entre les trois voisins. Dans les provinces annexées, Prussiens et Russes mettent en place assez rapidement une sévère politique d'assimilation et favorisent l'installation parfois massive de colons. Seule la **République autonome de Cracovie** peut conserver des activités politiques et culturelles : elle devient un refuge pour la nation polonaise. Des **insurrections** nationalistes ont lieu en Pologne en 1830 (insurrection de Novembre), 1846, 1848 (Printemps des peuples dans toute l'Europe), 1861, 1863 (insurrection de Janvier) et 1905 (après la première révolution russe), mais elles demeurent sans lendemain. La conséquence est à chaque fois une russification et une germanisation plus intenses. Après chacune de ces insurrections, des vagues de réfugiés politiques quittent le territoire. Dès 1830, plus de 5 000 Polonais s'exilent en France, dont le poète **Mickiewicz**, le compositeur **Chopin** et le politicien **Adam Czartoryski** : leur renommée explique que cet exode soit qualifié de « **Grande Émigration** ».

LA RÉVOLUTION INDUSTRIELLE (fin 19e s.-déb. 20e s.)

Contrairement à une idée reçue, les Polonais de la fin du 19e s. ne sont pas que des agriculteurs. Si Władsisław Reymont reçoit le prix Nobel pour son roman intitulé *Les Paysans*, il nous a aussi laissé un ouvrage, *La Terre de la grande promesse*, où la ville de **Łódź** apparaît comme une tour de Babel du textile. Łódź est une ville multiculturelle (46 % de Polonais, 34 % de Juifs, 20 % d'Allemands et 2 % de Russes) mais elle se veut la Manchester polonaise.

L'architecture industrielle à Łódź.

Une indépendance difficile

Entre 1905 et 1914, les troubles politiques qui secouent l'Europe relancent les rêves d'indépendance chez les Polonais. Mais lorsque éclate la Première Guerre mondiale, les Polonais enrôlés dans le camp

Lwów et Wilno

Le maréchal Piłsudski comparait la Pologne à un bretzel, vide au centre mais rempli aux bords. Il fit tout pour que son pays regagne après 1918 ses territoires du nord et de l'est, qui furent cependant définitivement perdus en 1939. Parmi ces confins, la lituanienne Vilnius (Wilno) et l'ukrainienne L'viv (Lwów) font encore battre le cœur des Polonais. Les deux villes, devenues polonaises au 14e s., ont longtemps participé à l'écriture des grandes pages d'histoire du pays, même après les partages : pendant que Vilnius, qui accueillait les poètes Mickiewicz et Słowacki, devenait le berceau du romantisme polonais, L'viv faisait l'expérience de l'autonomie politique à la tête de la Galicie.

russe doivent combattre leurs frères des Légions polonaises intégrées dans l'armée austro-hongroise et commandées par **Józef Piłsudski**. C'est lui qui proclame la République indépendante le **11 novembre 1918**. Les traités d'après guerre accordent à la Pologne plusieurs territoires dont le fameux « **corridor de Dantzig** » et la partie la plus riche de la Silésie. Mais l'Entente ne parvient pas à se décider sur le tracé des frontières orientales : le projet du ministre anglais Curzon ne fait pas l'unanimité. Russie et Pologne décident donc de les tracer par les armes. La bataille qui se déroule aux abords de Varsovie en août 1920, connue sous le nom de « **miracle de la Vistule** », voit la Pologne, avec l'aide du général français Weygand, repousser l'ennemi et récupérer ensuite ses territoires historiques de Biélorussie et d'Ukraine. Mais le pays a bien du mal à gérer sa toute nouvelle indépendance ; les nombreuses minorités réclament des droits, les partis se déchirent et une crise financière secoue l'économie. Entre 1919 et 1930, 495 000 Polonais s'établissent en France, essentiellement dans les mines de charbon du Nord-Pas-de-Calais. Pour relancer l'économie, la Diète lance la construction, à partir de 1924, du port de **Gdynia**. En mai 1926, à la suite d'un coup d'État, Piłsudski se fait d'abord élire ministre de la Guerre, avant d'acquérir progressivement le contrôle total du gouvernement à la fin des années 1920 et au début des années 1930, quand la crise économique mondiale s'abat sur le pays. Son programme est axé sur la « **sanacja** », l'« assainissement » de l'État ; mais cela passe notamment par l'internement des opposants. La Pologne conclut aussi des pactes de non-agression avec l'URSS puis avec l'Allemagne. Mais dès mars 1939, **Hitler** exige qu'elle cède Dantzig et accorde à l'Allemagne des droits importants sur le corridor.

Rue des Archives

Portrait de Józef Piłsudski (1867-1935, par W. Kossut).

L'épisode noir de l'occupation nazie

Le 1er septembre 1939, à 4h45, les canons du cuirassé *Schleswig-Holstein* lancent leurs obus sur **Westerplatte,** enclave polonaise du port de Gdańsk, tandis que les chars allemands violent la frontière. L'Allemagne vient de signer en secret un pacte avec l'URSS prévoyant un partage du pays. Le 17 septembre, les troupes soviétiques envahissent à leur tour la Pologne. Privé d'une aide occidentale, le pays ne peut résister. Allemagne et URSS se partagent le territoire et des milliers de Polonais sont emprisonnés, déportés vers le Reich (près de 1 million) et les goulags de l'Arctique et du Kazakhstan (plus de 1 million) ou assassinés par la police secrète soviétique. Entre-temps, un gouvernement en exil, dirigé par le **général Sikorski**, est créé d'abord à Angers puis, après la défaite française en juin 1940, à Londres. Un tournant se produit en juin 1941, lorsque Hitler lance son armée à travers le territoire polonais pour attaquer l'URSS. Après une entrevue à Londres entre Sikorski et un représentant soviétique, 75 000 soldats polonais sont libérés des goulags et le général Anders est chargé d'organiser ce nouveau corps militaire.

Le Repaire du Loup, à Kętrzyn.

Le drame de Katyń

Staline vouait une haine personnelle à la Pologne. Pour lui, ce pays était un des principaux obstacles à la progression du communisme en Europe. Le 5 mars 1940, il donna l'ordre à sa police secrète, le NKVD, d'assassiner les 25 700 détenus polonais, dont 15 000 officiers et sous-officiers qui représentaient la fine fleur de l'intelligentsia nationale. Ces exécutions sont un symbole de la cruauté et du culte du mensonge chez les Soviétiques : 200 personnes furent assassinées chaque nuit par des trios de tueurs. Le 13 avril 1943, les Allemands découvrirent le charnier de Katyń, près de Smoleńsk (d'autres se trouvent à Piatykhatky, Kurapaty, Mednoye et Bykivnia) ; mais les Soviétiques nièrent toujours leur culpabilité. Il faut attendre le 14 octobre 1992 pour que Boris Eltsine reconnaisse les faits devant Lech Wałęsa. En 2007, Andrej Wajda a réalisé un film très émouvant sur l'histoire de cette « mémoire volée » et de ce deuil impossible.

GHETTOS ET CAMPS DE LA MORT

Il convient ici de bien différencier le sort réservé aux Polonais non juifs et à ceux d'origine juive. Dès octobre 1939, le gouverneur allemand de Pologne précise que « la Pologne sera traitée comme une colonie : les Polonais deviendront les esclaves du Grand Reich. » Tous ceux qui refusent de se soumettre, particulièrement les élites, sont envoyés dans les **camps de concentration** ou KL : Stutthof (près de Gdańsk), Auschwitz, Gross-Rosen (près de Wrocław), Majdanek (près de Lublin) et Płaszów (près de Cracovie). Le traitement des Polonais juifs est différent. Ils sont d'abord enfermés dans des **ghettos** (environ 400 en Pologne), les plus importants étant à Varsovie, Łódź, Cracovie, Białystok, Lublin, Częstochowa, Kielce, Tarnów, Radom et Włocławek. Puis, à partir de l'automne 1941, quand les nazis décident de mettre en place la « solution finale », c'est la Pologne qui est choisie pour accueillir tous les **camps d'extermination**. Le pays compte en effet le plus grand nombre de Juifs et il est suffisamment éloigné pour que la population allemande (et occidentale) n'ait pas à se poser de questions. Entre novembre 1941 et juin 1942, les nazis réorganisent Auschwitz et Majdanek en camps d'extermination et créent cinq autres usines de la mort : Chełmno (Kulmhof), Bełżec, Birkenau (Auschwitz II), Sobibór et Treblinka. Environ **2 700 000** personnes périssent dans ces camps. Le 19 avril 1943, les Juifs du **ghetto de Varsovie**, plutôt que d'attendre d'être transférés et assassinés dans les camps, choisissent la révolte, bien qu'elle soit sans espoir. Trois semaines de combat sont nécessaires aux Allemands pour en venir à bout. Il n'est pas possible en quelques lignes de rendre compte de la réalité de ces ghettos et camps de la mort. On lira les mémoires du ghetto de Varsovie (A. Czerniakow, M. Edelman, J. Korczak, H. Seidman, E. Ringelblum, M. Halter, W. Szpilman) ou du ghetto de Łódź (D. Sierakowiak, A. Cytryn) et les témoignages sur Auschwitz (Rudolf Hoess, Elie Wiesel, Martin Gray, Primo Levi, Rudolf Vrba, Jo Wajsblat). Sans oublier les films *Shoah* de Claude Lanzmann, *Nuit et Brouillard* d'Alain Resnais et *Le Pianiste* de Roman Polański d'après Władysław Szpilman.

Les camps d'Auschwitz, de Majdanek et de Stutthof, le mémorial de Treblinka, les monuments liés aux ghettos de Varsovie, Cracovie et Łódź, l'Institut d'histoire juive de Varsovie.

RÉSISTANCES ET INSURRECTION DE VARSOVIE (1er août - 2 oct. 1944)

Pendant toute la durée de la guerre, c'est la collaboration d'officiers français et polonais qui permet de déchiffrer les messages des troupes ennemies et de livrer aux Alliés la clé de leurs opéra-

Bild Ullstein / Akg-images

Insurrection de Varsovie, la rue Marszałkowska en flammes, 1944.

La Pologne et les Juifs

Aborder le thème des Juifs en Pologne est délicat. Le sentiment qui domine chez les Polonais est celui d'une profonde injustice : comment peut-on oser les taxer d'antisémites alors que le pays a été la principale terre d'accueil des Juifs et qu'il n'y a pas eu en Pologne de collaboration des institutions à la persécution puis à l'extermination des Juifs ? Face à ce sujet sensible et aux attaques réciproques, ce sont les clichés et les raccourcis historiques qui dominent : un camp anti-polonais, formé notamment par des Juifs américains et européens, reproche au pays les vagues antisémites des années 1930-1960, où les Juifs servent de boucs émissaires pour justifier les humiliations successives du pays. Les Polonais se défendent en rappelant d'abord que pendant la guerre, si tous les Juifs étaient des victimes, toutes les victimes n'étaient pas juives et que, si aider un Juif était puni de mort immédiate, quelques dizaines de milliers de Juifs furent sauvés par des Polonais, notamment par l'organisation Żegota (6 600 Justes polonais sont honorés par Israël). En fait, la Pologne commence à peine à sortir du refoulement, du refus de voir la différence et de l'affreuse « concurrence des victimes ». Depuis la découverte du pogrom de Kielce (4 juillet 1946) en 1996 et de Jedwabne (10 juillet 1941) en 2000, les historiens polonais mènent un courageux travail de fond et n'hésitent plus à éclairer les zones d'ombre de l'histoire nationale. Les offices de tourisme développent des circuits sur les « traces juives » et bientôt s'ouvrira à Varsovie un grand musée de l'Histoire des Juifs de Pologne.

Les quartiers juifs de Cracovie, Varsovie, Łódź, Wrocław, Lublin, Sandomierz et Kielce, le cimetière de Tarnów, les synagogues de Zamość, Nowy Sącz et Tykocin.

tions. Les troupes polonaises prennent une part active dans les débarquements en Italie (Anders à Monte Cassino) et en Normandie. Le gouvernement polonais de Londres participe à la création d'un véritable **État clandestin** en Pologne, unique en Europe, avec une armée, des écoles, une presse et une justice. C'est le **1er août** que débute à Varsovie la grande insurrection contre l'occupant allemand. Pour éviter que l'armée Rouge, qui approche, ne contrôle le pays, l'**armée de l'Intérieur** (AK) décide d'attaquer l'occupant. Un véritable combat de rue a lieu dans la capitale, auquel participe une grande partie des habitants. Mais l'absence d'armes et la décision de **Staline** de refuser toute aide aux insurgés obligent les combattants à se rendre le **2 octobre**. Ces 63 jours de combat ont vu mourir 18 000 soldats de l'AK et 150 000 à 200 000 civils. Les Allemands rasent 70 % de la ville après avoir fait évacuer la population.

Le nombre de victimes polonaises de la Seconde Guerre mondiale est considérable : aux **2,9 millions** de Juifs polonais disparus (88 % de leur population), s'ajoutent environ **2 millions** de personnes, dont 1,5 million du fait de l'occupation nazie et 500 000 du fait de l'occupation soviétique, sans oublier les **50 000 Tsiganes** polonais (67 % de leur population). C'est 15 % de la population du pays qui a péri. Les ruines de Varsovie tombent aux mains de l'armée Rouge en janvier 1945. C'est alors que le Comité de libération nationale, formé à Lublin par les communistes, s'autoproclame gouvernement provisoire de la Pologne. Les gouvernements britannique et américain obtiennent des Soviétiques, au début de l'année 1945, à la **conférence de Yalta**, l'assurance que se tiennent des élections libres. Mais cette conférence se déroule à un moment où les Alliés ont absolument besoin de l'aide soviétique ; Staline peut donc dicter ses volontés.

Le musée de l'Insurrection à Varsovie.

Les années du communisme

LES TRANSFERTS DE POPULATION

Si la ligne Curzon est officialisée à l'est (suivant en partie le cours du Boug), la frontière ouest, le long de l'Oder-Neisse, n'est pas officiellement reconnue, par crainte de violences allemandes. L'Ukraine et la Biélorussie récupèrent donc des territoires sur la Pologne, mais cette dernière reprend des territoires où vivent **6 millions d'Allemands**. C'est donc une véritable translation est-ouest du pays qui a lieu.

À l'ouest, on assiste à une véritable colonisation des « **territoires recouvrés** » ; le nombre des exploitations agricoles privées est porté à 3 millions, sans que l'on se soucie alors des conséquences que cet émiettement peut provoquer en matière de rendements. À l'est, des millions de Polonais doivent quitter les « **territoires perdus** » bien qu'environ 2 millions d'entre eux restent tout de même en URSS.

Ces transferts de population constituent un véritable drame pour ces millions de personnes : même si quelques dizaines de milliers de Polonais viennent de France et de Belgique pour s'installer dans les territoires recouvrés, ce sont surtout les populations des territoires perdus qui peuplent l'ouest, soit un voyage de plus de 600 km et, à l'arrivée, une installation dans une ferme qui vient d'être abandonnée par une famille allemande. La nouvelle Pologne se construit dans un territoire ethniquement homogène, d'autant que la majorité des survivants juifs quittent le pays entre 1947 et 1950.

SATELLISATION ET STALINISATION DU PAYS (1947-1956)

Lors des élections législatives de janvier 1947, dénoncées comme non démocratiques en Occident, la coalition des communistes et des socialistes emporte plus de 85 % des voix ; ils décident de fusionner pour former le **POUP** (Parti ouvrier unifié polonais). **Władysław Gomułka**, partisan d'une voie polonaise vers le socialisme, est écarté au profit de Bolesław Bierut. La satellisation du pays est en route : c'est à Szklarska Poręba, en Pologne, qu'est créé en septembre 1947, le **Kominform**, organe de consultation des différents partis communistes. En 1949, le maréchal soviétique **Rokossovski** est nommé ministre polonais de la Guerre. Le **palais de la Culture et des Sciences**, construit à Varsovie entre 1952-1955, est le symbole de cette amitié forcée entre peuple russe et peuple polonais.

En mai 1955, c'est à Varsovie qu'est signé le fameux **pacte militaire** (Pacte de Varsovie) entre l'URSS et les démocraties populaires, pendant de l'OTAN. En matière économique, une industrialisation forcée est lancée ainsi que la nationalisation de plusieurs milliers d'entreprises ; mais l'effort de collectivisation de l'agriculture est un échec et doit être abandonné par la suite. Le POUP gouverne la PRL, la République populaire de Pologne, de façon autoritaire, avec l'aide considérable de la police politique et des « conseillers » soviétiques. Les **répressions** ne touchent pas seulement les opposants politiques, comme les soldats de l'AK ou les prêtres catholiques (le **cardinal Wyszyński** est incarcéré en 1953), mais aussi les fonctionnaires insoumis du Parti.

Le musée d'Histoire de la ville de Varsovie, le complexe industriel de Nowa Huta.

ÉMEUTES ET ESPOIRS DÉÇUS (1956-1978)

En février 1956, l'espoir renaît en Pologne lorsque **Khrouchtchev** dénonce les crimes de Staline. Après les **émeutes de Poznań**, le Parti préfère rappeler **Gomułka**. Cependant, dès 1962, l'attitude des dirigeants polonais se durcit à nouveau. Pour étouffer la contestation estudiantine de mars 1968, le gouvernement lance une campagne antisémite ; plus de la moitié des 25 000 Juifs que comptait encore le pays s'exilent. Pour refuser la part active prise par son pays dans l'écrasement du « Printemps de Prague » en août 1968, le Polonais Ryszard Siwiec s'immole pendant une cérémonie officielle. Mais de graves problèmes économiques poussent le gouvernement à modifier sa politique étrangère, pour obtenir notamment une aide économique et technologique de la prospère RFA, prête à reconnaître officiellement la ligne Oder-Neisse en échange de l'autorisation d'émigrer pour les Allemands résidant en Pologne. Le 7 décembre 1970, **Willy Brandt** se rend à Varsovie pour signer cet accord et se recueille aussi symboliquement sur les lieux où se trouvait le ghetto de Varsovie.

Mais ce même mois, des émeutes ont lieu à Gdańsk, Gdynia, Szczecin et Elbląg. Gomułka est remplacé par

Bettmann / Corbis

Władysław Gomułka accueillant Nikita Khrouchtchev à Varsovie en 1959.

Les grandes dates de la Pologne

966 – Conversion de Mieszko au christianisme
1309 – État teutonique autour de Marlbork
1385 – Union de Jagellon de Lituanie et de Hedwige de Pologne
15 juillet 1410 – Teutoniques vaincus à Grunwald
28 janvier 1573 – Paix éternelle entre religions déclarée par la « Confédération de Varsovie »
1596 – Transfert de la capitale à Varsovie
1685 – Ottomans arrêtés devant Vienne par Jean III Sobieski
3 mai 1791 – Première Constitution libérale d'Europe
1794 – Insurrection de Kościuszko contre les trois occupants
24 octobre 1795 – Troisième partage et disparition de la Pologne
1807 – Grand-duché de Varsovie constitué par Napoléon
1815 – « Pologne du Congrès » entre les mains du tsar
29 novembre 1830 – Insurrection de Novembre
22 janvier 1863 – Insurrection de Janvier
11 novembre 1918 – Indépendance de la Pologne
15 août 1920 – « Miracle de la Vistule » permettant à la Pologne de repousser la Russie
12 mai 1926 – Piłsudski au pouvoir après un coup d'État
1er-17 septembre 1939 – Invasion germano-soviétique
19 avril-20 mai 1943 – Soulèvement du ghetto de Varsovie
Mai 1944 – Victoire de Monte Cassino en Italie
1er août-2 octobre 1944 – Insurrection de Varsovie
Janvier 1947 – Large victoire des communistes après des élections truquées
Juin 1956 – Émeutes de Poznań
Mars 1968 – Persécution des intellectuels et purge antisémite
14-18 décembre 1970 – Émeutes ouvrières de Gdańsk, Gdynia, Elbląg et Szczecin
16 octobre 1978 – Élection de Karol Wojtyła à la papauté
Août 1980 – Nouvelles révoltes ouvrières dans les chantiers de la Baltique
31 août 1980 – Accords de Gdańsk entre Solidarność et le pouvoir
12-13 décembre 1981 – Loi martiale décrétée par le général Jaruzelski
5 avril 1989 – Accords de la Table ronde entre communistes et Solidarność
Septembre 1989 – Tadeusz Mazowiecki, premier chef de gouvernement non communiste
25 février 1991 – Dissolution des structures militaires du Pacte de Varsovie
12 mars 1999 – Entrée de la Pologne dans l'OTAN
1er mai 2004 – Entrée de la Pologne dans l'UE

Edward Gierek, un ancien mineur qui a vécu en France et en Belgique et qui souhaite moderniser l'économie en empruntant en Occident. Les Polonais vivent dans l'euphorie, car les biens affluent dans le pays. Mais l'injection de sommes énormes dans une économie fragilisée encore par le choc pétrolier ne provoque qu'un endettement record. En 1976, l'inflation atteint un taux de 60 %, les grèves paralysent le pays et de nouvelles émeutes éclatent à Radom et à Ursus près de Varsovie, où sont fabriqués les célèbres tracteurs des pays communistes. En 1978, l'élection de **Karol Wojtyła** à la papauté et son voyage en Pologne l'année suivante encouragent les aspirations des Polonais à la liberté intellectuelle et politique.

L'effet Solidarność

SOLIDARNOŚĆ ET LA LOI MARTIALE (1980-1986)

En 1980, l'économie s'effondre. Après la décision du pouvoir d'augmenter les prix alimentaires, de nouvelles révoltes ont lieu en août dans les **chantiers de la Baltique**. Le mouvement s'étend à des centaines de milliers d'ouvriers. Conduits par **Lech Wałęsa**, ils parviennent à faire plier le pouvoir qui doit concéder les **accords de Gdańsk** (31 août). Parmi les 21 points revendiqués par les grévistes, le gouvernement doit accepter le droit de grève, le droit à l'information, l'augmentation des salaires et la libération de prisonniers politiques. Gierek est écarté du pouvoir et les autorités reconnaissent finalement le syndicat indépendant **Solidarność** (Solidarité).

En décembre 1980, l'attribution du prix Nobel de littérature au poète exilé **Czesław Miłosz** prend valeur de symbole. C'est alors que le **général Jaruzelski**, avec l'accord des Soviétiques (qui avaient définitivement renoncé à une intervention militaire en décembre 1980), décrète la **loi martiale** dans la nuit du 12 au 13 décembre 1981 : il s'attribue les pleins pouvoirs, dissout Solidarność et fait incarcérer 6 000 personnes, dont les principaux dirigeants du syndicat. Les lieux de culte deviennent alors les seuls endroits possibles de semi-liberté même si les prêtres ne sont pas à l'abri de la répression (assassinat du **père Popiełuszko** par la police secrète en 1984).

TABLE RONDE ET FIN DU COMMUNISME (1985-1992)

La nomination de **Gorbatchev** à la tête de l'URSS en 1985 marque un tournant. Le gouvernement polonais doit faire face à la résistance passive d'une part de plus en plus importante de la population. En avril-mai 1988, des grèves ont lieu dans l'industrie. C'est alors que les communistes réformateurs proposent d'ouvrir des négociations avec l'opposition ; Solidarność est choisi comme seul interlocuteur, alors que le syndicat a déjà perdu une grande partie de son influence. Finalement, le 5 avril 1989, les **accords** dits de la « **Table ronde** » sont signés : on crée un Sénat dont les membres seront issus d'élections libres tandis que des élections sous conditions auront lieu à la Diète.

Lors des législatives du 4 juin 1989, Solidarność emporte une victoire écrasante. Le syndicat approuve l'élection de Jaruzelski à la présidence de la République et, en septembre, Tadeusz Mazowiecki, proche collaborateur de Wałęsa, devient le premier chef d'un gouvernement de coalition. Le POUP est dissous le 30 janvier 1990 et, le 9 décembre, Lech Wałęsa est élu président de la République. La Troisième République est née. Le retrait des troupes soviétiques stationnées en Pologne débute en avril 1991 et se termine en octobre 1992.

Pour les périodes récentes, voir p. 96.

Grands personnages

NICOLAS COPERNIC (1473-1543)

Véritable esprit de la Renaissance, Copernic a fait ses études en Pologne et en Italie et a obtenu le titre de docteur en droit canonique en 1503. À la fois mathématicien, traducteur, économiste, médecin et cartographe, il est avant tout connu pour ses travaux d'astronome. Trente-six ans

C. Hervé-Bazin / MICHELIN

Statue de Copernic sur le Rynek de Toruń.

de travaux lui ont permis de démontrer que si la Lune est bien un satellite de la Terre, l'axe de la Terre n'est pas fixe. Ébranlant la vision médiévale du monde qui place l'homme au centre de l'univers, les idées de Nicolas Copernic ont eu une portée philosophique immense et suscité des réactions violentes pendant plus de deux siècles. Son ouvrage principal, *De revolutionibus orbium coelestium*, a probablement été écrit vers 1520 (manuscrit autographe conservé à la bibliothèque Jagellonne de Cracovie). Il a été édité pour la première fois en 1543, quelques jours avant la mort de l'auteur, dans la Nuremberg protestante.

2010, l'année Chopin

Le 200e anniversaire de la naissance de Frédéric Chopin aura lieu le 21 mars 2010. Cette célébration s'annonce comme un des événements culturels les plus importants en Europe. Un Centre Chopin devrait ouvrir à Varsovie et le Bureau de promotion de la capitale travaille à la création d'objets-souvenirs liés à Chopin et à la réalisation d'un parcours urbain sonore avec audio-book et i-pod pour suivre dans Varsovie les traces de l'enfant du pays.

Les hommes politiques décorés de la Légion d'honneur

Avec plus de 4 000 décorations depuis 1802, les Polonais forment le premier contingent étranger à avoir été honoré de la plus haute distinction française, qui comprend les grades croissants de chevalier (CH), officier (O), commandeur (CO), grand officier (GO) et enfin Grand'Croix (GC).

Jan Henryk Dąbrowski (1755-1818) – GC – Général fondateur des Légions polonaises qui a donné son nom à l'hymne national.

Józef Poniatowski (1763-1813) – GC, 1813 – Prince fidèle à Napoléon qui l'a fait maréchal de France et dont le nom figure sur l'Arc de Triomphe à Paris.

Ignacy jan Paderewski (1860-1941) – GC – *voir encadré p. 88.*

Józef Piłsudski (1867-1935) – GC – Figure majeure de l'histoire européenne, notamment en 1920 quand il stoppe l'armée Rouge.

Edward Rydz-Śmigły (1886-1941) – GC – Maréchal de Pologne en septembre 1939, revenu ensuite en secret se battre en Pologne comme simple résistant.

Władysław Anders (1892-1970) – CO – Commandant des Forces armées polonaises en URSS puis chef suprême de l'armée polonaise de l'Ouest.

Stanisław Maczek (1892-1994) – CO – Chef légendaire de la 1re Division Blindée polonaise, qui n'a jamais pu revoir le pays pour lequel il s'était tant battu.

Władysław Gomułka (1905-1982) – GC, 1967 – Symbole des espoirs de l'« Octobre polonais » (1956) et des déceptions menant à la crise politique de 1968.

Edward Gierek (1913-2001) – GC – Dirigeant polonais dans les années 1970, il ne peut faire face à la crise économique et aux vagues de contestations.

Wojciech Jaruzelski (1923) – GC, 1989 – Dirigeant de la Pologne communiste de 1981 à 1990, d'abord partisan de la force puis peu à peu du compromis.

Bronisław Geremek (1932-2008) – O, 1990 – Grand intellectuel engagé aux côtés de Solidarność puis dans la construction d'une Europe communautaire.

Lech Wałęsa (1943) – GC, 1990 – *voir biographie page 67.*

Jacek Kuroń (1934-2004) – O, 1993 – Cofondateur de Solidarność, plusieurs fois condamné à la prison, père spirituel de l'opposition démocratique.

Tadeusz Mazowiecki (1927) – GO, 1998 – Un des fondateurs de Solidarność, très proche du pape, premier dirigeant non communiste d'Europe de l'Est.

Adam Michnik (1946) – O, 2003 – Un des principaux responsables de l'opposition anti-communiste, conseiller de Solidarność, patron de presse aujourd'hui.

Aleksander Kwaśniewski (1954) – GC – Premier président ex-communiste librement élu.

Marek Edelman (1922) – CO, 2008 – Unique survivant des cinq commandants de l'insurrection du ghetto de Varsovie, interné durant la loi martiale (1981-1982).

FRÉDÉRIC CHOPIN (1810-1849)

Né à Żelazowa Wola d'une mère polonaise et d'un père français établi en Pologne, Chopin compose de la musique avant même de savoir lire. À 20 ans, il décide de quitter Varsovie et ne retournera jamais dans son pays. C'est à Nohant, dans la propriété de son amante et muse George Sand, qu'il compose la plupart de ses œuvres les plus remarquables. Bien que Chopin compte parmi les pères du romantisme, sa musique possède un caractère très personnel, marqué par des harmonies révolutionnaires et des sons caractéristiques du folklore polonais. Il s'est cantonné dans la musique pour piano mais a su, le premier, en faire une puissance artistique autonome, en utilisant accords, arpèges, tons et gammes non plus comme un décor mais comme une véritable couleur musicale. Victime de la tuberculose, il s'éteint à Paris et est enterré au cimetière du Père-Lachaise. Son cœur est encastré dans le mur de la nef de l'église Ste-Croix de Varsovie. La majeure partie de ses œuvres est conservée en Pologne par la Société Frédéric Chopin et la Bibliothèque nationale. Tous les cinq ans se tient en Pologne le Concours international Chopin.

Les demeures de Żelazowa Wola et d'Antonin, le palais Ostrogski et le monument du parc Łazienki à Varsovie.

JEAN-PAUL II (1920-2005)

Karol Wojtyła est né à Wadowice, près de Cracovie. Il est marqué dans sa jeunesse par la disparition de sa mère et de son frère. Durant ses études de lettres à la faculté de philosophie de Cracovie, il se découvre une passion pour le théâtre et l'écriture. C'est pendant la Seconde

Guerre mondiale que naît sa vocation : dès 1942, après la mort de son père, il entre au séminaire clandestin de Cracovie et est ordonné prêtre en 1946. Évêque en 1958, Paul VI le nomme archevêque de Cracovie cinq ans plus tard puis cardinal en 1967. Les années 1960-1970 forgent celui qui deviendra un des principaux acteurs de la chute du communisme : en rusant avec le pouvoir communiste, en l'affrontant parfois, il parvient par exemple à faire bâtir une église dans l'immense cité ouvrière de Nowa Huta près de Cracovie.

Le choix de Karol Wojtyła, le 16 octobre 1978, comme premier pape non italien depuis plus de 400 ans, n'est donc pas un hasard. Ses premiers mots, « N'ayez pas peur. Ouvrez les frontières des États, les systèmes économiques et politiques », sonnent comme un signal pour les Polonais. Les visites qu'il effectue en Pologne en 1979, 1983 et 1987 sont sans cesse plus triomphales. Vénéré par presque tous les Polonais, son décès le 2 avril 2005 a donné lieu à des cérémonies gigantesques dans tout le pays.

Les prix Nobel

Six Polonais ont été récompensés par le célèbre prix suédois, dont quatre pour la littérature. La première fois, en 1903, c'est une femme, Marie Curie-Skłodowska, qui reçut cette distinction. Elle fut d'ailleurs la première femme de l'histoire à être « nobélisée ».

MARIE CURIE-SKŁODOWSKA (1867-1934)

Maria Skłodowska naît à Varsovie et commence ses études en suivant des cours clandestins dans la Pologne occupée. En 1891, elle part en France pour y passer son doctorat. Après que Pierre Curie lui a fait découvrir un article du physicien Henri Becquerel consacré aux mystérieux rayons émis par l'uranium, Marie Skłodowska se lance dans des recherches sur ce phénomène qui ne portait pas encore de nom. Elle est la première femme à soutenir sa thèse à la Sorbonne et à y avoir ensuite sa propre chaire. Elle a ainsi frayé le chemin des autres femmes dans le domaine des sciences. Diplômée de mathématiques et de physique, elle est la première personne à recevoir deux prix Nobel : celui de physique en 1903, conjointement avec son mari Pierre (décédé l'année suivante) et avec Henri Becquerel, pour la découverte de la radioactivité, et celui de chimie en 1911, pour la découverte du radium (utilisé ensuite dans la thérapie du cancer) et du polonium (nommé ainsi en hommage à sa patrie). Elle meurt d'une leucémie due à ce même radium. Ses cendres, avec celles de son mari, ont été transférées au Panthéon en 1995.

Le saviez-vous ?

La fille de Marie et Pierre Curie, Irène Joliot-Curie, reçut elle aussi, avec son mari Frédéric Joliot, le prix Nobel de chimie en 1935 pour la découverte de la radioactivité artificielle.

HENRYK SIENKIEWICZ (1845-1916)

Romancier, Sienkiewicz écrivait des romans historiques pour « conforter les cœurs ». Le plus célèbre, lu par des générations à travers le monde et objet de plusieurs adaptations cinématographiques, est *Quo Vadis ?* paru en 1896. L'écrivain avait commencé sa carrière comme feuilletoniste notamment à la *Gazeta Polska*. Il voyagea beaucoup et ses voyages lui fournirent matière à certaines de ses œuvres comme *Les Lettres d'Amérique*. Sa trilogie historique parut à partir de 1884 : *Par le fer et par le feu*, *Le Déluge*, *Messire Wołodyjowski*, évocation du passé héroïque et tragique de la Pologne, reste l'œuvre favorite des Polonais. En 1900, la nation polonaise lui offre le domaine d'Oblęgorek en récompense de ses mérites. Et en 1905, il reçoit le prix Nobel de littérature pour l'ensemble de son œuvre. Il s'installe en Suisse après le début de la Première Guerre mondiale et y organise un comité de soutien aux victimes de la guerre en Pologne. Il meurt à Vevey en 1916. En 1924, sa dépouille est transférée dans la crypte de la cathédrale St-Jean à Varsovie.

WŁADYSŁAW REYMONT (1867-1924)

Fils d'organiste, peu intéressé par l'école, Władysław Reymont fut mis en apprentissage à Varsovie où il obtint un brevet de couturier… métier qu'il n'exerça jamais. En revanche, il fut tour à tour comédien dans une troupe ambulante de théâtre et cheminot.

Ce n'est qu'en 1892, avec la publication de *Głos* (« La Voix »), qu'il embrassa définitivement une carrière d'homme de lettres. Comme Sienkiewicz, il publia des nouvelles et des romans-feuilletons dans plusieurs périodiques et fit de nombreux voyages. En 1901, il commença à rédiger *Les Paysans*, son œuvre majeure qui eut très vite un énorme succès en Ukraine, en Russie et en Allemagne. En 1920, le premier volume (sur les quatre) fut publié en suédois et lui valut en 1924 de recevoir le prix Nobel de littérature.

CZESŁAW MIŁOSZ (1911-2004)

Œuvre et vie foisonnantes pour ce poète, essayiste, traducteur, professeur et diplomate, né en Lituanie et qui, dès 1933, publie son premier recueil de poésies. Après des études de droit, il séjourne à Paris où il rencontre son parent et poète français Oscar Vladislav Milosz. Une rencontre décisive pour celui qui, après la publication en 1936 de *Trois Hivers,* s'impose comme le chef de file de toute une génération de poètes.

Pendant la guerre, il participe activement à la vie culturelle clandestine de Varsovie occupée et décide, en 1945, d'entrer dans le service diplomatique de la Pologne. En poste aux États-Unis puis à Paris, il demande en 1951 l'asile politique à la France. Il publie en 1953 un roman, *La Pensée captive*, devenu un des classiques de la littérature consacrée au totalitarisme, où il analyse la collaboration des intellectuels de l'Europe centrale et occidentale avec les régimes communistes. *La Prise du pouvoir* (1953) et *Issa* (1955) explorent le même thème. À partir de 1961, il enseigne la littérature et les langues slaves à Berkeley en Californie. Pendant toute cette période, il publie de la poésie, et la parution, en 1974, du recueil *Où se lève le soleil et où tombe-t-il ?*, lui vaut en 1980 l'attribution du prix Nobel de littérature. Grâce à ce prix, il connaît enfin le bonheur de voir son œuvre publiée officiellement en Pologne. Dans les années 1990, il retourne vivre dans son pays natal. Il s'est éteint le 14 août 2004 à Cracovie.

WISŁAWA SZYMBORSKA (1923)

Née en 1923, à côté de Poznań, Wisława Szymborska s'est établie en 1931 à Cracovie, ville qu'elle n'a plus quittée. Collaborant à des revues littéraires, elle publiera 18 recueils de poèmes depuis la parution du premier *Je cherche le mot* en 1945. Sa poésie, personnelle et réflexive, unissant réflexion philosophique et morale, est centrée sur l'existence humaine et sur le rapport de l'homme à l'histoire et à la culture. Cette démarche, alliée à une écriture sobre et précise, séduit de nombreux lecteurs et lui vaut d'être récompensée par le prix Nobel en 1996.

LECH WAŁĘSA (1943)

Lech Wałęsa naît à Popowo en 1943, dans une province alors annexée par l'Allemagne. Ouvrier électricien sur un chantier naval, il participe, dès 1970, à des mouvements de grève et devient vite un leader charismatique capable de fédérer autour de lui des centaines d'ouvriers. En 1980, il dirige la grève du chantier naval de Gdańsk et fonde le syndicat national Solidarność. Il veut agir « à la Gandhi », dans la durée et la non-violence. Le pape le soutient et le reçoit en janvier 1981. À l'invitation des syndicats français et de la gauche non communiste, il effectue en octobre 1981 une visite triomphale à Paris. Arrêté le 13 décembre 1981, il est relâché en novembre 1982 mais placé en résidence surveillée. En octobre 1983, il reçoit le prix Nobel de la paix. En mai et août 1988, il reprend à contrecœur son rôle de leader lors de nouvelles grèves à Gdańsk mais appelle à cesser le combat face au pouvoir. En décembre 1988, il est autorisé à se rendre en France où, avec Andrei Sakharov, François Mitterrand le reçoit avec beaucoup d'honneurs. Il participe ensuite aux négociations avec les autorités communistes qui débouchent le 5 avril 1989 sur l'accord de la Table ronde. Le lendemain, Jaruzelski accepte de le rencontrer. Une nouvelle visite de Wałęsa à Rome montre aux nombreux Polonais sceptiques que le pape approuve cette marche vers une semi-démocratie. En 1990, il est élu président de la République. Mais, brouillé avec ses anciens alliés de Solidarność, confronté à la difficile transition économique et au chômage, il prend peu à peu conscience de son isolement, notamment lors de la cohabitation avec la gauche entre 1993 et 1995. Battu par un ancien communiste à l'élection présidentielle de 1995, il est laminé à celle de 2000, où il recueille à peine 1 % des voix.

W. Buss / MICHELIN

Lech Wałęsa à un congrès de Solidarność.

ABC D'ARCHITECTURE

Les dessins présentés dans les planches qui suivent offrent un aperçu visuel de l'histoire de l'architecture du pays et de ses particularités. Les définitions des termes d'art permettent de se familiariser avec un vocabulaire spécifique et de profiter au mieux des visites des monuments religieux, militaires ou civils.

Architecture militaire gothique

Malbork : château teutonique (14e s.)

Architecture gothique flamboyant

Wrocław : hôtel de ville (2e moitié du 13e s., remanié en gothique tardif)

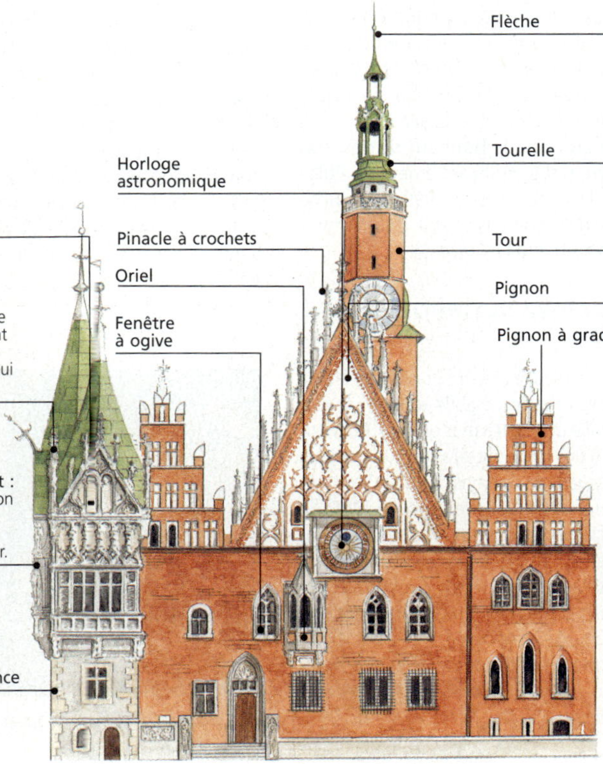

Architecture civile Renaissance

Cracovie : la Halle aux draps (16e s., remanié en style néo-gothique à la fin du 19e s.)

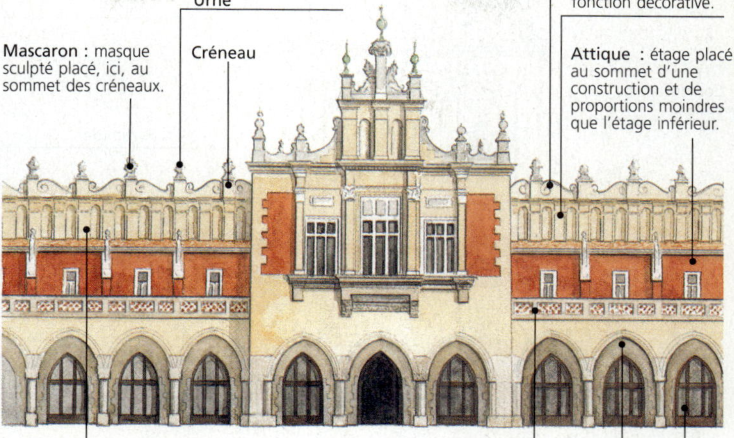

Architecture Renaissance baroquisée au 18e s.

Zamość : hôtel de ville

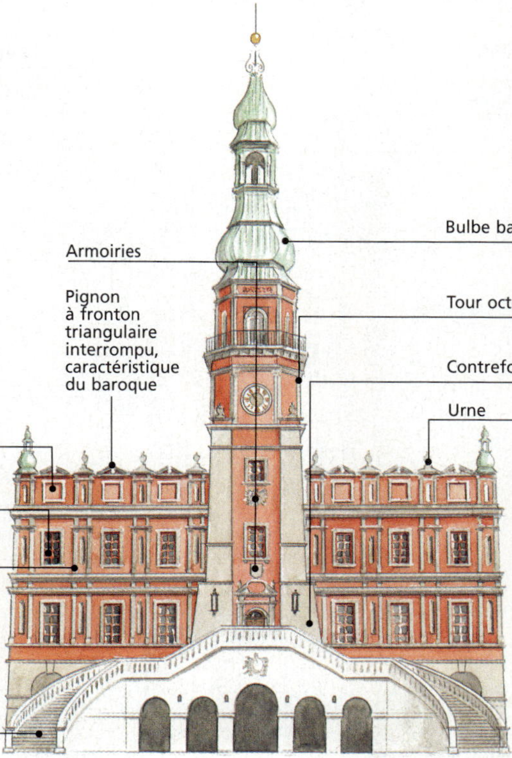

Architecture baroque jésuite

Cracovie : église St-Pierre-et-St-Paul (1596-1619)

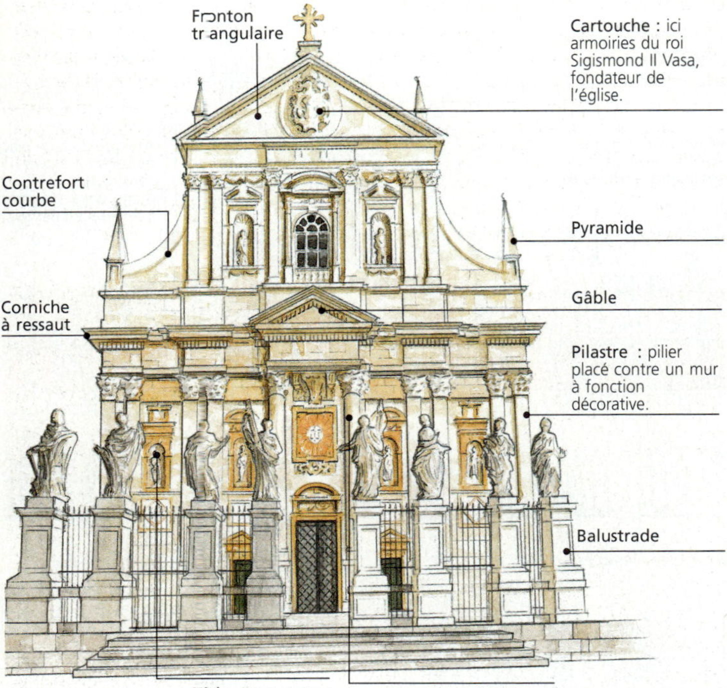

Architecture maniériste d'inspiration hollandaise

Gdańsk : maison Dorée

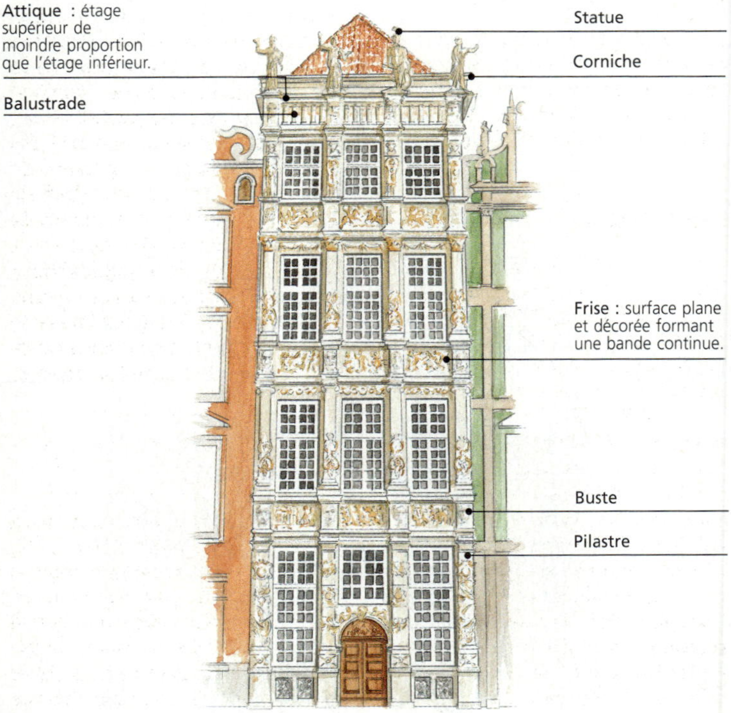

ART ET ARCHITECTURE

En dépit de sa situation géographique, la Pologne, unie au catholicisme romain dès 966, s'est toujours naturellement tournée vers la culture occidentale. D'où, pendant plusieurs siècles, la tendance à plutôt parler d'un art en Pologne que d'un art réellement polonais. Puis, parce que le pays fut rayé par deux fois de la carte de l'Europe, la conscience nationale polonaise, à défaut de pouvoir s'incarner dans un État, s'est exprimée, pour maintenir son unité, à travers une culture authentique mais largement ouverte aux influences occidentales. Un éternel débat qui fait même considérer, pour certains, l'art contemporain polonais comme un art imitateur. Mais c'est oublier que la Pologne, au carrefour des influences, s'est également parfois ouverte à l'Orient, façonnant ainsi sa propre culture.

ONT Pologne

Détail de la porte en bronze (1175) de la cathédrale de Gniezno.

Les styles

La Pologne fut un lieu de passage pour de nombreuses civilisations qui ont laissé des vestiges, retrouvés au cours de fouilles archéologiques. On retiendra surtout les Goths au nord du pays et les Celtes.

L'ART ROMAN

La Pologne, avec la conversion du prince Mieszko Ier au christianisme en 966, entre dans la sphère de l'art occidental. L'architecture religieuse en pierre fait son apparition. Les formes d'architecture préromane, inspirées de la Bohème, se retrouvent dans l'église Sts-Félix-et-Adaucte de Wawel, la cathédrale de Poznań et dans les châteaux des Piast à Ostrów Lednicki, Giecz et Przemyśl.

Peu d'éléments subsistent des premières églises qui furent des petites rotondes *(Cieszyn)*, ni même des quelques premières cathédrales des 10e et 11e s., à l'exception de la deuxième crypte (St-Léonard) de la cathédrale de Wawel et de l'église St-André de Cracovie, aux allures d'église-forteresse, avec son assemblage complexe de tours et de galeries *(Westwerk)*. Cette tendance à la fortification se retrouve dans les églises d'Opatów, de Płock et de Tum. À partir du milieu du 12e s., l'architecture romane s'épanouit dans la décoration des **portails** (Tum, Ste-Marie-Madeleine de Wrocław), des façades (l'église des Hospitaliers de Zagość) et des rares piliers sculptés de Strzelno. Les remarquables **portes de bronze** du milieu du 12e s. destinées à la cathédrale de Płock (aujourd'hui à Novgorod) ainsi que celles de Gniezno sont inspirées de l'art mosan. De cette époque subsistent aussi quelques miniatures et quelques extraordinaires pièces d'orfèvrerie.

LA TRANSITION CISTERCIENNE

Dans les années d'implantation de l'ordre cistercien, entre 1140 et 1300, 25 monastères sont créés, d'origines diverses. Implantée pour l'essentiel en Petite Pologne entre l'Oder et la Vistule (Jędrzejów, Sulejów, Wąchock, abbaye de Mogiła près de Cracovie) et en Silésie (celle de Trzebnica, avec l'apparition de fenêtres ajourées, montre les prémices d'un gothique avancé), l'architecture cistercienne s'y est relativement mieux conservée qu'en Grande Pologne où (plus rare) elle a disparu ou a été considérablement remaniée à l'époque baroque. Instaurant la transition du roman au gothique, les cisterciens, au début du 13e s., introduisent des éléments de l'architecture gothique avec les arcs en plein cintre et les voûtes en croisée d'ogives. Les cisterciens de Poméranie, relevant de communautés germaniques et danoises (Kołbacz, Oliwa), adaptent le gothique de l'Europe occidentale à l'architecture en brique, suivis par les ordres mendiants franciscain et dominicain qui élèvent également des monastères en brique comme l'église dominicaine de Sandomierz (1226), considérée comme la première église en brique de Pologne.

L'ART GOTHIQUE

La Silésie, à part, développe une école régionale d'architecture gothique dont les basiliques de Strzegom et de Wrocław (Ste-Elisabeth-et-Ste-Marie-Madeleine) constituent les meilleurs exemples, avant de tomber plus tard sous l'influence des Parler, une famille d'architectes praguois.

L'art gothique du nord

Dans le nord du pays se développe le « Backsteingotik », terme allemand pour désigner le gothique en brique, propre à la Pologne et à l'Allemagne du Nord. L'ordre Teutonique édifie de vastes châteaux de plan carré, dont le principal, situé à Malbork, prend la forme d'un monastère-forteresse, influencé par les châteaux forts de Syrie et de Palestine. Ce gothique septentrional se caractérise par des murs massifs et des pignons richement décorés comme l'attestent la cathédrale de Frombork, l'église d'Orneta, l'hôtel de ville de Toruń et le château de Lidzbark Warmiński et par des églises à nefs de même hauteur comme la basilique Notre-Dame de Gdańsk. Dans la cathédrale de Pelplin apparaissent les premières voûtes anglaises étoilées.

L'art gothique des villes

Au milieu du 14e s., l'influence des monastères décroît au profit de la Couronne, que personnifie le roi bâtisseur **Casimir le Grand**, dont on dit qu'il « trouva la Pologne en bois et la laissa en pierre ». Le nouveau pouvoir accordé aux villes fondées sur des chartes urbaines *(prawo miejskie)* promeut l'aménagement autour d'une grande place de marché centrale *(Rynek)*, dominée par un hôtel de ville *(Ratusz)* et une église paroissiale *(Kościół farny)*, dont le plus bel exemple reste celui de Cracovie, symbole de la puissance de la bourgeoisie locale. Dans le royaume de Pologne, de grandes basiliques telles les cathédrales de Cracovie, de Gniezno, Poznań et Wrocław sont édifiées sur la base de bâtiments déjà existants. Une cinquantaine de châteaux (Ojców, Będzin, Olsztyn, Ogrodzieniec) sont bâtis et presque autant d'églises. La halle à trois nefs de la collégiale de Sandomierz, avec des voûtes en éventail et étoilées, ainsi que l'église à deux nefs de Wiślica constituent les exemples les plus caractéristiques. À Cracovie, l'église Ste-Croix articule ses voûtes à nervures en étoile sur un unique pilier central à chapiteau arborescent.

Au 14e s., au moment de l'arrivée au pouvoir des Jagellon, le **gothique flamboyant** avec ses voûtes nervurées et ses ogives étirées, la multiplication des fenêtres, l'accentuation de la verticalité, et sa surenchère décorative, connaît un succès qui s'étend à toutes les provinces.

La sculpture gothique

Si les plus anciennes sculptures sur bois datent des 12e et 13e s., la Vierge à l'Enfant devient, au début du 15e s., l'un des thèmes favoris de la sculpture polonaise, influencée par l'Italie. La Madone de Krużlowa, attribuée à un artiste de Petite Pologne, est la plus fameuse et caractéristique du « doux style ». C'est aussi à cette période que le **retable gothique** trouve sa forme définitive, à triptyque vertical et volets mobiles, encadrant une armoire centrale sculptée. Avec **Veit**

R. Czerwinski / MICHELIN

Détail du triptyque de Veit Stoss (fin 15e s.), église Notre-Dame à Cracovie.

Stoss (connu sous le nom polonais de Wit Stwosz), installé à Cracovie dans le dernier quart du 15e s., la sculpture polonaise prend un nouvel essor. Son retable de la Dormition de la Vierge dans l'église Notre-Dame de Cracovie et la tombe du roi Casimir Jagellon dans la cathédrale de Wawel influenceront les artistes jusqu'au milieu du 16e s., alors qu'apparaissent déjà les nouvelles tendances issues de la Renaissance italienne.

Parallèlement, la Pologne reçoit des influences de maîtres venant de Russie, visibles dans les fresques d'inspiration byzantine qui ornent la cathédrale de Sandomierz et celles de la chapelle de la Ste-Trinité à Lublin, exécutées en 1418.

LA RENAISSANCE

C'est au roi Sigismond Ier (marié à une Italienne) que l'on doit l'invitation d'artistes italiens à Wawel et du même coup l'introduction de l'art de la Renaissance, plus décoratif, en Pologne. Entre 1507 et 1532, tandis que l'Allemagne, la Bohême, la Mazovie et la Podlachie restent fidèles au gothique tardif, le château royal de Wawel se transforme grâce aux influences de l'architecture florentine. En témoigne la belle cour d'honneur bordée de trois galeries à arcades superposées, ainsi que le plafond à caissons de la salle des Députés, empreint toutefois de tradition gothique. Dirigés tour à tour par Francesco de Florence, Bartolomeo Berecci puis **Benedykt de Sandomierz**, ces remaniements inciteront les élites fortunées du royaume à vouloir rivaliser entre elles. C'est ainsi que sont érigés en Petite Pologne, au milieu du 16e s., les palais de Krzyżtopór, de Krasiczyn ou encore de Baranów, près de Sandomierz, surnommé « le petit Wawel ».

Bien qu'elle emprunte peu d'éléments décoratifs au style Renaissance, l'architecture religieuse doit à **Bartolomeo Berecci** l'un des chefs-d'œuvre de l'âge d'or *(Złoty Wiek)* polonais : la fameuse chapelle de Sigismond ajoutée sur le côté de la cathédrale de Wawel, qui servira de modèle à de nombreuses réalisations postérieures.

Les villes les plus florissantes, à l'apogée de leur puissance, se dotent d'hôtels de ville *(Ratusz)* somptueux, souvent surmontés d'une tour crénelée, tel celui de Poznań édifié par Giovanni Battista Quadro. Les bases de toits de nombreux bâtiments sont décorées d'attiques ornés. Face à la menace turque, les villes s'entourent également de fortifications en brique et terre, dont la Barbacane de Cracovie de la fin du 15e s. constitue l'exemple le mieux conservé. Une ville entière, Zamość, construite à partir de 1579 sur le projet de l'architecte italien **Bernardo Morando**, fait l'objet d'un unique projet urbanistique de style Renaissance, même si s'ajouteront, au milieu du 17e s., des influences orientales avec l'édification des maisons arméniennes.

Se manifestant surtout à Gdańsk et dans les villes hanséatiques, le courant maniériste néerlandais s'impose sous la houlette d'Antoni van Obberghen, architecte de l'hôtel de ville de la Vieille Ville, d'Abraham et Wilhem van den Blocke, et du peintre Hans Vredeman de Vries.

Œuvrant à de magnifiques monuments funéraires pour la royauté et la noblesse comme à la décoration de nombreux monuments, les sculpteurs Santi Gucci, Gian Maria Padovano et Jan Michałowicz figurent parmi les plus talentueux artistes de l'époque. Le moine-peintre Stanisław Samostrzelnik du monastère de Mogiła réalise d'importantes peintures murales.

LE STYLE BAROQUE

Si la période Renaissance porte l'empreinte de la dynastie des Jagellon, les débuts du baroque sont marqués de celle de la dynastie royale des Vasa, **Sigismond III** (1587-1632), qui déplacera la capitale de Cracovie à Varsovie en 1596, et son fils **Ladislas IV** (1632-1648). Lié à l'arrivée de jésuites en Pologne, le style baroque, le style de la Contre-Réforme, se manifeste pour la première fois en Pologne à travers l'église St-Pierre-et-St-Paul de Cracovie. Édifiée en version réduite sur le modèle de l'église romaine d'Il Gesu de Vignola, sans galeries latérales (remplacées par des chapelles), sur un plan de croix latine avec un dôme surmontant la croisée, elle est l'œuvre de l'architecte italien Giovanni Trevano, tandis que la décoration intérieure (cherchant à masquer la brique) est due au stucateur Baltazar Fontana.

Arrivé en Pologne vers 1665, l'architecte hollandais **Tylman van Gameren**, auteur du palais des Krasiński à Varsovie et de l'église Ste-Anne de Cracovie, tempère d'une touche de sobriété tendant au classicisme la tendance baroque italienne initiale.

Si l'église jésuite de Poznań et l'église des visitandines à Varsovie forment, de par leurs élégantes façades, d'autres beaux exemples de pur baroque, la ville de Gdańsk n'est elle, en revanche, hormis la chapelle royale, que peu concernée par l'architecture de la Contre-Réforme.

La tendance est plutôt à la « baroquisation » d'édifices antérieurs. Nombreux sont, en effet, les intérieurs d'églises gothiques qui portent les traces de décorations baroques et sont enrichis de marbres et de stucs

Au début du 18e s., le palais épiscopal rococo de Kielce, décoré par Antoni Frączkiewicz, trahit une influence française qui, renforcée par les liens qui unissent les cours de Pologne et de France, se fait de plus en plus importante. Parallèlement, après la victoire contre la Turquie en 1683, l'influence orientale se fait sentir à travers les arts décoratifs dit mineurs. C'est l'époque du **« sarmatisme »** *(Sarmatyzm)*, une notion qui renvoie à l'époque des origines et qui présente un curieux mélange d'orientalisme et d'occidentalisme, cher à la noblesse polonaise. Celle-ci souhaite retrouver à travers le faste des cérémonies, la richesse des costumes, du décor et de l'armement, les vertus et la gloire militaire de ses ancêtres sarmates. Associé au costume, le portrait dit « sarmate », lancé à la fin du 16e s., restera très en vogue jusqu'au 18e s. Autre production typiquement polonaise alors très en vogue, le **portrait sur cercueil** *(portret trumienny)*.

C'est l'époque où commencent aussi à se constituer les grandes collections royales. L'intérêt porté aux arts se manifeste par l'acquisition de tableaux, notamment de Rubens (qui réalise alors les portraits des deux premiers rois Vasa) ou de maîtres de peinture hollandaise. Le Gdańskois Daniel Schultz, forme en Hollande, est alors le peintre officiel de la famille royale, tandis que le Vénitien Tommaso Dolabella adapte le maniérisme italien aux sujets religieux et historiques.

UN ROI PROTECTEUR DES ARTS

Après le sarmatisme, un art spécifiquement polonais, certes influencé par l'Orient, le siècle des Lumières inscrit l'art dans un courant plus international. Grand protecteur des arts, le roi mécène **Stanislas Auguste Poniatowski**, nourri de culture française et grand collectionneur, attire à sa cour nombre d'artistes étrangers, notamment italiens et français. À l'origine de la reconstruction et de l'ameublement des intérieurs du château royal dans le style du classicisme précoce, on trouve l'architecte français Victor Louis (1731-1800) ainsi que l'Italien Dominico Merlini (1731-1797), devenu premier architecte du roi après Jacob Fontana.

Principal conseiller artistique du roi, le peintre italien **Marcello Bacciarelli** (1731-1818) s'établit à Varsovie en 1766 pour diriger l'atelier de peinture du château royal. Il est notamment chargé de décorer les plafonds des salles de la nouvelle résidence royale d'été de Łazienki, édifiée conjointement par l'architecte dresdois Jan Chrystian Kamsetzer et Merlini, sur le modèle du Petit Trianon. Autre peintre éminent de la cour, Bernardo Bellotto dit **Canaletto le Jeune** (1720-1780), auteur de fameuses *vedute* (vues de villes avec personnages), comme son célèbre oncle. Le français **André Le Brun** (1737-1811), élève de Pigalle, dirige l'atelier royal de sculpture et le peintre **Jean-Pierre Norblin de la Gourdaine** (1745-1830), protégé du prince Czartoryski, introduit en Pologne les scènes de genre et de bataille, un thème que développera son élève **Aleksander Orłowski** (1777-1832).

Avec l'annexion de 1795 et la chute de la royauté, le « style Stanisławowski » s'étend à la noblesse polonaise qui fait construire (ou reconstruire) de nombreux palais en style palladien, néoclassique, dont les maîtres d'œuvres ont pour nom Stanisław Zawadzki, Szymon Bogumił Zug ou, dans un style néogothique, Piotr Aigner. Au cours du 19e s., le partage du pays entre les trois puissances voisines entérinera les influences architecturales austro-hongroise, prussienne et russe, comme à Varsovie dont le néoclassicisme tardif rappelle Saint-Pétersbourg.

Peinture et arts graphiques

PEINTURE ET NATIONALISME

Si c'est **Antoni Brodowski** (1784-1832), formé à Paris, qui constitue le plus éminent peintre du néoclassicisme polonais, **Piotr Michałowski** (1800-1855) est considéré comme le plus grand peintre romantique polonais. Souvent comparé à Géricault, ce grand peintre de chevaux voua également un culte à l'épopée napoléonienne qu'il illustra en tableaux. Inspiré par le *Don Quichotte* de Cervantes à l'exemple d'un Daumier, il laisse également de très nombreux portraits de gens du peuple.

Partagé entre Vienne et Paris, **Henryk Rodakowski** (1823-1894) fut, dans une veine réaliste, un grand portraitiste mondain, notamment apprécié par Eugène Delacroix et Théophile Gautier.

La cour royale ne régissant désormais plus la vie publique et artistique, la deuxième partie du 19e s. verra de nombreux artistes prendre le chemin de l'exil. Tandis que la Pologne prussienne entre dans un processus de germanisation forcée et que, après l'insurrection de 1863, la répression tsariste se fait féroce (la Galicie austro-hongroise jouira après 1861 d'une relative liberté), certains artistes polonais se tournent vers les sujets et les symboles nationaux, l'art devenant alors substitut de la politique.

Grand maître de la peinture d'histoire polonaise, **Jan Matejko** (1838-1893), à l'origine de l'« école cracovienne », formera de nombreux élèves (dont les plus talentueux rejetteront son style), mettant toute entière sa peinture pour « éveiller la conscience de sa nation asservie ». Ses gigantesques compositions, encombrées de personnages, illustrent les grandes heures de l'histoire polonaise. Très concerné par la conservation du patrimoine artistique de sa Cracovie natale, il participa notamment à la décoration intérieure de l'église Notre-Dame. Les images lithographiques du jeune **Artur Grottger** (1837-1867) empruntent aux mêmes thèmes.

Principal représentant du réalisme dans la peinture de paysage, **Józef Chełmoński** (1846-1914) laisse des tableaux contemplatifs, illustrant des scènes paysannes ou de la vie quotidienne. Contemporain du précédent, **Witold Pruszkowski** (1846-1896) réalise au contraire une œuvre annonciatrice du symbolisme.

Sensible surtout à la question de la lumière, **Aleksander Gierymski** (1850-1901) laisse des scènes de genre qui appartiennent à la catégorie du pré-impressionnisme. Fasciné par Paul Gauguin, **Władysław Ślewiński** (1854-1918), qui passera une grande partie de sa vie en Bretagne, lié à l'école de Pont-Aven, influencera Wyspiański et Mehoffer.

Curieusement nourrie de symbolisme et de réalisme, l'œuvre de **Jacek Malczewski** (1854-1929), élève de Matejko, fait figure d'originale. Réalisés à l'aide d'une palette toujours plus vive, ses fantaisistes autoportraits (non dénués d'éléments surréalistes) magnifient la personnalité d'un artiste, également sensible au destin contrarié de son pays. Le Musée national de Poznań détient une grande part de son œuvre.

Également élève de Matejko, **Maurycy Gottlieb** (1856-1879), d'origine juive, tente au cours de sa brève vie, de concilier avec originalité les traditions juives et chrétiennes.

Portrait d'un enfant, *de Jan Matejko, 1883.*

Apparenté à ses débuts à l'impressionnisme qu'il découvrit à Paris, **Władysław Podkowiński** (1866-1895) laisse peu d'œuvres mais sa *Folie*, exposée en 1894, influencée par le symbolisme naissant, suffit à défrayer la chronique artistique. Son ami **Józef Pankiewicz** (1866-1940), constamment ouvert aux influences françaises dont il fut le promoteur auprès des jeunes artistes polonais, fut le principal introducteur de l'impressionnisme en Pologne avant de se tourner vers le symbolisme.

Excellente portraitiste à la palette colorée et nuancée, **Olga Boznańska** (1865-1907), qui s'installera à partir de 1894 à Paris, est l'une des principales figures du postimpressionnisme. Plus sombre, **Witold Wojtkiewicz** (1879-1909), mort prématurément, laisse quelques œuvres expressionnistes, souvent teintées d'imaginaire morbide et de grotesque, des plus originales.

LA SYNTHÈSE DES ARTS : LA JEUNE POLOGNE

Né à Cracovie et baptisé en 1898, le mouvement « Jeune Pologne » *(Młoda Polska)* résulte de la conjonction de plusieurs courants existants (impressionnisme, naturalisme, symbolisme, expressionnisme) et réunit des talents multiformes. Marqué par un retour au romantisme, refoulé par la période positiviste, et teinté d'un regain de spiritualité, il est une des expressions de l'Art nouveau *(Secesja)* décoratif.

Créateur protéiforme, **Stanisław Wyspiański** (1869-1907), né dans une famille d'artistes cracoviens, est considéré comme le père du modernisme.

Feliks Jasieński au piano *(1908), de Józef Pankiewicz, Musée national de Cracovie.*

Avant de consacrer les dix dernières années de sa vie au théâtre, il réalisera une œuvre graphique, utilisant principalement la technique du pastel, où les toiles intimistes du type portraits ou paysages coexistent avec des projets monumentaux, telles par exemple ses fresques pour l'église franciscaine de Cracovie, mais surtout ses magnifiques vitraux réalisés pour la même église. Bien qu'il fut élève de Matejko avec qui il collabora, ses œuvres trahissent davantage l'influence de la Sécession viennoise (Munch), de l'Art nouveau français (à travers la stylisation des plantes), voire de l'art japonais. Son ami peintre, **Józef Mehoffer** (1869-1946), excellera dans les arts décoratifs et s'illustrera par l'exécution de vitraux pour la collégiale de Fribourg en Suisse, influencés par l'Art nouveau. Il émane de sa peinture un singulier sentiment de ravissement et de bonheur.

Formé également à Cracovie, **Włodzimierz Tetmajer** (1862-1923) consacrera son art expressif et coloré au monde paysan. **Wojcieh Weiss** (1875-1950), très influencé par les écrits de Przybyszewski, exécute d'étonnants tableaux expressionnistes avant de revenir à plus de tradition.

Du même nom que son célèbre fils, **Stanisław Witkiewicz** (1851-1915) reste surtout connu comme critique et théoricien d'art pour son recueil *Art et critique chez nous* (1871) qui influencera nombre de jeunes artistes. Il est également l'inventeur du style architectural dit « de Zakopane » inspiré par l'art populaire montagnard.

Très influencé par Rodin au cours de son séjour à Paris entre 1914 et 1922, **Xavery Dunikowski** (1875-1964) reste le grand sculpteur polonais dont le style, intégrant la fragmentation cubiste, évoluera considérablement. Mentionnons également **Bolesław Biegas** (1877-1954), installé à Paris dès 1902, dont les sculptures (influencées aussi par Rodin), comme les peintures, sont d'essence symboliste.

LES PRÉCURSEURS DE L'ART MODERNE

Avec le recouvrement de l'indépendance en 1918, la défense de la culture nationale passe au second plan et apparaissent des mouvements artistiques plus radicaux, à l'exemple de ceux qui animent la vie artistique de l'Europe occidentale. Conduite par quelques personnalités d'exception, l'avant-garde polonaise exprime un désir d'expérimentation conjugué à un foisonnement artistique intense. La revue artistique **L'Aiguillage** *(Zwrotnica)* fondée par Tadeusz Peiper (1891-1961) servira de tribune théorique à cette avant-garde des années 1920.

Exilé à Paris, **Tadeusz Makowski** (1882-1932), qui sera surtout influencé par Gauguin et par l'art populaire polonais, est peut-être le premier à prendre en considération l'apparition du cubisme, mais c'est surtout dans l'œuvre de **Zbigniew Pronaszko** (1885-1958) que se révèlent les premiers éléments ordonnés cubistes. Combinant dynamiquement futurisme et cubisme, **Tytus Czyżewski** (1880-1945) est, à Cracovie à partir de 1915, à l'origine d'une tendance d'abord qualifiée d'expressionnisme polonais qui évolue rapidement vers un radicalisme plus formel dont les représentants adopteront en 1918 le nom de formistes *(Formiści)*, tandis qu'un groupe varsovien dissident fondé par le peintre Eugène Zak prendra en 1922 celui de « Rytm ». Prolongeant cette tendance, l'éminent logicien **Leon Chwistek** (1884-1944) élabore, avec son « zonisme » *(Stresfizm)*, une théorie sur l'unité de la forme et de la couleur.

Plus ou moins associée à ce mouvement, se situe l'œuvre graphique du pluridisciplinaire **Stanisław Ignacy Witkiewicz** (1885-1939) dit **Witkacy**, introducteur du naturalisme et fondateur de la théorie de la « forme pure ». À côté d'écrits théoriques complexes sur l'art, il créa en 1924 sa « Firma Portretowa », dont il fut le seul membre, et pour laquelle il portraitura de façon difforme et psychologiquement arbitraire ses contemporains. Peintre polonais parmi les plus connus du siècle, son apport dans le domaine de la photographie est également non négligeable. L'œuvre de graphiste-illustrateur de l'écrivain **Bruno Schulz,** constituée de curieux dessins, peut être associée à cette veine expressionniste.

Plus internationalistes que les formistes, qui entendent définir un art national, sont les fondateurs du groupe expressionniste « Bunt » *(La Révolte)*, formé autour de la revue *Zdrój* éditée à Poznań, dont faisait partie **Stanisław Kubicki** (1899-1934) qui se rapprochera ensuite de l'activisme allemand. Proche du groupe Bunt, le groupe d'artistes juifs **Jung Idysz**, auquel participa Jankel Adler, est lui basé à Łódź.

LES COLORISTES DU « COMITÉ DE PARIS »

Témoin d'un art hétérogène et diversifié, la période de l'entre-deux-guerres voit l'émergence de multiples écoles et de différents courants qui s'opposent parfois radicalement.

Pour beaucoup d'artistes polonais, Paris représente dans les premières décennies du 20e s. la plaque tournante du modernisme en art. Afin de satisfaire leur « soif de modernité » qui les pousse à rejeter radicalement l'académisme encore en vigueur en Pologne, une poignée de jeunes artistes polonais débarquent à Paris en 1924, où ils vont s'établir durant six ans et fonder le « **Comité de Paris** ». Adhérant à une ligne postimpressionniste et fauviste instituant le « règne de la couleur », ces élèves de Pankiewicz s'auto-nommèrent les « K.P. » *(Komitet Paryski)* ou kapistes. Leur chef de file, **Józef Czapski** (1896-1993), un personnage symbole de l'histoire contemporaine polonaise, s'installera définitivement en France après la guerre. Rare officier rescapé du massacre de Katyń, il ne cessa de dénoncer dans plusieurs ouvrages les crimes perpétrés par les Soviétiques. **Zygmunt Waliszewski** (1897-1936) et **Jan Cybis** (1897-1972) figurent parmi les autres fondateurs du Comité de Paris. Un prix portant le nom de ce dernier récompense aujourd'hui en Pologne une œuvre du domaine artistique. L'influence des coloristes, indifférents aux avant-gardes, dans l'enseignement artistique de la Pologne de l'après Seconde Guerre mondiale fut durable et importante.

Kisling de Montparnasse

Né dans une famille juive à Cracovie, **Moïse Kisling** (1891-1953) fut l'élève de Pankiewicz avant de venir s'installer en France en 1910 et de devenir l'un des représentants caractéristiques de l'école de Paris.

L'INFLUENCE CONSTRUCTIVISTE

À partir de 1924 émerge à Varsovie une nouvelle tendance apparue peu avant à Moscou et Berlin : le constructivisme. Fustigeant le colorisme académique des kapistes, leurs partisans prônent la rupture radicale pour ne s'attacher qu'à la pure forme où tout contenu est exclu. Inspirés par l'art soviétique et le suprématisme de Malevitch qu'ils accueilleront d'ailleurs à Varsovie en 1927, ils rejetteront tout élément nationaliste.

Père de l'abstraction polonaise, **Henryk Stażewski** (1894-1988) figure parmi les pionniers de l'avant-garde des années 1920 et 1930. Principal représentant du constructivisme, il s'adonnera à partir des années 1960 à la rigueur de

The Bridgeman Art Library

Danseuses, *de Józef Mehoffer, 1898.*

l'abstraction géométrique. Cofondateur du groupe communisant Blok en 1924 puis membre de Praesens (fondé par l'architecte Szymon Syrkus) à partir de 1926 avant de rejoindre les a. r. (artistes révolutionnaires), il exposera dans les années 1930 avec les groupes parisiens « Cercle et Carré » et « Abstraction-Création ». Liée à ce dernier, **Maria Nicz-Borowiak** (1896-1944) est également une artiste majeure du constructivisme polonais, à l'instar de **Mieczysław Szczuka** (1898-1927), théoricien et rédacteur de la revue *Blok*, proche de la sculptrice Teresa Żarnower (1895-1950).

Fondateur en 1929 du groupe « a.r. », **Władysław Strzemiński** (1893-1952) est à l'origine de la première galerie d'art moderne inaugurée en février 1931 dans la ville de Łódź, qui visait à rassembler et à former l'une des premières expositions permanentes d'art de l'avant-garde mondiale. Il se démarquera de Malevitch et Tatline, en développant sa théorie de l'« Unizm » à partir de 1927 et appliquera en peinture ses principes de « rythmes spacio-temporels ». Sa femme sculpteur, **Katarzyna Kobro** (1898-1951), formée aussi à Moscou, adapte la simple juxtaposition de surfaces à des œuvres spatiales. Lié au groupe Praesens, **Kazimir Podsadecki** (1904-1970) s'illustrera dans la technique du photomontage « fonctionnaliste ».

Théoricien de la « mécanofacture » puis initiateur de *Blok* avant de rejoindre la France en 1928, **Henryk Berlewi** (1894-1967) est considéré comme l'un des précurseurs du Op Art ou art optique.

Avant de mettre au point son « facto-réalisme », le peintre **Marek Włodarski** (1903-1960) rejoint le groupe Artes, créé à L'viv en 1929, qui évoluera ensuite vers l'art engagé du réalisme socialiste.

L'ART CONTEMPORAIN

Avec l'établissement du communisme, les artistes, devenus employés d'État, dépendent étroitement du mécénat du ministère de la Culture, une situation qui perdurera jusque dans les années 1980. Le peintre du groupe Autodidacte **Andrzej Wróblewski** (1927-1957) mettra sa méthode au service de l'édification du socialisme. Il en fut de même pour **Maria Jarema** (1908-1958), cofondatrice du Groupe de Cracovie avec Henryk Wiciński (1908-1943), qui s'orientera ensuite vers l'abstraction avant de collaborer avec Kantor. Membre du groupe communisant « Bonnet phrygien », **Bronisław Wojciech Linke** (1906-1962) intègre la satire au surréalisme. Le ZPAP, l'Union des artistes polonais, décide en juin 1949 à Katowice d'adopter le réalisme social qui prendra fin en 1955. La fin du style internationaliste soviétique voit l'apparition de nombreux courants, tel le **Groupe 55** exposant « ses métaphores visuelles » à la galerie Krzywe Koło *(Cercle tordu)* de Varsovie ou le **Grupa Krakowska II** de **Tadeusz Brzozowski** (1918-1988), hostile à tout esthétisme. Avec les années 1960 s'ouvre une période de diversité qui assimile tous les courants occidentaux du modernisme. « Artiste total » selon sa propre définition, **Tadeusz Kantor** (1915-1990), membre du Grupa Krakowska, débute sa période informelle en organisant en 1948 une exposition d'art d'avant-garde autour de ses *Métamorphoses*. Son premier médium, la peinture, constitue une expérience décisive qui le conduira finalement à récuser la figure humaine et le tableau, et l'amènera à la constatation que les beaux-arts empruntent les formes de l'action, des « performance art » et des happenings-cricotage (du nom de son théâtre Cricot 2), dont le premier aura lieu en 1965 dans la galerie **Foksal** de Varsovie, fondée par l'artiste **Włodzimierz Borowski** (1930).

Remarquable créatrice de la tapisserie moderne à ses débuts, **Magdalena Abakanowicz** (1930) est devenue l'une des artistes les mieux représentées dans les grands musées du monde avec ses sculptures monumentales de plein air.

Parmi les autres artistes notables, citons **Jonasz Stern** (1904-1988) qui, s'adonnant à la « peinture de la matière », intègre à ses tableaux des déchets organiques et **Władysław Hasior** (1928-2000), formé à Zakopane, et ses surprenants assemblages poétiques. Méritent également d'être citées les expérimentations techniques d'**Alina Szapocznikow** (1926-1973) autour du

Le saviez-vous ?

Né à Kiev en Ukraine en 1879, le peintre et écrivain russe, père du carré blanc sur fond blanc (1917), **Kasimir Malevitch,** avait des parents polonais. Ceux-ci avaient été déportés en Ukraine après une insurrection contre l'occupant russe.

De même le danseur et chorégraphe **Vaslav Fomitch Nijinski** (1889-1950), né de parents polonais à Kiev, fut conduit à l'assimilation russe. Il devint le danseur étoile des Ballets russes de Serge de Diaghilev.

Memento Mori

Né en France en 1931, le peintre **Roman Opałka** est retourné vivre et étudier en Pologne de 1935 à 1979. Selon une anecdote, son projet pictural aurait comme origine une longue attente de sa femme dans un hôtel en 1965. Il commence alors à matérialiser le décompte du temps de sa propre existence en peignant des nombres blancs, dont il aligne la suite infinie sur un fond noir, sur des formats de toile identiques (196 x 135 cm). Prolongeant cette longue litanie de chiffres de tableau en tableau, il ajoutera en 1972, lors du passage au million, 1 % de blanc à la préparation du fond noir sur chaque nouvelle toile ; toiles qui deviendront de plus en plus grises puis de plus en plus claires jusqu'à ce que chiffres et fond se confondent. Parallèlement, depuis 1972, il enregistre sa voix (en train de compter) et prend son visage en photo à la fin de chaque journée de travail. Autant de « détails » formant un projet global qui se finalisera avec la disparition et *a fortiori* la dernière toile de l'artiste. Alors qu'il approche aujourd'hui des six millions, combien de nombres le séparent de la fin de sa vie d'homme et d'une œuvre enfin finalisée ?

corps humain, ou les peintures d'églises de l'orthodoxe **Jerzy Nowosielski** (1923), ainsi que les toiles caractéristiques de « l'expression sauvage » de **Léon Tarasewicz** (1957), sans oublier les œuvres des conceptualistes **Ryszard Winiarski** (1936) ou **Roman Opałka** (1931). Zdzisław Beksiński, Józef Szajna, Edward Dwurnik, Kazimierz Mikulski, Jerzy Bereś, Jan Lebestein, Zbigniew Makowski, Krzysztof Wodiczko, Jarosław Kozłowski figurent parmi les autres noms qui comptent dans le paysage artistique polonais du 20e s.

Enfin, dans le domaine de l'art populaire, nous ne saurions manquer de mentionner les peintres **Eugeniusz Mucha** (1927) et **Nikifor** (1895-1968), un autodidacte que l'on compare au Douanier Rousseau.

L'AFFICHE POLONAISE

Support privilégié de la vie politique et culturelle (théâtre, cinéma, opéra, jazz, cirque), l'art de l'affiche, héritier de l'art graphique de l'Art nouveau puis du constructivisme, s'est épanoui en Pologne vers la fin des années 1950. Si l'affiche de propagande, marquée par les canons du réalisme soviétique, était plus étroitement soumise au contrôle et à la censure, l'affiche culturelle, émanant également de la commande d'État, a joui de la relative libération culturelle survenue après les événements d'octobre 1956.

Dégagé des impératifs publicitaires et commerciaux, l'art populaire de l'affiche aura rassemblé des graphistes talentueux qui auront su maintenir un niveau d'indépendance et d'exigence artistique. La production, révélatrice d'une franche créativité avant-gardiste, a rapidement conduit à parler d'une école polonaise de l'affiche dont les grands représentants, reconnus à l'étranger, furent, dans les années 1960, **Jan Lenica** (1928-2001), également cinéaste d'animation, **Roman Cieślewicz** (1930-1996) ou encore Tadeusz Trepkowski, Henryk Tomaszewski, Waldemar Świerzy, Jan Młodożeniec, Franciszek Starowiejski. Parmi la nouvelle génération, Maciej Buszewicz, Jacek Staniszewski et Michał Batory qui, installé en France depuis 1987, œuvre notamment aux affiches des théâtres de La Colline et de Chaillot, sont les plus couramment cités.

En 1966 s'est déroulée à Varsovie la première Biennale internationale de l'affiche et, en 1968, une antenne du Musée national, dédiée à cet « art de la rue », fut créée à Wilanów, près de Varsovie. Signalons aussi depuis 1966 la tenue d'une Triennale internationale de la gravure exposant la fameuse « école cracovienne de gravure ».

La Colombe de la paix et la Reconstruction de Varsovie, *d'E. Lipiński - T. Trepkowski, 1945.*

CULTURE

« S'il n'y avait pas de Pologne, il n'y aurait pas de Polonais », faisait dire au père Ubu Alfred Jarry. Certes ! Mais aurait-on à nouveau parlé d'une Pologne, alors qu'elle avait disparue depuis 123 ans de la carte du monde à la fin du 18ᵉ s., si des écrivains et des artistes exilés n'avaient orienté leurs œuvres vers les sujets nationaux et les symboles patriotiques ? Avec la réunification de 1918, la culture nationaliste tendra à se dissoudre dans l'avant-garde la plus exacerbée avant d'exprimer les contradictions d'un pays plongé au beau milieu des plus terribles tourments de l'histoire, traumatisé par la guerre et l'holocauste puis enferré sous la botte soviétique.

Agence Bernand

La Classe morte, *de Tadeusz Kantor (à gauche sur la photo) lors d'une représentation donnée par la compagnie Cricot 2 de Cracovie au Théâtre national de Chaillot en 1977, à Paris.*

La littérature et le théâtre

UNE LITTÉRATURE INSPIRÉE

Il semble que la plus ancienne citation en polonais connue soit issue d'une chronique postérieure à 1270 du monastère de Henryków en Silésie. Anodine et formulée par un paysan polonais, elle fut consignée à l'époque par un moine cistercien allemand.

De fait, jusqu'au 16ᵉ s., la littérature en Pologne – déjà du fait de l'importance de l'Église – est de langue latine et réservée à une élite, comme l'attestent les *Annales Poloniae*, chroniques historiques du jésuite **Jan Długosz** (1415-1480). Le premier livre en polonais est imprimé en 1513 et, si c'est le protestant **Mikołaj Rej** (1509-1569) que l'on présente habituellement comme le père de la littérature polonaise, on considère que c'est avec le poète **Jan Kochanowski** (1532-1586) que la langue vulgaire s'épanouit, puis avec le prédicateur jésuite **Piotr Skarga** (1536-1612) que la langue nationale atteint ses véritables lettres de noblesse.

Les œuvres de **Wacław Potocki** (1621-1696) et de **Samuel Twardowski** (1600-1661), représentant de l'élégie et dont l'œuvre puise à des sources espagnoles, sont associées à la Contre- Réforme.

Auteur de célèbres *Mémoires* aujourd'hui toujours appréciées, **Jan Chryzostom Pasek** (1636-1701) s'impose, à travers ses incroyables péripéties guerrières, comme un extraordinaire causeur et bretteur, préfigurant le style du roman historique polonais.

Autre habitué des champs de bataille, le roi **Jean III Sobieski** (1674-1696) laisse une relation épistolaire, adressée à son épouse Marie-Casimire, française d'origine, de toute première tenue.

D'une façon générale, la littérature polonaise du 18ᵉ s. s'inspirera des auteurs français du 17ᵉ s. comme en témoigne le théâtre moraliste de Franciszek Bohomolec (1720-1784).

De la période des Lumières émerge le « prince des poètes » et archevêque de Warmie, **Ignacy Krasicki** (1735-1801), un talentueux moraliste et satiriste, auteur de célèbres fables.

PAYS DÉPECÉ… POÈTES EXILÉS

Après les partitions du pays de 1795 puis de 1815, c'est l'oppression tsariste imposée par l'absolutiste Nicolas Ier qui fournit au romantisme polonais un terreau exceptionnel. De la « Grande Émigration », consécutive à l'insurrection réprimée de novembre 1830, vont émerger les consciences de trois grands poètes pour qui la littérature, chargée d'exalter le sentiment patriotique, est devenue la seule forme d'expression permettant de sauvegarder l'identité nationale.

Grand barde national, **Adam Mickiewicz** (1798-1855) est le plus fameux d'entre eux. Né en Lituanie, il fut contraint à l'exil dès 1923, en Russie, puis en Allemagne, en Suisse, en Italie et enfin en France où il devint le chef spirituel des Polonais émigrés. Hormis une tentative avortée de retour en 1831, il ne devait jamais revoir sa chère patrie, ni jamais mettre les pieds à Varsovie ou à Cracovie. Idéaliste moral et politique, il laisse un grand poème épique *Pan Tadeusz (Monsieur Thadée)* et une pièce nationale majeure du répertoire dramatique polonais, *Les Aïeux*.

Archétype du romantique mélancolique, **Juliusz Słowacki** (1809-1849) laisse une œuvre multiforme marquée par les élans mystiques de celui qui se projetait également comme un guide spirituel, à l'image de son rival affiché, Mickiewicz. En réplique aux *Aïeux*, il écrit lui aussi son drame romantique sur le thème de l'insurrection, *Kordian*. Sa poésie patriotique, toujours plus exubérante, dérivera en symbolisme messianique à la fin de sa vie. Inhumé au cimetière de Montmartre, sa dépouille fut transférée en 1927 à la cathédrale de Wawel, tout comme celle de Mickiewicz l'avait été en 1890.

Ami du précédent, **Zygmunt Krasiński** (1812-1859) est né en France et écrivait dans les deux langues. Troisième homme de la triade des *wieszcze* (chantres-prophètes), il est surtout l'auteur d'un drame social, *La Comédie non divine*, dans lequel est évoqué le soulèvement des canuts à Lyon, avec lequel il s'affirme comme le plus universel de la génération romantique. Il laisse également une faramineuse correspondance.

Plus expérimental et novateur dans la forme, le poète également dessinateur **Cyprian Kamil Norwid** (1821-1883), lui aussi exilé à Paris, n'aura droit qu'à une reconnaissance tardive qui fera de lui un précurseur du symbolisme.

LITTÉRATURE POSITIVISTE

L'échec de l'insurrection de janvier 1863 conduira à la naissance de la période positiviste, marquée par les tendances réalistes et les transformations sociales et politiques, et qui verra la consécration de la prose.

Représentative du roman historique, l'œuvre du prolifique **Józef Ignacy Kraszewski** (1812-1887), très inspirée des auteurs français, rencontre un parfait équivalent en peinture avec l'œuvre de Matejko. Si le roman réaliste trouve avec **Józef Korzeniowski** (1797-1863) sans doute son meilleur représentant, c'est pourtant le nom de **Henryk Sienkiewicz** (1846-1916) que l'on retient encore aujourd'hui. Célèbre auteur du best-seller *Quo Vadis ?*, un vaste roman sur l'apparition du christianisme dans la Rome antique traduit en plus de cent langues, ce bourreau de travail est surtout connu en Pologne pour sa *Trilogie* historique, qui lui valut le prix Nobel en 1905. Une autre figure positiviste est **Bolesław Prus** (1845-1912) qui, sous le nom de plume d'**Aleksander Głowacki**, signe avec *La Poupée* l'un des plus célèbres romans sociologiques polonais. Son roman suivant, *Pharaon* (qui inspirera un film à Jerzy Kawalerowicz), décrit les mécanismes du pouvoir d'État dans l'Égypte ancienne. Première grande femme de lettres polonaise, **Eliza Orzeszkowa** (1841-1910) dépeint avec bienveillance le monde des petites gens de la province polonaise. **Adam Asnyk** (1838-1897) et **Maria Konopnicka** (1842-1910) figurent parmi les meilleurs poètes de cette génération.

LE RENOUVEAU DE LA « JEUNE POLOGNE »

En réaction à la tendance réaliste émerge le mouvement moderniste de la Jeune Pologne *(Młoda Polska)*, qui s'inscrit aujourd'hui comme une période de l'histoire nationale à part entière. Apparue en 1898, l'appellation désigne ce mouvement néoromantique pour qui l'art, créateur de valeur, est un objet de vénération, et pour qui les créateurs sont les seuls artisans capables du renouveau national. Son avènement opère un changement de sensibilité et de style qui touchera tous les arts.

Adepte de la bohème et de la littérature satanique, en quête obsédante de « l'âme nue », **Stanisław Przybyszewski** (1868-1927) fait figure de précurseur du mouvement. Après un séjour à Berlin où il côtoie Strindberg et Munch, il se fixe à Cracovie et rassemble les tendances nouvelles sous le nom de *Moderna* autour de la revue *Życie (La Vie)*. Personnalité indépendante et originale, il influencera durablement nombre d'écrivains et d'artistes.

Principal fer de lance du mouvement dans le domaine pictural, **Stanisław Wyspiański** (1869-1907) l'est également dans le registre de la dramaturgie, avec sa célèbre pièce, *Les Noces*, une parabole tragicomique sur le destin de la Pologne qui rénove le théâtre et révolutionne la mise en scène.

Au rang des principaux prosateurs figurent **Wacław Berent** (1873-1940), **Stefan Żeromski** (1864-1925) qualifié de « conscience de la littérature polonaise », mais c'est **Władysław Reymont** (1867-1925), dont l'énorme roman épique de quatre volumes intitulé *Les Paysans* prend des allures d'épopée nationale, que l'on retient en 1924 pour attribuer le prix Nobel de littérature.

LES « TROIS MOUSQUETAIRES » : GOMBROWICZ, SCHULZ ET WITKACY

L'entre-deux-guerres voit l'émergence de trois personnalités littéraires d'exception aujourd'hui reconnues à leur juste valeur. Dans un pays désormais affranchi de l'idéal patriotique d'une nation à constituer, leur quête intellectuelle emprunte des voies nouvelles. Baptisés, par Gombrowicz en personne, les « trois mousquetaires », ces marginaux ont, chacun à leur manière, été les artisans de l'avant-garde littéraire polonaise.

Figure fascinante de la littérature moderne, **Stanisław Ignacy Witkiewicz** dit **Witkacy** (1885-1939) est avant tout un artiste polyvalent. Fils d'un intéressant peintre, critique et théoricien d'art, cet irréductible individualiste, basé à Zakopane, est à l'origine d'une théorie de l'art habitée par l'obsession métaphysique de la « forme pure ». Son théâtre parodique (difficilement traduisible et pour beaucoup incompréhensible) qui traduit la quête d'une théâtralité pure a fait de lui un précurseur du théâtre de l'absurde des années 1950. Sa théorie du « catastrophisme », cette anxiété posée par l'avenir de notre civilisation européenne et prophétisant la perte de l'individu, le conduira en septembre 1939, lors de l'invasion de la Pologne par les nazis, au suicide.

Peu à peu reconnu à sa juste valeur, **Bruno Schulz** (1892-1942) est cet écrivain (et dessinateur) juif de langue polonaise né en Galicie (actuelle Ukraine) dont l'exubérance verbale et la sensibilité sensualiste n'ont pas d'équivalent. Il est l'auteur d'une œuvre singulière, constituée par deux recueils de nouvelles, *Les Boutiques de cannelle* et *Le Sanatorium au croque-mort*, dans lesquels il évoque son enfance dans un style métaphorique énigmatique. Il connut une fin tragique, abattu en pleine rue d'une balle dans la tête par un officier SS.

Pour fuir les vicissitudes de l'histoire, **Witold Gombrowicz** (1904-1969) quitte définitivement en 1939 la Pologne pour s'établir en Argentine puis en France. Son œuvre corrosive et foncièrement pessimiste est marquée par un audacieux premier roman, *Ferdydurke*, qui décrit un homme façonné de l'extérieur, inauthentique, pris dans l'étau du conflit entre maturité et immaturité et condamné à « ne jamais être lui-même ». Son autre fameux roman, *La Pornographie*, qui place l'érotisme à la base de son œuvre, traduit le paradoxal goût immature de l'humanité pour l'imperfection et la jeunesse.

LITTÉRATURE ET ANNÉES DE PLOMB

La catastrophe planétaire survenue – pressentie par nombre d'intellectuels – laisse le pays, avec l'occupation et l'extermination des Juifs, décimé de son élite intellectuelle. C'est pourtant de ce chaos qu'émergeront les vers d'une stupéfiante maturité du jeune poète **Krzysztof Kamil Baczyński** (1921-1944), mort au combat durant le soulèvement de Varsovie.

Portrait d'un homme *(1924), de Stanisław Ignacy Witkiewicz, Musée national à Varsovie.*

Dans l'immédiat après-guerre, les écrivains, inféodés au nouveau régime, mettent leur haine du nazisme au service du nouveau pouvoir. L'obsession de la guerre et la dénonciation de la barbarie deviennent le terreau de base de la littérature et des autres arts. Sous l'emprise du stalinisme, la politique culturelle se raidit et la compromission de certains écrivains (Władysław Broniewski) – sous couvert d'œuvrer à la reconstruction du pays – se fait alors totale. Face à un tel dilemme, Tadeusz Borowski se suicide en 1951 et **Czesław Miłosz** s'enfuit avant d'analyser dans *La Pensée captive* le processus de paranoïa collective qui guettait alors les intellectuels. Plusieurs textes importants, œuvres d'écrivains en exil, réunis autour de la revue *Kultura*, sont édités à l'Institut littéraire de Paris par les soins de **Jerzy Giedroyc** (1906-2000), haute figure intellectuelle de l'émigration polonaise. Pourtant, les écrivains polonais seront sans doute parmi les premiers du bloc communiste à s'opposer au conformisme idéologique et à rompre avec le dogme du réalisme socialiste, à commencer par deux romans de Léon Kruczkowski : *La Revanche* et *Les Allemands*.

Au travers du thème de la guerre, **Jerzy Andrzejewski** (1909-1983) figure parmi les premiers à s'affranchir du pouvoir communiste. Moins contestataire, **Jarosław Iwaszkiewicz** (1894-1980) laisse une œuvre abondante et variée. D'abord proche du pouvoir, **Tadeusz Konwicki** (1926), également cinéaste, témoigne à travers deux romans de son éloignement progressif. Avant de se fixer à Paris en 1972, **Adolf Rudnicki** (1912-1990) est le témoin de la tragédie vécue par la population juive de Pologne.

UNE ÉCOLE POLONAISE DE POÉSIE ?

Figure majeure de la littérature polonaise de l'après-guerre, le poète et essayiste **Czesław Miłosz** (1911-2004), prix Nobel de littérature en 1980, témoigne d'une longue carrière littéraire entamée avant son exil en France puis aux États-Unis. Il est notamment l'auteur d'une histoire de la littérature polonaise traduite en français. Autre prix Nobel de littérature, désignée en 1996, la poétesse cracovienne **Wisława Szymborska** (1923), adepte d'un style lapidaire et dépouillé. Autres poètes importants : **Tadeusz Różewicz** (1921) et **Zbigniew Herbert** (1924-1998) avec son *Monsieur Cogito*, double polonais du *Monsieur Teste* de Paul Valéry. Émigré en France en 1963, le dramaturge

Bruni Meya / akg-images

Czeslaw Milosz.

et nouvelliste **Sławomir Mrożek** (1930) se distingue par son style lapidaire, dans des nouvelles satiriques et burlesques et des pièces railleuses, marquées par le théâtre de l'absurde. Dans le registre de la science-fiction, évoquons **Stanisław Lem** (1921-2006), l'auteur polonais le plus traduit, dont le roman *Solaris* (1961) fut successivement adapté sur grand écran par Andreï Tarkovski puis Steven Soderbergh. Plus récemment, la critique internationale s'est fait l'écho de l'œuvre de deux journalistes reporters, **Hanna Krall** (1937) et **Ryszard Kapuściński** (1932-2007), auteur du remarquable *Ébène* sur l'Afrique.

LE THÉÂTRE POLONAIS

Traditionnellement dominé par l'expérimental Théâtre national de Varsovie et le Théâtre vieux de Cracovie, plus conservateur, le théâtre est un art vivant en Pologne.

Le terme de « théâtre » peut sembler étroit pour désigner le travail de cet artiste indépendant et avant-gardiste permanent que fut **Tadeusz Kantor** (1915-1990). Fondateur à Cracovie du théâtre **Cricot 2** en 1955, du nom d'un café littéraire d'avant guerre animé essentiellement par des peintres, il y affirmera sa propre vision du monde, loin des idéologies imposées, à travers un théâtre informel d'un radicalisme brutal visant à détruire toute forme. En 1963, il impose son « théâtre zéro », traduisant un absolu décalage entre le texte et la dramaturgie. À partir de son spectacle *La Classe morte*, en 1975, il développera son « Théâtre de la mort ». L'anecdote, l'intrigue, l'action

Ils sont nés Polonais…

Bien que nés Polonais, certains auteurs ont choisi d'écrire dans une autre langue que leur langue maternelle. Citons ainsi le comte **Jan Potocki** (1761-1815), personnage hors du commun et auteur en français du génial *Manuscrit trouvé à Saragosse*. Derrière le patronyme de Józef Teodor Konrad Naleść Korzeniowski, se cache celui d'un maître de la littérature mondiale qui, sous le nom de **Joseph Conrad** (1857-1924) devint l'écrivain anglophone que l'on sait. Chantres du destin de la communauté juive polonaise, **Itzhac Leibouch Peretz** (1852-1915) et **Chalom Asch** (1880-1957) sont parmi les plus grands auteurs yiddish. Le plus connu d'entre eux, **Isaac Bashevis Singer** (1904-1991), prix Nobel en 1978, avait émigré dès 1935 aux États-Unis. Un exil choisi également en 1957 par cet autre écrivain d'origine juive, **Jerzy Kosiński** (1933-1991), qui y écrivit en anglais en 1966 son premier roman, *L'Oiseau bariolé* et, juste avant son suicide, une auto-fiction intitulée *L'Ermite de la 69e rue*. Enfin n'oublions pas le cas de Wilhelm Apollinaris de Kostrowitzky, mieux connu sous le nom de **Guillaume Apollinaire** (1880-1918), né à Rome en 1880 d'une mère polonaise, mais dont les rapports avec son pays d'origine furent quasiment inexistants.

sont réduites à zéro, il n'est plus de représentation, plus d'illustration de la pièce, plus d'expression d'acteurs – qui sont neutralisés – mais Kantor, toujours présent sur scène, tel un chef d'orchestre, entouré d'objets, de machines, d'emballages et de mannequins.

Autre figure théâtrale importante, **Jerzy Grotowski** (1933-1999) et son Théâtre-Laboratoire de Wrocław que prolongera le Centre de recherches théâtrales Gardzienice de **Włodzimierz Staniewski** (1950) qui y développe son « écologie du théâtre ». Parmi les plus intéressants metteurs en scène de théâtre, on compte Krystian Lupa (1943) et Krzysztof Warlikowski (1962).

Wojtek Pszoniak, Daniel Olbrychski, Jerzy Radziwiłłowicz, Jerzy Stuhr, Andrzej Seweryn, Janusz Gajos sont les comédiens polonais les plus connus.

Le cinéma polonais

LES PIONNIERS POLONAIS DU CINÉMATOGRAPHE

Si la première séance cinématographique polonaise se déroule le 14 novembre 1895 à Cracovie, il faudra attendre 1908 pour qu'un cinéaste français de la firme Pathé Frères, Joseph-Louis Mundviller, ne réalise – dissimulé derrière le pseudo de Jerzy Meyer – le premier film de fiction polonais : *Antoine, pour la première fois à Varsovie*. Pourtant, dès 1894, Kazimierz Prószyński expérimentait un appareil de prise de vue baptisé pléographe et, en 1898, Bolesław Matuszewski livrait les premiers écrits théoriques polonais sur le cinéma dans sa brochure intitulée *Une nouvelle source de l'histoire*. Devenu rapidement populaire, le cinéma connaît un développement croissant jusqu'à l'indépendance du pays en 1918, avec une production d'environ 30 films par an, d'où émergent notamment ceux d'Aleksander Hertz qui donnera son impulsion au cinéma national. Lors de la décennie suivante, qui voit le début de carrière d'un des premiers grands réalisateurs académiques polonais, Aleksander Ford, l'industrie baisse au profit de la production étrangère – les Polonais sont notamment friands de films et d'acteurs français – avant d'être laminée par le grand conflit mondial qui entraîne la dispersion de nombreux acteurs et techniciens hors du pays.

DU CINÉMA D'ÉTAT VERS L'ÉMANCIPATION

Après guerre, trois films participent au renouveau d'un cinéma désormais étatisé. En 1947, *Chansons interdites* de Leonard Buczkowski (l'un des plus gros succès polonais en salle), puis, en 1948, *La vérité n'a pas de frontières* d'Aleksander Ford ainsi que *La Dernière Étape* de Wanda Jakubowska, témoignent sans faux-semblants de la guerre et de ses conséquences juste avant la brutale stalinisation des années 1949-1953 et la généralisation d'un cinéma clairement propagandiste.

Au milieu des années 1950, la tendance réaliste socialiste aboutissant à une impasse artistique est vivement remise en cause par une nouvelle génération de cinéastes, pour beaucoup issus de l'école de cinéma créée à Łódź en 1948, qui parviennent tant mal que bien à se soustraire aux exigences idéologiques et dont la récupération politique est plus malaisée pour le pouvoir communiste. Les succès au festival de Cannes en

1957 du film d'Andrzej Wajda, *Kanał (Ils aimaient la vie)*, puis en 1961 de **Jerzy Kawalerowicz** (1922-2007) avec *Mère Jeanne des Anges* qui tous deux raflent le Prix spécial du jury révèlent l'existence de cette originale Nouvelle Vague polonaise *(Nowa Fala)* que d'aucuns verront comme précurseur des autres nouvelles vagues européennes.

UNE « ÉCOLE POLONAISE DE CINÉMA »

Figure emblématique de cette Nouvelle Vague, **Jerzy Skolimowski** (1936) signe des films plus personnels, dont *Signes particuliers, néant* (1964), *Walkover* (1965) et *La Barrière* (1966), avant d'entamer, contraint par la censure, une carrière internationale plus chaotique et parfois moins convaincante, d'où se distinguent cependant *Deep End* (1970) et *The Shout* (1978).

Sans doute parmi les plus talentueux, **Andrzej Munk** (1921-1961) signe avec *Eroïca* en 1957 et *De la veine à revendre* en 1960, deux films d'une courte carrière de quatre opus marqués par le scepticisme et surtout l'ironie, dans lesquels les personnages se trouvent engagés malgré eux dans le grand bain de l'histoire.

Maître, à ses débuts, du cinéma d'animation, **Walerian Borowczyk** (1923-2006) est le premier cinéaste à prendre en 1959 le chemin de l'exil vers la France (et ainsi à donner l'exemple), où il se spécialise dans le genre érotique, depuis l'ambitieux *Contes immoraux* jusqu'au plus commercial et navrant *Emmanuelle 5*.

Andrzej Wajda (1926), qui marque le coup dans les années 1960 au gré de tergiversations stylistiques et thématiques contestables, revient avec conviction en 1977 avec les très politiques *L'Homme de marbre* puis, en 1981, *L'Homme de fer*, Palme d'Or à Cannes. L'année suivante, il tourne en France un mémorable *Danton* avec Gérard Depardieu et Wojtek Pszoniak dans les rôles phare. Auteur d'une imposante filmographie de plus de 50 films (dont le remarquable *Katyń* en 2007), celui que l'on considère comme le père du cinéma polonais engrange aujourd'hui les récompenses honorifiques. Couronné par un Oscar pour l'ensemble de son œuvre, il connaît les honneurs de la République française en devenant membre de l'Institut et accède même à des responsabilités politiques sous le règne de Lech Wałęsa.

Un cinéaste international

Né en 1933 à Paris, **Roman Polański** sort diplômé en 1959 de l'école de cinéma de Łódź, avant d'être nommé en 1963 pour l'Oscar du meilleur film étranger avec son premier long métrage coécrit avec Jerzy Skolimowski, *Le Couteau dans l'eau*, le seul long métrage qu'il réalisera dans son pays d'origine avant de choisir l'expatriation. Développant à l'étranger une filmographie multigenre, souvent couronnée par le succès à la fois critique et public, il adapte dans *Le Locataire* (1976) un roman d'un autre Polonais d'origine, Roland Topor, avant de connaître la consécration avec le succès du très récompensé *Le Pianiste* tourné en 2001 en Pologne.

Wojcik Krzysztof / Gamma

Andrzej Wajda en 1992.

Autres figures notables, **Wojciech Has** (1925-2000) dont on retiendra surtout *Les Adieux* en 1958 puis *Clepsydre* en 1972 et **Kazimierz Kutz** (1929) avec, en 1960, *Personne n'appelle*, suivi dès l'année suivante de *Panique dans un train*.

LE « CINÉMA DE L'INQUIÉTUDE MORALE »

Issu d'une génération désireuse de s'affranchir des thèmes du traumatisme de la guerre, ou du moins décidée à les traiter moins frontalement, **Krzysztof Zanussi** (1939) s'impose dès son premier film réalisé en 1969, *La Structure du cristal*, comme chef de file d'un nouveau courant dans lequel pointe la critique sociale d'un système politique reposant sur la corruption. Persistant depuis l'étranger à tourner dans la même veine stylistique qualifiée « de l'inquiétude morale », ce cinéaste souvent taxé d'intellectuel nous interroge dans son film *La Vie comme une maladie mortelle sexuellement transmissible* (2000) sur la question de la foi.

Miné par l'exil de ses principaux protagonistes, le cinéma polonais en Pologne est quasi inexistant au milieu des années 1980, et donne des signes inquiétants d'agonie avant que **Krzysztof Kieślowski** (1941-1996) ne lui redonne une impulsion créatrice. Celui-ci s'illustrera tout particulièrement avec le cycle du *Décalogue* (1988-1989) ; une remarquable série de dix films d'environ une heure produite pour la télévision et illustrant une application moderne des dix commandements bibliques. Ses derniers films, *La Double Vie de Véronique* (1991) et la trilogie *Trois couleurs* (1993-1994), des coproductions françaises, connaîtront un notable succès amplifié sans doute par la présence au générique des actrices françaises Irène Jacob, Julie Delpy et Juliette Binoche.

Filip Bajon (1947) depuis *Aria pour un athlète* (1979), **Agnieszka Holland** (1948) avec *Acteurs provinciaux* (1979) et *Europa, Europa* (1990), Wojciech Marczewski avec *Évasion du cinéma Liberté* (1990) et plus récemment **Krzysztof Krauze** (1953) et Robert Gliński (1952) partagent et prolongent cette même veine créative.

Cinéaste inclassable, **Andrzej Żuławski** (1940) ne tourne que deux films en Pologne, *Troisième partie de la nuit* en 1970 et, deux ans plus tard, *Le Diable*, interdit par la censure, avant d'enchaîner en France avec des films tourmentés, hystériques pour certains, qui ne rencontrent que rarement les faveurs de la critique et se heurtent souvent à l'incompréhension du public. Son film *La Fidélité*, tourné en 2000, n'aura pas inversé la tendance.

LE CINÉMA DE LA LIBERTÉ RETROUVÉE...

Avec la chute du communisme et le passage à l'économie de marché, c'est la nature même de la production qui change et oblige la plupart des cinéastes à chercher des modes de financement à l'étranger. Même si l'État continue à investir dans certains projets prestigieux, à commencer par la coproduction américano-polonaise *La Liste de Schindler* (1993) de Steven Spielberg, tourné dans l'ancien quartier juif de Cracovie, Kazimierz. Mais également en faisant appel aux prestigieux aînés pour des films à grand spectacle s'inspirant des classiques de la littérature polonaise, tel Wajda qui adapte en 1999 le fameux poème d'Adam Mickiewicz, *Pan Tadeusz*, ou encore Kawalerowicz qui s'attaque en 2001 à l'adaptation du non moins fameux roman *Quo Vadis ?* Parmi les nouveaux cinéastes des années 1990, Jan Jakub Kolski (1956), Andrzej Jakimowski (1963) ou Piotr Trzaskalski (1964) sont très remarqués.

Signalons enfin pour finir l'excellence, au cours des années 1957-1970, du **cinéma d'animation polonais** dont les principaux artisans, Jan Lenica, Walerian Borowczyk, Witold Giersz ont atteint une notoriété mondiale, ainsi que la toujours forte tradition polonaise de **films documentaires**, dont Marcel Łoziński, après Kazimierz Karabasz, auteur du fameux *Les Musiciens* (1960), reste le grand mentor.

La musique

Nation musicale s'il en est, la Pologne peut se targuer d'avoir donné naissance à un génie : Chopin, compositeur à la fois éminemment national mais également le plus universel qui soit. Un arbre incontournable qui cache une précieuse forêt en matière de musique contemporaine.

DES ORIGINES AU ROMANTISME

Si les premières pièces musicales conservées dans les archives datent du 11e s., l'école polonaise de chant grégorien puis polyphonique s'est développée sous les Piast puis sous les Jagellon, avec notamment au 15e s. **Nicolas de Radom** et au 16e s. **Nicolas Gomołka**, qui marque le sommet de la musique de la Renaissance. Ensuite, n'émergent pas de compositeurs originaux de premier rang, si bien que c'est un raccourci commode mais presque fondé de dire que la musique classique polonaise naît avec la période romantique.

Frédéric Chopin (1810-1849).

Figure attachante du romantisme musical, **Frédéric Chopin** (1810-1849) arrive en 1831 à Paris. Outre quelques compositions pour orchestre et pour musique de chambre, son œuvre est essentiellement destinée au piano seul, dont il est un virtuose depuis l'enfance. Pour cet instrument, il compose avec une inépuisable variété d'écriture (préludes, nocturnes, valses, polonaises, mazurkas). Puisant son inspiration dans le folklore polonais, il écrira quelques-unes des plus belles pages de la musique occidentale. Ultime symbole pour ce compositeur à l'âme exaltée et tourmentée, le corps de celui que George Sand qualifiait de « ce cher cadavre » gît au cimetière du Père-Lachaise tandis que son cœur repose dans l'église Sainte-Croix de Varsovie. Éclipsé par l'ombre créatrice de Chopin, son presque contemporain **Stanisław Moniuszko** (1819-1872), auteur de cantates et de *lieder* (composés sur des textes de grands poètes nationaux), est considéré avec *Halka* et *Le Manoir hanté* comme le véritable père de l'opéra moderne national, même si les premiers opéras polonais (l'opéra italien fut introduit à Varsovie en 1628) datent de Maciej Kamieński (1734-1821) et Jan Stefani (1746-1826). Ami d'enfance de Chopin, **Oskar Kolberg** (1814-1890), en étudiant le folklore musical national et en retranscrivant les chants populaires, fait figure de pionnier en matière d'ethnomusicologie polonaise. Le violoniste virtuose **Henryk Wieniawski** (1835-1880) a donné (comme Chopin pour le piano à Varsovie) son nom à un fameux festival polonais se déroulant tous les cinq ans à Poznań.

LE « CHOPIN » MÉCONNU DU 20e SIÈCLE

Comparable à Bartók en Hongrie ou Janaček en Tchécoslovaquie, **Karol Szymanowski** (1882-1937) est le principal artisan du renouveau de la musique polonaise au 20e s. Fondateur avec Karłowicz, Fitelberg, Różycki et Szeluto du groupe néoromantique « Jeune Pologne » qui cherche à imiter les tendances progressistes de l'Europe occidentale, il inspirera en 1927 la création de l'Association des jeunes musiciens polonais qui, à sa suite, vinrent nombreux se former en France, notamment auprès de Nadia Boulanger. Son œuvre, profondément enracinée dans une vaste culture et nourrie par une riche expérience des voyages, peut se décomposer en trois périodes ; romantique, impressionniste (teintée d'orientalisme comme dans *Les Mythes* op. 30) et polonaise. Pour cette dernière, il se met en quête des racines musicales nationales qui, autrefois anecdotiques dans ses compositions, deviennent la base de son édifice musical. Son ballet *Harnasie (Les Brigands)*, influencé par le folklore populaire des Tatras, est créé à Paris en 1936. Parmi ses dernières œuvres, essentiellement vocales, son opéra *Le Roi Roger* (1926), d'après un livret d'Iwaszkiewicz, et son *Stabat Mater* (1929) sont à classer parmi ses chefs-d'œuvre. Bien que son œuvre, au sortir d'un long purgatoire, reste encore peu enregistrée et à découvrir, il demeure certain qu'il aura ouvert la voie à toute une génération de musiciens et déterminé les orientations de la musique contemporaine polonaise.

LES VOIES DE L'AVANT-GARDE CONTEMPORAINE

À partir des années 1960, la Pologne fit indubitablement figure de pays avant-gardiste en matière de musique contemporaine. Rien ne permet pour autant de parler d'une école nationale polonaise, tant les compositeurs proviennent d'horizons divers et œuvrent dans des perspectives différentes.

Après des débuts académiques, **Witold Lutosławski** (1913-1994) s'inspire de la musique folklorique avant d'aborder le dodécaphonisme et d'expérimenter les procédés aléatoires dont ses *Jeux vénitiens* et sa *2e symphonie*, sans doute sa meilleure composition, témoignent. En 1970, son concerto pour violoncelle est créé à Londres par Mstislav Rostropovitch. Moins connus, **Tadeusz Baird** (1928-1981), Kazimierz Serocki (1922-

1981) et Jan Krenz (1926) forment le Groupe 49 avec pour volonté de composer une musique sérielle artistiquement exigeante mais plus accessible. Les deux premiers sont cofondateurs de l'Automne de Varsovie, festival de musique contemporaine connaissant toujours un grand succès. Le nom d'**Andrzej Panufnik** (1914-1991) est davantage associé à des expériences sonores.

Également chef d'orchestre, **Krzysztof Penderecki** (1933) est le plus célèbre des compositeurs polonais contemporains en Occident. Utilisant un langage musical complexe, son principe de composition, qui le fera connaître à ses débuts, est basé principalement sur la couleur sonore (le sonorisme). Maître de la musique chorale, il excelle dans la musique religieuse, dans laquelle sa technique sonore créait un climat d'incantation avec les sonorités inouïes des cordes. Son *Thrène à la mémoire des victimes d'Hiroshima*, composé pour 52 instruments à cordes, son *Dies Irae*, sa *Passion selon saint Luc* figurent parmi ses pièces les plus fameuses. Il est également l'auteur d'un opéra mystique, *Les Diables de Loudun* (1967), mais est revenu à partir des années 1980 à des formes plus traditionnelles et néoclassiques.

Exact contemporain du précédent et également enclin à des préoccupations spirituelles sans pour autant se définir comme un compositeur religieux, **Henrik Mikołaj Gorecki** (1933) compose une musique à la profondeur mystique, dont la fameuse et très paisible *3e symphonie dite « des chants plaintifs »* (plus d'un million d'exemplaires vendus). Ses deux quatuors composés pour le Kronos Quartet sont également remarquables.

Le virtuose président

Interprète virtuose et compositeur plus délicat que réellement novateur, le pianiste **Ignacy Jan Paderewski** (1860-1941) embrassa la carrière politique en devenant président du Conseil du premier gouvernement indépendant de la Pologne en 1919.

LES AUTRES MUSIQUES

Adepte de la musique minimaliste, **Wojciech Kilar** (1932) est également un grand compositeur de musiques de films, notamment pour Polański pour lequel il signe la b.o. du *Pianiste*. Autres compositeurs notables, **Jan A. P. Kaczmarek** et **Zbigniew Preisner**, compositeur attitré des films de Kieślowski.

La Pologne peut également s'enorgueillir de grands virtuoses de la musique classique, tels le ténor Jan Kiepura (1902-1966), le pianiste **Arthur Rubinstein** (1886-1982), grand ami de Szymanowski, la claveciniste **Wanda Landowska** (1879-1959) et **Witold Małcużynski**.

Dans le registre du **jazz**, plusieurs musiciens jouissent d'une excellente réputation dépassant les frontières du pays. C'est le cas du trompettiste **Tomasz Stańko** (1942), des pianistes **Adam Makowicz** (1940) et Leszek Mozdzer, du violoniste Michal Urbaniak, des saxophonistes Zbigniew Namysłowski, Janusz Muniak, Jan « Ptaszyn » Wróblewski, de la chanteuse Urszula Dudziak (1943) et surtout du désormais légendaire pianiste Krzystof Komeda (1931-1969), pionnier du jazz polonais, qui assura les b.o. des tout premiers films de Polański.

Gamma/Camera Press/PR/IN/PA

Le chef d'orchestre Krzysztof Penderecki.

TRADITIONS POPULAIRES

Les images véhiculées par les médias depuis l'après-guerre jusqu'aux années 1980 ont donné une image grise et triste de la société polonaise. Si le contexte politique et économique ne pouvait que conduire à ce genre de conclusion, il faut bien reconnaître que ni le gris ni la tristesse ne sont des valeurs originelles de la culture polonaise. Les arts populaires et le folklore, qui réapparaissent au grand jour depuis la réouverture du pays sur le monde, sont éclatants de couleurs et de vivacité. La nostalgie d'une époque ancienne, rêvée comme meilleure, qui transparaît souvent au travers des fêtes et des coutumes n'est pas une particularité polonaise. C'est le lot de bien des pays attachés à leurs racines culturelles et religieuses !

A. Galy / MICHELIN

Les associations folkloriques sont omniprésentes en Pologne.

DES TRADITIONS QUI SE PERPÉTUENT MALGRÉ L'HISTOIRE

Toute personne entrant en Pologne ne pourra qu'être étonnée par la diversité et la persistance des traditions. Qu'ils soient païens, religieux ou mystérieusement le mélange des deux, les particularismes culturels régionaux sont innombrables. L'attachement aux racines est d'autant plus fort que le 20e s. n'a eu de cesse de les broyer. Le marxisme n'a jamais vu d'un bon œil tout ce qui pouvait faire intervenir la spiritualité et rappeler le souvenir d'une Pologne d'avant l'ère communiste. Pourtant, dès la fin de ce régime, du fond des étables et des greniers ont ressurgi les souvenirs et les rituels d'antan. La diaspora polonaise participe à ce maintien de l'identité culturelle en initiant et en finançant des associations de toutes sortes. Les exilés ont toujours eu à cœur de se rassembler lors de réunions nostalgiques, maintenant ainsi vivants les coutumes et les rites régionaux.

Artisanat, festivals de musiques traditionnelles, danses folkloriques et célébrations religieuses participent à l'image colorée et festive que le pays souhaite offrir au monde. Les fêtes des pêcheurs de la Baltique, celle des mineurs de Silésie, la Fête de la transhumance dans les Beskides, les grands pèlerinages de Pâques et les reconstitutions historiques sont d'excellents outils de découverte. Et chaque région, consciente de cet atout, est fière de mettre en valeur son folklore et ses traditions.

Architecture traditionnelle

LE SKANSEN

Comme beaucoup de pays d'Europe centrale, la Pologne compte de nombreux Skansen. Le *Skansen*, mot d'origine scandinave, désigne un musée ethnographique où sont rassemblés les bâtiments, généralement en bois, symbolisant les traditions architecturales d'une région. La plupart d'entre eux sont des témoignages du 17e au 19e s. Ce ne sont pas des copies, mais d'authentiques lieux de vie ou de culte qui ont été scrupuleusement démontés de leur

C. Hervé-Bazin / MICHELIN

Église en bois orthodoxe de Podlachie.

emplacement d'origine puis reconstitués par des maîtres artisans. Chacun peut entrer dans les pièces obscures des fermes et observer les outils agricoles ou objets de la vie quotidienne. C'est l'occasion de constater que les foyers ruraux les plus modestes possédaient tout ce qui était nécessaire pour vivre en autarcie.

Les églises, souvent consacrées, dans lesquelles sont célébrés des offices religieux, sont parfois plus riches que celles des villes, car elles bénéficient à la fois de l'attention des conservateurs et d'une surveillance. Celle-ci est souvent assurée par des personnes âgées qui arrondissent leur retraite en travaillant quelques heures au sein du Skansen.

Loin d'être un lieu de conservation figé, le Skansen est un témoignage de la vie rurale où des animaux de ferme déambulent, où des activités traditionnelles sont représentées, et qui servent de cadre à des festivals ou des manifestations folkloriques.

Il y a 35 Skansen répartis sur le territoire polonais. Le premier ouvert le fut en 1906 à Wdzydze Kiszewskie. Il fut suivi en 1927 par celui de Nowogród. Tous deux furent détruits pendant la Seconde Guerre mondiale et reconstruits ensuite. Les deux plus importants sont ceux de Sanok et de Nowy Sącz.

L'HABITAT TRADITIONNEL, ENTRE BOIS ET BRIQUE

Force est de constater que les matériaux traditionnels utilisés par les peuples des côtes de la Baltique, des plaines de Mazovie ou des montagnes des Tatras n'ont pas fait face au poids des siècles. Le bois, qui fut de tout temps le matériau de construction, n'est malheureusement résistant ni à la neige ou aux écarts de températures entre l'hiver et l'été, ni aux envahisseurs de toutes sortes qui se sont succédé dans le pays, torches en main. C'est dans le sud et l'est du pays que la tradition de l'architecture en bois est la plus vivace. De la région d'Opole à la Podlachie en passant par la région de Podhale et la Petite Pologne, nombreuses sont les fermes, les petits manoirs ou les églises en bois. Dans la région de Zakopane, on continue à construire en bois, selon des critères esthétiques établis à la fin du 19e s. Plus au cœur de la Petite Pologne, les maisons de bois sont souvent enduites de chaux qui peut être peinte de couleurs vives telles que le bleu. Dans toutes ces régions les toits sont couverts de bardeaux ou parfois de chaume.

Quelques particularités régionales très marginales sont à noter telles que les maisons de granit dans les villages de la vallée de la Biebrza ou les colombages datés du 16e au 20e s. des alentours de Swołowo ou Kluki aux bords de la Baltique.

L'artisanat

En Pologne, les anachroniques « poupées russes » fleurissent au même titre que les bijoux en ambre de la Baltique ou les icônes sous verre de Podhale. L'offre artisanale est impressionnante et omniprésente. Pourtant la longue période communiste n'avait pas encouragé l'expression artistique populaire souvent liée à des croyances religieuses. Mais il faut croire que l'artisanat, tout comme les danses folkloriques et les costumes régionaux, est trop présent dans le cœur des Polonais pour disparaître. Le tourisme grandissant ne freinera sans doute pas le mouvement.

A. Galy / MICHELIN

L'ambre, l'or de la Baltique.

Les Pisanki : les œufs décorés de Pâques.

Les matières premières telles que le bois, la laine ou le cuir sont la base de l'artisanat. Sur tous les marchés, on trouvera légion de **boîtes en bois** sculptées et gravées de motifs géométriques ou floraux et des **vêtements de laine**. Même si les **blagues à tabac** ou les **poteries** restent intimement liées à la Cachoubie, la **dentelle** à la Petite Pologne et les nattes et meubles en paille tressée à la Podlachie,

il faut bien reconnaître que les identités régionales sont plus ou moins gommées par le tourisme en pleine expansion. Heureusement, quelques productions artisanales conservent toute leur authenticité et leur créativité.

LE PISANKA OU ŒUF DÉCORÉ

Autre tradition nécessitant savoir-faire et minutie, le **Pisanka**, l'œuf décoré. Autrefois de tradition païenne, il est devenu un symbole de Pâques. À travers lui, la résurrection du Christ est célébrée au même titre que le réveil de la nature. Originaire des zones carpatiques, on le trouve désormais partout. Les peuples Łemko d'Ukraine ou de Slovaquie, les Houtsoules des Carpates roumaines et les Polonais proches de la culture biélorusse sont les inspirateurs de cette technique.

L'œuf est décoré de dessins réalisés à la cire d'abeille, puis trempé dans une succession de bains colorés. Une forte chaleur élimine les épaisseurs de cire qui, une fois fondue, laissent place à un œuf orné de motifs de trois à quatre couleurs. Ceux-ci peuvent représenter des symboles religieux, des formes géométriques et très rarement des formes humaines. Parfois, les œufs sont en bois, seulement décorés de motifs floraux assez grossiers. La tradition veut que, lors du repas pascal, des Pisanki ornent la table ou le museau du cochon de lait posé sur celle-ci.

LES WYCINANKI OU PAPIERS DÉCOUPÉS

Au 19e s., les paysannes découpaient, à l'aide des couteaux et ciseaux destinés à la tonte des moutons, et par conséquent, grossièrement, des décorations en papier. Puis, la technique s'est affinée jusqu'à ce que les Wycinanki deviennent de véritables dentelles de papier.

Ils décorent les murs, les fenêtres et représentent des formes symboliques telles des lunes, des étoiles, des arabesques ou des fleurs. Cadeaux pour les amis, les Wycinanki sont aussi de sortie lors de fêtes religieuses. La Kurpie, entre ,la Mazovie et la Podlachie, la région autour de Łowicz et l'ensemble de la Mazovie sont traditionnellement attachées à cet art.

LES PEINTURES SOUS VERRE

Très populaires depuis le 18e s., elles sont destinées à une clientèle rurale ou montagnarde du fait de leur faible coût. Aujourd'hui, on en trouve encore beaucoup en Petite Pologne. Les thèmes peuvent être profanes ou sacrés, mais les représentations de Marie et de Jésus sont sans doute les plus fréquentes. Les icônes sous verre se retrouvent dans de nombreuses maisons, des églises et même des cimetières, à l'exemple du vieux cimetière de Zakopane. La technique a peu évolué. Le support est une vitre sur laquelle on peint le sujet inversé. L'artiste dessine tout d'abord les contours à la gouache puis remplit de couleurs l'intérieur des motifs.

L'AMBRE DE LA BALTIQUE

Bien que l'ambre se vende aux quatre coins du pays, il est l'image de marque de la Baltique. Cette résine fossilisée provient des immenses forêts qui occupaient l'emplacement de la mer Baltique il y a 40 millions d'années, avant l'ère glaciaire. C'est une matière première que les créateurs contemporains ne cessent de façonner, remarquable par sa variété et ses tonalités qui vont de la couleur miel au brun foncé, et qui peut contenir des insectes, des bulles d'air et des éléments végétaux. La mer rend au fil des vagues ce trésor englouti, que l'on peut trouver lors de promenades sur les plages, mais, parallèlement, une exploitation industrielle a été mise en place en creusant des mines et en draguant les fonds marins.

Les ateliers de Gdańsk, de Varsovie et des grandes villes transforment cet « or du Nord », que l'on prenait autrefois pour un rayon de soleil emprisonné, en bijoux, lampes, médailles ou horloges.

Fêtes religieuses et festivals

La foi des catholiques polonais, bien qu'ébranlée par le régime communiste de l'après-guerre, marque toujours la vie du pays. La société de consommation qui déferle depuis les années 1990 et le désengagement spirituel qui frappe de nombreux pays européens ne semblent pas l'affecter. Outre les messes dominicales, les fêtes religieuses sont célébrées dans la plus grande ferveur *(voir aussi « La Pologne aujourd'hui »).*

LES CRÈCHES DE NOËL

Comme dans bien des pays, Noël rassemble les familles au-delà des convictions religieuses et demeure la grande fête de l'année.

Si toutes les églises de Pologne abritent des crèches, c'est à Cracovie que l'on crée une véritable animation autour de « l'étable de Bethléem ». Chaque année, début décembre, des artistes exposent leurs crèches au pied de la statue d'Adam Mickiewicz. Depuis plus de 60 ans, ce concours réunit quelque 130 à 150 crèches, parfois aussi hautes qu'un homme. Toutes doivent s'inspirer de l'architecture cracovienne et mettre en scène des personnages légendaires de la ville. Jésus se retrouve donc aux côtés du dragon ou du trompettiste jouant le Hejnal. L'auteur de la plus belle crèche voit son œuvre rejoindre les collections du Musée historique.

MARIONNETTES ET DÉGUISEMENTS D'HIVER

À Noël, dans les régions des Beskides, de Cracovie, de Lublin, de Rzeszów, des villages perpétuent la tradition de la quête. Les enfants portant une étoile et une crèche défilent de maison en maison. Ils échangent leurs vœux de bonheur contre des friandises, accompagnés d'une marionnette représentant un Tsigane, une sorcière, la mort ou une chèvre. Celle-ci, bien manipulée… claque des dents !

Des marionnettes de ce type sont exposées au musée du Château de Lublin. À l'origine de cette parade on trouve l'histoire du roi Hérode ordonnant le « Massacre des Innocents » à la naissance de Jésus.

Les célébrations de la **nouvelle année** et le **carnaval** étaient autrefois l'occasion de parades où se côtoyaient marionnettes et masques. Tsiganes, Juifs, ours, diables ou mendiants étaient les plus souvent représentés. Aujourd'hui, ces manifestations ont presque disparu.

ONT Pologne

Une crèche de Cracovie.

DANSES, COSTUMES ET FESTIVALS

Les troupes de danses folkloriques polonaises font aujourd'hui le tour du monde et les couleurs chatoyantes et le dynamisme des jeunes artistes sont des ambassadeurs de charme. Si le succès les porte sur les scènes internationales, c'est que le vivier du folklore polonais est immense. Au 19e s., un érudit, Oskar Kolberg, établit le répertoire des musiques, chants et danses du pays, en prenant soin de noter les différences régionales. Son étude fait toujours référence.

La **mazurka**, danse à trois temps, pour laquelle Chopin composa une cinquantaine de pièces pour piano, est l'une des danses les plus populaires en Pologne et l'une des plus connues à travers le monde. La mazurka a essaimé ses airs en Russie, aux États-Unis, en Suède ou en France et a été une source d'inspiration pour des compositeurs aussi divers que Ravel, Debussy ou Tchaïkovski. Quelques autres danses, dans leur version classique ou folklorique, appartiennent au patrimoine culturel du pays. Parmi elles, la **polonaise**, la Kujawiak ou la Krakowiak. Comme son nom l'indique, cette dernière est la figure de proue du folklore de Petite Pologne. Toutes font les beaux jours des festivals d'été et des banquets de famille dans les auberges traditionnelles.

Appartenir à un groupe folklorique ou fréquenter les nombreux festivals consacrés aux chants et aux danses régionales est naturel pour un grand nombre de Polonais. Être attaché à ses racines et le montrer ouvertement n'est pas l'apanage d'une classe d'âge. Et jeunes et vieux communient ensemble lors des nombreuses manifestations estivales. Celles-ci sont abondamment retransmises sur les chaînes régionales de télévision.

LE LAJKONIK

Ce chef tatar (le *khan*), caracolant richement vêtu sur son cheval, est connu de tous les visiteurs de la place du Marché de Cracovie. L'origine de la légende remonte à 1287, quand les Tatars envahirent la ville. Les villageois de Zwierzyniec, n'écoutant que leur courage, attaquèrent une nuit le camp tatar et tuèrent le *khan*. Cet acte de bravoure est toujours célébré à Cracovie.

ONT Pologne

Un membre de la Confrérie du Coq.

Chaque année en juin, le dernier jour de la semaine de la Fête-Dieu, une grande parade costumée relie Zwierzyniec à la place du Marché. Le Lajkonik remonte les rues en quête de quelques złotys bastonnant gentiment les donateurs qui, selon la légende moderne, verront plus tard la chance leur sourire. Quant au maire de la ville, il lui en coûte quelques verres de vin !

LA CONFRÉRIE DU COQ

La Confrérie du Coq a 700 ans. Jadis association défensive, elle rassemblait commerçants, bourgeois ou artisans pour la défense des villes. Le coq, symbolisant la veille nocturne, en devint l'emblème. Cracovie continue à célébrer les descendants de ces valeureux tireurs. Le premier lundi après la huitaine de la Fête-Dieu, les membres de l'actuelle Confrérie du Coq défilent en costumes médiévaux et se défient amicalement lors de grands concours… en visant des coqs en bois.

KULIG, JEU D'HIVER

Le *kulig* était un jeu réservé aux riches aristocrates en quête de défoulements et de plaisirs durant les fêtes de Noël ou aux alentours du mercredi des Cendres. C'était une cavalcade de carrioles à cheval parcourant les campagnes de manoirs en manoirs. On dansait, mangeait et buvait beaucoup jusqu'à en oublier le froid. Les uns étaient travestis en prêtres, d'autres en Tziganes ou en Juifs.

La cuisine polonaise

Copieuse et riche en calories, la cuisine polonaise a su s'approprier les diverses influences des peuples qui ont occupé le pays au fil des siècles. La mer Baltique, les nombreux lacs et rivières, les massifs montagneux et les grandes plaines apportent à chaque région son lot de produits de terroir.

PARTOUT EN POLOGNE

Les soupes

Tout bon repas débute par une soupe. La Pologne comptant autant de soupes que la France de fromages, on en goûtera aux champignons, à l'oseille ou à l'oignon dans lesquelles nagent des raviolis aux diverses garnitures ou des boulettes de viande. Parmi les soupes les plus courantes au restaurant et sur la table familiale :

Le bortsch *(barszcz)* : autrefois, les populations des campagnes préparaient cette soupe à l'aide de fruits aigres ramassés dans les forêts. Puis la betterave remplaça ces baies. L'aigreur fut conservée en ajoutant un jus fermenté de betterave (**kwas**), du citron ou du vinaigre.

Le żurek, ou bortsch blanc aussi populaire, est une soupe au jus fermenté de farine de seigle servie avec de la saucisse.

Le chłodnik est une soupe froide de betteraves à la crème aigre, aux légumes crus, saupoudrée de ciboulette et d'aneth. Un régal pour l'été.

Enfin le **flaki** est un mélange de jarret de bœuf et de tripes de bœuf relevé de paprika, de gingembre et de muscade.

Les viandes

Grillée, panée, noyée sous les oignons ou les pruneaux, la viande de **porc** est la reine de l'assiette polonaise.

Les **volailles** sont très prisées également. Le poulet à la polonaise, farci de chapelure, d'œuf et de persil, ainsi que le canard fourré aux quartiers de pommes et arrosé de vin rouge durant la cuisson, sont des recettes fameuses.

Les nombreux espaces naturels et les forêts denses offrent quantité de **gibiers**. Le lièvre, le sanglier ou le chevreuil sont particulièrement appréciés. Quant à la **perdrix**, une fois faisandée et farcie de pain imbibé de lait, de raisins de Corinthe et de genièvre, elle rappelle aux nouvelles générations que les chasses royales et seigneuriales d'antan se terminaient par des repas gargantuesques.

Le bœuf est moins apprécié, excepté le **steak tartare** dont l'origine remonte au temps où les cavaliers mongols déferlaient sur l'Europe centrale, stockant leur viande crue sous leur selle.

Les poissons

La cuisine polonaise a le privilège de n'utiliser que des poissons nobles ou forts en saveurs. **L'anguille**, le **brochet** qui colonise les ruisseaux à l'eau vive et pure, ou le **sandre** pêché dans les lacs. La **carpe**, qui est sans doute le poisson le plus servi dans les restaurants toute l'année, devient un plat traditionnel de fête dans les familles lors du réveillon de Noël. Le **hareng** est quant à lui un plat populaire bon marché, disposé en petits rouleaux fourrés de concombre et d'œufs durs ou marinés dans l'huile et l'oignon. Il s'accompagne toujours d'un verre de vodka !

Trois incontournables

Les pierogi sont de petits raviolis en forme de demi-lune dont la pâte est faite de farine, d'eau, d'œufs et de sel. Partant de cette base identique dans l'ensemble du pays, chacun y apporte sa propre touche. Parmi les plus courants, ceux appelés « à la russe » sont garnis de fromage blanc, d'oignons et de pommes de terre, d'autres de champignons, de viande ou de choux. En dessert ou en plat principal, les *pierogi* sont garnis de fruits : de cerises, fraises ou myrtilles.

Les concombres marinés *(ogórki kiszone)* se mangent à tous les stades du repas. À l'apéritif en accompagnement d'une bière, en entrée ou parmi les légumes du plat principal. Ce sont des concombres qui, cueillis avant leur maturité, ressemblent à des cornichons. La saumure dans laquelle ils sont mis à mariner est un mélange de feuilles de cerisier, de vigne et de chêne, d'aneth, de coriandre et d'une cuillerée de vinaigre blanc et d'eau-de-vie. Ils ont la réputation d'atténuer les effets de la vodka, ce qui est à confirmer !

Si le **chou** se consomme sous toutes les formes, cru ou cuit, il est aussi l'élément principal d'un plat qui fait l'unanimité parmi les gastronomes polonais : le **bigos**. Entrée ou plat unique, cette sorte de choucroute à la mode polonaise est un mélange de plusieurs types de choux, de champignons des bois et de pruneaux, de viandes de porc, mouton ou veau, parfois même de gibier. Le tout est relevé par de nombreuses épices, telles que le piment de Jamaïque, la cardamome ou la muscade, sans oublier le madère.

LA CUISINE RÉGIONALE

En Mazurie et en Warmie, les forêts et les lacs sont une source inépuisable de produits de qualité pour des spécialités culinaires telles les **quenelles de gardon** ou le **sandre** servi avec des **queues d'écrevisses**. Plus insolite est le **pain d'épice mazurien** *(piernik)* aromatisé à la chicorée.

Pour qui veut faire l'inventaire de toutes les recettes réalisables à partir de la **pomme de terre**, le détour par la Grande Pologne s'impose. En croquettes, en purée, en nouilles, en soupe, en salade... la pomme de terre est omniprésente dans les plats.

La présence d'une importante population de mineurs ayant besoin d'une alimentation roborative, et la proximité de l'Allemagne, de l'Autriche et de la République tchèque marquent profondément la cuisine de Silésie. Parmi ses spécialités figurent : les **nouilles silésiennes** à base de pommes de terre ; **le krupniok**, une charcuterie à base d'abats, de gruau de sarrasin et de sang ; **la roulade de Silésie**, une tranche de bœuf épicée de moutarde et farcie de bacon, de saucisses et de concombres confits au sel.

La cour de Pologne, longtemps installée à Cracovie, mettait un point d'honneur à ouvrir sa table aux diverses cuisines européennes. Ainsi, le **goulasch hongrois**, **l'escalope viennoise** ou les **pierogi à la russe** sont chez eux en Petite Pologne.

L'oscypek, un fromage de brebis fumé dans les cabanes de bergers et le **bryndza**, autre fromage de brebis non fumé sont les savoureux ambassadeurs de la région de Podhale. L'*oscypek* se vend sur les trottoirs de Zakopane. Découpé en tranches et passé au four quelques minutes recouvert de fruits rouges, il accompagne parfaitement les eaux-de-vie.

La **charcuterie** de Kurpie, cette petite région entre la Mazovie et la Podlachie, est renommée pour la technique de fumage au **bois de genévrier**. Ce dernier est aussi à la base d'une sorte de bière locale que chacun peut brasser chez lui, la **bière aux baies de genièvre**.

La spécialité de Podlachie s'appelle le **kartacze**, sorte de gnocchis farcis à la viande de mouton.

La cuisine de Cachoubie est naturellement basée sur les richesses de la mer Baltique : le bouillon de poisson, l'omelette d'**anguilles** ou le **goulasch au hareng**.

LES PÂTISSERIES

Dans les salons de thé ou les restaurants, les pâtisseries débordent de crème alors que, dans les familles, le pain d'épice et les gâteaux aux fruits secs dominent.

LES BOISSONS

Pour accompagner la cuisine polonaise, il est conseillé de goûter aux innombrables **bières**. La Żywiec ou la Okocim sont les bières les plus couramment consommées et celles que l'on vous servira dans un restaurant si vous ne précisez pas votre choix. Les connaisseurs auront le loisir de tester les Tyskie, Leżajsk, Tatra ou Żubr. Ces grands brasseurs proposent des bières plus ou moins alcoolisées, et de différentes saveurs. Et pourquoi ne pas savourer un hydromel ou une *nalewka*, sorte de liqueur obtenue après macération de fruits dans la vodka et l'alcool pur ?

Emblématique boisson polonaise, la **vodka** *(wódka)* titre plus ou moins 40°. La variété des vodkas en vente dans les magasins spécialisés est étonnante. Les distillateurs rivalisent d'inventivité pour multipier les saveurs : épices, poivre, miel ou fruits. La plus célèbre est la *Żubrówka*, parfumée avec le *Hierochloe odorata*, autrement appelé « l'herbe aux bisons », qui pousse notamment dans la forêt de Białowieża.

Exceptée la région frontalière avec l'Allemagne, vers Zielona Góra, la production de vin polonais est inexistante.

A. Galy / MICHELIN

L'oscypek, le fromage de brebis de la région de Podhale.

LA POLOGNE AUJOURD'HUI

Depuis 1989, la Pologne est confrontée à une tâche gigantesque : passer d'un système économique étatisé et d'un pouvoir autoritaire à l'économie de marché et à la démocratie politique. Cette « métamorphose » ne va pas sans bouleverser la société, les mentalités et les traditions. Où en est la Pologne aujourd'hui ?

Benoit Decout / Agence Réa

Célébration de l'entrée de la Pologne dans l'Union européenne, le 30 avril 2004, à Varsovie.

UNE POPULATION NOMBREUSE, HOMOGÈNE ET ASSEZ JEUNE

Avec **38,1 millions d'habitants**, la Pologne représente 7,7 % de la population de l'Union européenne. Mais depuis 1999, la population a tendance à diminuer très lentement. Cela est dû à la baisse de la fécondité, à un taux de mortalité encore assez élevé (plus de 9 ‰) et à un solde migratoire nettement négatif (de nombreux Polonais partent travailler dans les autres pays de l'Union européenne).

Les Polonais constituent environ **97 %** de la population du pays, le reste étant composé essentiellement d'Allemands, d'Ukrainiens et de Biélorusses.

La population polonaise est l'une des plus jeunes d'Europe, même si elle vieillit progressivement. Les personnes de plus de 65 ans ne représentent que 13 % de la population et plus du tiers des habitants a moins de 25 ans. L'espérance de vie est encore inférieure de plus de trois ans à celle de la moyenne de l'Union européenne. Plus que la consommation abusive d'alcool et de tabac, la richesse de l'alimentation ou la détérioration des services de santé, c'est la pollution du pays qui est en la principale cause.

Le passage à la démocratie

LA RAPIDE TRANSITION ÉCONOMIQUE

En 1989, la situation économique du pays était alarmante : hyper inflation (700 %), énorme endettement, industrie obsolète et inopérante, agriculture arriérée. Le **système étatisé** avait été la règle pendant plus de quarante ans, empêchant, au moins partiellement, les Polonais de prendre conscience du monde qui évoluait. Dès 1990, le ministre des Finances Leszek Balcerowicz administre des « **remèdes radicaux** » au pays pour le lancer dans l'économie de marché. Ces réformes sont poursuivies ensuite même si, entre 1993 et 1997, la gauche au pouvoir ralentit les privatisations. Le retour aux finances de Leszek Balcerowicz en 1997 témoigne de la volonté de continuer sa politique de réformes : **privatisations massives**, développement des règles du marché libre, diminution radicale de la dette publique et de l'inflation, convertibilité et renforcement du złoty, création de la Bourse de Varsovie, impôt sur le revenu des personnes physiques et TVA. L'objectif est simple : maintenir une **croissance**

de 6-7 % pour diminuer l'écart entre la Pologne et les pays de l'UE. Cette politique énergique a donné des résultats : le PIB augmente de 148 % de 1991 à 2005 et la croissance s'établit en 2007 à 6,5 % par an. Mais les pressions inflationnistes restent fortes (autour de 3 %), ce qui handicape son accession à l'euro (la date de 2012 est la plus souvent citée). Ce sont surtout les 2 millions de **PME-PMI** créées dans le secteur commercial et de services (commerces alimentaires ou informatiques, magasins d'habillement, concessionnaires automobiles, etc.) qui ont tiré l'économie polonaise et l'emploi vers le haut. Elles occupent 55 % des actifs et fournissent un tiers du PNB. Elles doivent cependant faire face aux **grandes surfaces** étrangères (Leclerc, Auchan, Carrefour, Casino-Géant, Ikea, Castorama, Décathlon, Leroy Merlin, etc.). En fait, les rachats étrangers se sont surtout portés sur les secteurs les plus lucratifs : alcool (Polmos racheté par Bacardi et Pernod-Ricard), téléphonie (TPSA racheté par France Télécom)... Le nouveau gouvernement libéral s'est engagé en 2008 dans une relance des privatisations (compagnie aérienne LOT, capital de la Bourse de Varsovie). Quant aux créations d'usines par les grandes firmes, on peut citer l'exemple de **Michelin** pour la pneumatique ou de **Dell** en informatique et le cas beaucoup plus ancien de **Fiat**, implantée avant 1939. Le secteur privé est maintenant responsable de 80 % de l'activité économique même si le secteur public occupe encore un tiers des actifs. Il n'empêche que les dossiers épineux ne manquent pas. L'**agriculture** emploie presque un quart de la population active (sur des petites parcelles de 6 ha en moyenne) et ne produit que 4 % du PIB. Au moins la moitié des quelque deux millions d'exploitations sont amenées à disparaître dans les années à venir, les autres devant se moderniser radicalement. D'autres difficultés proviennent des **mines** de charbon déficitaires et endettées et de la sidérurgie, nécessitant aussi bien de lourds investissements que des licenciements massifs.

LES RÉFORMES INSTITUTIONNELLES ET ADMINISTRATIVES

En 1997, la Pologne s'est dotée d'une nouvelle **Constitution** pour remplacer celle de 1952. Les institutions du pays sont aujourd'hui peu différentes des institutions françaises. Le pouvoir exécutif est détenu par un **président élu au suffrage universel** pour un mandat de cinq ans renouvelable une fois, qui dispose d'un droit de veto au Parlement. Le pouvoir législatif appartient à **deux chambres**, élues au suffrage universel direct pour quatre ans, la Diète (460 députés élus à la proportionnelle révisée, qui accorde une prime aux plus grands partis) et le Sénat (100 sénateurs élus au scrutin majoritaire). En 1998 est mise en place une réforme de l'autonomie administrative : elle introduit un troisième degré de décentralisation (les districts ou *powiaty*) et le nombre de régions ou voïvodies *(województwa)* passe de 49 à 16.

LE DIFFICILE HÉRITAGE DE L'OPPOSITION

La démocratisation a vu naître une **pléthore de partis** à durée de vie plutôt courte. Un proverbe dit d'ailleurs que « là où il y a quatre Polonais, il y a déjà cinq partis politiques ». Parmi les principaux, les plus « anciens » sont ceux de gauche, notamment le **SLD** (Alliance de la gauche démocratique), né des ruines de l'ancien Parti communiste. Le parti populiste agrarien Samoobrona (Autodéfense) d'Andrzej Lepper, qui a beaucoup fait parler de lui, dit se situer à l'extrême gauche. Le mouvement anti-communiste s'est étalé après 1989 du centre à l'extrême droite. **La tendance libérale** est menée par la PO, Plateforme civique, créée en 2001 par des hommes comme

Lustration ou pas ?

Le compromis conclu à la « Table ronde » en 1989 prévoyait un passage pacifique du système communiste à la démocratie, sans épuration. La deuxième cohabitation gauche/droite vit même commencer un processus de rédemption générale. La Pologne n'a pas ouvert jusqu'ici au public les archives communistes, à la différence d'autres pays de l'Est. Mais la **loi de lustration** votée en octobre 2006 par la droite nationaliste exigeant que tous ceux qui exercent un poste à responsabilité (hommes politiques, fonction publique, médias et certaines entreprises) déclarent avoir ou non collaboré avec la police politique communiste, bien que partiellement invalidée par la Cour constitutionnelle polonaise, a rouvert le débat dans la société.

Un système éducatif en pleine réforme

Depuis les années 1990, la Pologne a pris conscience de la nécessité de réformer son système éducatif : la population adulte comptait seulement 7 % de diplômés du supérieur et les disparités territoriales étaient fortes, notamment entre zones urbaines et rurales. Le réseau scolaire a été transféré dans la gestion des collectivités locales, la formation des enseignants a été développée, la scolarité obligatoire prolongée jusqu'à 18 ans, les niveaux modifiés pour se calquer sur les systèmes européen et américain (développement des maternelles, création du collège ou *gimnazjum*, des lycées professionnels). Le baccalauréat *(matura)* devient en 2005 un examen national, moins soumis à l'appréciation de chaque établissement, et qui devrait permettre aux élèves dans l'avenir de rentrer dans le supérieur sans examen d'entrée. Si, en 1989, 10 % seulement des 19-24 ans entreprenaient des études supérieures, ils sont 40 % aujourd'hui, même si la moitié d'entre eux sont inscrits uniquement aux cours du week-end ou du soir (payants), car ils ont une autre activité durant la semaine ou la journée. Mais les 5 % du PIB que l'État consacre à l'éducation (dans la moyenne de l'OCDE) ne sont pas toujours suffisants compte tenu de la démographie du pays. Une des conséquences est l'explosion de l'offre privée. La majorité des écoles maternelles et 2/3 des producteurs d'enseignement supérieur sont aujourd'hui privés. Dans les villes, les publicités fleurissent pour les cours de langues payants.

Donald Tusk (actuel Premier ministre) ou Jan Rokita. **La tendance conservatrice** et chrétienne-démocrate est représentée par le **PIS** (Droit et Justice, créé lui aussi en 2001) avec les jumeaux Jarosław et Lech Kaczyński (président du pays). Enfin le parti Ligue des familles polonaises (LPR) est une formation ultra catholique, nationaliste et anti européenne.

ALTERNANCES ET COHABITATIONS

En 1989-1990, la droite détient la présidence (Lech Wałęsa) et le Parlement. En septembre 1993, les législatives voient la victoire de la gauche profitant du mécontentement lié aux rapides réformes socio-économiques. Cette première alternance, que connaissent au même moment d'autres pays de l'Est, est marquée par une courte cohabitation ; en novembre 1995, Lech Wałęsa est battu aux présidentielles par Aleksander **Kwaśniewski**, du SLD, réélu en octobre 2000 dès le premier tour. La période 1997-2001 est ensuite marquée par une cohabitation gauche/droite qui prend fin en septembre 2001, quand les législatives sont remportées par la gauche coalisée. Mais le climat politique se dégrade : éclatement de la coalition gouvernementale en mars 2003, scandales de corruption et impopularité croissante du Premier ministre, remplacé en mai 2004. En septembre et octobre 2005, les législatives et les présidentielles aboutissent à la seconde alternance : la droite revient au pouvoir et la gauche est écrasée. Mais après deux années de pouvoir controversé des frères jumeaux conservateurs Kaczyński, les Polonais ont placé au gouvernement l'opposition libérale lors des élections législatives anticipées d'octobre 2007. Cette nouvelle « cohabitation » provoque une certaine instabilité.

UNE SOCIÉTÉ BOULEVERSÉE

Le **PIB** par habitant de la Pologne est deux fois moins élevé que la moyenne de l'UE et l'IDH, qui mesure le niveau atteint en termes d'espérance de vie, d'instruction et de revenu par habitant, la place au 37e rang mondial. Le salaire moyen s'élève à environ 600 € nets par mois (300 € pour le SMIC), mais cette moyenne est faussée par les très hauts salaires, notamment à Varsovie où ils sont deux fois plus élevés qu'ailleurs. Véritable fléau national, le **chômage** tend cependant à diminuer et est même passé sous les 12 % en 2007. Toutefois, les restrictions budgétaires et la hausse des prix rendent la vie difficile pour les plus défavorisés, qui considèrent que leur pays est passé de l'ère des portefeuilles remplis et des magasins vides à celle des boutiques remplies et des porte-monnaie vides. Malgré la nette émergence des classes moyennes dans les grandes villes, la Pologne tourne encore à **deux vitesses** : il y a ceux qui ont été capables de suivre le mouvement économique moderne et les autres. Les secteurs de la santé et de l'éducation fonctionnent eux aussi selon deux rythmes : les établissements privés, qui pratiquent des tarifs très élevés, et les établissements publics, contraints par les restrictions budgétaires à être moins bien équipés et en sous-effectif. La réforme des retraites (le pays compte 9,5 millions de retraités) est en cours, associant un volet de capitalisation à l'actuel système de répartition, mais beaucoup de personnes âgées sont obligées de se faire aider financièrement par leurs enfants. Une des conséquences de ces difficultés est le maintien d'une économie souterraine qui représenterait encore plus du quart du PIB et concernerait plus d'un million de personnes ne déclarant pas leur travail et leurs revenus bien qu'elles bénéficient parfois d'une aide sociale.

Benoit Decout / Agence Réa

Affiche électorale pour l'adhésion de la Pologne à l'Union européenne.

La Pologne dans l'Europe

L'AMITIÉ FRANCO-POLONAISE

Dès 1991, les présidents de la République Lech Wałęsa et François Mitterrand signaient un traité d'amitié et de solidarité entre les deux pays, le terme de solidarité n'ayant d'ailleurs jamais été employé jusque-là dans le langage diplomatique. En 2004, la Saison polonaise en France, Nowa Polska, a permis aux Français et aux Polonais de célébrer et de redécouvrir l'histoire d'une relation étroite et singulière entre les deux peuples qui, exemple rare dans l'histoire de l'Europe, ne se sont jamais opposés. Cette proximité est symbolisée par les histoires d'amour entre Marie-Louise de Gonzague et Ladislas IV, Marie d'Arquien (Marysieńka) et Jean III Sobieski, Maria Leszczyńska et Louis XV, Maria Walewska et Napoléon Bonaparte, George Sand et Chopin, Mme Hańska et Honoré de Balzac, Maria Skłodowska et Pierre Curie ou plus récemment Sophie Marceau et Andrzej Żuławski. Si le polonais a emprunté de nombreux mots au français (à propos, vis-à-vis, cul-de-sac, enfant terrible, passe-partout, calembour, fondue, pruderie, fiole, abat-jour, paysage, gendarmerie, garde-robe, etc.), on sait moins que l'inverse est aussi vrai : transport équestre (calèche, cravache), pâtisseries (baba, meringue), vêtements (chapskas) sans parler des danses : mazurkas, polkas, polonaises.

La Polonia

La Pologne est depuis un siècle un pays d'émigration, les plus grandes vagues ayant eu lieu dans les années 1900-1918 et après 1945. Près de quinze millions de personnes polonaises ou d'origine polonaise vivent à l'étranger. Ils constituent la *Polonia*, si importante dans l'imaginaire polonais et qui concerne pratiquement chaque famille du pays. Près de dix millions d'entre eux vivent aux États-Unis (en particulier à Chicago), près de deux millions en Russie et dans les anciennes républiques soviétiques, un million et demi en Allemagne et un million en France. La minorité polonaise est également présente au Canada, au Brésil, en Australie et au Royaume-Uni.

ENTRE UNION EUROPÉENNE ET ÉTATS-UNIS ?

Dès 1994, la Pologne montre clairement son penchant économique pour l'UE et son penchant militaire pour les États-Unis : elle présente son dossier de candidature à l'UE et adhère en même temps au programme « Partenariat pour la paix » de l'OTAN. En mai 1997, la Pologne est admise dans l'**Alliance atlantique** (son adhésion étant effective le 12 mars 1999) et, en décembre, sa candidature est retenue par l'UE. À Copenhague en décembre 2002, la Pologne fait partie des dix pays désignés pour rejoindre l'UE. Le référendum sur l'adhésion à l'UE en juin 2003 est un succès : 77,4 % des Polonais se prononcent en faveur du « oui » ; l'adhésion effective a lieu le 1er mai 2004. Le succès de l'entrée du pays dans l'UE est en train de convertir les eurosceptiques. En avril 2008, la Diète ratifie le traité de Lisbonne. Aujourd'hui, l'UE est le principal partenaire commercial de la Pologne (70 % des exportations et 60 % des importations) et apporte les 3/5 des capitaux étrangers. L'ouverture progressive des marchés du travail ouest-européens a permis à plus d'un demi-million de Polonais de tenter leur chance hors de leur pays. Beaucoup sont des travailleurs saisonniers, qui sont déjà revenus, mais le personnel médical et les informaticiens optent pour une plus longue durée.

Parallèlement, la Pologne continue son partenariat militaire avec les États-Unis, notamment dans le cadre du projet de bouclier antimissiles censé protéger les alliés des Américains contre la menace balistique représentée par des États « voyous » du Moyen-Orient.

L'Euro 2012

Ni la Pologne, ni l'Ukraine n'ont jamais organisé de compétition sportive de l'envergure d'un championnat d'Europe de football. Le choix de leur candidature conjointe pour l'Euro 2012 est donc un pari assez risqué, étant donné le déficit en terme d'infrastructures (stades, voies de communication, hôtels) et les difficultés politiques. Le tournoi devrait se dérouler dans quatre villes de Pologne – Varsovie, Gdańsk, Wrocław et Poznań – et quatre villes d'Ukraine – Kiev, Donets'k, L'viv et Dniepropetrovs'k. L'Euro 2012, qui aura lieu entre le 9 et le 28 juin, ferait venir en Pologne plus d'un demi-million de supporters, qui y dépenseraient un milliard d'euros.

LES DIFFICILES RELATIONS AVEC LES VOISINS

En novembre 1990, la Pologne signe avec l'Allemagne un « accord d'amitié et de bon voisinage », garantissant l'inviolabilité des frontières et les droits de la minorité allemande en Pologne. La rencontre en août 1991 des ministres des Affaires étrangères polonais, allemand et français marque le timide début d'une coopération trilatérale connue sous le nom de **Triangle de Weimar**. De plus, quatre **eurorégions** se développent sur la frontière occidentale. Mais les souvenirs des atrocités nazies restent très présents dans l'esprit des Polonais et, quand Berlin évoque le drame qu'ont connu les six millions d'Allemands « déplacés » en 1945 ou les possibles dédommagements auxquels leurs descendants pourraient prétendre, les esprits s'échauffent rapidement. Le projet de gazoduc Nord Stream entre Russie et Allemagne contournant la Pologne a lui aussi nourri de vives discussions. Dépendante en partie de la Russie pour ses hydrocarbures, la Pologne doit ménager la susceptibilité du Kremlin malgré des divergences importantes. Les désaccords diplomatiques entre la Pologne et la Biélorussie, proche de Moscou, montrent que les relations entre ces pays ne sont pas encore bien normalisées. Ce n'est plus le cas avec l'**Ukraine** : les Polonais ont été les plus grands soutiens de la « révolution Orange » qui a porté le camp occidental au pouvoir au grand dam de Moscou. Des Polonais vivent encore en grand nombre autour de L'viv et les relations économiques sont importantes entre les deux pays. Varsovie a intensifié le contrôle de cette frontière, ce qui lui a permis de rentrer dans l'espace Schengen en décembre 2007. Trois eurorégions fonctionnent sur les frontières orientales. Au sud, la Pologne a fondé en 1991, avec la Hongrie et la Tchécoslovaquie, un groupe dit « de **Viśegrad** » pour renforcer les positions des trois partenaires dans le processus d'intégration européenne. Sept eurorégions ont été créées sur la frontière méridionale. Au nord, la Pologne participe au Conseil des États de la mer Baltique et une eurorégion a vu le jour.

Des traditions pérennes

L'IMPORTANCE DE L'ÉGLISE

Avec environ **95 % de catholiques** dont plus de 60 % de pratiquants, la Pologne est un des rares pays d'Europe où la religion occupe une telle place. Les 15 000 églises et chapelles sont encore très fréquentées et la messe dominicale réunit des fidèles de tous les âges. Chaque année, le 15 août, 4 à 5 millions de pèlerins se rendent à Częstochowa pour y prier devant l'icône de la Vierge noire, protectrice et sainte patronne de la Pologne. Le nombre de mariages reste élevé (l'union à l'église est reconnue civilement) et l'âge moyen au premier mariage s'établit autour de 27 ans (contre 30 dans l'UE). Les deux cohabitations ont révélé cependant des divergences sur la place de la religion dans l'État (notamment sur l'avortement, le concordat et l'éducation sexuelle dans les écoles publiques). Des voix se font entendre aujourd'hui contre la participation jugée parfois excessive de l'Église dans les affaires politiques ou contre les dérapages verbaux de certains catholiques intégristes qui se regroupent autour de la station Radio Maryja, de la chaîne de télévision Trwam et du quotidien *Nasz Dziennik*.

SOLIDARITÉ ET TRADITIONS FAMILIALES

Les Polonais peuvent parfois paraître un peu froids ou obséquieux au premier abord pour un Européen de l'Ouest ; cela est surtout dû à des formes différentes de sociabilité. On salue rarement en Pologne une personne que l'on croise et que l'on ne connaît pas, mais on multiplie les formules de politesse lorsque l'on est présenté. C'est alors que l'on peut découvrir toute l'hospitalité dont les Polonais sont capables. Des heures noires de leur histoire, les Polonais ont conservé un sens aigu du devoir, envers soi, envers sa famille, envers les autres et envers sa nation. Les liens familiaux sont particulièrement forts, d'autant que la pénurie et la cherté des logements obligent encore souvent plusieurs générations à vivre sous le même toit, même si le nombre de divorces augmente. Les maisons et appartements sont encore souvent bénis le 6 janvier et les premières lettres du nom des Rois mages sont alors écrites à la craie sur les portes. Le respect entre les générations est très fort, bien qu'il pose certains problèmes de compréhension entre ceux qui ont surtout vécu sous le communisme (les plus de 45 ans), ceux qui ont connu les deux périodes (les trentenaires) et les jeunes nés après le milieu des années 1980.

Les **fêtes religieuses** sont l'occasion de réunir la famille au grand complet et souvent aussi les amis. **Noël** est la plus grande fête de l'année, célébrée pendant trois jours par tous les Polonais. La veillée *(Wigilia)* commence quand la première étoile apparaît dans le ciel. La famille partage le pain azyme et échange des vœux avant de commencer le repas qui se compose de douze plats (sans viande mais avec la célèbre carpe). Puis les enfants découvrent, au son des cantiques, les cadeaux apportés par l'Étoile. La messe de minuit réunit les habitants du quartier autour de la crèche.

Pâques est la deuxième grande célébration. Le dimanche des Rameaux, les foyers sont décorés de branches de saule couvertes de chatons blancs tandis que la plupart des Polonais peignent des motifs décoratifs très élaborés sur les œufs qui sont ensuite bénis le Samedi saint à l'église avec d'autres aliments (dont un petit agneau en gâteau ou en sucre) et qui seront consommés le lendemain après la messe. Le lundi de Pâques est ensuite marqué par des aspersions massives d'eau dans les rues pour porter bonheur. Enfin la **Toussaint** voit les cimetières polonais s'illuminer de milliers de bougies.

Le **week-end** est aussi un moment privilégié pour les Polonais qui se ressourcent à la campagne. Contrairement aux jours de travail où le rythme des repas est décalé, le week-end est l'occasion de profiter des cinq repas traditionnels : le petit-déjeuner de 9h, le « deuxième petit-déjeuner » de midi puis le déjeuner de 15h, le « goûter » de 17h et le dîner de 20h. Le principal repas est en fait celui du milieu de l'après-midi *(obiad)* et est accompagné de thé ou de décoction de fruits *(kompot)*, voire de vodka ou de vin dans les occasions particulières.

F. Soreau / MICHELIN

L'aura de Jean-Paul II, le pape polonais, dans ce pays de fervents catholiques, a été immense.

Vue de Varsovie de nuit.

A. Galy / MICHELIN

VARSOVIE, MAZOVIE ET PLATEAU DE LUBLIN

Varsovie★★★

Warszawa

1 706 624 HAB.
CARTE GÉNÉRALE C2 – CARTE MICHELIN N° 720 E13 – VOÏVODIE DE MAZOVIE

À la limite entre l'Est et l'Ouest, Varsovie, que l'écrivain Witold Gombrowicz décrivait comme « le lieu d'extinction de la culture orientale et occidentale », ne ressemble à aucune autre ville en Europe. Martyre de la Seconde Guerre mondiale qui l'a littéralement réduite en cendres, elle donne avant tout l'impression d'un vaste chantier où se côtoient pêle-mêle reconstructions de quartiers pittoresques et d'édifices baroques d'avant guerre, blocs staliniens et buildings ultramodernes. Mais cet anarchisme urbain, s'il laisse certes bien souvent perplexes, tant ses visiteurs que ses habitants, reflète aussi et surtout la personnalité singulière et émouvante d'une capitale atypique, vitrine des douleurs passées et des ambitions futures de la Pologne.

- **Se repérer** – À 294 km au nord de Cracovie et 343 km au sud-est de Gdańsk.
- **À ne pas manquer** – La Vieille Ville, le palais de la Culture et des Sciences, le parc Łazienki, les lieux du souvenir juif.
- **Organiser son temps** – Comptez 2 jours pour découvrir les principales curiosités, 3 jours pour ajouter une visite thématique *(voir encadré ci-dessous)*.
- **Avec les enfants** – Le Fotoplastikon, le zoo et les nombreux parcs.

Visite de Varsovie

Varsovie est une agglomération étendue, traversée par la **Vistule (Wisła)**, laissée à son état naturel. Sur la rive gauche se trouvent, au nord, le vieux quartier résidentiel de **Żoliborz** et les quartiers anciens reconstruits ; la **Vieille Ville** et la **Nouvelle Ville**, plus au sud ; le **Centre**, quartier d'affaires organisé autour du palais de la Culture et des Sciences, et le vieux quartier résidentiel de **Mokotów** et, enfin, tout à fait au sud, les grands **parcs d'Ujazdowski**, de **Łazienki** et le **palais de Wilanów**. Son artère principale, surnommée la **Voie Royale**, forme un axe nord-sud depuis la Vieille Ville jusqu'à Wilanów. Sur la rive droite, le **Praga** ouvrier, seul quartier non démoli pendant la guerre, tend à renaître aujourd'hui avec l'installation de nombreux artistes.

Suggestion de visite en trois jours

1er jour – Rendez-vous sur la place du Château, puis parcourez les rues de la **Vieille Ville** *(p. 108)* et de la **Nouvelle Ville** *(p. 111)*. Après avoir déjeuné dans ce quartier, vous pouvez revenir à la place du Château et de là descendre la **Voie Royale** *(p. 116)* (Krakowskie Przedmieście et Nowy Świat).

2e jour – Après une découverte du **palais de la Culture et des Sciences** *(p. 115)* et de son quartier, promenez-vous dans les **parcs d'Ujazdowski** et **Łazienki** *(p. 119)* et allez visiter le **palais de Wilanów** *(p. 121)*.

3e jour – Si vous vous intéressez aux lieux liés à la culture juive, suivez notre itinéraire sur les traces de l'**ancien ghetto** *(p. 122)*. Une visite du **musée de l'Insurrection** *(p. 127)* vous fera revivre cet épisode tragique de l'histoire de Varsovie. Enfin, vous pouvez aussi découvrir les collections du **Musée national** *(p. 127)*.

Comprendre

Avant d'être capitale – Varsovie est entrée relativement tard dans l'histoire : si des traces d'un premier peuplement sont recensées au 10e s., ce n'est qu'à la fin du 13e s. qu'est édifiée la nouvelle cité, sur la colline où se dresse à présent le château royal. Devenue la capitale du duché de Mazovie en 1413, la ville connaît alors un rapide essor économique et culturel. L'intégration du duché dans le royaume de Pologne en 1526, à la mort du dernier prince mazovien, va ensuite faire de Varsovie le siège tout désigné des instances politiques du nouveau royaume instauré par le traité de Lublin de 1569 unissant la Lituanie et la Pologne. La Diète décide immédiatement d'y siéger et, en 1573, Varsovie accueille pour la première fois la cérémonie de couronnement du roi Sigismond III qui, après l'incendie de son château de Wawel, se résout finalement à recentraliser le lieu du pouvoir de la Couronne en transférant officiellement la capitale de Cracovie à Varsovie en 1595.

Krakowskie Przedmieście, sur la Voie Royale, en 1778, par Canaletto le Jeune. Ses tableaux furent utilisés pour la reconstruction de la ville après la Seconde Guerre mondiale.

Une capitale symbole d'une histoire nationale douloureuse – Son nouveau statut va placer la ville au cœur du long et douloureux chapitre de l'histoire polonaise qui va bientôt s'ouvrir. En effet, à partir de la moitié du 17e s. et jusqu'à la Seconde Guerre mondiale, la Pologne et Varsovie vont entrer dans une ère quasi permanente de conflits et de guerres. De 1655 à 1658, le pays est soumis au « Déluge » : les Suédois et les Transylvains envahissent à trois reprises le royaume et ravagent la capitale polonaise.

Une nouvelle ère d'urbanisme – Ruinée et dépouillée de ses biens culturels, Varsovie continue de lentement se détériorer, jusqu'à ce que les princes saxons, imposés par la Russie et l'Autriche, de 1697 à 1763, s'attellent à reconstruire, étendre et embellir la ville. En créant l'« Axe de Saxe », perpendiculaire à la Voie Royale et au centre duquel ils installent leur résidence, ils ouvrent une nouvelle ère d'urbanisme, caractérisée notamment par la construction de grandes perspectives. Stanislas Auguste Poniatowski, candidat de Catherine de Russie élu en 1764, monarque jeune et amateur d'art éclairé, achève de transformer Varsovie en un centre urbain moderne, tout en favorisant la construction d'édifices baroques puis classiques. La seconde moitié du 18e s. marque ainsi « **l'âge d'or** » de Varsovie, devenue le cœur incontestable de la vie politique, économique, commerciale et industrielle du pays, ainsi que le centre du rayonnement des Lumières polonaises.

La sirène de Varsovie

Il était une fois deux sœurs sirènes qui vivaient sur les bords de la Baltique. Un jour, elles se perdirent en nageant ; la première, qui s'échoua dans les détroits danois, trône aujourd'hui à l'entrée du port de Copenhague. La seconde descendit la Vistule et rencontra en chemin deux amants, Wars et Sawa, auxquels elle demanda de fonder la ville et de lui donner leurs deux prénoms réunis. Promettant de rester et de secourir les habitants de Varsovie chaque fois qu'ils seraient en danger, la petite sirène, armée d'une épée et d'un bouclier, est devenue l'emblème de la ville.

Après le troisième partage – Mais dès 1795, à l'issue du troisième partage de la Pologne, Varsovie est annexée à la Prusse et perd son statut à la fois de capitale politique et des arts. Elle retrouve un peu de son lustre lors de l'intermède du grand-duché de Varsovie (1806-1815) qui rend aux Polonais un gouvernement et une administration centrale, mais le congrès de Vienne la replace rapidement sous tutelle russe. Relativement libérale, celle-ci n'entrave toutefois pas le développement économique et intellectuel de Varsovie, qui célèbre en 1818 l'ouverture de sa première université. En 1831, l'échec de l'insurrection anti-russe des mois précédents donne toutefois lieu à de sévères représailles : Varsovie est reléguée au rang de simple ville de province, et ses lieux culturels et d'éducation sont fermés.

Il faudra attendre la Première Guerre mondiale pour que s'affaiblisse la domination russe, qui laisse cependant la place à l'occupation de la ville par l'armée allemande.

Capitale d'un pays libre – C'est seulement en 1918 que la Pologne retrouve son indépendance, et Varsovie son statut de capitale d'un pays libre. Redressement d'une économie ruinée, rétablissement d'une administration nationale indépendante, programmes de reconstruction urbaine et de réformes agraires et sociales, réouverture des lieux de culte et d'enseignement : Varsovie, en tant que siège du pouvoir, est au centre de l'attention et des attentes des Polonais. Mais à nouveau, les espoirs de renaissance et l'énergie déployée à rebâtir sont interrompus par l'éclatement de la Seconde Guerre mondiale.

La Seconde Guerre mondiale – En septembre 1939, Hitler envahit la Pologne et Varsovie se retrouve en quelques semaines sous le joug de l'armée allemande. Commencent alors les années les plus noires de toute l'histoire de la ville : ses dirigeants sont déportés ou emprisonnés, ses lieux d'enseignement à nouveau fermés et, dès 1940, l'ensemble de sa population juive est transférée dans le **ghetto**, soumise à un régime de répression et de famine *(voir encadré p. 122)*.

Lorsqu'au début de l'été 1944, l'armée d'Hitler commence à reculer face à l'avancée des troupes russes, la résistance polonaise organise la levée d'une **insurrection** afin d'accélérer la libération de Varsovie. L'insurrection est lancée le 1er août à 17h par l'Armia Krajowa, organisation de résistants. De nombreux Varsoviens s'improvisent combattants. Pendant 63 jours, jusqu'au 2 octobre, ce ne sont que combats de rue. Mais cette initiative de résistance héroïque se révèle un désastre. Les résistants comptaient sur le secours des alliés russes mais ceux-ci, stationnés de l'autre côté de la Vistule à Praga, se contentent d'observer sans intervenir et attendent la fin des combats pour faire leur entrée dans le champ de ruines qu'est devenue Varsovie. En effet, ivre de rage et de vengeance, Hitler a poussé le massacre à son comble en ordonnant la destruction systématique de la capitale polonaise. Lors de l'insurrection, 18 000 insurgés et 150 000 à 200 000 civils ont trouvé la mort.

À la fin de la guerre, 850 000 Varsoviens, soit les deux tiers de la population, ont été portés morts ou disparus. En cendres, Varsovie n'est plus rien d'autre qu'un nom sur la carte de l'Europe.

La résurrection d'une capitale en pleine mutation - Il fut un temps envisagé de laisser Varsovie en ruines, sorte de musée à ciel ouvert des horreurs de la Seconde Guerre mondiale. L'idée fut abandonnée et Varsovie fut patiemment reconstruite en grande partie grâce à l'énergie de sa population.

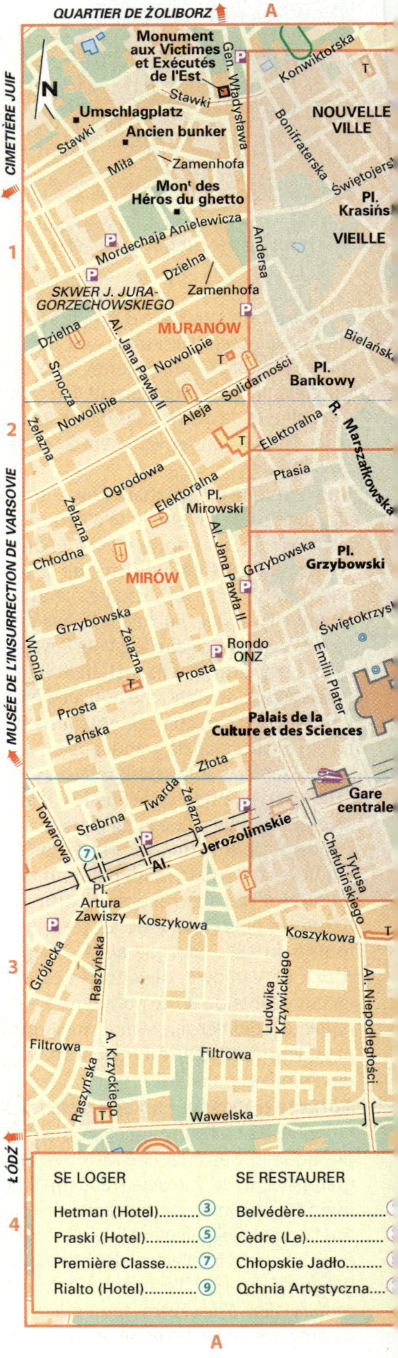

Depuis la chute du régime communiste elle a enfin, et véritablement pour la première fois de son histoire, recouvré pleinement son statut de capitale politique, économique et culturelle de la Pologne.

Aujourd'hui, les tours modernes s'élèvent dans le centre, sièges des grandes entreprises polonaises ou de multinationales, de sociétés financières ou de conseils. Varsovie est redevenue une ville en mouvement, très active sur le plan économique. C'es aussi la grande ville universitaire de la Pologne et un centre culturel important qui compte une trentaine de théâtres dont le théatre national et l'Opéra national qui héberge l'orchestre philarmonique .

1 Les quartiers anciens de la ville

PLAN II

Il est paradoxal de parler de quartiers anciens pour une ville qui a été quasiment rasée et reconstruite… et pourtant vous aurez vraiment l'impression de découvrir des quartiers édifiés dans les siècles passés qui ont pour nom : la Vieille Ville (Stare Miasto) dont certains monuments dataient du Moyen Âge, la Nouvelle Ville (Nowe Miasto) qui s'était surtout édifiée aux 17e et 18e s., le quartier du Théâtre-Opéra (19e s.) et la Voie Royale.

LA VIEILLE VILLE★★

(STARE MIASTO)

La Vieille Ville est entièrement piétonne ; possibilité de se garer sans difficulté dans les rues avoisinantes. Compter 2h pour la visite, une 1/2 journée en incluant les musées. Il est recommandé d'éviter l'affluence touristique du week-end.

La Vieille Ville est l'un des plus beaux ensembles architecturaux de Varsovie, mais surtout l'un des plus poignants témoignages de la volonté de la nation polonaise de regagner son honneur bafoué par les ravages de la Seconde Guerre mondiale. Entièrement détruite, elle fut méticuleusement reconstruite selon des reproductions du 18e s., grâce essentiellement aux donations de la diaspora polonaise et à la ténacité d'une main-d'œuvre bénévole. Cette entreprise sans précédent lui valut d'être classée au patrimoine mondial de l'Unesco en 1982.

Délimitée à l'est par la Vistule qu'elle surplombe (le meilleur point de vue sur la cité se situant d'ailleurs à Praga sur la rive opposée), et à l'ouest par ses remparts, la Vieille Ville se caractérise par une pittoresque place du Marché centrale (Rynek), autour de laquelle s'organisent des rues en damier, pavées et colorées.

La visite démarre par la **place du Château** (Plac Zamkowy), au milieu de laquelle trône du haut de ses 22 m la **statue en bronze du roi Sigismond III** (Kolumna Zygmunta), élevée en 1644. La légende veut que la statue de celui qui fit de Varsovie la capitale brandisse son sabre en l'air en cas de menace. Il ne put cependant éviter la construction de la voie express est-ouest (Trasa W-Z) à ses pieds ; mais vous pouvez en profiter pour emprunter l'extraordinaire **escalator soviétique** construit en 1949 et rénové en 2005 *(18h-0h)*.

Château royal★

(Zamek Królewski) B2

Plac Zamkowy 4 - ✆ 022 355 51 70 - www.zamek-krolewski.com.pl - oct.-avr. : mar.-sam. 10h-16h, dim. 11h-16h (gratuit) ; mai-juin : mar.-sam. 10h-18h, dim.-lun. 11h-

18h ; juil.-sept. : lun. 11h-16h (gratuit mais itinéraire bleu fermé), mar.-sam. 10h-18h, dim. 11h-18h (dernière entrée 1h av. fermeture) - itinéraire bleu 12 PLN, itinéraire jaune 20 PLN - visites guidées sur RV 85 PLN. Compter 2h pour la visite.

Érigé au 14e s. par les ducs de Mazovie, le château fut remanié dans le style baroque en devenant le siège non seulement des rois de Pologne mais aussi des députés de la Diète, cette coexistence unique en Europe étant à rattacher au régime de monarchie limitée mis en place aux 17e et 18e s. Cela explique aussi que les rois du pays, simples locataires du château, aient construit leurs propres résidences dans les faubourgs de la ville. À partir de 1918, l'endroit fut occupé par le président de la République. Après la guerre, les autorités communistes ne se montrèrent guère favorables à sa reconstruction qui ne fut finalement entreprise qu'en 1971 sous la pression des élites intellectuelles du pays. La reconstruction de la structure principale et des intérieurs du château s'est achevée en 1988. En 2000 a commencé la rénovation des arcades de Kubicki dans la cour intérieure, ainsi que celle du palais attenant du Drap de Fer (Pałac pod Blachą). Les travaux continuent, par tranches. Si la structure est une réplique, une grande partie des peintures et du mobilier du château, mis en sûreté dès le début de la guerre, sont d'origine. La visite peut suivre deux itinéraires complémentaires. L'« itinéraire bleu » couvre les parties principales du château, dont la Chambre des députés où fut adoptée la Constitution du 3 mai 1791 et les salles abritant les fresques du célèbre peintre romantique Jan Matejko. L'« itinéraire jaune » traverse les pièces les plus prestigieuses : les pompeux appartements du roi Stanislas Auguste Poniatowski, la salle dite « Canaletto » (neveu du célèbre peintre des vues de Venise), la chapelle royale (une urne contient le cœur du héros national Kościuszko), ainsi que la somptueuse salle de bal où la haute société polonaise venait valser sous l'envoûtante fresque allégorique de Bacciarelli, *La Dissolution du chaos*.

Cathédrale St-Jean★ (Katedra Św. Jana) B2

Ul. Świętojańska 8.

C'est le principal et le plus ancien lieu de culte de la ville. Construite au début du 14e s. dans le style gothique, la cathédrale abrite les tombeaux Renaissance des derniers princes mazoviens et un crucifix datant du 16e s. avec de vrais cheveux sur le crâne du Christ. Sa crypte renferme également les corps de Polonais célèbres, tels l'écrivain Henryk Sienkiewicz, le premier président polonais Gabriel Narutowicz, le primat de Pologne Wyszyński ou le pianiste Ignacy Paderewski (dont le corps n'a quitté le sol américain qu'en 1992).

Le Prince ours

À gauche de l'entrée de la cathédrale se trouve la statue d'un ours allongé, datant du 18e s. La légende dit que l'animal est en fait un duc de Mazovie qui subit un choc si violent en voyant la femme qu'il aimait sortir de l'église mariée à un autre qu'il en resta pétrifié. N'hésitez donc pas à caresser l'animal pour adoucir sa peine.

La rue Dziekania, à droite de la cathédrale, débouche sur la rue Kanonia et sa coquette place en triangle bordée des anciennes **maisons des chanoines** du chapitre de Varsovie, au milieu de laquelle trône une **cloche** en airain datant de 1646, endommagée durant sa construction même. L'étonnant petit passage situé avant la rue Jezuicka conduit à une terrasse d'où l'on peut contempler le cours de la Vistule en se désaltérant en été à une table du pub qui a investi les lieux. Le nom de la colline (Gnojna Góra, la « colline du fumier ») rappelle qu'elle servait de dépotoir à la ville et au château mais aussi de lieu de cure pour les personnes atteintes de la syphilis, qui se faisaient enterrer jusqu'au cou dans les ordures.

R. Mattès / MICHELIN

Le château royal et la colonne du roi Sigismond III vus des remparts.

Place du Marché de la Vieille Ville★★ (Rynek Starego Miasta / RSM) B1

Bordé de maisons chatoyantes d'inspiration Renaissance et baroque, aux étages drôlement empilés, le Rynek fut véritablement, jusqu'au milieu du 19e s., le poumon administratif, commerçant et culturel de Varsovie, hébergeant aussi bien les foires et les festivités que les exécutions publiques. S'y concentrent aujourd'hui de très bons restaurants traditionnels, et il est agréable aux beaux jours de faire une pause à l'une de ses nombreuses terrasses. Au centre de la place se trouve la **fontaine de la Petite Sirène★** (Syrenka), emblème de la ville, dont la sculpture en zinc, fondue en 1855, n'a rejoint sa place actuelle qu'en 2000.

Au n° 20 se trouve **le musée de la littérature Adam Mickiewicz** (Muzeum Literatury im. Adama Mickiewicza – *RSM 20 ; ✆ 022 831 40 61 ; www.muzeumliteratury.pl ; lun., mar. et vend. 10h-15h, merc. -jeu. 11h-18h, 3 dim./mois 11h-17h ; 6 PLN*). Essentiellement consacré à l'écrivain romantique culte du 19e s. Adam Mickiewicz, auteur de *Pan Tadeusz*, joyau de la littérature nationale, ce musée accueille par ailleurs des expositions temporaires en général très intéressantes sur la littérature polonaise du 18e au 20e s.

Toutes les façades au nord de la place sont celles du **Musée historique de la ville de Varsovie★** (Muzeum Historyczne Miasta Stołecznego Warszawy – *RSM 28 ; ✆ 022 635 16 25 ; www.mhw.pl ; mar.-jeu. 11h-18h, merc.-vend. 10h-15h30, w.-end 10h30-16h30, dernière entrée 1h av. fermeture ; 6 PLN, gratuit dim ; compter 2h pour la visite*). Excellent exemple de musée du genre, couvrant l'ensemble des aspects de la vie varsovienne de sa naissance jusqu'à la fin des années 1980. À ne pas manquer, le court-métrage *Varsovie quand même*, qui relate la destruction systématique de la ville par les nazis en 1944 (*en anglais mar.-sam. 12h, en français sur RV*).

De la place du Marché à la Nouvelle Ville A-B1

La poursuite de la promenade par les rues Nowomiejska puis Szeroki Dunaj permettent de découvrir les arrière-cours de la Vieille Ville, avant de rejoindre l'agréable rue Piwna. Longée de bijouteries, bouquinistes et antiquaires, elle s'enorgueillit également de l'**église St-Martin★** (Kościół Św. Marcina). Édifice gothique du 14e s. à l'intérieur baroque, cette église est appréciée des jeunes mariés qui, après la cérémonie religieuse, reçoivent les félicitations dans sa cour intérieure en arcades. On notera également, pour l'anecdote, qu'y est inhumé Adam Jarzębski, musicien du roi et auteur en 1643 du premier guide sur Varsovie, rédigé… en vers !

La visite de la Vieille Ville ne serait enfin pas complète sans un détour par la rue Podwale où les **remparts** de briques ont aussi été reconstruits afin de lui rendre son charme d'origine – alors que les fortifications originales, devenues inutiles, avaient été démantelées dès le 19e s.

Le **monument du Petit Insurgé** (Pomnik Małego Powstańca) est sans conteste le mémorial le plus poignant de Podwale : casque démesuré sur le crâne et pistolet long rifle à la main, il rend hommage aux enfants morts lors de l'insurrection de Varsovie. Protégeant, sur leur façade nord, la **statue de Wars et Sawa**, les amants fondateurs de la ville, les remparts viennent auparavant buter sur la **Barbacane** (Barbakan) : originellement point d'entrée et de défense de la cité, elle accueille aujourd'hui peintres et artistes traditionnels locaux, en même temps qu'elle marque le passage vers la Nouvelle Ville.

LA NOUVELLE VILLE★ (NOWE MIASTO) A-B1

Ce petit mais élégant quartier, né au 15e s. mais administrativement intégré à Varsovie à la fin du 18e s., se singularise par l'atmosphère paisible qui en émane. La présence de nombreux palais construits au 17e s. y favorisa, pendant l'ère dite de « l'âge d'or » de Varsovie, l'établissement d'une partie de l'aristocratie polonaise.

Rue Freta B1

Le long de la rue Freta s'alignent galeries, cafés et lieux de culte, et il faut passer sous les porches pour découvrir des cours et des parcs lovés à l'arrière des façades.

Au **n° 16** se trouve la maison natale de Marie Curie. Elle abrite aujourd'hui le **musée Marie Skłodowska-Curie** (*✆ 022 831 80 92 ; http://muzeum.if.pw.edu.pl ; mar. 8h30-16h, merc.-vend. 9h30-16h, sam. 10h-16h, dim. 10h-15h ; 8 PLN)* dédié à la vie et aux travaux de la grande physicienne. Hélas, les documents sont de valeur inégale.

Place du Marché de la Nouvelle Ville (Rynek Nowego Miasta / RNM) B1

La rue Freta débouche sur le Rynek de la Nouvelle Ville, aussi paisible que celui de la Vieille Ville est agité. La place était elle aussi dotée d'un hôtel de ville abattu au 19e s. ; un puits en fer forgé que surplombent Vierge et licorne, emblème de la Nouvelle

Ville, en marque l'emplacement. Plus loin deux statues d'ours surveillent les bancs. Sur le côté est, l'**église baroque du St-Sacrement** (Kościół Sakramentek), commandée par la reine française Marie Sobieska à Tylman van Gameren en mémoire de la victoire de son mari sur les troupes turques à Vienne en 1683, abrite la chapelle funéraire des Sobieski. « Marysieńka » avait amené de France des bénédictines de l'ordre de l'Adoration perpétuelle du Très Saint Sacrement qui vivent toujours cloîtrées près de l'église.

L'**église de la Visitation de la Vierge** (Kościół Nawiedzenia Najświętszej Marii Panny), construite au début du 15e s. dans le style gothique, est célèbre pour son clocher de briques rouges qui sert de point de repère depuis l'autre rive de la Vistule. De là s'offre d'ailleurs un beau point de vue sur le fleuve.

Place Krasiński (Plac Krasińskich) A1

Au pied du siège de verre de la Cour suprême s'élance le très controversé **monument à l'Insurrection** (Pomnik Powstania Warszawskiego). Élevée en 1989 à l'endroit même d'où l'AK (Armée nationale) lança l'assaut contre les nazis le 1er août 1944, cette imposante sculpture en métal représente les insurgés armés sortant des souterrains pour attaquer les Allemands puis leur retraite désespérée dans les canalisations.

Le **palais Krasiński** (Pałac Krasińskich), qui héberge les incunables de la Bibliothèque nationale, ferme somptueusement la place. Dessiné par Tylman van Gameren à la fin du 18e s., c'est l'un des plus beaux édifices baroques de Varsovie. Il n'est toutefois pas ouvert aux visiteurs qui peuvent en revanche aller flâner dans le parc à l'arrière du château, lieu de rendez-vous de la bonne société varsovienne au 19e s.

Rue Długa A2-B1

La sortie par la rue Długa permet un accès direct au **Musée archéologique** (Państwowe Muzeum Archeologiczne – *Ul. Długa 52 ; ✆ 022 831 32 21 ; www. pma.pl ; lun.-jeu. 9h-16h, vend. 11h-18h, dim. gratuit 10h-16h ; 8 PLN*), logé dans un arsenal du 17e s., qui abrite les collections de la préhistoire polonaise. Juste en face, le **musée de l'Indépendance** (Muzeum Niepodległości – *Al. Solidarności 62 ; ✆ 022 826 90 91 ; www.muzeumniepodle glosci.art.pl ; mar.-vend. 10h-17h, w.-end 10h-16h ; 5 PLN, gratuit dim.*), récemment rénové, offre une intéressante analyse de la lutte incessante de la Pologne contre ses hostiles et puissants voisins.

Rue Miodowa B2

En remontant la rue Długa, on pénètre dans ce qui constituait le cœur du Varsovie aristocratique : la rue Miodowa, longée exclusivement de palais baroques et néoclassiques du 18e s., dont les plus prestigieux sont le **palais Borch** (aux nos 17/19), résidence du primat de l'Église catholique, et le **palais Pac-Radziwiłł** (au no 15), reconnaissable aux moulures de sa porte d'entrée (originale galerie d'arcades incurvées de style Empire), qui abrite le ministère de la Santé. Sur cette rue se trouve enfin l'**église des Basiliens** (Cerkiew Bazylianów, au no 16), la seule église uniate de Varsovie, et l'**église des Capucins** (Kościół Kapucynów, au no 13), où repose le cœur de Jean III Sobieski.

LES QUARTIERS NORD DU CENTRE

L'accès à ces quartiers élégants se fait par la rue Senatorska. En l'empruntant, admirez la façade néoclassique du **palais du Primat**, *de la fin du 18e s. (nos 13/15).*

Musée de la Caricature (Muzeum Karykatury) B2

Ul. Kozia 11 - ✆/fax 022 827 88 95 - www.muzeumkarykatury.pl - tlj sf lun. 11h-17h, jeu. 11h-18h - 5 PLN, gratuit sam.

Ce minuscule mais amusant musée accueille des expositions temporaires de caricaturistes polonais – un genre très apprécié en Pologne –, le plus célèbre d'entre eux étant Eryk Lipiński, qui a fondé et dirigé le musée de 1978 à 1991.

Place du Théâtre (Plac Teatralny) B2

La place du Théâtre constituait avant guerre le cœur élégant de la ville. Longtemps laissée à l'abandon, les bâtiments reliftés de l'ancienne mairie (aujourd'hui le siège d'une banque) lui ont fait retrouver un peu de son ancien cachet. Construit entre 1825 et 1833 par Antonio Corazzi, le **Grand Théâtre★** (Teatr Wielki) arbore une belle façade classique décorée de sculptures grecques, et sa rotonde intérieure mérite le détour. Reconstruit et agrandi après la guerre, il réunit l'Opéra et le Théâtre national, ainsi qu'un petit musée accueillant des expositions temporaires sur l'histoire du théâtre en Pologne. L'intérieur n'est toutefois accessible qu'aux heures des représentations.

La rue Senatorska mène à l'Institut français de Varsovie (no 38) et à la très animée place de la Banque.

Place de la Banque (Plac Bankowy) B2

La **Présidence de Varsovie** (Urząd Miasta Stołecznego Warszawy, mairie) occupe entièrement la façade est, imposant complexe de bâtiments dessinés par Corazzi au début du 19e s., devant laquelle trône la statue du poète Juliusz Słowacki.

À côté, le **musée des collections Jean-Paul II** (Muzeum Kolekcji im. Jana Pawła II – *✆ 022 620 27 25 ; www.muzeummalarstwa.pl ; tlj sf lun. 10h-17h, 10h-16h en hiver ; 7 PLN)* regroupe peintures et sculptures de grands maîtres européens. Don de la famille Carroll-Porczyński à l'Église polonaise, ce musée est toutefois controversé, l'authenticité de certaines œuvres étant mise en doute.

Jardins saxons★ (Ogród Saski) A-B3

La descente vers le centre-ville permet ensuite de traverser les magnifiques Jardins saxons. Dessinés par Tylman van Gameren pour Auguste II de Saxe au tout début du 17e s., ces jardins échappèrent miraculeusement aux opérations de destruction de la Seconde Guerre mondiale. Abritant une centaine d'espèces d'arbres centenaires, c'est le plus beau poumon vert du centre de Varsovie. Son artère principale, arborant une fontaine du 19e s., le premier château d'eau de la ville et un cadran solaire, se ferme sur d'élégantes statues baroques symbolisant les Vertus, les Sciences et les Éléments.

Sortir sur la place Piłsudski.

Place Piłsudski (Plac Piłsudskiego) B3

Situé juste derrière les statues du parc, le **tombeau du Soldat inconnu** (Grób Nieznanego Żołnierza) fut érigé en 1925 en commémoration des anonymes, morts en luttant pour l'indépendance de la Pologne. Il recèle les cendres d'un soldat inconnu défenseur de Lwów (aujourd'hui L'viv en Ukraine), mélangées à de la terre des champs de bataille de la Première Guerre mondiale. Il est situé sous les arcades de l'ancien **palais de Saxe**, seule survivance de l'ancienne résidence royale détruite pendant la guerre mais dont les caves ont été mises au jour en 2007, et qui sera probablement reconstruit dans les années à venir, peut-être pour accueillir le nouvel hôtel de ville.

Lieu tout désigné des grands rassemblements, c'est sur la place qu'ont démarré les manifestations organisées par Solidarność dans les années 1980 ou que, plus récemment, les Varsoviens ont assisté par milliers à la retransmission des obsèques du pape Jean-Paul II. Cet endroit immense, et la plupart du temps désert, est un singulier concentré de styles architecturaux des plus divers.

Jouxtant l'ex-**hôtel Europejski**, un ancien palais du 19e s. reconverti en palace pendant l'ère communiste et aujourd'hui récupéré par ses anciens propriétaires *(actuellement fermé)*, et face au bunker stalinien de l'**hôtel Victoria**, s'impose le **Metropolitan**, un vaisseau de verre construit par Norman Foster. Inauguré en 2004, ce singulier bâtiment, très controversé en raison de sa proximité avec le Grand Théâtre, est un centre d'accueil éclectique, rassemblant autour de l'intéressante fontaine de sa cour intérieure des restaurants, des galeries d'art et des boutiques de luxe, ainsi que des bureaux dans ses étages supérieurs.

Musée d'Art moderne Zachęta★ (Zachęta Narodowa Galeria Sztuki) B3

Plac Małachowskiego 3, au coin de la place Piłsudski et de la rue Mazowiecka - ✆ 022 827 58 54 - www.zacheta.art.pl - tlj sf lun. 12h-20h - 10 PLN, gratuit jeu.

Le bâtiment, construit en 1900, est le plus important musée d'art contemporain de Pologne. À l'origine, ses collections étaient plus imposantes qu'aujourd'hui (comprenant notamment *La Bataille de Grunwald* de Matejko) mais, cachées au Musée national dès le début de la guerre, elles y sont restées. C'est ici qu'a été assassiné le 16 décembre 1922 Gabriel Narutowicz, premier président polonais, une semaine seulement après son élection.

Pour rejoindre le quartier du Centre

De la place Piłsudski, descendre la rue Mazowiecka.

Un rapide crochet par la rue Kredytowa permet auparavant d'admirer **l'église luthérienne** (Kościół Ewangelicko-Augsburski) du 18e s. et son énorme dôme, le plus grand de Varsovie. Chopin y donna un concert à l'âge de 14 ans et l'église, réputée pour son excellente acoustique, accueille encore régulièrement des concerts.

Juste en face, le **Musée ethnographique** (Państwowe Muzeum Etnograficzne – *✆ 022 827 76 41 - www.pme.art.pl, mar., jeu. et vend. 9h-16h, merc. 11h-18h, w.-end 10h-17h ; 8 PLN, gratuit merc.*) réjouira notamment les amateurs d'art populaire, présentant une impressionnante collection de costumes folkloriques traditionnels des quatre coins de la Pologne ; nombre des expositions temporaires méritent également le détour.

Le centre moderne★ PLAN III

Organisé autour du **palais de la Culture et des Sciences,** le centre économique et commercial de Varsovie ressemble à un vaste chantier, dans lequel il est à première vue difficile de se repérer. Il se compose d'une troublante association de gratte-ciel et de constructions futuristes meublant de larges avenues staliniennes le long desquelles cohabitent pêle-mêle hôtels et boutiques de luxe, blocs d'habitation de l'ère communiste, fragiles échoppes commercantes et étalages de produits divers (fleurs, fruits et légumes, vêtements, bijoux et parfums), parfois posés à même le sol. Ce panorama confus, aussi surprenant qu'attachant, reflète avant tout les contrastes d'une société encore relativement pauvre, mais en pleine et rapide mutation économique.

Le Centre est une zone de rues quadrillées organisée autour de deux principaux axes de circulation, animés par un ballet de tramways colorés et souvent bondés. L'**allée Jerozolimskie** traverse Varsovie d'est en ouest sur plusieurs kilomètres. Elle est dominée par le gratte-ciel de verre aux couleurs changeantes de la LOT, dans lequel se reflètent le palais de la Culture et la **Gare centrale** (Warszawa Centralna). Malgré des annonces répétées de rénovation, la gare semble pour l'heure totalement laissée à l'abandon, contrastant violemment avec le centre de vie et de loisirs voisin (**Złote Tarasy**) qui semble l'embrasser. Ce complexe, ouvert en 2007, innove par son architecture, particulièrement sa verrière de plus de 10 000 m², censée rappeler le couvert végétal des parcs de la ville. La **rue Marszałkowska** constitue l'axe nord-sud. Elle est traversée en son début par plusieurs passages souterrains, typiques des grandes villes d'Europe centrale, grouillants de population et d'activité commerciale. Derrière la longue galerie commerciale de la façade est du boulevard (« le Mur de l'est »), la **rue Chmielna**, artère commerçante et piétonnière à dimension plus humaine, conduit directement à la Voie Royale.

Zlote Tarasy, le grand centre commercial en face de la gare.

Palais de la Culture et des Sciences★★★ (Pałac Kultury i Nauki) A2

PKiN - Plac Defilad 1 - ✆ 022 656 61 34 - www.pkin.pl - entrée principale et parking par la rue Marszałkowska - terrasse panoramique : 9h-18h, 20 PLN.

« Cadeau de la nation soviétique à la nation polonaise », le palais de la Culture et des Sciences est devenu, ironie de l'histoire, le symbole de Varsovie. Commandé par Staline et conçu par Lev Rudnev, cet impressionnant labyrinthe mêle réalisme socialiste (les sculptures qui entourent le palais) et éléments d'architecture traditionnelle de Pologne (on peut même y voir les statues de Copernic et Mickiewicz). L'histoire du palais est depuis cinquante ans riche en anecdotes : l'architecte a ainsi étrangement voulu que figure la statue de Hans Christian Andersen ; l'administration du palais entretient encore les tombes au cimetière orthodoxe des 14 ouvriers et des deux enfants morts sur le chantier ; une série de 8 suicides (initiée d'ailleurs par un Français) a suivi l'inauguration de la vue panoramique en 1956 ; les Rolling Stones y ont donné un concert mémorable en 1967 ; la disparition de la statue de Staline encastrée dans la façade ouest, au début des années 1990, reste non élucidée...

L'imposant Palais de la Culture et des Sciences.

Le Palais de la Culture et des Sciences en chiffres

D'une altitude de 230,68 m (167,68 m jusqu'à la base de la tour), cet immeuble de 42 étages, visible à 30 km à la ronde, est le 6e plus haut gratte-ciel en Europe. Il possède la 2e horloge la plus haut placée au monde. Il compte 33 ascenseurs pour une surface de 3,3 ha et un volume global de 817 000 m³. Sa construction (1952-1955) a nécessité 3 500 ouvriers russes, 40 millions de briques, 80 000 m³ de béton, 28 000 m² de plaques de marbre pour un total de 3 288 pièces (123 084 m²).

Après la chute du régime communiste, l'avenir du palais de la Culture devint une problématique urbanistique majeure pour Varsovie, et il fut un temps envisagé de le raser. Le palais de la Culture est aujourd'hui de moins en moins controversé : il a été classé monument historique en 2007. Aujourd'hui, il abrite trois théâtres, un multiplexe cinématographique, une salle de congrès de 3 000 places, une piscine, deux musées, plusieurs bars et clubs et une multitude d'institutions officielles. Un ascenseur conduit au 30e étage (114 m), d'où on peut s'attarder sur le plan de Varsovie et voir jusqu'aux plaines mazoviennes qui entourent la ville.

Fotoplastikon★ B3

Al. Jerozolimskie 51 - ✆/fax 022 625 35 52 - www.fotoplastikon.stereos.com.pl - mar. et jeu. 15h-18h, sam. 11h-15h (durée 20mn) - 8 PLN.

Dernière rotonde de projection encore en activité en Europe, elle présente la vie à Varsovie au 20e s. en stroboscopie (trois dimensions).

Du Rondo R. Dmowskiego (baptisé Rotunda), prendre vers le sud la rue Marszałkowska. Vous pouvez vous arrêter au coin de la rue Hoża et essayer de rentrer (après 16h) dans le mystérieux Klub pod Gwiazdami que vous atteindrez en appuyant sur un des deux boutons de l'ascenseur et qui vous offrira une très belle vue depuis son... 8e étage. Continuez votre route vers la **place de la Constitution★** (Plac Konstytucji) dont les symétries harmonieuses, les constructions grandioses et froides, ornées de bas-reliefs à la gloire du peuple au travail, représentent un bel exemple de l'architecture sociale-réaliste. Les rues adjacentes à la place, faisant partie du Quartier d'Habitation Marszałkowska (**MDM**) construit au début des années 1950, tendent à s'affirmer comme le nouveau quartier résidentiel et de plus en plus prisé du centre-ville. La **rue Mokotowska** est particulièrement fréquentée, ses boutiques et magasins d'antiquités, parmi les plus remarquables de Varsovie, invitant à un shopping effréné.

2 La Voie Royale★★ PLAN II-PLAN III

La **Voie Royale** (Trakt Królewski), l'itinéraire touristique le plus célèbre de Varsovie, doit son nom au fait qu'elle relie les diverses résidences des monarques polonais. Longue de 4 km, elle s'étire de la place du Château de la Vieille Ville, résidence principale, jusqu'à leur résidence d'été du palais de Wilanów, en passant par le palais de chasse d'Ujazdów et le majestueux parc de Łazienki. L'ensemble des curiosités de la Voie Royale ne pouvant se visiter en une seule journée, la balade pourra naturellement commencer par sa première partie, de la rue Krakowskie Przedmieście jusqu'à la place Trzech Krzyży.

KRAKOWSKIE PRZEDMIEŚCIE (Le faubourg de Cracovie)

Dès 1596, les aristocrates varsoviens se pressent dans cette rue pour y établir leur résidence à proximité de celle du roi nouvellement installé dans la Vieille Ville. Aujourd'hui, Krakowskie Przedmieście est l'une des artères les plus importantes, concentrant la résidence du président de la République, les bâtiments de l'université, ainsi que plusieurs églises historiques et demeures des 17e et 18e s.

Église Ste-Anne★ (Kościół Św. Anny) PLAN II B2

La rue s'ouvre au nº 68 sur l'église où les princes polonais prêtaient hommage et serment de fidélité au roi. Construite en 1454, elle fut dévastée en 1656 par les Suédois puis rebâtie dans un style baroque au siècle suivant. Du bâtiment gothique, il reste le chœur et la somptueuse « voûte de cristal » du portique du couvent attenant. La Seconde Guerre mondiale n'a pas épargné sa façade, mais son riche mobilier du 18e s. est encore visible. L'escalade du clocher dans le coin nord de la cour *(mai-oct. : 11h-20h ; 3 PLN)* offre un superbe panorama sur les rives de la Vistule et le château.

Avant de poursuivre, il est recommandé de faire un détour par le petit **quartier de Mariensztat** qui se trouve en contrebas et dont les rues pavées bordées de vieilles demeures et de petits cafés offrent un havre de paix injustement délaissé des promeneurs *(accès et retour par la rue Bednarska)*.

Immédiatement après le **monument Mickiewicz** (Pomnik Mickiewicza) et pas loin de l'office de tourisme se dresse un peu en retrait une église.

Église des Carmélites★ (Kościół Karmelitów) PLAN II B3

C'est l'un des rares édifices de Varsovie à avoir échappé à la destruction de la ville à la fin de la guerre. Construite au 17e s., c'est au siècle suivant qu'elle se pare d'une facade néoclassique finement sculptée et d'un globe singulier, tandis que l'intérieur baroque abrite un maître-autel monumental de Tylman van Gameren.

Palais des Potocki-Czartoryski PLAN II B3

Ce palais baroque où Napoléon aurait rencontré Maria Walewska héberge désormais le ministère de la Culture (ainsi qu'une galerie d'art moderne - Kordegarda - présentant en général d'intéressantes expositions temporaires).

Palais présidentiel★ (Pałac Prezydencki) PLAN II C3

Krakowskie Przedmieście 46/48 - ✆ 022 695 13 23 - fax 022 695 11 09 - www.president.pl - pour avoir le privilège unique de visiter le lieu gardé par les lions de pierre et la statue équestre de Józef Poniatowski, il suffit de s'y prendre à l'avance et d'envoyer un fax (en anglais) au « Zespół Gabinetu Prezydenta RP » en précisant vos nom, prénom et nationalité et les moments où vous souhaiteriez effectuer la visite (vous devrez vous joindre à un groupe guidé) - lun.-vend. 10h, 11h, 12h - en juil.-août portes ouvertes w.-end 10h-15h - gratuit.

C'est ici que fut signé en 1955 le pacte de Varsovie et que se tint en 1989 la **Table ronde** entre les autorités communistes et les leaders de Solidarność. Plus grand et plus facile à protéger que le palais du Belvédère, il est devenu l'Élysée polonais en 1994.

Passer l'édifice Art déco de l'**hôtel Bristol** et les jardins attenants.

Université de Varsovie★ (Uniwersytet Warszawski) PLAN II C3

Les longs bâtiments de l'université s'étendent sur toute la seconde moitié du Krakowskie Przedmieście. Fondée en 1818, l'université de Varsovie fut fermée par le tsar dès 1832 en signe de représailles de l'insurrection de 1830, et ne fut rouverte qu'en 1915. Sous l'occupation nazie, les études furent interdites, et des milliers de professeurs et d'étudiants clandestins furent assassinés. Comme dans la plupart des grandes villes de Pologne, et notamment à Cracovie, une université clandestine fut mise en place ; cette tradition d'« université volante » perdura tout au long de la période communiste, d'éminents opposants au régime donnant des conférences régulièrement et publiquement, mais en des lieux à chaque fois différents. L'enceinte de l'université (accès libre) abrite encore de magnifiques monuments.

Le **palais Casimir★** (Pałac Kazimierzowski), dans la cour principale du campus, fut d'abord une résidence d'été des rois polonais avant d'abriter la célèbre école militaire d'où sortit entre autres Tadeusz Kościuszko ; c'est désormais le logement du recteur de l'université. Il a été superbement rénové en 2006.

Le **palais Czapski** (de l'autre côté de la rue), bel édifice baroque, abrite aujourd'hui l'Académie des beaux-arts. Chopin, dont le père - lorrain - était enseignant, habita le palais Casimir puis le palais Czapski entre sa 17e et sa 20e année. Le **salon des Chopin** (Salonik Chopinów – *✆ 022 320 02 75 ; www.nifc.pl ; lun.-vend. 10h-14h ; 3 PLN*) est le seul appartement du pianiste ouvert aux visiteurs.

Église Sainte-Croix★ (Kościół Św. Krzyża) PLAN II C3

Située après le palais Czapski, elle fut détruite pendant l'insurrection de 1944, à l'issue d'une bataille de deux semaines qui s'est déroulée à l'intérieur même de l'église. Ce bel édifice baroque à deux tours fut ensuite un lieu d'affrontements réguliers entre les étudiants et les autorités communistes. Le Christ de l'entrée, portant la croix sur son dos, est resté le symbole d'une Varsovie martyre. L'autre raison de l'affection des habitants pour cette église est qu'elle abrite le cœur de Chopin (dans le deuxième pilier sur le côté gauche de la nef) et les cendres de l'écrivain Władysław Reymont.

Palais Staszic (Pałac Staszica) PLAN III B1

Siège de l'Académie polonaise des sciences (PAN), construit par l'architecte du Grand Théâtre, il vient fermer Krakowskie Przedmieście, alors que la **statue de Copernic** (Pomnik Mikołaja Kopernika) qui lui fait face ouvre symboliquement le « Nouveau Monde » (Nowy Świat).

NOWY ŚWIAT

Cette extension de la Voie Royale, datant du milieu du 17e s., est quelque peu exagérément surnommée les Champs-Élysées varsoviens. Également rasé lors de la Seconde Guerre mondiale, ce long boulevard bordé de boutiques, cafés et restaurants présente l'intérêt principal d'avoir hébergé nombre de personnalités du monde artistique et littéraire polonais, parmi lesquelles Joseph Conrad (au n° 45).

Musée Frédéric Chopin★ (Muzeum Fryderyka Chopina) PLAN III C1

Ul. Okólnik 1 - ✆ 022 326 59 35 - www.nifc.pl - tlj sf lun. 10h-18h - 8 PLN, gratuit merc.

Logé dans le solennel **palais Ostrogski**, œuvre de Tylman van Gameren, le musée expose différents objets ayant appartenu à Chopin, dont le dernier piano sur lequel il a joué – celui-ci est encore utilisé pour les concerts occasionnels *(mai-sept. : lun. soir)*. En 2010, pour le 200e anniversaire de sa naissance, un grand centre ouvrira juste à côté (Centrum Chopinowskie – *Ul. Tamka 43*).

Le retour sur Nowy Świat peut se faire par la rue Okólnik puis la rue Foksal.

Palais Zamoyski★ (Pałac Zamoyskich) PLAN III C2

Ce palais néo-Renaissance, ouvert au public, abrite aujourd'hui l'**Association des architectes polonais** et un **centre d'architecture (SARP)**, un agréable café-restaurant avec terrasse donnant sur un beau jardin à l'anglaise, et la célèbre **galerie Foksal**, l'une des meilleures galeries d'art contemporain de la ville *(lun.-vend. 12h-17h - gratuit)*. La galerie est un lieu culte pour les artistes d'avant-garde depuis le début des années 1960, alors qu'elle accueillait les performances mises en scène par le déjà célèbre artiste et directeur de théâtre cracovien, Tadeusz Kantor.

Enfin, après le **palais Branicki** de style néogothique (à l'angle de la rue Smolna), qui abrite la plus belle pharmacie du pays, Nowy Świat débouche sur un rond-point.

Rond-point Charles-de-Gaulle★ (Rondo de Gaulle'a) PLAN III C2

Au croisement de la Voie Royale et de l'allée Jerozolimskie, ce « rondo » est l'un des plus encombrés de la ville. Son édifice le plus frappant est l'imposant bâtiment qui abritait autrefois le **siège du Parti communiste polonais** (Dom Partii) et qui, ironie de l'histoire, devint le palais de la Bourse après le changement de régime (la Bourse a depuis été délocalisée dans des locaux adjacents, et le bâtiment n'abrite plus aujourd'hui que des sièges de sociétés privées). Dans un angle du carrefour, se trouve une **statue de De Gaulle** par le sculpteur Jean Cardot, réplique de celle des Champs-Élysées, inaugurée en mai 2005. Mais le caractère original du rond-point provient surtout du **palmier** qui trône en son centre depuis décembre 2002. Il s'agit d'une réalisation de l'artiste Joanna Rajkowska qui, à la suite d'un voyage en Israël, a imaginé planter un palmier sur « l'allée de Jérusalem » de la capitale. Il y a également un aspect symbolique car, en polonais, l'ancienne expression « *palma ci odbiła* » servait à désigner quelque chose d'absurde, qualificatif s'appliquant, selon l'artiste, à Varsovie.

À proximité se trouve le **Musée national** *(voir description p. 126)* et le **musée de l'Armée polonaise** (Muzeum Wojska Polskiego – *Al. Jerozolimskie 3 ; www.muzeumwp.pl ; merc. 10h-17h, jeu.-dim. 10h-16h ; 8 PLN, gratuit merc.*).

Place Trzech Krzyży★ (place des Troix-Croix) PLAN III C3

Nowy Świat continue jusqu'à la place Trzech Krzyży, au milieu de laquelle s'élève l'**église St-Alexandre★** (Kościół Św. Aleksandra). Construite en 1818 en l'honneur du tsar Alexandre Ier de Russie, également roi de Pologne, l'église fut copiée sur le Panthéon de Rome avant d'être transformée en cathédrale. Détruite pendant la guerre, n'a été reconstruite que l'église d'origine, dont le charme en fait un lieu privilégié des

A. Léonard / MICHELIN

Le palmier du rond-point Charles-de-Gaulle.

célébrations de mariages. Passez devant le monument à Wincenty Witos, ce héros du mouvement rural, devenu paradoxalement le point de rencontre des skateurs. La rue Wiejska, au sud de la place, mène ensuite aux bâtiments du **Sejm** (le Parlement polonais), élevés après l'indépendance de 1918.

Les parcs Ujazdowski et Łazienki★★ PLAN I

La présence de vastes et paisibles parcs est sans conteste l'un des principaux agréments de Varsovie. C'est certainement la raison pour laquelle la deuxième partie de la Voie Royale est la préférée des Varsoviens, s'étirant de façon quasi ininterrompue le long de 2,5 km d'espaces verts, de l'allée Ujazdowskie (au sud de la place Trzech Krzyży) jusqu'au parc Łazienki, de loin le plus beau et le plus célèbre parc de Pologne.

Allée et parc Ujazdowski B3

L'allée Ujazdowskie est l'une des plus élégantes avenues de la capitale. Longée de villas du 19e s. aux façades admirablement sculptées (pour la plupart désormais occupées par des ambassades), elle mène au parc du même nom auquel on acccède juste après être passé, hélas, au-dessus d'une voie express. Avant de s'enfoncer dans le parc, le **mausolée de la Résistance et du Martyre** (Mauzoleum Walki i Męczeństwa – *Ul. Szucha 25, aux coins de Al. Ujazdowskie et Armii Ludowej ; ✆ 022 629 49 19 ; www.muzeumniepodleglosci.art.pl ; jeu. et sam. 9h-16h, merc. 9h-17h, vend. 10h-17h, dim. 10h-16h ; donation requise ; actuellement fermé pour rénovation*), ancien siège de la Gestapo, rappelle à nouveau le triste sort de la capitale polonaise en commémorant les milliers de personnes torturées et assassinées ici pendant la guerre.

L'esplanade d'Ujazdów précède en fait l'histoire de Varsovie. Ce hameau, dont les origines remontent au début du 12e s., était en effet le lieu de repos favori des princes mazoviens, avant que ces derniers ne décident de s'établir sur la colline où se trouve désormais la Vieille Ville. Le site demeura toutefois un terrain de chasse princier, jusqu'à ce que la femme du roi Stefan Batory, Anna Jagiellonka, décide d'y faire construire une résidence royale à la fin du 16e s. ; celle-ci constitua la structure initiale du **château Ujazdowski**★, dont un **musée** retrace l'histoire (Muzeum Zamku i Szpitala na Ujazdowie – *✆ 022 628 12 71 ; www.zamekujazdowski.art.pl ; tlj sf lun. 11h-18h ; gratuit*). Après le transfert de la capitale polonaise de Cracovie à Varsovie, le roi Sigismond III agrandit et modernisa le château. Bien que la structure du bâtiment soit de style Renaissance, l'axe élargi de l'entrée, les plans incurvés du toit et les tourelles décoratives font du château Ujazdów un exemple type de baroque polonais, autrement appelé « le style Vasa ». Les deux grands escaliers incurvés reliant le château au canal construit dans son axe d'entrée datent de la première moitié du 18e s. Le Zamek, comme le nomment les Varsoviens, est aujourd'hui un **centre d'art contemporain** très actif, le deuxième de Varsovie après Zachęta (Centrum Sztuki Współczesnej – *✆ 022 628 12 71 ; www.csw.art.pl ; tlj sf lun. 11h-19h, vend. 11h-21h ; 12 PLN*). Accueillant régulièrement de grandes expositions internationales de peinture et de photographie, des performances, des concerts de jazz et de musique expérimentale, il présente de façon permanente les œuvres de la jeune garde polonaise. Haut lieu du milieu artistique contemporain, le Zamek abrite également un restaurant branché *(voir carnet pratique)*, un café, un cinéma d'art et d'essai, ainsi qu'une boutique et une librairie d'art. C'est à proximité que devrait être construit le grand musée d'Histoire polonaise (Muzeum Historii Polski – *www.muzhp.pl*).

Parc Łazienki★★ (Park Łazienkowski) B-C3

L'accès au parc Łazienki se fait soit du parc Ujazdowski en traversant la rue Agrykola, soit par l'entrée principale, Al. Ujazdowskie 106 (de 8h au coucher du soleil, 16h en hiver).

Ancien terrain de chasse attenant au château Ujazdowski, Łazienki fut acheté en 1760 par Stanislas Auguste Poniatowski, qui le transforma en un parc à l'anglaise. À l'entrée principale du parc, le **monument à Chopin** (Pomnik Chopina) accueille les promeneurs qui, aux beaux jours, se pressent pour venir écouter les concerts de musique classique qui se tiennent à ses pieds *(mai-sept. : sam. 15h et dim. 11h)* ; la pièce d'eau circulaire dont l'effet est de porter le son jusqu'aux auditeurs allongés alentour, ajoute au charme de ces manifestations auxquelles participent les plus grands artistes internationaux. De l'autre côté de la voie principale, se dresse l'élégant **Belvédère★** (Belweder). Initialement propriété de Stanislas Poniatowski qui y installa une manufacture de faïence, cette autre résidence royale, redessinée dans les années 1820 pour le gouverneur de Varsovie, devint la résidence officielle des chefs d'État polonais à la fin de la Première Guerre mondiale – à l'exception de l'interlude de la Seconde Guerre mondiale, pendant lequel s'y établit le gouverneur nazi Hans Frank. Le palais présidentiel a été transféré en 1994 sur Krakowskie Przedmieście mais le Belvédère est encore utilisé pour la réception des dignitaires officiels. Comme le palais présidentiel, le Belvédère (et ses deux expositions « Maréchal Joseph Piłsudski » et « Cabinet de l'Ordre Militaire Virtuti Militari ») peut se visiter en réservant à l'avance *(Ul. Belwederska 52 ; réservation soit directement dans le pavillon près du palais côté parc 8h-16h, soit en contactant le « Zespół Rezydencji Belweder i Hotel Belweder » ; ☎ 022 695 19 81 ; fax 022 695 19 82 ; vous devrez vous joindre à un groupe guidé ; lun.-vend. 9h-15h ; gratuit).*

Les nombreux autres monuments du parc sont gérés par le **musée de Łazienki** *(réservations ☎ 022 625 79 44 ; fax 022 625 48 87 ; www.lazienki.ueu.pl ; ouv. pour la plupart tlj sf lun. 9h-16h)*. En descendant l'allée principale, on passe d'abord devant la **Maison Blanche** (Biały Dom – *5 PLN*), où résida le comte de Provence, futur Louis XVIII, lors de son exil entre 1801 et 1804, puis l'ancien **corps de garde** (Stara Kordegarda – *gratuit*), avant d'arriver au monument clé du parc, le **palais Łazienki★★** ou palais sur l'Île (Pałac Na Wyspie – *12 PLN ; attention aux files d'attente*). Cet édifice néoclassique, dessiné pour le roi Poniatowski, a été partiellement endommagé pendant la guerre mais le mobilier et les collections, mises à l'abri, sont d'origine. Au rez-de-chaussée, les décorations au bas des murs rappellent que le palais n'était initialement qu'une « maison de bains » (*łazienki* en polonais), tandis que la salle de bal et la galerie des peintures témoignent des goûts classiques du roi et de sa qualité de collectionneur averti. Bien que l'armée allemande se soit emparée des meilleures pièces, dont trois Rembrandt, il demeure une intéressante collection de peintures hollandaises et flamandes. À l'étage, les anciens appartements privés du roi comportent un canevas de Bellotto représentant la maison de bains originale. Face au palais, l'amphithéâtre, décor de ruines antiques sur une île et habité par les paons, accueille régulièrement des spectacles en été. Un peu plus loin, la **Grande Officine** (Podchorążówka), ancienne école d'entraînement des officiers, abrite le **musée Ignacy Jan Paderewski des expatriés polonais** (Muzeum Ignacego Jana Paderewskiego i Wychodźctwa Polskiego w Ameryce – *gratuit*), qui fut inauguré en 1992 à l'occasion du rapatriement du corps du célèbre compositeur exilé en Amérique. En face, le **palais Myślewicki**, cadeau du roi à son neveu Józef Poniatowski, imite le décorum du palais principal de Łazienki *(dim.-mar. 9h-16h ; 3 PLN)*. En regagnant le côté nord du parc, on passe devant **l'Orangerie★** (Stara Pomarańczarnia – *6 PLN*), l'un des rares théâtres en bois du 18e s. en Europe à conserver son décor d'origine (1788) ; il abrite désormais une galerie de sculptures. Un peu plus haut, en face de l'**observatoire astronomique du 19e s.** (Obserwatorium Astronomiczne – *gratuit*), le **jardin botanique★** (Ogród Botaniczny UW – *☎ 022 553 05 11 ; fax 553 05 10 ; www.ogrod.uw.edu.pl ; avr.-août : lun.-vend. 9h-20h, w.-end 10h-20h ; sept. : 10h-18h ; oct. : lun.-vend. 10h-17h, w.-end 10h-18h ; serres ouvertes au public mai-sept. : dim. 10h-17h ; 5 PLN pour le parc, 5 PLN pour les serres et 7 PLN pour les deux*) offre une fin de promenade des plus agréables. Établi en 1818, le jardin compte une collection de plus de 5 000 variétés de plantes ; on notera tout particulièrement le jardin de roses et celui des herbes médicinales.

La Voie Royale continue ensuite vers Wilanów, en traversant le superbe quartier pavillonnaire de Mokotów.

Wilanów★★

Accès Ul. Stanisława Kostki Potockiego 10/16 (parking gratuit). En bus, du centre, n° 116, 117, 130, 139, 163, 164, 180, 519, 522, 700, 710, 724, 725, E-2.

Au sud de Varsovie, le quartier de Wilanów s'étend autour du palais et de son parc.

Palais de Wilanów★★ (Pałac Wilanowski)

℘/fax 022 842 07 95 - www.wilanow-palac.art.pl - mai-mi-sept. : lun., merc. et sam. 9h30- 18h30, mar., jeu. et vend. 9h30-16h30, dim. 10h30-18h30 ; mars.-avr. et mi-sept.-mi-déc. : lun. et merc.-sam. 9h30-16h30, dim. 10h30-16h30 ; dernière entrée 1h30 av. fermeture - 16 PLN sans guide, 23 PLN avec audioguide, gratuit dim.

Élevé au cours du dernier tiers du 17e s. et agrandi par ses propriétaires successifs, le palais est un exemple caractéristique des résidences secondaires baroques « entre cour et jardin ». À l'origine, Jean III Sobieski se fit construire sa résidence d'été qu'il baptisa Vila Nova – nom qui devint Wilanów au fil des ans. En 1799, **Stanisław Kostka Potocki** en devint propriétaire. Collectionneur et mécène, il créa à Wilanów l'un des premiers musées publics au monde. Après la Seconde Guerre mondiale, le palais fit l'objet d'énormes travaux de rénovation. Il fut rouvert au public en 1962 après que le gouvernement polonais eut pu récupérer une grande partie des œuvres d'art prises par les Allemands. Il a récemment été à nouveau rénové, après des fouilles archéologiques.

Visite – Les différents ornements extérieurs ainsi que les peintures et sculptures des intérieurs sont remarquables. Sculptures et bas-reliefs de la façade sont inspirés de l'Antiquité et font l'apologie de la famille Sobieski et des succès militaires du roi. À l'intérieur du palais, trois grands styles architecturaux cohabitent. Dans la partie centrale, les salles baroques originales du roi, dans l'aile sud et dans le pavillon adjacent au palais, les intérieurs du 18e s., et enfin dans l'aile nord, la partie la plus récente, décorée et modifiée au 19e s. par les Potocki. On commence la visite au premier étage par la galerie des portraits, intéressante surtout pour les nombreux portraits posthumes qui étaient apposés sur les cercueils, une spécificité polonaise. Après la grande Chambre cramoisie et le Cabinet étrusque, on pénètre dans la partie la plus ancienne du palais. Le musée Potocki y est installé ; la plaque de marbre portant l'inscription *« cunctis patet ingressus »* (accessible à tous) rappelle l'esprit précurseur dans lequel ces œuvres avaient été offertes au regard du public. La visite se poursuit au rez-de-chaussée par les appartements du roi, sa chapelle et sa bibliothèque.

Jardins★

De 9h au coucher du soleil - 5 PLN, gratuit jeu.

Les jardins se trouvent à l'arrière du palais. Dessinés à la française, ils occupent une terrasse à deux niveaux ornée de sculptures symbolisant les quatre étapes de l'amour (la réserve, le premier baiser, l'indifférence et la première dispute). Le cadran solaire très original est l'œuvre du grand astronome polonais Jan Heweliusz, inventeur du télescope. Passé l'Orangerie (expositions temporaires, mêmes horaires que le palais), s'étend un parc à l'anglaise, décoré de sarcophages, de colonnes et d'obélisques. Un pont romain, un kiosque chinois et la salle des pompes y évoquent à la fois l'Antiquité, l'art oriental et le Moyen Âge.

Le palais de Wilanów.

Musée de l'Affiche★ (Muzeum Plakatu)

☎/fax 022 842 26 06 - www.postermuseum.pl - juin-sept. : lun. 12h-16h, mar.-dim. 10h-16h - 9 PLN, gratuit lun.

Ce musée, installé depuis 1968 dans un bâtiment moderne juste à côté du palais, est dédié à l'art de l'affiche, dans lequel les Polonais se sont toujours distingués. Qu'elles soient réalisées pour la publicité, le cinéma, le théâtre, la politique ou le tourisme, les affiches de la collection sont si nombreuses (55 000) qu'elles sont présentées par roulement sous forme d'expositions temporaires à thème.

Mirów, Muranów et Wola – Les lieux de la martyrologie varsovienne

PLANS I, II et III

La communauté juive – À l'instar de Łódź, Białystok ou Cracovie, Varsovie concentra pendant ces siècles l'une des plus importantes communautés juives d'Europe, estimée en 1939 à 370 000 personnes, soit environ un tiers de la population ; en mai 1945, on n'en dénombrait plus que 300. Bien que la communauté varsovienne juive d'avant guerre fût dispersée dans l'ensemble de la ville, ne se cantonnant pas à un quartier précis, on ne trouve principalement plus ses traces qu'aux abords de l'ancien ghetto, dans les quartiers de Mirów et Muranów, ainsi que, dans une moindre mesure, à Praga, de l'autre côté de la Vistule. L'extermination des Juifs reste, de manière générale, un sujet difficile en Pologne ; toutefois, à Varsovie comme dans quelques autres villes, réapparaît un embryon de communauté juive qui, soutenue par la diaspora, s'emploie activement à entretenir le souvenir de la Shoah et à faire revivre la culture de ses ancêtres.

Conseils pour la visite : *les lieux liés à la culture juive étant parfois mal ou pas du tout signalés, il est recommandé de se munir d'un plan détaillé (demander le livret gratuit Warszawa Judaica à l'office de tourisme) et de suivre attentivement les indications pratiques.*

Institut historique juif★ (Żydowski Instytut Historyczny) PLAN II A2

Ul. Tłomackie 3/5, derrière la tour Peugeot de la place Bankowy - ☎ 022 827 92 21 - www.jewishinstitute.org.pl - lun.-merc. et vend. 9h-16h, jeu. 11h-18h - 10 PLN.

La visite du ŻIH constitue un excellent prélude à la découverte de la douloureuse histoire de la communauté juive de Varsovie. Fondé juste après la guerre sur le site de l'ancienne librairie juive, il présente deux expositions permanentes : l'une sur l'art juif (œuvres d'art sacral et séculier) et l'autre sur le ghetto de Varsovie *(film de 35mn en anglais)*. L'Institut abrite également un centre de recherches (les 6 500 pièces des Archives Ringelblum inscrites au Registre de la mémoire du monde par l'Unesco) et une bibliothèque conséquente sur l'histoire des Juifs polonais depuis le 17ᵉ s. Y est enfin en vente l'indispensable **Guide du Varsovie juif** (Przewodnik po Żydowskiej Warszawie, *10 PLN*). À l'emplacement de la Tour bleue (tour Peugeot) qui jouxte le ŻIH s'élevait autrefois la **Grande Synagogue** (Wielka Synagoga) de Varsovie, une des plus grandes au monde à cette époque. Sur le tas de cendres laissé par les nazis, les autorités communistes prirent la décision incroyable de bâtir une grande tour destinée à accueillir des bureaux. Mais le chantier dura vingt ans, les innombrables difficultés s'étant finalement arrêtées, selon une légende, après la désacralisation secrète du lieu par un rabbin venu spécialement des États-Unis.

Le ghetto de Varsovie

Le ghetto de Varsovie fut le plus grand « quartier résidentiel juif » (selon l'appellation officielle) de toute l'Europe nazie : un mur en briques haut de 3 m et long de 18 km isolant 30 % de la population (environ 500 000 personnes) sur seulement 2,4 % de la superficie de la ville (400 ha). La « Grande Action » du 22 juillet 1942, qui vit le transfert de 265 000 Juifs au camp de Treblinka, marqua un tournant dans la politique d'extermination. La résistance au sein du ghetto commença alors à s'organiser sous le commandement de la ŻOB (Organisation juive de combat), approvisionnée en armes passées en fraude. Le soulèvement du ghetto éclata le 19 avril 1943 ; surprise, l'armée allemande mit 27 jours à la contrer. Seuls quelques milliers de Juifs parvinrent à s'échapper, les autres furent fusillés sur place ou déportés. L'histoire des 912 jours du ghetto de Varsovie reste l'un des épisodes les plus sombres de la Shoah.

Le monument des Héros du ghetto juif commémore l'insurrection du ghetto en avril 1943.

Chemin du Souvenir du Martyre et du Combat des Juifs★★

(Trakt Pamięci Męczeństwa i Walki Żydów) PLAN I A1

Le chemin du Souvenir serpente entre les rues Anielewicza et Stawki. Dès 1946, les autorités glorifient la résistance des Juifs en construisant un petit **monument des Révoltés du ghetto** (Pomnik Postańców Getta), près de l'angle entre la rue L. Zamenhofa et la rue Anielewicza sur l'emplacement du premier affrontement armé entre combattants et nazis (voir la lettre « B » pour Bereishis en hébreu qui y figure et qui signifie « genèse »). Le **monument des Héros du ghetto** (Pomnik Bohaterów Getta), le long de la rue L. Zamenhofa, inauguré en 1948, est recouvert d'un revêtement en pierre de labradorite polie commandé en fait en 1942 par l'architecte Albert Speer pour bâtir un monument à la victoire nazie. De chaque côté du monument se trouvent deux menorahs en bronze (pouvant être allumées pour des cérémonies spéciales) et deux blocs identiques en syénite (inaugurés en 1988) rappelant le soulèvement. Le monument est orné sur chaque face d'une sculpture de Nathan Rapoport. Le bas-relief du mur côté est a pour titre *La Marche vers l'extermination* et montre tous ceux qui ont perdu espoir. La sculpture en bronze du mur ouest, fondue à Paris chez Eugène Didier, est intitulée *Combat* et montre les jeunes révoltés dirigés par Mordechai Anielewicz, commandant de la ŻOB, qui vont essayer de les sauver. C'est ici que le chancelier ouest-allemand s'est recueilli en 1970 ; du côté de la rue Lewartowskiego, un **monument à Willy Brandt** édifié en 2000 commémore ce geste. À côté du monument des Héros, le **Chêne de l'espoir** symbolise depuis 1988 la mémoire commune des Juifs polonais et de ceux qui les ont aidés au péril de leur vie. Tout proche, le **monument à Żegota**, posé en 1995, commémore le Conseil polonais d'aide aux Juifs, seule organisation de ce type à avoir été fondée et financée par un gouvernement en exil. Sur le square se trouve une grande tente bleue qui abrite une exposition temporaire : c'est là que se construit le **musée d'Histoire des Juifs polonais** *(www.jewishmuseum.org.pl).*

Le chemin du Souvenir se poursuit le long de la rue L. Zamenhofa, marquée depuis 1988 de **15 blocs de syénite noire** qui mélangent la forme d'un sarcophage antique et celle d'une pierre tombale *(matseva).* Ils honorent des événements et personnages marquants du ghetto : l'historien Emmanuel Ringenblum, le chef des révoltés Mordechai Anielewicz ou encore le pédagogue Janusz Korczak.

Au milieu de la rue a été inauguré en 1997 le **monument à Szmul Zygielbojm**, qui se compose d'un mur vitrifié et d'une « compression », et qui porte le testament de cet émissaire auprès du gouvernement polonais en exil à Londres, écrit avant son suicide en mai 1943 pour protester contre l'absence d'aide des alliés aux Juifs en révolte.

Un peu plus haut, sur le site de l'**ancien bunker du QG de la ŻOB** (Bunkier Komendy ŻOB, *Ul. Miła 18*), apparaît un monument tout aussi surprenant qu'émouvant : un tertre créé en 1946 pour témoigner non seulement de la présence d'un lieu de mémoire mais aussi pour matérialiser la hauteur des décombres du ghetto. Dans les rues avoisinantes, on remarquera de nombreuses maisons construites à un niveau similaire : dans l'urgence, les autorités communistes d'après guerre, désemparées par l'ampleur des dégâts et des travaux de reconstruction, ont décidé d'ériger les nouveaux blocs d'immeubles directement sur les ruines du ghetto. Une grosse pierre commémorative a été déposée sur le monticule dans les années 1950 et un obélisque plus récent a été placé au pied du tertre. Ils nous rappellent l'existence de plusieurs centaines de bunkers comme celui-ci dans la ville et le sort tragique réservé à leurs occupants, qui ont préféré en général se suicider plutôt que de se rendre, et dont les corps reposent sous nos pieds. À noter le nombre élevé de femmes, dont témoignent les 51 noms ou prénoms de victimes dont nous avons gardé la trace.

Le chemin se termine sur la « place de transbordement » – Umschlagplatz en allemand *(Ul. Stawki 10)* –, gare d'où, à partir de juillet 1942, plus de 300 000 Juifs ont été déportés vers Treblinka. Le **monument de l'Umschlagplatz** en marbre blanc, érigé en 1988, rappelle par sa forme et ses éléments à la fois les wagons à bestiaux remplis de Juifs, une pierre tombale, un talith (châle de prière barré de noir) et l'espoir d'une renaissance (les arbres abattus revivent derrière le monument). À l'intérieur, les 448 prénoms (d'Abel à Żanna) symbolisent les 448 000 Juifs du ghetto, pour la plupart inconnus. Sur le mur latéral, on peut lire un verset du Livre de Job qui précise que la terre doit refuser de recouvrir le sang des victimes, afin que le cri de scandale et de révolte ne cesse pas d'être entendu.

Monument aux Victimes et aux Exécutés de l'Est (Pomnik Poległym i Pomordowanym na Wschodzie) PLAN I A1

Remonter la rue Stawki jusqu'au croisement avec l'avenue Gen. Andersa.

C'est l'un des plus impressionnants monuments de la ville, créé par le sculpteur Maksymilian Biskupski et inauguré le 17 septembre 1995, pour le 56e anniversaire de l'attaque de la Pologne par l'URSS. Il se compose d'un véritable wagon chargé de croix symbolisant les différentes religions et cultures des victimes de l'agression soviétique. Le wagon est posé sur une voie de chemin de fer dont les rails portent les noms des principaux lieux d'emprisonnement et d'exécution en URSS. Sur ce monument se sont recueillis les papes Jean-Paul II en 1999 et Benoît XVI en 2006.

Cimetière juif (Cmentarz Żydowski) PLAN I A1

Redescendre la rue Stawki puis tourner à gauche sur Okopowa jusqu'à l'entrée principale du cimetière, aux nos 49/51 - ✆/fax 022 838 26 22 - www.beisolam.jewish.org.pl - lun.-jeu. 10h-crépuscule ou 17h, vend. 9h-13h, dim. 11h-16h. Un guide des tombes par secteurs est disponible à l'entrée mais vous pouvez vous le procurer avant à l'Institut historique juif.

Établi en 1806, c'est le plus grand cimetière juif d'Europe et l'un des rares encore en activité en Pologne. Miraculeusement peu endommagé pendant la guerre, le cimetière abrite environ 250 000 tombes, parmi lesquelles celles de l'inventeur de l'espéranto Ludwig Zamenhof (10), du chef du Judenrat Adam Czerniaków (10), des trois écrivains Isaac Leib Peretz, Jacob Dinezon et Shalom Anski (44), de la comédienne Ester Rachel Kamińska (39), de l'historien Meir Balaban (9) ou encore le tombeau symbolique de Janusz Korczak (72) et du Bund (12).

Les autres cimetières de Wola

Au nord et au sud de la nécropole juive, se trouvent les plus anciens cimetières de la capitale, qui illustrent sa diversité culturelle passée. Le plus grand est celui de Powązki (Cmentarz Powązkowski), sorte de Père-Lachaise polonais. Au nord-ouest, les tombes à la calligraphie arabe du petit cimetière musulman tatar (Muzułmański Cmentarz Tatarski) rappellent la profonde intégration de cette communauté dans la société polonaise jusqu'à la Seconde Guerre mondiale. Enfin, au sud, le cimetière luthérien (Cmentarz Ewangelicko-Augsburgski) témoigne aussi du haut degré d'assimilation de la minorité allemande depuis le 17e s.

Au sud du cimetière juif, l'**orphelinat Janusz Korczak** (Dom Sierot – *Ul. Jaktorowska 6, longer Okopowa puis tourner à droite au milieu de Towarowa*), qui a survécu à la guerre, abrite toujours un orphelinat et un centre de recherches et de documentation sur le pédagogue *(✆/fax 022 632 30 27 - mar.-jeu. 10h-14h)*.

L'imposante statue (1979) et la plaque commémorative de l'entrée rendent honneur à ce médecin qui mourut à Treblinka avec les orphelins juifs déportés auxquels il se joignit de son plein gré. Andrzej Wajda en fit le sujet de l'un de ses plus beaux films *Korczak*.

Autour de la place Grzybowski PLAN III A1

Les autres lieux de souvenir, de culte et de culture juifs sont concentrés autour de la place Grzybowski (Plac Grzybowskiego), à la limite sud-est du quartier de Mirów, dans le proche voisinage du palais de la Culture. Le plus étonnant est certainement

Monument aux Victimes et aux Exécutés de l'Est.

le **fragment du mur du ghetto★★** *(Ul. Sienna 55, sonner au n° 100 à l'interphone ou attendre qu'un habitant de l'immeuble ouvre la grille de l'entrée ; le mur se trouve sur la gauche dans la cour, après le porche).* Ce minuscule mur de briques est tout ce qu'il reste du rempart de 3 m de haut qui, de novembre 1940 à juillet 1942, isola les Juifs des autres habitants de la capitale. D'autres restes du mur sont visibles au n° 11 de la rue Walicòw et aux n°s 60/62 de la rue Złota. Plus haut, à l'angle de la place Grzybowski et de la rue Próżna, les seuls immeubles n'étant pas tombés lors de la destruction du ghetto témoignent de l'architecture de briques rouges propre à la Varsovie d'avant guerre. C'est là que se tient le festival de la culture juive « Varsovie de Singer », la 1re semaine de septembre *(www.singersfestival.pl).* De l'autre côté de la place, la **synagogue Nożyk★** (Synagoga Małżonków Nożyków), la seule de Varsovie ayant échappé à une destruction totale, fut rouverte en 1983 après une complète restauration. Elle abrite une très belle architecture intérieure *(Ul. Twarda 6 - mieux vaut téléphoner avant au 022 620 43 24 - dim.-jeu. 9h30-17h, vend. 9h30-15h30 - 3,50 PLN).* Tout proche, le **théâtre juif Ester Rachel Kamińska** (Teatr Żydowski im. Ester Racheli Kamińskiej – *Plac Grzybowski 12/16 ; ✆ 022 620 62 81 ; www.teatr-zydowski.art.pl*) reprend les spectacles populaires de la communauté juive d'avant guerre (notamment le fameux *Violon sur le toit*). Les bâtiments jouxtant la synagogue servent également de siège à plusieurs associations juives orthodoxes et accueillent une cantine cachère *(✆/fax 022 652 28 05 ; http://warszawa.jewish.org.pl).*

Żoliborz – « Dieu, honneur, patrie »

Plan I en direction

Métro, arrêt « Plac Wilsona ». Au nord-est du centre.

Pour approcher l'âme polonaise, vous pouvez faire un détour, au nord-est de la ville, par le quartier de Żoliborz (dont le nom viendrait du français « joli bord » - et aurait été donné par Marie Sobieska qui trouvait ces alentours de la ville à son goût). Depuis le métro, dirigez-vous vers l'église la plus proche (Kościół Św. Stanisława Kostki – *Ul. Hozjusza 2*) qui abrite la tombe et le **musée du Serviteur de Dieu, père Jerzy Popiełuszko** (Muzeum Sługi Bożego Ks. Jerzego Popiełuszki – *merc.-vend. 10h-16h, w.-end 10h-17h*) consacré à la vie et au martyre de cet homme proche de Solidarność, battu à mort et noyé par la police politique en 1984.

En continuant dans la rue Felińskiego, tournez à gauche dans la rue Mierosławskiego et traversez le grand boulevard Mickiewicz pour atteindre la **rue Śmiała**. Vous êtes dans la plus longue rue de **Żoliborz Oficerski**, la zone qu'habitaient les officiers de l'armée polonaise. S'y trouvent les demeures les plus caractéristiques de l'atmosphère des années 1920 et du « style manoir » avec ses toitures élevées, ses frontons triangulaires, ses portiques à colonnes et parfois des arcs gothiques (n°s 66-72 et 71-77). La rue Śmiała se termine par la **place Słoneczny**, une place circulaire censée représenter un cadran solaire, les 12 maisons attenantes recevant l'ombre du grand arbre central à différentes heures de la journée.

En allant en direction du fleuve, vous rejoignez la citadelle.

Citadelle★ (Cytadela) – C'est l'un des plus imposants complexes d'architecture militaire du pays. Elle fut bâtie par le tsar Nicolas Ier entre 1832 et 1836 après l'échec de l'insurrection de Novembre, pour servir de prison et de centre d'exécution pour les patriotes polonais. Une partie des bâtiments a été transformée en parc, une autre demeure occupée par l'armée, mais le Xe pavillon abrite un **musée** *(Ul. Skazańców 25 ; merc.-dim. 9h-16h ; gratuit)* où l'on peut visiter les cellules des prisonniers, notamment celle où fut enfermé le fameux maréchal Józef Piłsudski en 1905.

Praga, le Varsovie populaire et arty

PLAN I C1

(Trams n° 4, 13, 23 et 32 de la place Bankowy, n° 25 de Al. Jerozolimskie - arrêt Dw. Wileński).

Le quartier de Praga, ouvrier et populaire, est encore mal aimé des Varsoviens. Seul quartier ayant survécu à la guerre, c'est ici que se trouvent les plus vieux immeubles de Varsovie. Il offre un véritable parfum d'authenticité et constitue une escapade recommandée hors du circuit touristique traditionnel. En vous avancant dans les cours des immeubles, vous découvrirez parfois des petits autels dédiés à la Vierge ou à des saints.

Église orthodoxe Ste-Marie-Madeleine★ (Cerkiew Św. M. Magdaleny) C1

Al. Solidarności 52 - accès uniquement lors des célébrations quotidiennes, à 17h.

Ce bel édifice ocre et or (1869), construit pour le culte des cheminots de la gare Wileński, reste l'un des plus beaux vestiges de la présence russe à Varsovie : une large structure néobyzantine, surplombée de dômes oignons, et des intérieurs intacts.

Quartier des artistes (Dzielnica Artystów) C1

Il s'étend dans le périmètre nord-est *(entre les rues Targowa, 11 Listopada et Konopacka)*. Attirés par ces usines et immeubles abandonnés dans lesquels ils ont installé leurs ateliers, des peintres, sculpteurs, comédiens font lentement renaître Praga ; les pionniers se sont établis dans le désormais bâtiment-culte *Ul. Inżynierska 3*. De même, la rue Ząbkowska, encore récemment considérée comme un haut lieu du crime, a été rénovée et est en passe de devenir un endroit prisé des artistes. Au n° 50 de la rue Targowa s'élève le plus vieil immeuble du quartier (1819) qui deviendra en 2010 le **Muzeum Warszawskiej Pragi**, un musée sur l'histoire du quartier. Juste après se tient le **bazar Różyckiego**, le plus ancien de Varsovie. Établi en 1902, il n'est plus que l'ombre de lui-même, mais retrouve un peu de sa magie en hiver, devant le saumon conservé à même la neige sur les étals.

Stade de la Décennie★ (Stadion Dziesięciolecia) C1-2

Accès par le tram n° 25 arrêt Rondo Jerzego Waszyngtona.

Construit pour les dix ans de l'arrivée au pouvoir des communistes, avec les décombres de la ville, le stade est devenu, à la chute du régime, le « marché russe ». Ce royaume du commerce de contrefaçon a cessé ses activités en septembre 2007 pour faire place à la construction d'un stade national prévu pour 2012. Du haut du stade, belle vue sur le centre de Varsovie.

Praga connut également une importante concentration de population juive avant guerre, comme en témoigne le **cimetière juif de Bródno** (Cmentarz Żydowski na Bródnie – *À l'angle de Ul. Odrowąża et Św. Wincentego, trams n° 3 et 25 de Ul. Targowa, arrêt Rondo Żaba, rentrez par la rue Odrowąża et soyez sur vos gardes, car le cimetière n'est pas très sûr*), le plus ancien de la ville. Fondé en 1780, il était destiné à l'inhumation des Juifs les plus pauvres. Praga est enfin célèbre pour ses **ours du parc Praski** *(trams n° 4, 13, 23 et 32, arrêt Park Praski)*. Depuis 1949, plus de 400 ours bruns ont été élevés ici avant d'être transférés dans des zoos aux quatre coins du monde. Les résidents actuels semblent cohabiter en parfaite harmonie avec les passants de l'avenue Solidarności.

Zoo de Varsovie (Miejski Ogród Zoologiczny) B1

Ul. Ratuszowa 1/3 - ✆ 022 619 40 41 - www.zoo.waw.pl - 9h-15h30 - 12 PLN.

Ouvert en 1928, le zoo abrite des animaux de toutes sortes dont des éléphants, lions, dauphins, ainsi qu'une large collection de reptiles et d'oiseaux.

Il servit aussi de cache à de nombreux Juifs pendant la guerre, grâce à l'implication de son ancien et célèbre directeur, Jan Żabiński.

Visiter les musées

Musée national★★ (Muzeum Narodowe) PLAN III C2

Al. Jerozolimskie 3 - ✆ 022 629 30 93 - www.mnw.art.pl - tlj sf lun. 10h-19h - 12 PLN, gratuit sam.

Installé dans un grand bâtiment inauguré en 1938, le Musée national présente de précieuses collections d'art médiéval et ancien, d'art polonais (du 16e au 20e s.) et d'arts décoratifs.

La **galerie Faras** *(au RdC)* vaut à elle seule une visite. Le site soudanais de Faras, un de ceux recouverts par les eaux du lac Nasser lors de la création du barrage d'Assouan, fut fouillé par l'éminent archéologue polonais Kazimierz Michałowski (1901-1981). Il sauva les 120 remarquables fresques murales datant du 8e au 14e s. qui décoraient une cathédrale chrétienne. On peut admirer entre autres le charmant portrait de sainte Anne (8e s.), la Croix en majesté du 11e s. avec les symboles des évangélistes ainsi que les éléments architecturaux en grès rouge et la belle collection de croix coptes.

La **galerie d'Art médiéval** *(au RdC)* présente dans sept salles de merveilleux retables, sculptures et peintures provenant de toute la Pologne. On admirera tout particulièrement les œuvres gothiques tout en finesse, souvent riches en détails, provenant de la région de Wrocław et de toute la Silésie comme le *Saint Luc peignant la Vierge Marie* (1506) ou le groupe statuaire formé par la Vierge Marie et saint Jean (1500) aux visages très expressifs.

Les **galeries de peinture** *(1er et 2e étages)* sont riches en œuvres des différentes écoles de peinture européennes : italienne (Botticelli, le Tintoret), française (Nattier, Watteau), hollandaise (Jordaens) et allemande. Mais on s'intéressera tout particulièrement à la riche **galerie de peinture polonaise** *(1er étage)*. Il faut absolument aller voir l'immense tableau de Jan Matejko, ***La Bataille de Grunwald***, peint en 1878, qui évoque la défaite des chevaliers Teutoniques face à l'armée polonaise. Dans un tout autre registre, les œuvres de Józef Mehoffer, inspirées de l'Art nouveau, donnent une impression de bonheur comme *L'Étrange Jardin* (1903) ou ses peintures sur verre.

Musée de l'Insurrection de Varsovie★★ (Muzeum Powstania Warszawskiego) PLAN I A2

Ul. Grzybowska 79 - entrée par Ul. Przyokopowa - trams n° 32 de la place Bankowy, n° 12, 22 et 24 de Al. Jerozolimskie - ✆ 022 539 79 05 - fax 022 539 79 24 - www.1944.pl - lun., merc. et vend. 8h-18h, jeu. 8h-20h, w.-end 10h-18h - 4 PLN, gratuit dim.

Expositions en anglais et documentation détaillée mise gratuitement à la disposition du public à chaque étape de la visite.

Ouvert en 2005, ce musée a été aménagé dans le bâtiment en briques d'une ancienne centrale électrique du tramway.

Utilisant une scénographie moderne (projections de films, photos, reconstitution d'ambiances sonores), il retrace jour par jour le sanglant épisode de l'insurrection de Varsovie du 1er août au 19 octobre 1944 *(voir p. 106)*. Cet événement symbolique et désespéré de la résistance polonaise est encore très présent dans les mémoires.

Le musée de l'Insurrection.

Sa visite est extrêmement émouvante, surtout quand on se retrouve devant les photos de ces nombreux garçons et filles talentueux fauchés en pleine jeunesse pour s'être battus, dans une ville en ruines, contre les troupes nazies.

Aux alentours

Pułtusk★ (19 168 hab.)

À 70 km au nord de Varsovie. Prendre la route 61 en direction de Suwałki. Bus au départ de la gare routière de Warszawa Zachodnia toutes les 15mn.

Charmante bourgade baignée par la Narew (affluent de la Vistule), Pułtusk offre un cadre de détente très prisé des Varsoviens. La ville connut son apogée aux 15e et 16e s., lorsqu'elle devint résidence officielle des évêques de Płock. Son collège des Jésuites, fondé au début du 16e s., forma de nombreux hommes politiques polonais et contribua à propager l'éducation dans l'est du pays, dont les régions étaient traditionnellement plus défavorisées. En 1806, Napoléon y livra une bataille contre les Russes qui donna lieu aux accords de Tilsit à l'origine de la fondation du duché de Varsovie. Pułtusk fit de nouveau la une des journaux en 1868 lorsqu'une très forte explosion de météorite se produisit dans ses environs. Lors de la Seconde Guerre mondiale, la ville fut détruite à 85 % et la moitié de sa population exterminée. Pułtusk fut reconstruite après la guerre d'après des illustrations de la fin du 18e s.

Se loger à Pułtusk

Dom Polonii – *Zamek - Szkolna 11 - ✆ 023 692 90 00 - www.dompolonii.pultusk.pl - 55 ch. 280 PLN.* Un hôtel trois étoiles avec un restaurant et une salle de sports dans le cadre historique du château.

Aujourd'hui on peut y admirer sa place du Marché (**Rynek**), réputée la plus longue d'Europe (400 m), dominée en son centre par la **tour gothique** de l'hôtel de ville qui abrite le **Musée régional** (Muszeum Regionalne – *Rynek 1, Wieża Ratuszowa ; ✆/fax 023 692 51 32 ; www.muzeum.pultusk.pl ; tlj sf lun. 10h-16h*). Le Rynek est fermé au nord par la collégiale de style gothique, remodelée au 16e s. dans le style Renaissance par l'architecte vénitien Giovanni Battista. Des fresques Renaissance y ont été mises au jour.

Le sud de la place est occupé par l'énorme **château** en fer à cheval qui fut la résidence des évêques de Płock. Il connut bien des transformations avant d'être reconstruit en 1974 et donné par le gouvernement à l'Association de la diaspora polonaise qui en fit la **Maison des Polonais** (Dom Polonii), centre de rencontre des Polonais du monde entier.

Żelazowa Wola ★ (Dom Urodzenia Fryderyka Chopina w Żelazowej Woli)

À 54 km à l'ouest de Varsovie, à la lisière du Parc national de Kampinos et à côté de Sochaczew. Le meilleur moyen pour s'y rendre est de prendre la route 580 qui relie Varsovie à Leszno, Kampinos, Żelazowa Wola et Sochaczew. Il y a aussi un bus direct (3 fois par jour) depuis la gare routière PKS de Warszawa Zachodnia. Des trains également depuis

R. Czerwinski / MICHELIN

Intérieur de la maison natale de Chopin.

la Gare centrale PKP ou de la gare Warszawa Śródmieście jusqu'à Sochaczew, mais il faut ensuite prendre le bus local nº 6 - ✆ 046 863 33 00 - www.nifc.pl - ***musée*** *mai-sept. : tlj sf lun. 9h30-17h30 ; oct.-avr. : tlj sf lun. 9h30-16h -* ***parc*** *mai-août : lun. 9h-17h30, mar.-dim. 9h-20h ; sept.-mi-oct. et mars-avr. : 9h-17h ; mi-oct.-mars : 9h-16h.*

Maison natale de **Frédéric Chopin**, le manoir de Żelazowa Wola est transformé en musée. Cette belle bâtisse de la fin du 19e s. appartenait à l'origine au domaine du comte Skarbek pour lequel le père du musicien, Nicolas Chopin, assurait le rôle de précepteur. La maison décorée de meubles d'époque est agréable à visiter pour son atmosphère et son environnement, mais elle ne possède que peu d'objets ayant appartenu à Frédéric Chopin.

Le parc attenant, très agréable, offre son cadre aux concerts de plein air donnés par des étudiants d'écoles de musique *(le sam. en juil.-août)*. Mais c'est aux concerts dominicaux *(mai-sept. à 11h et 15h)* donnés par des interprètes de talent que se pressent les admirateurs venus du monde entier.

Treblinka

À 100 km au nord-est de Varsovie. Le plus simple pour vous y rendre est de vous joindre à un tour organisé. Sinon, vous pouvez prendre un train jusqu'à Małkinia et, de là, couvrir les 8 km restants par le bus (6 par jour) qui vous dépose à 5mn du parking du site.

Lieu de souvenir s'il en est, le **mémorial de Treblinka** (Muzeum Walki i Męczeństwa w Treblince – *08-330 Kosów Lacki ; ✆ 025 781 16 58 ; fax 025 632 42 24 ; www.muzeum-siedlce.art.pl ; avr.-oct. : 9h-19h ; nov.-mars : 9h-16h*) est un hommage aux 750 000 Juifs qui y ont trouvé la mort. Construit à côté du camp de travail Treblinka I, le camp d'extermination Treblinka II, en activité de juillet 1942 à novembre 1943, était entièrement dédié à la « solution finale ». Couvrant 17 ha, il était séparé en deux zones : l'une était réservée à l'hébergement des SS, l'autre aux trois chambres à gaz bientôt augmentées de dix autres. Du train, les déportés - notamment ceux du ghetto de Varsovie - étaient dirigés vers les chambres à gaz puis leurs corps incinérés. 12 000 à 17 000 personnes pouvaient être ainsi éliminées par jour.

En novembre 1943, le camp est démantelé, toute trace de sa sinistre activité éradiquée et le site reboisé. En 1964 seulement, le mémorial de Treblinka est inauguré. Point ici de reconstitution mais un vaste monument central portant l'inscription « Plus jamais » (« Nigdy więcej ») entouré d'un cimetière symbolique de 17 000 pierres rappelant le sinistre quota/jour du camp.

Varsovie pratique

Code postal – À partir de 00-033.

Adresses utiles

Office de tourisme (IT - Informacja Turystyczna) – *✆ 94 31 : informations touristiques en anglais - www.warsawtour.pl - mai-sept. : 8h-20h, oct.-avr. : 8h-18h.* Les antennes de l'office de tourisme *(aéroport, Gare centrale, gare routière et Krakowskie Przedmieście 39 à 300 m avant la place du Château de la Vieille Ville)* organisent logements et visites guidées et disposent d'une assez riche documentation, notamment un livret de 136 p. en français intitulé modestement *Varsovie en bref*.
Ne confondez pas l'IT sur Krakowskie Przedmieście et l'agence privée MUFA, sur la place du Château, qui ne dispose pas de la documentation de l'IT.

Ambassades et consulats – *Voir « À savoir sur place ».*

Institut français de Varsovie – *Ul. Senatorska 38 - ✆ 022 505 98 00 - www.ifv.pl - lun.-vend. 8h-19h, sam. 9h-13h.*

Police – *✆ 997 (112 d'un tél. portable).* Commissariat central - *Ul. Wilcza 21.*

Hôpitaux et cliniques
Szpital Dzieciątka Jezus (hôpital public général) – *Ul. Lindleya 4 - ✆ 022 502 20 00.*
LIM Medical Center (clinique privée) – *Al. Jerozolimskie 65/79 (dans la tour du Marriott) - ✆ 022 458 70 00.*

Médecins francophones
Dr Marguerite Sieńczewska (généraliste) – *Ul. Chopina 7 m 40 - ✆ 022 629 05 23.*
Dr Tadeusz Zielonka (généraliste pneumologue) – *LIM Center (voir ci-dessus).*
Dr Pascal Eechout (généraliste gynécologue) – *Ul. Zajęcza 7 m 16 - ✆ 022 827 97 44.*

Pharmacie 24h/24 (Apteka całodobowa) – Apteka 21 *(Gare centrale)*, Apteka Beata *(Al. Jana Pawła II 52/54)*, Apteka 2000 *(Ul. Widok 19).*

Poste centrale (Poczta główna) – *Ul. Świętokrzyska 31/33 (24h/24).* Vente de timbres, de cartes téléphoniques, de titres de transport et service d'envoi de fax. Longues files d'attente (environ 20mn).

Bureaux de change (Kantor) – Nombreux bureaux de change dans toute la ville, pratiquant des taux similaires. Les bureaux de change de l'aéroport et de la Gare centrale restent ouverts 24h/24.

A. Léonard / MICHELIN

Office de tourisme de Varsovie.

Western Union (mandats internationaux) – *Ul. Długa 27 - lun.-vend. 8h-18h.*

Cafés Internet

Casablanca – *Ul. Krakowskie Przedmieście 4/6 - 9 PLN/h.* Café étudiant.

Simple – *Ul. Marszałkowska 99/101 - 24h/24 - 1 à 4 PLN/h.*

Magasin d'alimentation Albert – *Ul. Marszałkowska 112 (Galeria Centrum).*

Presse française et internationale – EMPIK *(Galeria Centrum et Ul. Nowy Świat 15)* ; TRAFFIC *(Ul. Bracka 15)* ; Librairie Marjanna *(Institut français).*

Visites

L'office du tourisme de Varsovie organise des visites guidées de la ville en partenariat avec des **tours operators**. La visite classique couvre la Vieille Ville, la Voie Royale, le palais de Wilanów et les principaux monuments. Les tarifs variant en fonction de la saison, de la langue, de la durée de la visite et du nombre de personnes *(compter par ex. 120 PLN/pers. pour une visite de 3h en anglais)*, il est recommandé de se renseigner directement auprès de l'office de tourisme ou des tours operators suivants : Trakt *(Ul. Kredytowa 6 ; ✆ 022 827 80 68 ; fax 022 827 66 02 ; www.trakt.com.pl - lun.-vend. 9h-18h)* ou Mazurkas Travel *(Ul. Długa 8/14 ; ✆ 022 635 66 33 ; www.mazurkas.com.pl ; 8h-18h)*, qui organise également des visites guidées thématiques (héritage juif et circuit Frédéric Chopin).

L'hôtel **Oki Doki** *(voir « Se loger »)* organise des visites guidées de qualité (ouvertes à tous) à des prix imbattables : une visite de 5h couvrant la Vieille Ville, la Nouvelle Ville, l'ancien ghetto juif et 20 sites historiques *(en anglais seult. ; lun., mar. et jeu.-sam. 12h-17h ; 20 PLN/pers. ; réservation recommandée)* et une visite exclusivement dédiée à l'héritage juif *(en français ou en anglais ; 11h-16h ; 30 PLN/pers., 20 PLN pour les étudiants ; sur RV)*. Recommandé.

Carte touristique de Varsovie – Warszawa Karta Turysty (**WKT**). Ce pass garantit l'entrée libre dans 27 musées et l'utilisation gratuite des transports urbains. Il donne droit à de nombreuses réductions (musées, hôtels, restaurants, salles de spectacle, etc.). En vente dans les antennes de l'office de tourisme : 35 PLN pour 24h ou 65 PLN pour 72h. Il est particulièrement intéressant si vous logez dans l'un des 19 hébergements qui proposent 10 % de réduction (dont les hôtels Hetman, Praski et Oki Doki).

Bus touristiques n°s 180 et 100 – Ces lignes desservant la majeure partie des sites touristiques de la capitale permettent d'avoir un panorama de Varsovie pour le prix d'un simple ticket. Arrêts Rondo de Gaulle et tout le long de la Voie Royale. *n° 180 7h-23h, n° 100 seulement le w.-end ttes les heures 9h-15h.*

Promenades sur la Vistule - *Départ depuis le quai près du pont Śląsko-Dąbrowski (à la hauteur du château royal) - mai-sept. à partir de 9h30 et ttes les 1h30 - 14 PLN.*

Magazines et brochures – Les magazines mensuels ou bimensuels suivants (en anglais) fournissent des informations utiles sur Varsovie (renseignements pratiques, hôtels, cafés, clubs et restaurants, expositions, ainsi qu'un plan de la ville et une description des principaux sites touristiques) : *Warsaw in your pocket (5 PLN, www.inyourpocket.com), Warsaw Insider (8 PLN, www.warsawinsider.pl), Warsaw City Map (gratuit), The Visitor guide Mazowsze (gratuit, www.thevisitor.pl), Guide Warsaw Life (gratuit, www.warsaw-life.com), What's up in Warsaw (gratuit, www.whatsup.pl).* À noter la sortie récente du mensuel gratuit en français *Bienvenue !* Tous sont disponibles dans les bureaux IT, les hôtels et les points de vente de presse étrangère cités ci-dessus. Ceux qui ont un site Internet sont souvent téléchargeables et imprimables.

Transports

Aéroport Frédéric-Chopin (Port Lotniczy im. Fryderyka Chopina) – *Ul. Żwirki i Wigury 1 - ✆ 022 650 42 20 (rens. en anglais sur les vols internationaux) - www.lotnisko-chopina.pl.* L'aéroport de Varsovie, situé à 10 km du centre-ville, dessert tous les vols domestiques et internationaux (dont les compagnies « low cost » : départs et arrivées au terminal Etiuda, à 300 m des halls principaux). Deux options pour rejoindre le centre : le bus n° 175 dessert le centre, la Gare centrale, la Voie Royale et la Vieille Ville. Départs toutes les 15mn de 5h à 23h, face au hall des arrivées ; tickets *(bilet normalny 2,40 PLN)* disponibles au kiosque Ruch dans le hall des arrivées, pas de ticket supplémentaire pour les bagages ; ou un taxi (en file à la sortie immédiate des terminaux). *Course centre 30/40 PLN.* Attention : refuser catégoriquement les taxis proposant verbalement leurs services dans l'enceinte de l'aéroport ; ils sont irréguliers, soit beaucoup plus chers et non assurés.

Gare centrale ferroviaire (Dworzec PKP Warszawa Centralna) – *Al. Jerozolimskie 54 (accès par les passages souterrains de l'avenue) - ✆ 94 36*. Trains réguliers à destination de toutes les villes de Pologne et des capitales des pays limitrophes. Le personnel aux guichets ne parlant généralement pas anglais, il est recommandé de d'abord s'adresser au point d'information dans le hall central ou de consulter au préalable l'excellent site Internet *www.rozklad.pkp.pl* (en français, mais les destinations doivent être mentionnées en polonais).

Gares routières – La Gare centrale (**Dworzec PKS Warszawa Zachodnia** – *Al. Jerozolimskie 144 - ✆ 0 300 300 130 - www.pks.warszawa.pl*) accueille l'essentiel du trafic international ainsi que les bus domestiques en provenance du sud et de l'ouest. Bus nº 508 à la sortie pour rejoindre le centre. La gare de Praga (**Dworzec PKS Warszawa Stadion**) dessert quant à elle le nord, l'est et le sud-est du pays. Tram nº 25 pour rejoindre le centre.

Transports urbains – Varsovie est dotée d'un excellent réseau de transport urbain - rens. : *✆ 94 84* ou *www.ztm.waw.pl (en anglais)*. Les **tramways** sont recommandés pour se déplacer dans le centre *(5h-23h)*. Les **bus** desservent le mieux la Voie Royale *(5h-23h)*. Il existe un réseau de bus de nuit (nºs N) qui convergent à la Gare centrale (4,80 PLN). Le **métro** compte une seule ligne nord-sud *(5h-0h15)*. Un seul système de **tickets** commun à tous ces moyens de transport : ticket à l'unité (*bilet jednorazowy* 2,40 PLN - valable pour UN SEUL trajet sur UN SEUL moyen de transport ; animaux, bagages et vélos peuvent être transportés gratuitement), ticket journalier (*bilet dobowy* 7,20 PLN - valable 24h à compter du compostage, sur tous les moyens de transport), ticket 3 jours (*bilet trzydniowy* 12 PLN - valable 72h à compter du compostage, sur tous les moyens de transport), ticket hebdomadaire (*bilet tygodniowy* 24 PLN). Les enfants de moins de 4 ans et les personnes de plus de 70 ans voyagent gratuitement. Tarifs réduits de 50 % pour tous les étudiants en possession de leur carte ISIC. Les tickets s'achètent dans les kiosques Ruch ou les bureaux de poste. Attention, les tickets 3 jours et hebdomadaires ne sont en revanche disponibles que dans les kiosques Ruch de la Gare centrale et de l'aéroport, et au siège des transports municipaux ZTM *(Ul. Senatorska 37)*. Contrôles fréquents (amendes de 120 PLN payables immédiatement en espèces pour les non-résidents). Il n'existe pas de plan de poche du réseau de transport, mais la description du trajet et les horaires de passage sont indiqués aux arrêts.

Taxis – Les taxis doivent être commandés par téléphone (d'un portable, composer l'indicatif 22 avant le nº). Opérateurs parlant anglais chez MPT (*✆ 91 91* - CB acceptées. Service pour personnes handicapées) et WA-WA (*✆ 96 44*). Attention à éviter les taxis irréguliers, nombreux aux abords des lieux touristiques (demandez à votre hôtel, à un restaurant ou un café d'appeller).

Location de véhicules – Nombreux services de location à l'aéroport dont : AVIS - *✆ 022 650 48 72 - www.avis.pl* (une antenne également très pratique dans le centre à l'hôtel Marriott).
HERTZ - *✆ 022 650 28 96 - www.hertz.com.pl*.

Dépannage 24h/24- *✆ 981 et 96 33*.

Parking surveillé 24h/24 – Parking Całodobowy - *tout autour du palais de la Culture (3/5 PLN/h)*.

Location de vélos – Hôtel Oki Doki, *voir « Se loger » (8 PLN/h, 37 PLN/j)*.

Se loger

Varsovie offre un choix d'hôtels relativement limité pour une capitale. S'il n'est en général pas difficile de trouver un hébergement, l'affluence touristique tend à augmenter. Mieux vaut donc réserver à l'avance. Les prix varient sensiblement entre la semaine et le week-end, et selon la saison.

VIEILLE VILLE ET ALENTOURS (PLAN II)

⊖ **Kanonia** – *Ul. Jezuicka 2 - ✆ 022 635 06 76 - www.kanonia.pl - 9 ch. 160 PLN - ☕ 10 PLN*. Cette auberge de jeunesse calme et bien tenue offre un toit dans la plus pittoresque ruelle de la Vieille Ville pour un coût modique si vous logez en dortoir *(3 dortoirs de 8, 10 et 12 pers. 45/55 PLN/pers)*. Pas de couvre-feu et accès Internet. Ouverte toute l'année.

⊖⊖ **Castle Inn** – *Ul. Świętojańska 2 - ✆ 022 425 01 00 - www.castleinn.pl - 21 ch. 260 PLN - ☕ 20 PLN*. L'auberge de jeunesse Oki Doki a ouvert en 2008 cette annexe assez luxueuse, aux chambres décorées par des artistes locaux, qui se trouve idéalement située sur la place du Château (près du grand arbre) avec vues sur la cathédrale et sur la place. Réservez impérativement.

⊖⊖ **Hotel Praski** – *Al. Solidarności 61 - ✆ 022 201 63 00 - www.praski.pl - P - ♿ - 31 ch. 280 PLN ☕*. Situé de l'autre côté de la Vistule mais à un seul arrêt de tramway de la Vieille Ville, cet hôtel standard, propre et récemment rénové, constitue un bon rapport prix/localisation.

⊖⊖⊖ **Duval** – *Ul. Nowomiejska 10 - ✆ 022 849 70 24 - www.duval.net.pl - 4 appart. 390 PLN ☕*. Cette résidence en plein cœur de la Vieille Ville se compose de 4 studios méticuleusement agencés dans des styles différents (rétro, polonais, japonais et « classe »), et équipés d'une connexion à Internet. Le petit-déjeuner est servi dans une agréable cuisine-séjour où la cheminée suspendue se marie parfaitement avec le mobilier en bois et un vieux piano. Réservation recommandée.

Hotel Hetman – *Ul. Ks. I. Kłopotowskiego 36 - 022 511 98 00 - www.hotelhetman.pl - P - - 68 ch. 395 PLN*. Cet hôtel aux chambres spacieuses, sobrement décorées dans des tons sable, garantit toutes les prestations d'un établissement 3 étoiles pour un prix légèrement en deçà. Dans une rue calme et arborée du quartier de Praga, à deux pas du zoo et à un arrêt de tramway de la Vieille Ville. Internet.

Le Royal Méridien Bristol – *Ul. Krakowskie Przedmieście 42/44 - 022 551 10 00 - www.lemeridienbristol.com - - 205 ch. 400/750 PLN*. Idéalement situé sur la Voie Royale, entre le Centre et la Vieille Ville, le Royal Méridien Bristol est le seul hôtel 5 étoiles de Varsovie. Hall Art nouveau, chambres décorées avec soin, restaurant haut de gamme, piscine et personnel irréprochable. Indéniablement le meilleur endroit pour séjourner à Varsovie si votre budget le permet.

Le Régina – *Ul. Kościelna 12 - 022 531 60 00 - www.leregina.com - P - - 61 ch. 600/5 780 PLN*. Logé dans un palais restauré du 18e s. au cœur de la Nouvelle Ville, cet hôtel de luxe impressionne d'abord par le silence monastique qui y règne. Les murs de chaque chambre sont ornés de fresques peintes à la main. Excellent restaurant français. Piscine et salle de sport. Connexion Internet wi-fi.

CENTRE (PLAN III)

Dream Apartments – *Ul. Andersa 21/84 - /fax 022 635 24 36 - www.dreamapartments.pl - 6 appart. 180/200 PLN.* Six appartements fraîchement rénovés de tailles différentes, situés dans le Centre mais aussi la Vieille Ville et sur Nowy Świat, au design impeccable et très bien équipés. L'appartement de la rue Piękna (40 m^2), sous les toits, offre un très bon rapport qualité-prix pour la ville et toutes les commodités.

Mazowiecki – *Ul. Mazowiecka 10 - 022 827 23 65 - www.mazowiecki.com.pl - 56 ch. 260 PLN*. L'emplacement idéal de cet hôtel, à égale distance du Centre et de la Vieille Ville, ses tarifs corrects et le très romantique restaurant attenant dans lequel est servi le petit-déjeuner compensent largement des chambres modestes et un peu démodées, mais propres (salle de bains individuelle ou sur le palier). Attention, rue très animée (demander impérativement une chambre sur cour).

Oki Doki – *Plac Dąbrowskiego 3 - 022 826 51 12 - www.okidoki.pl - P - 30 ch. 190/220 PLN, 10 ch. 4-8 pers. 46/60 PLN/pers. - 10 PLN.* Cette auberge de jeunesse est sans conteste l'une des meilleures adresses à prix modérés du centre-ville. Chambres simples ou doubles

ONT Pologne

Station de métro.

soigneusement décorées par des artistes locaux, personnel très sympathique et nombreuses prestations touristiques (organisation de visites guidées, location de vélos, informations sur les sorties, etc.). Pas de couvre-feu. Accès Internet gratuit. Réservation indispensable.

Première Classe – *Ul. Towarowa 2 - 022 624 08 00 - www.campanile.com.pl - P - 126 ch. 189 PLN - 20 PLN.* Chambres standard mais claires et modernes, toutes équipées d'une salle de bains individuelle. Sur un boulevard dénué de charme mais au croisement des principales lignes de bus et tramways.

Boutique Bed & Breakfast – *Ul. Smolna 14/7 - 022 829 48 00 - www.bedandbreakfast.pl - P - 4 appart. 300/420 PLN.* 4 appart. de très bon standing, fleuris et équipés de meubles en bois, dans une rue calme et agréable, attenante à la Voie Royale. L'appart. Queen, avec son spacieux séjour et son jaccuzzi, est de toute évidence recommandé (4 pers.), de même qu'une réservation auprès de l'aimable propriétaire.

Harenda – *Ul. Krakowskie Przedmieście 4/6 - 022 826 00 71 - www.hotelharenda.com.pl - P - 43 ch. 340/460 PLN (le w.-end, la 2e nuit est gratuite ; 25 PLN).* Cet hôtel propose des chambres vieillottes qui ne sont hélas pas à la hauteur de l'élégant hall de réception. Toutefois, son emplacement idéal au croisement de la Vieille Ville, du Centre et de la Voie Royale en font une adresse tout à fait recommandable, surtout si on y ajoute les réductions tarifaires attrayantes du w.-end. Attention, la boîte de nuit au sous-sol le w.-end peut être bruyante.

Résidence Diana – *Ul. Chmielna 13a - 022 505 91 00 - www.residencediana.com - P - - 46 appart. 360/890 PLN - 42 PLN.* LA bonne adresse de standing du Centre : cette résidence récente, au design très contemporain mais chaleureux et susceptible de satisfaire tous les goûts, se situe dans une belle arrière-cour du quartier piéton et commerçant du centre. Appart. (pour 2 pers.) dans toutes les tailles et gammes de prix. Toutes les prestations d'un hôtel 4 étoiles (accès Internet, écran TV plasma, pressing, jacuzzi, etc.) et restaurant continental.

Hotel Mariott – *Al. Jerozolimskie 65-79 - 022 630 63 06 - www.marriott.com - - - 491 ch. 450/4 500 PLN - 86 PLN.* Dans un immeuble récent, d'où l'on a de très belles vues sur la ville et qui offre le tout dernier confort. Un restaurant italien haut de gamme et un autre de cuisine traditionnelle polonaise.

Hotel Rialto – *Ul. Wilcza 73 - 022 584 87 00 - www.hotelrialto.com.pl - - - 44 ch. 900/1 900 PLN - 72 PLN.* Dans un bâtiment de 1906 à la belle décoration Art déco, situé dans un endroit calme. Les chambres au décor personnalisé ont le dernier confort. Un restaurant de grande qualité avec du mobilier de style 1930.

Se restaurer

Varsovie offre une large palette de restaurants de qualité, assurant en général un service continu (12h-22h).

VIEILLE VILLE (PLAN II)

Bazyliszek – *RSM 1/3 - 022 831 18 41 - 12h-0h - 70 PLN.* Ce restaurant de tradition familiale séculaire propose un large choix de spécialités polonaises dans des salles décorées par thème. Réservez plutôt une table avec vue sur la place et faites-vous expliquer la légende du dragon qui figure en enseigne.

Kamienne Schodki – *RSM 26 - 022 831 08 22 - www.kamienneschodki.pl - 12h-dernier client - 55 PLN.* Un excellent rapport qualité-prix pour ce restaurant traditionnel du Rynek.

Na Prowincji – *Ul. Nowomiejska 10 - 022 831 98 75 - www.samefusy.pl - 12h-23h - 40 PLN.* Ce petit restaurant italien, aux murs de pierre et à l'éclairage tamisé, est une bonne alternative aux restaurants polonais traditionnels de la Vieille Ville.

Piwna Kompania – *Podwale 25 - 022 635 63 14 - www.podwale25.pl - lun.-vend. 11h-1h, w.-end 12h-1h - 40 PLN.* Cette immense taverne populaire affiche de loin le meilleur rapport quantité-prix de la Vieille Ville. Cuisine traditionnelle familiale servie dans de très généreuses proportions. Le soir, éviter la salle du fond, extrêmement bruyante.

U Fukiera – *RSM 27 - 022 831 10 13 - www.ufukiera.pl - 12h-dernier client - 100 PLN.* Ce restaurant très renommé, récemment rénové, est installé dans l'hôtel particulier où les Fugger, célèbres banquiers bavarois, faisaient commerce de vin. Il se compose de trois majestueuses salles éclairées aux chandeliers et d'une superbe cour intérieure. Carte sophistiquée et service impeccable.

CENTRE (PLAN III)

Antrakt – *Plac Piłsudskiego 12 - 022 827 64 11 - 12h-dernier client - 30 PLN.* Ce petit café-restaurant logé dans le Grand Théâtre propose une nourriture simple mais de qualité dans un décor chaleureux typique des cafés littéraires de l'entre-deux-guerres.

Bar Bambino – *Ul. Krucza 21 - 022 625 16 95 - - lun.-vend. 7h-20h, sam. 9h-17h - 15 PLN.* Le bar à lait de référence : une nourriture simple et généreuse servie en quantité à une clientèle hétéroclite. Une adresse chaleureusement recommandée pour le passage incontournable dans ces ex-cantines de l'époque communiste.

Sphinx – *Ul. Szpitalna 1 - 022 827 58 19 - www.sphinx.pl - 11h-1h - 30 PLN.* Snacks et plats traditionnels dans un décor surchargé : l'endroit n'est en soi pas très intéressant, si ce n'est pour le fait qu'il est le plus populaire de Varsovie. Viennent s'y restaurer à toute heure de la journée étudiants, hommes d'affaires et familles.

Chłopskie Jadło – *Plac Konstytucji 1 - 022 339 17 17 - www.chlopskiejadlo.pl - 12h-0h - 50 PLN.* Cette « cuisine paysanne » est sans conteste LE restaurant à ne pas manquer. La nourriture est excellentissime et les portions, énormes, sont servies avec de larges miches de pain frais posées à même les grandes tables en bois. Tous les plats sont succulents, les *placki* (galettes de pommes de terre) et le *smalec* (lard, spécialité de la maison) en tête. Le service est rapide et l'atmosphère extrêmement conviviale. Réservation indispensable.

Orchidea – *Ul. Szpitalna 3 - 022 827 34 36 - www.restauracjaorchidea.pl - lun.-sam. 10h-0h, dim. 12h-dernier client - 40 PLN.* Une excellente adresse, proposant une délicieuse cuisine fusion pour des prix raisonnables, et le personnel est vraiment charmant.

Zgoda – *Ul. Zgoda 4 - 022 827 99 34 - www.restauracjazgoda.pl - lun.-sam. 9h-23h, dim. 12h-23h - 35 PLN.* Un restaurant clair et bien tenu proposant une cuisine traditionnelle à des prix très compétitifs pour le quartier. De grandes tables idéales pour manger en famille et sans fond musical assourdissant.

GAR – *Ul. Jasna 10 - 022 828 26 05 - www.restauracjagar.pl - 12h-dernier client - 100 PLN.* Ce restaurant, par les vitres duquel on aperçoit les néons verts de la Philarmonie nationale, est le dernier-né de Magda Gessler, qui dirige aussi *U Fukiera*. Son décor, baroque à l'extrême, vaut à lui seul la visite. La carte propose des plats traditionnels de Pologne et... de France - dont un cassoulet et une bouillabaisse.

VOIE ROYALE (PLANS II-III)

Bistro À la Fourchette – *Au coin de Krakowskie Przedmieście et Ul.*

Ossolińskich - 022 826 79 36 - 11h-dernier client - 24 PLN. Un bistrot à *przekąski-zakąski*, tapas à la polonaise, presque en face du palais présidentiel. Les assiettes coûtent 8 PLN et les alcools 4 PLN. Idéal pour observer les traditions culinaires des Polonais, par exemple la façon de marier les harengs à la vodka. Un lieu unique, tout récent.

Café Nowy Świat – *Ul. Nowy Świat 63 - 022 826 58 03 - lun.-vend. 9h-22h, w.-end 10h-21h – 45 PLN*. Ce café centenaire *(voir dans « Faire une pause »)* propose aussi des plats.

U Hopfera Pierogi Świata – *Ul. Krakowskie Przedmieście 53 - 022 828 73 52 - www.przystanekmuranow.pl - 11h-dernier client - 35 PLN* Un charmant petit restaurant dédié exclusivement et avec savoir-faire à la spécialité nationale des *pierogi* (raviolis fourrés). La carte est en français.

Belvédère – *Parc Łazienki, Ul. Agrykoli 1 (entrée par la rue Parkowa) - 022 841 22 50 - www.belvedere.com.pl - 12h-dernier client - 120 PLN*. Le restaurant le plus chic de la capitale affiche par définition une carte exemplaire et offre un cadre exceptionnel à lui seul susceptible de justifier les prix élevés : au cœur du parc Łazienki, dans l'Orangeraie, où la végétation luxuriante, la volière suspendue et le jardin d'hiver créent une atmosphère unique.

Qchnia Artystyczna – *Zamek Ujazdowski - 022 625 76 27 - www.qchnia.pl - 11h-dernier client - 70 PLN*. Logé dans le centre d'art contemporain, ce restaurant est de loin l'un des plus atypiques de Varsovie. Il propose des plats polonais et continentaux, élégamment servis dans un décor épuré et repensé à chaque nouvelle exposition du centre d'art. Les galettes de pommes de terre au saumon *(placki z łososiem)* sont immanquables. La meilleure terrasse de la ville en été.

U Kucharzy – *Ul. Ossolińskich 7 - 022 826 79 36 - www.belvedere.com.pl - 12h-dernier client - 100 PLN*. Adam Gessler a dû rendre à la mairie de Varsovie le local qu'il occupait sur le Rynek et a ouvert ce restaurant dans les cuisines de l'ancien Hotel Europejski. Le cadre est donc peu banal et les formules aussi : un menu différent à midi et le soir, des cuisiniers qui viennent finir de préparer les plats devant vous et des délices à ne pas manquer comme le steak tartare ou la cervelle de veau à la polonaise.

PRAGA (PLAN I)

Le Cèdre – *Al. Solidarności 61 (au niveau de l'arrêt de tramway Praski, juste après le passage de la Vistule) - 022 670 11 66 - www.lecedre.pl - 11h-23h - 45 PLN*. Un des seuls restaurants de Praga, qui sert une excellente nourriture libanaise. Carte en français et vente à emporter.

Faire une pause

La majorité des bars et cafés sert également des repas en journée continue.

VIEILLE VILLE et NOUVELLE VILLE (PLAN II)

Chimera – *Ul. Podwale 29 (dans la cour après le porche) - lun.-vend. 15h-1h, w.-end 13h-1h*. Ce café décontracté, invisible de la rue, possède une grande terrasse sous les arbres, formidable en été.

Jazz Café Helicon – *Ul. Freta 45/47 - lun.-vend. 11h-0h, w.-end 11h-1h*. Ce café-disquaire accueille des concerts de jazz de talents polonais et internationaux *(tous les mar., jeu. et dim. à 19h)*.

Stacja Rynek – *RSM 15 (à l'angle des rues Świętojańska et Zapiecek, au sous-sol) - 12h-0h*. Un havre de paix au milieu de l'agitation touristique du Rynek, mêlant astucieusement du mobilier ancien à des éléments de décoration moderne.

To Lubię – *Ul. Freta 10 - 10h-22h -* . Ce café clair et cosy propose un large choix de thés et cafés ainsi que de succulentes pâtisseries maison. Un petit espace dessin est aménagé à l'étage pour les enfants.

CENTRE (PLAN III)

Cafe Kulturalna – *Palais de la Culture et des Sciences (côté bd Marszałkowska. Entrée à gauche de l'entrée principale du palais, suivez les flèches rouges) - lun.-sam. 12h-dernier client, dim. 15h-dernier client*. Ce paisible café à l'atmosphère littéraire et artistique permet de pénétrer dans l'enceinte du palais de la Culture et de se faire une idée de ses intérieurs. Concerts et vernissages y sont régulièrement organisés en soirée.

Między Nami – *Ul. Bracka 20 - lun.-merc. et dim. 11h-23h, jeu.-sam. 11h-1h*. Ce repère de la jeunesse branchée de Varsovie possède la meilleure terrasse du centre-ville en été et des snacks de qualité à prix modestes. **Antykwariat** – *Ul. Żurawia 45 - lun.-vend. 11h-23h, w.-end 13h-23h*. Des murs tapissés de livres anciens, un jardin intérieur et une salle orientale : ce café est un must quelle que soit la saison et l'heure de la journée.

Wedel – *Ul. Szpitalna 8 - lun.-sam. 8h-22h, dim. 12h-20h*. Le temple du célèbre chocolatier varsovien sert les meilleurs chocolats chauds de la ville et des petits-déjeuners copieux et succulents, à des prix raisonnables. Salle non-fumeurs.

VOIE ROYALE (PLANS II-III)

Café Blikle – *Ul. Nowy Świat 33 - lun.-vend. 9h-22h, w.-end 10h-22h*. L'ancêtre des cafés varsoviens (1869) propose des plats et pâtisseries délicieux (spécialité de beignets à la confiture de rose : *rogalik z różą*). Terrasse l'été et salle non-fumeurs.

Café Nowy Świat – *Voir « Se restaurer »*. Ce café centenaire, repère légendaire de l'intelligentsia polonaise, dégage une atmosphère unique à Varsovie, étant fréquenté tant par les étudiants que les professeurs des bâtiments voisins de l'université. Bonne cuisine et excellentes pâtisseries. Possibilité de consulter les journaux et principaux magazines de tous les pays d'Europe et des États-Unis. Agréable terrasse l'été dans l'arrière-cour et salle non-fumeurs.

Tea Art – *Ul. Bednarska 28/30 - 10h-22h.* Un charmant salon de thé meublé de brocante dans le quartier romantique de Mariensztat.

ŻOLIBORZ

Lullaby – *Ul. Kozietulskiego 37 - 10h-20h.* Ce café familial, dans une belle villa, propose une terrasse très agréable et d'excellents jus de fruits et de légumes frais.

PRAGA (PLAN I)

Łysy Pingwin – *Ul. Ząbkowska 11 - lun.-jeu. 10h-22h, vend.-sam. 12h-dernier client, dim. 13h-18h.* Cet amusant café est fréquenté par les artistes du quartier. Les murs sont tapissés de vieilles affiches de films et de disques vinyl des années 1970-1980 en vente à 10 PLN pièce. Les excellents sandwichs sont réalisés à la commande.

Pracownia Krawiecka – *Ul. Inżynierska 1 - mar.-sam. 9h30-dernier client, dim. 19h30-dernier client.* Ce bar sans prétention à l'intérieur bohème sert également des toasts pour un coût modique.

En soirée

Brochures d'informations – Les magazines mentionnés dans la partie « Visites » proposent une sélection riche et variée d'événements en soirée (concerts, cinéma, théâtre, vernissages, etc.), et les mensuels polonais *Aktivist (www.aktivist.pl/warszawa), HotMag (www.warszawa.hotmag.pl)* et *MoveOut (www.moveout.pl)* fournissent le programme exhaustif des clubs et des concerts de musiques actuelles (gratuit, disponible dans les bars et certains restaurants).

OÙ BOIRE UN VERRE

Concentration de clubs et cafés sur les Ul. Foksal, Sienkiewicza, Mazowiecka, Żurawia et Trzech Krzyży.

Parmi les endroits insolites où boire un verre, se trouve l'**Ice Bar** *(Ul. Pańska 61 ; www.icebar.com.pl)* qui est, comme son nom l'indique, entièrement recouvert de glace. Vous pouvez aussi essayer de trouver les quatre clubs qui se trouvent dans le labyrinthe du palais de la Culture : **Cafe Kulturalna** *(voir « Faire une pause », www.kulturalna.pl)*, **Klub 55** *(entrée côté Ul. Emilii Plater près de la porte C de la Sala Kongresowa ; www.klub55.pl)*, **Club Mirage** *(côté Ul. Emilii Plater ; www.clubmirage.pl)* et **Quo Vadis** *(l'ancien casino, côté Ul. Emilii Plater).* Inattendus et improbables sont aussi les bars qui se trouvent dans les anciennes échoppes socialistes en retrait de la rue Nowy Świat ; vous pouvez les atteindre en franchissant les passages des n°s 22, 24, 26 ou 28. Pour finir votre soirée, vous pouvez aussi tenter de rentrer dans les caves du **Klubo Kawiarnia** *(Ul. Czackiego 3/5 ; www.klubo.pl)* dont le décor se veut à 100 % social-réaliste ou bien dans le meilleur club de la Vieille Ville, le **Tomba Tomba** *(Ul. Brzozowa 37 ; www.tomba-tomba.pl).*

Si vous souhaitez apercevoir le milieu artistique et underground, rendez-vous Ul. Dobra 31 (**Czuły Barbarzyńca** ; *www.czulybarbarzynca.pl*) et Ul. Dobra 33/35 qui ne compte pas moins de quatre clubs : **Jadłodajnia Filozoficzna** *(www.filozoficzna.art.pl)*, **Aurora** *(www.aurora.waw.pl)*, **Diuna** *(www.diunaclub.pl)* et **Czarny Lew**. Ou traversez la Vistule direction Praga et ses anciennes usines reconverties en centres artistiques : **Fabryka Trzciny** *(Ul. Otwocka 14 ; www.fabrykatrzciny.pl)* et **M25** *(Ul. Mińska 25 ; www.m25.waw.pl).* Les plus aventureux se rendront au sud de la ville, dans l'ancien fort militaire de Mokotów *(Ul. Racławicka 99)*, où ont élu domicile un grand nombre de clubs, excentrés et excentriques : **Balsam** *(www.balsam.net.pl)*, **Pruderia** *(www.pruderia.pl)*, **Klinika** *(www.klinika.art.pl)* et **New Deep** *(www.newdeep.pl).*

DIVERTISSEMENTS ET SPECTACLES

Casino – Casinos Polands - *Al Jerozolimskie 65/79 - ✆ 022 584 96 50 - 11h-7h - entrée gratuite.* Au sommet de l'hôtel Marriott, panorama époustouflant sur Varsovie.

Cinémas – Kinoteka : un multiplexe au sein du palais de la Culture, toujours impressionnant.

Kino Luzjon *(Ul. Narbutta 50a)* : un cinéma aux strapontins de bois grinçants, dédié aux grands classiques du cinéma, avec un café rétro idéal après la séance.

Grand Théâtre et Opéra national (Teatr Wielki/Opera Narodowa) – *Plac Teatralny 1 - ✆ 022 826 50 19 - fax 826 02 68 - www. teatrwielki.pl.* Le haut lieu de l'opéra et du ballet en Pologne.

Opéra de chambre (Opera Kameralna) - *Al. Solidarności 76b - ✆ 022 831 22 40 - www.operakameralna.pl.* Une grande variété de styles musicaux, des mystères médiévaux aux œuvres contemporaines.

Philarmonie nationale (Filharmonia Narodowa) – *Ul. Jasna 5 - ✆ 022 551 71 11 - fax 022 551 72 00 - www.filharmonia.pl.* Une des plus anciennes institutions musicales d'Europe, 112 musiciens et 100 chanteurs du chœur régulièrement invités dans les plus prestigieuses salles de concert du monde.

Théâtre juif (Teatr Żydowski) - *Plac Grzybowski 12/16 - ✆ 022 620 62 81 - www.teatr-zydowski.art.pl.* Le seul théâtre au monde à donner régulièrement des spectacles en langue yiddish.

Achats

Avertissement : les magasins sont en général fermés le sam. apr.-midi, ainsi que les apr.-midi des veilles de fêtes et jours fériés sauf dans les galeries commerciales. La plupart des boutiques se concentrent près du Rynek ainsi que dans les Ul. Nowy Świat, Chmielna et Mokotowska.

ARTISANAT TRADITIONNEL POLONAIS

Les boutiques Cepelia proposent une large sélection d'objets artisanaux en bois, de céramiques, linge de maison et costumes folkloriques, ainsi que les fameux œufs et petites boîtes en bois peint multicolores :

Cepelia – *Ul. Marszałkowska 99/101 - au coin de Al. Jerozolimskie - lun.-vend. 10h-19h, sam. 10h-14h.*

AFFICHES ET ART CONTEMPORAIN

Galeria Plakatu Włodka Orła – *Plac Na Rozdrożu (dans le passage souterrain) - 14h-18h - www.polskiplakat.link2.pl.* Le stand aussi célèbre qu'insolite d'un passionné d'affiches… à bas prix.

Galeria Polskiego Plakatu – *RSM 23 - 10h-19h – www.poster.com.pl.* Cette boutique du Rynek offre un choix impressionnant d'affiches de films, de théâtre, d'opéra et de cirque.

Galeria Raster – *Ul Hoża 42 m 8 (sonner à l'interphone au n° 8. Dernier étage) - mar.-sam. 15h-20h.* Cette galerie indépendante réunit nombre d'artistes parmi les plus percutants de l'avant-garde polonaise.

VÊTEMENTS ET BIJOUX

Polscy Projektanci – *Ul. Chmielna 30 - lun.-vend. 11h-19h, sam. 10h-16h.* Une petite boutique exclusivement dédiée aux créateurs polonais. Vêtements et sacs des plus classiques aux plus extravagants, dans toutes les gammes de prix.

LIVRES

Librairie du centre d'art contemporain – *Zamek Ujazdowski - tlj sf lun. 11h-17h (vend. 21h).* Une très bonne sélection de livres d'art à des prix intéressants, dont certains consacrés aux artistes polonais, ainsi que de beaux livres de photos et de tourisme sur Varsovie et la Pologne.

Marjanna – *Institut français, Ul. Senatorska 38 (à droite au fond de la place) - lun.-vend. 11h-18h.* Une sélection d'ouvrages de la littérature polonaise classique et contemporaine, en version française.

ÉPICERIE

Blikle – *Ul. Nowy Świat 35 - tlj sf dim. 10h-20h.* Le célèbre temple des biscuits et gâteaux de tradition.

Skarby Smaku – *Ul. Hoża 43/49.* Produits traditionnels biologiques réalisés maison (fromages, pains au gingembre de Toruń, gâteaux arboricoles de Podlachie, etc.), présentés dans un décor chaleureux de cuisine ancienne. Paniers-cadeaux.

BAZARS ET MARCHÉS

Trois marchés populaires et pittoresques de fleurs, fruits et légumes : **Hala Mirowska** *(Plac Mirowski ; tlj sf dim. 7h-16h),* **Hala Banacha** *(Ul. Grójecka 95 ; tlj sf dim. 7h-14h),* **Bazar Różyckiego** *(Ul. Targowa 54 à Praga).*

Marché aux puces de Koło (Targ Staroci na Kole) – *Ul. Obozowa 99 (quartier de Wola) - w.-end 7h-14h.*

Marché de la photo de Stodoła – *Salle Stodoła, Ul. Batorego 10 (métro arrêt Pole Mokotowskie) - dim. 10h-14h - 4 PLN.* Ce marché très animé séduira autant les professionnels que les amateurs de photographie. Prix intéressants.

GALERIES COMMERCIALES

Arkadia – *Al. Jana Pawła II 82 - lun.-sam. 9h-21h, dim. 10h-20h.* Le plus grand centre commercial d'Europe, inauguré en 2004.

Złote Tarasy – *Ul. Złota 59 - lun.-sam. 10h-22h, dim. 10h-20h.* Un centre flambant neuf derrière la Gare centrale.

Sports et loisirs

Patinoire du palais de la Culture – *Côté Ul. Świętokrzyska.* Un must incontournable si vous visitez la ville en hiver.

Plages sur la Vistule – Beach Bols - *Ul. Wybrzeże Helskie 1/5 - à Praga, près de l'entrée du zoo.* Skwer nad Wisłą - *au coin de Ul. Lipowa et Wybrzeże Kościuszkowskie - tout près de la nouvelle Bibliothèque universitaire.*

Ski et saut à ski – Całoroczny Stok Narciarski - *Park Szczęśliwicki, Ul. Drawska 22 - ✆ 022 824 09 50 - www.stok.waw.pl.* Pour s'initier au saut à ski, LE sport national.

Événements

Biennale de l'affiche – Musée de l'Affiche (Muzeum Plakatu) - *tous les deux ans (années paires), le 1er w.-end de juin.*

Automne de Varsovie (Warszawska Jesień) - Philharmonie nationale - *2e quinzaine de sept. - www.warszawska-jesien.art.pl.* Grand festival international de musique contemporaine.

Festival du film international (Warszawa Film Fest) – *début octobre - www.wff.pl.*

Festival de jazz Jamboree – *octobre - www.jazz-jamboree.pl.* Le plus grand festival de jazz d'Europe centrale.

Łódź★

753 192 HAB. – CARTE GÉNÉRALE C3 – CARTE MICHELIN N° 720 F11 – VOÏVODIE DE ŁÓDŹ

Łódź (prononcer « woutch »), la deuxième ville du pays, occupe une place à part en Pologne. Entièrement construite au 19e s. pour les besoins de la révolution industrielle, elle devint aussitôt la « Terre promise » décrite par le prix Nobel de littérature Władysław Reymont et adaptée à l'écran par Andrzej Wajda. Les fines cheminées de briques fument toujours à l'horizon, tandis que la célèbre école de cinéma et les villas et manufactures originales du centre accueillent de nombreux musées et festivals, témoignant ainsi de la place capitale de Łódź dans la vie culturelle polonaise. L'ouverture en mai 2006 du plus grand centre de commerce, de services et de loisirs du pays, bâti sur des friches industrielles, fait renouer la « tour de Babel du textile » avec la modernité.

- **Se repérer** – À 120 km au sud-ouest de Varsovie, 230 km au nord-ouest de Cracovie.
- **À ne pas manquer** – La rue Piotrkowska, la Fabrique blanche, le musée d'Art moderne.
- **Organiser son temps** – Un jour minimum ; deux pour vraiment apprécier.

Comprendre

La Manchester polonaise – En 1820, la « Pologne du Congrès », tsariste, porte son choix sur la petite bourgade de Łódź pour y implanter l'industrie textile. Dès 1823, commence, sous l'impulsion d'industriels juifs, la construction du premier quartier ouvrier. Łódź se transforme rapidement en « Terre promise » pour les milliers de paysans de la région et pour les investisseurs polonais et étrangers qui affluent. La suppression des barrières douanières entre la Pologne et la Russie en 1850 entraîne une augmentation considérable des exportations textiles et, dans la seconde moitié du 19e s., Łódź devient le premier centre textile du monde et une métropole cosmopolite. Elle est administrée par les Russes orthodoxes, les usines sont aux mains des industriels allemands protestants, fondateurs avec les Juifs des principales manufactures, qui emploient des ouvriers polonais catholiques.

Dans la première moitié du 20e s., au moment où l'industrie textile commence à décliner, la Seconde Guerre mondiale éclate. La ville est occupée par l'armée allemande dès septembre 1939. Les nazis instituent le premier ghetto de Pologne au centre de Łódź, où sont regroupés et affamés plus de 260 000 Juifs avant d'être expédiés vers les camps de la mort. Le quartier de Radogoszcz est partiellement transformé en camp de transit, tandis que sont créés des camps destinés exclusivement aux enfants et aux Tsiganes.

Łódź est aujourd'hui encore un centre industriel, mais elle est surtout fière de la place qu'elle occupe sur le plan culturel : siège de nombreux musées et de plusieurs festivals artistiques, elle est aussi considérée comme la capitale polonaise de la musique techno et est fière de compter parmi ses admirateurs le réalisateur David Lynch.

Se promener

Łódź s'articule autour de la célèbre **rue Piotrkowska**, artère centrale, longue de 4 km et entièrement piétonne. Son architecture du 19e s. puise son inspiration dans les styles néogothique, néo-Renaissance, néobaroque et Art nouveau qui s'appliquent aussi bien aux usines qu'aux résidences bourgeoises des industriels.

Vieille Ville

Au nord, la **place du Vieux Marché** (Stary Rynek) a perdu sa fonction de place centrale. Dans le parc attenant (Ul. Wolborska) se trouve le monument du Décalogue, hommage aux liens unissant Juifs et chrétiens. À côté, la **place de l'Église** (Plac Kościelny) est dominée par les deux tours en briques de l'église néogothique de l'Assomption (1888-1897).

Palais Poznański et Manufaktura★

À l'ouest se trouve le complexe manufacturier de l'ère de la révolution industrielle le plus complet d'Europe, qui regroupe tout d'abord le **palais Poznański**, qui abrite aujourd'hui le Musée historique de la ville, l'ancienne usine, les entrepôts et, de l'autre côté de la rue, les habitations des ouvriers. C'est sur ces friches qu'a été bâtie l'immense **Manufaktura**, véritable ville au cœur de la ville. Les bâtiments historiques ont été réhabilités, notamment les 46 000 m^2 de façades en brique rouge. L'investisseur

Manufaktura en chiffres

- Un terrain de 27 hectares.
- 13 constructions d'époque post-industrielle classées.
- 306 magasins, boutiques, restaurants, cafés, pubs, un casino, 2 discothèques et un aquarium.
- 15 salles de cinéma dont un IMAX.
- 3 hectares de zone commerciale avec un écran LED de 40 m².
- Une fontaine de 250 m, la plus haute de Pologne.
- Des événements ponctuels comme le Festival des quatre cultures, une Biennale d'art, un festival de photo, une plage l'été, une patinoire, des concerts et des compétitions.
- Musée de l'Usine, centre éducatif interactif « Experymentarium ».
- Des sports divers fitness club, mur d'escalade, bowling, billard.
- Musée d'Art contemporain.
- Hôtel Andels (4 étoiles), ouverture en 2009.

français Apsys et l'agence lyonnaise Sud Architectes ont aussi eu l'idée de créer un Rynek avec sa fontaine, ses jardins et ses kiosques. L'architecture intérieure joue sur le cadre industriel avec de grandes poutrelles cintrées laissées apparentes et une verrière modernisée et largement ouverte.

Rue Piotrkowska★

Elle débute sur la **place de la Liberté** (Plac Wolności), sur laquelle se dresse l'ancien hôtel de ville, de style néo-classique (1827). Piotrkowska et les rues perpendiculaires se caractérisent par une succession de magnifiques demeures bourgeoises. Au n° 86, l'ancienne résidence de l'imprimeur Jan Petersilge impressionne par ses détails architecturaux et sa structure (dont une statue de Gutenberg). Un détour par la **rue Moniuszki**, longée de façon ininterrompue par de belles demeures néo-Renaissance, ramène au magnifique **palais de Wilhem Schweikert** *(Ul. Piotrkowska 262)*, siège de l'Institut européen. En face, se côtoient les deux plus importantes églises de la ville. La **cathédrale néogothique St-Stanislas★** *(Ul. Piotrkowska 273)* surprend par ses vitraux et son agencement intérieur très aéré. L'**église luthérienne St-Mathieu** (Kościół Ewangelicki Św. Mateusza – *Ul. Piotrkowska 283*) est fréquentée par les descendants de la vieille oligarchie allemande ; de fréquents récitals sont donnés sur l'orgue de style romantique, un des plus fins du genre en Pologne. La **villa Leopold Kindermann** *(Ul. Wólczańska 31/33)* est certainement le plus brillant modèle de l'importation du style Art nouveau. Enfin, le célèbre **palais Herbst** *(Ul. Przędzalniana 72 - mar. 10h-17h, merc. et vend. 12h-17h, jeu. 12h-19h, w.-end 11h-16h - 7 PLN, gratuit jeu.)* ressemble de l'extérieur à l'une de ces villas Renaissance construites par Palladio dans le nord de l'Italie. Les décorations intérieures (d'inspiration catholique) sont exceptionnelles et témoignent de la richesse de cette famille de magnats industriels allemands.

Cimetière juif (Cmentarz Żydowski)

Ul. Bracka 40 - tlj sf sam. 9h-15h - 4 PLN.

La communauté juive de Łódź (30 % de la population locale) a été exterminée pendant la Seconde Guerre mondiale. Les synagogues et le vieux cimetière ont été rasés, mais il subsiste le « nouveau » cimetière juif, fondé en 1892, le plus grand d'Europe, qui abrite plus de 160 000 tombes. Ses allées non entretenues sont propices au recueillement.

ONT Pologne

La Manufaktura.

Visiter

Musée historique de la ville★ (Muzeum Historii Miasta)

Ul. Ogrodowa 15 - sam.-lun. 10h-14h, mar. et jeu. 10h-16h, merc. 14h-18h - 7 PLN, gratuit dim.

Le musée de la Ville se trouve dans le palais Poznański, flambant témoignage de la façon dont la bourgeoisie industrielle émergente s'est approprié les goûts baroques de l'aristocratie. Les intérieurs sont splendides, notamment la salle de bal. La galerie de musique consacre plusieurs salles au pianiste Arthur Rubinstein, natif de la ville.

Musée d'Art moderne★★ (Muzeum Sztuki)

Ul. Więckowskiego 36 - mar. et jeu. 10h-17h, merc. et vend. 12h-17h, w.-end 11h-16h - 7 PLN, gratuit jeu.

Fondé en 1925, installé dans un autre palais Renaissance de la famille Poznański, ce fut l'un des premiers musées d'avant-garde au monde. La collection du groupe a.r. (artistes révolutionnaires) comporte des œuvres abstraites, constructivistes, surréalistes et figuratives d'artistes polonais de la première moitié du 20ᵉ s. : Kobro, Stażewski, Strzemiński (une révélation pour qui ne connaît pas son travail), etc.

Le musée abrite également une des plus grandes collections internationales de peintures du 20ᵉ s. (œuvres de Chagall, Mondrian, Kisling, Nolde, Ernst, Klee, Arp, Léger, Picasso, etc.), ainsi qu'une excellente collection d'œuvres sociales-réalistes.

Łódź pratique

Code postal : 90-000

Adresses utiles

Office de tourisme – *Ul. Piotrkowska 87 - ✆ 042 638 59 55 - www.uml.lodz.pl.* Le personnel très disponible parle anglais. Nombreuses brochures utiles. Site Internet en anglais riche en informations.

Poste centrale – *Ul. Tuwima 38.*

Café Internet 24h/24 – *Ul. Piotrkowska 81.*

Transports

Aéroport Władysław Reymont de Łódź – *Ul. Gen. S. Maczka 35 - ✆ 042 688 84 14.* À 6 km au sud-ouest de la ville. Accueille plusieurs vols *low cost*.

Gare ferroviaire PKP Łódź Fabryczna – *Pl. Sałacińskiego 1.* Cette gare dessert Varsovie (départs ttes les heures) et ttes les destinations des régions nord et est.

Gare ferroviaire PKP Łódź Kaliska – *Al. Unii Lubelskiej 3/5.* De cette gare partent tous les trains pour les destinations au sud et à l'ouest du pays.

Gare routière PKS – *Pl. Sałacińskiego 3.* Bus réguliers en direction de toutes les grandes villes et des alentours. Départs ttes les heures en direction de Varsovie *(6h45-20h45).*

Se loger

⊖ **Auberge de jeunesse** – *Ul. Legionów 27 - ✆ 042 633 03 65 – 72 ch. 40/50 PLN.* Cette auberge de jeunesse, bien située au centre et bien entretenue, est ouverte toute l'année.

⊖⊖ **Déjà-Vu** – *Ul. Wigury 4/6 - ✆ 042 636 20 60 - 45 ch - 19 ch. 145/380 PLN.* Une étonnante maison d'hôte recréant l'atmosphère des quartiers manufacturiers des années 1920. Prix en conséquence mais dépaysement garanti.

⊖⊖ **Hotel Polonia** – *Ul. Narutowicza 38 - ✆ 042 632 87 73 - www.hotelspt.com.pl - 55 ch. 150/230 PLN.* Le confort est sommaire mais l'hôtel est bien entretenu et propose un excellent rapport qualité-prix. Il est situé à mi-chemin entre les gares et le centre-ville.

⊖⊖⊖ **Hotel Grand** – *Ul. Piotrkowska 72 - ✆ 042 633 99 20 - www.orbis.pl - 161 ch. 250/450 PLN.* L'établissement Belle Époque de référence de Łódź, où descend Roman Polański à chacun de ses fréquents séjours.

Se restaurer

La rue Piotrkowska concentre un nombre infini de restaurants et de cafés proposant pour la plupart une cuisine polonaise classique. N'hésitez pas à entrer dans les cours intérieures qui abritent de très agréables terrasses l'été.

⊖ **Figaro** – *Ul. Piotrkowska 92 - 20 PLN.* Un amusant café-restaurant au design futuriste, réunissant les artistes et comédiens des théâtres avoisinants. Snacks traditionnels mais servis de façon originale.

⊖⊖ **Restauracja Polska** – *Ul. Piotrkowska 12 - 55 PLN.* Cadre et cuisine traditionnels polonais haut de gamme. L'endroit idéal pour un dîner aux chandelles.

⊖⊖ **Ziemia Obiecana** – *Ul. Wigury 4/6 - ✆ 042 636 70 81 - 40 PLN.* Attenant à la pension Déjà-Vu, ce restaurant vaut vraiment le détour, proposant une excellente cuisine maison dans un cadre envoûtant du début du 20ᵉ s. Réservation recommandée.

En soirée

La vie nocturne, très riche, est concentrée sur la rue Piotrkowska. Nombreux cafés, pubs et bars-concerts.

Fabryka – *Ul. Piotrkowska 80.* Incroyable pub logé dans une ancienne usine textile. Bruyant mais mérite sans conteste une visite pour le décor.

Łódź Kaliska – *Ul. Piotrkowska 102.* Magnifique café couvert de miroirs, caché au fond d'une allée, annoncé par une reproduction de la statue de… la Liberté !

Kazimierz Dolny★

6 974 HAB. – CARTE GÉNÉRALE D3 – CARTE MICHELIN N° 720 G15 – VOÏVODIE DE LUBLIN

Ce village a longtemps prospéré grâce au commerce et à sa situation au bord de la Vistule. Aujourd'hui assoupi, il est un lieu de rassemblement pour les peintres qui ne cessent de l'immortaliser. L'histoire de la peinture polonaise et celle de Kazimierz Dolny sont étroitement liées depuis le courant du 19e s.

- **Se repérer** – À 45 km à l'ouest de Lublin, proche de Puławy, sur les bords de la Vistule.
- **À ne pas manquer** – La promenade le long de la Vistule, entre le bac à l'ouest et le musée d'Histoire naturelle à l'est.
- **Organiser son temps** – Comptez un jour pour flâner sur les collines autour du château et du Rynek, visiter les musées et traverser le fleuve pour se rendre au château de Janowiec.

Comprendre

Sur les bords de la Vistule – La légende raconte que le fondateur de Kazimierz Dolny, le roi Casimir le Grand, aimait une belle jeune fille juive prénommée Esther demeurant dans le village de Bochotnica. Pour vivre leur amour secret, le roi fit creuser un tunnel long de 4 km pour relier le château qu'il venait de construire au village de sa bien-aimée.

La réalité est moins romantique. Le château fut élevé pour lutter contre les invasions tatares et fut bien utile plus tard pour défendre ce village de commerçants prospères. Dans le courant du 17e s., Kazimierz Dolny, malgré une population d'à peine 2 000 habitants, figurait parmi les villes les plus riches de Pologne. Les greniers à blé jalonnaient la Vistule, l'élevage bovin, le commerce du bois et du vin étaient en plein essor. Cet épanouissement fut interrompu par divers maux : les invasions suédoises du fameux « déluge » en 1655-1660, puis les épidémies de choléra et de peste.

Un village de peintres – À la fin du 19e s., sous l'impulsion de quelques peintres, dont **Władysław Ślewiński**, le village devient un lieu privilégié pour des générations de maîtres et d'élèves armés de toiles et de pinceaux. Lors d'un long séjour en France, Ślewiński fut l'élève et l'ami de Gauguin, à l'époque où celui-ci transformait le village breton de Pont-Aven en haut lieu de l'expression artistique et picturale.

De retour en Pologne, Ślewiński transposa l'idée de son ami français à Kazimierz Dolny et rassembla de nombreux artistes. Les chaos et les drames du 20e s. perturbèrent l'harmonie et l'émulation créatrice, d'autant plus qu'un grand nombre de peintres familiers du village étaient juifs. Pourtant, le cadre et la lumière caractérisant Kazimierz Dolny continuent à charmer les nouvelles générations d'artistes, et ateliers et galeries y sont nombreux.

Se promener

Rynek★

Cette grande place pavée est occupée en son centre par un puits. Au 14e s., elle était entourée de maisons de bois, puis, à partir du 17e s., de belles demeures furent construites avec la craie de la région comme les **maisons jumelles de la famille Przybyła**★★ (Kamienice Braci Przybyłów) dans le plus pur style Renaissance avec leurs bas-reliefs représentant des personnages géants et des animaux, mélange de scènes inspirées de la Bible et de la vie quotidienne.

Située sur un autre côté de la place, on trouve la **maison de Gdańsk**, de style baroque.

Tous ces bâtiments ouvragés témoignent de la richesse passée des commerçants.

Le chien du bonheur

Sur le Rynek, vers l'église paroissiale, un petit chien de bronze assis regarde tranquillement les passants depuis 2001. Si vous touchez sa truffe en prononçant un vœu, il devrait être exaucé. Les enfants, trop petits, ne parviennent pas à atteindre la truffe et effleurent ses pattes ; il paraît que le résultat est le même. À l'origine, un chien du village de Janowiec, sur l'autre rive de la Vistule, venait à la nage se faire gâter par les touristes. Il a été remplacé par ce chien porte-bonheur. À voir la patine du bronze de la truffe et des pattes, les vœux sont nombreux !

SE LOGER		SE RESTAURER	
Agharta (Pensjonat)	1	Piekarnia Sarzyński	1
Dom Architekta «SARP»	3	Staropolska (Restaurant)	3

Au nord, le Rynek s'élève doucement vers la butte, au pied de laquelle se dresse **l'église paroissiale** (Kościół Farny) qui doit sa renommée à l'orgue construit en 1620 par Szymon Liliusz ainsi qu'à ses fonts baptismaux datés de 1587.

Musée de l'Orfèvrerie (Muzeum Sztuki Złotniczej)

Ul. Zamkowa 2 - ✆ 081 881 00 80 - mai-sept. : lun. 10h-13h, mar.-dim. 10h-17h ; oct.-avr. : tlj sf lun. 10h-15h - 6 PLN, gratuit lun.

Le musée expose des collections d'orfèvrerie très classiques réalisées entre 1650 et 1880 – ciboires, croix, chandeliers, services à thé, lampes provenant de toute la Pologne au rez-de-chaussée et de Paris, Toulon, St-Pétersbourg, Copenhague ou Dublin à l'étage. Outre ces collections, le musée présente des bijoux de créateurs polonais contemporains. Parfois ornés d'ambre, ils ont été créés entre 1960 et 2001 par des artistes de Varsovie et de Wieliczka.

Vers les ruines du château

La rue Zamkowa monte vers les **ruines du château**. On peut faire un crochet par le sentier à droite après le musée pour gravir la **colline des Trois-Croix** (Góry Trzech Krzyży), croix qui ont été élevées lors des épidémies de peste et de choléra. Cette promenade offre de magnifiques **points de vue** sur le village et la Vistule.

Redescendre par le même chemin. À la hauteur de l'église paroissiale prendre à gauche la rue Krzywe Koło qui mène à l'ancien quartier juif.

Ancienne synagogue (Dawna Synagoga)

Copie de celle construite en 1677 mais détruite par les nazis en 1939, elle permet de bien localiser où se trouvait l'ancien quartier juif.

Petite place du Marché (Mały Rynek)

C'est toujours l'un des endroits les plus animés du village. De nombreuses boutiques et galeries y sont installées, ainsi que des stands les jours de marché.

A. Galy / MICHELIN

Les maisons jumelles des frères Przybyła sur le Rynek.

Monastère des Franciscains réformés (Kościół Reformatów)

Il est possible d'entrer dans la cour et de demander à voir le puits et sa gigantesque roue qui sont dans une cour intérieure.

Durant la Seconde Guerre mondiale, il fut le siège de la Gestapo et les nazis avaient récupéré les stèles du cimetière juif (qui se trouvait à l'emplacement occupé aujourd'hui par le monument à la mémoire des Juifs) pour faire office de cloisons entre les cellules de la prison, établie dans le sous-sol du monastère.

Redescendre vers la rue Nadrzeczna et l'emprunter vers la gauche.

Musée de la Maison Celej★ (Kamienica Celejowska)

Ul. Senatorska 11/13 - ✆ 081 881 01 04 - mai-sept. : mar.-jeu. et dim. 10h-17h, vend.-sam. 10h-19h ; oct.-avr. : mar.-jeu. et dim. 10h-15h, vend.-sam. 10h-17h - 5 PLN, gratuit merc.

Cette remarquable **maison Renaissance** construite en 1630 par un puissant commerçant, Bartolomeo Celej, abrite un musée consacré à l'**histoire de la colonie artistique de Kazimierz** (Kolonia Artystyczna w Kazimierzu). Le village et ses environs ont servi de modèle à des générations d'artistes et se déclinent en aquarelle, peinture sur bois ou sur carton ou stylisée en noir et blanc. Le musée rassemble aussi les œuvres réalisées lors de voyages en Europe par les membres de la colonie. Quelques vitrines et mises en scène ethnographiques évoquent la communauté juive de la région.

En continuant la rue Senatorska - riche en galeries de peinture - vers la sortie du village, on aboutit à la Vistule. Un long **sentier** (Wał Spacerowy) aménagé sur la berge permet de remonter ou de descendre le fil du fleuve et de découvrir les greniers qui abritaient autrefois les richesses du village. Se promener à cet endroit à la tombée du jour et admirer le fleuve et son environnement permet de comprendre pourquoi les peintres continuent à chérir Kazimierz Dolny.

Visiter

Musée d'Histoire naturelle★ (Muzeum Przyrodnicze)

Ul. Puławska 54 - ✆ 081 881 03 26 - mai-sept. : tlj sf lun. 10h-17h ; oct.-avr. : tlj sf lun. 10h-15h - 5 PLN, gratuit sam.

Le musée a pour cadre un ancien grenier à blé le long de la Vistule, sur la route de Puławy. Le visiteur peut y admirer des renards, des cigognes, des castors ou des hérons tout en écoutant des bandes sonores illustrant les bruits de la forêt ou de la vie des villages au temps où le cheval était roi. Il est regrettable que les animations traitant de la géologie ou de la vie biologique de la Vistule ne soient réservées qu'aux visiteurs de langue polonaise. Bien que modeste, l'endroit est inventif et attachant.

Monument à la mémoire des Juifs★ (Pomnik Ofiar Holokaustu)

À environ 1 km du centre de Kazimierz Dolny, sur la route d'Opole Lubelskie.

Au bord de la route se dresse un monument à la mémoire des Juifs victimes de la Shoah. Depuis sa construction, dans les années 1970, ce monument porte le nom de « mur des Lamentations ». Il est implanté sur l'ancien cimetière juif.

Aux alentours

Janowiec★

Dans Kazimierz Dolny, suivre les panneaux indiquant le bac (PROM) traversant la Vistule et sortir par la rue Krakowska (env. 2 km). Le bac traverse à la demande. 8 PLN par voiture.

Château de Janowiec (Muzeum Zamek) – *Ul. Lubelska 20 - ✆ 081 881 52 28 - mai-août : mar.-vend. 10h-17h, w.-end 10h-19h ; sept. : mar.-vend. 10h-16h, w.-end 10h-17h ; oct.-avr. : mar.-vend. 10h-15h, w.-end 10h-16h - 8 PLN, gratuit mar. - promenade libre dans le parc.* Ce château, construit au début du 16e s. dans un pur style Renaissance, était l'un des plus fastueux de Pologne. Il comptait une centaine de pièces et 10 salles de bal. Aujourd'hui, il ne reste que quelques salles d'exposition, un manoir du 18e s. et un musée de carrosses dans le parc. Le plus impressionnant est le **panorama** sur la Vistule et la vue sur le village avec son église rose Renaissance.

Kazimierz Dolny pratique

Code postal – 24-120

Adresses utiles

Office de tourisme (PTTK) – *Rynek 27 - ✆ 081 881 00 46 - www.kazimierz-news.com.pl - mai-oct. : lun.-vend. 8h-17h30, w.-end 10h-17h30 ; nov.-avr. : lun.-vend. 8h-17h30, w.-end 10h-17h30.* La seule information touristique de la ville (privée) et pas toujours anglophone.

Taxi – *La station est devant le Rynek 2 - ✆ 081 881 03 38.*

Distributeur de billets – *Sur le Rynek, à l'angle de la rue Nadwiślańska et de la montée vers l'église paroissiale.*

Transports

Parking – Il est interdit de se garer dans les rues du centre et sur le Rynek mais on trouve des parkings à l'entrée du village, sur la route de Puławy, le long de la Vistule. Des particuliers ouvrent aussi leurs cours aux automobilistes *(3 à 5 PLN/h).*

La gare routière – *Située à l'entrée du village, sur la route de Puławy, au pied de la colline du château.* Les bus 12 et 14 desservent Puławy très régulièrement en 15mn. De là, on rejoint facilement Varsovie et Lublin, par bus ou train.

Se loger

Dom Architekta « SARP » – *Rynek 20 - ✆ 081 883 55 44 - www.sarp.noclegiw.pl - 32 ch. 170/190 PLN.* Avoir le plaisir de dormir dans des maisons historiques du Rynek mérite quelques concessions sur le modernisme. Les grandes salles voûtées et l'ameublement d'une autre époque imposent un charme désuet.

Pensjonat Agharta – *Ul. Krakowska 2 - ✆ 081 882 04 21 - www.agharta.com.pl - 5 ch. 220 PLN, 1 appart.* Au calme, au pied du monastère, ce superbe endroit a la double vocation d'être à la fois pension et galerie d'art. L'atmosphère y est indonésienne ou birmane, de grand confort, et sans nul doute les propriétaires sont des personnes de goût. Petits-déjeuners, mais pas de repas.

Se restaurer

Restaurant Staropolska – *Ul. Nadrzeczna 14 - ✆ 081 881 02 36 - www.staropolska.kazimierz-dolny.pl - 60 PLN.* La cuisine polonaise y est reine et délicieuse. De grandes peintures murales sombres, un mobilier de bois noir et le tic-tac des horloges donnent une impression de repas du dimanche en famille. Excellent et divertissant pour les gourmands ayant l'esprit d'observation !

Piekarnia Sarzyński – *Ul. Nadrzeczna 6 - ✆ 081 881 06 43 - www.sarzynski.com.pl.* Véritable institution, cet établissement est à la fois une pâtisserie, un salon de thé, un bar, un restaurant de grande qualité et une cave voûtée réservée aux amoureux des vins et du cigare. La grande maison est partagée en de nombreuses pièces où chacun trouve un produit ou un prix à sa convenance.

Faire une pause

Kawiarnia U Radka – *Ul. Rynek 9 - ✆ 081 881 05 16 - lun.-vend. 10h-22h, w.-end 10h-0h.* Ce café situé sur le Rynek est le lieu de rendez-vous de nombreux artistes, qui exposent dans ses murs. La décoration mêle vieux postes radio, bouteilles de Coca du monde entier et autres objets de collection. En hiver, vous pourrez profiter du feu dans la cheminée.

Achats

Les galeries sont nombreuses et de qualité variable. Les principales sont aux abords du Rynek et rue Senatorska.

Galerie Lamus – *Ul. Plebanka - 12h-17h (fermé en hiver).* La galerie tenue par l'artiste peintre Maja Fidea Parfianowicz est installée dans une minuscule maison de bois construite il y a 150 ans. Outre ses propres peintures, la jeune femme propose des antiquités, des icônes sur verre ou des bibelots et transforme son espace réduit en régal pour les yeux.

Événements

Festival de folklore – Dern. sem. de juin. Chants et danses de toute la Pologne.

Festival des orchestres populaires – Durant l'été. L'occasion pour les musiciens de se mêler aux artistes peintres.

Lublin★★

351 806 HAB. – CARTE GÉNÉRALE D3 – CARTE MICHELIN N° 720 G16 – VOÏVODIE DE LUBLIN

Lublin fait partie de ces villes à jamais marquées par l'histoire étroite entre la Pologne et le peuple juif. Chaque pierre du centre historique est porteuse de la mémoire de temps pacifiques ou de périodes d'horreur. Des problèmes de propriété retardent la restauration des rues autour du Rynek, et l'aspect dégradé de certains quartiers accentue d'autant plus la mélancolie ou la tristesse. Pourtant, Lublin est attachante par son animation culturelle, sa jeunesse estudiantine et son riche patrimoine.

- **Se repérer** – À 165 km au sud-est de Varsovie, c'est la dernière grande ville avant la Biélorussie et l'Ukraine.
- **À ne pas manquer** – Entre le Rynek et la porte Grodzka, les nombreux cafés, salons de thé ou restaurants qui proposent un voyage au cœur de la culture juive par la musique et les saveurs.
- **Organiser son temps** – Une journée permet de visiter le centre historique et le château. Comptez une demi-journée pour vous rendre au camp de Majdanek et au Skansen en périphérie de la ville.

Comprendre

La culture comme arme pacifique – Si les premiers signes de vie sur les collines de Lublin apparaissent vers le 6e s., il faut attendre la fin du Moyen Âge pour qu'une cité se constitue. Les commerçants et voyageurs entre l'Europe de l'Ouest et l'Asie centrale y ont implanté une ville qui reçut en 1317, des mains du prince Władysław Łokietek, sa charte municipale. Elle fut le lieu de la signature de l'Union dite « de Lublin » entre la Pologne et la Lituanie, en 1569. Le véritable essor de Lublin pouvait alors débuter. Au 16e s., la ville se protège derrière un rempart et des portes d'entrée à pont-levis. Du haut de ses collines de lœss, elle dominait alors une vaste plaine marécageuse qui facilitait sa défense. Profitant de sa puissance commerçante et de son rôle géopolitique entre Cracovie et Vilnius, Lublin facilita l'expression des différentes communautés qui y résidaient. Ruthènes, Juifs, Hongrois, Italiens ou Français formaient alors une mosaïque culturelle créative : à titre d'exemple, c'est à Lublin que fut publié le premier livre en Polonais, *Le Paradis de l'âme*, dont l'auteur, Biernat de Lublin, est considéré comme le « père du polonais écrit » ; Jan Kochanowski, poète de la Renaissance, ami et traducteur de Pierre de Ronsard, vécut et mourut à Lublin. De grands noms de la musique polonaise, tels Jan de Lublin, concepteur de la « tablature d'orgue », ou Henryk Wieniawski qui a donné son nom à un célèbre concours de jeunes violonistes, sont célébrés à Lublin. Les bouleversements politiques ultérieurs ne perturbèrent pas vraiment la vie culturelle de la cité. Ni l'invasion de l'Union par les Cosaques ou les Suédois au 17e s., ni les prises de pouvoir successives par l'empire des Habsbourg à la fin du 18e s., puis par les Russes au début du 19e s. ne détruisirent la diversité des influences culturelles. Il fallut le premier conflit mondial et surtout le second pour transformer Lublin en ville martyre. L'extermination des Juifs par les nazis, symbolisée par le camp de Majdanek, est une ombre que tente de dissiper la mise en valeur de la culture juive par de nombreux habitants du centre historique. La culture et l'art sont à nouveau les armes pacifiques de Lublin.

Se promener

DU CHÂTEAU AU « DEPTAK »★★

Cet itinéraire traverse la Vieille Ville (Stare Miasto) pour rejoindre la grande artère commerçante à l'ouest de la cité, surnommée le Deptak (Promenade) pour abréger son nom de Krakowskie Przedmieście.

Château★ (Zamek) C1

Érigé sur la colline de lœss, il fut reconstruit en 1824 en style néogothique pour servir de prison. Il recouvre les vestiges des châteaux édifiés au Moyen Âge, puis du château royal bâti entre le 14e et le 16e s. De cette époque, il ne reste que la chapelle et la tour. Le château est en grande partie occupé par le musée.

Musée de Lublin★ (Muzeum Lubelskie) et **chapelle de la Sainte-Trinité★★** (Kaplica Św. Trójcy) – *juin-août : mar.-sam. 10h-17h, dim. 10h-16h ; sept.-mai : mar.-sam. 9h-16h, dim. 9h-17h - 6,5 PLN. La chapelle est dans la cour du château, on y accède par le musée. Mêmes horaires.*

Le **musée** est célèbre pour la toile de Jan Matejko ***L'Union de Lublin***. Imposant tant par ses dimensions que par la force politique qu'il dégage, ce tableau symbolise les prémices d'une union des grands royaumes d'Europe. L'autre œuvre artistique et politique de Matejko est un tableau intitulé *L'Admission des Juifs en Pologne en 1096*. En outre, vous pourrez voir des collections de pièces archéologiques et préhistoriques, de médailles et pièces du 14e au 19e s., d'armes, ou d'objets ethnographiques tels de superbes tissus. Le château a rouvert (à l'exception du musée, encore en travaux) après deux ans de complète rénovation, proposant notamment un accès aux personnes handicapées.

Le magicien de Lublin

C'est le titre du roman le plus célèbre du prix Nobel de littérature Isaac Bashevis Singer. Yasha Mazur, le magicien de Lublin, personnage haut en couleurs, avaleur de sabres, acrobate, voleur à ses heures, est connu dans toute la Pologne, mais pas reconnu par ses concitoyens de Lublin, car il fréquente plus les tavernes que les synagogues, les femmes que les rabbins. Après de multiples péripéties, il finira par rentrer dans le droit chemin et se consacrera à l'étude des livres saints et à la prière.

La **chapelle gothique** est totalement recouverte à l'intérieur par des **fresques russo-byzantines★★** parfaitement conservées qui sont un pur chef-d'œuvre. Elles furent réalisées par le maître russe André, qui avait été invité en 1418 par le roi Ladislas V Jagellon, et témoignent de la bonne harmonie entre les différentes cultures chrétiennes qui se côtoyaient en Pologne au 15e s.

Place du Château (Plac Zamkowy) C1

Elle est située au pied de l'escalier qui monte vers la porte du château. Ses maisons en arc de cercle sont orientées vers la butte et le monument.

Porte Grodzka (Brama Grodzka) C1

De la place du château, on accède par une voie pavée à cette porte qui ouvre sur la Vieille Ville. Construite au 14e s., puis remaniée en 1785, la porte restera toujours le symbole de la séparation entre les quartiers catholique et juif.

En remontant la rue Grodzka, qui montre le retard pris par la ville dans ses projets de restauration, on passe devant le n° 5a, qui abrite un petit **musée de la Pharmacie** (Muzeum Farmacji), puis on arrive sur la gauche à une place où avait été construite au 13e s. l'église paroissiale St-Michel (Kościół Farny Św. Michała) qui fut entièrement détruite par les Russes au milieu du 19e s. Ses ruines sont depuis devenues un lieu de rendez-vous. Depuis la place, on jouit d'une vue imprenable sur le château. Quelques dizaines de mètres plus haut, on arrive au Rynek.

Rynek★★ et ses caves B2

La place centrale est occupée en son milieu, pour ne pas dire écrasée, par le **Tribunal royal** (TrybunałKrólewski), bâtiment aux dimensions démesurées par rapport à celles de la place. C'était l'ancien hôtel de ville construit en 1578 et remanié en style

F. Soreau / MICHELIN

Rue dans la Vieille Ville.

néoclassique en 1781. C'est depuis 2006 le point de départ du circuit des **Sous-sols de Lublin** (Lubelskie Podziemia – *081 534 65 70 ; http://tnn.pl ; mai-oct. : lun.-vend. 4 départs, w.-end 5 départs ; nov.-avr. : lun.-vend. 9h-15h (groupes d'au moins 10 pers.), merc. 12h (pour les touristes individuels) ; 6 PLN*).

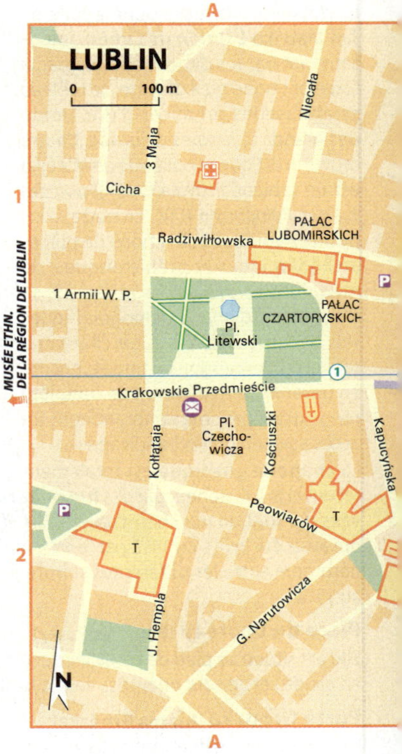

Le trajet souterrain mesure 300 m de long et se compose de couloirs et de 14 salles dans lesquelles étaient entreposées au 16e s. les marchandises de la cité commerçante. Une salle abrite 5 maquettes qui reconstituent la ville entre le 8e et le 17e s. La visite dure 45mn et la température oscille entre 7 et 12°C. Guide anglophone sur réservation.

Tout autour du Rynek, **quelques maisons richement décorées**, aux couleurs parfois surprenantes, sont mises en valeur par de belles restaurations.

Au n° 2, la **maison Klonowicz** fut habitée au 16e s. par le poète maire de Lublin qui lui donna son nom. La maison, remaniée au 18e s., prit un aspect néoclassique. Les médaillons, représentant des poètes ou des musiciens, ne datent que de 1939.

Au n° 8, c'est la **maison de la famille Lubomelski**. De style Renaissance, elle remonte à 1540. L'intérieur, qui ne se visite pas, est décoré de peintures polychromes dédiées aux plaisirs épicuriens et à l'amour !

Au n° 12, la **maison de la famille Konopnic**, bâtie en 1512 et reconstruite ultérieurement, conserve d'admirables sculptures décorant ses fenêtres et sa façade. Des corps masculins ou féminins, des têtes de dragons ou des masques, ainsi que des médaillons représentant les propriétaires sont visibles depuis le Rynek.

Porte de Cracovie★

(Brama Krakowska) B2

Symbole architectural gothique de Lublin, elle est un précieux témoignage des remparts qui entouraient la ville au 14e s. Elle a subi plusieurs aménagements au fil des siècles : l'horloge au 16e s. et la toiture baroque au 18e s.

Sa tour abrite le **Musée historique de Lublin** (Muzeum Historii Miasta Lublina – *mar.-sam. 9h-16h, dim. 9h-17h. - fermé 2e et 4e mar. du mois et 1er et 3e dim. du mois - 3,5 PLN*). Les collections de plans de la cité ou les portraits des dirigeants locaux au 20e s. n'ont rien de passionnant pour un étranger. Les plus curieux apprendront que le voïvode de Lublin entre 1937 et 1939 s'appelait Jerzy Albin de Tramecourt. Mort au combat en 1939, il était de parents français. Néanmoins, le musée est attrayant pour son architecture en colimaçon et pour la **vue panoramique** sur Lublin du dernier étage.

À deux pas, se trouve la tour gothique, reconstruite dans les années 1980.

Emprunter la rue des Jésuites (Jezuicka), qui démarre de la porte de Cracovie.

Cathédrale baroque et tour de la Trinité★ (Barokowa Katedra i Wieża Trynitarska) C2

Haute de 40 m, la tour néogothique domine la Vieille Ville.

Église et couvent des Dominicains (Kościół i Klasztor Dominikanów) C1-2

Cet ensemble fut construit à partir de 1342 en plusieurs étapes. Gothique à l'origine, il fut remanié à la Renaissance.

Remonter vers la porte de Cracovie et traverser le bd Lubartowska en direction du nouvel hôtel de ville (Nowy Ratusz). Il marque l'entrée de la promenade piétonne et commerçante Krakowskie Przedmieście (« Deptak »).

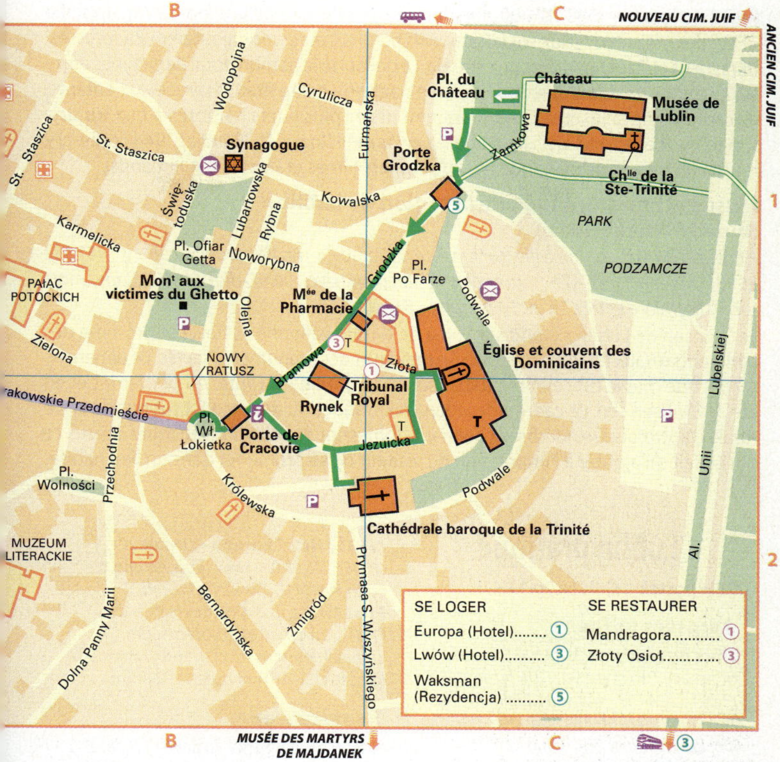

SUR LES PAS DES JUIFS DE LUBLIN★

Un itinéraire balisé de panneaux illustrés d'une étoile de David bleue relie les différentes curiosités de la ville liées à l'histoire des Juifs. Cet itinéraire n'apparaît pas sur le plan, la plupart des lieux cités étant situés à l'extérieur. Aussi si vous voulez le suivre en détail, nous conseillons-vous de demander la brochure (en anglais) à l'office de tourisme.

Cet itinéraire démarre de la place du Château, immense esplanade qui fut autrefois un quartier actif réservé aux Juifs. Après en avoir fait le ghetto en 1941, les nazis le détruisirent en 1943 tout en dirigeant la communauté juive vers le camp de Majdanek. On monte vers le château avant de suivre le panneau indiquant le site d'une **synagogue** détruite en 1943, sur le bd Tysiąclecia. Au carrefour des rues Kalinowszczyna et Sienna, on peut entrer dans l'**ancien cimetière juif★** (Dawny Cmentarz Żydowski) dont les tombes résistent à l'histoire depuis 1541. Sont enterrés là de nombreux rabbins et personnages influents de la communauté. Le **nouveau cimetière juif** (Nowy Cmentarz Żydowski) créé rue Walecznych en 1829 est toujours utilisé par la petite communauté juive. On y voit un monument commémorant la Shoah et les tombes des soldats juifs ayant servi dans l'armée polonaise entre 1944 et 1945. L'itinéraire balisé remonte ensuite le bd Lubartowska qui rejoint le quartier historique. Sur cette artère, on découvre l'**ancienne université des études talmudiques** (Dawna Talmudyczna Uczelnia Mędrców Lublina), l'ancien hôpital de la communauté et le centre culturel. Au nº 10 du bd Lubartowska, se trouve la seule **synagogue** de la ville qui ne fut pas détruite par les nazis. Quelques mètres plus loin est dressé le **monument dédié aux victimes du ghetto** (Pomnik Ofiar Getta).

Aux alentours

Camp d'extermination et musée de Majdanek (Muzeum na Majdanku)

À 4 km au sud-est de Lublin - Droga Męczenników Majdanka 67 - ✆ 081 744 19 55 - www.majdanek.pl - tlj sf lun. 8h-16h - gratuit - parking 3 PLN.

Lors de sa mise en fonction en octobre 1941, Majdanek était un camp de travail sous le contrôle des SS. Les prisonniers de guerre polonais ou russes et de nombreux Juifs travaillaient dans des usines d'armement implantées près des alignements de barbelés électrifiés et de miradors. Il devint un camp d'extermination à partir d'avril 1942. Le seul 3 novembre 1943, 17 000 Juifs furent mitraillés lors d'une opération appelée « Fête des moissons ». Aux soldats ou civils polonais et russes s'ajoutèrent Biélorusses, Ukrainiens et Tsiganes d'Europe centrale, ce qui porte le nombre total de victimes entre 50 000 et 80 000 (dont 3/4 de Juifs). Une partie du camp était réservée aux enfants. Le camp compta jusqu'à 144 baraquements et plusieurs chambres à gaz sur une superficie d'environ 3 km². Il fut libéré par l'armée Rouge le 23 juillet 1944 ; celle-ci y tourna un film de propagande (les prisonniers filmés étaient des Allemands).

Musée ethnographique de la région de Lublin★
(Muzeum Wsi Lubelskiej)

À environ 3 km du centre-ville, sur la route de Varsovie - Al. Warszawska 96 - ✆ 081 533 85 13 - avr. et oct. : 9h-17h ; mai-sept. : 9h-18h ; nov.-déc. : vend.-dim. 9h-15h ; janv.-mars sur RV (dernière entrée 1h av. fermeture) - 8 PLN.

Le Skansen de Lublin s'étend sur 25 ha de terrain vallonné et boisé et présente des bâtiments ruraux tels des fermes ou un moulin et des monuments sacrés. Le dimanche matin, une messe est célébrée dans l'église au bord de la route. Au printemps et en été, le Skansen sert de cadre à des fêtes folkloriques ou des reconstitutions de la vie rurale d'autrefois. De nombreux animaux domestiques y circulent en toute liberté, ce qui ne fait qu'ajouter à l'impression du visiteur de se promener dans un lieu habité.

Lublin pratique

Code postal – 20-001 à 20-999.

Adresses utiles

Office de tourisme (Lubelski Ośrodek Informacji Turystycznej) – *Ul. Jezuicka 1/3 - ✆ 081 532 44 12 - www.loit.lublin.pl - mai-sept. : lun.-vend. 9h-18h, sam. 10h-16h, dim. 10h-15h ; oct.-avr. : lun.-vend. 9h-17h, sam. 10h-15h.* Situé au pied de la porte de Cracovie, il dispose de beaucoup de documentation.

Transports

La gare ferroviaire (Dworzec Kolejowy) – *À environ 2 km du centre-ville en direction de Przemyśl.* Très active, la Gare centrale dessert toutes les grandes villes. Pour rejoindre le centre, bus n°s 1 et 13, trolleybus n° 150. Le bus n° 28 vous amène à Majdanek.

La gare routière (Dworzec Autobusowy) – *Face à la place du Château, de l'autre côté du bd.* Kazimierz Dolny, Sandomierz ou Zamość sont reliées très fréquemment par des bus. Départs pour Varsovie ttes les 2h et pour Cracovie 1 à 2 fois par jour.

Se loger

⊜⊜ **Hotel Lwów** – *Ul. Bronowicka 2 - ✆ 081 745 57 09 - www.btm-lwow.pl - 19 ch. 220 PLN.* Lwów est le nom polonais de L'viv en Ukraine. Les chambres sont meublées avec goût et comportent tout le confort d'un trois étoiles. Les costumes du personnel, les peintures de Lwów accrochées aux murs et l'ambiance sonore confirment la proximité de l'Ukraine.

⊜⊜ **Rezydencja Waksman** – *Ul. Grodzka 19 - ✆ 081 532 54 54 - www.waksman.pl - 4 ch. 220 PLN.* Les chambres meublées en style Louis XVI ou époque victorienne s'ouvrent sur le château royal. Idéalement placé, cet hôtel joue la carte rétro, sans oublier le confort.

⊜⊜⊜ **Hotel Europa** – *Deptak 29 - ✆ 081 535 03 03 - www.hoteleuropa.pl - 60 ch. 420 PLN, 320 PLN le w.-end.* Appartient à la chaîne des Hôtels de Prestige. Le luxe et le confort sont indéniables dans les chambres comme dans le club de nuit ou le restaurant.

Se restaurer

⊜⊜ **Mandragora** – *Rynek 9 - ✆ 081 536 20 20 - www.mandragora.lublin.pl - 13h-0h - 60 PLN.* Dans une maison historique, les trois salles sont empreintes de nostalgie et de mémoire juives. À la fois galerie d'art et restaurant de grande qualité, l'établissement manie avec bonheur culture et saveurs. Achat possible de CD de musique traditionnelle juive.

⊜⊜ **Złoty Osioł** – *Ul. Grodzka 5a - ✆ 081 532 90 42 - 12h-0h - 60 PLN.* C'est une auberge au cœur de la ville où l'on déguste de la cuisine typiquement polonaise.

⊜⊜⊜ **Restaurant de l'Hôtel Lwów** – *(Voir « Se loger ») 80 PLN.* Une délicieuse cuisine où plats ukrainiens et polonais cohabitent avec les saveurs méditerranéennes et sud-américaines.

En soirée

Restauracja Brama – *Ul. Grodzka 21 - ✆ 081 534 99 33 - www.bramawbramie.pl - dim.-jeu. 12h-23h, vend.-sam. 12h-0h.* Sous la porte Grodzka, l'ancien **Szeroka 28** a rouvert en 2007 pour le plaisir des amoureux de la musique klezmer. Tous les samedis à 20h, les Lubliner Klezmorin font chanter et danser les spectateurs au son de la clarinette et du violon *(billet 18 PLN)*.

Achats

Galeria Autorska Michałowski – *Ul. Grodzka 19 - 10h-18h.* Qu'il peigne la vie de la communauté juive entre les deux guerres, ou qu'il joue avec les paysages des bords de la Vistule, Bartłomiej Michałowski impose un regard sensible.

Zamość★★★

66 375 HAB. – CARTE GÉNÉRALE D3 – CARTE MICHELIN N° 720 H17 – VOÏVODIE DE LUBLIN

Depuis l'élargissement à 27 du nombre des membres de l'Union européenne, Zamość est une des villes les plus à l'est de notre espace politique, toute proche de l'Ukraine. Peut-on rêver d'une plus belle porte d'entrée ? Celle que l'on nomme la « Padoue du Nord » est une perle inspirée de la Renaissance, injustement méconnue, malgré sa reconnaissance par l'Unesco en tant que patrimoine mondial de l'humanité depuis 1992.

- **Se repérer** – À 250 km au sud-est de Varsovie, à 130 km de L'viv, la capitale régionale des Carpates ukrainiennes.
- **À ne pas manquer** – Le Rynek Wielki, le tour des remparts et la Rotonde.
- **Organiser son temps** – Une journée pour se promener et découvrir la ville et une petite journée pour visiter les musées.

Comprendre

La ville idéale d'un homme – Le nom de **Jan Zamoyski** (1542-1605) plane au-dessus de la ville. Zamość est le fruit de l'érudition et de l'ambition de cet homme qui voulait marquer l'histoire de son pays. Après avoir fait ses études à l'université de Padoue en Italie où il découvre l'esprit de la Renaissance, il fonde de toutes pièces une ville à son image dont l'acte de naissance est daté du 3 avril 1580. Zamość est conçue selon un plan pentagonal prolongé à l'ouest par un rectangle occupé par le palais des Zamoyski, le tout protégé par des fortifications. Pour accomplir l'ensemble de ce projet idéaliste, Jan Zamoyski s'attache les services de l'architecte vénitien **Bernardo Morando**. La complicité des deux hommes est totale et Zamość sort de terre en quelques années. Tous les bâtiments sont construits dans le même élan, respectant les critères architecturaux de la Renaissance : que ce soit le Rynek Wielki et ses maisons bourgeoises, l'hôtel de ville, les fortifications, les académies ou la résidence de la famille Zamoyski. Le souhait de Jan Zamoyski et de son architecte était de séparer la ville spirituelle et religieuse des quartiers des artisans et des marchands. D'une manière générale, les édifices religieux ou académiques sont construits à l'extérieur du cœur de la ville, alors que le Rynek Wielki et les rues environnantes rassemblent les maisons des commerçants, le marché au sel ou le marché de l'eau. Malgré les invasions tatares, suédoises, russes ou nazie qui dégradèrent parfois l'harmonie de certains éléments, l'ensemble reste époustouflant. Le génie, l'ambition et la folie créatrice de Jan Zamoyski et de Bernardo Morando résistent depuis 425 ans aux attaques du temps et à celles des hommes.

Se promener

Les premiers pas dans Zamość se font immanquablement sur les pavés du Rynek et l'on peut commencer par une visite à l'office de tourisme dans l'hôtel de ville.

A. Galy / MICHELIN

L'élégant hôtel de ville de Zamość.

LE RYNEK WIELKI★★★

Ce carré parfait de 100 m de côté surmonté de la **tour de l'hôtel de ville**, haute de 52 m, attire le visiteur comme un aimant. Contrairement à ce que l'on voit dans d'autres villes construites à la même époque, l'**hôtel de ville★★** (Ratusz) n'est pas centré sur la place. Il semble que Jan Zamoyski trouva là le moyen de ne pas faire d'ombre à son propre palais, préférant que la Maison commune soit intégrée au reste de l'architecture. Du haut de l'escalier de l'hôtel de ville, construit un siècle plus tard et à la surprenante couleur rosée, on embrasse toute la structure de la place. L'uniformité géométrique des arcades et des rues rectilignes qui s'échappent vers les vestiges des remparts de briques rouges est impressionnante. Jan Zamoyski rêvait d'un brin d'Italie, ses vœux sont exaucés. Le Rynek Wielki a la teinte jaune ou bleu pastel des places de Venise ou Florence. Les pigeons, les pizzerias et les groupes de touristes ne font que renforcer l'impression de « Padoue du Nord ». Le matin, les collégiens ou étudiants empruntent la place pour se rendre à leur académie ou dans les écoles de musique. Le soir, la place se transforme en un vaste terrain de football ou en scène de cabaret pour les artistes de rue. Ballon rond et commedia dell'arte... toujours l'Italie ! Par bonheur, le Rynek Wielki n'a rien d'un quartier-musée.

Les **maisons arméniennes★★** (Kamienice Ormiańskie) situées sur la droite de l'hôtel de ville, quand on lui fait face, se distinguent des autres maisons bourgeoises du Rynek par leur décoration et leur ornementation exubérantes ajoutées au 17e s. pour obéir aux goûts orientaux de leurs propriétaires, riches marchands venus d'Arménie. Au **n° 30** de la rue Ormiańska se trouve la **maison Wilczkowska** qui abrite le **Musée régional Zamojskie** (Muzeum Zamojskie – *voir dans la partie « Visiter »*). Suivent les maisons de la rue **Bartoszewiczowska** au **n° 26**, appelée la maison « sous le lion » ou « sous l'ange », puis la maison « sous le couple » au **n° 24**, enfin une maison jaune, appelée « sous la Vierge » au **n° 22**. Toutes sont surmontées d'attiques et peintes de couleurs singulières, ocre ou violette. En faisant le tour de la place sous les arcades, on découvre l'unité des décorations des portes. Elles sont souvent d'origine, sculptées et richement décorées. En s'enfonçant dans les couloirs ou en empruntant les escaliers sous les arcades, dont tous les plafonds sont peints, on accède à des caves transformées en bars ou restaurants.

LE TOUR DE LA VILLE

La vue d'ensemble de la ville se poursuit en prenant la rue Grodzka qui traverse le Rynek Wielki d'ouest en est. En la prenant vers l'est, on accède à une porte de la forteresse : l'**ancienne porte de L'viv** (Stara Brama Lwowska). Traversons cette porte, et retrouvons-nous à l'extérieur des remparts. Il est possible de longer les bastions encore intacts sur quelques centaines de mètres, puis de rentrer dans l'enceinte de la Vieille Ville à la hauteur de l'église Ste-Catherine (Kościół Św. Katarzyny). On continue le tour en empruntant le bd Akademicka jusqu'à l'ensemble formé par l'**ancien palais des Zamoyski** et la **cathédrale**. Si cette dernière a conservé tout son attrait, notamment le campanile, le palais a subi beaucoup d'outrages. Il fut « soviétisé » à grand renfort de ciment et de béton ! Sa rénovation est semble-t-il programmée. Devant le palais se dresse la statue équestre de Jan Zamoyski, élevée en 2005 pour les 400 ans de sa mort

Cathédrale de la Résurrection du Christ et de St-Thomas Apôtre★
(Katedra Zmartwychwstania Pańskiego i Św. Tomasza Apostoła)

Ul. Kolegiacka - 10h-16h.

Construite entre 1587 et 1598, sous la direction de Bernardo Morando, la collégiale, aujourd'hui cathédrale, est l'un des plus beaux monuments religieux de la Renaissance en Pologne avec sa voûte typique du maniérisme polonais. Parmi les trésors artistiques, on y trouve une Annonciation, peinte par Carlo Dolci, et le monumental tabernacle en argent de style rococo. Dans le chœur, on peut admirer quatre tableaux représentant la vie de saint Thomas, le saint patron de Zamość. Dans la chapelle des Zamoyski, plusieurs cryptes sont accessibles aux visiteurs. Elles abritent les monuments funéraires du fondateur de la ville, de sa famille, des principaux dignitaires et d'artistes ou érudits À noter une sculpture naturaliste en marbre blanc, réalisée en Italie, représentant Tomasz Zamoyski, mort en 1638. Du **campanile** (Dzwonnica – *mai.-sept. : 10h-16h ; entrée libre*) s'offre un **panorama★★** sur la Vieille Ville.

Musée d'Art sacré (Muzeum Sakralne Kolegiaty Zamojskiej)

Ul. Kolegiacka 1a - mai-sept. : lun.-sam. 10h-16h, dim. 10h-13h ; oct.-avr. : dim. seult 10h-13h - 6 PLN.

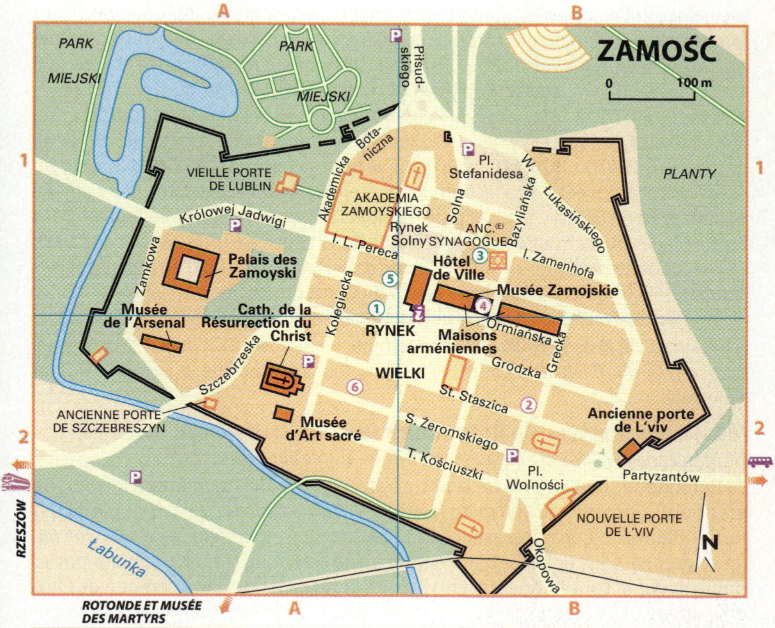

SE LOGER		SE RESTAURER	
Arkadia (Hotel)	1	Green Pub	2
Senator (Hotel)	3	Muzealna (Restauracja)	4
Zamojski (Hotel)	5	Padwa (Restauracja)	6

Installé à proximité de la cathédrale dans la maison historique « Infułatka » de l'abbé mitré (nom donné aux abbés qui avaient rang d'évêque), le musée d'Art sacré est intéressant pour sa collection de vêtements liturgiques, ses quelques pièces d'orfèvrerie et des fonts baptismaux en bronze.

De la cathédrale, on peut rejoindre le Rynek Wielki en empruntant à nouveau la rue Grodzka, par sa partie ouest.

Visiter

Musée Zamojskie★★ (Muzeum Zamojskie)

Ul. Ormiańska 30 - ✆ 084 638 64 94 - www.muzeum-zamojskie.one.pl - tlj sf lun. 9h-16h - fermé j. fériés et lendemain - visite 45mn - 8 PLN.

Le musée est installé dans les maisons arméniennes. Dès les premiers pas dans ce lieu d'histoire, on sent l'omniprésence de Jan Zamoyski et de ses proches. Peintures, statues ou gravures attestent du poids du Hetman (commandant en chef) dans l'histoire de sa ville. Le musée regroupe différentes collections de peintures, gravures, d'équipements militaires et de sculptures religieuses en bois. Beaucoup de thèmes sont abordés donnant à l'ensemble une allure assez hétéroclite. L'aménagement et les éclairages sont soignés, mais le musée manque totalement d'explications en langues étrangères. Certes, nul besoin de légendes pour découvrir les photos anciennes du Rynek Wielki, par lesquelles on apprend qu'un jardin recouvrait la place morcelée en parcelles. Pas plus pour s'étonner devant le mobilier italien du 16e s., incrusté d'ivoire. Encore moins pour profiter des vêtements, des bottes et des foulards traditionnels des 19e et 20e s., des poteries aux motifs marron et vert caractéristiques des montagnes des Carpates, des collections de pierres taillées du mésolithique ou paléolithique. Une salle est dédiée à des peintures naïves aux couleurs vives et aux perspectives maladroites qui évoquent des scènes paysannes, des mariages. Ce lieu est à réserver à ceux qui aiment papillonner dans un musée sans thématique affichée.

Musée de l'Arsenal★ (Muzeum Barwy i Oręża « Arsenał »)

Ul. Zamkowa 2 - ✆ 084 638 40 76 - tlj sf lun. 9h-16h - fermé j. fériés et lendemain - 9 PLN.

L'arsenal est une longue bâtisse blanche, dressée dans le quartier de la cathédrale et de l'ancien palais des Zamoyski. Ce dépôt d'armes fut construit vers 1582 pour y entreposer les trophées de guerre conquis par les armées du Hetman ou les cadeaux reçus par celui-ci. Les collections furent pour la majeure partie détériorées ou pillées lors des invasions étrangères suédoise ou tatare. Il fut remanié à la mode néoclassique et surélevé d'un étage vers 1820. Aujourd'hui, très logiquement, le musée qui l'occupe est exclusivement militaire et l'on y voit de nombreuses armures du 16e s., des épées ou sabres des 17e et 18e s., ainsi que des arquebuses et des carabines françaises ou autrichiennes de 1820. On y découvre aussi des maquettes de la ville telle qu'elle se dessinait en 1580 ou 1825. Malgré le manque total de mise en scène, c'est au premier étage que se trouvent les collections les plus émouvantes et évocatrices. Il s'agit de peintures ou de dessins, réalisés par les soldats eux-mêmes, illustrant leur vie dans les tranchées ou au front durant les conflits de 1915 et 1916, puis des années 1930. La camaraderie idyllique, les soldats armés d'une mandoline ou d'un accordéon, les troupes défilant sous le regard protecteur du Christ qui les bénit, presque toutes les illustrations s'attachent à évacuer ou à masquer l'éprouvante réalité des combats.

À proximité, le **Musée militaire en plein air** (Plenerowa Ekspozycja Wojskowa – *avr.-oct. : tlj sf lun. 9h-18h*) s'adresse aux amateurs d'armes de la Seconde Guerre mondiale.

Musée des Martyrs - la Rotonde★★ (Muzeum Martyrologii - Rotunda)

Ul. Męczenników Rotundy 1 - mai-oct. 9h-18h - entrée libre.

La Rotonde se situe au-delà de la porte Szczebrzeska (direction Cracovie) dans un parc boisé. Construite à 500 m de la Vieille Ville, la Rotonde, qui faisait partie des fortifications, était un poste avancé de défense et une poudrière reliée à la ville par un souterrain. C'est un vaste bâtiment circulaire de briques rouges, dont les portes donnent sur la cour intérieure. En 1939, les troupes nazies l'utilisèrent à des fins dramatiques. La Rotonde devint un lieu de torture ou d'exécution et de transit pour ceux qui devaient être dirigés vers les camps de la mort, principalement Bełżec. Communauté juive, intellectuels de la région, partisans ou soldats soviétiques furent environ 8 000 à périr entre ces murs considérés aujourd'hui comme lieu de mémoire. Ce macabre bilan ne prend pas en compte les convois de prisonniers qui affluèrent vers Zamość à la fin de la guerre quand l'armée nazie tentait de faire disparaître, par le feu, toutes traces des crimes commis. Le dépouillement et la simplicité sont de mise dans le cimetière qui entoure la Rotonde. On peut lire quelques informations, en diverses langues, au portail d'entrée. Ensuite, le visiteur n'a guère besoin d'explications. Des plaques commémoratives et des sépultures symboliques sont dressées dans chaque cellule. À l'extérieur, le cimetière rassemble des pierres tombales où des « étoiles rouges » côtoient des « étoiles de David », où les anonymes de l'ombre ont droit aux mêmes honneurs que les partisans reconnus.

Galerie photo de l'hôtel de ville (Galeria Fotografii « Ratusz »)

Rynek Wielki 13 - ✆ 084 639 21 69 - www.ztf.pl - mi-juil.-fin août : lun.-vend. 8h-20h, w.-end 10h-18h ; mai-mi-juil. et fin août-sept. : lun.-vend. 8h-18h, w.-end 10h-18h ; oct.-avr. : lun.-vend. 8h-17h, sam. 9h-14h - entrée libre. Les locaux de l'office de tourisme accueillent des expositions temporaires de photo.

Zamość pratique

Code postal : 22-400

Adresses utiles

Office de tourisme – *Zamojski Ośrodek Informacji Turystycznej - Rynek Wielki 13 - ✆ 084 639 22 92 - www.zamosc.pl.* Le bureau est sous la tour de l'hôtel de ville. Il propose de nombreuses visites guidées en 2h30, 4h, 5h ou 8h (de 73 à 192 PLN).

Police municipale – *Rynek Wielki 13 - ✆ 986.*

Poste – L'office de tourisme vend des timbres et dispose d'une boîte aux lettres.

Distributeur de billets – *Ul. Grodzka 2 -* Bureau et distributeur Pekao, près de l'hôtel Senator.

L'hôtel Zamojski possède un distributeur 24h/24 à sa réception. Entrer dans l'hôtel.

Café Internet (Kawiarenka Internetowa) – Niedźwiedź Tomasz - *Ul. Zamoyskiego 15.*

Transports

Gare ferroviaire PKP – *Ul. Szczebrzeska 11, 1 km au sud du centre-ville - ✆ 084 639 34 01.* Peu active. Destination Varsovie et Cracovie.

Gare routière PKS – *Ul. Hrubieszowska 1 - ✆ 084 638 49 86 - www.ppks-zamosc.com.pl.* Ttes les 20mn, des minibus privés partent vers Lublin.

Varsovie, Lublin, Cracovie, Łódź, Rzeszów, Przemyśl sont bien desservies par les transports PKS.

Pour aller à L'viv, en Ukraine, il faut d'abord se rendre à Tomaszów, au sud de Zamość (9 bus par jour).

Taxi – Lux Taxi *✆ 96 24* ; Radio Taxi *✆ 91 91* ; Hetman Taxi *✆ 96 21.*

Location de vélos – Atlanta - *Ul. Partyzantów 29 - ✆ 084 639 15 29.*

Parking gardé – Konaszek Magdalena Parking Strzeżony - *Ul. Sadowa.* 24h/24.

Se loger

Hotel Arkadia – *Rynek Wielki 9 - ✆ 084 638 65 07 - www.arkadia.zamosc.pl - P - 25 ch. 140 PLN.* Il a une situation idéale puisqu'il est installé dans une maison du Rynek. Les chambres sont modestes mais propres.
La salle de restaurant donne sur l'hôtel de ville. Parking fermé.

Hotel Senator – *Ul. Rynek Solny 4 - ✆ 084 638 76 10 - www.senatorhotel.pl - 32 ch., 2 suites, 268 PLN, w.-end 190 PLN.* Il est situé sur une place derrière l'hôtel de ville où se trouve l'ancien marché au sel. Là, dans une maison ancienne, entièrement rénovée et modernisée, les chambres sont meublées avec goût et l'atmosphère générale est conviviale.

Hotel Zamojski – *Ul. Kołłątaja 2/4/6 - ✆ 084 639 25 16 - www.orbis.pl - 45 ch., 5 studios, 4 suites - ch. 285 PLN, w.-end 190 PLN.* À 10mn du Rynek Wielki. L'hôtel le plus luxueux de la ville offre un accueil et des prestations de très haute qualité. L'architecte, par son travail sur la lumière, a réussi à donner aux hôtes l'impression d'être dans un jardin d'hiver.

Se restaurer

La plupart des établissements se trouvent autour du Rynek. Nous vous signalons quelques restaurants polonais, mais si vous voulez parfaire votre impression d'atmosphère italienne, vous pouvez aussi essayer l'une des nombreuses **pizzerias** installées sous les arcades du Rynek Wielki. Elles ont pour nom : La Cantina, Verona, Italiana, Il Tempo... l'embarras du choix !

Green Pub – *Ul. Staszica 2 - ✆ 084 627 03 36 - 13h-22h - 30 PLN.* À deux pas de la porte de L'viv, ce restaurant chaleureux est décoré avec originalité. Tout est vert ou orange. L'assiette est copieuse et la carte ne ment pas : quand elle indique « diablo », c'est que la sauce est diablement épicée.

Restauracja Muzealna – *Ul. Ormiańska 30 - ✆ 084 638 73 00 - 9h-0h, hiver 11h-0h - 25 PLN.* Ce restaurant a pour cadre une cave près de l'hôtel de ville. On y sert de la cuisine polonaise traditionnelle. Les soupes, à elles seules un repas, sont délicieuses. Demander à être installé dans les salles du fond.

Restauracja Padwa – *Ul. Staszica 23 - ✆ 084 638 62 56 - 11h-23h - 30 PLN.* Aménagé dans une vieille maison rénovée avec goût dont le rez-de-chaussée est très clair, ce restaurant offre un grand choix de vins rouges de toutes origines. La soupe Gulash à 5 PLN est remarquable. Beaucoup de légumes frais en salade.

A. Galy / MICHELIN

Détail d'une façade colorée du Rynek.

En soirée

Jazz Club Mieczysław Kosz – *Ul. Zamenhofa 3 - ✆ 084 638 60 41.* Le jazz est une musique très appréciée en Pologne. Nombreux sont les artistes de renommée internationale. Zamość a son temple du jazz. Le Jazz Club Kosz est situé dans l'ancien quartier juif, près de la synagogue. La salle de concert est aménagée dans les anciens bains. Depuis près de 35 ans, Jerzy Zdybel et ses amis font vivre le jazz, le blues et occasionnellement d'autres types de musiques en ce lieu. C'est aussi l'âme des « Rencontres des vocalistes de jazz » qui ont lieu chaque année le premier week-end d'octobre. Un lieu attachant, tenu par des passionnés. Avec un peu de persuasion, vous aurez même droit à quelques mots en français. Concerts réguliers les jeudi, vendredi et samedi en soirée.

Achats

Hala Targowa – *En bas de Ul. Grodzka, à côté de la porte de L'viv - lun.-sam. 9h-17h, dim. 9h-15h.* Cette galerie commerciale, située dans une partie du bastion, sent la saucisse et l'eau de Cologne. Derrière le bâtiment se trouve un petit marché typique : kantors, toilettes, presse, alimentation, cafés, etc.

Place Stefanidesa – *Ul. Przyrynek, à proximité de l'église Ste-Catherine, derrière l'hôtel Senator - lun.-vend. 11h-18h, sam. 12h-16h.* File d'attente de taxis, kantors et petites boutiques de bazar.

Événements

Hetman fair – Une reconstitution historique en costumes au cœur de la Vieille Ville. A lieu les deux premiers week-ends de juin.

Festival international de folklore – En juillet.

Festivals de jazz – Il y en a plusieurs chaque année dont l'un en juin et l'autre en septembre. Les « Rencontres des vocalistes de jazz » *(Międzynarodowe Spotkania Wokalistów Jazzowych)* ont lieu le premier week-end d'octobre.

Pavillons de bois dans le parc royal de la forêt de Białowieża.

A. Galy / MICHELIN

WARMIE, MAZURIE ET PODLACHIE

Forêt de Białowieża★★

Puszcza Białowieska

CARTE GÉNÉRALE D2 – CARTE MICHELIN N° 720 D17 – VOÏVODIE DE PODLACHIE

Observée par les scientifiques du monde entier, la forêt de Białowieża entrebâille ses portes aux visiteurs. Son intérêt écologique de premier plan n'autorise pas le piétinement par les bipèdes. Ici, les rois se nomment bisons, loups ou castors. Ils furent longtemps les proies des chasses royales ou tsaristes, avant d'être protégés et surveillés comme des pierres précieuses de même que leur environnement.

Se repérer – À 100 km au sud-est de Białystok, la forêt s'étend sur la Pologne et la Biélorussie.

À ne pas manquer – La route qu'empruntait le tsar pour venir à Białowieża.

Organiser son temps – Découvrir les zones autorisées du parc prend une journée. La forêt hors du parc est en accès libre. Comptez une demi-journée pour découvrir la route des tsars.

Avec les enfants – La visite de la réserve des bisons et du musée d'Histoire naturelle du parc sont les plus sûrs moyens d'observer des bisons !

Comprendre

Le bison d'Europe, un symbole omniprésent mais discret – Ce puissant omnivore, dont les mâles adultes atteignent 500 à 900 kg et une hauteur au garrot de 1,80 m, est le plus imposant animal vivant en Europe. Les rois de Pologne, et plus tard les tsars, l'ont mis à leur tableau de chasse. Bien que chassé, le bison a toujours été protégé. Au 16ᵉ s. on condamnait à mort les chasseurs de bisons n'ayant pas reçu l'autorisation du roi. Jusqu'au début du 20ᵉ s., l'équilibre entre la chasse et la reproduction était maintenu. Durant le premier conflit mondial, les braconniers et les soldats bouleversèrent cette règle et, dès 1919, plus aucun bison ne hantait la forêt de Białowieża.

Dans les années 1920, les scientifiques chargés d'étudier la réintroduction des bisons dressèrent l'inventaire des richesses naturelles de la forêt. Il leur apparut que l'action de protection à mener devait concerner l'ensemble de l'espace forestier, cours d'eau, sol, flore et faune compris. Aujourd'hui, la forêt de Białowieża et son alter ego biélorusse sont classées au patrimoine mondial de l'Unesco. Le parc qui couvre une partie de la forêt n'est accessible que sous des conditions draconiennes. Des scientifiques assurent la gestion et contrôlent la reproduction du troupeau de bisons. On en compte environ 700 dans l'ensemble polono-biélorusse.

Se promener

Parc de la forêt de Białowieża★★

Toutes les visites se font à partir du village de Białowieża où l'on trouve tous les renseignements utiles *(voir dans « Białowieża pratique »)*.

Zone strictement protégée d'Orłówka – La zone protégée d'Orłówka est qualifiée de forêt primaire, car l'homme ne l'a jamais exploitée. Délimitée par les rivières Hwoźna au nord, Narewka à l'ouest et la Biélorussie à l'est, c'est la partie la plus strictement protégée du parc. Malheureusement pour le visiteur, l'accès à l'immense majorité des 4 750 ha est interdit au commun des mortels.

Visite – *L'entrée dans cette zone se fait par le parc du palais qui se trouve dans le centre de Białowieża. On y pénètre par une route à gauche de l'église orthodoxe en briques.*

Il faut être accompagné par un guide agréé. L'itinéraire de 7 km, soit environ 3h de marche facile, en terrain plat parfois humide, offre un aperçu de la richesse naturelle de la forêt : des chênes de plus de 40 m âgés de 450 ans, des zones humides couvertes d'épicéas vigoureux ou déracinés, des pins autrefois utilisés comme ruches par des apiculteurs bravant l'interdiction tsariste de pénétrer en ces lieux.

Zone protégée de Hwoźna – Cette zone, à l'ouest de la rivière Narewka, et au nord de la Hwoźna, forme une parcelle de plus de 50 000 ha. L'intervention passée et présente de l'homme la prive de son caractère primaire. Elle n'a pas la nature exceptionnelle de la zone d'Orłówka, mais reste un cadre magnifique de randonnées.

On y entre par le village de **Narewka**. De nombreuses pistes balisées, pédestres ou cyclistes, y sont aménagées et, l'hiver, on y pratique le ski de fond. Cette concession est faite au grand public qui doit respecter les règles de protection de la nature.

Visiter

Parc animalier et réserve des bisons (Rez Pokazowy Zwierząt)

En venant de Hajnówka, la réserve est sur la gauche de la route, à 2 km de l'entrée de Białowieża - 9h-17h - 8 PLN. Les amoureux de nature sauvage et de grands espaces seront sans doute déçus, mais reconnaissons que cette réserve est sans doute la meilleure solution pour apercevoir un bison, un loup ou un cerf. Les petits chevaux polonais appelés « tarpans » sont aussi pensionnaires de l'endroit.

Musée d'Histoire naturelle du Parc de Białowieża★★ (Muzeum Przyrodniczo Leśne Białowieskiego Parku Narodowego)

Park Pałacowy - ✆ 085 682 97 02 - 15 avr.-15 oct. : 9h-17h ; 15 oct.-15 avr. : tlj sf lun. 9h-16h - 12 PLN.

Le musée se situe dans un parc de 50 ha où fut édifiée l'ancienne résidence du tsar Alexandre II. Celle-ci a été détruite en 1944 mais il subsiste des pavillons de bois assez pittoresques et des bâtiments agricoles utilisés aujourd'hui par les employés du parc. Le musée est une immense bâtisse surmontée d'une tour d'où l'on a une vue panoramique sur la forêt. Taxidermie et projections de films permettent toutes sortes de rencontres animales. Une manière également de revivre les chasses d'antan et d'apprécier le travail de protection des scientifiques.

Aux alentours

Hajnówka

Cette petite ville doit son existence récente à l'industrie du bois. Elle marque l'entrée de la forêt de Białowieża. Son identité fortement orthodoxe et biélorusse est marquée par sa grande **église** aux lignes contemporaines construite en 1982 *(Ul. Ks. A. Dziewiatowskiego)*. À découvrir aussi, son petit **musée** consacré à la culture biélorusse *(Ul. 3 Maja 42 ; ✆ 085 682 28 89 ; lun.-vend. 9h-16h, w.-end 12h-16h ; 4 PLN)*.

Petit train touristique – *Juil.-sept. : mar., vend. et sam. 10h ; hors saison uniquement sur RV - 20 PLN.* Une ligne de chemin de fer relie Hajnówka au village forestier de Topiło. La gare se trouve à la sortie de Hajnówka, sur la route de Białowieża face au cimetière. Suivre les panneaux « Kolejki Leśne w Puszczy Białowieskiej ». Ce petit train permet une autre approche de la forêt. Le long de son parcours (11 km), des arrêts sont programmés pour découvrir la forêt et sa flore caractéristique.

Route des Tsars★ (Carska Droga)

(Environ 30 km)

Elle relie Hajnówka et Bielsk Podlaski, par les villages de Nowe Berezowo, Czyże, Łoknika, Pasynki ou Widowo. Cette route était empruntée par les tsars et leurs invités quand ils se rendaient à d'impressionnantes chasses aux bisons. À ces occasions, les habitants des villages qui se trouvaient sur ce parcours étaient tenus d'éclairer à l'aide de torches les convois royaux. Aujourd'hui, loin des fastes des tsars, on redécouvre ces petits villages dotés d'**églises orthodoxes** aux couleurs et aux formes surprenantes. La route aboutit à Bielsk Podlaski dont les églises sont réputées pour leurs décorations et la qualité de leurs icônes. En effet, la tradition de l'icône persiste grâce à une école technique iconographique unique en Pologne.

ONT Pologne

Les bisons d'Europe.

Grabarka

58 km au sud-est de Hajnówka par les 685 et 693.

Communément appelé le « Częstochowa des orthodoxes», Grabarka est un grand centre de pèlerinage, haut lieu du culte orthodoxe depuis sept siècles (plus d'un million de Polonais sont de confession orthodoxe). L'église en bois du 19e s. a été détruite par un incendie en 1990 et remplacée par une église récente. À côté, on peut découvrir le spectaculaire **mont des Pèlerins**, couvert de milliers de croix déposées par les croyants, ainsi qu'une petite église en bois et un couvent de femmes orthodoxe. Chaque année, le 19 août, pour la fête de la Transfiguration, plus de 100 000 pèlerins venant de toute l'Europe se retrouvent ici.

Białowieża pratique

Code postal – 17-230.

Adresses utiles

Office de tourisme PTTK – *Kolejowa 17 - ✆ 085 681 22 95 - www.pttk.bialowieza.pl - pttk@pttk.bialowieza.pl - 8h-16h.* Dans une petite maison jaune, cachée sur une place à côté de l'hôtel Żubrówka. Tout est prévu pour réserver un guide, louer une carriole à cheval ou des vélos.

Parc de la forêt de Białowieża – *Park Pałacowy 11 - ✆ 085 681 23 06 - www.bpn.com.pl.*

Bureau des guides – Lucyna Szymura - *Park Pałacowy 5 - ✆ 085 681 28 98 - bup@o2.pl.* Les guides organisent des sorties d'environ 3h dans la zone protégée d'Orłówka (165 PLN) et des visites du musée d'Histoire naturelle (55 PLN).

Transports

Pour se déplacer de ville en ville, des bus fréquents relient Białowieża à Białystok, Bielsk Podaski ou Hajnówka.

Se loger

Pensjonat « Sioło Budy » – *Lieu-dit « Budy » à Białowieża - ✆ 631 29 78 - www.siolobudy.pl - 10 ch. 180 PLN.* Idéal pour jouer à l'homme des bois dans un confort satisfaisant. Le hameau « Budy » est à mi-chemin entre le Skansen, le camp scout et la maison de campagne.

Dwór Soplicowo – *Ul. Krzyże 2a - ✆ 085 681 28 40 - www.dworsoplicowo.pl - 32 ch. 220 PLN, appart. 450 PLN.* Une construction moderne avec des toitures en chaume et du mobilier 19e s. C'est tout à fait l'idée que l'on se fait d'un pavillon de chasse aux bisons, avec le confort du 21e s.

Hotel Żubrówka – *Ul. Olgi Gabiec 6 - ✆ 085 681 23 03 - www.hotel-zubrowka.pl - 73 ch. 380 PLN.* Un hôtel luxueux pour ceux qui privilégient le confort et le service, quitte à perdre quelque peu le dépaysement de la forêt.

Se restaurer

Karczma u Jankiela – *Dans la cour de Dwór Soplicowo - ✆ 085 682 99 40 - 40 PLN.* L'endroit est dans la pure tradition des auberges polonaises ; les estomacs vides y trouveront leur bonheur.

Restauracja Carska – *Ul. Stacja Towarowa - ✆ 085 681 21 19 - www.restauracjacarska.pl - 100 PLN.* La décoration et le contenu des assiettes sont raffinés. Goûtez la chair d'esturgeon ou le gibier. Les vins rouges français sont à l'honneur.

Białystok ★

294 143 HAB.
CARTE GÉNÉRALE D2 – CARTE MICHELIN N° 720 D16 – VOÏVODIE DE PODLACHIE

Białystok est la capitale de la Podlachie. Elle fut l'un des fleurons de l'industrie polonaise, notamment textile, suite à la révolution industrielle. Bien que construite autour d'un ensemble architectural de style baroque et d'une cathédrale catholique de briques rouges, Białystok est loin de présenter une culture homogène. À la croisée des chemins du catholicisme et de l'orthodoxie, elle est aussi peuplée des descendants des cavaliers tatars pratiquant toujours le culte musulman.

Se repérer – À 195 km au nord-est de Varsovie, aux portes de la Biélorussie.

À ne pas manquer – Les maisons ou les palais ayant appartenu aux propriétaires des usines textiles qui ont fait la richesse de la ville au 19ᵉ s.

Organiser son temps – Comptez une demi-journée pour visiter Białystok et une demi-journée pour partir sur les traces des Tartars aux environs de la ville.

Comprendre

Mère patrie de l'espéranto – Depuis des siècles, la vie quotidienne à Białystok se conjugue dans une étonnante mosaïque de cultures, de religions et de langues. Au cours du 19ᵉ s., la ville comptait 30 000 habitants, dont 3 000 Polonais, 18 000 Juifs, 5 000 Allemands et 4 000 Russes. Ce fractionnement se retrouvait dans la composition de la structure sociale et professionnelle : les « intellectuels » s'exprimaient en polonais, les ouvriers en allemand, les commerçants en hébreu, les paysans en russe blanc, parlé dans la Biélorussie d'aujourd'hui, alors que la langue officielle était le russe. Les communautés et les quartiers vivaient les uns à côté des autres sans réelle unité. Devant cette situation, un adolescent du ghetto, précoce et vif d'esprit, entreprit de créer une langue commune. **Ludwik Zamenhof**, né à Białystok en 1859, futur médecin ophtalmologiste diplômé de l'université de Moscou, allait inventer l'**espéranto**. Cet homme, qui maniait une douzaine de langues, finalisa la sienne à l'âge de 28 ans et traduisit Shakespeare, Gogol et la Bible. Il mourut à Varsovie en 1917. Aujourd'hui, environ 150 universités à travers le monde dispensent des cours en espéranto.

Se promener

Le centre de Białystok est traversé par la rue Lipowa.

Cathédrale de l'Assomption de Notre-Dame★ (Bazylika Mniejsza Wniebowzięcia NMP)

Ses tours flamboyantes de 72,5 m se dressent à l'extrémité ouest de la rue Lipowa. Cet imposant édifice néogothique de briques rouges, construit entre 1900 et 1905, a été conçu comme l'annexe de l'église baroque, dite « blanche », datée de 1627.

Palais Branicki★

De l'autre côté de la rue Lipowa. Le palais original fut détruit durant la Seconde Guerre mondiale, comme de nombreux quartiers, et le bâtiment que l'on voit aujourd'hui fut totalement reconstruit. Il porte le nom de la famille qui façonna ce « Versailles de la Podlachie » sur plusieurs générations. Achevé dans le courant du 18ᵉ s., le palais fut le centre d'une cour d'artistes et de scientifiques qui donna à Białystok ses lettres de noblesse. Les rois de Pologne, puis l'empereur d'Autriche Josef II y séjournèrent fréquemment. Il abrite aujourd'hui l'Académie de médecine. Il est possible d'y entrer et de découvrir quelques salles et la chapelle. Un grand parc, tantôt à la française, tantôt à l'anglaise mène jusqu'aux **Planty**. Depuis ce parc aménagé à l'emplacement des anciens remparts, on accède à un autre espace vert protégé appelé « Las Zwierzyniecki ».

En remontant la rue Lipowa, vers l'est, on arrive à l'ancien hôtel de ville.

Ancien hôtel de ville (Dawny Ratusz)

Datant du 17ᵉ s., il abrite aujourd'hui le **Musée régional de Podlachie** (Muzeum Podlaskie – *Ul. Rynek Kościuszki 10 ; tlj sf lun. 10h-17h ; 4 PLN*), intéressant pour son insolite sous-sol consacré à la vigne et aux plaisirs du vin.

Église orthodoxe St-Nicolas-le-Faiseur-de-Miracles★ (Kościół Św. Mikołaja)

Édifiée en 1843, elle rappelle que Białystok est la commune polonaise comptant le plus d'orthodoxes, soit environ 80 000.

La rue aboutit à la place de l'Indépendance, sur laquelle est érigée la monumentale **église contemporaine du Christ-le-Roi-et-St-Roche**. La première pierre fut posée en 1927, mais elle ne fut achevée qu'en 1946. Elle a la forme d'une étoile et est dominée par un clocher haut de 8 m.

Rue Warszawska, près de la cathédrale et du palais Branicki, se trouvent quelques exemples des **palais édifiés pour les entrepreneurs** de Varsovie ou de Łódź qui contribuèrent au dynamisme économique de la région.

Aux alentours

Sur la trace des Tatars musulmans★★

Les premiers Tatars s'installèrent sur les territoires lituaniens et polonais au début du 15e s. Après avoir combattu les troupes chrétiennes, certains trouvèrent asile en Lituanie. Ils se battirent aux côtés des Polonais contre les chevaliers Teutoniques, notamment à la bataille de Grunwald. En 1679, le roi Jean III Sobieski, ne pouvant plus payer leurs soldes, leur offrit des terres en Podlachie. Leurs descendants vivent toujours à Kruszyniany et à Bohoniki, de minuscules villages regroupés autour des mosquées et des cimetières. Lors des fêtes religieuses, les parents habitant Varsovie, Gdańsk ou Białystok reviennent. Avant 1939, il existait une dizaine de villages. Les mosquées furent brûlées par les nazis ou les communistes et les habitants durent s'exiler.

A. Galy / MICHELIN

Cimetière musulman, témoignage de la présence tatare en Podlachie.

Sokółka – *À 40 km au nord-est de Białystok, par la route 19.*

Musée de la région de Sokółka (Muzeum Ziemi Sokólskiej) – *Ul. Grodzieńska ; ✆ 085 711 24 35 ; mar.-vend. 8h-17h, w.-end 9h-17h ; 4 PLN.* Bien que modeste, il permet de mieux comprendre l'origine de la présence tatare en Podlachie.

Bohoniki – *Depuis Sokółka, prendre la route 674 vers Krynki sur environ 3 km.* La mosquée, totalement restaurée en 2005, fut construite en 1900. Le cimetière se trouve à la sortie du village, sur la gauche au bout d'une allée d'arbres.

Kruszyniany – *Aller à Krynki, puis poursuivre environ 10 km vers le sud.* La mosquée, édifiée à la fin du 19e s., est la plus ancienne de Pologne. Le cimetière, situé dans le bouquet d'arbres, derrière la mosquée, présente des sépultures de la fin du 17e s.

Białystok pratique

Code postal – 15-000.

Adresses utiles

Office de tourisme – *Ul. Malmeda 6 - ✆ 085 732 68 31 - www.podlaskieit.pl - 8h-17h.* Vous pourrez avoir quelques informations en français et en anglais.

Transport

Gare ferroviaire – *Ul. Kolejowa 26.* 9 fois par jour, des trains rallient Varsovie en 2h30. Cracovie, Gdynia, Gliwice ou Poznań sont reliées très régulièrement.

Gare routière – *Ul. Bohaterów Monte Cassino 8.* De nombreux bus sillonnent la Pologne au départ de Białystok vers Varsovie, Wrocław, Gdańsk ou Rzeszów. De Białystok, on peut aussi se rendre dans les pays voisins : en Biélorussie et en Lituanie.

Se loger

⊖⊖⊖ **Hôtel Branicki** – *Ul. Zamenhofa 25 - ✆ 085 665 25 00 - www.hotelbranicki.com - 32 ch. 360 PLN, w.-end 290 PLN.* Charmant et haut de gamme (sauna, club cigare, night-club et parking privé), il est situé dans une rue calme proche du centre.

Se restaurer

⊖⊖ **Sabatino** – *Ul. Sienkiewicza 3 - ✆ 085 743 58 23 - 12h-23h30 - 50 PLN.* Une grande salle assez dépouillée, une musique jazzy ou blues et une lumière tamisée accueillent le client. Des plats polonais sont au menu, tout comme une étonnante soupe provençale et des saveurs italiennes.

⊖⊖ **Tatarska Jurta** – *Kruszyniany - ✆ 085 710 84 60 - 30 PLN.* Dans sa maison, face à la mosquée, Dżenneta Bogdanowicz vous accueille chez elle. Les repas tatars à base de pâtés de viande et de soupes sont simples et copieux.

Parc national de la Biebrza★★

Biebrzański Park Narodowy

CARTE GÉNÉRALE C2 – CARTE MICHELIN N° 720 C16 – VOÏVODIE DE PODLACHIE

La courte rivière Biebrza, qui prend sa source entre Białystok et Augustów, déborde de son lit et s'étale dans un paysage marécageux. Profitant de ces caprices aquatiques, élans et castors en ont fait leur résidence principale et les oiseaux déferlent en toutes saisons sur ce territoire qui semble avoir été créé pour eux. Les amoureux d'ornithologie et de balades en bottes en caoutchouc ne seront pas déçus.

- **Se repérer** – À 60 km au nord-ouest de Białystok, entre Łomża et Augustów.
- **À ne pas manquer** – Les nids de cigognes occupés ou non, selon la saison.
- **Organiser son temps** – Comptez deux journées pour profiter de l'ensemble du parc et une demi-journée pour la visite de Tykocin.
- **Avec les enfants** – Une paisible descente en canoë de la rivière Biebrza.

Comprendre

Le plus grand marécage d'Europe centrale – « L'Amazonie polonaise », comme certains l'appellent, est l'un des derniers marais vivants d'Europe. Le Parc national de la Biebrza a la forme de deux pyramides se tenant par leur sommet, à la manière d'un sablier. Il s'est ouvert en 1994 et, par sa superficie (592 km^2), est le plus vaste de Pologne. Son territoire recouvre tout le bassin de la rivière qui lui donne son nom et peut être divisé en trois zones. La première, au nord, est la moins fréquentée. La deuxième, correspondant au cours moyen de la rivière, se compose pour l'essentiel de forêts humides d'aulnes et de marécages, dont le marais Rouge *(Czerwone Bagno)*. C'est dans cette zone que vivent en grande partie les élans qui, depuis leur réintroduction dans les années 1950, ont proliféré pour compter aujourd'hui quelque 500 individus. Le bassin sud est, pour sa majorité constitué de marécages et de bourbiers. C'est bien sûr le paradis des ornithologues qui peuvent observer quelque 270 espèces d'oiseaux parmi lesquelles figurent les grandes bécassines, devenues rares, et, en grand nombre, les fauvettes des marais.

Se promener

L'accès au parc se fait obligatoirement après une visite au **bureau central d'information**, situé au centre de la réserve, sur la rive opposée du village de Goniądz, point de départ de nos itinéraires *(lun.-vend. 7h30-15h30 ; l'été w.-end 7h30-19h30)*. Vous y trouverez brochures et cartes, vous pourrez réserver un guide ou encore louer des canots (5 PLN/h, 30 PLN/j) ou des kayaks (4 PLN/h, 20 PLN/j). Le parc est balisé de 500 km de sentiers, compte trois routes cyclables et 135 km de parcours navigables. Son accès est payant : adulte 4 PLN/j, enfant 2 PLN/j, -7 ans gratuit. L'accès aux itinéraires dans le marais Rouge fait l'objet d'une tarification spéciale (même montant que le droit d'entrée au parc). Attention, il faut toujours garder à l'esprit que le passage dans les marécages peut s'avérer délicat au printemps.

Sud du parc en voiture

Aucune route ne traverse le parc. On peut néanmoins suivre une route d'environ 100 km qui le longe. Au départ de Goniądz, rejoindre au sud-ouest Radziłów, puis Wizna via *Brzostowo et Burzyn. À 10 km de Wisna, sur la route de Kurpiki, aller au nord vers Laskowiec et rejoindre Goniądz par Gugny.* Les villages sont parfois à quelques centaines de mètres de la route. Il est intéressant de se rendre dans ces villages qui sont la plupart « les pieds dans l'eau ». Les départs de sentiers sont multiples, toujours bien signalés, et l'administration du parc a construit des tours d'observation, souvent plantées le long de la route. Outre l'observation d'oiseaux, ces tours offrent des vues panoramiques magnifiques sur un paysage plat, difficile à apprécier autrement.

Nord du parc à pied

Au départ de Grzędy. À vol d'oiseau, Grzędy est situé à 10 km au nord de Goniądz. Par la route, mieux vaut contourner le parc par l'ouest et emprunter la route entre Grajewo et Rajgród.

La randonnée de 18 km demande environ 8h de marche. Elle est signalisée par des marques rouges. La piste s'enfonce dans des forêts de conifères et de chênes plusieurs fois centenaires. Dans les dunes de Grzędy poussent de rares plantes de climat chaud.

Ailleurs, ce sont des champs infinis de roseaux. À mi-parcours, de la tour d'observation de Wilcza Góra qui surplombe les marais, on a une vue étonnante.

Sud du parc à pied

Au départ de Gugny. Voir « Le sud du parc en voiture ».

La randonnée de 10 km (balisée de marques rouges) s'effectue en 4h en prenant le temps de s'arrêter aux deux tours d'observation. La première tour a la réputation d'être un repaire d'élans et de cerfs au crépuscule. La réputation ne remplace pas la chance !

Du nord au sud du parc en canoë

Il existe de nombreuses formules pour descendre la Biebrza et ses marais en toute tranquillité. Du nord au sud, les villages ayant des structures d'accueil et de location sont Lipsk, Sztabin, Dolistowo, Goniądz, Osowiec et Brzostowo. Les itinéraires font de 8 à 25 km. Chacun, selon sa condition physique et la composition de sa famille, peut trouver une descente à sa mesure, Wisna étant l'étape la plus au sud. La location de canoës dans ces villages ne peut se faire qu'après avoir acheté un permis de naviguer auprès des instances du parc à Lipsk, Sztabin ou Osowiec-Twierdza.

Aux alentours

Tykocin

À 30 km au sud-est du parc de la Biebrza, un peu à l'écart de la route reliant Łomża à Białystok, vers le nord.

Tykocin est un village baroque assoupi le long de la rivière Narew. L'**église de la Ste-Trinité** (Kościół Św. Trójcy), construite entre 1741 et 1750 par Jan Klemens Branicki, est réputée pour son orgue et son autel, tous deux d'origine. Les traces du passé catholique se découvrent aussi en entrant à gauche de l'église dans un séminaire désaffecté bâti vers 1633, ou plus loin dans le village en passant les portes d'un monastère bénédictin toujours occupé par les moines.

Musée régional de Tykocin (Muzeum w Tykocinie – *Ul. Kozia 2 ; ✆ 085 718 16 26 ; tlj sf lun. 10h-17h ; 5 PLN*). Le lieu le plus émouvant de Tykocin est sans conteste l'ancienne synagogue. Transformé en musée, ce lieu qui a résisté à toutes les barbaries du 20e s. abrite des objets de culte comme la Torah, des couronnes pour Torah, des talis ou des lampes de Hanoukka. L'ensemble est disposé dans des vitrines, alors qu'au milieu de l'édifice se tient la Bima où étaient lus les rouleaux d'écriture. À deux pas de la synagogue se trouve une autre partie du musée où sont exposés des peintures, des objets archéologiques et où une pharmacie a été reconstituée.

Pentowo, le village des Cigognes

À 1 km de Tykocin, sur la route de Kiermusy - 2 PLN, visite commentée 10 à 30 PLN selon la formule. Dans une cour de ferme, on peut observer des nids de cigognes.

Parc de la Biebrza pratique

Code postal (Goniądz) – 19-110.

Code postal (Tykocin) – 16-080.

Adresses utiles

Parc national de la Biebrza – *Osowiec-Twierdza 8, à Goniądz - ✆ 085 272 06 20 - www.biebrza.org.pl.*

Office de tourisme – *Ul. Złota 2, à Tykocin - ✆ 085 718 72 32 - www.um.tykocin.wrotapodlasia.pl - lun.-vend. 7h30-15h30.*

Se loger et se restaurer

À BIEBRZA - GONIĄDZ

Bartłowizna – *Ul. Nadbiebrzańska 32 - ✆ 085 738 06 30 - www.biebrza.com.pl - 36 ch. 170 - 240 PLN - repas 35 PLN.* Ce complexe hôtelier récent propose une grande variété d'hébergements, ainsi qu'une auberge traditionnelle. Tennis, équitation. Tous les renseignements concernant les randonnées, la location de canoës et les services d'un guide vous seront donnés avec compétence.

À TYKOCIN

Dworek nad Łąkami – *Kiermusy 12 - ✆ 085 718 74 44 - www.kiermusy.com.pl - 10 ch., appart. 250 PLN, chalets 800 PLN - repas 40 PLN.* Au cœur des bois, dans un ravissant cadre, cet endroit est un mélange de noble pavillon de chasse, de galerie d'antiquités et de ferme de paysan du 17e s. L'aspect rétro des chambres est confirmé par l'absence de téléphone et de télévision. Ici, on joue le jeu de la nostalgie, du calme et du service haut de gamme.

Suwałki

42 927 HAB.
CARTE GÉNÉRALE D1 – CARTE MICHELIN N° 720 B16 – VOÏVODIE DE PODLACHIE

Nichée dans l'angle nord-est du pays, au nord de la province de Podlachie, la région lacustre de Suwałki est sans doute l'une des plus méconnues de Pologne. Préservés et sauvages, ses paysages boisés piquetés de lacs, soumis l'hiver à de rudes conditions climatiques, évoquent les régions boréales. On flirte là-haut avec la Russie, la Lituanie et la Biélorussie, toutes proches, dont les influences se font parfois sentir dans les coutumes, l'atmosphère des villages et la gastronomie.

- **Se repérer** – Suwałki est à 280 km au nord-est de Varsovie.
- **À ne pas manquer** – Les balades dans les parcs naturels, entre lacs et forêts.
- **Organiser son temps** – Du fait de l'éloignement de la région, il est raisonnable d'y consacrer au moins deux jours. Compte tenu du manque d'intérêt que présentent les villes, n'hésitez pas à vous loger à la campagne.

Comprendre

La période glaciaire qui, sous ces latitudes, connut un achèvement tardif, a laissé un paysage marqué de profonds vallons et de dépressions où se nichent aujourd'hui une centaine de lacs parmi les plus profonds de Pologne. Jadis peuplée de tribus prussiennes et lituaniennes, la région de Suwałki fut maintes fois disputée, occupée et soumise. En 1795, le troisième partage de la Pologne l'attribue à la Prusse. En 1807, Napoléon l'intègre au duché de Varsovie et elle rejoint le royaume de Pologne 8 ans plus tard. Créée au 17e s. par les moines camaldules du couvent de Wigry, Suwałki connaît son plein développement au 19e s. La ville qui vit naître le cinéaste Andrzej Wajda a pour seul argument touristique sa situation idéale au centre d'une vaste région lacustre propice aux balades et à la découverte de fabuleux paysages.

EditingServer.com / Reporter / Włodzimierz Echensk

Le monastère des Camaldules sur une presqu'île du lac de Wigry.

Visiter

Édifiée dans une courbe de la rivière Czarna Hańcza qui descend du parc paysager de Suwałki, la cité s'articule autour de la longue avenue principale orientée nord-sud.

Le **petit Musée régional** (Muzeum Okręgowe w Suwałkach – *087 566 57 50 ; Ul. T. Kościuszki 81 ; mar.-vend. 8h-16h, w.-end 9h-17h ; 5 PLN*) retient l'attention pour le bref portrait qu'il brosse, à l'aide de quelques objets archéologiques, du peuple balte disparu des Yotvingiens (aussi appelés Sudoviens) qui a laissé des nécropoles dans la région. Les commentaires sont en polonais. Le 1er étage abrite des travaux d'Alfred Wierusz Kowalski, célèbre peintre local du 19e s.

À la sortie est de la ville, au bord de la rue Bakałarzewska, plusieurs **cimetières** témoignent des influences qui se sont croisées au cours des siècles, chaque confession ayant le sien. Le minuscule carré musulman n'arbore aucune pierre tombale. Quant à celles épargnées du cimetière juif détruit par les Allemands en 1942, elles se dressent en un monument commémoratif au centre d'un austère enclos herbeux. La partie orthodoxe est dominée par la silhouette en bois d'une église bâtie à la fin du 19e s.

Le canal d'Augustów

C'est le plus grand investissement polonais du 19e s. Il relie les bassins de la Vistule et du Niémen pour permettre le commerce avec la Baltique. Sur 110 km, dont 80 en Pologne, ses 18 écluses (14 en Pologne) compensent un dénivelé de 50 m. Il traverse une multitude de lacs dont les lacs Necko, Rospuda, Białe et Studziennicze. Des croisières au départ d'Augustów sont organisées par la **compagnie Żegluga Augustowska** (*✆ 087 643 28 81/21 52 ; www.zegluga augustowska.pl/)* de mai à septembre et rallient l'écluse de Przewięż et le lac de Studziennicze tous deux à 7 km à l'est de la ville *(tours de 1h à 3h)*.

Aux alentours

Parc national de Wigry★

(Wigierski Park Narodowy)

À 5 km à l'est de Suwałki - ✆ 087 563 25 40 - www.wigry.win.pl - 3 PLN/j/pers.

Le relief particulièrement vallonné de ce vaste parc de 15 000 ha s'est formé au cours de l'ère glaciaire. Collines, tourbières et forêts abritent une quarantaine de lacs, parfois guère plus grands qu'un simple trou d'eau, dont le plus étendu et le plus sinueux, le lac Wigry, donne son nom à la réserve naturelle. La rivière Czarna Hańcza s'y jette à l'ouest sous la forme d'un torrent et ressurgit à l'est en large cours d'eau navigable. Elle traverse le parc puis serpente au sud sur 95 km à travers la forêt d'Augustów en direction de la frontière biélorusse, constituant l'un des plus beaux parcours pour les amateurs de canoë. Pins et sapins croissent au bord des lacs et se mêlent aux chênes, aux aulnes et aux bouleaux. Une faune riche y trouve refuge, en particulier le castor, véritable mascotte du parc. 130 km de sentiers balisés permettent de sillonner la réserve à pied ou à vélo.

Au bourg de Krzywe, à l'entrée du parc, un bureau d'accueil propose une importante documentation parfois en français. Un **Musée ethnographique** (Muzeum Etnograficzne), abrité dans une ancienne grange, renferme aussi bien des outils et des machines agricoles que des objets de la vie quotidienne. À côté, un petit **musée d'Histoire naturelle** (Muzeum Przyrodniczym) permet de mieux connaître la diversité de la flore et de la faune qui peuplent le parc. Le castor y tient, bien évidemment, une grande place.

Monastère des Camaldules★★ (Klasztor Kamedułów) – Il s'élève sur un promontoire qui fut jadis une île sur le lac Wigry. L'endroit fut cédé en 1667 aux camaldules, ordre proche des bénédictins, par le roi polonais Jan Kazimierz. Bientôt s'élevèrent une église baroque, un monastère et une série de petits ermitages, sans compter des bâtiments annexes, de la forge à l'indispensable brasserie. La zone d'influence du monastère s'étendait à 50 km à la ronde et, au 17e s., la communauté fonda la ville de Suwałki. En 1800, les camaldules furent expulsés par les Prussiens. Les deux guerres mondiales eurent en grande partie raison des bâtiments. Superbement restauré, l'endroit respire la sérénité. On peut flâner entre les quinze maisons jadis occupées par les moines. Le clocher isolé est un très bon observatoire qui offre une belle vue panoramique sur la région. C'est aujourd'hui un **hôtel** aux tarifs très abordables. Une petite exposition rappelle la visite de Jean-Paul II en 1999.

Croisières sur le lac – *Départ au pied du monastère - mai-oct. : 10h-16h.* Les tours durent 1h30.

Cimetière des Yotvingiens (Cmentarzysko Jaćwingów) – *À 5 km au nord de Suwłaki, au bord de la route 8, indiqué vers la gauche par le panneau blanc marqué « Szwajcaria ».* Une atmosphère particulière règne sur ce promontoire couvert de pins où l'on devine une centaine de tertres funéraires.

Parc paysager de Suwałki★ (Suwalski Park Krajobrazowy)

À 15 km au nord-ouest de Suwałki. Fondé en 1976, il couvre 6 200 ha. C'est probablement l'un des endroits les plus froids de Pologne. Formés par un glacier qui s'est retiré tardivement, les reliefs très marqués possèdent un charme envoûtant sous la blancheur des neiges hivernales. Plus d'une centaine de lacs parsèment ce paysage de collines où la flore et la faune présentent des caractères nordiques. Le lac Hańcza y est le plus profond de la plaine d'Europe centrale (108 m). Ses eaux claires, qui rappellent celles des lacs de montagne, sont dominées sur sa rive est par la colline Cisowa Góra, sommet symbolique de la région haut de 256 m, que certains surnomment le « Fuji Yama de Suwałki ».

Promenade autour du lac Jaczno – *Au départ de Smolniki, 7 km, compter 2h30.* Le parc est propice aux promenades-découverte comme celle-ci : au village de Wodziłki *(depuis Jeleniewo, prendre la route qui longe la limite sud du parc puis tourner à droite au bout de 5 km au niveau de l'abri-bus en briques blanches)*, fondé vers 1788 par des Russes orthodoxes, on peut voir une église en bois de la fin du 19e s.

Bureau d'information touristique du parc – *À 7 km à l'ouest de Jeleniewo, au lieu-dit Turtul - ✆ 087 569 18 01 - www.spk.org.pl - juil.-août : lun.-vend. 8h-19h, sam. 10h-17h ; sept.-juin : lun.-vend. 8h-16h - location de vélos 4 PLN/h.*

Augustów (29 713 hab.)

À 33 km au sud de Sulawki par la route 8.

Bâtie en lisière de forêt au bord des lacs Necko Białe et Sajno, la ville fut fondée au 16e s. par le roi Sigismond Auguste qui lui donna son nom. La route qui relie Varsovie à Saint-Pétersbourg et, surtout, le canal construit de 1824 à 1839 assurent son essor au 19e s. Dans les années 1920-1930, la ville était un centre de villégiature apprécié des élites. C'est aujourd'hui une station thermale sans charme et une base de loisirs nautiques. On pourra visiter le petit **musée du Pays d'Augustów** (Muzeum Ziemi Augustowskiej – *Ul. Hoża 7 ; tlj sf lun. 9h-16h ; 3 PLN*) qui abrite une collection ethnographique d'objets témoignant de la vie quodienne de jadis.

Au nº 5 de la rue Listopada, dans un bâtiment en bois à la pointe de la presqu'île, une **annexe du musée** (Dział Historii Kanału Augustowskiego) présente une exposition d'archives et de documents sur le canal d'Augustów.

Forêt d'Augustów (Puszcza Augustowska)

Elle commence à la limite est de la ville et se poursuit sur 40 km à l'est jusqu'à la frontière avec la Biélorussie. Un réseau de pistes cyclables et de sentiers de randonnée parcourt cette plaine boisée de 115 000 ha composée en grande partie de pins et de sapins. Marécages et tourbières couvrent sa partie sud où croissent aussi les aulnes. On y croise par endroits des arbres centenaires.

Suwałki pratique

Code postal – 16-400.

Adresses utiles

Office du tourisme d'Augustów – *Rynek Zygmunta Augusta 44 - ✆ 087 643 28 83 - www.augustow.pl - juil.-août : lun.-vend. 8h-20h, w.-end 10h-18h ; sept.-avr. : lun.-vend. 8h-17h.* C'est le bureau le mieux documenté de la région. Accès Internet gratuit.

Centre d'information du Parc national de Wigry – *À Krzywe - ✆ 087 563 25 62 - www.wigry.win.pl - juil.-août : 7h-15h ; sept.-juin : lun.-vend. 7h-15h.* Beaucoup d'infos, parfois en français, sur les randonnées thématiques, les activités, les points de location de vélos et d'embarcations.

Transports

Gare ferroviaire – Suwałki - *✆ 94 36 ou 087 566 22 35* ; Augustów - *Ul. Kolejowa 8 - ✆ 087 644 36 36.*

Gare routière – Suwałki - *Ul. Utrata 1b - ✆ 087 566 27 63* ; Augustów - *Ul. Rynek Zygmunta 4 - ✆ 087 643 36 49.*

Se loger

Hôtel du couvent des Camaldules (Dom Pracy Tworczej w Wigrach) – *16-412 Stary Folwark - ✆/fax 087 563 70 00 - www.wigry.org -160 PLN.* Ne vous privez pas d'une nuit dans ce décor insolite.

Jaczno – *À Smolniki dans le parc paysager de Suwałki - ✆ 087 568 35 90 - www.jaczno.pl - P - 10 ch. 290 PLN.* Les chambres se répartissent dans de petites maisonnettes en rondins rassemblées sur une presqu'île de la rive ouest du lac Jaczno. Un endroit au charme incomparable, surtout au milieu des neiges de l'hiver.

Se restaurer

Albatros – *Ul. Mostowa 3 à Augustów - ✆ 087 643 21 23 - 15 PLN.* Cuisine polonaise classique avec des portions copieuses dans un cadre cependant un peu vieillot.

Pod Jelonkiem – *Ul. Sportowa 7 à Jeleniewo - ✆ 087 568 30 21 - 15 PLN.* Un petit restaurant dans le bourg de Jeleniewo, à 12 km au nord de Suwałki, où l'on sert de délicieux plats de la région à base de pomme de terre (Kartacz : pâté de pomme de terre farci de viande de porc hachée).

Polski – *Ul. Kościuszki 59 à Sulawki - ✆ 087 565 01 93 - 10 PLN.* Minuscule taverne de spécialités populaires.
La clientèle d'habitués est ici une garantie de qualité.

Événements

Championnat de Pologne d'embarcations insolites : en juillet à Augustów.

Été musical : musique classique en juillet et en août à Suwałki.

Lacs de Mazurie★

CARTE GÉNÉRALE C1 – CARTE MICHELIN N° 720 BC14 – VOÏVODIE DE WARMIE-MAZURIE

Au nord-est de la Pologne, bordée par l'enclave russe de Kaliningrad, la Mazurie étire sa multitude de lacs, rivières et canaux entre forêts et collines voluptueuses. L'été, c'est le paradis des amateurs de voile et de sports nautiques, et celui des amoureux de la nature qui découvriront lacs et îlots isolés où s'ébattent cygnes, cormorans, grues et qui donnent aux croisières lacustres un goût de promenade ornithologique L'hiver y est l'un des plus rigoureux de Pologne. La neige y recouvre un paysage qui se découvre à ski ou à traîneau, et la glace des lacs se prête à la pêche au trou et aux glissements des chars à voile. La nature est ici reine, les rares villes ne présentant par ailleurs que peu d'intérêt.

- **Se repérer** – À 240 km au nord de Varsovie et à 65 km à l'est d'Olsztyn.
- **À ne pas manquer** – Les balades en canoë le long des rivières.
- **Organiser son temps** – Consacrez trois jours à l'exploration de la région.
- **Avec les enfants** – Les croisières organisées sur les lacs les enchanteront.

Comprendre

Le pays des Mille Lacs – Du plus grand au plus petit, ils sont en fait environ 3 000 ! Le poids et le lent mouvement de va-et-vient des glaciers qui recouvraient la région il y a plus de 10 000 ans a modelé un paysage de collines, de tourbières et de cuvettes. La succession de lacs s'étire le long d'un axe nord-sud. Les lacs Śniardwy (110 km²) et Mamry (102 km²), les plus grands de Pologne, sont au cœur d'un vaste réseau navigable formé par des rivières et des canaux et qui peut atteindre 200 km. Au sud s'étend une plaine traversée par la rivière Krutynia et recouverte par la dense forêt de pins de Pisz (86 000 ha) où l'on peut croiser loups, bisons et lynx. La faune présente une grande richesse. Certains îlots, comme ceux des lacs Mamry et Dobsko, et les lacs isolés, tel celui de Łukajno à côté de Mikołajki, sont de véritables réserves naturelles. Cygnes, cormorans, hérons cendrés, canards et mouettes rieuses s'y ébattent en toute liberté loin des menaces de la civilisation. Les forêts de pins, chênes et bouleaux, comme celles de Pisz, Skalisko et Borecka, abritent cerfs, sangliers et castors.

Une région frontalière – La Mazurie a son importance stratégique. Ici se sont mélangées les cultures allemande, russe et lituanienne, les religions catholique, protestante et orthodoxe. Les tribus prussiennes d'origine balte de jadis y furent christianisées parfois brutalement par les chevaliers Teutoniques à partir de la fin du 13e s. Polonais et Allemands occupèrent les premières villes, puis, après la Seconde Guerre mondiale, la région fut tout à fait polonaise. Les habitants d'origine allemande furent remplacés par des colons polonais originaires de l'Ukraine, passée sous le joug du grand frère soviétique.

Le poumon vert de la Pologne – Préservée de l'industrialisation et de l'urbanisation intensives, la région des lacs de Mazurie mérite bien son surnom de « poumon vert de la Pologne ». Les premiers touristes arrivés à la fin du 19e s. ne s'y sont pas trompés. C'est aujourd'hui plus que jamais la destination de prédilection des habitants de Varsovie qui s'y pressent au moindre jour de congé. Difficile de trouver à se loger en été. Moins fréquentés, l'automne et le printemps offrent des visages plus nuancés. On appréciera le réveil de la nature d'avril à juin et le feu d'artifice de ses couleurs de septembre à novembre. Le climat y est aussi plus changeant et plus capricieux. Il conditionne la saison de navigation qui se limite aux mois de juin à septembre. Mais les beautés de la nature combleront les marcheurs, pêcheurs et chasseurs.

Giżycko

(30 000 hab.)

Située sur un isthme entre les lacs Kisajno et Niegocin, Giżycko est l'une des plus grandes villes de Mazurie et la capitale des loisirs lacustres en Pologne. Par son emplacement central, elle constitue une base parfaite pour entreprendre la visite de la région en direction du nord ou du sud. Le maximum de la fréquentation est atteint l'été ; alors, le visiteur en quête de calme cherchera plutôt à s'évader dans les environs. La station, d'une architecture peu avenante, ne présente qu'un intérêt limité sur le plan monumental.

Avant son retour à la Pologne en 1946, la ville portait le nom de Lötzen sous les dominations prussienne et allemande. Du **château gothique** (Zamek Pokrzyżacki) bâti par les chevaliers Teutoniques au 14e s., il ne reste qu'une aile remaniée aux 16e et 17e s. et laissée aujourd'hui à l'abandon. Elle s'élève au bord du canal Łuczański, percé de 1756 à 1772 pour relier les lacs Niegocin et Kisajno. Un **pont tournant** en bois (Most Obrotowy), construit entre 1856 et 1860, l'enjambe. C'est l'un des deux seuls spécimens existant en Europe.

Un seul monument, et non le moindre, retient l'attention à Giżycko.

Fort Boyen (Twierdza Boyen)

Ul. Turystyczna 1 - 9h jusqu'au crépuscule - 6 PLN.

À la limite ouest de la ville, cette gigantesque forteresse en étoile a constitué pendant un siècle la clé de la défense de la région des lacs. Destinée à garder le passage sur l'un des rares isthmes précédant la frontière avec la Russie, elle fut construite de 1844 à 1848 sous l'impulsion du ministre de la Guerre prussien, le général Hermann von Boyen. Modernisée à la fin du 19e s., elle joue un grand rôle dans la résistance à la percée russe en 1914 et devient un hôpital militaire entre 1941 et 1944. Puis l'armée polonaise l'investit. Elle est aujourd'hui délaissée, envahie par les herbes folles. Seuls ses fossés, aménagés en théâtre de plein air, accueillent concerts et spectacles.

Un petit **musée** *(mai-sept.)* occupe le rez-de-chaussée d'une casemate. On y découvre l'histoire de la forteresse (très belle maquette qui permet de se rendre compte du gigantisme de la construction), des souvenirs de la Seconde Guerre mondiale en Mazurie et des photos de Giżycko au temps jadis. Une salle est consacrée à l'exposition de documents et objets relatifs au syndicat Solidarność. On passera rapidement sur la collection d'œuvres d'artistes locaux, guère mise en valeur par leur juxtaposition avec des reproductions de chefs-d'œuvre célèbres.

1 Au nord de Giżycko

Au nord de Giżycko s'enchaînent les lacs Kisajno, Dargin et Dobskie, ce dernier étant classé réserve naturelle. Vient ensuite le lac Mamry. On visitera les environs de ce dernier à partir de la ville de Węgorzewo que l'on atteint en suivant la route 63.

Pozezdrze

Première étape sur la route de Węgorzewo à 12 km de Giżycko. Né au 16e s., le bourg fut choisi par Heinrich Himmler, chef de la SS, pour y établir son quartier général de 1940 à 1941. Il subsiste une demi-douzaine de bunkers aux murs en béton épais de 2 m et plus. L'abri personnel d'Himmler, le mieux conservé, possède des murs doubles.

Węgorzewo (11 756 hab.)

À 20 km au sud de la frontière russe et à 25 km au nord de Giżycko.

Cette petite ville au bord du lac de Mamry a un passé troublé. La tribu des Galindes fut supplantée au 13e s. par les chevaliers Teutoniques qui laissèrent un château massif et austère restauré en 1980 (privé). Les guerres avec la Suède, la peste du 18e s. et la Seconde Guerre mondiale la meurtrissent à chaque fois. Station touristique depuis les années 1920, elle est rendue à la Pologne en 1946 et prend son nom actuel. Aucun monument notable, à l'exception d'un petit musée assorti d'un **parc ethnographique** (Muzeum Kultury Ludowej – *Ul. Portowa 1 ; ✆ 087 427 52 78 ; juil.-sept. : lun.-vend. 8h-18h, w.-end 10h-15h ; oct.-juin : lun.-vend. 8h-16h, w.-end 10h-15h ; 5 PLN*). Il présente

A. Stachurski / ONT Pologne

Le port de plaisance de Giżycko.

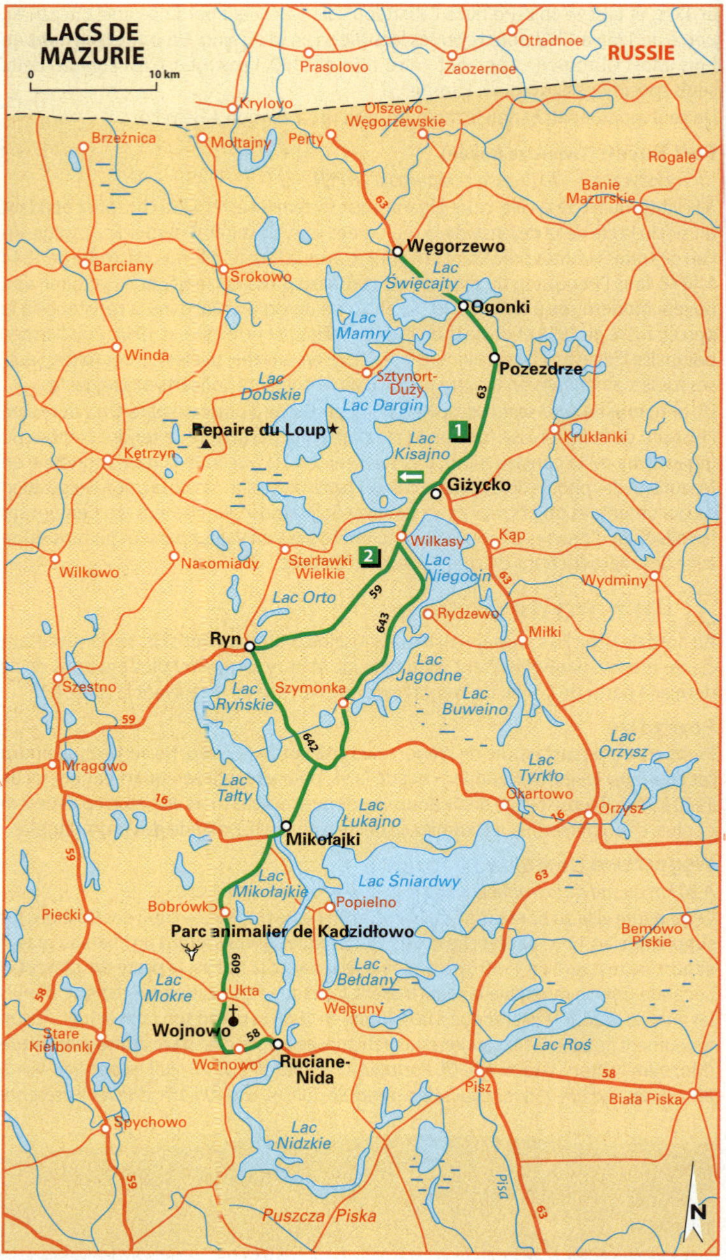

les habituels objets de la vie quotidienne et s'anime lorsque sont organisés des ateliers de poterie, tissage, dentelle et vannerie exécutés par des artisans locaux.

Węgorzewo est la base parfaite pour explorer le nord-est de la région des lacs. À 7 km au sud-est, la grande plage du bourg d'**Ogonki** domine le lac Święcajty duquel on peut rejoindre en canoë la rivière Sapina.

2 Au sud de Giżycko

Deux routes permettent de rejoindre Mikołajki. La plus agréable est sans doute celle qui longe les lacs Niegocin et Jagodne *(32 km)*. Sortir de Giżycko par la route 59 et prendre la 643 à gauche à la sortie du village de Wilkasy. La seconde *(40 km par la route 59, puis la 642)* fait un crochet par **Ryn** où se dressent la silhouette du **château de style gothique** bâti au 14e s. par les chevaliers Teutoniques puis remanié au 19e s. et celle du **moulin** de style hollandais qui s'élève à la limite de la ville.

Mikołajki (3 901 hab.)

Bâtie sur un isthme entre les lacs étirés de Mikołajki et de Tałty, cette petite station est l'une des plus plaisantes de la région des lacs. Elle doit sa naissance en 1726 à la réunion de villages qui occupaient le site. Autour de la place où s'élève une fontaine ornée d'un poisson couronné, symbole de ce que l'on doit ici à la pêche, des maisons historiques des 18e et 19e s. rappellent ce passé. Prise d'assaut par les plaisanciers qui égayent les bars et restaurants de la marina, elle vibre au rythme des animations et des concerts. Une heure de marche permet de rejoindre à l'est de la ville le **lac Łukajno**, réserve naturelle qui abrite une colonie d'un millier de cygnes muets.

Depuis Mikołajki, la route 609 plonge au sud dans la forêt vers Ruciane-Nida.

Parc animalier de Kadzidłowo (Park Dzikich Zwierząt w Kadzidłowie)

Ouvert toute l'année de 9h jusqu'au crépuscule - ✆ 087 425 73 65.

À 13 km au sud de Mikołajki, une route bifurque à droite en direction de ce parc de 60 ha où s'ébattent cerfs, daims, tarpans (petits chevaux polonais) ainsi que des ânes et des chèvres et même un bison. Une sorte de minizoo abrite des représentants de tous les animaux qui peuplent la forêt : des castors et des lynx, une foule d'oiseaux, de la cigogne aux chouettes en passant par les échassiers. À côté, on peut visiter une **maison traditionnelle**★ magnifiquement restaurée en 2004 (Muzeum Chata Podcieniowa XIX w. ; *5 PLN*). À l'intérieur s'alignent cuisine et pièces d'habitation pourvues de tous leurs meubles et ustensiles ainsi qu'une salle de classe où ne manquent que les élèves et leur maître.

Rejoindre la route 609, poursuivre au sud à travers le bourg d'Ukta jusqu'au panneau indiquant à droite le couvent orthodoxe de Wojnowo.

Monastère et église orthodoxes de Wojnowo (Klasztor Staroobrzędowców w Wojnowie)

C'est ici que se réfugièrent au 19e s. les Philippons, ordre orthodoxe russe qui, rejetant la réforme du patriarche Nikon au 17e s., ont élu domicile ici pour pratiquer un culte bannissant autant la modernité que le tabac, la vodka et le thé. Nichée au bord d'un lac, la communauté s'est organisée autour d'une maison de prières et d'une église ornée de magnifiques icônes. Un petit promontoire boisé abrite un minuscule et émouvant cimetière où fleurissent les croix orthodoxes.

Continuer vers le sud jusqu'à la route 58 puis à gauche en direction de Ruciane-Nida.

Ruciane-Nida (4 994 hab.)

C'est la ville la plus méridionale de la région des lacs. Formée par la réunion de deux bourgs, elle s'étend le long des rives couvertes de forêts des lacs Bełdany et Nidzkie. Le modeste quartier de Ruciane concentre toute l'activité touristique et les restaurants. C'est de ce port que partent les croisières en bateau qui remontent les lacs en direction du nord.

Lacs de Mazurie pratique

Code postal (Giżycko) – 11-500.
Code postal (Mikołajki) – 11-730.
Code postal (Ruciane-Nida) – 12-220 à 221.
Code postal (Węgorzewo) – 11-600 à 601.

Adresses utiles

Office de tourisme de Giżycko – *Ul. Wyzwolenia 2 - ✆ 087 428 52 65 - www.gizycko.turystyka.pl - mai.-août : lun.-sam. 8h-18h, dim. 10h-16h ; sept.-avr. : tlj sf dim. 8h-16h.* Petit bureau très compétent et bien renseigné sur la région. Personnel anglophone et germanophone.

Office de tourisme de Mikołajki – *✆ 087 421 68 50 - info@mikolajki.pl - juil.-août : 9h-20h.* Sur la place, en face de la fontaine au poisson.

Office de tourisme de Węgorzewo – *Pl. Wolności 11 - ✆ 087 427 40 09 - www.wegorzewo.pl - juin-août : 9h-17h ; sept.-mai : lun.-vend. 9h-16h.* Brochures utiles en anglais.

Office de tourisme de Ruciane-Nida – *Ul. Dworcowa 14 - ✆ 087 423 19 89 - juil.-sept. : lun.-vend. 7h30-19h, w.-end 10h-19h ; avr.-juin et oct. : lun.-vend. 7h30-15h30.* C'est le bureau le mieux renseigné sur la région du sud des lacs. Personnel anglophone et germanophone.

Capitainerie de Giżycko – *Ul. Kolejowa 9 - ✆ 087 428 25 78.*

Bureau de la navigation – *À Giżycko - ✆ 087 428 56 51.* À contacter en cas d'accident de navigation.

Unité d'intervention d'urgence – *✆ 601 100 100.* Aide médicale aux personnes en cas d'accident de navigation.

Centre régional d'urgence – ✆ *112* (depuis un portable). Assistance médicale et sauvetage.

Internet

Peu de différences d'un établissement à l'autre. Comptez environ 4 PLN/h et des heures d'ouverture de 9h à 20h.

À Giżycko – Cyber Klub Romix - *Ul. Olsztyńska 15b.*

À Mikołajki – Kawiarenka Internetowa - *Ul. Kolejowa 6 ;* Usługi Informatyczne - *Ul. Szkolna 4d.*

Visites

Croisières sur les lacs – Hors saison, toute croisière comptant moins de 10 passagers est annulée.

Compagnie mazurienne de navigation (Żegluga Mazurska) – À Giżycko - *Al. Wojska Polskiego 8 - ✆ 087 428 25 78 ;* à Mikołajki - *✆ 087 421 51 02 ;* à Ruciane - *✆ 087 423 10 43 ;* à Węgorzewo - *✆ 087 562 22 07.*

Embarquement dans les ports de Mikołajki, Giżycko, Węgorzewo, Ruciane-Nida. Vente de billets sur les navires et aux guichets. La compagnie propose aussi bien des excursions au départ et à l'arrivée d'une même ville que de port à port.

Tarifs en moyenne – Giżycko - Mikołajki *50 PLN* (4h30) ; Giżycko - Węgorzewo *40 PLN* (2h30) ; Mikołajki - Ruciane-Nida *40 PLN* (2h30) ; balade sur le lac Śniardwy *25 PLN* (2h). Des promenades de découverte d'un lac ou d'une réserve naturelle (de 1 à plusieurs heures) sont aussi organisées à partir de chaque port. Quelques tours uniquement sont maintenus au printemps et à l'automne.

Certaines petites compagnies proposent des itinéraires thématiques axés sur l'ornithologie ou la pêche. Renseignez-vous auprès des offices de tourisme.

Transports

Sur terre – Les horaires des trains sont disponibles sur le site *www.rozklad.pkp.pl* (en français). Pour les bus, consulter le site *www.pks.mragowo.pl.*

Sur l'eau – Les services de la **Compagnie mazurienne de navigation (Żegluga Mazurska)** *(voir ci-dessus)* constituent une alternative plaisante mais plus longue aux transports terrestres.

À GIŻYCKO

Gare ferroviaire – *Pl. Dworcowy - ✆ 94 36.* Giżycko est situé sur la ligne ralliant Olsztyn et Kętrzyn à Białystok. C'est la gare la plus fréquentée de la région.

Gare routière – À côté de la précédente - *✆ 087 428 50 87.*

À MIKOŁAJKI

Gare ferroviaire – *Ul. Kolejowa.*

Gare routière – Pas de gare routière mais un arrêt de bus *Pl. Kościelny*.

À RUCIANE-NIDA

Gare ferroviaire – *Ul. Dworcowa - ✆ 087 533 66 87.*

Gare routière – *Ul. Dworcowa - ✆ 087 423 31 48.*

À WĘGORZEWO

Gare routière – *Ul. Armii Krajowei - ✆ 087 427 25 51.*

Se loger

Hôtels et chambres d'hôte sont légion, les offices de tourisme fournissent des listes exhaustives. Plus l'hébergement est proche des lacs, plus les prix sont élevés. Sans surprise, l'été est la saison la plus chère, jusqu'à 50 % en plus, et beaucoup sont fermés de novembre à avril.

À GIŻYCKO

Les trois hôtels suivants se situent dans le même secteur paisible, à la sortie nord-ouest de Giżycko, à 100 m d'une petite crique sur le lac Kisajno.

⊖ **Zamek Hotel** – *Ul. Moniuszki 1 - ✆ 087 428 24 19 - www.cmazur.pl - P - 17 ch. 160 PLN en juil.-août, 120 PLN en mai, juin et sept.* En bordure d'un parc tout près du canal et des vestiges du château, ce curieux motel possède un garage privé sous chacune de ses chambres. La déco est un peu hors du temps mais c'est un endroit agréable qui possède aussi quelques emplacements pour tentes.

⊖⊖ **Hotel Europa** – *Al. Wojska Polskiego 37 - ✆ 087 429 30 01 - fax 087 429 25 54 - www.hoteleuropa-gizycko.pl - ♿ - P - 62 ch. 250 PLN ☕, 180 PLN ☕ de nov. à avr.* Confort parfait dans cet hôtel d'une sobriété reposante. Les chambres ne manquent cependant pas de chaleur. Une préférence évidente pour celles donnant sur le lac Kisajno.

⊖⊖ **Hotel Helena** – *Al. Wojska Polskiego 58 - ✆ 087 429 22 09 - www.mazury.com.pl - ♿ - P - 48 ch. 200 PLN ☕ en juil.-août, 150 PLN ☕ en mai, juin et oct.* Un grand hôtel familial qui porte le nom de la patronne. Les chambres sont petites mais coquettes et le lieu accueillant. Grande salle de banquet où sont organisées des soirées.

⊖⊖ **Hotel Mazury** – *Al. Wojska Polskiego 56 - ✆ 087 428 59 56 - www.hotelmazury.pl - P - 48 ch. 160 PLN ☕ en juil.-août, 120 PLN ☕ en mai, juin et sept.* À 100 m du lac Kisajno, cet établissement déjà ancien et quelque peu vieillot présente néanmoins l'avantage que l'on s'y sent comme chez soi.

⊖⊖ **Hotel Tajty** – *Ul. Przemysłowa 17 - ✆ 087 428 01 94 - fax 087 428 00 87 - www.hoteltajty.pl - P - 46 ch. 180 PLN ☕, 120 PLN ☕ de nov. à avr.* Au bord du lac Tajty, un peu en retrait du bourg de Wilkasy au sud de Giżycko. Les chambres, correctes, sont un peu quelconques mais l'isolement du lieu promet des nuits calmes.

À MIKOŁAJKI

Hotel Caligula – *Pl. Handlowy 7 - 087 421 98 45 - www.caligula.pl -* P *-* ♿ *- 17 ch. 220 PLN de juin à août, 180 PLN le reste de l'année.* Un petit hôtel aux chambres minuscules mais bien équipées et confortables. Certaines possèdent même un minibalcon. Accueil souriant dans ce qui semble être un repaire d'amateurs de char à voile sur glace. Location de vélos.

Hotel Mazur – *Plac Wolności 6 - 087 421 69 41 - www.hotelmazur.pl - 28 ch. 230 PLN .* Un incontournable à Mikołajki. Un dédale de couloirs mène à de vastes chambres confortables mais soumises à l'animation de la rue les nuits d'été. Préférez celles donnant sur la cour !

Hotel Amax – *Al. Spacerowa 7 - 087 421 90 00 - www.hotel-amax.pl -* P *-* ♿ *- 16 ch. 250 à 399 PLN selon la saison.* De l'autre côté du lac, face aux lumières de Mikołajki, cet hôtel est probablement le plus calme de la ville. Bien qu'un peu impersonnel, il joue à merveille son rôle d'établissement de luxe. Sauna et jacuzzi, piscine et centre de beauté et de remise en forme.

À RUCIANE-NIDA

Oberża pod Psem – *Kadzidłowo 1, à 8 km au nord de Ruciane-Nida en direction de Mikołajki - 087 425 74 74 - www.oberzapodpsem.com - 5 ch. 120 PLN.* Danuta et Krzysztof Worobiec proposent 5 chambres d'hôte dans deux maisons traditionnelles. Le poêle à bois prête ici main-forte au chauffage d'appoint, mais vous ne regretterez pas la nuit passée dans la demeure d'une authentique famille polonaise.

Hotel Nidzki – *Ul. Nadbrzeżna - 087 423 64 01 - www.hotel.nidzki.ta.pl - 33 ch. 250 PLN de mai à sept., 200 PLN d'oct. à avr. -* P *-* ♿. Ce superbe hôtel de grand standing met un point d'honneur à proposer un service attentif. La magie du lieu, isolé sur le rivage boisé du lac Nidzkie, et le charme des grandes chambres donnent à l'ensemble des airs de Canada.

À WĘGORZEWO

Hotel Nautic – *Ul. Słowackiego 14 - 087 427 20 80 - www.nautic.pl -* P *-* ♿ *- 12 ch. 210 PLN.* Un joli petit hôtel en plein centre-ville au bord du canal qui rejoint le lac Mamry. Les chambres sont petites mais soignées et le sens de l'hospitalité manifeste. Deux belles terrasses surplombant le canal où déguster un repas ou de bonnes glaces.

Hotel Vena Romantik – *À 20 km à l'ouest de Węgorzewo, au lieu-dit Karłowo, au nord de la commune de Srokowo - 087 427 62 44 - www.venaclub.com -* P *-* ♿ *- 25 ch. 180 à 240 PLN selon la saison et la chambre.* Sur les hauteurs qui dominent le lac Rydzówka que l'on voit s'étendre à l'est. C'est un vrai paradis en pleine nature, entouré de prés où paissent des chevaux. Nombreuses activités équestres proposées. Cottages en bois aux décors rustiques raffinés (peaux de bêtes, fleurs). Un must !

Se restaurer

À GIŻYCKO

Karczma Pod Złotą Rybką – *Ul. Olsztyńska 15 - 087 428 55 10 - www.mazury.info.pl/zlota - 35 PLN.* Ce petit restaurant qui ne paie pas de mine s'est fait une spécialité du poisson de lac. Et la carte en français permet de donner libre cours à ses fantasmes gastronomiques. Soupe de poisson, poisson au poids, frit ou en sauce, et une grosse assiette de 5 poissons de lac avec sandre et anguille.

À MIKOŁAJKI

Kuchnie Świata – *Pl. Wolności 13 - 087 769 91 38 - 35 PLN.* Sur la promenade qui longe le lac, près du pont piétonnier. Une ambiance festive avec des plats énormes et des spécialités de viandes grillées. Bon à savoir, l'endroit ferme tard.

Tawerna Pod Złamanym Pagajem – *Ul. Kowalska 3 - 087 421 60 40 - 20 PLN.* Sur la marina. Même si l'endroit tient plutôt du snack, on peut s'imaginer dans une taverne de marins. Quelques spécialités dont *kotlet schabowy*, *pierogi* et *bigos*.

À RUCIANE-NIDA

Oberża pod Psem – *Voir « Se loger » - 30 PLN.* C'est une véritable auberge installée dans une maison tout en rondins, avec des meubles rustiques. Au menu, l'incontournable *bigos*, mais aussi du sanglier aux pâtes de pomme de terre et d'autres délices polonais.

Kolorada – *Ul. Dworcowa 6e - 087 423 65 31 - www.kolorada.mazury.info - 40 PLN.* Ce restaurant mise plus sur la diversité de ses plats que sur leur originalité. La cuisine du monde se presse à la carte : aussi bien grecque que tex mex, voire française. Les plats sont copieux à défaut d'être raffinés.

À WĘGORZEWO

Karczma – *Ul. Zamkowa 10 - 087 427 32 23 - 15 PLN.* Une petite auberge au bord de la route principale. Décor boisé et petite terrasse où le spectacle, hélas, se limite à la circulation des voitures. Mais la cuisine y est bonne et le service attentionné. C'est le restaurant le plus recommandable de la ville. Halina, la patronne, est de bon conseil pour le choix des plats.

Achats

Au bord des routes, des panneaux (marqués « Miód ») indiquent la vente directe de miel par le producteur.

Entre Mikołajki et Ruciane-Nida, montez jusqu'à Kadzidłowo *(voir « Visites »)*. On peut acheter à l'**Auberge sous un chien**

(Oberża pod Psem) du pain artisanal et des confitures de prune *(powidła śliwkowe)*, des pâtés *(pasztet)* ou encore du *smalec*, sorte de saindoux aux lardons pour la friture.

Sports et loisirs

CANOË

Idéal pour explorer rivières et petits lacs. Il n'est pas adapté à la navigation au milieu des lacs dont les eaux peuvent être tumultueuses. Les itinéraires sont nombreux, informez-vous auprès des loueurs et des offices de tourisme. Comme pour la navigation de plaisance, il faut éviter soigneusement les réserves ornithologiques, très nombreuses.
Il est important de bien se renseigner.
La location revient entre 30 et 40 PLN/j.

Quelques parcours en canoë :

Le plus célèbre suit la **rivière Krutynia** sur 103 km, de Ruciane-Nida à Sorkwity. Il traverse la forêt de Pisz en direction du nord-ouest.

Depuis Gyżycko, un autre parcours relie en deux jours les **lacs Niegocin et Śniardwy** par les lacs Tyrkło et Buwełno. Il traverse une étroite vallée bordée de collines boisées, creusée jadis par les glaciers, et il faut penser à organiser le transport des embarcations sur les 9 km de bande de terre qui séparent ces deux derniers lacs.

À partir de Węgorzewo, on parcourt en 10h la **rivière Sapina** qui rejoint le village de Kruklanki au nord-ouest de Giżycko.

ÉQUITATION

À Giżycko –Hotel Gajewo - *Ul. Suwalska 5 ✆ 429 27 67 - www.gajewo.pl - 40 PLN/h.*

À Węgorzewo – Hotel Vena Romantik - *voir « Se loger ».*

PÊCHE

Dans l'eau claire des lacs l'été, à travers un trou dans la glace l'hiver. Perche, tanche ou encore anguille. *Licence de 18 PLN/j à 50 PLN/sem. On peut acheter la licence à Giżycko dans une station d'essence (Al. 1 Maja 25).*

PÉDALO

Nombreux dans les centres de loisirs au bord des lacs. *Compter 6 PLN/h.*

RANDONNÉES À PIED

Chaque office de tourisme propose une carte détaillée recensant les itinéraires.

Dans la région de Ruciane-Nida, ne manquez pas la **forêt de Pisz** (Puszcza Piska) qui couvre pas moins de 86 000 ha. Les pins y dominent parfois, mêlés de chênes et de bouleaux. On peut apercevoir des cerfs, chevreuils, sangliers ou les chevaux polonais, les tarpans.

VÉLO

8 itinéraires balisés, de 35 à 67 km, sillonnent la région de Giżycko. L'office du tourisme de Giżycko fournit une brochure les détaillant et indique les centres de location de vélos (certains hôtels notamment). *Compter 25 à 30 PLN/j.*

Une boucle de 50 km fait le **tour du lac Mamry** à partir de Węgorzewo, tandis que, depuis Mikołajki, un itinéraire de 80 km fait le tour du lac Śniardwy en passant par le lac Łukajno.

VOILE

Le meilleur moyen de découvrir les lacs. Giżycko, Węgorzewo, Sztynort, Mikołajki et Ruciane-Nida rassemblent loueurs de navires et marinas équipées pour le ravitaillement et les services. Les compagnies de location sont nombreuses. Préférez les plus grandes, elles offrent de meilleures garanties. Les prix les plus élevés *(entre 300 et 590 PLN/j)* sont pratiqués en juillet et lors de la première quinzaine d'août ainsi que les longs week-ends comme celui du 1er au 3 mai. Prix plus bas *(autour de 200 PLN/j)* en mai et septembre. *Compter environ 500 PLN de caution et pas moins de 200 PLN/j. pour un skipper.* Attention : le vol de moteur n'est pas assuré.

Compter 5-12 PLN pour une nuit dans un port, plus 2 à 4 PLN par personne de l'équipage. On peut toutefois mouiller sur les lacs pour la nuit, défense cependant d'attacher le bateau à un arbre. Une carte indiquant les profondeurs est indispensable pour éviter de s'échouer.

À Giżycko

Almatur – *Ul. Moniuszki 24 - ✆ 087 428 59 71 - fax 087 428 58 98 - www.sail-almatur.pl.* Locations de fin avr. à la première quinzaine d'oct. Sur le lac Kisajno. À la sortie ouest de Giżycko, prendre à droite en face du stade.

Marina Bełbot – *Ul. Przemysłowa 17 à Wilkasy - ✆ 087 428 03 85 - www.marina.com.pl.* Locations de fin avr. à fin sept. Au bord du lac Tajty. Reconnu dans le milieu, il offre une grande variété de navires.

Mazur Wind – *Ul. Klonowa 19 à Wilkasy - ✆ 087 428 01 72 - www.mazurwind.pl.* Dans un bourg au sud de Giżycko, sur le lac Niegocin. Le patron connaît son affaire depuis 10 ans et les bateaux sont bien entretenus. Sorties avec ou sans skipper.

À Węgorzewo

Port Keja – *Ul. Braci Ejsmontów 2 - ✆ 087 427 18 43 - www.keja.com.pl.* Sur le port de Węgorzewo. Diverses tailles de bateaux de 4 à 8 personnes. *Compter 140 à 450 PLN/j en pleine saison selon le modèle.*

Événements

Semaine du char à voile – À Węgorzewo en mars. Courses de char à voile sur glace.

Foire internationale du folklore – À Węgorzewo mi-août.

L'été ont lieu des **festivals de chants de marins**. Le plus célèbre est celui de Giżycko qui se tient à la mi-juillet. Celui de Węgorzewo, WegoSzanty, qui se tient en août, gagne en importance.

Kętrzyn

27 992 HAB.
CARTE GÉNÉRALE C1 – CARTE MICHELIN N° 720 B13 – VOÏVODIE DE WARMIE-MAZURIE

En venant d'Olsztyn, Kętrzyn est la dernière ville que l'on traverse avant d'entrer dans la région des lacs de Mazurie. Même si elle ne laisse pas un souvenir impérissable, ses environs joliment vallonnés, couverts de champs et de maigres forêts cachent des sites historiques qui valent le détour.

- **Se repérer** – À 250 km au nord de Varsovie et à 92 km au nord-est d'Olsztyn.
- **À ne pas manquer** – Flâner dans les ruelles de Reszel ou le long de la rivière.
- **Organiser son temps** – Les quatre sites se visitent en deux jours. N'hésitez pas à consacrer un peu plus de temps à Reszel et à l'ambiance reposante de ses rues.

Comprendre

Une base pour l'évangélisation – En 1329, les chevaliers Teutoniques édifient une forteresse au bord de la rivière Guber, sur le site d'une bourgade prussienne, Rast. L'évangélisation de la région et des peuples lituaniens ne se fait pas sans heurts. La ville, qui devient Rastenburg, est prise et reprise et à nouveau contrôlée par l'ordre qui y fonde l'église St-Georges (Kościół Św. Jerzego), massive et fortifiée. Des murs ceignent bientôt la ville. Ils n'empêcheront pas sa prise par les Prussiens en 1454 et par les Russes en 1758. En 1807, les armées de Napoléon en route pour Moscou y font une halte. La proximité du quartier général d'Hitler en fait une cible de choix pendant la guerre à la fin de laquelle la ville est rendue à la Pologne. Elle prend alors son nom actuel.

Visiter

Étirée le long de l'avenue Sikorskiego, la ville a gardé dans son atmosphère quelque chose qui la raccroche à l'histoire. C'est parfois, au détour d'une rue, un vestige de fortification, la tour massive d'une église, la silhouette du château mais surtout des alignements d'immeubles reconstruits après la guerre dans le style du 19e s.

Château et musée

Pl. Zamkowy 1 - ✆ 089 752 32 82 - 15 juin-15 sept. : lun.-vend. 9h-18h, w.-end 9h-17h ; 15 sept.-15 juin : lun. 9h-15h, mar.-vend. 9h-16h, w.-end 9h-15h - 5 PLN.

Ce beau bâtiment construit à la fin du 14e s. est le seul attrait de la ville. De plan carré autour d'une cour, il était jadis entouré d'une enceinte extérieure. Pris et repris de nombreuses fois, il est remodelé au 18e s. et presque totalement détruit en 1945. La restauration a préservé son aspect gothique aux murs de briques, mais pas à l'intérieur ; vous aurez plutôt l'impression de pénétrer dans un bâtiment de l'ère communiste. Un **musée** présente des sculptures gothiques, des meubles du 17e s., des objets maçonniques ainsi qu'un drapeau funéraire réalisé pour un enfant de 3 ans vers 1667. À l'étage, cartes postales et archives municipales évoquent l'histoire de la ville, tandis que des statuettes chinoises sont rassemblées dans une autre salle.

ONT Pologne

Le Repaire du Loup, le bunker d'Hitler à Gierłoż.

Aux alentours

Reszel★ (5 224 hab.)

À 18 km au sud-ouest de Kętrzyn.

Cette charmante bourgade se dresse au milieu d'un paysage de collines et occupe un emplacement stratégique au bord d'une abrupte colline dominant la rivière Jizera. Construite au 13e s. par les chevaliers Teutoniques à l'emplacement d'un établissement prussien, elle conserve aujourd'hui encore son plan en damier caractéristique centré sur un minuscule Rynek. En 1808, on y a brûlé la dernière sorcière d'Europe.

Au centre du **Rynek** se dresse l'**hôtel de ville** (Ratusz) de style classique, reconstruit en 1815. Il fait bon flâner dans ses petites rues pavées au détour desquelles on voit surgir les vestiges des remparts médiévaux ou encore un grenier à colombages du 18e s. (rue Spichrzowa).

L'**église St-Pierre-et-St-Paul** (Kościół śś. Piotra i Pawła), monumentale, s'élève au sud du bourg. Bâtie au 14e s., elle est dominée par une massive tour carrée de 65 m. L'intérieur cumule les styles Empire et rococo. Tout près, au milieu d'une parcelle d'herbes folles, se dresse l'ancien et élégant presbytère, hélas laissé à l'abandon.

Les **deux vieux ponts** du 14e s., le pont des Pêcheurs (Most Rybacki) et le pont Bas (Most Niski), enjambent toujours le précipice creusé par la rivière dont les rives sont propices aux promenades.

Le **château gothique**, dans la partie est du village, au no 3 de la rue Podzamcze, est le symbole de la ville. Il dresse ses tours sur une motte dominant la rivière. Construit à partir de 1350, c'était un élément clé de la défense de la Prusse. Au 16e s., il perd de son importance militaire et devient pendant quelques années la résidence de chasse des évêques de Warmie basés à Lidzbark Warmiński. En 1795, les autorités prussiennes en font une prison. En 1822, le réfectoire et les quartiers des évêques sont réaménagés en une église évangélique à laquelle on adjoint ce curieux clocher paraissant fait de béton. C'est aujourd'hui un **musée d'art moderne** (Galeria Sztuki Współczesnej – *tlj sf lun. 9h-17h ; 3 PLN*) qui présente des expositions temporaires. Le château s'organise autour d'une cour centrale carrée dont les ailes sud et est abritent désormais les chambres d'un hôtel. Depuis la grande tour du donjon, carrée à la base, puis cylindrique sur le reste de sa hauteur, la **vue panoramique** sur la région est fort belle. L'ensemble de l'édifice est entouré d'une muraille où seule la tour des latrines est rattachée au château.

La légende de saint Tilleul

Au début du 14e s., un condamné à mort croupissait dans les cachots du château de Kętrzyn. La Vierge répondit à ses prières et à son repentir en lui envoyant un bout de bois, un couteau et la demande de réaliser une statuette à son effigie. Ce qui fut fait en quelques heures et avec un tel talent que les juges, conscients d'être en présence d'un miracle, libérèrent le prisonnier. Sur la route de Reszel, conformément au désir de sa salvatrice, il déposa son œuvre dans les branches du premier tilleul. Miracles et guérisons se succédèrent.

Monastère baroque de Święta Lipka★ (Barokowe Sanktuarium w Świętej Lipce)

À 10 km au sud-est de Kętrzyn, à 5 km au sud-est de Reszel - Ul. Podzamcze 3 - 8h30 - 18h30 - gratuit.

Dans un petit vallon enserré par deux lacs, la « perle baroque du nord de la Pologne » doit son nom qui signifie « saint Tilleul » à une belle légende *(voir encadré ci-dessus)*. Une chapelle fut construite à l'emplacement du fameux tilleul puis rasée par les protestants. Sous l'impulsion des jésuites, le monastère **baroque** fut édifié entre 1687 et 1693. De nombreux artisans originaires de Reszel participèrent à sa construction. L'arbre sacré attire depuis des siècles une foule de pèlerins, et le sanctuaire, jadis à la frontière de la Warmie polonaise et catholique et de la Prusse protestante, eut longtemps une valeur politique importante. Aujourd'hui, il est célèbre pour les concerts joués sur son orgue monumental animé de statues mécaniques, daté de 1721.

Sur sa **façade**, une Vierge en majesté au creux d'un arbre rappelle la légende. L'intérieur, illuminé d'or, abrite une reproduction du tilleul sacré orné d'ex-voto. Les piliers d'un bleu lumineux enserrent l'autel en bois sombre de noyer et de tilleul et montent jusqu'aux voûtes couvertes de fresques et de portraits de rois.

Le **cloître**, où se succèdent les tableaux des stations du Chemin de croix, forme une enceinte carrée autour de l'église. Ses quatre angles sont dominés par les coupoles de chapelles baroques ornées de scènes bibliques peintes en trompe l'œil.

Repaire du Loup★ (Wilczy Szaniec Wolfschanze)

À Gierłoż, à 9 km au nord-ouest de Kętrzyn - ✆ 089 752 44 29 - ouvert de l'aube au crépuscule - parking et entrée payants - 7 et 8 PLN.

Invisible depuis la route qui traverse les bois, cette véritable forteresse abritait le centre de commandement de l'offensive allemande à l'Est. Construit de 1940 à 1942 par l'organisation Todt, le Wolfschanz (Repaire du Loup) couvre 18 ha sur lesquels se répartissent 80 bâtiments dont 50 bunkers. Les murs de plusieurs d'entre eux, dont celui d'Hitler et des plus hauts dignitaires nazis, atteignent 8 m d'épaisseur. Cette véritable petite ville produisait sa propre électricité et possédait aérodrome, voie de chemin de fer et même un cinéma. L'ensemble était entouré de réseaux de barbelés et de champs de mines et dissimulé sous un immense filet de végétation artificielle que l'on changeait au cours des saisons. Troupes d'élite et système de protection antiaérien en assuraient la défense. C'est aujourd'hui un vaste champ de ruines où la nature a repris ses droits. Retenus par les tiges de fer du béton armé, les débris des bunkers plastiqués par les Allemands en déroute en janvier 1945 semblent comme suspendus dans une explosion figée. Au début du sentier qui parcourt les vestiges, une plaque signale l'emplacement du bâtiment où eut lieu l'attentat contre Hitler le 20 juillet 1944.

L'attentat contre Hitler

Il fut l'œuvre d'une poignée de conjurés rassemblés autour du comte Claus von Stauffenberg, officier ayant servi en France, Pologne, Russie et Afrique du Nord. Le complot visait à tuer Hitler afin de mettre fin à une guerre que beaucoup considéraient comme perdue et préserver ainsi ce qui pouvait rester de l'Allemagne. Le 20 juillet 1944, von Stauffenberg participe à une réunion de l'état-major. Connu, jouissant de la confiance du Führer, il évite sans peine les contrôles et parvient à poser sa bombe dans la salle où se pressent les officiers. L'opération échoue néanmoins, Hitler, miraculeusement protégé par un montant de la solide table en bois, n'est que blessé. Démasqués, les conspirateurs sont impitoyablement pourchassés et châtiés. Le maréchal Rommel qui prit part au complot est acculé au suicide.

Kętrzyn pratique

Code postal (Kęczyn) – 11-400.

Code postal (Reszel) – 11-440.

Adresses utiles

Office de tourisme de Kętrzyn – *Pl. Piłsudskiego 1 - ✆ 089 751 47 65 - horaires variables, se renseigner sur place ou par téléphone.* Dans une salle de l'hôtel de ville. Personnel anglophone. Quelques documents en français.

Office de tourisme de Reszel – *Lun.-vend. 10h-18h, sam. 10h-13h.* Il est installé dans la mairie.

Transports

Gare ferroviaire – *Ul. Dworcowa 10 - ✆ 089 752 30 45/94 36.*

Gare routière – *Ul. Dworcowa 1 - ✆ 089 752 32 10.*

Se loger

À KĘTRZYN

⊖ **Zajazd Pod Zamkiem u Szwagrów** – *Ul. Struga 2 - ✆ 089 752 31 17 - www.zajazd.ketrzyn.pl - 4 ch. 120 PLN.* Au pied du château, cette agréable auberge qui dispose aussi d'un restaurant propose des chambres de 4 lits, sous les soupentes, parfaites pour accueillir des familles.

À RESZEL

⊖⊖ **Zamek w Reszlu** – *Ul. Podzamcze 3 - ✆ 089 755 01 09 - www.zamek-reszel.com - 21 ch. 280 PLN.* La meilleure adresse de la région. Pour un prix raisonnable, offrez-vous, dans le magnifique château de Reszel, une nuit des plus romantiques dans l'une des vastes chambres aux murs de pierre. Le restaurant polonais est en outre excellent.

Se restaurer

À RESZEL

⊖ **Rycerska** – *Ul. Rynek 7 - ✆ 089 755 00 16 - www.restauracja-rycerska.pl - 10h-0h ; hors saison 13h-21h - 25 PLN.* Ce petit restaurant tout neuf arbore une déco « médiévalisante » discrète et somme toute agréable. On y mange de bons plats traditionnels réalisés avec soin et servis avec le sourire.

Lidzbark Warmiński★

16 251 HAB.
CARTE GÉNÉRALE C1 – CARTE MICHELIN N° 720 B12 – VOÏVODIE DE WARMIE-MAZURIE

Célèbre pour la bataille qui opposa Napoléon aux forces alliées de la Prusse et de la Russie, Lidzbark Warmiński abrite l'un des châteaux médiévaux les mieux conservés de Pologne. Il est passé à travers toutes les guerres.

- **Se repérer** – À 50 km au nord d'Olsztyn.
- **À ne pas manquer** – La collection d'icônes russes.
- **Organiser son temps** – Une heure environ suffit à la visite du château.

Comprendre

Mentionnée dès le 10e s. au confluent des rivières Łyna et Symsarna, c'est l'une des villes les plus anciennes de Warmie dont elle fut la capitale. On peut toujours voir quelques pans de fortifications, dont la **Grande Porte** (Brama Wysoka), édifiées au 13e s. par les chevaliers Teutoniques pour défendre leur base d'opération. Les évêques, en majorité polonais, se succèdent de 1350 à 1795 à la tête de ce puissant évêché. Neveu de l'un d'entre eux, Łukasz Watzenrode, Nicolas Copernic y fait un séjour remarqué entre 1503 et 1510. C'est dans les environs de la cité, connue alors sous le nom de Heilsberg, que Napoléon remporte en juin 1807 une victoire décisive sur les armées prussienne et russe.

Visiter

Château★ (Zamek)

Pl. Zamkowy 1 - ✆ 089 767 29 80 - juin-août : tlj sf lun. 9h-17h ; sept.-mai : 9h-15h - 5 PLN. Commentaires en polonais, parfois en anglais.

Le formidable édifice gothique en briques, au plan carré comme ses tours d'angle, abrita les évêques de Warmie. Une passerelle enjambant un large fossé conduit à la butte où il fut bâti au 14e s. Le grand portail gothique mène à une cour intérieure d'où l'on voit, au premier étage, la délicate galerie à arcades souvent comparée à celle du château royal de Cracovie. Les murs qu'elle protège portent les traces de vastes fresques aujourd'hui très abîmées. Une volée de marches conduit au sous-sol où une impressionnante salle à piliers abrite des reproductions de tableaux évoquant la victoire de Napoléon. Un nouvel escalier s'enfonce plus profondément vers un réseau de salles voûtées au sol de pierre couvert d'antiques pièces d'artillerie. Les étages de la forteresse, qui abritent aujourd'hui le **musée de Warmie** (Muzeum Warmińskie), sont une succession de salles aux voûtes gothiques où s'alignent représentations d'hôtes célèbres (on reconnaîtra Copernic), meubles et bibelots d'époque. Sous l'enduit blanc qui couvre les murs apparaissent parfois quelques peintures. Elles sont particulièrement bien conservées dans la grande salle d'apparat d'Ignacy Krasicki que l'on appelait alors « l'évêque-poète ». Remaniée dans le style rococo au 18e s., la chapelle, ornée d'ors et de stucs, conserve ses voûtes médiévales d'où pendent des angelots dorés. À côté, le grand réfectoire au dallage de briques, la plus belle salle de la forteresse, recèle une collection de bois polychromes des 15e et 16e s. Une série de blasons est peinte au-dessus des fresques en damier polychrome qui courent le long de ses murs. À travers la salle d'audience et la bibliothèque, qui abrite aujourd'hui des peintures des 17e et 18e s., on gagne les 2e et 3e étages à l'architecture moderne. Les collections de peintures polonaises modernes et contemporaines retiennent bien moins l'attention que la magnifique **exposition d'icônes russes** du 17e au 20e s.

W. Buss / MICHELIN

Le château de briques érigé au 14e s.

Olsztyn★

175 710 HAB.
CARTE GÉNÉRALE C1 – CARTE MICHELIN N° 720 C12 – VOÏVODIE DE WARMIE-MAZURIE

À mi-chemin entre Varsovie et Gdańsk, Olsztyn est entourée par dix lacs post-glaciaires à l'ouest et par de vastes forêts, qui rendent le séjour dans la capitale de la région Warmie-Mazurie particulièrement agréable. Elle est traversée par les pittoresques gorges de la rivière Łyna que domine la silhouette de sa forteresse médiévale. Longtemps tiraillée entre les influences alternées prussienne et polonaise, elle donne aujourd'hui l'image d'une ville jeune et dynamique, où est installée une importante usine Michelin. Son petit centre historique, méticuleusement restauré, relève – même sans monuments essentiels – de l'agréable surprise.

- **Se repérer** – 200 km au nord de Varsovie, 180 km au sud-est de Gdańsk.
- **À ne pas manquer** – Le château, les bars d'étudiants de la Vieille Ville.
- **Organiser son temps** – Compter une demi-journée pour la visite de la ville.

Comprendre

Mentionnée pour la première fois dans les chroniques en 1348, la fondation de cette ville du diocèse de Warmie, créée par bulle papale en 1243, semble avoir coïncidé avec la construction du château au milieu du 14e s. D'abord assujettie à l'État teutonique qui l'avait conquise, elle fut incorporée à la Pologne après le traité de Toruń en 1466. Mais au contraire d'Elbląg devenue protestante au moment de la Réforme en 1525, Olsztyn resta catholique et constitua une sorte d'État ecclésiastique, relativement autonome, administré par les princes-évêques de Warmie, qui en avaient assuré l'évangélisation. Retombée sous la coupe prussienne, sous le nom d'Allenstein, après le premier partage de la Pologne en 1772, elle continua à demeurer le centre du mouvement national et culturel polonais de Warmie, en dépit du nombre croissant d'immigrés allemands qui vinrent la peupler dans la seconde moitié du 19e s. Soumise durant la Seconde Guerre mondiale à une germanisation forcée, elle redevint polonaise à l'issue du conflit qui la laissa partiellement en ruine (détruite à 40 %) et quasi vide d'habitants.

Des torrents de larmes aux origines de la ville

Alina, fidèle épouse d'un chef de tribu prussienne, eut le tort de repousser les avances du fils d'une sorcière de la région. Lorsque ce dangereux soupirant obtint de sa mère qu'elle provoque la mort en plein champ de bataille de l'encombrant mari, Alina et ses suivantes versèrent tant de larmes qu'elles donnèrent naissance à une rivière, à laquelle fut donné le nom déformé de la malheureuse épouse : la **Łyna**. Le nom prussien de la ville, **Allenstein**, dériverait de celui de la rivière… mais d'aucuns prétendent qu'il serait lié à la fameuse pierre dénommée *Alue Status* sise dans l'église luthérienne.

B. Brillion / MICHELIN

La Porte haute, seul vestige des fortifications.

Toute sa population germanique fut alors expulsée et remplacée par des arrivants polonais provenant pour l'essentiel des provinces orientales annexées par l'Union soviétique, mais également de Lituanie.

Se promener

De taille modeste, le **centre historique** (Stare Miasto) est délimité par les méandres de la rivière Łyna au sud et les fortifications érigées à la fin du 14e s., et jadis percées par trois portes, dont la **Porte haute** (Brama Wysoka) constitue l'unique vestige.

Rynek★

Petit et pentu, partiellement entouré de maisons gothiques à arcades, il est centré autour de l'ancien hôtel de ville reconverti en bibliothèque municipale.

Cathédrale St-Jacques (Katedra Św. Jakuba)

Construite à partir de 1380 et plaquée contre les anciens murs de la ville, elle est surmontée d'une tour massive de 63 m dotée de fausses arcades, érigée entre 1562 et 1596. L'intérieur, dominé par de belles **voûtes**** à motif dit « de cristal et de filet » supportées par dix piliers, est nimbé d'une lumière invitant au recueillement distillée par de modernes vitraux multicolores. On remarquera le **tabernacle gothique** (à dr. de l'autel) ainsi que le beau **triptyque*** sculpté, peint et doré (16e s.) de la Sainte Croix, situé au fond de l'aile gauche, transféré de l'église du même nom en 1802.

Château★★ (Zamek)

Édifié au 14e s., cet agréable édifice de briques est entouré par un large fossé (aménagé en amphithéâtre sur la droite) qu'enjambe un pont de pierre gardé par une statue représentant Copernic. Il fut le siège de l'administration des biens du chapitre de Warmie où était conservé son trésor et abrite aujourd'hui le Musée régional de la Warmie et de la Mazurie.

Musée de la Warmie et de la Mazurie★★ (Muzeum Warmii i Mazur) – *Ul. Zamkowa 2 - ✆ 089 527 95 96 - juin-sept. : tlj sf lun. 9h-17h ; oct.-mai : tlj sf lun. 10h-16h - 8 PLN.* Les salons colorés du rez-de-chaussée abritent une belle galerie de portrait peints. L'aile orientale rassemble au 1er étage les *Komnaty Kopernikowskie*, une suite de pièces caractérisées par de très belles voûtes dites « en cristal » liées au souvenir de Copernic, qui fut résident au château et administrateur du trésor du chapitre en 1516-1519 et 1520-1521. Il participa même activement à sa défense en 1521 contre les assauts des chevaliers Teutoniques. La 1re pièce *(Sala Kromera)* est une ancienne chapelle, que prolonge l'ancien réfectoire abritant une collection d'argenterie jusqu'à la salle du fond, consacrée à Copernic et à son œuvre. La visite se poursuit à l'étage supérieur par une exposition ethnographique sur la Warmie et la Mazurie et par l'accès à la tour du château. Dans la cour près du puits, vous apercevrez une statue dite « femme prussienne » *(Pruska Baba)* trouvée à Barciany, œuvre des tribus païennes borusses ou prussiennes d'origine balte qui peuplaient autrefois la contrée.

En sortant du château, juste après le pont, l'**église évangéliste**, reconstruite en style néogothique en 1899, abrite sous son autel une pierre sacrificielle nommée *Alue Status*, vestige d'un probable ancien culte païen.

B. Brillion / MICHELIN

Le château où résida Copernic en tant qu'administrateur du trésor du chapitre de Warmie.

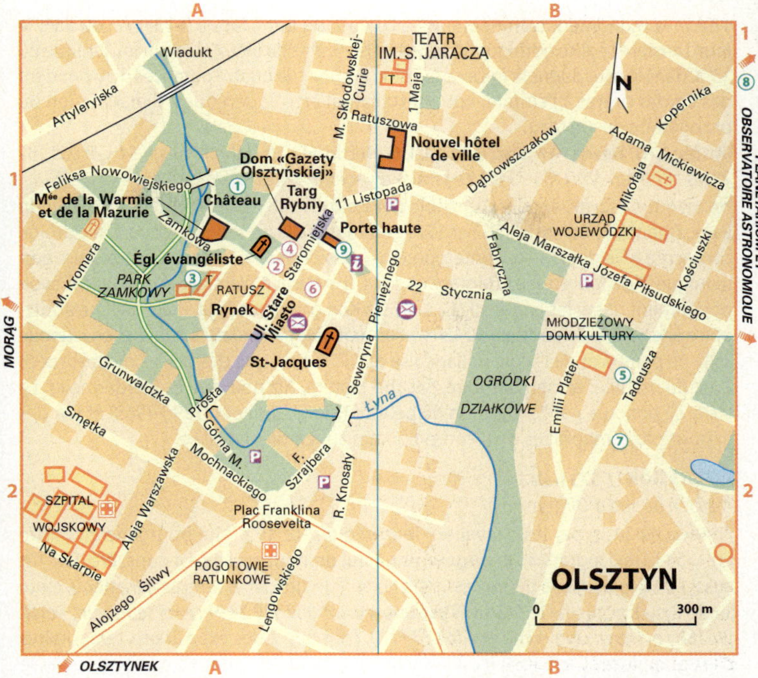

SE LOGER
Pod Zamkiem (Hotel)....①
Polsko-Niemieckie Centrum Młodzieży....③
Szkolne Schronisko Młodzieżowe w Olsztynie....⑤
Villa Pallas (Hotel)....⑦
Warminski (Hotel)....⑧
Wysoka Brama (Hotel)....⑨

SE RESTAURER
Restauracja Staromiejska....②
Różana café....④
Świeże Zupy....⑥

Par derrière, on rejoint le **marché au Poisson** (Targ Rybny), implanté sur l'emplacement de l'ancienne porte médiévale du Moulin. Cette place est occupée par la bâtisse du journal ***Gazeta Olstyńska***, qui accueille l'annexe du musée.

Dom « Gazety Olsztyńskiej » (Muzeum Warmii i Mazur)

Ul. Targ Rybny 1 - ✆ 089 534 01 19 - juin-oct. : tlj sf lun. 9h-17h ; nov.-mai : tlj sf lun. 9h-16h - 6 PLN. Explications uniquement en polonais.

Cette annexe du musée de la Warmie et de la Mazurie occupe sur trois niveaux les premiers locaux de rédaction et d'impression du journal *Gazeta Olsztyńsk*a, principal organe de presse de la communauté polonaise en Prusse orientale, qui fut diffusé entre 1886 et 1939. Consacré pour l'essentiel à l'histoire du mouvement national polonais en Mazurie et Warmie, le musée s'attache aux gloires locales et autres figures marquantes de l'histoire régionale au 20e s., pour l'essentiel inconnues des étrangers, à l'exception du pape Jean-Paul II qui visita Olsztyn en 1991. Dans l'escalier, une intéressante série de photographies montre Olsztyn détruit puis reconstruit. Au sous-sol, une section ethnographique traite des aspects de la vie quotidienne d'autrefois en milieu rural.

Au-delà de la Porte haute s'étend le Quartier supérieur (Górne Przedmieście) centré autour du **nouvel hôtel de ville** néobaroque. Les hauteurs de la ville sont dominées par le **planétarium** et, installé dans un ancien château d'eau du 19e s., l'**observatoire astronomique**.

Aux alentours

Morąg (14 657 hab.)

Située à mi-chemin entre Elbląg et Olsztyn (à 50 km des deux).

Cette petite ville d'origine prussienne a vu naître le philosophe et poète du siècle des Lumières **Johann Gottfried Herder** (1744-1803). Au milieu du **Rynek** assoupi, l'élégant ancien **hôtel de ville** (Ratusz) gothique, devancé par deux canons français du Premier Empire, abrite l'office de tourisme *(✆ 089 757 38 26 ; www.morag.pl ; lun.-vend. 8h-16h, sam. 10h-14h ; personnel anglophone)*. Entre la place et l'église s'élève le monument commémoratif à l'enfant du pays, face à la maison où il vit le jour. Derrière l'église gothique se trouvent les ruines du vieux château teutonique du 13e s. dans la cour duquel s'impose la vision lugubre de quatre potences d'où pendent des cordes prêtes à l'emploi, une « installation artistique » due à l'imagination du propriétaire du château.

Musée J.-G. Herder★★ (Muzeum im. J. G. Herdera) – *Ul. Dąbrowskiego 54 - ✆ 089 757 28 48 - tlj sf lun. 9h-17h - 7 PLN. Légendes en polonais et en allemand.*

Ne manquez surtout pas cet agréable petit musée qui occupe toute la longueur du Pałac Dohnów, bâti entre 1562 et 1571 et remanié à la période baroque. L'aile droite, consacrée à Helder et à ses contemporains, passionnera les amateurs de culture germanique. Né à Mohrungen (Morąg) en 1744, il mourut à Weimar en 1803, après avoir notamment passé les années 1762 à 1769 à Königsberg et Riga. L'aile gauche abrite, outre une galerie de portraits du 18e s. et de gravures hollandaises du 17e s., une longue salle de peintures de l'école hollandaise du 17e s. ainsi que des pièces reconstituées avec du mobilier ancien baroque, Second Empire, Art nouveau et Bierdermeier. La visite se ponctue par l'exposition du peintre Hugo Landheer (1896-1963) et par des expositions temporaires d'art contemporain au rez-de-chaussée.

Olsztynek (7 673 hab.)

À 25 km au sud d'Olsztyn.

Fondée au 14e s. par les chevaliers Teutoniques, cette petite bourgade vit naître en 1764 le lexicographe **Mrongowiusz** à qui un petit musée est consacré. Elle fut aussi l'un des bastions du protestantisme en Pologne, et le temple désaffecté situé sur le Rynek accueille le **Salon Wystawowy** *(✆ 089 519 24 91 ; mai-sept. : lun.-vend. 9h-18h ; oct.-avr. : lun.-vend. 9h-16h ; 3 PLN),* consacré à des expositions temporaires d'art graphique. C'est aussi ici, à la sortie du village vers Gdańsk, que se trouvait le mausolée d'Hindenburg, vainqueur des Russes en 1914. Dépecé par ces derniers en 1945, il n'en reste rien. À 500 m de là se dressait le camp de prisonniers du stalag IB Hohenstein, où furent détenus des prisonniers français durant la Seconde Guerre mondiale. Aujourd'hui, on vient à Olsztynek pour son Skansen.

Parc ethnographique d'Olsztynek (Skansen)★ (Muzeum Budownictwa Ludowego – Park Etnograficzny) – *Ul. Sportowa 21 - ✆ 089 519 21 64 - 15-30 avr. : lun.-vend. 9h-15h ; mai et juin-août : 9h-18h ; sept. : 9h-16h30 ; oct.-15 avr. : tlj sf lun. 9h-15h30 - 8 PLN (mai-août), 7 PLN (sept.), 6 PLN (oct.). À la présentation du billet, les gardiens ouvrent les bâtiments fermés. À noter aussi l'existence d'un billet moins onéreux permettant de juste regarder de l'extérieur. Prévoyez 2h pour la visite. Documentation en français (5 PLN).* Ce Skansen, établi à l'origine à Królewiec (l'ancienne Königsberg, actuelle Kaliningrad en Russie), est le plus vieux et le plus grand musée en plein air de Pologne. Déplacé vers Olsztynek entre 1938 et 1942 pour former, avec le mausolée dédié à Hindenburg, un ensemble monumental baptisé « Tannenberg » et consacré à l'architecture de l'ancienne Prusse orientale, il est constitué d'une cinquantaine de bâtiments reconstruits ou originaux provenant de Warmie, Mazurie, Podlachie (rive est de la Basse Vistule) et Lituanie, et disséminés dans un cadre verdoyant. Certaines maisons présentent des thématiques particulières : tissage, costumes traditionnels, mobilier peint, vie domestique. À la maison n° 29, demandez à faire fonctionner la belle boîte à musique. On terminera l'itinéraire, après la contemplation des moulins à vent, par la visite de la belle église protestante en bois peinte, notamment d'une scène de la Tentation figurant une Ève particulièrement suggestive.

Grunwald

Musée de la Bataille de Grunwald (Muzeum Bitwy Grunwaldzkiej) – *À 18 km au sud-ouest d'Olsztynek, sur le territoire du village de Stębark - ✆ 089 647 22 27 - mai-15 oct. : 8h-18h - 6 PLN - parking gardé payant.* Comme les Français avec « 1515 : Marignan », tous les écoliers polonais ont appris à faire correspondre l'année 1410 à la bataille de Grunwald. Le cadre où s'est déroulée celle-ci semble ne pas avoir changé d'un brin d'herbe. Sur ses paisibles prairies a eu lieu le 15 juillet 1410 la plus importante bataille médiévale jamais advenue en Europe et qui a scellé pour la première fois le sort de la Pologne. Lors de ce sanglant combat qui engagea quelque 60 000 hommes, le roi polonais Władysław Jagellon, à la tête d'une coalition lituano-polonaise, défit l'armée des chevaliers Teutoniques. Chaque année, l'événement, symbole de la résistance nationale, est commémoré lors d'un grand spectacle historique qui s'étale sur quelques jours et réunit des confréries de « chevaliers » provenant des quatre coins de l'Europe.

Derrière le double monument commémoratif, constitué par onze hauts piliers de métal et un monument de pierre érigé en 1960, un petit **musée** présente quelque objets relatifs à la bataille et un film *(23mn)* qui en retrace les grands moments. À 400 m de là *(suivre le sentier)*, on trouve les ruines d'une chapelle érigée à l'endroit où aurait péri le Grand Maître de l'ordre Teutonique, Ulrich von Jungingen.

Olsztyn pratique

Code postal – 10-000 à 11-041.

Adresses utiles

Office de tourisme (IT) – *l. Staromiejska 1 - sur la gauche de la Porte haute qui mène vers le Rynek - ☎/fax 089 535 35 65 - www.warmia-mazury-rot.pl - oct.-mai : lun.-vend. 8h-16h ; juin-sept : tlj sf dim. 8h-18h.*

Local Internet – *Au 1er ét. de la bibliothèque départementale (bibloteka wojewódzka) située en plein milieu du Rynek. 3 PLN/h.*

Se loger

⊖ **Hotel Wysoka Brama** – *Ul. Staromiejska 1 - entre l'office de tourisme et la porte du même nom - ☎/fax 089 527 36 75 - www.hotelwysokabrama.olsztyn.pl - 25 ch. 110 PLN - ☕ 10 PLN.* Les budgets serrés apprécieront les chambres rudimentaires mais correctes de cet hôtel qui compte également plusieurs chambres sans salle de bains *(78 PLN)* ainsi qu'un dortoir.

⊖ **Szkolne Schronisko Młodzieżowe w Olsztynie** – *Ul. Kościuszki 72/74 - ☎ 089 527 66 50 - fax 089 527 67 70 - schronisko@ssmolsztyn.pl - ✉ - 🅿 - 25 à 90 PLN.* Cette large bâtisse jaunâtre n'est autre que l'auberge de jeunesse locale agréée HI, disposant de 70 lits en chambres de 1, 2, 3, 4 et 6 lits. La cuisine est équipée et chacun peut y mijoter ses petits plats.

⊖⊖ **Hotel Pod Zamkiem** – *Ul. Nowowiejskiego 10 - ☎ 089 535 12 87 - ☎/fax 089 534 09 40 - www.hotel.olsztyn.com.pl - 🅿 - 17 ch. 220 PLN ☕ en saison, 200 PLN ☕ hors saison.* Isolé dans le parc du château, l'hôtel est installé dans une villa Sécession – l'ancienne école de musique de la ville – dotée d'un hall d'entrée et d'un escalier digne d'un pavillon de chasse.

⊖⊖ **Hotel « Villa Pallas »** – *Ul. Żołnierska 4 - ☎/fax 089 535 01 15 - www.villapallas.pl - 🅿 ♿ - 32 ch. 260 PLN ☕ en saison, 235 PLN ☕ hors saison.* Des chambres confortables dans une gigantesque villa pleine d'escaliers et de couloirs, située sur les hauteurs de la ville. Élégante salle de restaurant à la carte appétissante (en français).

⊖⊖ **Hotel Warmiński** – *Ul. Kołobrzeska 1 - ☎ 089 522 14 00 - fax 089 533 67 63 - www.hotel-warminski.com.pl - 127 ch. 290 PLN ☕ en saison, 220 PLN hors saison.* Il est situé près du centre-ville. Ne vous fiez pas à l'allure bloc de béton sans charme de cet hôtel moderne. À l'intérieur, les chambres, vastes et dotées de tout le confort, sont très agréables.

⊖⊖ **Polsko-Niemieckie Centrum Młodzieży** – *Ul. Okopowa 25 - ☎ 089 534 07 80 - ☎/fax 089 527 69 33 - www.pncm.olsztyn.pl - 🅿 - 22 ch. 220-240 PLN en saison, 200 PLN hors saison - ☕ 19 PLN.* Ce centre polono-germanique destiné aux jeunes, idéalement situé en contrebas du château, n'en a plus que le nom. En effet, la clientèle initiale semble avoir laissé la place à des hommes d'affaires et l'hôtel, doublé d'un restaurant, a adapté son standing en rapport.

Se restaurer

⊖ **Świeże Zupy** – *Ul. Św. Barbary 1 - ☎ 089 523 51 47 - dim.-jeu. 11h-22h (0h vend.-sam.).* Une adresse très prisée des locaux qui viennent à toute heure de la journée pour se délecter d'une savoureuse soupe maison *(5 PLN petite assiette, 7 PLN grande assiette)*.

⊖⊖ **Restaurant Przystań** – *Ul. Żeglarska 3 - ☎ 089 535 01 81 - 12h-22h.* Situé au bord d'un lac, ce restaurant est très apprécié pour sa cuisine traditionnelle et pour son cadre. En été, on vous proposera même de prendre l'apéritif au milieu du lac.

⊖⊖ **Różana café** – *Ul. Targ Rybny 14 - à droite avant le pont qui mène au château - ☎/fax 089 523 50 39 - 11h-22h.* Le meilleur restaurant de la Vieille Ville dédié, vous l'aurez compris à la couleur des murs, à la frise murale et à leur présence sur chaque table, à la plus odoriférante des fleurs. L'addition n'est pas épineuse pour autant.

⊖⊖ **Staromiejska** – *Ul. Stare Miasto 4/6 - en haut du Rynek – ☎ 089 527 58 83 - 10h-22h.* L'endroit préféré des habitants en fin d'après-midi pour prendre une bière, un thé et des petits gâteaux. Le soir, il se métamorphose en un restaurant à la sobre élégance à l'ancienne. Terrasse extérieure. 3 salles.

Faire une pause

Café i Herbaciarnia filmowa – *☎ 089 527 28 27 - 12h-22h.* Un décor dédié au 7e art où faire une pause-séquence thé ou café. Dans l'angle sud-ouest du Rynek.

En soirée

Autant le centre-ville manque cruellement de restaurants attrayants, autant il compte un grand nombre de bars sympathiques et avenants.

Canal Ostróda-Elbląg★★

Kanał Ostródzko Elbląski

CARTE GÉNÉRALE C1 – CARTE MICHELIN N° 720 C11 – VOÏVODIE DE WARMIE-MAZURIE

Construit entre 1848 et 1876 d'après le projet de l'ingénieur hollandais J.-G. Steenke, le canal Ostróda-Elbląg, reliant à l'époque la mer Baltique avec le sud de la Prusse, constitue, grâce aux curieuses solutions d'ingénierie utilisées, un chef-d'œuvre de l'art hydrographique unique au monde. Long de 80,4 km (dont 40 km de vrais canaux creusés entre les six lacs), il forme le segment principal d'un système qui possède plusieurs branches. Malheureusement, à peine le projet abouti, l'apparition du chemin de fer rendit caduc cet ingénieux système qui n'aura finalement pas été d'une grande viabilité commerciale. Il ne fonctionne plus aujourd'hui qu'à des fins touristiques.

Se repérer – Ostróda est à 36 km à l'ouest d'Olsztyn, et Elbląg à 61 km à l'est de Gdańsk.

Découvrir

Les 9,6 km situés entre les villages de Całuny Nowe et Buczyniec, où la dénivellation atteint 99,5 m, représente la partie la plus intéressante. Pour remédier à cette différence de niveau entre les lacs Drweckie et Drużno, cinq rampes inclinées successives font office d'échelles reliant les différents niveaux navigables. Parvenus devant chaque rampe, les bateaux prennent place sur des cales de halage qui sortent progressivement de l'eau, hissées le long de rails par un système mû par la force hydraulique. Tel un balancier, pendant qu'une des structures monte d'un côté, l'autre descend, et les bateaux se croisent sur la terre ferme.

Croisières – Le bureau principal de la compagnie se trouve à Ostróda en bordure du lac Drweckie *(Ul. Mickiewicza 9a ; ✆/fax 089 646 38 71 ou 0 801 350 900 - www.zegluga.com.pl - juin-août : 7h-18h ; sept.-mai : 7h-15h ; croisière complète 85 PLN/65 PLN, bagage 16 PLN, vélo 32 PLN ; croisière jusqu'à Buczyniec 70 PLN ; service de restauration légère à bord)*. À Elbląg, le bureau est situé en sous-sol 50 m après l'hôtel Vivaldi *(Ul. Wieżowa 14 ; ✆/fax 089 232 43 07)*, mais l'on peut aussi se présenter sur place le matin à l'embarcadère situé face à l'église St-Nicolas.

Une flotte de cinq bateaux assure le trafic, quotidien en juillet-août, plus aléatoire en basse saison *(mai-sept.)*. Les croisières s'effectuent dans les deux sens depuis Elbląg ou Ostróda ; départ à 8h, arrivée dans l'autre ville autour de 19h. La traversée complète entre les deux villes dure 11h et pourra sembler fastidieuse. Un bon compromis consiste à n'effectuer que la moitié du parcours (5h), d'Elbląg à Buczyniec, village-étape de la 5e et dernière rampe, la plus spectaculaire. À Buczyniec, un petit **musée** *(mai-sept. : 10h-18h, 2 PLN)* relate l'histoire du projet et vous pourrez également visiter les puissantes machineries hydrauliques *(4 PLN)*.

Par la route – *Pour assister à l'opération de franchissement des rampes, se rendre à Buczyniec (déviation sur la route après Pasłęk depuis Elbląg ou à Morzewo depuis Ostróda) entre 12h30 et 14h.*

Aux alentours

Elbląg (128 016 hab.)

Il suffit de voir quelques vieilles photos des anciens quais d'Elbląg pour se persuader de la concurrence qu'elle aurait continué à faire à Gdańsk si la guerre l'avait épargnée. La Vieille Ville protestante d'Elbląg, fille du mythique port de mer vieux-prussien de Truso et de la cité commerçante de la ligue hanséatique fondée par l'Ordre teutonique, renaît lentement de ses cendres. On peut y visiter la **Galeria El w Elblągu** *(Ul. Kuśniersko 6 ; lun.-sam. 10h-18h, dim. 10h-17h ; 4 PLN)*, mythique galerie polonaise d'art contemporain qui occupe depuis 1961 l'ancienne église gothique de Notre-Dame (Kościół Mariacki).

Ostróda (33 698 hab.)

Les admirateurs de Napoléon seront ravis d'apprendre, grâce à une plaque commémorative apposée en français dans la cour du très restauré petit **château** teutonique (Zamek) occupé par la bibliothèque municipale, que notre grand homme « a séjourné dans ce château d'où il dirigeait l'Empire » du 21 février au 1er avril 1807.

Office de tourisme – *Pl. 1000-lecia P.P. 1a - juin-août : lun.-vend. 9h-18h, sam. 10h-16h, dim. 10h-14h ; sept.-mai : lun.-vend. 9h-17h.*

Frombork★★

3 713 HAB.
CARTE GÉNÉRALE C1 – CARTE MICHELIN N° 720 B11 – VOÏVODIE DE WARMIE-MAZURIE

Cette petite ville assoupie au nord de l'estuaire de la Vistule face à la lagune est certainement la mieux placée pour prétendre au titre très convoité de « ville de Copernic ». C'est en effet ici que l'illustre astronome passa la plus grande partie de sa vie et effectua l'essentiel de ses recherches, depuis 1509 jusqu'à sa mort en 1543. Longtemps capitale du diocèse de Warmie, l'ancienne Frauenburg (ville de Notre-Dame) est toujours dominée par sa charmante cathédrale fortifiée, qui jouit d'un emplacement pittoresque au sommet d'une falaise surplombant la ville et la mer, d'où vous pourrez même deviner par beau temps les rivages de... la sainte Russie. Copernic en fut durant plus de trente ans l'un des chanoines, fonction qui lui valut d'être enterré dans la cathédrale.

- **Se repérer** – À 94 km à l'est de Gdańsk et 32 km au nord-est d'Elbląg.
- **À ne pas manquer** – Le panorama depuis l'ancien clocher de la cathédrale.
- **Organiser son temps** – 2 à 3h suffisent pour faire le tour des curiosités. Attention, les dimanche et lundi, certains musées sont fermés.

Comprendre

Initialement implantée à Braniewo, la cathédrale du diocèse de Warmie, trop exposée à la menace prussienne, fut déplacée à Frombork à la fin du 13e s. tandis que les évêques choisissaient de résider à Lidzbark Warmiński. Longtemps assujettie à l'emprise de Braniewo, ses velléités de créer un véritable port maritime de commerce furent écrasées à chaque fois par Braniewo et Elbląg. La ville, dépourvue de fortifications, fut souvent pillée, notamment par les Suédois en 1626, et elle ne redevint officiellement la résidence des évêques warmiens, à la suite de l'annexion prussienne de 1772, qu'entre 1837 et 1945.

Se promener

Seule partie de la ville (détruite à près de 80 %) relativement épargnée par les désastres de la Seconde Guerre mondiale, la **colline de la Cathédrale** concentre l'essentiel des curiosités. On y accède à pied depuis la ville basse par un chemin-escalier qui contourne (par la gauche) l'enceinte pour pénétrer côté sud dans la cour par la **Porte principale** (Brama Główna). *L'admission dans la cour est gratuite, mais les accès aux bâtiments (cathédrale comprise) sont payants.*

Dominant la **ville basse** (Dolne Miasto) avec ses faux airs de donjon, la tour (14e s.-16e s.), accolée à l'office de tourisme, mérite bien le nom de **tour d'eau** (Wieża Wodna). En effet, en 1571, elle fut équipée d'un système permettant d'alimenter en eau, grâce à des canalisations en chêne, la colline de la cathédrale. Elle abrite aujourd'hui un agréable café où faire une pause en s'attablant sur l'un des paliers qui mènent au sommet, d'où l'on profite d'un beau **panorama** sur la ville *(mai-sept. : 8h30-20h30 ; oct.-avr. : 9h-16h ; 3 PLN)*. Vous distinguerez la toiture brûlée de la massive église aujourd'hui désaffectée de St-Nicolas (Kościół Św. Mikołaja), rare vestige conservé de la ville basse.

Colline de la Cathédrale★★★ (Wzgórze Katedralne)

Ul. Katedralna 8 - ✆ 055 243 72 18 - www.frombork.art.pl - 9h-16h20. Informations au musée de la Cathédrale.

Cathédrale★★ (Muzeum Katedralne)

Tlj sf dim. 9h30-17h - 4 PLN.

Érigée entre 1329 et 1388 au sommet de la falaise, sur l'emplacement d'une première cathédrale en bois construite en 1280, la cathédrale présente la particularité d'être entourée de remparts. On pourra commencer par en faire le tour, afin de constater la présence d'éléments greffés au bâtiment gothique, telles les chapelles St-Georges (15e s.) et du Sauveur (1732-1735). On s'attardera notamment devant la curieuse **façade**, située à l'ouest, flanquée de deux tourelles octogonales. Le porche abrite un remarquable portail en pierre décoré d'une guirlande de personnages qui se prolonge le long des nervures de la voûte. L'intérieur, dominé par une belle voûte en étoile rayonnante, recèle une vingtaine d'autels baroques, pas moins de 101 plaques funéraires (pour l'essentiel des évêques et chanoines warmiens) et 19 épitaphes. Parmi ces dernières, sur le premier pilier de la nef immédiatement à droite du chœur,

C. Hervé-Bazin / MICHELIN

La cathédrale de Frombork.

celle érigée au 18e s. à la mémoire de Copernic, puisque le corps du grand homme repose quelque part sous une dalle, sans que l'on ne soit jamais parvenu à en préciser l'emplacement exact.

Vous remarquerez, curieusement suspendus sous la voûte du chœur, la présence surprenante de sept chapeaux orange : ce sont ceux des sept évêques de Warmie devenus cardinaux, tandis qu'au fond la tiare pontificale est celle d'Enea Silvio Piccolomini, qui, soutenu par le roi polonais, devint pape sous le nom de Pie II.

L'**autel principal** en marbre noir, du baroque tardif, vint en 1752 remplacer le magnifique **polyptyque** du gothique tardif (1504) relégué depuis dans la nef latérale gauche. On notera la **chaire baroque** (1785) et les belles grandes **orgues** (1684) réputées pour leur sonorité qui, couplée à l'excellente acoustique du lieu, fournit l'occasion de somptueux concerts en été *(le dim. de juin à août)*.

Est également digne d'intérêt la chapelle baroque du Sauveur, au fond de la nef de droite, fermée par une imposante **grille en fer forgé** encadrée par un trompe-l'œil peint. Enfin, de part et d'autre de l'entrée latérale, deux peintures méritent le coup d'œil : un saint Antoine et la procession du Saint Corps.

Musée Copernic★ (Muzeum Kopernika)

Tlj sf lun. 9h-16h - 4 PLN. Légendes en polonais et en allemand.

Installé dans l'ancien palais épiscopal gothique remanié à l'époque baroque, il est pour l'essentiel consacré à Nicolas Copernic (Mikołaj Kopernik) (1473-1543). Après l'exposition des découvertes archéologiques et de fragments de vitraux de la fin 19e-début 20e s. provenant de la cathédrale au rez-de-chaussée, on accédera au 1er étage à une salle entièrement dédiée au grand homme. S'inspirant d'un très célèbre portrait le représentant de trois quarts, les artistes l'ont décliné dans tous les styles et selon toutes les techniques, telle une version masculine de *La Joconde*.

Chanoine du chapitre de la Warmie pendant plus de trente ans, Copernic s'acquitta de très nombreuses missions pour le compte de celle-ci, comme le montre l'exposition. À l'origine d'une réforme monétaire, l'auteur du célèbre *De revolutionibus orbium coelestium*, publié à Nuremberg et dont la petite histoire prétend qu'il en aurait aperçu le premier exemplaire sur son lit de mort, fut également chargé en 1510 de dessiner une carte de la région, dont plusieurs exemplaires exposés vous permettront de mieux comprendre l'histoire compliquée de la Warmie, longtemps prise en tenailles par la Prusse ducale. Au 2e étage, des artistes contemporains internationaux s'emparent du thème de l'héliocentrisme. La dernière salle présente quelques lunettes et télescopes.

Tour Radziejowski (Wieża Radziejowskiego)

9h30-17h - 5 PLN.

Situé dans l'angle sud-ouest du mur d'enceinte, cet ancien clocher gothique, qui s'élève de seulement 70 m au-dessus de la mer toute proche, offre un panorama exceptionnel. À mi-hauteur de la tour, un **pendule de Foucault** atteste de la rotation de la Terre.

Un escalier hélicoïdal conduit ensuite, à hauteur de la flèche baroque, à une galerie extérieure d'où le **panorama★★★** sur la lagune de la Vistule s'avère éblouissant. Par beau temps, on devine même tout au bout de la baie la ville de Kaliningrad... située en Russie. Au sous-sol, un **planétarium** assure des séances six fois par jour *(8 PLN)*.

Tour Copernic (Wieża Kopernika)

Juil.-août : tlj sf dim. 9h-17h - 3 PLN.

Bâtie avant l'année 1400 et plusieurs fois détruite puis reconstruite (la dernière fois en 1965), cette tour carrée est le plus ancien élément de la fortification. Elle est supposée avoir été le cabinet de travail (certains prétendent à tort qu'il s'agissait de son domicile) et l'observatoire céleste du savant. La reconstitution de son cabinet de savant à l'époque Renaissance ne recèle cependant rien d'exceptionnel et vous pourrez aisément en faire l'économie.

Hôpital du St-Esprit et chapelle Ste-Anne (Szpital Św. Ducha i Kaplica Św. Anny)★

Ul. Stara (à g. en sortant par la porte principale et continuez tout droit) - mai-août : mar.-sam. 10h-18h ; sept.-avr. : mar.-sam. 9h-16h - 4 PLN.

Situé hors de l'enceinte de la cathédrale, cet ancien hôpital médiéval (fin 14e s.), qui a bénéficié d'une récente restauration, abrite un modeste **musée de la Médecine** *(*Dział Historii Medycyny). On remarquera, après l'entrée et le joli sol pavé, les vestiges d'un système de chauffage et d'évacuation des eaux. L'intérêt essentiel réside cependant dans les fragments de **fresques** conservés sur les murs de la rotonde du chœur de la chapelle. Sur ses peintures naïves illustrant un Jugement dernier et comparables à des esquisses, une pléthore de petits diablotins se disputent les âmes de pauvres damnés.

Frombork pratique

Code postal – 14-530.

Adresses utiles

Office de tourisme (IT Globus) – *Ul. Elbląska 2 - au pied du château d'eau, dans la ville basse - ✆ 055 243 75 00 - fax 055 243 73 54 - globus.frombork@poczta.fm - mai-sept. : 8h30-20h30 ; oct.-avr. : 9h-16h.* Davantage une boutique privée – notamment bien fournie en livres – qu'un véritable office du tourisme. Location de vélos.

Internet – Deux ordinateurs permettent l'accès à la Toile à l'intérieur du restaurant **Akcent** *(Ul. Rybacka 4)*.

Transports

Pour s'y rendre, bus ou trains au départ d'Elbląg. Plus rares, quelques bus la relient à Lidzbark Warmiński.

Se loger

Vous pouvez également trouver quelques chambres *(Kwatery Prywatne)* chez l'habitant *(adresses sur le site Internet de la ville, www.frombork.pl)*.

⊖ **Szkolne SchrodniskoMłodzieżowe Copernicus (Auberge de jeunesse)** – *Ul. Braniewska 11 - ✆ 055 243 71 93 - fax 055 243 72 15 - 9 ch. de 1 à 14 lits - 25-32 PLN - ☕ 6,25 PLN.* Cette nouvelle auberge de jeunesse est située dans l'un des bâtiments de l'orphelinat (Dom Dziecka), face au cimetière. Elle accueille 52 lits et offre la possibilité d'une pension complète (par ailleurs, kitchenette équipée).

⊖ **Dom Familijny Rheticus** – *Ul. Kopernika 10 - ✆/fax 055 243 78 00 - www.domfamilijny.pl - P - 9 appart. (1, 2, 3 pièces) de 160 à 250 PLN, 55 ch. 110 PLN - ☕ 15 PLN.* Cette sympathique pension familiale, du nom de l'unique disciple de Copernic, propose des chambres spacieuses et hautes de plafond toutes équipées d'une cuisine individuelle ainsi que de chambres doubles dans un nouveau bâtiment ouvert en 2007.

⊖ **Hotel Kopernik** – *Ul. Kościelna 2 - ✆ 055 243 72 86 - ✆/fax 055 243 73 00 - www.hotelkopernik.com.pl - P - 37 ch. 170 PLN, hors saison 130 PLN.* Hôtel récemment rénové. Les chambres standardisées sont dotées de grands balcons avec vue vers la cathédrale. Restaurant associé.

Se restaurer

Pas l'embarras du choix ! Plusieurs *fish & ships* sont regroupés à l'arrière du château d'eau pour nourrir rapidement les visiteurs. L'un d'eux dépend du restaurant Akcent.

⊖⊖ **Restaurant Akcent** – *Ul. Rybacka 4 - ✆ 055 243 72 75.* Situé latéralement sur la place, vous pourrez vous y sustenter – dans un cadre plus formel – en terrasse, préférable à la très soporifique salle à manger. Seule autre véritable alternative, le restaurant de l'hôtel Kopernik susmentionné.

Cracovie sous la neige.

R. Czerwinski / MICHELIN

CRACOVIE ET SA RÉGION

Cracovie★★★

Kraków

756 583 HAB.
CARTE GÉNÉRALE C4 – CARTE MICHELIN N° 720 I11-12 – VOÏVODIE DE PETITE-POLOGNE

Établie au pied des premiers chaînons des Beskides carpatiques, sur la rive gauche de la Haute Vistule (Wisła), Cracovie constitue le véritable joyau urbain de la Pologne ; une splendeur digne des plus belles villes européennes, classée par l'Unesco sur son premier inventaire du patrimoine mondial dès 1978. Chère au cœur des Polonais, cette élégante métropole culturelle et universitaire, ancienne capitale royale, incarne le berceau de la nation et de la culture polonaises. Si l'admirable complexe gothico-Renaissance du centre-ville fut épargné par les destructions de la Seconde Guerre mondiale, la communauté juive du quartier de Kazimierz fut, elle, douloureusement éprouvée, comme le relate le film de Steven Spielberg *La Liste de Schindler*. Symbole de la « vieille Pologne » durant l'ère socialiste, cette capitale provinciale est aujourd'hui, avec près de 130 000 étudiants, une ville jeune et dynamique qui a fait du tourisme sa principale raison d'être.

- **Se repérer** – À 294 km au sud de Varsovie, 114 km au sud-est de Częstochowa, 536 km au sud-est de Gdańsk, 220 km au sud-est de Łódź, 100 km au nord de Zakopane.
- **À ne pas manquer** – Le Rynek, le retable de Veit Stoss dans l'église Notre-Dame, le tableau de Léonard de Vinci, *La Dame à l'hermine*, au musée Czartoryski, les vitraux de Stanisław Wyspiański dans l'église franciscaine, le château et la cathédrale de Wawel, le vieux quartier juif de Kazimierz, le dédale des mines de sel de Wieliczka, l'atmosphère des caves voûtées des restaurants et cafés de la Vieille Ville.
- **Organiser son temps** – Comme toutes les très belles villes, Cracovie invite à un séjour quelque peu prolongé pour qui voudrait en avoir un aperçu exhaustif. Un minimum de trois jours permet cependant de cerner l'essentiel, sa taille restreinte y aidant, ce qui en fait une destination parfaite pour un long week-end.

Visite de Cracovie

On peut passer plusieurs jours à parcourir Cracovie à pied. La ville est riche en monuments et en endroits où il fait bon flâner en observant la vie des habitants. Une atmosphère particulière y règne en raison du nombre important d'étudiants et de religieux.

Suggestion de visite pour trois jours

1er jour – Rendez-vous sur la **grande place du Marché** (le Rynek) et visitez la **halle aux Draps** puis la **cathédrale Notre-Dame** en essayant d'assister à la cérémonie du hejnał. Ensuite, vous rejoindrez le **musée des Princes Czartoryski** pour aller admirer ***La Dame à l'hermine***. De là, vous atteindrez la **Barbacane** au nord de la ville et démarrerez l'itinéraire de la **Voie Royale** qui vous amènera à travers les bâtiments de l'université Jagellone jusqu'au pied du château de Wawel.

2e jour – Vous pouvez consacrer la matinée à la visite du **château de Wawel** et dans l'après-midi parcourir l'ancien quartier juif de **Kazimierz** où vous trouverez nombre de restaurants très agréables.

3e jour – La visite à la **mine de sel de Wieliczka** s'impose. En y allant tôt le matin, vous aurez moins de monde. En revenant, vous pouvez continuer à découvrir les quartiers anciens de Cracovie, vous promener dans les jardins des Planty et visiter le **musée Stanisław Wyspiański**. Si vous voulez rapporter de l'artisanat ou des bijoux en ambre, vous irez faire un tour chez les marchands de souvenirs de la halle aux Draps.

Comprendre

La fondation – À en croire la légende, Cracovie aurait été fondée vers le 7e s. par le roi Krak ou Krakus, vainqueur du dragon de Wawel, et dont la fille, Wanda, préféra se noyer dans la Vistule plutôt que d'être contrainte d'épouser un prince allemand. Fief de la tribu des Vislanes (Wiślanie), du nom polonais de la Vistule, Cracovie, que l'on trouve mentionnée pour la première fois en 965, fut rattachée au royaume de Pologne par le prince Mieszko Ier. Premier foyer de christianisme en Pologne, elle devint au tournant du millénaire le siège d'un évêché puis la capitale du duché des Piast et du

Les Tatars

Bien que les raids menés contre la cité par les Tatars remontent au 13e s., Cracovie n'a jamais cessé d'en entretenir leur souvenir. Outre la tradition du **hejnał** *(voir encadré p. 194)*, celle du **cortège du Lajkonik** se déroule chaque année début juin, huit jours après la Fête-Dieu. L'origine de cette tradition, relative à la dernière incursion des Tatars en 1287, reste assez floue. On prétend que des membres de la corporation des flotteurs de Zwierzyniec, ayant barré l'accès de Cracovie à une horde mongole, s'emparèrent de l'habit du *khan* et firent leur entrée dans la cité, dans la liesse populaire, ainsi déguisés. Aujourd'hui, le cortège s'élance encore traditionnellement du couvent des Prémontrés en direction du Rynek. Conduit par un *khan* richement vêtu en costume redessiné en 1904 par Wyspiański, caracolant sur son cheval de bois *(lajkonik)* et entouré par une bande de musiciens, il ne manque pas de solliciter auprès des badauds et des commerçants réunis sur son passage un tribut qui, d'après la tradition, portera bonheur pour l'année entière.

royaume polonais sous le règne du prince **Casimir le Rénovateur** (1038-1058) qui la préféra à Gniezno. Du 13e s., Cracovie conservera le souvenir d'une série d'invasions tatares (1241, 1259-1260 et 1287), dont celle de 1241 qui réduisit en cendres une ville alors construite en bois. Reconstruite en brique et en pierre sous le règne de Boleslas V le Chaste selon les principes de la charte de Magdebourg en 1257 sur un modèle de plan en damier conservé jusqu'à aujourd'hui, puis fortifiée au siècle suivant, la cité prend alors, au pied du château, un important essor urbain. En 1320, Ladislas le Bref est le premier roi à se faire couronner dans la cathédrale de Wawel, mais c'est surtout sous le règne du roi **Casimir le Grand** (1333-1370), dernier souverain de la dynastie des Piast, que la ville connaît son plein épanouissement. À l'origine du quartier qui portera son nom, Kazimierz, il fonde également, en 1364, s'inspirant de l'exemple de celle de Prague, la première université de Pologne : l'Académie de Cracovie, future université Jagellonne.

L'âge d'or des Jagellon – C'est sous cette dynastie royale, en pleine Renaissance, que Cracovie connaîtra son véritable âge d'or. C'est en effet ici que le prince lituanien Jagiełło (Jagellon en français), grand duc de Lituanie, fut baptisé et converti au catholicisme avant de devenir, sous le nom de Władysław, roi de Pologne par son mariage avec Hedwige (Jadwiga) en 1396. Cette dernière contribuera d'ailleurs au rayonnement de la toute nouvelle université en lui léguant ses biens après sa mort. Mais c'est surtout au 16e s., sous les règnes de Sigismond Ier le Vieux et de son fils Sigismond II Auguste, que Cracovie, située au carrefour de plusieurs routes commerciales, connaîtra son rayonnement maximal, se révélant un centre artistique et scientifique parmi les plus réputés d'Europe. Une prospérité économique et une expansion artistique qui seront mises à bas par la brutale décision du roi Sigismond III Vasa de transférer en 1609 la capitale à Varsovie. Dès lors, l'inexorable déclin de la cité est amorcé.

R. Mattès / MICHELIN

Vue sur l'église Notre-Dame et le Rynek depuis les arcades de la halle aux Draps.

Une ville ballottée – Dévastée par les Suédois en 1655, elle est annexée par les Autrichiens en 1794, avant de devenir la ville libre et autonome de la république de Cracovie de 1815 jusqu'en 1846, date à laquelle elle est à nouveau rattachée à l'Empire austro-hongrois. Jouissant toutefois, à partir de 1861, d'une relative liberté culturelle et politique, elle voit l'émergence et l'épanouissement de nombreux artistes qui donneront naissance au mouvement Młoda Polska (« Jeune Pologne »), une version polonaise de l'Art nouveau. Mais Cracovie ne redeviendra totalement polonaise qu'à l'issue du premier conflit mondial, en 1918. Siège du gouvernement général de Pologne durant l'occupation nazie, elle fut pillée sans vergogne mais échappa totalement au désastre des destructions. Fière de son riche patrimoine, Cracovie connaît aujourd'hui, grâce au tourisme, un dynamisme enviable, qui la place bientôt en situation de prétendre ravir à Łódź le titre de seconde ville de Pologne, en terme de nombre d'habitants.

Les crèches de Noël (szopki)
Chaque année, le premier jeudi de décembre, un concours de crèches est organisé au pied du monument à Adam Mickiewicz. En forme de châteaux et d'églises, elles s'inspirent d'éléments de l'architecture cracovienne. Les œuvres primées sont ensuite honorées jusqu'en février par une exposition au Musée historique de la ville et les plus remarquables intègrent la collection permanente du musée.

Cracovie aujourd'hui – La Vieille Ville vue du ciel évoque la forme d'une immense poire resserrée près du château de Wawel. Derrière ce dernier s'étend la ville médiévale dont les remparts furent détruits au 19e s. et remplacés par la ceinture de verdure des Planty. Au nord, Rynek Główny, la fameuse grand place médiévale du Marché, s'étend sur 4 hectares. Au sud-est, hors les murs médiévaux, le quartier juif de Kazimierz formait jusqu'en 1820 une ville distincte, tout comme Podgórze située sur l'autre

rive de la Vistule. Symbole de la « vieille Pologne » bourgeoise durant l'ère socialiste, Cracovie sera « corrigée » par la création, en 1949, d'une cité-satellite moderne, **Nowa Huta** (la Nouvelle Fonderie). Foyer ouvrier et industriel implanté à une dizaine de kilomètres de Wawel, la pollution générée par Nowa Huta se révèlera préjudiciable à la bonne santé des vieilles pierres de l'inestimable centre historique.

La grande place du Marché ou Rynek★★★

(Rynek Główny)

PLAN II A-B2

Une visite de Cracovie commence invariablement par la grande place du Marché, cœur de la ville vers lequel, tel un aimant, vos pas vous ramèneront toujours. Centre de la vie religieuse, économique et politique du Cracovie médiéval, le Rynek reste encore le point névralgique du Cracovie touristique d'aujourd'hui. Ce vaste quadrilatère de 200 m de côté (soit 4 ha de superficie) constitue un rare exemple préservé d'aménagement urbain médiéval original. Sa création date de 1257 lorsqu'une charte municipale fut accordée par le roi Boleslas le Chaste. Seules exceptions au plan établi en damier, la petite église St-Adalbert et la basilique Notre-Dame, déjà existantes, mais également la rue Grodzka, sans doute la plus ancienne de la ville qui, du coin sud-est de la place, rompt l'ordonnancement régulier pour se diriger obliquement vers le château de Wawel. Derrière les façades des 47 maisons qui encadrent la place se dissimule une bonne part de l'histoire de la ville. Originellement construites durant les 14e et 15e s., la plupart ont été considérablement remaniées, notamment en style néoclassique, mais bon nombre conservent des éléments architectoniques originaux (plafonds à solives, portails, stucs et polychromie).

Église Notre-Dame★★★

(Kosciół Mariacki) B2

Nef (du porche à sa moitié) en accès libre pour les fidèles. Accès au chœur payant par la Pl. Mariacki (sur le côté droit) - ☏ 012 422 05 21 - lun.-sam. 11h30-18h, dim. et fêtes 14h-18h - 6 PLN.

Principale église paroissiale de Cracovie, l'altière façade de l'église Notre-Dame domine obliquement l'angle nord-est du Rynek. Dédiée à l'Assomption de la Vierge, elle est la troisième du nom à avoir été bâtie sur cet emplacement. Reconstruite entre 1355 et 1408 en style gothique, elle incarne la toute-puissance de la bourgeoisie cracovienne qui finança sa construction.

Extérieur – Sa sévère **façade** s'ouvre par un **porche polygonal** du baroque tardif (1750-1752) dessiné par l'architecte italien Francesco Placidi. Les portes latérales sont ornées des têtes sculptées en bronze des apôtres, la porte centrale de saints polonais, réalisées par Karol Hukan en 1929. Au rez-de-chaussée de la tour dite Hejnalica (de la Fanfare) se trouve la **chapelle St-Antoine** ou chapelle des Malfaiteurs *(capella captivorum)* ; les criminels y passaient la nuit précédant leur exécution en compagnie de leur confesseur. En face, la **chapelle de la Vierge de Częstochowa** abrite une copie (17e s.) de la fameuse icône du sanctuaire de Jasna Góra (mais une légende locale se plaît à laisser penser qu'il s'agit de l'originale).

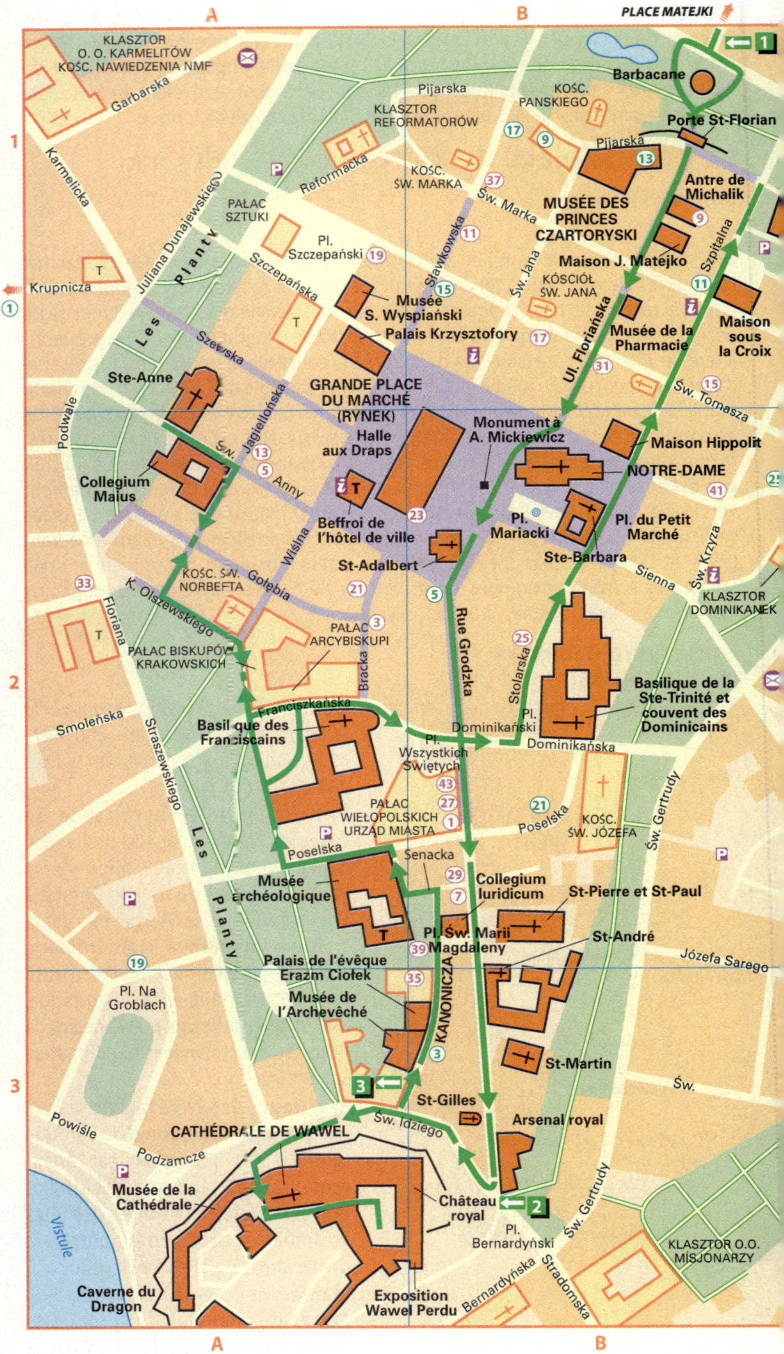

Plusieurs anecdotes concernent ses **tours** dissymétriques, celle de gauche (81 m) dominant celle de droite (69 m). Selon l'une d'elles, deux frères architectes auraient rivalisé pour leur construction jusqu'à ce que l'assassinat de l'un par l'autre ne mette un coup d'arrêt à leurs élévations respectives. Enfermé dans la chapelle St-Antoine (d'où la tradition mentionnée plus haut), le fratricide fut exécuté dès le lendemain, mais aucun architecte n'accepta jamais de terminer l'autre tour, marquée par l'empreinte du crime, conduisant ainsi la municipalité à la coiffer en l'état d'une coupole. Pour vous convaincre de cette histoire, sachez que l'arme du forfait, un vieux couteau à la lame oxydée, pend toujours aujourd'hui sous une des arcades de la halle aux Draps pour rappeler au tout-venant que le crime ne paie jamais. La tour de droite ou tour

CRACOVIE
plan II

SE LOGER

- Auberge de Jeunesse 1
- Copernicus (Hotel) 3
- Dom Polonii 5
- Europejski (Hotel) 7
- Francuski (Hotel) 9
- Pollera (Hotel) 11
- Polski (Hotel) 13
- Saski (Hotel) 15
- SHERP Guest Rooms 17
- Travellers Inn 19
- Wawel-Tourist (Hotel) 21
- Waweltur (Hotel) 23
- Wit Stwosz (Hotel) 25

SE RESTAURER

- Balaton 1
- C. K. Dezerter 3
- Chimera 5
- Grodzki (Bar) 7
- Jama Michalika 9
- Kryjówka 11
- Kuchcik (Bar) 13
- Larousse 15
- Loch Camelot 17
- Morskie Oko 19
- Nowa Prowincja 21
- Noworolski 23
- Orient Ekspress 25
- Pod Aniołami 27
- Pod Temidą 29
- Pożegnanie z Afryką 31
- Różowy Słoń 33
- Smak Ukraiński 35
- U Babci Maliny 37
- U Literatów 39
- U Pani Stasi 41
- Wiśniowy Sad 43

des Cloches a toujours fait office de beffroi municipal, tandis que la tour de gauche servait de tour de guet. Cette dernière fut surmontée en 1478 d'une coupole gothique composée de seize clochetons entourant une haute flèche centrale, enchâssée par une couronne dorée de 350 kg (financée par un bourgeois en 1666) et terminée par une boule dorée. Elle est liée à l'une des principales légendes et attractions cracoviennes : le hejnał *(voir encadré p. 194)*.

Intérieur – Son aspect résulte des travaux d'embellissement entrepris à l'époque baroque (1753-1754) par Placidi puis des rénovations effectuées en 1889-1891 par l'architecte Tadeusz Stryjeński pour restituer l'aspect gothique primitif. Le peintre **Jan Matejko**, épaulé par ses jeunes apprentis, **Wyspiański**, **Mehoffer** et **Dmochowski**,

Le hejnał

Avez-vous constaté l'attroupement qui se forme chaque heure devant l'église Notre-Dame et les regards qui se tournent vers la plus haute des tours ? Ou perçu quelques notes d'une mélodie angoissée ? Levez les yeux, à votre tour vous apercevrez une trompette, au dernier étage de la tour, d'où s'échappe une mélodie basée sur cinq notes. Depuis la fin du 14e s., un guetteur annonçait quotidiennement à la trompette l'ouverture et la fermeture des portes de la ville, et donnait également l'alarme en cas d'incendie ou d'attaque ennemie. La légende prétend qu'à l'occasion d'une des incursions tatares, le signal du guetteur qui annonçait leur arrivée fut brusquement interrompu par une flèche lui transperçant la gorge, laissant la mélodie inachevée. En ce souvenir, la mélodie s'interrompt encore brutalement aujourd'hui. Cette coutume, établie au 16e s., obéit à un rituel très précis : le signal commence à l'ouest puis s'exécute ensuite aux trois autres points cardinaux, en attendant l'heure prochaine. Pour observer le **hejnał**, l'idéal est de se placer devant l'église Ste-Barbara, où le souffleur en exercice, très souvent applaudi, gratifie généralement son public d'un amical salut. Si vous en veniez un jour à oublier la mélodie, sachez que le signal (**Hejnał Mariacki**) est retransmis en direct chaque jour à midi sur les ondes de la radio nationale polonaise.

fut alors chargé de couvrir les murs de la nef centrale de **peintures** (1889-1892) et de réaliser des **vitraux**, dont celui ornant la façade, réalisé d'après un projet de Wyspiański.

Le chœur – Depuis la sombre nef, tous les regards convergent vers la profondeur du chœur où s'impose, sur fond de somptueux **vitraux gothiques★★** du 14e s. et encadré par les peintures de Matejko, l'autel principal.

L'autel principal ou retable de Veit Stoss★★★ – *L'ouverture des volets du polyptyque a lieu chaque jour à 11h50.* L'autel principal est orné d'un gigantesque polyptyque de cinq panneaux aux sculptures exécutées en bois de tilleul peint et doré. Pièce maîtresse de l'église, cet éclatant joyau est l'œuvre magistrale du sculpteur d'origine nurembergeoise, Veit Stoss (1438-1533), dont le nom polonisé est Wit Stwosz. Réalisé entre 1477 et 1489, ce vaste retable de 13 m de hauteur sur 11 de large constitue l'un des plus grands maîtres-autels gothiques du genre. Orné de près de 200 personnages, il représente un cycle essentiellement consacré à la vie de la Vierge. À la base du retable figure l'Arbre de Jessé symbolisant la généalogie de Marie et du Christ. Au centre du retable ouvert, la **scène principale** représente la **Dormition de la Vierge** (selon les écrits, son dernier sommeil, durant lequel se déroula son Assomption). Chancelante, elle est soutenue par saint Jacques et entourée des apôtres. Au-dessus d'eux figure en miniature la scène de l'**Assomption** où huit anges élèvent Marie, accompagnée par le Christ, vers le ciel. Dans l'encadrement en arc de cercle se contorsionnent les prophètes, tandis que, dans les angles, dominent les Pères de l'Église. Surmontant le panneau central, un **baldaquin** ajouré représente le **Couronnement de la Vierge** entourée d'anges et des deux saints patrons de la Pologne, Adalbert à droite et Stanislas à gauche. Les **panneaux latéraux** représentent six scènes heureuses de la vie de la Vierge et laissent apparaître, une fois les panneaux centraux repliés, douze bas-reliefs rehaussés de peintures vives illustrant les principaux épisodes de sa vie. Victime des vicissitudes occasionnées par la Seconde Guerre mondiale, ce précieux retable fut démonté au mois d'août 1939 et caché à Sandomierz. Retrouvé par les Allemands, l'inestimable butin prit la direction du château de Nuremberg, dans les caves duquel il fut découvert à la fin de la guerre. Retourné à Cracovie en 1946, on le confina dans les réserves du château de Wawel, d'où il ne ressortit qu'en 1957 pour réintégrer son emplacement initial dans le chœur de l'église.

L'extrémité de la nef latérale droite abrite un très réaliste et pathétique **Christ en pierre★★** du gothique tardif (1496), dû également au grand talent de Veit Stoss. Placé dans un encadrement du baroque tardif, le crucifix inscrit la bouleversante agonie du Christ sur un fond de tôle d'argent décorée au repoussé figurant Jérusalem. À l'angle droit du chœur et du transept se dresse l'imposant **ciboire Renaissance★** (1554) réalisé par Giovanni Maria Padovano, devant lequel un panonceau vous « invite » très fermement à vous agenouiller. De l'autre côté du mur, dans l'angle inférieur droit du chœur, se dresse le **monument funéraire de la famille Montelupi** (inspiré du travail de Santi Gucci) dont les stalles sont surmontées par les bustes des défunts disposés dans des niches. En vis-à-vis se trouve celui de la **famille Cellari**. Également dignes d'intérêt sont la chaire baroque et les chapelles latérales dont plusieurs contiennent de beaux tombeaux Renaissance.

Église Ste-Barbara (Kościół Św. Barbary) B2

Tournée vers la place Notre-Dame sur le côté sud de la basilique, cette église à une nef de la fin du 14e s., redécorée à la période baroque, faisait autrefois office de chapelle attenante au cimetière paroissial utilisé jusqu'en 1796, et qui occupait la petite place. Outre un plafond baroque *(en restauration)* dû à Piotr Molitor, on prêtera attention sous le porche à une chapelle fin 15e-début 16e s. renfermant un groupe sculpté constitué par Jésus entouré de trois apôtres priant dans le jardin des Oliviers, une œuvre d'un disciple de Veit Stoss. Contigu à l'église, le couvent des Jésuites communique de l'autre côté avec la paisible **place du Petit Marché** (Mały Rynek), ancien marché à viande.

Notez, sur la petite **place Mariacki**, la **fontaine** surmontée par la statue d'un très photogénique personnage dénommé « l'Étudiant » (Pomnik Żaczka). C'est une copie, érigée en 1958 par une association d'artisans, d'un des personnages du fameux retable de Veit Stoss qui décore l'autel de la basilique adjacente.

Monument à Adam Mickiewicz (Pomnik Adama Mickiewicza) B2

Face à l'entrée latérale est de la halle aux Draps trône le monument érigé à la mémoire du poète romantique Adam Mickiewicz (1798-1855). Celui-ci, né dans l'actuelle Lituanie en 1798, ne mit pourtant jamais les pieds de son vivant à Cracovie. Mort en 1855 près de Constantinople, il dut patienter encore 35 ans avant que sa dépouille ne soit acheminée en grande pompe le 4 juillet 1890 dans la crypte de la cathédrale de Wawel. Point de ralliement préféré des Cracoviens qui se rassemblent toujours nombreux à son pied dans l'attente d'un rendez-vous, la statue est communément désignée dans le vocabulaire local par l'expression *« pod adasiem »*, forme déclinée – à partir du petit nom amical donné au poète – signifiant littéralement « sous Adaś ». Réalisée par le sculpteur Teodor Rygier et inaugurée pour le centenaire de la naissance de Mickiewicz en 1898, la statue en bronze perche au sommet d'un haut piédestal entouré par quatre figures allégoriques symbolisant le patriotisme, la poésie, l'éducation et l'héroïsme. Parce qu'il représentait un véritable symbole national, ce monument fut l'un des premiers de Cracovie à être mis à bas en 1939 par l'occupant nazi, et ce n'est qu'en 1955, à l'occasion du 100e anniversaire de la mort du poète, qu'il fut remplacé par une copie.

Halle aux Draps★ (Sukiennice) A-B2

Allongée au milieu de la place du Marché, l'imposante silhouette de l'ancienne halle aux Draps, fameuse pour ses créneaux ornés de jolis mascarons de pierre, concourt certainement pour beaucoup à la beauté de la place. Bâtie à la fin du 14e s. et affectée au commerce du drap, elle fut détruite par un incendie en 1555 et reconstruite aussitôt dans le style Renaissance par l'Italien Giovanni il Mosca dit « Padovano »

B. Brillion / MICHELIN

La halle aux Draps, pavoisée du drapeau polonais lors de la fête nationale du 3 Mai, et la statue d'Adam Mickiewicz.

qui la rehaussa d'un splendide attique sculpté par le Florentin Santi Gucci visant à masquer les raides pignons. Enlaidie ultérieurement par l'adjonction de nombreuses constructions annexes, elle fut redessinée entre 1875 et 1879 par Tomasz Pryliński qui ajouta notamment les arcades latérales dans un style néogothique. Vouée, comme les arcades, au commerce touristique, la galerie centrale du rez-de-chaussée aligne aujourd'hui des étals d'artisanat polonais tandis que le premier étage abrite depuis 1883 la **galerie de la Peinture polonaise du 19e s.★** (Galeria Malarstwa Polskiego – *en travaux jusqu'en 2009*). Une visite permet de découvrir les maîtres de la peinture polonaise du 19e s., exposés ici depuis 1883. À voir, l'œuvre rustique de Józef Chełmoński, dont le fameux panoramique *Quatre en main* (1881) figure un attelage de quatre chevaux lancés au galop qui donne l'impression de foncer droit sur son contemplateur. Plus hypnotique, le très symboliste *Extase* (une femme nue endormie au cou d'un cheval) de Władysław Podkowiński défraya la chronique en 1894. Une salle était jusqu'alors entièrement consacrée au Géricault polonais, Piotr Michałowski (1800-1855), grand peintre de chevaux et de cavaliers, dont on pouvait également admirer nombre de portraits. Une sélection d'œuvres de peintres « historicisants » rassemble de grandes fresques historiques de Henryk Siemiradzki *(La Torche de Néron)* et des formats géants de Jan Matejko dont l'envahissant *Hommage prussien de 1525*, trombinoscope mondain de l'époque (1882).

Le couteau

À l'extrémité du passage transversal, face au monument de Mickiewicz, vous apercevrez, suspendu en l'air sur la gauche, un étrange couteau en métal. Deux versions s'affrontent sur cette présence incongrue ; la première pour rappeler aux voleurs que le châtiment encouru consistait à leur couper les oreilles, la seconde est liée au drame relatif à la construction des tours de Notre-Dame (*voir p. 192*).

Église St-Adalbert (Kościół Św. Wojciecha) B2

Esseulée dans l'angle sud-est du Rynek à l'amorce de la rue Grodzka, dans une orientation identique à celle de la basilique Notre-Dame, cette minuscule église, la première de la ville fut construite en bois au 10e s. sur l'emplacement où saint Adalbert tenait, d'après la tradition, aux alentours de 995, ses prêches évangélisateurs. L'édifice initial fut remplacé au 12e s. par une construction en pierre de style roman, considérablement remaniée entre 1611 et 1618 jusqu'à lui donner une apparence baroque.

Beffroi de l'hôtel de ville (Wieża Ratuszowa) A2

Mai-oct. : 10h30-18h - 6 PLN.

Cette imposante tour de 70 m de haut, dressée dans l'angle sud-ouest de la place, est tout ce qu'il subsiste de l'ancien hôtel de ville médiéval du 14e s., démoli en 1820. Les très hautes marches de l'étroit escalier mènent jusqu'au mécanisme de l'horloge d'où l'on a une jolie vue sur la ville, restreinte toutefois aux ouvertures percées au niveau de la coupole baroque, venue en 1686 remplacer la flèche gothique. La vaste cave, siège des anciennes oubliettes et salles de torture, renferme aujourd'hui le théâtre Ludowy et un café. En vous dirigeant sur la gauche vers la rue Szewska, depuis le bas de l'escalier extérieur « gardé » par deux lions en pierre, vous verrez au sol une plaque commémorative marquant l'emplacement où, en 1794, Tadeusz Kósciuszko prêta serment à la nation.

Palais Krzysztofory (Pałac Krzysztofory) A1

Rynek 35 - ✆ 012 422 32 64 - www.mhk.pl - merc.-dim. 10h-17h30 - fermé chaque 2e dim. du mois. Le palais est actuellement en rénovation (réouverture prévue en 2012), seules les expositions temporaires sont accessibles (8 PLN).

Doté d'une belle cour à arcades entourant un puits, cet opulent palais du 17e s. abrite le siège du **Musée historique de la ville de Cracovie** (Muzeum Historyczne). Il doit son nom à la statue de saint Christophe du 14e s. qui ornait sa façade (mais d'autres affirment que le fameux alchimiste Krzysztof aurait habité la maison). Riches en documents et souvenirs liés à l'histoire de la ville (malheureusement légendés uniquement en polonais), les appartements du 1er étage sont ornés de somptueux plafonds décorés par le stucateur Baldassare Fontana. Ses caves abritent une célèbre galerie d'art liée au fameux mouvement d'avant-garde artistique, Grupa Krakowska (Groupe de Cracovie).

Annexe du Musée historique de la ville, la **maison Hyppolit** (Kamienica Hippolitów – *Pl. Mariacki 3 ; ✆ 012 422 42 19 ; mai-oct. : merc.-dim. 10h-17h30 ; 2 nov.- avr. : merc., vend.-dim. 9h-16h, jeu. 12h-19h - fermé chaque 2e dim. du mois ; 6 PLN*) se trouve sur le côté gauche de Notre-Dame. Elle est ainsi nommée d'après la famille de marchands qui habita à partir de 1599 cette demeure du 14e s. Propriété plus récente de la famille Zaleski, elle est parfois désignée comme la « Maison bourgeoise », car elle présente la reconstitution d'un intérieur bourgeois cracovien. Ses deux étages sont encombrés de meubles et d'objets. L'édifice est réputé pour ses balcons en bois du 16e s. situés côté cour.

1 Voie Royale : de la place Matejki à Wawel★★★

PLAN II B1 à A3

La **Voie Royale** (Droga Królewska) était le trajet emprunté par la famille royale et les hauts dignitaires pour rejoindre le château de Wawel.

Place Matejki B1

En bordure extérieure des Planty, elle occupe l'emplacement de la place du Marché de l'ancienne ville médiévale de Kleparz, incorporée à Cracovie en 1791. Au centre trône l'imposant **monument commémoratif de la bataille de Grunwald** (Pomnik Grunwaldzki). Le monument original, érigé par la volonté du pianiste et politicien Ignacy Jan Paderewski en 1910, pour le 500e anniversaire de la bataille, fut détruit par les nazis en 1939 et remplacé seulement en 1976 par une copie due au sculpteur Marian Konieczny. Associé à la **tombe du Soldat inconnu** (Grób Nieznanego Żołnierza), cet ensemble, symbole d'un État polonais souverain, fut dans les années 1980 l'épicentre de la contestation politique émanant du syndicat Solidarność et demeure aujourd'hui le lieu de célébration des grandes fêtes nationales.

À l'angle sud-ouest, au no 13, se trouve l'**Académie des beaux-arts** (Akademia Sztuk Pięknych) construite en 1879-1880, dont l'entrée est surmontée d'un buste du peintre Jan Matejko, artisan principal de la fondation de cette première école d'art indépendante de Pologne. Le bâtiment est à la mesure des monumentales toiles du peintre, qui avait installé, au 2e étage, son atelier.

En face, l'imposant siège néoclassique de la **Banque nationale** (Narodowy Bank) de Pologne se fait remarquer par ses deux groupes allégoriques de l'Industrie et de l'Agriculture qui décorent le haut de sa façade.

Au nord-est de la place, l'**église St-Florian** (Kościół Św. Floriana), d'origine romane mais remaniée dans le style baroque, conserve des reliques du saint reçues par Casimir II le Juste du Pape Lucius III en 1184 ainsi qu'un reliquaire acquis lors de la fameuse bataille.

Barbacane★ (Barbakan) B1

Mai-oct. : 10h30-18h - 5 PLN.

Bâti en 1499, pour faire face à la menace ottomane, comme un ouvrage avancé précédant remparts et fossés dans l'axe de la principale porte de la ville, ce bastion circulaire aujourd'hui isolé au milieu des Planty était à l'origine relié par un corridor dénommé « le cou » à la porte Saint-Florian. Rare exemplaire de barbacane parfaitement conservée en Europe, ses hauts murs dissimulent un impressionnant dispositif de mâchicoulis et de meurtrières, mais sa visite intérieure n'offre cependant rien de très mémorable.

Remparts et Planty ★ (Mury obronne i Planty)

Un système de fortifications, long de 4 km, avait été érigé entre 1285 – date de l'octroi par la ville du droit de se doter d'un mur d'enceinte – et le milieu du 16e s. avec la construction de l'arsenal municipal. Rendus obsolètes par le développement de l'artillerie, les remparts furent abattus au début du 19e s. par les Autrichiens et progressivement remplacés, dans l'espace des remparts démolis et du double fossé comblé, par les Planty (plantations), à l'exemple du Ring viennois.

Passage obligé des Cracoviens pour rejoindre les faubourgs et la banlieue, cette oasis de verdure, remise en état en 1988, est aujourd'hui agrémentée de nombreuses statues, fontaines et monuments commémoratifs, ainsi que de plaques marquant l'emplacement des anciennes portes. Ils constituent aux beaux jours un paisible refuge pour les couples d'amoureux, les étudiants en pleines révisions et les retraités en quête de conversation.

Porte Saint-Florian (Brama Floriańska) B1

Unique porte d'accès à la ville conservée parmi les huit que comptait l'enceinte médiévale, elle constituait la principale entrée de la Voie Royale. Haute de 34,5 m, la tour, élevée en pierre au 13e s., fut achevée à la fin du siècle suivant avec des briques

rouges, avant que son sommet crénelé ne soit recouvert en 1694 par une petite coupole baroque. Des 39 tours qui jadis dominaient le pourtour des remparts ne subsistent plus aujourd'hui, de part et d'autre de la porte, que **trois bastions**.
Aujourd'hui, les pierres du mur d'enceinte servent de cimaises aux peintres des rues de Cracovie.

Rue Saint-Florian★ (Ulica Floriańska) B1

Cette importante rue commerçante constituait l'amorce de la Voie Royale depuis la porte du même nom jusqu'au Rynek. Elle était bordée de demeures souvent précédées de portails Renaissance ou gothique tardif, parmi les plus belles de la ville.

Antre de Michalik★★ (Jama Michalikowa)

Il se cache au n° 45. Ce café, le plus beau de Cracovie, étonne par sa décoration intérieure digne d'un musée. Ce qui n'était, à la fin du 19e s., qu'une simple pâtisserie ouverte par Jan Apolinary Michalik (1871-1926), devint à la Belle Époque le quartier général de la bohème locale, groupée autour du mouvement littéraire et artistique Młoda Polska (Jeune Pologne).
En 1905, ses membres créèrent le cabaret Zielony Balonik (le Ballon Vert), fameux pour ses spectacles de marionnettes. Il fut dirigé jusqu'en 1912 par l'écrivain Tadeusz Boy-Żeleński qui alimentait les spectacles de ses propres textes satiriques. Son nom est resté également fameux dans les annales littéraires pour son excellente traduction en polonais de *À la recherche du temps perdu* de Marcel Proust.

Maison de Jan Matejko (Dom Jana Matejki)

Ul. Floriańska 41 - ✆ 012 422 59 26 - fermé pour travaux.

Ici naquit et vécut durant 55 ans l'un des plus fameux peintres polonais, **Jan Matejko** (1839-1893), dont on peut voir des œuvres exposées. Illustrateur autoproclamé de l'histoire de la Pologne, il s'attela à la figuration de grandes fresques historiques, notamment aux scènes reconstituées des grandes batailles. Très concerné par l'histoire de sa ville, il s'impliqua dans la conservation et la restauration de nombreux édifices et œuvres, comme en témoignent ses esquisses préparatoires aux polychromies exécutées pour l'église Notre-Dame. On déambulera sur trois niveaux parmi les œuvres, les souvenirs familiaux et les belles antiquités amassées par ce collectionneur, notamment des armes orientales et occidentales et des costumes qui lui servirent de modèles. À noter la présence de six têtes sculptées en bois qu'il faut manifestement comptabiliser parmi les 164 manquantes du plafond de la salle des Députés du château de Wawel.

Musée de la Pharmacie (Muzeum Farmacji)

Ul. Floriańska 25 - ✆ 012 421 92 79 - mar. 12h-19h, merc.-dim.10h-14h30 - fermé les 1er et 5e sam. du mois - 6 PLN.

Fondé en 1946, il est considéré par les amateurs comme l'un des plus intéressants du genre pour connaître l'histoire de la pharmacie du Moyen Âge à nos jours.
Pour continuer la Voie Royale vers le château de Wawel, traverser le Rynek jusqu'à la rue Grodzka.

Rue Grodzka★ (Ulica Grodzka) B2-3

Seconde section de la Voie Royale conduisant vers Wawel, cette élégante rue atteint au sud la **place Św. Marii Magdaleny**, du nom de l'église gothique Ste-Madeleine qui s'y trouvait jusqu'en 1811. On suppose que c'est à cet emplacement – qui opère la jonction entre les rues Grodzka et Kanonicza – qu'était située la place du Marché de l'ancien quartier d'Okół, du nom de la première agglomération qui s'était développée au pied de Wawel. Aujourd'hui, la place accueille une statue du prêtre Piotr Skarga perchée en haut d'une fine colonne, ainsi qu'une fontaine très contemporaine, mais elle est surtout devenue le terrain d'exercice favori des jeunes skaters.
Au nord, l'ancien **Collegium Iuridicum** (n° 118), dont les arcades étagées de la petite **cour** intérieure vous rappelleront en miniature celles du château de Wawel, abrite aujourd'hui l'Institut d'histoire de l'art (Instytut Historii Sztuki), ainsi que deux petits musées universitaires bien spécifiques ; l'un (Muszle Egzotycze) est consacré aux coquillages ; le second (Motyle Świata), aux papillons *(mar.-jeu. 10h-13h, dim. 11h-14h ; 5 PLN)*. L'ancien **collège jésuite** (Collegium Broscianum) situé au nord de l'église (n° 52) est aujourd'hui occupé par sa vieille rivale d'alors, l'université Jagellonne.

Église St-Pierre-et-St-Paul★ (Kościół Św. Piotra i Pawła) B2

Accès à la crypte et au transept payant : 2,50 PLN - lun.-sam. 9h-19h, dim. 13h-17h (juin-sept. 17h45).

Église Saint-Pierre-et-Saint-Paul.

Extérieur – Bâtie à l'emplacement d'une précédente église gothique incendiée en 1455, elle fut la toute première construction baroque de la ville. Initiée en 1596 sur le modèle d'églises jésuites romaines telles qu'Il Gesù de Vignola et St Andrea della Valle, une suite de défauts de construction retarda son achèvement jusqu'en 1619. Élevée sur un plan en croix latine, l'église est dénuée de galeries latérales remplacées par des chapelles, et est surmontée d'un dôme elliptique à l'intersection de la nef et du transept.
On admirera d'abord son élégante **façade★★**, aux très belles proportions, creusée de niches abritant les statues (de g. à dr.) des saints Stanisław Kostka, Ignace de Loyola, François-Xavier et Aloysius Gonzague, surmontées au registre supérieur par celles des saints Sigismond et Ladislas. Parce qu'édifiée en retrait de la rue Grodzka dans un axe légèrement perpendiculaire à celle-ci, la façade est précédée par une balustrade, conçue par Kacper Bazanka dans le but de rectifier visuellement la perspective de l'église. Rongées par la pollution, les monumentales statues originelles des 12 apôtres (1723) dues à Dawid Heel qui la surmontent ont été remplacées par des copies.
Intérieur – Particulièrement remarquable, le **chœur★**, dont le **maître-autel★** en marbre noir achevé en 1735 par Bazanka (à l'origine également de la balustrade curviligne abritant l'orgue) est surmonté par une coupole décorée en demi-cercle d'un **stuc★** réalisé en 1633 par Giovanni Battista Falconi (auteur également des statues des quatre évangélistes nichées dans la coupole du dôme). La **crypte**, de moindre intérêt artistique, abrite les tombeaux du redoutable prédicateur jésuite et principal artisan de la Contre-Réforme Piotr Skarga (1536-1612), de W. S. H. Bieliński et de l'évêque Andrzej Trzebicki, ce dernier doté d'une somptueuse décoration baroque.
L'autre intérêt de l'église, outre celui d'abriter régulièrement des concerts de musique classique, réside dans son pendule de Foucault qui, oscillant *(le jeu. à 10h, 11h et 12h)* du haut des 46,5 m du dôme, atteste du mouvement rotatif de la Terre.

Église St-André★ (Kościół Św. Andrzeja) B3

On ne se douterait pas – à en juger par l'intérieur totalement baroquisé au début du 18e s. – que cette église des sœurs clarisses, dédiée à saint André et bâtie entre 1079 et 1098, constitue l'un des édifices romans les mieux conservés de Pologne. L'extérieur, marqué par de nombreuses cicatrices (fenêtres condamnées et porche principal obturé), laisse apparaître la présence de plusieurs étroites fenêtres géminées à simple colonnette centrale qui traduisent la vocation défensive de cette église-forteresse. Unique église de la ville à soutenir l'assaut tatar en 1241, elle servit également de refuge à la population lors d'un grand incendie en 1259. Une tendance que confirme la belle mais austère **façade★★** de pierres et de briques surmontée par deux tours à base carrée puis octogonale recouvertes en 1639 de coupoles baroques.
Contrastant vivement avec l'austérité romane extérieure, l'intérieur présente une opulence baroque où l'on pourra admirer un riche **décor en stuc** *(en cours de restauration)* dû à Baldassare Fontana, une **chaire** rococo en forme de barque, un **tabernacle** en bois d'ébène orné d'argent et un joli **sol de marbres** assemblés. Le couvent mitoyen est connu pour détenir un riche trésor rarement exposé.

En continuant la rue Grodzka, vous passerez devant la façade (17e s.) de l'église luthérienne de **St-Martin** (Św. Marcina), rarement ouverte à la visite, avant d'atteindre, au bout de la rue, face à Wawel, l'ancien **arsenal royal** (Arsenał Królewski). Édifié au 16e s. puis modifié au milieu du 17e s. (beau portail), il est occupé depuis 1927 par la tentaculaire université Jagellonne. C'est l'endroit parfait pour lever les yeux vers l'aile orientale du château et observer la **Kurza Stopka**, le curieux pavillon gothique dit en « patte-de-poule », l'une des rares parties du château médiéval érigé sous le règne de Władysław II Jagiełło (Ladislas II Jagellon). Donnant sur la petite place qui lui fait face, la modeste église **St-Gilles** (Kościół Św. Idziego), de style gothique à une nef, est sous tutelle dominicaine depuis 1595. Ancien lieu de culte désigné de la communauté arménienne, elle accueille depuis 1994 *(le dim. à 10h30)* une messe en anglais et très souvent des concerts. Juste devant, une croix en bois célèbre le 50e anniversaire du massacre de Katyń perpétré par le NKWD soviétique en 1940 (longtemps attribué aux Allemands, il ne fut reconnu par les autorités soviétiques qu'en 1990) à l'encontre d'environ 4 500 officiers polonais.

2 La colline de Wawel★★★ PLAN II A3

Voir p. 205.

3 De Wawel à l'église Ste-Croix PLAN II A3 à C1

Rue Kanonicza★★★ (Ulica Kanonicza) B3

Cette artère, parallèle à la rue Grodzka, est sans doute la plus cléricale et aristocratique des rues de Cracovie et, à n'en pas douter, l'une des plus belles et pittoresques de la ville. L'atmosphère médiévale de cette rue subtilement sinueuse a été remarquablement conservée, sans doute parce qu'elle fut épargnée par le terrible incendie qui ravagea une bonne partie de la ville en 1850. Façades recouvertes d'armoiries, toits surmontés d'attiques, portails somptueux, lourdes portes cochères (qu'il ne faut pas hésiter à franchir) dissimulent de magnifiques cours et parfois de beaux jardins. Elle fut traditionnellement, par le passé, la rue des chanoines de la cathédrale de Wawel qui, depuis le 14e s., y habitaient et dont elle tire son nom (dérivé de *canonicorum*). La vingtaine de bâtiments qui la bordent datent des 14e et 15e s., mais beaucoup, remaniés postérieurement, témoignent en fait d'une grande diversité de styles.

Premier édifice au pied du château (n° 25), la **maison de Jan Długosz** (Dom Jana Dłuaglosza) (14e s.) est flanquée d'un beau portail Renaissance surmonté par l'inscription latine signifiant « Rien n'est meilleur dans l'homme que son esprit ». Chanoine et précepteur des enfants du roi Casimir, mais surtout premier grand historien de la Pologne, Jan Długosz occupa de 1450 jusqu'à sa mort en 1480 cette maison d'angle, devenue aujourd'hui le siège de l'Académie pontificale de théologie. Sur le côté gauche, après une plaque indiquant que le père de Stanisław Wyspiański avait là au 19e s. son atelier de sculpteur, on découvrira intégré au mur un bas-relief de 1480 figurant une Vierge à l'Enfant.

Au n° 21, la **maison du Doyen** (Dom Dziekański), reconstruite entre 1582 et 1588 par l'architecte italien du Sukiennice, Santi Gucci, figure parmi les plus intéressantes de la rue. Derrière son très beau **portail**★ et sa **façade sgraffitée** s'ouvre une magnifique **cour à arcades Renaissance**★★ qui renferme une statue du 18e s. de saint Stanislas, évêque et saint patron de la Pologne, qui l'aurait, dit-on, habitée. Sur les côtés figurent les blasons des évêques. Résidence traditionnelle des évêques du diocèse de Cracovie, le futur Pape Jean-Paul II y logea de 1963 à 1967. Les étages du bâtiment sont aujourd'hui reliés au musée de l'Archevêché contigu.

Face au musée au n° 16, l'**hôtel Copernicus** présente, avec sa cour à galerie, un bel exemple de restauration réussie.

Palais de l'évêque Erazm Ciołek★ (Pałac Biskupa Erazma Ciołka) B3

Ul. Kanonicza 17 - ✆ 012 429 15 58 - www.muz-nar.krakow.pl. - ♿ - tlj sf lun. 10h-18h - 20 PLN, gratuit mar.

Réunissant deux maisons gothiques, ce palais possède un portail Renaissance surmonté d'un cartouche apposant l'aigle royale associé à la lettre S, référence au roi Sigismond, ainsi qu'une belle fenêtre gothique. Il abrite depuis octobre 2007 un musée aux magnifiques collections. Quelques salles au rez-de-chaussée sont consacrées à l'**art orthodoxe** de la vieille république polonaise. Au milieu des icônes et objets de culte des 16e et 17e s., on remarquera un beau panneau peint représentant le Jugement dernier ainsi que, dans la dernière salle, la façade d'une iconostase du 18e s. Les huit salles de l'étage renferment de superbes exemples d'**art polonais** du 12e au

18e s. mises en valeur par une muséographie contemporaine particulièrement sobre. Les sujets religieux dominent ici. Dans les salles médiévales (observez les lambris ornés fixés aux plafonds), des retables peints de scènes expressives côtoient des statues de bois polychromes dont un imposant Christ monté sur un âne, évoquant une scène des Évangiles. La progression chronologique dans les salles suivantes permet de constater les changements subtils qui amènent au style Renaissance et à ceux des siècles suivants. Salle 6, lumières tamisées et voilages sombres présentent des œuvres inspirées par la mort : panneaux funéraires du 17e s., épitaphes mais aussi un angoissant Triomphe de la Mort et une Dormition de la Vierge de 1521.

Poursuivre dans la rue Kanonicza.

Au nº 18, le **palais de l'évêque Florian de Mokrsko**, reconstruit par l'architecte Jan Michałowicz d'Urzędów, présente un portail Renaissance et une belle cour à arcades. Admirez, au nº 15, le très composite portail de la maison Szreniawa qui abrite la fondation Saint-Vladimir (Fundacja Św. Włodzimierza). Contiguë à l'ancien musée Wyspiański au nº 9, la maison des Trois-Couronnes (Pod Trzema Koronami) au nº 7 cache un agréable jardin d'été. Le Cricoteka Muzeum, au nº 5, constitue un conservatoire documentaire ouvert à tous ceux qui souhaiteraient en savoir plus sur la vie et l'œuvre de cet incomparable artiste polonais qu'était **Tadeusz Kantor** (1915-1990). Enfin, la bâtisse du nº 3 présente une façade sgraffitée, de beaux encadrements de fenêtres Renaissance et un élégant portail rococo.

Musée de l'Archevêché★ (Muzeum Archidiecezjalne) A3

Ul. Kanonicza 19-21 - ✆ 012 421 89 63 - www.muzeumkra.diecezja.pl - mar.-vend. 10h-16h, w.-end 10h-15h - 5 PLN, gratuit mar.

C'est dans cette maison que le prêtre **Karol Wojtyła** (futur Jean-Paul II) résida entre 1952 et 1963 avant d'occuper en tant qu'évêque jusqu'en 1967 les appartements contigus de la maison du Doyen. Nombreux sont les curieux à venir essentiellement pour découvrir la reconstitution de sa chambre-bureau où son mobilier, ses habits liturgiques et autres souvenirs personnels, telles une machine à écrire et deux paires de ski, sont révérencieusement exposés. Pourtant, l'intérêt essentiel du musée réside dans sa collection d'art sacré, dont la meilleure partie occupe le rez-de-chaussée. Après la première salle consacrée aux plus belles œuvres peintes, on traversera la section sculpture, riche d'une remarquable série de Vierges à l'Enfant des 14e et 15e s., avant de poursuivre par les sections d'orfèvrerie et de vêtements liturgiques.

Parvenu en haut de la rue Kanonicza, engagez-vous sur la gauche dans la petite ruelle coudée Senacka bordée par un imposant bâtiment. Tour à tour palais de la famille Tęczyński, résidence des abbés bénédictins de Tyniec, bain municipal, couvent carmélite et prison autrichienne au 19e s., cet édifice abrite aujourd'hui deux musées : un petit musée consacré à la géologie locale (Muzeum Geologiczne – jeu.-vend. 10h-15h, sam. 10h-14h) et, pour sa majeure partie (entrée publique par le 3 r. Poselska), un grand musée archéologique.

Musée archéologique★ (Muzeum Archeologiczne) A2

Ul. Poselska 3 - ✆ 012 422 71 00 - www.ma.krakow.pl - lun.-merc., vend. et dim. 9h-14h, jeu. 14h-18h - 7 PLN, gratuit dim.

M. Renaudeau / Hoa-Qui

Balade en calèche.

Très didactique, ce musée, parfait pour éveiller la curiosité des enfants, présente une remarquable muséographie, comme en témoigne au 1er étage la collection d'archéologie égyptienne, magnifiquement mise en valeur par un subtil éclairage. L'étage supérieur est consacré au peuplement de la région de la Małopolska (Petite Pologne) présenté selon une approche thématique et chronologique. Là encore, il y a un parti pris didactique qu'illustrent parfaitement les vitrines montrant l'évolution de l'environnement (faune et flore) associées aux objets archéologiques contemporains, ou bien encore cette salle de mannequins, combinant costumes et accessoires, corrélés à l'évolution des structures d'habitat entre 70 000 ans av. J.-C. et 1 300 ans apr. J.-C. La partie traitant des rites funéraires, avec reconstitution typologique des tombes, est ponctuée par la pièce maîtresse du musée : l'**obélisque** de pierre sculpté sur quatre faces (10e s. apr. J.-C.), dénommé **Światowid Zbruczański** et découvert dans la rivière Zbrucz à Podole en Ukraine en 1848, qui ne manquera pas d'impressionner. Ne quittez pas le musée sans avoir fait le tour du magnifique jardin de roses adjacent.

Basilique des Franciscains★★ (Bazylika Franciszkanów) A2

La construction de l'église des Franciscains, ordre introduit à Cracovie en 1237, débuta en 1255, soutenue par le duc Boleslas le Pudique et par sa sœur la Bienheureuse Salomé qui préféra renoncer à son statut princier pour endosser l'habit de sœur clarisse et fut enterrée dans le chœur l'année même de la consécration de l'église, en 1269. C'est ici également que le très païen grand duc de Lituanie, Jogaila, reçut le baptême en 1386, avant de devenir, sous le nom de Władysław Jagiełło (1351-1434), le très chrétien roi de Pologne par son mariage avec Hedwige. Saccagée lors de l'invasion suédoise puis endommagée par le grand incendie de 1850, l'église perdit de son caractère gothique original lors de sa reconstruction alliant styles néoroman et néogothique, mais s'enrichit au tournant du 19e s. des vitraux et des peintures murales de **Stanisław Wyspiański**, qui font aujourd'hui toute sa valeur et sa renommée.

Recouvrant les murs du chœur et du transept, les splendides **fresques★★** associent motifs floraux, géométriques, héraldiques et même quelques scènes figuratives. Chefs-d'œuvre incomparables de l'artiste, les somptueux **vitraux★★★** Art nouveau distillent une subtile luminosité à l'intérieur de l'église. À contempler à la lumière du matin, saint François, Salomé la Bienheureuse et les Quatre Éléments se dressent derrière le maître-autel tandis que le monumental et très michelangelien Dieu le Père ordonnant au monde de « Deviens » (1904) impose son autorité au milieu du mur de façade ouest (admirable en fin d'après-midi !).

À voir également sur la gauche de la nef, la **chapelle de la Passion** (Kaplica Męki Pańskiej), d'où les frères de la confraternité du même nom (ou de la Belle Mort) débutent chaque Vendredi saint depuis 1595 leur impressionnante procession. Aux murs, les stations peintes du **Chemin de croix** (Droga Krzyżowa, 1933) sont l'œuvre du peintre **Józef Mehoffer**. Côté opposé, la chapelle latérale droite abrite une image de la **Mater Dolorosa** (16e s.) du maître Jerzy, particulièrement vénérée. Enfin, le **cloître** adjacent (Klasztor) abrite des **fresques** endommagées du 15e s., ainsi qu'une **galerie**, initiée au 16e s., des portraits des évêques de Cracovie, parmi lesquels figure celui de Piotr Tomicki exécuté par le fameux moine-peintre de l'abbaye cistercienne de Mogiła, Stanisław Samostrzelnik.

Depuis le parvis de l'église, on peut faire un détour vers le quartier universitaire. Établi originellement autour du Collegium Maius, celui-ci allait progressivement s'étendre sur l'emplacement du premier quartier juif de la Vieille Ville, déplacé vers l'actuelle place Szczepański avant d'être finalement établi à Kazimierz. Essaimant progressivement ses annexes dans l'angle sud-ouest du Rynek, autour des rues Św. Anny, Jagiellońska et Gołębia, la pieuvre jagellonne a depuis étendu ses tentacules universitaires à d'autres parties de la ville.

Collegium Maius★★ A2

Ul. Jagiellońska 15 - ✆ 012 422 05 49 - visite guidée musée principal (20 pers., 20mn) : lun.-vend. 10h-14h20 (avr.-oct. : jeu. 17h30) - 12 PLN ; visite guidée musée principal + expo. scientifique et collection des beaux-arts (20 pers., 1h) : lun.-vend. 13h - 16 PLN - visites en anglais.

Le terme de Grand Collège désigne le plus ancien et prestigieux bâtiment de l'université Jagellonne, l'une des plus anciennes universités d'Europe centrale fondée en 1364 par le roi Casimir le Grand. Rénovée en 1400 par le roi Władysław Jagiełło grâce aux dons personnels faits par sa défunte épouse Hedwige, l'Académie cracovienne (Academia Croviensis), qui n'adopta le nom d'université Jagellonne qu'en 1818, allait progressivement s'agrandir par l'acquisition des maisons gothiques voisines. Remaniée à de nombreuses reprises au cours des siècles, et notamment au 19e s. dans un

Cour intérieure du Collegium Maius.

dévastateur style néogothique, elle ne retrouva son apparence originelle qu'au cours des années 1949-1964.

La **cour intérieure** est libre d'accès, ce qui permet d'assister chaque jour à 11h et 13h au bref tour de manège musical des figurines animées par le mécanisme de l'horloge située au-dessus de la porte d'Or.

Deux parties, l'une historique au 1er étage, l'autre scientifique au second, font l'objet de visites guidées distinctes. La visite commence au 1er étage devant la **porta Aurea** ouvrant sur la **Libraria** (les salles de lecture se trouvaient au rez-de-chaussée) que prolonge une vaste salle où l'université entretient le souvenir de ses meilleurs étudiants, tels **Nicolas Copernic** (entre 1491 et 1495), le roi **Jan III Sobieski** (un des rares souverains à avoir étudié sur les bancs d'une université !), **Bronisław Malinowski** ou encore **Karol Wojtyła**. On y découvrira un globe présentant la particularité de figurer l'Amérique par la seule mention de *« America noviter reperta »*, autrement dit « nouvellement découverte ». La **Stuba Communis**, dotée d'un poêle de style mauresque et d'un magnifique escalier qui permettait de rejoindre les chambres de l'étage supérieur, faisait office de réfectoire pour les professeurs. Une belle petite statue en bois peint du roi Casimir le Grand (14e s.) y rappelle la mémoire du fondateur. En enfilade s'ouvrent les **salles du Trésor** (Sale Skarbca). On peut y admirer les sceptres royaux (croisés, ils constituent le symbole de l'université) ainsi que la fameuse sphère armillaire jagellonne conçue en 1510 par Jan de Stobnica. La salle suivante (ancienne chambre des professeurs) est entièrement dédiée à Copernic et à ses instruments astronomiques. La visite se termine par la traversée du **Grand Hall** (Aula), siège des grandes cérémonies universitaires dominées sur un mur par la noble devise latine précisant que « la raison l'emporte sur la force ». Flanquée latéralement par les stalles en bois des professeurs et ornée d'une galerie de portraits, la pièce se referme à l'autre bout sur un beau portail en bois récupéré lors de la destruction de l'ancien hôtel de ville.

Au 2e étage, cinq pièces abritent la plus grande collection d'instruments scientifiques de Pologne ainsi qu'une galerie de peinture et des pièces d'art médiéval.

Église Ste-Anne★ (Kościół Św. Anny) A1

Fondée en 1689 par les professeurs de l'université Jagellonne, cette vaste église dessinée par l'architecte hollandais Tylman van Gameren est considérée comme une des plus belles réalisations baroques de Pologne. On admirera le bel effet de **façade** créé, pour pallier l'absence de perspective, par l'imbrication de trois portails l'un dans l'autre. Particulièrement remarquable y est la **décoration intérieure en stuc★★** réalisée par l'Italien Baldassare Fontana dans la nef ainsi que le flamboyant **autel** principal (1698) qui encadre une peinture de la Vierge à l'Enfant avec sainte Anne due à Jerzy Eleuter Siemiginowski. Le transept droit abrite le **sarcophage★** contenant les reliques de saint Jan Kanty (1390-1473) porté par quatre figures allégoriques symbolisant les principales facultés de l'université d'alors : philosophie, théologie, médecine et droit. Un travail réalisé par Baldassare Fontana en 1767 à l'occasion de la canonisation de cet éminent professeur. Sur le côté opposé du transept, le **monument** dédié à **Nicolas Copernic** porte l'inscription latine *« sapere auso »* (savoir avec audace), allusion probable au fait que Copernic ne dévoila qu'au soir de sa vie ses bouleversantes théories scientifiques, s'évitant ainsi le sort funeste de son disciple Giordano Bruno, brûlé vif pour hérésie. Également dignes d'intérêt, la chaire, les stalles peintes et les fresques du dôme. Les concerts d'orgue qu'on y donne régulièrement sont très réputés.

Face à l'église universitaire Ste-Anne se dresse le **Collegium Nowodworski**, le plus vieux lycée du pays où les jeunes gens étaient censés préparer leur entrée à la prestigieuse université. Ce bâtiment, élevé entre 1636 et 1643, constitue, avec son escalier à double rampe adossé à une cour à arcades, l'un des plus beaux exemples d'architecture baroque civile de la ville. Depuis 1993, il abrite le Collegium Medicum de l'université Jagellonne. Face au Collegium Maius, on trouve le **Collegium Kołłataja** et plus au sud le **Collegium Minus** (1462). Au bout de la rue Gołębia, tournée vers les Planty, se dresse la façade du principal bâtiment de l'université Jagellonne d'aujourd'hui. Construit en style néogothique, le **Collegium Novum** (1887) abrite le siège de l'université et la demeure du rectorat. En face, le **Collegium Witkowskiego** (ou Collegium Physicum) et, devant, une statue de Copernic tenant un astrolabe.

Revenir vers l'église franciscaine.

Sur la gauche, le palais épiscopal fut le lieu de résidence de Karol Wojtyła, le futur Jean-Paul II, de 1967 à 1978 avant son déménagement au Vatican. Des milliers de Cracoviens convergèrent ici une bougie à la main le jour de son décès, le 2 avril 2005, pour se diriger vers l'église dominicaine.

Derrière le chevet de St-François et la statue en bronze (1936) de Józef Dietl (1804-1878), professeur de médecine et président de l'université Jagellonne mais surtout premier maire élu de Cracovie en 1866, se tient le palais des Wielopolski, siège des autorités municipales qu'il acquit en 1864. Érigé entre 1535 et 1560 dans le style Renaissance, il fut ravagé par le grand incendie de 1850 mais conserve toutefois son attique à créneau original.

Continuer tout droit vers l'église dominicaine.

Basilique de la Ste-Trinité et couvent des Dominicains★★

(Bazylika Św. Trójcy i Klasztor Dominikanów) B2

Église mère de l'ordre des Dominicains en Pologne, introduit en 1229 en provenance de Bologne à l'invitation de l'évêque Iwo Odrowąź, c'est l'une des plus grandes et des plus importantes basiliques de Cracovie. Élevée sur l'emplacement d'une église romane détruite lors de l'invasion tatare de 1241, elle fut consacrée en 1249, puis reconstruite un certain nombre de fois, notamment en 1872 après l'incendie de 1850. Relativement préservées, les chapelles latérales, ajoutées par de riches familles aristocratiques au 17e s., en constituent les principales curiosités.

Intérieur – Dans le coin inférieur droit de la nef se tient la chapelle Lubomirski qui possède une décoration peinte du 17e s. Plus loin, après la tombe surmontée d'un beau gisant de Prospero Provano (fin 16e s.), s'ouvre la **chapelle Myszkowski★** (Kaplica Myszkowskich), élevée entre 1603 et 1614 dans le style maniériste. Elle est recouverte d'un dôme où les bustes des membres de la famille (un travail attribué à l'atelier de Santi Gucci) sont voués à un éternel face-à-face. Plus loin, la chapelle baroque de **Notre-Dame-du-Rosaire** (Kaplica Matki Boskiej Różańcowej), construite pour célébrer la victoire du roi Jan Sobieski sur les Turcs à Vienne (1683), contient une représentation de la Vierge, copiée à la fin du 16e s. d'une icône romane provenant de la basilique Santa Maria Maggiore de Rome. Rescapée de l'incendie de 1850, elle est particulièrement vénérée depuis. Du côté opposé, la **chapelle Zbaraski** (Kaplica Zbaraskich, 1628-1633) se distingue par une sobre et contrastée décoration en marbre noir. Plus loin, un escalier mène à la **chapelle de Saint-Hyacinthe★** (Kaplica Św. Jacka), du nom du premier dominicain polonais (Jacek en polonais), dont les reliques sont conservées dans un cercueil en marbre. Construite en 1581, elle fut décorée vers 1700 de stucs par Baldassare Fontana et ornée de peintures de l'Italien Tommaso Dolabella illustrant la vie du saint. Au bout de la nef, une **plaque en bronze** (vers 1500, d'après un projet de Veit Stoss) dans le mur évoque l'humaniste florentin Filippo Buonaccorsi, dit « Callimachus », qui fut le précepteur des enfants du roi Casimir.

Le **couvent** contigu est articulé autour de deux cours, dont un beau cloître avec des stèles funéraires. À voir plus particulièrement, la salle du Chapitre (milieu du 13e s.) ainsi que le réfectoire (2e quart du 13e s.), orné d'une belle Crucifixion du 15e s.

Prendre à gauche et suivre la rue Stlarska qui devient plus tard rue Szpitalna.

Église Ste-Croix★ (Kościół Św. Krzyża) C1

Inscrivant sa gracile silhouette de brique rouge sur le fond verdoyant des Planty, cette église gothique est l'une des plus charmantes de Cracovie. Église paroissiale des religieux de l'ordre hospitalier du Saint-Esprit de Saxia, fondé à Montpellier et installé en 1244 à Cracovie, son état actuel date pour l'essentiel des 14e et 15e s. L'hôpital attenant, fermé au 19e s., fut détruit en 1891 pour permettre l'édification du théâtre Słowacki. La nef, de plan quasi carré, est surmontée d'une voûte gothique à nervures en étoile reposant sur un unique pilier central à chapiteau arborescent, un symbole du nouvel arbre de vie incarné par la croix du Christ, caractéristique de l'ordre et omniprésente à l'intérieur de l'église. Les murs latéraux sont ornés de nombreuses peintures murales (de la 2nde moitié du 16e s. pour les plus anciennes sur le mur de droite en entrant) qui sont pour l'essentiel des restitutions du 19e s. de peintures Renaissance. Mises au jour à l'occasion de travaux de restauration dans la dernière décennie du 19e s., celles-ci ne purent être sauvées *in situ* mais furent copiées par Wyspiański pour servir de modèle à une restitution postérieure. La plus frappante d'entre elles demeure celle du « miroir d'un pécheur » *(Speculum Peccatoris)*. Un digne vieillard, assis dans un fauteuil émergeant d'un puits, voit son corps dénudé pointé par cinq menaçantes épées répondant aux lourds périls de la Mort, du Diable, du Péché et du Verbe. La cinquième épée, la plus inquiétante, pointe au-dessus de sa tête sans que soit précisée la nature du péril.

Non loin de l'église se dresse l'imposante silhouette du **théâtre Juliusz Słowacki** (Teatr Juliusza Słowackiego), édifié entre 1891 et 1893, et qui rappelle l'Opéra Garnier de Paris. Tout près, la **maison sous la Croix** (Dom Pod Krzyżem) abrite depuis 1969 un musée, à l'atmosphère délicieusement désuète, consacré à l'histoire du théâtre de Cracovie *(Ul. Szpitalna 21 ; ✆ 012 422 68 64 ; nov.-avr. : mar., jeu.-sam. et 2e dim. de chaque mois 9h-16h, merc. 11h-18h ; mai-sept. : mar.-sam. et 2e dim. de chaque mois 10h-17h30 ; 6 PLN, gratuit merc.)*.

2 La colline de Wawel★★★ PLAN II A3

Wzgórze Wawelskie

✆ 012 422 51 55 - 6h-17h (la cour à arcades du château ferme 1h avant) - fermé 1er janv., Pâques, 1er et 11 nov., 24, 25 et 31 déc. - la colline est en accès libre.

Wawel désigne l'ensemble architectonique qui se dresse au sommet d'une petite colline calcaire dominant de 25 m les eaux de la Vistule. Érigé en emblème des grandes et riches heures de la nation, ce haut lieu de la conscience nationale polonaise symbolise depuis le 11e s., avec la coexistence du sanctuaire chrétien et du château royal, l'association du pouvoir religieux et du pouvoir séculier. Un lieu d'autant plus symbolique que la cathédrale fut également le lieu de couronnement des rois et qu'elle abrite le panthéon des dynasties royales, ainsi que des grandes familles et des hommes illustres de la nation polonaise. Parvenu à son apogée au 16e s., Wawel fut brutalement déserté en 1596 au profit de Varsovie par le roi Sigismond III Vasa, le roi des alchimistes, dont une légende prétend que c'est une expérience alchimique malheureuse qui l'aurait conduit à abandonner Wawel.

Au pied de la rampe d'accès au château, vous apercevrez l'imposante **statue équestre de Tadeusz Kościuszko** posée au sommet d'un des bastions construits par les Autrichiens en 1852. Réalisée par Leonard Marconi et inaugurée en 1921, elle fut

B. Brillion / MICHELIN

Vue générale du château de Wawel.

détruite par les nazis en 1940 et ne fut remplacée par une copie qu'en 1960. Le long de la rampe, des plaques dans le mur de brique mentionnent les noms des généreux donateurs qui participèrent dans l'entre-deux-guerres à la restauration du château. On passe la **porte aux Blasons** (Brama Herbowa) après laquelle se trouve l'une des deux billetteries du château, puis la **porte des Vasa** (Brama Wazów).

Sur la gauche de la porte des Vasa se dresse la cathédrale et, légèrement décalée sur la droite, la maison des Vicaires, dans le hall de laquelle vous pourrez acheter les billets permettant la visite – dans la cathédrale – de la crypte royale et de la tour de Sigismond.

Cathédrale de Wawel★★★ (Katedra Wawelska) A3

6h30-17h30 - entrée libre, accès au clocher et à la crypte 10 PLN.

Troisième cathédrale à être érigée à cet endroit, l'actuel sanctuaire fut construit en style gothique au début du 14e s. sur l'emplacement d'un édifice roman dont ne subsistent aujourd'hui que la crypte St-Léonard et la tour des Cloches d'argent (Srebrne Dzwony). Surprenante par ses faibles dimensions, la cathédrale, édifiée sous les rois Ladislas le Bref et Casimir le Grand, est restée telle que lors de sa consécration en 1364 aux saints Stanislas et Venceslas. Cadre des sacres royaux qui s'y déroulèrent de 1320 à 1734, elle fut également celui des funérailles royales. D'abord inhumés dans la nef (le plus ancien des tombeaux royaux est celui de Władysław Łokietek, réalisé au 14e s.), les monarques et leurs familles furent, à partir du 16e s., ensevelis dans la crypte (bien que toujours honorés par un monument funéraire dans la nef) qui sera élevée au 19e s. au rang de panthéon national.

Extérieur – Passé le **porche baroque** (1619), vous serez certainement intrigué par la présence, sur la gauche de l'entrée, de gros **os antédiluviens** suspendus à de lourdes chaînes de fer. Leur présence, visant à écarter les forces maléfiques, est liée à une légende annonçant la fin du monde et de l'humanité. Inscrite dans un encadrement de marbre noir, la magnifique porte (1636) en bois est recouverte de tôle de fer marquée du monogramme démultiplié du roi Casimir le Grand, un K surmonté d'une couronne.

Intérieur – Au milieu de la nef centrale se dresse l'**autel de saint Stanislas★★**, (Grobowiec Św. Stanisława), principal saint patron de la Pologne, dont les reliques sont contenues dans un sarcophage recouvert de feuilles d'argent ciselées, abrité sous un baldaquin baroque de marbre noir et rose. Réalisé à Gdańsk dans les années 1669-1671 par Pierre van der Rennen, le reliquaire est décoré de scènes illustrant la vie de l'évêque et martyr, tué par le roi Boleslas le Hardi le 11 avril 1079. Objet d'un culte particulier depuis son transfert à Wawel en 1254, sa tombe était considérée comme autel de la patrie *(Ara Patriae)*, sur lequel les rois venaient déposer leurs trophées de guerre. Entouré par les quatre monuments des évêques de Cracovie, l'autel est précédé dans la nef par les sarcophages des rois **Ladislas II Jagellon★** (à droite) et **Ladislas de Varna** (à gauche).

La **chapelle de la Sainte-Croix★★** (Kaplica Świętokrzyska), de style gothique, est la seule chapelle médiévale de la cathédrale à avoir conservé sa décoration originelle, avec de belles **fresques** d'influence byzantine réalisées en 1470 par des artistes de l'école russe de Pskov. Dans l'angle nord-ouest, sous un haut baldaquin soutenu par huit colonnes, s'élève le sarcophage du roi **Casimir Jagellon** réalisé l'année même de sa mort en 1492 par Veit Stoss. Face à l'entrée, l'imposant monument de l'évêque Cajetan Sołtyk, élevé en 1790, représente celui-ci debout au-dessus de son sarcophage, d'où s'échappe un aigle noir (l'emblème de la famille), et un bras armé d'un sabre. Le tout ne manque pas de fantaisie. Les beaux vitraux de style Sécession sont l'œuvre de **Józef Mehoffer**.

Première chapelle latérale, la **chapelle des Potocki** (Kaplica Potockich), rénovée dans un style néoclassique dans les

A. Léonard / MICHELIN

Statue d'un roi ornant la cathédrale.

années 1832-1840, précède la **chapelle de la famille Szafraniec** (Kaplica Szafrańców), surmontée par la tour Wikaryjska, un imposant beffroi que vous apercevrez de l'extérieur. Contiguë, s'ouvre la **chapelle des Vasa** (Kaplica Wazów), du nom d'une des grandes dynasties royales qui régna au 17e s. Parfaite réplique de la chapelle de Sigismond, elle est décorée en style baroque et recouverte d'une coupole ornée de stucs. Le portail et le décor en bronze ajouré de la porte méritent une attention particulière.

Mausolée de la dynastie des Jagellon, la **chapelle Sigismond★★★** (Kaplica Zygmuntowska) est le pur chef-d'œuvre de l'architecture Renaissance en Pologne. Élevée entre 1519 et 1533 sur l'ordre du roi Sigismond Ier le Vieux, elle doit sa conception, de plan carré et surmontée d'un dôme, à l'architecte Bartolomeo Berecci, et sa somptueuse décoration à des artistes italiens. La coupole extérieure fut recouverte en 1591-1592, sur l'ordre de la reine Anna Jagellon, d'écailles dorées. Face à l'entrée se dresse la **stalle royale** (Ława Królewska) en marbre rouge de Hongrie appuyée sur le sarcophage de la reine **Anna Jagellon** († 1596). Côté droit, intégré dans une double arcade superposée, s'élève le monument funéraire (remanié par le sculpteur Santi Gucci dans les années 1574-1575) du roi **Sigismond Ier le Vieux** († 1548, en haut) et de son fils **Sigismond Auguste** († 1572, en bas). Face à lui, se tient, niché dans une arcade le long de la paroi est, l'**autel** (Ołtarz), composé d'un **polyptyque** exécuté à Nuremberg dans les années 1531-1538. Les douze panneaux d'argent partiellement dorés figurent des épisodes de la vie de la Vierge surmontés latéralement des représentations de saint Adalbert et de saint Stanislas. Les vantaux fermés figurent 14 scènes peintes par Georg Pencz de la Passion, de la Mort, de la Résurrection et de l'Ascension du Christ. La coupole, divisée en caissons décorés de rosaces, est surmontée d'une lanterne où figure la signature du concepteur de la chapelle. Face au portail, se tient le néogothique (1902) **sarcophage de la reine Hedwige** († 1399). Réalisé en marbre blanc de Carrare, il s'inspire de celui exécuté par Jacopo della Quercia pour Ilaria del Carretto dans le Duomo de Lucca en Toscane.

Poursuivant dans le déambulatoire, on remarquera la **chapelle d'Olbracht★★** (Kaplica Jana Olbrachta) dans laquelle, sous une belle voûte gothique en berceau, repose le sarcophage en marbre rouge du roi Jean Olbracht († 1501), déposé sous un arc triomphal somptueusement décoré. C'est l'un des premiers exemples d'un type de monument funéraire Renaissance qui allait faire école par la suite en Pologne. Face à cette chapelle se profile le **tombeau gothique du roi Casimir le Grand★★** (Gotycki Grobowiec Króla Kazimierza Wielkiego, † 1370). Derrière le **maître-autel** (Ołtarz Główny, 1649) se dressent les exubérants **monuments funéraires** du baroque tardif (1760) des rois Michel Korybut Wiśniowiecki († 1673) et Jean III Sobieski († 1696). Dans la chapelle en face, on trouve le **monument funéraire maniériste du roi Étienne Batory★★**, délicatement sculpté en 1595 par Santi Gucci. Au bout de l'aile orientale du déambulatoire se tient l'**autel du Seigneur-Jésus-Crucifié** (Ołtarz z Czarnym Chrystusem), où la reine Hedwige aurait connu une vision mystique. Le crucifix de sainte Jadwiga, disposé sur une plaque d'argent, est composé d'un curieux Christ gothique de bois sombre, drapé d'un tulle noir, intégré à un autel baroque de marbre noir. Dans le déambulatoire nord, le gisant du roi **Ladislas le Nain** († 1333) fut le premier sarcophage royal élevé dans la cathédrale.

Au milieu de la travée, des marches mènent à la **crypte des Grands Poètes nationaux** (Krypta Wieszczów Narodowych, *entrée payante*) qui conduit notamment aux sarcophages d'Adam Mickiewicz († 1855) et de Juliusz Słowacki († 1849), dont les dépouilles furent transférées de France où ils avaient vécu exilés. Reliée à la précédente, la **crypte royale** (Groby Królewskie) contient depuis le 17e s. les sépultures des rois et reines polonais mais également de quelques héros nationaux tels que Tadeusz Kościuszko (1746-1817), le prince Józef Poniatowski (1763-1813), le maréchal Józef Piłsudski (1867-1935) et le général Władysław Sikorski. La **crypte de saint Léonard★** (Krypta Św. Leonarda), seul vestige de la cathédrale romane érigée aux 11e s. et 12e s., abrite la plus importante série de sépultures. C'est ici qu'en 1946 un jeune prêtre dénommé Wojtyła célébra sa première messe.

Accessible par un escalier au départ de la sacristie (au fond à gauche), la **tour de Sigismond★★** (Wieża Zygmuntowska) conduit à travers une impressionnante charpente en bois (16e s.) vers les **cinq cloches** de la cathédrale. Celle baptisée **Sigismond** (1520) est la plus grosse cloche de Pologne et la deuxième au monde en taille avec ses 2,60 m de diamètre et ses 11 tonnes. Pour que résonne sur la ville, seulement à l'occasion des grandes fêtes religieuses et nationales, son vibrant *ré* majeur, huit à dix hommes sont nécessaires pour balancer son marteau de 350 kg.

Musée de la Cathédrale (Muzeum Katedralne) A3

10h-15h.

Il est abrité depuis 1978 dans la maison du chapitre cathédrale. Sa collection d'art sacré mêle vaisselle et habits liturgiques ainsi que des pièces historiques. Citons : la lance de saint Maurice offerte en l'an mil par l'empereur prussien Otto III à Boleslas le Vaillant, le manteau de couronnement de Stanislas Auguste Poniatowski, les diadèmes de Boleslas le Pudique et de sa femme Kinga, ainsi que le reliquaire du crâne de saint Stanislas.

En sortant de la cathédrale, prenez sur la gauche pour admirer sa façade latérale sud. Devant vous s'ouvre la magnifique cour aux Arcades (Dziedziniec) du château royal.

Château royal★★ (Zamek Królewski) B3

Siège et symbole de l'autorité royale durant six siècles, le château de Wawel mêle plusieurs styles architecturaux. Précédé par un *palatium* puis par une résidence princière romane, le premier château digne de ce nom fut édifié au début du 11e s. par le duc et futur roi Boleslas le Vaillant. Au cours du 14e s., le dernier monarque de la dynastie des Piast, Casimir III le Grand, le transforma en une imposante forteresse gothique qui brûla en 1499. Le troisième château résulte de la volonté du roi Sigismond Ier le Vieux qui confia, dans la première moitié du 16e s., aux architectes italiens Francesco Florentino et Bartolomeo Berrecci, la réalisation du palais Renaissance tel qu'on peut encore partiellement l'admirer aujourd'hui. Après un incendie survenu en 1595, la rénovation de l'aile nord fut confiée à l'architecte italien Giovanni Trevano par Sigismond III Vasa, le même qui déplacera pourtant la capitale de Cracovie à Varsovie en 1596, amorçant le déclin de Wawel. Abandonné à partir de 1655 aux razzias successives des Suédois, des Russes puis des Prussiens, il fut transformé après l'annexion par l'Autriche de 1796 en caserne, et la colline, entourée pour l'occasion d'une nouvelle fortification en briques, en terrain de manœuvre. Cédé aux Polonais en 1905, Wawel abandonnait enfin son statut de garnison militaire, mais ce n'est qu'avec l'indépendance retrouvée en 1918 que sa restauration fut entreprise, laquelle profita d'abord au gouverneur général nazi de Cracovie, Hans Frank, qui s'y installa en 1939 avec ses sbires. Achevée après la guerre, la restauration complète de l'édifice lui aura permis de retrouver une partie de son éclat d'antan.

Extérieur – La vaste cour intérieure, formée sur trois côtés par la superposition de trois magnifiques galeries à colonnes et arcades, est une pure splendeur, digne des plus fameux *palazzi* italiens de la Renaissance. Elle se distingue par une remarquable galerie haute soutenue par de très graciles colonnes supportant pourtant un toit pentu et trapu. La décoration originale de Hans Dürer qui couvrait le haut des murs extérieurs des galeries a été récemment restituée. À son apogée au 16e s., le château obéissait à l'organisation fonctionnelle suivante : le rez-de-chaussée de l'aile nord était dévolu au trésor de la Couronne tandis que l'intendance occupait l'aile orientale. Au 1er étage se trouvaient les appartements privés du roi, tandis qu'au second, dit *piano nobile*, étaient situées les salles d'apparat et de cérémonies. Aujourd'hui, les galeries ouvrent sur cinq expositions réparties à travers un dédale de plus de 70 pièces. L'accès à l'exposition Wawel Perdu *(voir p. 210)* ne se fait pas par cette cour.

ONT Pologne

Vue de la cour intérieure du château, belle réalisation d'architecture Renaissance.

Intérieur – Les **appartements royaux privés★★** (Prywatne Apartamenty Królewskie) dénotent des goûts artistiques de la dynastie jagellonne. Richement décorés, ils valent surtout pour la précieuse collection de tapisseries des Flandres qui orne les murs des appartements privés du roi Sigismond Ier le Vieux et les appartements d'État situés au deuxième étage. Des 360 tapisseries du 16e s. (appelées *arrasy* en référence à la manufacture d'Arras en France) commandées par le dernier des Jagellon, seules 136 pièces ont survécu. Dessinées par les peintres Willem Tons et Michiel van Coxcie, surnommé le Raphaël flamand, elles illustrent pour la plupart des scènes de l'Ancien Testament, telles « Adam et Ève dans le jardin d'Éden », l'« histoire de Noé » ou « la construction de la tour de Babel ». Parties en Russie après la troisième partition de la Pologne en 1795, ces précieuses tapisseries ne revinrent à Cracovie qu'au cours des années 1920. Évacués au Canada juste avant la Seconde Guerre mondiale, les tapisseries et autres trésors du château ne furent rendus à la Pologne communiste qu'en 1962.

Les **appartements d'État★★★** (Komnaty Królewskie) constituent l'attraction majeure du château. Plusieurs des salles tirent leurs noms des frises figurant au-dessous des plafonds peints. Vous traverserez ainsi successivement sur la gauche – à partir de l'escalier des Députés qui débouche au milieu de l'aile orientale – la **salle des Tournois** (Sala Turniejowa, d'après la frise de 1535 signée Hans Dürer, frère d'Albrecht), la **salle de la Revue militaire** (Sala pod Przeglądem Wojsk, frise d'Anton de Breslau de 1535), toutes décorées de peintures et de mobilier d'origine italienne. À l'extrémité de cette aile, la **salle des Députés ★★★** (Sala Poselska), sans doute la plus spectaculaire du château, servait de salle d'audience royale et de salle de débat au Sejm, le Parlement polonais. Sa particularité réside dans un remarquable décor de têtes sculptées en bois jaillissant littéralement des caissons du plafond. Un remarquable travail réalisé entre 1531 et 1535 par deux artistes de Breslau, Sebastian Tauerbach et maître Hans Snycerz. Sur les 194 têtes d'origine, il n'en subsiste malheureusement que 30. La frise *La Vie de l'homme* qui décore la pièce est signée Hans Dürer. Les salles situées au nord de l'escalier, la **salle des Zodiaques** (Sala Pod Zodiakiem), la **salle des Planètes** (Sala Pod Planetami) et la **salle de la Bataille d'Orsza** (Sala Bitwy pod Orszą), tirent également leurs noms des frises réalisées au début des années 1930 par Leonard Pękalski. Une autre salle remarquable est la **salle aux Oiseaux** (Sala pod Ptakami) aux beaux portails de marbre, située à l'amorce de l'aile nord, aile qui fut remodelée après l'incendie de 1595 en style baroque par l'architecte italien Trevano et décorée dans le goût de la dynastie Vasa. Représentative, la **salle sous l'Aigle** (Sala pod Orłem), autrefois utilisée par la Cour royale de justice, abrite une belle série de peintures hollandaises et flamandes, dont un **portrait équestre** du prince Ladislas IV Vasa (1624) réalisé par Pierre Paul Rubens. Pour finir, la salle sous les Muses conduit à la **salle des Sénateurs** (Sala Senatorska) dont le beau plafond à caissons Renaissance a été préservé. Celle qui constitue la plus vaste pièce du château abrite la plus impressionnante série de tapisseries de l'édifice, cinq grandes pièces illustrant des scènes de la Genèse. La sortie s'effectue au bout par l'escalier des Sénateurs qui débouche dans l'angle nord-est de la cour.

Situé dans de belles pièces gothiques au rez-de-chaussée de l'angle nord-ouest du château, le **trésor de la Couronne** (Skarbiec Koronny) rassemble une pléthore (bien que le fonds original ait été pillé à plusieurs reprises, notamment par les Prussiens) d'objets précieux de la Couronne polonaise et ayant servi à l'intronisation des rois. Le clou de la visite reste la célèbre épée des rois, dénommée **Szczerbiec** (l'ébréchée),

Une bonne langue de bois

Avez-vous remarqué la présence d'une **tête bâillonnée** parmi les têtes sculptées du plafond de la salle des Députés ? Un jour que le roi Sigismond Auguste présidait l'audience du tribunal, comparut une pauvre veuve injustement accusée d'un vol à l'étalage. Alors que le roi s'apprêtait à la condamner, une puissante voix humaine s'abaissa du plafond pour l'apostropher en ces termes : « *Auguste roi, rends la juste sentence.* » Cette intervention pour le moins inopinée d'une des têtes suffit à convaincre le roi de l'innocence de la femme, mais ce dernier – de peur de voir cette tête de bois munie d'une conscience s'immiscer dans les affaires du royaume et contester son autorité – ordonna au sculpteur de couvrir d'un bandeau les lèvres de la tête qui avait parlé pour l'empêcher d'intervenir à nouveau.

un symbole de vaillance utilisé lors de leur couronnement. L'**armurerie** (Zbrojownia) renferme une riche collection d'armes et d'armures polonaises et européennes et des trophées de guerre. On peut y voir également des copies des étendards pris à l'ennemi teutonique lors de la bataille de Grunwald en 1410.

Localisée dans l'angle nord-ouest du château, l'exposition d'**art oriental** (Sztuka Wschodu) résulte essentiellement des conséquentes prises de guerre effectuées par le roi Jean III Sobieski après sa victoire sur les Turcs ottomans à Vienne en 1683, parmi lesquelles une précieuse tente d'apparat *(en restauration)* fait figure de pièce maîtresse.

Exposition Wawel Perdu★ (Wawel Zaginiony) B3

Entrée sur l'esplanade de Wawel près de la cafétéria - tlj sf mar. 9h30-15h.

Au rez-de-chaussée et dans les caves du bâtiment qui ferme la partie occidentale de la cour à arcades, cette exposition se propose de montrer à quoi pouvait bien ressembler la colline de Wawel 1 000 ans plus tôt. Principale curiosité, les fondations reconstituées de la **rotonde de la Vierge-Marie** ou de St-Félix-et-St-Adaucte (Rotunda pw. Panny Marii ou Św. Feliksa i Adaukta), la plus ancienne église en pierre bâtie sur la colline au 10e s. ou au début du 11e s., qui fut peut-être également la première église chrétienne de Pologne. Démolie au début du 19e s. par les Autrichiens, elle fut réexhumée lors de fouilles effectuées en 1917.

Terminez votre visite de Wawel en vous dirigeant vers le sud-ouest de la citadelle. Derrière le donjon des Voleurs (Baszta Złodziejska) qui abrite la seconde billetterie du château s'offre un beau panorama sur la boucle formée plus bas par la Vistule. Légèrement sur la gauche se trouve l'entrée de la caverne du Dragon (veillez toutefois à n'effectuer cette visite qu'en dernier lieu, sinon, il vous faudrait, une fois parvenu à la sortie de la grotte, faire tout le tour de la citadelle pour remonter).

L'histoire du dragon qui n'y avait vu que du feu

Une légende relate que la quiétude du royaume du bon roi Krak fut un jour menacée par la disparition répétée d'habitants qui s'aventuraient du côté de la Vistule. Un jeune homme qui échappa *in extremis* à une fin identique révéla la nature du danger : un épouvantable dragon avait élu domicile dans la colline. Le roi s'engagea alors à offrir la moitié de son royaume et la main de sa fille à qui délivrerait la ville de ce fléau. Princes et chevaliers s'y risquèrent en vain avant qu'un jeune cordonnier ne prétende savoir – à condition que le roi veuille bien lui donner son plus gros mouton – comment anéantir le dragon. Après avoir rempli sa panse de soufre et de goudron, il le déposa aux abords de la grotte. À l'aurore, la ville fut réveillée par une énorme détonation. Le dragon avait englouti sa proie, mais en butte à une soif terrible, il avait bu tant d'eau que son ventre avait fini par éclater. Le bon roi Krak honora alors toutes ses promesses et le jeune cordonnier épousa sa fille.

Caverne du Dragon (Smocza Jama) A3

L'accès à la caverne s'effectue depuis le sommet de la citadelle par une tourelle adossée au mur d'enceinte (une machine automatique délivre les billets) d'où un escalier hélicoïdal de 135 marches conduit dans les entrailles de la colline jusqu'au plus profond de la grotte.

Entourée de mystère, cette grotte ne vous fera arpenter (afin de ne pas déranger le dragon) que 81 m des 270 que compte la colline. Sa visite n'apporte cependant rien d'essentiel, sinon, pendant la canicule estivale, un peu de fraîcheur. Le photogénique spécimen de métal (Smok Wawelski) crachotant du feu *(ttes les 2mn)*, qui vous attend sagement à la sortie de la grotte, est l'œuvre de Bronisław Chromy et fut érigé en 1972.

Quittez Wawel par la porte des Bernardins en empruntant la seconde rampe d'accès au château qui vous permettra d'apercevoir successivement plusieurs tours qui constituent les derniers témoignages de la fortification médiévale du 15e s. Parvenu au bas de Wawel, devant l'église des Bernardins, une éventuelle visite du quartier de Kazimierz s'offre à vous en continuant vers l'est.

Kazimierz★★ PLAN III

Fondée en 1335 par le roi Casimir III le Vieux, dont elle prit le nom, comme une ville indépendante, Kazimierz fut ceinte d'une fortification à la fin du 14e s. Accueillie par le même roi qui lui offrait l'hospitalité et octroyait de larges privilèges, la communauté juive s'établit au sud-ouest du Rynek, avant d'être installée au nord vers l'actuelle place Szczepański. Mais, suite au pogrom de 1494, le roi Jan Olbracht déplaça les Juifs à Kazimierz, qui en occupèrent la partie nord-est, assignés à résidence aux abords de l'actuelle rue Szeroka. Au début du 16e s., des Juifs persécutés d'autres pays y affluèrent en nombre. En 1791, il devint un quartier à part entière de Cracovie avant de se transformer au 19e s. en un véritable et unique quartier de culture juive. On distingue une partie catholique (même si de nombreux Juifs s'y installèrent au 19e s.) au sud-ouest et une partie juive, située au nord-est d'un quartier qui, lentement, sort de l'état d'abandon dans lequel il avait été plongé à l'issue de la guerre. L'intérêt pour la Kazimierz juive s'est brutalement éveillé en 1989 avec le tournage du film *La Liste de Schindler* par Steven Spielberg. Hélas, son statut de quartier à la mode en fait une cible de choix pour des promoteurs peu préoccupés par ses identités culturelle ou architecturale et encore moins par ses habitants.

Église et couvent des Paulins à Skałka★ (Kościół Paulinów) A2

Plantée « sur le rocher » *(Na Skałce)* au milieu d'un joli parc, elle constitue l'autre lieu de culte – avec la cathédrale – attaché au souvenir de l'évêque et martyr Stanislas. Son **cadre champêtre**★★ est notamment enjolivé par la présence d'un curieux **bassin**★ quadrangulaire (Sadzawka Św. Stanisława) du milieu duquel émerge une statue (1731) du saint patron de la Pologne. L'actuelle église baroque (1733-1742) est le troisième voire quatrième sanctuaire établi à cet endroit. Principale curiosité, sur l'autel qui lui est consacré dans la nef latérale gauche, le tronc d'arbre sur lequel l'évêque martyr aurait été dépecé par les sbires du roi Boleslas le Vaillant, le 11 avril 1079, après que celui-ci lui eut tranché la tête ici même. Chaque année, le 1er dimanche après le 8 mai, jour de la saint Stanislas, une grande procession relie la cathédrale à cette église (où se trouvait sa première tombe avant son transfert à Wawel).

Entre 1877 et 1880, on réaménagea la **crypte** creusée dans le rocher en 1792 (accès par l'extérieur au milieu de l'escalier à double rampe) pour y créer un panthéon national en complément de celui de la crypte de Wawel. Les grands artisans de la culture polonaise que sont notamment l'historien Długosz, les écrivains Siemieński et Kraszewski, les peintres Siemiradzki, Wyspiański et Malczewski, le compositeur Szymanowski y reposent dans des sarcophages. Dernier arrivé en date, le poète Czesław Miłosz, inhumé en grande pompe le 27 août 2004.

Église Ste-Catherine★ (Kościół Św. Katarzyny) B2

Celle qui reste l'une des plus belles églises gothiques de la ville a été fondée en 1363 par le roi Casimir le Grand sur le modèle de l'église de Notre-Dame du Rynek, en repentance, croit-on, de l'assassinat d'un religieux qu'il commandita. Son histoire est marquée par une succession de catastrophes : tremblements de terre en 1443 et 1786,

B. Brillion / MICHELIN

Affiches dans Kazimierz, le quartier juif de Cracovie.

CRACOVIE
plan III
KAZIMIERZ

SE LOGER

SE RESTAURER

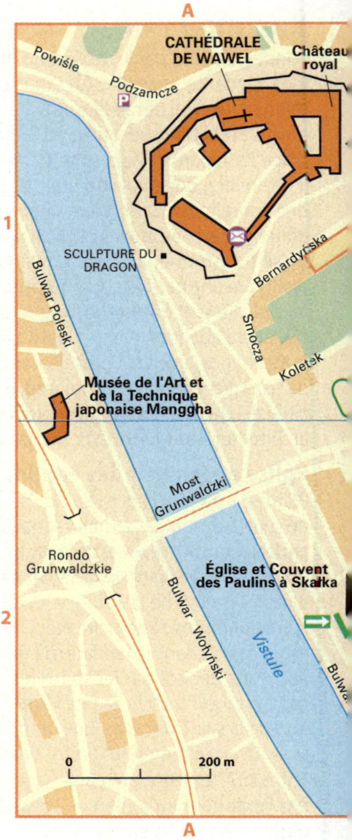

inondation vers 1730 et incendies en 1556, 1604 et 1638. Pour ne rien arranger, elle fut convertie en arsenal par les Autrichiens durant toute la première moitié du 19e s. Ce funeste enchaînement de coups du sort explique son caractère intérieur austère et dépouillé seulement rompu par la présence du monumental **grand autel** (1634), miraculeusement épargné, qui encadre une peinture figurant le mariage mystique de sainte Catherine d'Alexandrie par Andrzej Wenesta. Autre curiosité, la **chapelle** de sainte Monique (Kaplica Św. Moniki), mère de saint Augustin, au fond de la nef de droite. Remarquez à l'extérieur l'ancien beffroi en briques rehaussé de bois du 15e s. L'église est jouxtée au nord par le cloître du couvent des Augustins qui abrite des fresques (début 15e s.) illustrant notamment le martyr du saint.

Remonter la rue Skałeczna jusqu'à Krakowska puis aller à droite vers la place Wolnica.

Place Wolnica B2

Sur l'ancienne place du Marché (réduite aujourd'hui par rapport à sa taille initiale) se dresse l'ancien **hôtel de ville** (Ratusz Kazimierski) du 15e s. de Kazimierz. Coiffé côté ouest d'un bel attique crénelé, et dominé par une tour octogonale du 16e s., il abrite aujourd'hui les riches collections du **Musée ethnographique** (Muzeum Etnograficzne) qui rassemble un grand nombre de pièces de l'art et de la culture traditionnelle polonais exposées notamment au travers de reconstitutions d'intérieurs domestiques rustiques, essentiellement du sud de la Pologne. Le musée présente également une section d'objets provenant de cultures d'autres continents. L'annexe située à proximité *(Ul. Krakowska 46)* accueille les expositions temporaires *(Pl. Wolnica 1 ; oct.-avr. : lun.-10h-18h, merc.-vend. 10h-15h, w.-end 10h-14h ; mai-sept. : lun., merc.-vend. 10h-17h, w.-end 10h-14h ; 8 PLN, gratuit dim.).*

Église de la Fête-Dieu (Kościół Bożego Ciała) B2

Première église de Kazimierz érigée en 1340 par le roi du même nom, elle fut complétée au milieu du 15e s. et plusieurs fois remaniée. Durant le siège de Cracovie par les troupes suédoises au milieu du 17e s., l'église et son cloître servirent de quartier général au roi Carl Gustav et à ses troupes. L'intérieur offre un saisissant contraste

entre l'austère architecture de pierre et de brique et la riche ornementation des autels baroques sculptés qui s'y trouvent. Le grand autel maniériste enchâsse deux peintures attribuées à Tomasso Dolabella : une Nativité et une Descente de Croix. À voir également, les vitraux gothiques du chœur, les belles stalles (1632) et la spectaculaire chaire baroque en forme de bateau. L'architecte de Wawel, Bartolomeo Berecci, mort assassiné en 1537, repose dans la chapelle Ste-Anne.

Continuer vers la partie juive de Kazimierz par la rue Józefa (au n° 7, office de tourisme).

Haute Synagogue (Bożnica Wysoka) C1

Située au n° 38 de la rue Józefa, elle fut la troisième synagogue de la ville à être construite entre 1556 et 1563. Son nom provient de la situation de la salle de prière, « haute » par rapport à la rue. On se bornera à admirer son austère façade percée par trois grandes fenêtres qu'encadrent quatre larges contreforts, puisqu'elle ne se visite pas. Au n° 42 de la même rue, on apercevra une **maison de prière** destinée à l'étude de la Torah (Kowea Itim l'Tora) construite en 1810 et rénovée en 1912. Au bout de la rue Józefa, vous ferez face à la vieille synagogue dont l'entrée se trouve sur le côté sud qui ferme la rue Szeroka.

Prendre à droite la rue Bartosza pour rejoindre la rue parallèle.

Galicja Jewish Muzeum★ C1

Ul. Dajwór 18 - ✆ 012 421 68 42 - www.galicjajewishmuseum.org - avr.-oct. : 9h-19h ; nov.-mars : 10h-18h - 12 PLN.

Ce musée, inauguré en juin 2004, relève d'une démarche intéressante : porter un regard contemporain sur le passé juif de la Galicie polonaise. L'exposition *Traces de mémoire* vise, notamment à travers une série de larges photographies, à témoigner d'une civilisation qui s'est développée durant près de dix siècles et qui a brusquement disparu, décimée pratiquement du jour au lendemain. Elle se double d'une exposition temporaire. Bien légendé en anglais. Librairie et cafétéria.

Rue Szeroka★★ C1

Malgré son nom, elle présente toutes les apparences d'une vraie place. Autrefois dénommée Grande Rue, elle porte tout aussi bien son nom actuel de « rue Large ». Centre de la vie commerciale et religieuse de la ville juive du 15e au 19e s., elle servait également de place du Marché. Loin de son atmosphère d'antan et de son animation passée, elle est désormais encombrée de touristes et de voitures, épicentre du Kazimierz touristique fréquenté pour ses hôtels, ses galeries et ses bars et restaurants de cuisine traditionnelle juive.

Dans le renfoncement de la cour du restaurant Alef se trouve l'ancienne **synagogue Popper** (Synagoga Poperra), fondée en 1620 par un riche commerçant et banquier, Wolf Popper, surnommé « la Cigogne ». Saccagée pendant la guerre, elle accueille depuis 1965 un centre culturel ouvert à la visite. Le côté court de la place au sud est fermé par la Vieille Synagogue. Côté opposé se dresse le **palais Jordan** (Pałac Jordanów), du nom de la riche famille qui l'habita, autrement dénommé « palais Landau ».

Vieille Synagogue★ (Synagoga Stara ou Bożnica Stara) C1

Ul. Szeroka 24 - ✆ 012 422 09 62 - avr.-oct. : lun. 10h-14h, mar.-dim. 10h-17h ; nov.-mars : lun. 10h-14h, merc., jeu. et w.-end 9h-16h, vend. 10h-17h - 7 PLN.

C'est le plus ancien édifice juif conservé de Pologne. La synagogue fut bâtie dans le style gothique au tout début du 15e s. puis remaniée en style Renaissance, après l'incendie de Kazimierz en 1557, par l'architecte italien Mateo Gucci. Lors de sa rénovation entreprise au début du 20e s., on a retrouvé son niveau du 16e s., ce qui explique qu'elle soit en contrebas de la voirie actuelle. Une belle clôture en fer ornée de l'étoile de David délimite son périmètre. Elle abrite aujourd'hui la section judaïque du Musée historique de la ville consacrée à l'histoire des Juifs de Cracovie.

Synagogue et cimetière Remu'h★★ (Bożnica Remuh i Cmentarz Remuh) C1

Ul. Szeroka 40 - ✆ 012 429 57 35 - lun.-vend. 9h-16h - 5 PLN. Port de la kippa obligatoire.

Parfois également désignée comme « la Nouvelle » par rapport à la Vieille Synagogue, elle fut fondée par Israël Isserles Auerbach pour son fils, le rabbin Moïse Isserles (1520-1572) dit « Remu'h », savant, philosophe et éminent talmudiste, et construite entre 1556 et 1558 par Stanisław Baranek. Elle a retrouvé son caractère religieux en 1945 et reste toujours un actif lieu de prière.

Sa visite est combinée à celle du **cimetière**★★ (port de la kippa également obligatoire) qui constitue le plus ancien cimetière de la communauté juive de Cracovie et l'un des plus vieux cimetières juifs en Europe. Situé derrière la synagogue, il fut créé dans l'année 5311 (1551 de l'ère chrétienne) et demeura la nécropole principale de Kazimierz. Les membres les plus éminents de la communauté juive y furent inhumés jusqu'en 1800, année de sa fermeture par les autorités autrichiennes. Négligé par la suite, il fut vandalisé par les nazis durant la Seconde Guerre mondiale et ne cessa de se dégrader jusqu'à ce qu'en 1959-1960 des fouilles archéologiques ne révèlent l'existence de plusieurs couches de sépultures (une partie non fouillée au sud-est s'élève encore de près de 5 m). Plus de 700 tombes, dont certaines d'une grande valeur artistique, furent ainsi mises au jour, restaurées et replacées avec soin. À noter pour certains éminents personnages la présence de « doublons », soit une seconde tombe réalisée après guerre alors que l'on croyait la tombe originelle définitivement disparue. Contiguë au mur ouest de la synagogue, la **tombe** du rabbin Remu'h fait partie des rares sépultures épargnées par les nazis, un fait miracu-

A. Galy / MICHELIN

Cimetière juif.

leux interprété par les Juifs orthodoxes, qui ne cessent depuis d'affluer vers sa tombe, comme un signe supplémentaire de sa sainteté et de son pouvoir surnaturel. Les fragments de vieilles *matzevas* ont servi à constituer un **mur du souvenir** dans le mur de clôture de la rue Szeroka *(à droite de l'entrée)*.

Synagogue Isaac★ (Synagoga Izaaka) B1

Ul. Kupa 18 - dim.-jeu. 9h-17h, vend. 9h-14h (juil.- août : 15h) - 7 PLN.

L'architecte italien Giovanni Battista Trevano et le stucateur Giovanni Battista Falconi sont à l'origine de cette majestueuse synagogue baroque construite entre 1638 et 1644 pour le riche marchand Izaak Jakubowicz. L'escalier extérieur permettait aux femmes de rejoindre la galerie qui leur était réservée. Un centre de documentation sur le judaïsme y est en cours d'aménagement. En plus de l'accès à une vaste bibliothèque, on pourra y visionner des films présentant l'histoire et la vie quotidienne de la communauté juive de Cracovie.

Un Juste parmi les nazis

Industriel allemand membre du parti nazi, **Oscar Schindler** (1908-1974) arrive à Cracovie en 1939 dans les pas des armées du Reich envahissant la Pologne. Grâce à ses relations et au travail obligatoire des Juifs, son usine de batteries de cuisine en émail fait rapidement sa fortune. Mais ce personnage jusque là opportuniste et mondain est interpellé par le sort de la communauté juive. Falsifiant les registres de ses employés, il parvient à en soustraire près de 1200 à l'enfer des camps de Płaszów et d'Auschwitz. Après la guerre, malheureux en affaires, il est à plusieurs reprises tiré d'affaire par ses anciens ouvriers. Déclaré « Juste des nations » en 1962, il meurt en 1974. Il est enterré en Israël. Son histoire a inspiré à l'écrivain Thomas Keneally son roman *La Liste de Schindler* adapté en 1993 au cinéma par Steven Spielberg.

Descendre vers la **place Nouvelle** (Plac Nowy), autrefois dénommée « place Juive », caractérisée par la présence en son centre d'une halle circulaire édifiée en 1900. De 1927 à la guerre, celle-ci fut affectée à l'abattage rituel kascher des volailles. Aujourd'hui, les abords de la place ont été colonisés par un grand nombre de cafés branchés qui s'animent le soir venu et un populaire marché aux puces s'y déroule chaque dimanche matin.

Au coin de la place, dans la rue Meiselna, se tient le **Centre de culture juive** (Centrum Kultury Żydowskiej). Siège de la Fundacja Judaica *(Ul. Rabina Meiselsa 17 ; ✆ 012 430 64 49 ; www.judaica.pl ; lun.-vend. 10h-18h, w.-end 10h-14h)*, ce centre culturel juif, inauguré en 1993, abrite des expositions et accueille des concerts. N'hésitez pas à y pénétrer pour avoir une idée du programme et pour également profiter de son salon de thé et faire une pause sur son agréable petit toit-jardin.

Rejoindre la rue Miodowa.

Synagogue Tempel (Synagoga Tempel) B1

Ul. Miodowa 24 - ✆ 012 429 57 35 - horaires d'ouverture aléatoires (plutôt l'apr.-midi 13h-15h ; fermé sam.) - 5 PLN.

Construite en 1862 dans un style néoroman et dotée d'une décoration inspirée par l'art mauresque, elle est la plus récente des synagogues de Kazimierz. Également dénommée « Synagogue progressiste » *(postępowa)*, elle était fréquentée par bon nombre d'intellectuels juifs adeptes de la Haskala (lumière). S'y retrouvaient les *maskilims* (éclairés) cracoviens qui réclamaient l'égalité des droits, une éducation laïque et rejetaient la pratique du yiddish et le port de la tenue traditionnelle, s'opposant en cela aux préceptes des ultra-orthodoxes hassidiques. Elle constitue aujourd'hui, avec la synagogue de Remu'h, l'un des deux temples encore actifs à Cracovie. Derrière la synagogue fonctionnait avant guerre un établissement de bains rituels *(mikva)*.

Remontez la rue Miodowa vers le nouveau cimetière, situé de l'autre côté de la ligne de chemin de fer. Un petit détour par la rue Estery vous mènera à la synagogue Kupa (Ul. Warszauera 8), très récemment restaurée.

Nouveau cimetière juif★ (Nowy Cmentarz Żydowski) C1

Ul. Miodowa 55 - dim.-lun. 8h-18h - fermé sam. et fêtes juives - entrée libre.

Ne manquez pas d'aller arpenter les allées de ce cimetière, laissé à l'abandon et envahi par la végétation, qui incite à la méditation. Créé en 1800 en dehors du Kazimierz de l'époque pour remplacer le cimetière Remu'h, il fut saccagé par les nazis qui exploitèrent les *matzevas* comme matériau de construction. Signe de la laïcisation et de l'assimilation culturelle qui concernaient de plus en plus de Juifs de Cracovie, certaines des tombes présentent des épitaphes en allemand ou en polonais. Parmi les tombes les plus connues, celles du peintre Maurycy Gottlieb (1856-1879) et du photographe **Ignacy Krieger** (1817-1889), dont les photos témoignent du Cracovie d'autrefois.

Podgórze PLAN I B2

Occupé depuis les temps préhistoriques, ce site de la rive sud de la Vistule fut érigé en ville franche par les Autrichiens à la fin du 18e s., époque à laquelle le fleuve constituait une frontière entre Pologne et Autriche. Mais dans les mémoires, le quartier de **Podgórze** est avant tout lié à l'extermination des Juifs cracoviens. Le quartier compte plusieurs sites où, à défaut de structures, subsiste le souvenir de ce terrible épisode de la Seconde Guerre mondiale d'où émerge la figure d'Oskar Schindler. Les quelques rues où furent entassés plus de 20 000 Juifs de la région de Cracovie à partir de 1941 s'élevaient au-delà du pont Powstańców Śląskich, tout comme le camp où ils furent ensuite détenus. L'ancien ghetto est aujourd'hui méconnaissable mais on peut toujours voir deux tronçons du mur d'enceinte rue Lwowska et rue Limanowskiego.

Pharmacie de l'Aigle (Apteka Pod Orłem)

Pl. Bohaterów Getta 18 - ✆ 012 656 56 25 - nov.-mars : lun. 10h-14h, mar.-jeu. et sam. 9h-16h, vend. 10h-17h, fermé 1er mar. du mois ; avr.-oct. : lun. 10h-14h, mar.-dim. 9h30-17h - 5 PLN, gratuit lun.

Elle était tenue par Tadeusz Pankiewicz, seul Polonais du ghetto, qui jouait aussi le rôle de contact avec le monde extérieur et passait en fraude nourriture et médicaments. De 1941 à 1943, l'intelligentsia juive s'y retrouvait. L'ancienne officine abrite aujourd'hui un petit musée sur la communauté juive. Un film en trois parties raconte le quotidien des habitants du ghetto.

Un musée est depuis longtemps attendu dans l'**usine d'Oscar Schindler Emalia** (Fabryka Oskar Schindler Emalia) dont on peut voir l'entrée et la façade au n° 4 de la rue Lipowa. Il ne subsiste rien du **camp de concentration de Płaszów** où furent transférés les Juifs qui avaient survécu à la liquidation du ghetto le 13 mars 1943 et échappé à la déportation à Auschwitz. On peut y voir, rue Kamieńskiego, un monument commémoratif dédié aux victimes des pratiques barbares d'Amon Goeth, l'officier SS en charge du camp.

On pourra terminer la visite de Podgórze par l'ascension, rue Wielicka, du **tertre de Krak** (Kopiec Krakusa). Haut de 16 m, il remonte au 8e s. et est supposé renfermer la dépouille de Krakus, pourfendeur du dragon du WaWel *(voir encadré p. 210)* et fondateur légendaire de Cracovie.

Visiter les musées

Musée des Princes Czartoryski★★★ (Muzeum Książąt Czartoryskich) PLAN II B1

Ul. Św. Jana 19 - ✆ 012 422 55 66 - mai-oct. : mar., jeu. 10h-16h, merc., vend. et sam. 10h-18h, dim. 10h-15h - 10 PLN, gratuit jeu.

Fierté de la ville de Cracovie, le musée des Princes Czartoryski, descendants en ligne directe des Jagellon, est abrité dans trois bâtiments reliés par des galeries couvertes suspendues : l'hôtel particulier, le cloître et l'arsenal. La collection initiale, constituée par Izabela Czartoryska dans son palais de Puławy au début du 19e s., s'enfuit à Paris – pour échapper à la confiscation – avant de revenir en Pologne en 1876. Pillée allégrement par les nazis durant la guerre, elle fut partiellement reconstituée avant d'être nationalisée et de devenir une section du Musée national en 1949. Dernier rebondissement, l'héritier de la famille,

© D.R.

La Dame à l'hermine *(1485) de Léonard de Vinci, l'incontournable du musée Czartoryski.*

recouvré dans ses droits par décision judiciaire en 1991, a finalement préféré léguer sa collection à la nation polonaise.

Fleuron incontesté de la collection, la délicate ***Dame à l'hermine*** n'a été authentifiée et attribuée à Léonard de Vinci qu'en 1992 grâce à la découverte de ses empreintes sous la première couche de peinture. Victime des fameuses erreurs d'attribution de la princesse, le tableau avait été recouvert dans son coin supérieur gauche par l'inscription *« La bele feroniere Leonard d'Awinci »* en raison de la ressemblance supposée de la dame avec celle de l'autre tableau de Léonard conservé au Louvre. Cette merveille partage une salle avec un autre « tableau », acquis à Venise en 1807, dont ne subsiste, symboliquement accroché au mur, que le cadre vide ; la toile figurant un probable autoportrait de Raphaël, « empruntée » par les nazis en 1939, n'a jamais été retrouvée depuis lors. Autre pièce maîtresse du musée, le ***Paysage au bon Samaritain*** de Rembrandt détonne au milieu de la salle de peinture hollandaise. Héritage probable de son escale parisienne, la collection est légendée en français.

Musée Stanisław Wyspiański★★ (Muzeum Stanisława Wyspiańskiego) PLAN II A1

Ul. Szczepańska 11 - ✆ 012 422 70 21 - mai-oct. : mar.-sam. 10h-18h, dim. 10h-16h - 8 PLN, gratuit dim ; nov.-avr. : mar.-dim. 10h-15h30 (vend. 18h) - 8 PLN, gratuit jeu. - dernière entrée 30mn av. fermeture.

Récemment implanté dans la maison (17e s.) des Szołayski, ce très agréable musée rassemble œuvres et souvenirs liés au plus fameux artiste Art nouveau polonais, **Stanisław Wyspiański** (1869-1907). Figure incontournable du mouvement Jeune Pologne, version nationale de l'Art nouveau, cet enfant du pays, très attaché à sa ville et à l'histoire nationale, fut un élève de Matejko à l'école des Beaux-Arts. Artiste polyvalent, il fut principalement peintre mais aussi écrivain, dramaturge, photographe et architecte. Son chef-d'œuvre se trouve probablement dans l'église franciscaine sous la forme de somptueux vitraux. Fort bien légendé en anglais, le musée accueille également de belles expositions temporaires au rez-de-chaussée du bâtiment. On appréciera aussi, accrochée dans l'escalier, la belle série de photographies anciennes de Cracovie effectuées par **Ignacy Krieger** (1820-1889).

Musée national de Cracovie (Muzeum Narodowe) PLAN I B1

Al. 3 Maja 1 - ✆ 012 295 55 00 - www.muzeum.krakow.pl - mai-oct. : mar.-jeu. 10h-16h, merc., vend. et sam. 10h-18h, dim. 10h-15h - 18 PLN, gratuit jeu.

Localisée au cœur du nouveau quartier universitaire, cette imposante construction moderne, initiée en 1934, ne fut réellement achevée qu'en 1989. Le bâtiment principal (Gmach Główny) du Musée national renferme la galerie Armes et Couleurs en Pologne, la galerie de l'artisanat artistique, la galerie de l'art polonais du 20e s. et accueille très souvent d'excellentes expositions temporaires. Devant le musée, un imposant monument commémoratif réalisé par le sculpteur Marian Konieczny a été érigé en 1982 à l'occasion du 75e anniversaire de la mort du peintre Stanisław Wyspiański.

Maison de Józef Mehoffer★ (Dom Józefa Mehoffera) PLAN I B1

Ul. Krupnicza 26 - ✆ 012 421 11 43 - mai-oct. : mar., merc. et sam. 10h-19h, jeu.- vend. 10h-16h, dim. 10h-15h ; nov.-avr. : merc., jeu. et w.-end 10h-15h30, vend. 9h-18h - 6 PLN, gratuit dim. en hiver, jeu. en été.

Amateurs de maisons d'artistes, la paisible demeure (et son agréable jardin attenant) parfaitement préservée dans son état d'origine du peintre Józef Mehoffer (1869-1946) devrait vous ravir. Sans être extraordinaire – la plus belle pièce est certainement la chambre japonaise aux murs rouges couverts d'estampes – elle est à l'image de cet artiste décorateur à la réflexion intéressante, qui fut l'ami et le rival de Wyspiański, par ailleurs né en 1869 dans cette maison, qu'il racheta en 1930.

Musée de l'Art et de la Technique japonaise Manggha★★ (Muzeum Sztuki i Techniki Japońskiej Manggha) PLAN III A1

Ul. Konopnickiej 26 - ✆ 012 267 27 03 - www.manggha.krakow.pl - tlj sf lun. 10h-18h - 5 PLN - bar-restaurant 10h-19h (w.-end 20h).

Ce bâtiment futuriste, dont les miroirs extérieurs réfléchissent la perspective du château et de la Vistule, est placé sous l'égide de la fondation Kyoto-Kraków, créée à l'initiative du cinéaste et metteur en scène Andrzej Wajda et de sa femme Krystyna Zachwatowicz. La construction de ce bâtiment, œuvre de l'architecte japonais Arata Isozaki, a été en effet possible grâce à l'affectation à ce projet du prix décerné au cinéaste par la fondation Inamori de Kyoto en 1987. Inauguré en 1994, ce musée a pour vocation de mieux faire connaître la culture japonaise au travers de très belles expositions qui, par roulement, présentent la collection privée de l'écrivain Feliks « Manggha » Jasieński, léguée au Musée national de Cracovie en 1920.

Aux alentours

Zwierzyniec ★★ PLAN I B2

Rejoindre le quartier de Salwator (Saint-Sauveur), au terminus des lignes de tram n° 1, 2 et 6. De là, il reste 1,6 km d'ascension jusqu'au sommet du mont Kościuszko, par ailleurs directement accessible par le (rare) bus n° 100 en partance de la place Matejko.

Cette promenade au vert à l'ouest de Cracovie, à seulement quelques minutes du Rynek, vous permettra de découvrir un des faubourgs les plus agréables de la ville. Faire l'ascension du **mont Kościuszko**, principale attraction de cette balade facile, vous amènera à découvrir un autre aspect de la ville et profiter du meilleur panorama possible sur Cracovie.

Face au terminus des trams, au bord de la Vistule, se dresse l'imposant **couvent des Prémontrés** (Klasztor Norbertanek), fondé au 12e s. et remanié à de nombreuses reprises. C'est d'ici que s'élance chaque année en direction du Rynek, huit jours après la Fête-Dieu, le cortège du Lajkonik, dont la tradition remonte à l'incursion tatare de 1287, et chaque lundi de Pâques s'y déroule une grande foire populaire appelée « Emaus ».

Prendre la direction du tertre par la rue Św. Bronisławy jusqu'à, sur la gauche, l'**église en bois** (17e s.) de **Ste- Marguerite** (Kościół Św. Małgorzaty), autrement dénommée « Gontyna ». De plan octogonal, elle est recouverte de bardeaux de bois et surmontée d'une lanterne. On avait l'habitude d'y enterrer les pestiférés en période d'épidémie.

Un peu plus haut, côté opposé, l'**église du Très-Saint-Sauveur** (Kościół Najświętszego Salwatora) est l'une des plus anciennes de la ville. Construite au 10e s., elle fut détruite lors de l'occupation suédoise et reconstruite au 17e s. Elle abrite une chaire de pierre en forme de calice liée selon la tradition au souvenir de saint Adalbert, qui y prêchait, et une curieuse peinture, un Christ en croix avec un musicien (1605), réalisée par Kasper Kurcz. Juste après, prêtez attention à la résidence lotie de belles maisons Art nouveau.

La rue se prolonge par l'avenue de Washington, bordée sur la gauche par le **cimetière du Saint-Sauveur** (Cmentarz Salwatorski), superbement implanté sur la crête de la colline, qui mène tout droit vers le **tertre de Kościuszko★★** (Kopiec Kościuszki). Élevé à main d'homme entre 1820 et 1823 à la mémoire du leader de l'insurrection nationale de 1794, ce monticule de 80 m de diamètre et 34 m de hauteur domine le sommet de la colline (333 m) appelée « Sikornik ». En 1853, il fut ceinturé par une citadelle militaire en brique construite par les Autrichiens et occupée aujourd'hui par un hôtel et les locaux de la radio privée RMF. L'accès au sommet du tertre *(payant)* s'effectue sur l'arrière par la petite chapelle néogothique de Ste-Bronisława qui abrite une petite exposition à la gloire du patriote et héros national. En contrebas de la colline, vous distinguerez une vaste prairie communément appelée « Błonia » qui accueille les grands rassemblements populaires comme l'ont été les grandes messes papales célébrées par Jean-Paul II lors de ses voyages à Cracovie.

Ceux qui disposeront de temps pourront prolonger l'excursion à pied en direction du vaste domaine forestier de plus de 400 ha dominé par le tertre du maréchal Józef Piłsudski et par l'église des Camaldules du couvent de Bielany.

Tyniec★★ PLAN I A2

Bus n° 112 depuis le Rynek Dębnicki (sur l'autre rive de la Vistule, de l'autre côté du pont du même nom), taxi ou, en été, navettes fluviales amarrées devant Wawel.

Perchée sur un promontoire rocheux surplombant la rive droite de la Vistule à 12 km au sud-ouest de Cracovie, l'**abbaye des Bénédictins de Tyniec** (Opactwo Benedyktynów w Tyńcu) présente toutes les caractéristiques d'une église fortifiée. Venus de France en 1044, des moines bénédictins la fondèrent au début de la seconde moitié du 11e s. D'origine romane (la droite du portail de l'église en témoigne) mais plusieurs fois reconstruit, l'édifice se présente aujourd'hui comme un sanctuaire baroque intégrant des éléments gothiques. Seule l'église, fameuse pour ses concerts d'orgue donnés chaque été, se visite.

À l'intérieur, on remarquera la belle **chaire** baroque en forme de proue de navire, ainsi que le bel **autel** de marbre noir qui contraste avec les statues dorées qui s'y nichent. Mais l'endroit vaut surtout pour le cadre bucolique formé par sa **terrasse-**

La chapelle souterraine de Ste-Kinga dans la mine de sel de Wieliczka.

belvédère★★, depuis laquelle s'inscrit sur fond de paysage verdoyant le cours nonchalant de la Vistule qui s'étire en contrebas. Dans la cour, une structure en bois abrite un large **puits** (1620) qu'entourent de multiples légendes. Enfin, rien ne vous empêche de vous promener le long de la rivière et d'aller contempler l'église depuis l'autre rive d'où, juchée sur son rocher, son aspect photogénique ravira à coup sûr les photographes.

Mine de sel de Wieliczka★★★ (Kopalnia Soli w Wieliczce) PLAN I C2

10 km au sud-est de Cracovie - minibus (bien préférables aux trains) stationnés rue Pawia, non loin de la gare ferroviaire, qui vous laissent à proximité de l'entrée de la mine (pas le terminus) - Ul. Daniłowicza 10 - ✆ 012 278 73 02 - www.kopalnia.pl - avr.-oct. : 7h30-19h30 ; 2 nov.-mars : 8h-17h - fermé 1er janv., dim. de Pâques, 1er nov. et 24, 25 et 31 déc. - 48 PLN - visites guidées (3h) en français juil.-août : 10h15, 12h, 15h15 (64 PLN).

Certains touristes étrangers programment un voyage en Pologne avec pour seul but avoué de visiter Wieliczka (prononcez Viélitchka), cette ville périphérique de Cracovie fameuse pour sa célèbre **mine de sel gemme**, exploitée depuis le 10e s. et inscrite depuis 1978 au patrimoine mondial de l'Unesco. Un incroyable labyrinthe souterrain creusé depuis le milieu du 13e s. à la recherche de ce véritable « or blanc » dont l'exploitation aura constitué depuis des temps reculés une véritable manne pour les finances du royaume polonais.

Une monotone descente par un escalier de 53 volées vous mènera à 64 m de profondeur. Température ambiante permanente de 14° (adaptez vos vêtements). Vous ne visiterez que les trois premiers paliers situés entre 64 et 135 m de profondeur, mais ce gouffre et son dédale de galeries s'étagent sur neuf niveaux. Un sanatorium souterrain, destiné aux malades atteints d'allergies, est enfoui à plus de 211 m, tandis que la galerie la plus profonde avoisine les 327 m. Parmi les près de 300 km existants, une section de tout juste 3 km permet d'arpenter les galeries qui relient les différentes salles entre elles. Au programme, de nombreuses curiosités : des œuvres sculptées, des lacs salins, de profonds puits, mais l'apothéose de la visite est constituée par une vaste salle de plus de 54 m de longueur, la **chapelle Ste-Kinga** (Cunégonde), patronne des mineurs. Un véritable sanctuaire souterrain, éclairé par des lustres en cristal salin et fameux pour ses nombreux bas-reliefs et autels sculptés. Dommage que la visite s'effectue parfois en été au pas de course, les groupes se chassant de salle en salle à un rythme effréné. Parvenu au terme de la visite, le choix de remonter à la surface par l'ascenseur ou de prolonger votre excursion souterraine par la visite de l'intéressant **musée** situé au 3e niveau (on y marche encore longuement) se posera. Outre une collection d'objets liés à l'histoire de la mine et touchant aux techniques d'extraction, on y verra d'incroyables machines élévatoires ainsi qu'une très belle maquette de la ville en 1645.

On pourra compléter la visite de la ville de Wieliczka (Magnum Sal au Moyen Âge) par le **château** (13e s.-19e s.), qui abrite le musée de l'Ancienne Mine de sel, et la charmante église de bois (16e s.) de St-Sébastien, située sur les hauteurs de la ville et décorée d'une belle polychromie dans le style « Nouvelle Pologne ».

Nowa Huta PLAN I C1

10 km à l'est de Cracovie. La place centrale (Plac Centralny) de Nowa Huta est accessible par les trams n° 4, 15 et 22 et les bus n° 502 et 511.

Un séjour prolongé à Cracovie ne saurait être complet sans une courte mais instructive excursion à Nowa Huta. Avec deux ou trois heures devant vous, une promenade à travers ses larges rues vous donnera un bel aperçu de l'architecture sociale-réaliste et une idée du « socialisme réel », tel que les Polonais le vécurent quotidiennement durant les années 1960. Elle vous permettra également de découvrir quelques îlots de vieilles pierres noyés au milieu de cet océan de béton, telle la fameuse église cistercienne du vieux village de Mogiła.

La Nouvelle Fonderie

Tel est le nom évocateur de cette ville nouvelle, décidée par décret par Staline pour servir de modèle urbain communiste, qui fut initiée en 1949 dans la banlieue est de Cracovie. Une décision toute politique visant clairement à punir symboliquement une ville jugée trop intellectuelle, conservatrice, perçue comme un foyer anticommuniste. Présentée comme un cadeau octroyé par la nation soviétique au peuple polonais, cette ville moderne, dédiée au monde ouvrier et tout entière tournée vers l'énorme complexe métallurgique, devait aussi participer à changer la structure sociale de Cracovie, dominée alors par des classes bourgeoises qui venaient en 1949 de répondre majoritairement « non » à un référendum de légitimation populaire. Cette prétention naïve à créer *ex nihilo* une ville parfaite et rivale a permis à la Vieille Ville de Cracovie d'échapper en son cœur aux lubies de l'architecture du réalisme socialiste.

Place Centralny – Ironie des temps nouveaux, cette place centrale, orpheline depuis 1989 de sa statue de Lénine, s'est vu accoler comme deuxième nom celui de Ronald Reagan. De ce terre-plein central au plan semi-octogonal désespérément vide (certains Polonais y déplaceraient volontiers le palais de la Culture de Varsovie) rayonnent désormais les avenues Solidarność, du Général-Anders et de Jean-Paul-II, autant d'anticommunistes notoires, tandis que de part et d'autre s'alignent, toutes interchangeables, de longues unités d'habitation mornes et grises.

Un panonceau placé allée des Roses (Aleja Róż) invite à un itinéraire pédestre pour rejoindre les diverses curiosités du quartier en empruntant les artères les plus caractéristiques. Comparées aux charmantes vieilles rues de Cracovie, ces très larges artères paraîtront *a priori* sinistres, même si la frondaison d'arbres désormais cinquantenaires compense l'austérité des façades. Un bon moyen d'appréhender l'essentiel de la cité peut consister à relier toutes ou certaines de ses curiosités en taxi.

Implanté à l'est, en périphérie immédiate de la cité, au bout de l'avenue Solidarność, le **complexe industriel** s'ouvre par la très sociale-réaliste porte d'entrée de l'aciérie Sędzimir (Huta im. Sędzimira), détenue aujourd'hui par la firme indienne Tycoon Lakshmi Mithal. Au summum de sa production, en 1977, le complexe sidérurgique employait 38 000 ouvriers produisant annuellement 6,7 tonnes d'acier (aujourd'hui, la production s'est stabilisée autour d'un million de tonnes). Toute aussi importante était la pollution générée, qui mettait non seulement en danger la santé de ses habitants mais s'avéra t également très dommageable à celle des vieilles pierres des édifices historiques de Cracovie. Le bâtiment sis sur le côté gauche, dénommé « Palais des Doges » du fait de son attique crénelé ou bien encore « le Vatican », abritait l'administration centrale des ex-aciéries Lénine.

Église de la Ste-Vierge-Reine-de-Pologne « l'Arche »★ (Kościół N.M.P. Królowej Polski « Arka ») PLAN I C1 – *Ul. Obrońców Krzyża 1.* Symbole de la résistance au pouvoir communiste, cette église futuriste, ardemment désirée par les habitants de Nowa Huta, ne fut élevée que dans les années 1970. Son édification, longtemps attendue, a même été à l'origine d'émeutes restées fameuses après que des communistes eurent tenté de mettre à bas une croix dressée par les fidèles. Élevée au cœur même du territoire idéologique ennemi, sur la base d'une pierre de fondation provenant de St-Pierre de Rome et envoyée en 1969 par le pape Paul VI, cette église doit son existence à la farouche volonté de l'archevêque de Cracovie d'alors, un certain Karol Wojtyła. Surnommée « l'Arche du Seigneur », sa silhouette veut évoquer le bateau construit par Noé et échoué au sommet du mont Ararat ; une métaphore à peine voilée de la conviction selon laquelle le christianisme survivrait au communisme.

L'intérieur, traversé par une vive lumière, impressionne par la présence d'un gigantesque Christ en bronze (crucifié mais sans croix) ployé vers ses fidèles telle une voile tendue au vent ; une œuvre très expressive due au sculpteur cracovien Bronisław Chromy. Consacrée en 1977 comme la première église officielle édifiée dans la Pologne de l'après-guerre, cette réalisation de l'architecte Wojciech Pietrzyk allait donner l'impulsion à la construction de nombreuses autres églises polonaises bâties selon des plans parfois audacieux d'architecture postmoderne.

Tertre de Wanda (Kopiec Wandy) **PLAN I C1** – *Ul. Ujastek.* Situé au sud du combinat sidérurgique en direction de Mogiła, le tertre de Wanda doit son nom à l'une des filles du roi Krak, qui préféra se jeter dans les eaux de la Vistule plutôt que d'épouser le prince allemand Rytgier, s'élevant du même coup en symbole de l'indépendance nationale. Élevé probablement au 8e s. à l'endroit supposé de sa tombe, il s'agit d'un des plus anciens monuments existants de Cracovie. Au sommet de ses 14 m a été dressé, au 19e s., un monument en marbre surmonté d'un aigle blanc dessiné par le peintre Jan Matejko. Ce dernier avait acquis non loin de là un manoir où il venait se reposer des vicissitudes de la vie urbaine, aujourd'hui transformé en **musée** *(Ul. Wańkowicza 25 ; lun.-vend. 10h-14h).*

Monastère cistercien de Mogiła★★ (Opactwo Cystersów) – *Ul. Klasztorna 11.* Îlot miraculeux émergeant d'un océan de béton, ce monastère figure parmi les rares vestiges conservés du vieux village de Mogiła. Fondé par l'évêque de Cracovie Iwo Odrowąż qui l'attribua aux cisterciens venus de Silésie en 1222, le monastère reçut le nom de Jasna Mogiła (littéralement « brillante tombe »), du fait de la présence supposée de la sépulture de la princesse Wanda dans les proches environs. Derrière sa façade baroque se dresse l'une des plus vieilles églises gothiques de Pologne. Consacrée en 1266, puis victime d'un incendie, elle fut rebâtie en style gothique en 1447. Dédiée à la Sainte Vierge et à saint Venceslas, les curiosités de la basilique sont concentrées au niveau de son transept. Protégée par une belle grille ornementale du 17e s. et couverte d'ex-voto, la chapelle de la Sainte-Croix (Kaplica Krzyża Świętego), située au bout du transept gauche, abrite la très vénérée croix de Mogiła, miraculeusement sauvée de l'incendie de 1447 et dont l'usage impose aux fidèles de tourner à genoux autour de l'autel qui la supporte. Le transept et le chœur de l'église (ainsi que la bibliothèque du couvent) conservent des fresques de Stanisław Samostrzelnik, un éminent moine peintre de la première moitié du 16e s. Le joli cloître gothique attenant à la droite de l'église recèle également plusieurs belles fresques (dont une fameuse Crucifixion du même Samostrzelnik).

Presque en face du monastère, accessible une fois passé le porche d'une élégante tour-beffroi (1752), se dresse une **église en bois** dédiée à **saint Bartholomé** (Kościół Św. Bartłomieja). Construite en même temps que le monastère pour être destinée à l'ordre séculier, sa forme actuelle date de 1466. De fait, elle est l'une des plus anciennes églises en bois du pays et l'un des rares exemples à trois nefs. Outre des fonts baptismaux des 16e ou 17e s., elle possède des peintures intérieures rococo du 18e s., visibles seulement lors des offices du dimanche.

Excursions

Kalwaria Zebrzydowska

À 32 km au sud-ouest de Cracovie sur la route de Wadowice.

Kalwaria (le Calvaire) est connu dans toute la Pologne comme lieu de **pèlerinage**, le second pour la fréquention après Częstochowa. Il fut fondé au début du 17e s. par le voïvode de Cracovie, Mikołaj Zebrzydowski, qui lui donna son nom.

Près du monastère des Bernardins, construit en 1600, furent érigées dans les collines une quarantaine de chapelles Renaissance et baroques évoquant le Golgotha. Tous les Jeudi et Vendredi saints, le **mystère de la Passion** s'y déroule, joué par les gens de la région.

L'**église**, de style baroque, abrite entre autres une icône de la Vierge qui est très vénérée depuis qu'on l'aurait vue verser des larmes au 17e s.

Wadowice

À 46 km au sud-ouest de Cracovie.

Petite ville industrielle nichée au creux d'un paysage vallonné, Wadowice doit sa notoriété au fait que **Karol Wojtyła** y naquit le 18 mai 1920. Celui qui allait devenir le pape Jean-Paul II y passa son enfance et son adolescence, s'adonnant aux joies de la randonnée (plusieurs sentiers parmi ceux qu'il affectionnait lui sont dédiés) et des sports d'hiver. Sur la place s'élève la basilique de la Présentation-de-la-Vierge où il reçut le baptême. Une rue derrière, on découvre la maison de son enfance.

Maison natale de Jean-Paul II (Dom Rodzinny Jana Pawła II) – *Ul. Kościelna 7 - ☎ 033 823 26 62 - www.domrodzinnyjanapawla.pl - oct.-avr. : tlj sf lun. 9h-12h, 13h-16h ; mai-sept. : tlj sf lun. 9h-13h, 14h-18h - fermé 23 déc.-6 janv., du jeudi au lundi de Pâques, 1er nov. et les matinées des 3 mai, 2 nov. et 11 nov. - gratuit.*

Une foule de pèlerins se presse à longueur d'année et on peut y faire de 30mn à 1h30 de queue. Tous viennent se recueillir dans la maison où Karol Wojtyła vécut avec ses parents et découvrir les photos, documents et objets personnels de Jean-Paul II ainsi que des vêtements portés lors de son pontificat.

Cracovie pratique

Code postal – 30-024 à 31-962.

Adresses utiles

Krakow Tourist Card (Krakowska Karta Turystyczna) – Elle inclut l'entrée dans 32 musées et la gratuité sur tous les transports du réseau MPK ainsi que certaines réductions sur une sélection d'adresses. Informations dans les offices de tourisme, certains hôtels et agences de voyages. *50 PLN/2 j, 65 PLN/3 j - www.krakowcard.com.*

OFFICES DE TOURISME ET AGENCES DE VOYAGES

Points d'informations municipales (Punkt Informacji Miejskiej)

Sept points d'information sont répartis en ville. Financés par la municipalité, ils dispensent chacun, en plus d'informations générales, des renseignements spécifiques. Ils partagent une adresse mail commune : *it@info.krakow.pl.*

Ul. Szpitalna 25 - *☎ 012 432 01 10 - fax 012 432 00 62 - oct.-mai : 9h-17h ; juin-sept. : 9h-19h - www.krakow.pl.* Ce centre municipal d'information touristique IT n'est pas localisé dans la rue proprement dite mais dans un kiosque situé au milieu des Planty, à mi-chemin entre la gare (tout droit après le passage souterrain) et l'amorce de la Vieille Ville (derrière le théâtre Julisz Słowacki).

Ul. Św. Krzyża 1 - *☎ 012 424 96 50 - fax 012 424 96 52 - lun.-vend. 8h30-16h30 - www.biurofestiwalowe.pl.* À consulter pour tout savoir sur les festival se tenant à Cracovie.

Ul. Józefa 7 - *☎ 012 422 04 71 - fax 012 421 77 31 - lun.-vend. 11h-17h.* Ce bureau pourra vous renseigner sur les quartiers de Kazimierz et de Podgórze.

Ul. Św. Jana 2 - *☎ 012 421 77 87 - fax 012 426 21 55 - www.karnet.krakow.pl - tlj sf dim. 10h-18h.* Pour tout savoir sur les activités culturelles de la ville.

Wieża Ratuszowa - *☎ 012 433 73 10 - oct.-mai : 9h-17h ; juin-sept. : 9h-19h.* Ce bureau est situé sur le Rynek, dans la tour de l'hôtel de ville.

Os. Słoneczne 16 (Nowa Huta) - *☎ 012 643 03 03 - mar.-sam. 10h-14h.* Une mine d'informations concernant le quartier industriel de Nowa Huta.

Aéroport Kraków-Balice, Ul. kpt. Medweckiego 1 - *☎ 012 285 53 41- 10h-17h.*

Centre d'informations touristiques de Małopolska (Małopolskie Centrum Informacji Turystycznej) – *Rynek Główny 1/3 (Sukiennice) - ☎ 012 421 77 06 - fax 012 421 30 36 - www.mcit.pl - oct. - mars : lun.-vend. 8h-17h, sam. 8h-14h, dim. 10h-14h ; avr. : 9h-20h ; mai-août : lun.-vend. 8h-20h, sam. 8h-18h, dim. 8h30-16h ; sept. : lun.-vend. 8h-18h, sam. 8h30-16h, dim. 8h30-14h.* Au rez-de-chaussée de la halle aux Draps, face à l'église Notre-Dame, il s'agit du bureau (privé) d'information de la région (voïvodie) Małopolskie, doublé d'une boutique. Bureau de change.

Agences privées Jordan Biuro Podróży (Agence de voyages Jordan) – *Ul. Długa 9 - ☎ 012 421 21 25 - fax 012 422 82 26 - www.jordan.pl - lun.-vend. 9h-18h, sam. 9h-14h.* Cette agence de voyages privée, qui dispose de plusieurs succursales en ville, délivre toutes sortes d'informations touristiques. Elle gère également au même endroit un hôtel d'un honnête rapport qualité-prix *(210 PLN la ch. double)* bien que certaines chambres soient très bruyantes.

Autre annexe Jordan en face de la gare (Centrum Informacji Turystycznej i Zakwaterowania) – *Ul. Pawia 8 - ☎ 012 422 60 91 - fax 012 429 17 69.*

Almatur – *Rynek Główny 27 - ☎ 012 428 45 21 - lun.-vend. 9h-18h, sam. 10h-14h - www.almatur.pl.* Agence de voyages pour étudiants.

Association des guides touristiques de Cracovie – *Ul. Floriańska 19/6a - ☎/fax 012 422 28 51 ; Ul. Zacisze 12/4b - ☎ 012 430 04 37.*

Association éducative Château royal de Cracovie (Bureau des guides) – *Wawel 5 - ☎ 012 422 09 04.*

Bureau de promotion et de vente de la mine de sel de Wieliczka (Biuro Promocji i Sprzedaży Kopalni Soli Wieliczka) – *Ul. Wiślna 12a - ☎ 012 426 20 50 - fax 012 426 20 51 - www.kopalnia.pl - nov.-mars : lun.-vend. 9h-17h ; avr.-oct. : lun.-vend. 8h-19h30, w.-end 9h-19h.*

Jarden Travel Agency – *Ul. Szeroka 2 - ☎ 012 421 71 66 - www.jarden.com.pl - lun.-sam. 9h-18h, dim. 10h-18h.* Cette agence est spécialisée dans la visite du Kazimierz juif. Belle librairie associée (Jarden Bookshop) sur le même sujet.

Bon à savoir – Faciles à trouver, plusieurs petits magazines mensuels gratuits édités en anglais *Welcome to Cracow* et *Kraków : What, Where, When* fournissent des données actualisées sur la ville. Le meilleur du genre reste le bimensuel payant (5 PLN) tout en anglais *Kraków in Your Pocket*, qui intègre une bonne sélection d'adresses.

AUTRES ADRESSES

Banques et change – Les distributeurs d'argent sont nombreux et régulièrement répartis dans la Vieille Ville. Dans la plupart des cas, il est possible de sélectionner une interface en langue française.

Les Kantor (bureaux de change) sont légions au cœur de la Vieille Ville et pratiquent des taux quasi similaires. Le meilleur endroit pour changer des chèques de voyage reste la banque Pekao *(Rynek Główny 31 - lun.-vend. 8h-18h, sam. 10h-14h30)* qui prend une commission raisonnable.

Consulat français – *Ul. Stolarska 15 - ☎ 012 424 53 00 (perm. tlj) ; numéro d'urgence 0602 75 14 11 (portable) - fax 012 424 53 20 - lun.-vend. 9h-16h.* Dans le même bâtiment se trouve aussi l'Institut français de Cracovie *(☎ 012 424 53 50, site en français www.cracovie.org)*, qui organise différentes manifestations francophones, et la bibliothèque française.

Hôpital général – *Urgences : Ul. Łazarza 14 - ☎ 999 ou 422 999.*

Internet – Garinet - *Ul. Floriańska 18 - ☎ 012 423 22 33 - www.garinet.pl - 8h-0h 4 PLN/h.* Au fond d'un passage donnant sur la rue Floriańska.

Internet Cafe – *Rynek Główny 23 - 24h/24 - 1 PLN/15mn, 3 PLN/h.*

Médecins francophones – Dr Ciezarek - *☎ 0501 77 69 16 ;* Dr Topa - *☎ 0606 24 75 04.*

Pharmacies 24h/24 – Apteka - *Ul. Kalwaryjska 94 - ☎ 012 656 18 50 ;* Apteka - *Ul. Wolska 1 - ☎ 012 265 29 70.*

Police – *☎ 997 ;* poste de police - *Rynek Główny 29 - ☎ 012 615 73 17 (24h/24)* ; commissariat principal de la Vieille Ville - *Ul. Szeroka 35 - ☎ 012 615 77 11.*

Pompiers – *☎ 998.*

Poste – Urząd Pocztowy (Poczta Główna) - *Ul. Westerplatte 20 - ☎ 012 422 39 91 - lun.-vend. 7h30-20h30, sam. 8h-14h, dim. 9h-14h.* La poste centrale se trouve en bordure extérieure est des Planty à l'angle des rues Westerplatte et Wielopole. Le courrier en poste restante peut y être adressé et récupéré au guichet n° 1.

Un autre bureau ouvert le sam. jusqu'à 20h se trouve *Ul. Lubicz 4* (devant la gare ferroviaire). Le courrier déposé y est traité 24h/24.

Le bureau situé dans le château de Wawel fonctionne également le w.-end en avr.-oct. 10h-17h (9h-16h oct.-mars).

La plupart des autres bureaux sont ouverts lun.-vend. 8h-19h et le sam. matin jusqu'à 12h, 13h ou 14h.

Presse étrangère – Empik *(Rynek Główny 5)* ; Gare centrale RKP ; Hôtel Cracovia ; Hôtel Francuski ; Hôtel Saski ; Kiosque Ul. Sienna ; Kiosque Tabaka Lulka *(Al. Sławkowska 22)* ; Edukator *(Ul. Św. Jana 15 ; lun.-vend. 10h-18h, sam. 10h-14h ; www.edukator.cc.pl).*

Service d'urgence – *☎ 999 (à partir d'un mobile, faites le 112).*

Transports

Aéroport – L'aéroport international Jean-Paul II de Cracovie-Balice (Międzynarodowy Port Lotniczy im. Jana Pawła II Kraków - Balice) est à 11 km à l'ouest de Cracovie *(32-083 Balice, Ul. Kpt. M. Medweckiego 1 - www.lotnisko-balice.pl - ☎ 012 411 19 55 - info 24h/24).*

De l'aéroport au centre-ville –

En bus : autobus n° 292 (direction Krakowska Szkoła Wyższa). Arrêt près de la gare ferroviaire, rue Lubicz. Environ 3 bus par heure depuis 4h30 jusqu'à 22h30 *(durée 35mn)*. Billet urbain normal. Autre possibilité, le bus n° 208 (moins fréquent) au départ de Nowy Kleparz.

En train : de la gare Kraków Balice (accès en bus depuis l'aéroport) à la Gare centrale Kraków Główny. Départ toutes les 30 mn *(durée 15 mn)*.

En taxi : la course en taxi revient entre 50 et 70 PLN.

Gare ferroviaire – La Gare centrale (Dworzec PKP Kraków Główny) se trouve au nord-est de la Vieille Ville, à 5mn du Rynek. *Pl. Kolejowy - trafic int. (☎ 012 422 22 48), local (☎ 012 422 41 82) - www.pkp.com.pl.* Trains (Intercity) fréquents vers Varsovie *(durée 2h50)*.

Gare routière – La nouvelle gare routière (Dworzec Autobusowy PKS) se trouve derrière la gare ferroviaire *(Ul. Bosacka - ☎ 012 393 52 52 - www.rda.krakow.pl).*

Taxis – Radio Taxi Mega *☎ 012 96 25* ; Taxi Barbakan - *☎ 012 96 61 ;* Express Taxi - *☎ 012 96 21 ;* Radio Taxi - *☎ 12 91 91 ;* Wawel Taxi - *☎ 012 96 66.*

Transports Publics MPK – *☎ 9150 - www.mpk.krakow.pl* - bus et tramway fonctionnent de 5h à 23h. Tickets simples (2,50 PLN) disponibles en kiosques, bureaux indiqués « Sprzedaż Biletów MPK » ou auprès des chauffeurs de bus et tramways (3 PLN dans ce dernier cas). Il existe des tickets valables une heure (3,10 PLN), 24h (10,4 PLN), 48h (18,80 PLN) et 72h (25 PLN).

Voiture – Centre-ville interdit sauf l'accès aux parkings dans la Vieille Ville : *Plac Biskupi (Ul. Powiśle), Ul. Karmelicka.* L'heure de parking coûte entre 3 et 6 PLN.

Location de voitures – Les compagnies Europcar, National, Budget, Avis et Hertz possèdent un guichet à l'aéroport.

Joka – *Ul. Starowiślna 13 (Pałac Pugetów) - ☏ 0 601 54 53 68 - www.joka.com.pl.*

Avis – *Ul. Lubicz 23 - ☏ 012 629 61 08 - www.avis.pl.*

Europcar – *Ul. Szlak 2 - ☏ 012 633 77 73 - www.europcar.com.pl.*

Hertz – *Aéroport Balice - ☏ 012 285 50 84 - www.hertz.com.pl.*

Location de vélos – Eccentric - *Ul. Grodzka 2 - ☏ 012 430 20 34 - www.eccentric.pl - 9h-18h30 ; Ul. Dietla 77 - ☏ 012 422 04 25 - lun.-vend. 9h-18h, sam. 10h-18h.*

Se loger

Avec plus de quatre millions de visiteurs chaque année, Cracovie constitue l'une des premières destinations touristiques d'Europe centrale et s'y loger n'est pas toujours des plus faciles. Aspect agréable, la plupart des adresses sont concentrées dans la Vieille Ville ou dans ses abords immédiats, mais le rapport qualité-prix (par rapport au coût de la vie locale) est loin d'être toujours satisfaisant. Dans les catégories supérieures, si les chambres sont confortables et de bon standing, leur charme est souvent loin d'égaler celui qui émane de la ville.

En été, plusieurs solutions d'hébergements saisonniers se superposent, soit au sein d'auberges pour étudiants, soit dans des résidences universitaires. Les offices de tourisme vous fourniront toutes les informations nécessaires. Une brochure de 2004 intitulée *Sleep Cheap in Cracow* les recense toutes en détail.

CENTRE (PLAN II)

⊖ **Auberge de jeunesse** – *Ul. Oleandry 4 - ☏ 012 633 88 22 - fax 012 633 89 20 - www.smkrakow.pl - 36 PLN/pers. - ☕ 5 PLN.* Avec 330 lits, il s'agit de la plus grande des deux auberges de jeunesse permanentes de la ville (à 2 km de la gare près de l'hôtel Cracovia). L'autre se trouve *Ul. Kościuski 88* dans le quartier de Zwierzyniec et il existe également une dizaine d'hôtels privés pour jeunes.

⊖ **Waweltur** – *Ul. Pawia 8 - ☏ 012 422 19 21 - www.waweltur.com.pl - lun.-vend. 8h-19h, sam. 8h-14h.* Centre d'information touristique et d'hébergement de la ville, cette agence privée située face à la gare se charge de vous dénicher une chambre chez l'habitant *(autour de 107 PLN)* ou un logement indépendant équipé avec cuisine *(140 à 180 PLN selon l'emplacement dans la ville)*, mais assure-t-on, jamais à plus de 15mn à pied du Rynek. Bureau de change.

⊖⊖ **Dom Polonii** – *Rynek Główny 14 - ☏ 012 422 61 58 - fax 012 431 03 22 - www.wspolnota-polska.krakow.pl - 3 ch. 235 PLN - ☕ 18 PLN.* On trouvera difficilement plus central que cette adresse : un appartement situé au 3e et dernier étage (pas d'ascenseur) d'une belle bâtisse et doté de seulement trois chambres dont deux donnent sur la place du Rynek. Deux doubles et un appartement de quatre lits avec cuisine très convoités qui imposent une réservation très à l'avance.

⊖⊖ **SHERP Guest Rooms** – *Ul. Sławkowska 23 - ☏ 012 429 17 78 - www.sherp.com.pl - 5 ch. 180/200 PLN - ☕ 15 PLN.* Pas vraiment un hôtel mais une pension (certaines choses y vont moins de soi : un lit fait et des serviettes à disposition !) bien située et gérée par une association d'architectes polonais. Dans les étages supérieurs d'une belle maison historique, d'anciens appartements réunissant des chambres groupées par deux autour d'une sdb commune et d'une cuisine.

⊖⊖ **Travellers Inn** – *Pl. Na Groblach 8/1 - ☏ 012 429 47 23 - www.travellersinn.pl/ - 5 ch. 130 PLN ☕.* À l'extérieur des Planty mais à 5mn à pied du Wavel, cette auberge offre des chambres propres au confort modeste. Et même si les douches et WC sont sur le palier, l'endroit présente un rapport confort-prix-situation des plus intéressants.

⊖⊖⊖ **Hotel Europejski** – *Ul. Lubicz 5 - ☏ 012 423 25 10 - fax 012 423 25 29 - www.he.pl - P - 49 ch. 99 € ☕.* Cet immense hôtel fin de siècle qui se dresse sur la gauche en sortant de la gare ferroviaire s'efforce tant bien que mal à cacher ses 120 ans passés d'existence. D'interminables couloirs desservent des chambres standardisées (plus tranquilles sur l'arrière) mais aussi des chambres sans sdb à prix plus raisonnable. Cour intérieure transformée en jardin d'été.

⊖⊖⊖ **Hotel Pollera** – *Ul. Szpitalna 30 - ☏ 012 422 10 44 - ☏/fax 012 422 13 89 - www.pollera.com.pl - P - 42 ch. 360 PLN ☕.* Proche du théâtre Słowacki et face à la maison sous la Croix, l'hôtel fondé en 1834 par Kasper Poller aime à rappeler qu'il est l'un des plus anciens de Cracovie. Renonçant manifestement à retrouver sa splendeur passée, il ne semble pas pour autant décidé à gommer complètement le poids des années, persistant à entretenir une atmosphère passablement surannée. Les vitraux dans l'escalier sont signés Wyspiański. Restaurant digne d'une salle de bal.

⊖⊖⊖ **Hotel Polski Pod Białym Orłem** – *Ul. Pijarska 17 - ☏/fax 012 422 11 44 - www.podorlem.com.pl - P - 54 ch. 355 PLN ☕.* Établi près de la porte Saint-Florian dans trois maisons anciennes et recouvrées récemment par leurs anciens propriétaires, la famille ducale Czartoryski, qui les avait acquises en 1913, l'hôtel de l'Aigle Blanc jouxte le palais-musée du même nom. Parties communes plus jolies que les chambres, un peu chères et cependant plutôt ordinaires.

⊜⊜⊜ **Hotel Saski** – *Ul. Sławkowska 3 - ✆ 012 421 42 22 - fax 012 421 48 30 - www.hotelsaski.com.pl - 62 ch. 390 PLN ☕.* On pourra préférer à la nature des chambres tout ce que cet hôtel distille d'atmosphère Belle Époque, la présence d'un portier en casquette, un beau hall nanti d'un antique ascenseur toujours en service et une ribambelle de longs couloirs. Si le rapport qualité-prix n'est plus celui d'il y a quelques années (on pourra toujours se rabattre sur les chambres sans sdb à 290 PLN), l'atmosphère surannée, quant à elle, persiste.

⊜⊜⊜ **Hotel Wawel-Tourist** – *Ul. Poselska 22 - ✆ 012 424 13 00 - fax 012 424 13 33 - www.wawel-tourist.pl - P - 40 ch. 440 PLN.* Dans une rue tranquille au sud-est du Rynek. De l'Hôtel National, qui succéda au milieu du 19e s. jusqu'au début du 20e s. à l'auberge à l'Œil Noir, il subsiste fort peu d'éléments originaux de style Sécession dans cet hôtel, partiellement rénové en 1995 dans un style néo-Art nouveau contemporain. Au choix, des chambres au goût rétro, et d'autres, plus modernes mais plus chères, situées dans la partie nouvelle construite sur l'arrière.

⊜⊜⊜ **Hotel Wit Stwosz** – *Ul. Mikołajska 28 - ✆ 012 429 60 26 - fax 012 429 61 39 - www.wit-stwosz.com.pl - P - 17 ch. 370 PLN - ☕ 27 PLN.* Propriété de l'église Mariacki, cette maison du 16e s., située dans une rue calme à l'est du Mały Rynek, offre un cadre raffiné à des chambres confortables et élégantes. Les chambres du 4e étage, un peu plus petites, sont également un peu moins chères.

⊜⊜⊜⊜ **Hotel Copernicus** – *Ul. Kanonicza 16 - ✆ 012 424 34 00 - fax 012 424 34 05 - www.hotel.com.pl - 29 ch. 900 PLN ☕.* Ce luxueux établissement, sis derrière une austère façade gothique dans la plus vieille rue de Cracovie, est sans doute l'un des plus agréables que compte la ville. Une jolie cour-atrium est parcourue par des galeries de bois qui desservent les chambres. Le must : une piscine dans les vieilles caves voûtées gothiques. Bar-terrasse sur le toit doté d'une belle vue sur le château.

⊜⊜⊜⊜ **Hotel Francuski** – *Ul. Pijarska 13 - ✆ 012 627 37 77 - fax 012 627 37 00 - www.orbisonline.pl - P - 42 ch. 680 PLN ☕.* Fleuron de la chaîne Orbis, cet hôtel était à sa fondation en 1912 l'un des plus luxueux hôtels d'Europe. Totalement réadapté en 1991 aux standards modernes du confort, l'Hôtel Français n'en a pas perdu pour autant son atmosphère de palace Belle Époque.

KAZIMIERZ (PLAN III)

⊜⊜ **Kolory** – *Ul. Estery 10 - ✆ 012 421 04 65 - www.kolory.com.pl - 13 ch. 140 PLN ☕.* Au cœur du Kazimierz branché, cette pension dissimule sa réception au fond d'une boutique d'art naïf. Elle tire sans doute son nom, « les couleurs », des figurines en bois et des tableaux chatoyants qui sont vendus ici et que l'on retrouve jusque dans les chambres accueillantes et bien tenues. Un bel endroit animé par une équipe très impliquée dans la vie et la défense du quartier. Les propriétaires sont francophones.

⊜⊜ **Stajnia** – *Ul. Józefa 12 - ✆ 012 423 72 02 - www.pubstajnia.pl - 9 ch. 140 PLN.* Cinq chambres vastes et voûtées s'ouvrent dans le passage le plus emblématique du quartier (Spielberg y a tourné quelques scènes de *La Liste de Schindler*). Quatre autres sont situées à l'étage *(100 PLN, WC extérieur).* Un parfum du Kazimierz d'avant guerre.

⊜⊜⊜ **Klezmer-Hois** – *Ul. Szeroka 6 - ✆/fax 012 411 12 45 - www.klezmer.pl - 10 ch. 320 PLN ☕.* À la fois hôtel, restaurant, galerie et lieu de concert, la « maison Klezmer » occupe d'anciens bains rituels juifs *mikveh* dans une belle bâtisse située au coin de la large rue Szeroka. De belles chambres spacieuses d'où il émane une agréable atmosphère des années 1930. Le restaurant est tout indiqué et la terrasse très tranquille.

Se restaurer

Les rues de la Vieille Ville et des faubourgs regorgent d'adresses en tout genre toutes plus attirantes les unes que les autres. La plupart pratiquent des tarifs relativement similaires et plutôt abordables. Une bonne façon d'équilibrer son budget consiste à fréquenter au déjeuner les quelques cantines populaires qui subsistent encore, des bars à lait qui feraient la faillite de la restauration traditionnelle s'ils ne fermaient si tôt (avant 20h). Pour un prix modique, avoisinant les 10-20 PLN, vous vous sustenterez – entouré de Polonais – d'une soupe ou d'une entrée, d'un plat copieux et d'un traditionnel sirop de fruits.

CENTRE (PLAN II)

⊜ **Bar Grodzki** – *Ul. Grodzka 47 - ✆ 012 422 68 07 - lun.-sam. 9h-19h, dim. 10h-19h - ⊭ - 20 PLN.* Légèrement plus sélect que son concurrent de la même rue, ce bar à lait – encore dénommé localement *jadłodajnia* (restaurants de menus du jour) – est une valeur sûre du quartier. Menu au mur en anglais. Solide cuisine traditionnelle polonaise, dont les *placki* (galettes de pommes de terre recouvertes de goulash ou de champignons) sont particulièrement vantés.

⊜ **Bar Kuchcik** – *Ul. Jagiellońska 12 - ✆ 012 422 26 07 - ⊭ - lun.-vend. 10h-18h, sam. 10h-16h - 12 PLN.* Proche du Collegium Maius de l'université Jagellone, une salle blanche toute simple et sans prétention qui présente le non négligeable avantage, pour un bar à lait, d'avoir un menu en français (demandez-le). Et c'est excellent comme le suggère le logo de la maison. On peut tout aussi bien y prendre le petit-déjeuner.

Bar Mleczny Restauracja Pod Temidą – *Ul. Grodzka 43 - - 9h-20h - 10 PLN.* Le bar à lait en self-service sans doute le plus couru de la ville, notamment par les étudiants de l Institut d'histoire de l'art et du département de droit de l'université Jagellonne toute proche. Pour un repas comprenant une salade, un plat et un sirop de fruits, pas facile de s'en tirer pour plus de 10 PLN.

Chimera – *Ul. Św. Anny 3 - 012 423 21 78 - 10h-23h - 20 PLN.* Sous la grande verrière ou dans les salles voûtées du sous-sol, on déguste ici sur le pouce de délicieuses salades *(10-14 PLN)* ou de petits menus complets avec porc rôti ou saumon grillé *(24 PLN)*. Très prisé par les étudiants et les végétariens.

Jadłodajnia U Pani Stasi – *Ul. Mikołajska 18 - 012 421 50 84 - lun.-vend. 12h30-17h - fermé en juil. - -20 PLN.* Sur le côté nord du Mały Rynek, au fond de la cour (accessible par le passage contigu à la pizzeria Cyclope) de la maison « Pod Trzema Lipami ». Ce très authentique lieu de restauration cracovien occupe une petite salle au plafond voûté où, à l'heure du déjeuner, les habitués se succèdent à un rythme soutenu. On s'assied avant de commander et on paye en sortant. Carte en anglais, moins exhaustive que l'énumeration orale des plats du jour. Les *pierogi* sont à l'honneur, à accompagner d'un traditionnel verre de sirop de fruits. Service rapide (une fois la queue passée) et cuisine de grande fraîcheur.

Kuchnia Staropolska U Babci Maliny – *Ul. Sławkowska 17 - 012 422 76 01 - lun.-vend. 11h-19h, w.-end 12h-19h - 15 PLN.* Un bar à lait qui décroche le pompon en matière de décoration. De fausses fenêtres munies de volets tournés vers l'intérieur et le tour est joué : la sensation de vous trouver en terrasse alors que vous êtes enterré dans les caves de l'Académie polonaise des arts et sciences. Se fier à son instinct ou se laisser convaincre par les plats du jour qui ne satisfont pas les estomacs des seuls intellectuels : travailleurs, ouvriers, étudiants et retraités s'y succèdent tambour battant. Entrer, prendre le couloir jusqu'à la porte en verre puis en bas de l'escalier C.

Restauracja Balaton – *Ul. Grodzka 37 - 012 422 04 69 - 12h-22h - 30 PLN.* Un restaurant de spécialités gastronomiques magyares revisitées à la sauce polonaise. Instituée depuis 1969, cette vitrine gastronomique (qui fait référence au grand lac hongrois du même nom) fait toujours figure de valeur sûre. Au menu, des portions plus que copieuses, un service un peu rustre mais redoutablement efficace. Pas cher et roboratif. L'occasion aussi de délaisser la bière polonaise au profit du vin hongrois.

Restauracja Smak Ukraiński – *Ul. Kanonicza 15 - 012 421 92 94 - 12h-21h30 - 30 PLN.* Placé sous l'égide de la fondation Włodzimierza (Vladimir) contiguë, ce restaurant, installé dans deux belles petites caves sobrement décorées, entend faire la part belle à la cuisine ukrainienne. Ne pas manquer d'y boire un verre de *bras*, un curieux breuvage élaboré à partir de pain trempé qui vous rappellera étrangement le goût d'une trop fameuse boisson états-unienne. En été, on peut profiter d'une agréable terrasse intérieure. Dommage que le service soit d'une inefficacité patente. Autre bémol, on y dîne tôt !

Różowy Słoń – *Ul. Straszewskiego 23 - - lun.-sam. 9h-20h, dim. 11h-20h - 20 PLN.* Face au Collegium Novum de l'université Jagellonne mais de l'autre côté de la ceinture verte des Planty, l'Éléphant Rose est aux antipodes des traditionnels autres bars à lait. Une version « salad bar bistro » peu banale avec ses dessins tirés de comics américains qui recouvrent intégralement les murs.

Gospoda C. K. Dezerter – *Ul. Bracka 6 - 012 422 79 31 - lun.-vend. 11h-23h, w.-end 10h-0h - 50 PLN.* Pour une fois, pas question de descendre dans une cave, mais de pénétrer de plain-pied dans une longue enfilade de trois salles aux murs jaune paille décorés selon une thématique soldatesque d'inspiration austro-hongroise. À la batterie militaire et aux photos jaunies de casernes s'ajoute une batterie de cuisine. Des ustensiles plus modernes servent aujourd'hui à confectionner une cuisine traditionnelle galicienne plutôt bon marché.

Music Club & Restaurant Kryjówka – *Ul. Sławkowska 11 - 012 431 27 19 - 12h-2h - 40 PLN.* Pas question de haute gastronomie dans cette belle cave voûtée aux grandes tables en bois accolées où l'on fait table commune avec des inconnus : ici, on écoute de la musique (pas avant 21h30/22h) en dînant plutôt que le contraire.

Restauracja Morskie Oko – *Pl. Szczepański 8 - 012 431 24 23 - 12h-23h - 40 PLN.* Depuis la rue, vous avez l'impression que « l'Œil de la Mer » (un lac des Tatras) est dépourvu du moindre client. Tout se passe au sous-sol, dans une douzaine de caves voûtées alignées, où de longues tables rustiques accueillent les nombreux hôtes. Le tout aux couleurs et aux saveurs des montagnes des Tatras. Bon à savoir dans un sens comme dans l'autre, les dim. et lun., il n'y a pas de musique traditionnelle live.

Restauracja Orient Ekspress – *Ul. Stolarska 13 - 012 422 66 72 - 12h-23h - 65 PLN.* Montez à bord du train mythique le temps d'un repas dans ce restaurant désigné en 2004 par le magazine *Newsweek Polska* comme le meilleur de la ville, toutes catégories confondues. On préférera prendre place dans l'un des cinq compartiments du wagon (réservation recommandée) plutôt que dans la salle d'attente située à droite. Le voyage gastronomique entrepris à travers la cuisine européenne du trajet Paris-Istanbul s'avère excellent et finalement pas aussi dispendieux que redouté. Terrasse dans la cour intérieure.

Wiśniowy Sad – *Ul. Grodzka 33 - ✆ 012 430 21 11 - lun.-vend. 9h-22h, w.-end 10h-0h - 50 PLN.* Le plus mélancolique des cafés cracoviens, pour tout dire un café-restaurant russe, imprégné d'une indéniable nostalgie. Une pièce unique où de petits riens, des napperons, un samovar, un piano, un miroir, une vieille colonne encastrée dans le mur et un fond musical parfaitement adéquat, suffisent à recréer une ambiance digne de Tchekhov. Guère étonnant lorsque l'on sait que la traduction du nom du lieu évoque « la Cerisaie ». Salle non-fumeurs

Restauracja Pod Aniołami – *Ul. Grodzka 35 - ✆ 012 421 39 99 - 13h-22h - 90 PLN.* Le restaurant « Sous les Anges » est situé sur la Voie Royale dans un bâtiment du 13e s. qui fut durant 300 ans la résidence d'orfèvres qui y avaient également leurs ateliers. De belles petites caves mariant pierres et briques au joli mobilier rustique de bois clair sont préférables à la cour-jardin pourtant dotée d'une fontaine murale en mosaïque. Une armada de serveurs au service d'une cuisine traditionnelle polonaise plutôt raffinée mais aussi plus onéreuse qu'ailleurs.

KAZIMIERZ (PLAN III)

Bagelmama – *Ul. Podbrzezie 2 - ✆ 012 431 19 42 - - mar.-sam. 10h-21h, dim. 10h-19h - 10 PLN.* Minuscule boutique préparant d'excellents *bagels* garnis au choix de thon, salade, saumon, ail, fromage frais. À déguster sur place ou, considérant le nombre très restreint de places, à emporter.

Pierożki U Vincenta – *Ul. Józefa 11 - ✆ 012 430 68 34 - 12h-20h - 10 PLN.* Aux couleurs de Van Gogh, ce restaurant n'est guère plus grand que le précédent. On y prépare plus d'une trentaine de sortes de *pierogi* différents vendus à la dizaine.

Alef – *Ul. Szeroka 17/18 - ✆ 012 421 79 20 - 10h-0h - 60 PLN.* Établi dans deux bâtiments, une aile abritant une galerie d'art privée, l'autre, symétrique, un café et un restaurant, où se donnent des concerts de musique klezmer tous les soirs à partir de 20h *(avec supplément).* Bonne cuisine juive plus que copieuse.

Chłopskie Jadło – *Ul. Agnieszki 1 - ✆ 012 421 85 20 - 12h-23h - 60 PLN.* Architecture intérieure de bois et de terre pour évoquer une auberge de montagne des Tatras. Plus qu'un restaurant, c'est une véritable chaîne prônant paradoxalement l'authenticité de la cuisine rurale des montagnes. Une institution gastronomique toujours pleine de grandes tablées touristiques qui réunit désormais neuf enseignes dans le pays dont deux autres au centre de Cracovie, rues Grodzka et Św. Jana. Portions pantagruéliques, accompagnement musical omniprésent, et un service un peu dépassé et pas toujours des plus attentifs.

Once Upon a time in Kazimierz – *Ul. Szeroka 1 - ✆ 012 421 12 17 - 10h-0h - 35 PLN.* On pourra légitimement se montrer un peu hésitant avant de pénétrer dans ce qui apparaît être quatre vieilles échoppes juives du Cracovie d'avant guerre, chacune avec une enseigne au nom de son propriétaire. À l'intérieur, les pseudo-boutiques réunies, celles d'un commerce général, d'un menuisier, d'un tailleur et d'un épicier, forment une salle de restaurant à l'atmosphère prétendument typique du Kazimierz d'autrefois. De fait, évidemment touristique mais finalement pas si désagréable que cela. Des plats traditionnels juifs, comme l'excellent *czulent* et la « fameuse » carpe farcie.

B. Brillion / MICHELIN

Restaurant Once Upon a time in Kazimierz.

Faire une pause

Bunkier Cafe – *Pl. Szczepański 3a - ✆ 012 431 05 85 - 9h-2h.* Aux beaux jours, le béton du Bunker des Arts *(Bunkier Sztuki)* ouvre sa serre qui forme un agréable poste d'observation urbaine sur la verte ceinture des Planty et ceux qui y défilent. Étonnant café tout bleu à l'intérieur de la galerie *(entrée payante).*

Loch Camelot – *Ul. Św. Tomasza 17 - ✆ 012 421 01 23 - 9h-0h.* Volontiers bohème, ce joli café, qui tente de perpétuer l'esprit du cabaret dans ses caves, vaut surtout pour sa grande et plaisante terrasse située en renfoncement sur le côté de la petite église St-Jean, dont le décrochement par rapport à l'axe de la rue crée une belle perspective. Thé ou café, mais on pourra également s'y sustenter de salades et de délicieux crumbles *(szarlotka).* Retenez que *Le Monde* y est en libre lecture.

Café Larousse – *Ul. Św. Tomasza 22 - ✆ 012 411 12 45 - lun.-sam. 9h-21h, dim. 10h-21h.* Un minuscule café de seulement quatre tables, aux murs tapissés de planches jaunies arrachées au célèbre dictionnaire illustré. La gentille patronne ne connaît pas le français pour autant. Bon café accompagné de petites meringues maison *(5 PLN).*

Kawiarnia Jama Michalika – *Ul. Floriańska 45 - ✆ 012 422 15 61 - 9h-23h.* Sans doute le plus célèbre café de la ville, si ce n'est de Pologne. Un intimidant café à honorer cependant comme un véritable musée tant ses murs sont surchargés d'œuvres d'art. Des salles voûtées enfoncées dans une pénombre qui rendent l'atmosphère intérieure insoupçonnable depuis la rue. Vestiaire obligatoire. Non fumeur.

Kawiarnia Noworolski – *Rynek Główny 1 - ✆ 012 422 47 71 - 9h-0h.* Un des élégants cafés historiques de la ville ouvert depuis 1910 au rez-de-chaussée de la halle aux Draps, côté église St-Adalbert. On prendra place dans l'un des salons intérieurs restaurés Art nouveau – où certaines Cracoviennes semblent avoir leurs habitudes – ou bien en terrasse pour profiter aux premières loges de l'animation du Rynek.

Nowa Prowincja – *Ul. Bracka 3/5 - ✆ 0693 77 00 79 - 9h30-0h.* Dans une ambiance très « arty-délabrée », on croise étudiants en lettres volubiles et intellectuels discutant avec des airs de conspirateurs. Derrière les rideaux et les meubles du fond de la grande salle s'en dissimule une autre à l'atmosphère plus intime.

Restauracja U Literatów – *Ul. Kanonicza 7 - ✆ 012 421 86 66 - 10h-22h.* Dans la rue la plus aristocratique et cléricale de la ville, derrière deux magnifiques portes anciennes, se cache l'un des plus bucoliques cafés cracoviens. On appréciera particulièrement sa charmante cour, moitié pavée, moitié jardin (en oubliant le mobilier en plastique qui n'a que le mérite d'être vert nature), totalement affranchie de la ville. L'établissement possède également un restaurant.

Sklep z Kawą « Pożegnanie z Afryką » – *Ul. Św. Tomasza 21 - ✆ 012 644 47 45 - 10h-22h.* Un beau café consacré depuis 1996 exclusivement… au café. Devant un alignement de petits brûleurs, on assiste à la confection (à l'eau de source !) du divin breuvage. Un décor de vieilles cartes postales et, cela va de soit, de vieilles cafetières et anciens moulins. Dans les renfoncements du lieu, une boutique dédiée au noir nectar.

En soirée

CENTRE (PLAN II)

Bastylia – *Ul. Stolarska 3 - ✆ 012 431 02 21 - dim.-mar. 15h-1h, mer-sam. 15h-3h.* L'illusion est parfaite, pourtant cette prison modèle des mieux fréquentées n'a

R. Mattès / MICHELIN

L'atmosphère chaleureuse du café Les Couleurs.

jamais accueilli le moindre prisonnier mais sort de l'imagination d'un décorateur. Comme le rôle dévolu aux clients est celui de maton, jetez donc un œil par le judas à l'intérieur des cellules. Resto-barbecue abordable au rez-de-chaussée.

Café Pauza – *Ul. Floriańska 18 - lun.-sam. 10h-0h, dim. 12h-0h.* Pas question pour une fois de s'enterrer dans une cave mais de gravir l'escalier du Paradise (regardez, c'est écrit !) pour rejoindre à l'étage le bar le plus branché du moment, où se retrouvent notamment tout ce que la ville compte d'expatriés.

CK Browar – *Ul. Podwale 6-7 - ✆ 012 429 25 05 - 9h-dernier client.* Les amateurs de bière ne sauraient manquer les larges caves de ce « royal et impérial » (CK) brasseur où quatre sortes de *piwo* fabriquées maison sont proposées, blondes ou brunes, de 11,5 à 14,5°. L'établissement, très apprécié des jeunes Cracoviens qui s'y retrouvent nombreux depuis son ouverture en 1996, fait aussi restaurant *(jusqu'à 22h).*

Pub Pod Strzechą – *Ul. Pędzichów 3 - 14h-4h.* Légèrement excentrée et sans enseigne extérieure, une cave aux murs de torchis façon cases africaines garantie presque sans touristes. Musiques noires, notamment reggae, à l'honneur.

KAZIMIERZ (PLAN III)

Alchemia – *Plac Nowy - ✆ 012 428 47 80 - 10h-4h.* Atmosphère insolite dans cette enfilade de quatre pièces, toutes plus mystérieuses et ténébreuses les unes que les autres (mention spéciale tout de même pour la dernière qui évoque une cuisine désaffectée d'un autre âge). Mystérieux en diable, l'endroit, où l'électricité semble bannie et la modernité absente, est seulement éclairé à la bougie.

Café Singer – *Ul. Estery 20 - ✆ 012 292 06 22 - 9h-3h.* Ni bar à karaoké, ni hommage au célèbre écrivain de langue yiddish, ce café fait la part belle aux fameuses machines à coudre d'origine américaine munies d'une tablette pour recevoir le tissu, aptes aujourd'hui à recevoir les verres.

Les Couleurs Café – *Ul. Estery 10 - ✆ 012 429 42 70 - lun.-vend. 7h-0h, sam. 7h-2h, dim. 8h-2h.* Bleu-blanc-rouge, telles sont les couleurs à l'honneur dans ce bar où, c'est le moins que l'on puisse dire, vous ne risquerez pas de vous trouver dépaysé, tant tout est là scrupuleusement accumulé pour évoquer l'Hexagone. Y compris *Le Canard enchaîné* et *Paris Match* pour lutter contre le mal du pays.

Achats

Austeria Bookshop – *Ul. Józefa 38 - ✆ 012 430 68 89 - 9h-19h.* Située sous la Haute Synagogue, cette librairie est spécialisée dans la littérature et l'histoire juives avec quelques titres en français. Sélection de disques de musique klezmer.

Galeria Plakatu Kraków – *Ul. Stolarska 8/10 - ✆ 012 421 26 40 - www.postergallery.art.pl - lun.-vend. 11h-18h, sam. 11h-14h.* L'affiche polonaise n'a pas encore à Cracovie le musée qu'elle mériterait, mais une galerie entièrement consacrée à cet art dans lequel les Polonais excellent.

Pijalnia Czekolady Wedla – *Rynek Głowny 46 - ✆ 012 429 40 85 - www.wedelpijalnie.pl - 9h-0h.* La boutique du célèbre chocolatier polonais propose un grand choix de chocolats, biscuits et autres délicieuses douceurs, à découvrir aussi confortablement installé sous la verrière design du salon de thé.

Les amateurs d'**artisanat** déambuleront au milieu des échoppes situées dans la travée centrale de la halle aux Draps.

Les **brocantes** vous intéressent ? Flânez à Kazimierz dans les boutiques de la rue Józefa où vous trouverez bibelots et vêtements. Tous les jours mais surtout le week-end, les stands situés Plac Nowy dans le même quartier se couvrent de vieux appareils photos, de médailles ou d'antiques cartes postales. Surveillez aussi les magasins portant le nom générique de Komis que l'on trouve un peu partout en ville. Hérités de la période communiste au cours de laquelle les habitants mettaient leurs biens en gage, on y trouve de tout : électro-ménager, « vintage », linge, meubles anciens. N'oubliez pas cependant la réglementation concernant l'exportation des antiquités *(voir p. 34)*.

Ne quittez pas la ville sans avoir goûté un **obwarzanek**, un bretzel de forme annulaire parsemé de différentes sortes de graines, vendu dans la rue par des marchands ambulants.

Événements

Foire de Pâques – Sur le Rynek et à Zwierzyniec (foire d'Emaus), le lundi de Pâques.

Mars – Festivités de la Rękawka, près du mont de Krakus.

Avril – Festival international « Jazz à Cracovie ».

Mai – Festival du film de Cracovie - Fête du Dragon de Wawel.

Juin – Fête de la ville (5 juin) - Cortège du Lajkonik - Festival de la culture juive - Festival international de courts métrages.

Juillet – Festival international de théâtres de rue - Festival de musique traditionnelle Rozstaje - Festival d'été de jazz.

Septembre-mi-octobre – Mois de la culture juive.

Octobre – Festival international de musique ancienne.

Novembre – Cracovie en Jazz pour la Toussaint.

Décembre – Concours de crèches de Noël *(szopki)*.

Camp d'Auschwitz★★★

Oświęcim

CARTE GÉNÉRALE C4 – CARTE MICHELIN N° 720 I10 – VOÏVODIE DE PETITE-POLOGNE

Rien ne destinait la petite ville provinciale d'Oświęcim à devenir – incorporée par les nazis à leur IIIe Reich sous le nom allemand d'Auschwitz qu'elle porta l'espace de six ans – à jamais synonyme de la barbarie nazie et symbole de l'Holocauste. Deux syllabes évocatrices du site du plus important meurtre de masse jamais perpétré dans l'histoire de l'humanité. Davantage mémorial que musée, Auschwitz est aujourd'hui, avec plus de 500 000 visiteurs chaque année et plus de 30 millions depuis sa création le 14 juin 1947, l'un des lieux les plus fréquentés de Pologne.

Se repérer – À 60 km à l'ouest de Cracovie (une heure en voiture). Pour s'y rendre par les transports en commun depuis Cracovie, il est préférable d'emprunter le bus régional (ligne n° 6 - 9 PLN) devant la Gare centrale que de prendre le train qui vous laisse à quelques km du site. Le trajet dure 1h30.

Organiser son temps – Les deux camps d'Auschwitz et de Birkenau sont distants l'un de l'autre de 3 km et constituent un seul musée. Pour mieux en saisir tous les aspects, il est nécessaire d'enchaîner la visite des deux sites. Comptez (selon la période d'ouverture) une bonne demi-journée en commençant par la visite du camp d'Auschwitz I, beaucoup plus longue. Celle de Birkenau, dénuée d'exposition, sera plus rapide.

Avec les enfants – Parce qu'il s'agit d'un mémorial et *a fortiori* d'un immense cimetière et non d'une simple curiosité touristique, l'émotion engendrée par une visite des camps est forte et souvent éprouvante. Souvenez-vous-en si vous comptez vous y rendre accompagné d'enfants. La visite est officiellement déconseillée aux enfants de moins de 13 ans, et il n'est pas superflu de bien préparer ceux qui sont à peine plus âgés à ce qu'ils vont voir.

Comprendre

Un vaste cimetière sans tombes – En effectuant la visite de ce qui fut le plus grand camp de concentration nazi et qui reste également le plus grand cimetière de l'histoire de l'humanité, la question se pose et reste sans réponse : comment la plus grande entreprise jamais planifiée d'extermination humaine de l'histoire de l'humanité a-t-elle pu voir le jour ? Suivie par celle qui se pose aujourd'hui avec le plus d'insistance : soixante ans après les faits, comment continuer à en témoigner ? Parallèlement au travail des historiens, le témoignage des survivants, de moins en moins nombreux, doit être relayé par de nouvelles générations contraintes à entretenir un devoir de mémoire et à répéter inlassablement certains faits et certains chiffres propres à ce lieu de sinistre mémoire.

Aujourd'hui, la plupart des historiens s'accordent pour estimer qu'entre 1940 et 1945, les nazis ont déporté (au minimum) vers Auschwitz environ 1 100 000 Juifs, 150 000 Polonais, 23 000 Tsiganes, 15 000 prisonniers de guerre russes et 25 000 ressortissants d'autres nations, pour un total de 28 nationalités différentes. La liste des pays d'origine des Juifs est longue, mais les Juifs hongrois estimés à 438 000 forment le plus gros contingent, suivis des Juifs polonais et des Juifs français. Environ 900 000 Juifs, soit environ 70 à 75 % des Juifs déportés, ne furent jamais enregistrés mais, aussitôt descendus des trains de la mort, conduits à la chambre à gaz. Seuls 400 000 prisonniers furent enregistrés (dont 200 000 Juifs) et 60 000 demeuraient encore en vie à la fin de la guerre. À l'approche de l'armée soviétique, les prisonniers encore capables de marcher furent évacués dans les « Marches de la Mort » vers l'intérieur du Reich. Lorsque, le 27 janvier 1945, les soldats de l'armée Rouge libérèrent le camp, ils ne trouvèrent qu'environ 7 000 survivants dont près de 300 enfants, dans un état d'affaiblissement extrême.

Soixante ans plus tard, le 27 janvier 2005, de nombreux chefs d'État et de gouvernement s'y sont retrouvés en compagnie des derniers survivants pour une commémoration. Chaque année depuis 1988 se déroule la « Marche des Vivants » à laquelle participent des jeunes Juifs de tous les pays en hommage aux victimes de l'Holocauste.

Visiter

Musée d'État d'Auschwitz-Birkenau (Państwowe Muzeum Auschwitz-Birkenau w Oświęcimiu)

Ul. Więźniów Oświęcimia 20, 32-603 Oświęcim - ✆ 033 843 20 22 - www.auschwitz.org.pl - déc.-fév. : 8h-15h ; mars, nov. : 8h-16h ; avr., oct. : 8h-17h ; mai, sept. : 8h-17h ; juin-août : 8h-19h - fermé 1er janv., 25 déc. et dim. de Pâques - parking gardé (7 PLN).
L'admission aux deux sites est entièrement gratuite. Seul le service de guides, recommandés pour mieux comprendre le fonctionnement du camp, est payant. La réservation de guides s'effectue par tél. au + 033 843 21 33 ou au 033 844 81 00, par fax au 033 843 22 27, par mail à muzeum@auschwitz.org.pl ou sur place à l'accueil du musée d'Auschwitz I.
On vous conseille de faire précéder la visite du site de la projection de l'effroyable documentaire (payant) de 15mn sur la libération du camp par les troupes soviétiques (selon les jours, à 14h et 15h30 en polonais et 15h en anglais, en d'autres langues (français) horaire variable - 3,50 PLN). De même, pour mieux comprendre et profiter de la visite, il est conseillé d'acheter la petite brochure en français qui, outre un plan du site, fournit bon nombre d'explications intéressantes.
Le Konzentrationslager Auschwitz fut à la fois un camp de prisonniers, un camp de concentration, un camp de travail et un camp de la mort où furent enfermés Juifs, Tsiganes, homosexuels, communistes, résistants, prisonniers politiques, prisonniers de guerre russes, élite intellectuelle polonaise, prêtres, témoins de Jéhovah, prostituées et criminels de droit commun. Il était constitué à son apogée de trois camps principaux : Auschwitz I, Auschwitz II- Birkenau, Auschwitz III-Monowitz et de plus de 40 camps secondaires disséminés dans la région. Les deux premiers camps forment aujourd'hui le musée-mémorial, aménagé comme musée d'État depuis 1947 par décision du parlement polonais et inscrit depuis 1979 sur la liste de l'héritage culturel et naturel mondial de l'Unesco.

Auschwitz I

Établi dans une ancienne caserne désaffectée de l'armée polonaise, le camp fut construit en avril-mai 1940 et accueillit ses premiers occupants, 728 détenus politiques polonais transférés de la prison de Tarnów, en juin 1940. En septembre 1941, les nazis y testèrent pour la première fois sur quelque 850 Polonais et Russes un gaz pesticide, le Zyklon B, qui allait faire la fortune de son industriel allemand. Le nombre de prisonniers, pour l'essentiel politiques, oscilla entre 12 000 et 16 000 avec une pointe à 20 000 en 1942 (année qui vit l'arrivée des premières femmes), et au total quelque 70 000 prisonniers y périrent, dont certains dans la chambre à gaz et le crématoire en activité dans les années 1941 et 1942. Préservé quasiment dans l'état dans lequel les nazis l'ont abandonné en 1945, il accueille aujourd'hui l'essentiel de l'exposition.
Vous commencerez la visite du camp proprement dit en passant sous la fameuse **porte** pernicieusement surmontée de l'inscription *« Arbeit macht frei »* (le travail rend libre). À l'intérieur de l'enceinte cernée de miradors et de fils barbelés se dressent, au milieu

J.-F. Breuiller / MICHELIN

L'entrée du camp d'Auschwitz surmontée de son inscription.

d'alignements de peupliers, les murs rouge brique de **28 blocs** identiques et alignés de part et d'autre de deux allées centrales. Une visite attentive et exhaustive de tous les blocs accessibles requerrait de nombreuses heures. Commencez donc par les blocs du fond, situés dans la deuxième allée, consacrés aux **expositions dites générales** (**bloc 4** : Shoah, **bloc 5** : Preuves matérielles du crime, **bloc 6** : Vie quotidienne du prisonnier, **bloc 7** : Conditions de logement et sanitaires).

Au bout de l'allée sur la droite, le bloc des expériences médicales sur la stérilisation, suivi du **bloc de la Mort** (n° 11), sans doute le plus sinistre de tous, prison du camp où les éléments récalcitrants étaient soumis aux traitements les plus cruels. Entre les deux, la cour se refermait sur le mur de la Mort, où furent exécutés des milliers d'innocents.

De là, repassez dans la première allée où sont concentrés **les blocs consacrés aux expositions nationales**. De l'autre côté du mur, dans la continuité de l'alignement des blocs centraux, se trouvait le dépôt dans lequel était stocké le Zyklon B et les biens personnels des prisonniers confisqués dès leur arrivée.

Le bloc France-Belgique mis à part, la plupart des expositions sont légendées (à côté de la langue nationale) en anglais, mais ce n'est pas le cas de toutes. Force est de reconnaître que certains blocs sont rendus plus agréables (en dehors de leurs contenus qui s'équivalent dans le registre de l'horreur) à visiter que d'autres en raison des qualités scénographiques et muséographiques des expositions.

Le bloc n° 21 attribué à la France et à la Belgique présente une exposition dédiée à la mémoire des déportés français particulièrement intéressante. Articulée autour de quelques cas particuliers, elle a le mérite de s'intéresser à des exemples précis d'hommes et de femmes déportés, Juifs assimilés, émigrés récents ou résistants politiques, tels Pierre Masse, Charlotte Delbo, Jean Lemberger, Georgy Halpern, Sarah Beznos. Rappelons que sur les quelque 76 000 Juifs déportés de France (dont 69 000 à Auschwitz et plus de 10 000 enfants), seuls 2 500 (soit 3 %) sont revenus, tandis qu'il n'est revenu que 969 des 3 000 résistants, et que sur les 20 943 Tsiganes recensés à Auschwitz, 145 étaient de nationalité française. Particulièrement émouvante est la salle où figurent des photos d'enfants ou d'adolescents, accompagnées d'une courte légende biographique indiquant où ils sont nés, où ils habitaient et quand ils furent déportés.

Également remarquable, **le bloc hongrois (n° 20)** qui vous achemine le temps de la visite au-dessus de rails particulièrement suggestifs. Très surprenant, le parti pris des **Hollandais (n° 21)** de présenter leur exposition à la scénographie minimaliste dans un cadre lumineux, blanc et clinique, à l'atmosphère presque sereine et recueillie. Lors de notre passage, le pavillon russe attendait une nouvelle exposition. Dans le coin sud-ouest, le **bloc n° 27** est consacré à la martyrologie et à la lutte des Juifs. L'itinéraire conduit, pour finir, à l'extrémité gauche de l'allée, vers la chambre à gaz et le crématoire, reconvertis en bunker antiaérien en 1943. La potence qu'on aperçoit à proximité servit en 1947 à pendre publiquement Rudolf Höss, le premier commandant du camp d'Auschwitz.

Auschwitz II - Birkenau

Une navette gratuite assure la liaison entre les deux camps toutes les heures à partir de 10h30 entre le 15 avr. et le 31 nov. Cette même navette rejoint le musée du Centre Juif situé dans la vieille synagogue du centre-ville d'Oświęcim à 15h30.

Si le nom associé ne rencontre pas le même écho qu'Auschwitz I, c'est bien pourtant dans ce camp qu'a été planifiée méthodiquement l'extermination des peuples juif (surtout) et tsigane, et où l'impression générée par la visite est peut-être la plus forte et la plus éprouvante. Crée *ex nihilo* en octobre 1941, à 3 km du camp principal, près du petit village polonais de Brzezinka (Birkenau) signifiant « petite prairie aux bouleaux », il ressemble moins à un camp de concentration qu'à un camp programmé pour mettre en œuvre la solution finale. Tristement célèbre, la fameuse porte de la Mort, prolongeant à l'intérieur du camp les rails raccordés en 1944 au réseau ferroviaire tel un site industriel comme un autre jusqu'à ce terminus de l'horreur.

Face à l'entrée du camp, commencez par monter à la tour de surveillance qui surmonte le porche pour vous faire une idée de l'incroyable étendue du camp (2 x 2,5 km). Sur les quelque 300 baraquements initiaux, qui regroupèrent au mois d'août 1944 jusqu'à plus de 90 000 prisonniers seuls 45 en briques et 22 en bois ont été conservés, mais les contours des emplacements des autres sont marqués au sol. Pas de musée ici, juste un site poignant dont il convient de faire le tour.

Longez la très longue rampe de déchargement jusqu'au **monument international aux Victimes du fascisme** inauguré en 1967. Déclinée en 21 langues, la même plaque commémorative plaide pour que l'odieuse barbarie ne se répète jamais. Autour, les vestiges en ruine des crématoires et chambres à gaz, ainsi que les étangs dans lesquels étaient évacuées les cendres humaines. La création des quatre complexes de chambres-crématoriums débuta en 1942 et ceux-ci fonctionnèrent à plein régime jusqu'à ce que les SS les dynamitent en novembre 1944 afin d'effacer, à l'approche des armées alliées, toute trace de leurs méfaits. Auparavant, le 7 octobre, un groupe de Sonderkommando, prisonniers chargés de l'évacuation des corps après les gazages, s'était soulevé en procédant à l'explosion du crématorium IV.

Aux alentours

Auschwitz Jewish Center (Centrum Żydowskie w Oświęcimiu)

Plac Ks. Jana Skarbka 3 - 32-600 Oświęcim. Localisé au nord du Rynek de la Vieille Ville d'Oświęcim, situé à 3 km du camp - ✆ 033 844 70 02 - www.ajcf.org - tlj sf sam. et fêtes juives - avr.-sept. : 8h30-20h ; oct.-mars : 8h30-18h - 5 PLN.

Ce musée, qui s'inscrit un peu en contrepoids émotionnel à la dureté des camps, vise à rendre compte de la vie de l'ancienne communauté juive de la ville d'Oświęcim, notamment au cours de la première moitié du 20e s. En 1939, avant que n'advienne le tragique épisode de la Shoah et que la présence multiséculaire des Juifs en Pologne ne soit quasiment réduite du jour au lendemain à néant, les Juifs représentaient environ 7 000 des 12 300 habitants de la ville, soit 59 % de la population. C'est dans cette ville, qualifiée avant guerre de « ville juive », qu'étaient fabriqués les fameux spiritueux, comme la *pesachówka* (vodka de Pesah) de la célèbre maison Habelfeld (on distingue encore les ruines de l'ancienne usine en se dirigeant vers le cimetière juif de la rue Dąbrowskiego).

Le musée occupe le seul bâtiment juif encore conservé de la ville, la synagogue de la Société pour l'étude de la Mishnah (Chevra Lomdei Mishnayot), un lieu d'études talmudiques et sa synagogue attenante achevée en 1930 et utilisée pour le culte jusqu'en 1939. Saccagée par les nazis qui la brûlèrent en mars 1941, elle fut par la suite convertie en arsenal, tandis que les Juifs étaient « invités » à quitter la ville pour rejoindre les ghettos proches de Będzin, Chrzanów et Sosnowiec d'où ils seront conduits pour la plupart vers le funeste sort que l'on sait. Seuls quelque 70 Juifs survécurent à la guerre et émigrèrent pour l'essentiel aussitôt après 1945. Recouvrée par la communauté juive de Bielsko-Biała en 1997 dans le cadre de la loi de restitution du patrimoine juif votée par le gouvernement néocommuniste, la synagogue fut cédée à cette fondation basée à New York qui s'est chargée de sa restauration et assure depuis son entretien. Après la disparition en mai 2000 du dernier pratiquant juif résidant en ville, celle-ci s'emploie à affirmer la continuité de la présence juive à Oświęcim.

Ne manquez pas le court documentaire (en anglais) de 14mn qui recueille les émouvants témoignages de Juifs émigrés évoquant le Oshpitzin (Auschwitz en yiddish) de leur enfance.

F. Soreau / MICHELIN

Photographies de déportés.

Le Jura polonais★★

De Cracovie à Częstochowa

CARTE GÉNÉRALE C3 – CARTE MICHELIN N° 720 H10-I11 – VOÏVODIE DE PETITE-POLOGNE

Ici, l'herbe rase le dispute aux sapins et des roches calcaires aux formes étranges émergent de collines que couronnent parfois les ruines d'anciens châteaux. À l'extrémité de ce Jura polonais au paysage digne d'un conte de fées, non loin de Cracovie, se cache dans le secret d'un profond vallon le plus petit des parcs nationaux polonais.

- **Se repérer** – Le parc d'Ojców se situe à moins de 30 km au nord-ouest de Cracovie puis le Jura polonais s'étend sur 80 km jusqu'à Częstochowa.
- **À ne pas manquer** – Les balades dans les paysages enchanteurs d'Ojców.
- **Organiser son temps** – Traverser le Jura en s'arrêtant pour quelques visites de châteaux demandera une demi-journée. N'hésitez pas à passer la nuit dans le parc d'Ojców. Les balades au petit matin sont un régal.
- **Avec les enfants** – La visite des grottes du parc d'Ojców les impressionnera.

Comprendre

Les reliefs calcaires rugueux du Jura polonais sont propices aux légendes, tapies dans ses milliers de grottes où l'on peut deviner dans les formes extravagantes des roches des armées pétrifiées ou des repaires magiques. C'est aussi un pays où l'histoire trouva à s'agripper aux sommets escarpés. Lorsqu'au 14e s. la Pologne est à nouveau démembrée, la région devient une zone frontière que Casimir le Grand s'empresse de protéger par une série de châteaux, nids d'aigles aujourd'hui ruinés.

Parc national d'Ojców★★ (Ojcowski Park Narodowy)

À une vingtaine de km au nord-ouest de Cracovie. Depuis Cracovie, l'accès le plus pratique se fait par la route 778, jusqu'au bourg de Skała où la 773 plonge dans le parc.

Les rivières Prądnik et Sąspówka confluent au fond d'une profonde vallée dont les versants abritent un paysage unique propre à la rêverie et aux plus belles balades. La marche et le vélo sont les meilleurs moyens pour découvrir ce parc qui, avec ses 21 km², est le plus petit de Pologne. Cinq sentiers de randonnée pédestre et quatre pistes cyclables le sillonnent. Il faut s'enfoncer dans les petits chemins, les sous-bois et le long des rivières. On découvre alors un relief calcaire, percé de pas moins de 400 grottes, hérissé de formations rocheuses aux noms fantasmagoriques comme la Massue d'Hercule, la Porte de Cracovie ou les Panieńskie. Partout, la forêt est reine. La topographie crée un microclimat favorisant une riche végétation composée en partie d'essences montagnardes, refuge d'une faune variée où dominent le cerf et la chauve-souris, symbole du parc.

Le sud du parc

On peut se garer dans le grand parking d'Ojców et de là visiter les principaux sites à pied par les sentiers balisés (carte disponible).

Château d'Ojców★ (Zamek w Ojcowie) – *Ouv. 19 avr.-31 oct. - 19 avr.-mai et sept. : 10h-16h45 ; juin-août et oct. : 10h-15h45 - 2,50 PLN.* Bâti au 14e s. par le roi Casimir le Grand, il est la dernière défense avant Cracovie. Les ruines se dressent sur un éperon rocheux qui semble défier toute approche. La porte fortifiée, dont le premier étage abrite une maquette du château au temps de sa gloire, conduit à la basse-cour où se devinent les murailles. Remarquez les vestiges du donjon et le puits partiellement comblé, jadis profond de 40 m.

On traverse ensuite Ojców où se trouvent hôtels, restaurants et échoppes.

L. Gontier / MICHELIN

Le château de Pieskowa Skała.

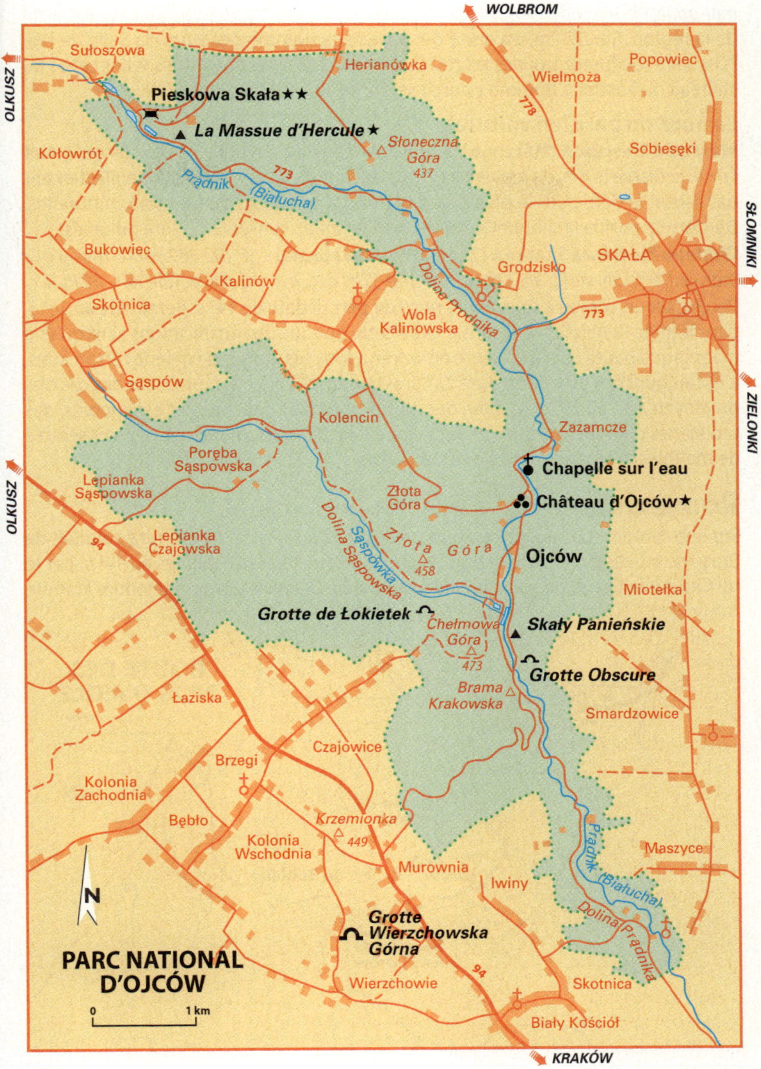

Chapelle sur l'eau (Kaplica na Wodzie) – *Accès par un sentier depuis le parking d'Ojców. Compter 10mn de marche. Ouverte pour les messes du dimanche à 8h, 10h30 et 18h.*

Bâtie en 1901 sur la rivière Prądnik, son curieux emplacement respecte une loi interdisant l'édification de lieux de culte sur la terre d'Ojców… mais pas sur l'eau.

Les sentiers bleu et vert mènent aux grottes en passant devant les roches **Panieńskie** (Skały Panieńskie) qui seraient des nonnes pétrifiées par Dieu pour les protéger des Tartars.

Grotte de Łokietek (Jaskinia Łokietka) – *Par le sentier bleu (45mn aller) qui longe la route et plonge dans les coteaux boisés par la Porte de Cracovie (Brama Krakowska) - ✆ 012 419 08 01 ; avr. et nov. : 9h-15h30 ; mai-août : 9h-18h30 ; sept. : 9h-17h30 ; oct. : 9h-16h30 - 7 PLN - départ ttes les 20mn.* La grotte est fermée par une grille dont le motif rappelle qu'une araignée y cacha de sa toile le futur roi Władysław Łokietek fuyant le roi tchèque Wacław II. Longue de 320 m, chacune de ses salles évoque par son nom une pièce de la froide (7°) et humide résidence du souverain exilé.

Grotte obscure (Jaskinia Ciemna) – *Par le sentier vert (45mn aller) - ✆ 012 380 10 11 - mai-sept. : 10h-17h - 6 PLN - départ ttes les 20mn.* Dans cette grotte, on a trouvé des traces d'occupation humaine à la préhistoire.

Grotte Wierzchowska Górna (Jaskinia Wierzchowska Górna) – *En voiture, à quelques km au sud-ouest du parc, bien indiquée depuis la E 40 - avr., sept. et oct. : 9h-16h ;*

mai-août : 9h-17h ; nov. : 9h-15h - 12 PLN - départ ttes les 20mn. C'est la plus intéressante de la région. Sur 370 m, on visite des salles aux noms évocateurs : la Salle de bal, l'Ossuaire (où furent trouvés les restes d'un ours). Belles concrétions telles celles du château du Sorcier. L'homme y aurait séjourné au néolithique.

Le nord du parc (en voiture)

Massue d'Hercule★ (Maczuga Herkulesa) – Elle doit son nom à un sorcier qui aurait lancé au diable le défi de renverser un rocher cul par-dessus tête. Il n'a manifestement pas relevé le défi, pour le plus grand plaisir des amateurs de fantaisies naturelles. Derrière se profile la silhouette du château le mieux conservé du Jura polonais.

Château Pieskowa Skała★★ (Zamek Pieskowa Skała) – *✆ 012 389 60 04 - mai-sept. : mar.-jeu. 9h-15h, vend. 9h-12h, w.-end 10h-17h ; oct.-avr. : tlj sf lun. 10h-15h - 10 PLN.*
Perché sur un coteau à l'extrémité nord du parc, il date du 14ᵉ s. Remodelé au 16ᵉ s. dans le style Renaissance, il conserve de cette époque des fortifications ainsi qu'une magnifique haute cour intérieure entourée à tous ses étages de galeries en arcades. C'est aujourd'hui un musée dont l'impressionnante collection présente des œuvres du Moyen Âge au 20ᵉ s. À noter, des pièces baroques italiennes et espagnoles, des tapisseries d'Aubusson, du mobilier Empire d'inspiration égyptienne et un ensemble de meubles allemands de style Art nouveau.

Route des Nids d'aigle (Szlak Orlich Gniazd)

Sur une centaine de kilomètres, la route des Nids d'aigle traverse le Jura polonais de Cracovie à Częstochowa. Elle doit son nom aux forteresses édifiées au 14ᵉ s. par le roi Casimir le Grand pour fortifier le royaume de Cracovie et pour défendre la route

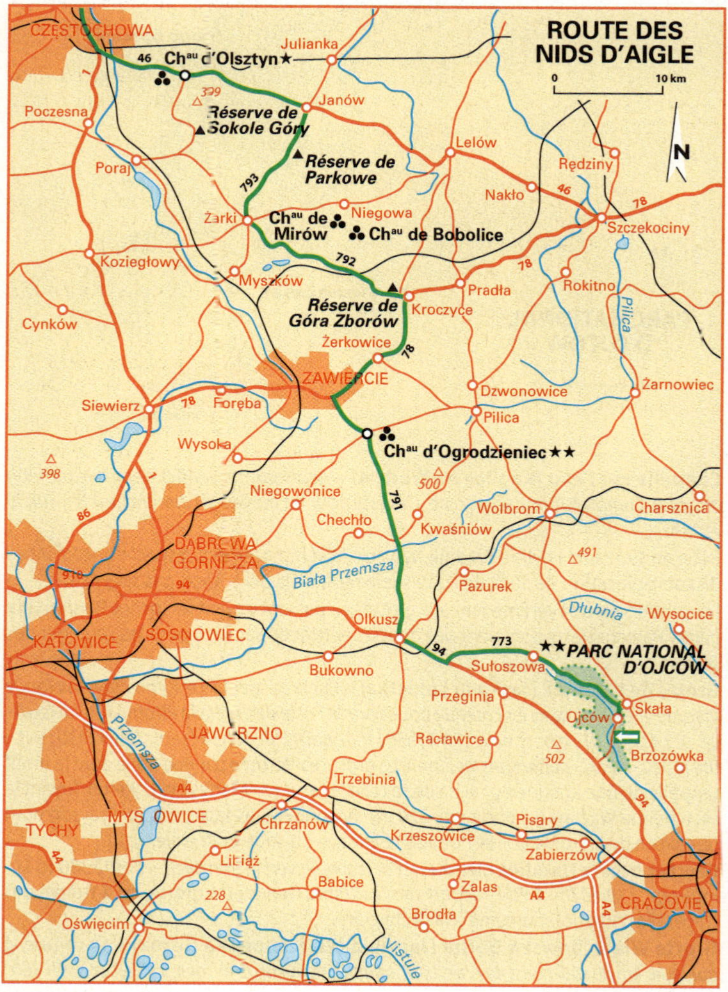

commerciale qui reliait la capitale (Cracovie) à la riche région de la Grande Pologne. Au cours des siècles, les châteaux passèrent sous le contrôle de puissantes familles qui, une fois les menaces éloignées, les adaptèrent à une vie plus confortable avant de les abandonner. Construits avec la pierre des reliefs qui les entourent, les châteaux, ou plutôt leurs ruines, se fondent aujourd'hui dans le paysage.

Un sentier de randonnée relie quelque quinze châteaux et couvre près de 160 km *(renseignez-vous auprès des offices du tourisme de Częstochowa ou de Cracovie pour en obtenir les détails)*. La visite peut aussi s'effectuer en voiture en une après-midi.

Du parc d'Ojców à Częstochowa

Après le Parc national d'Ojców, la route des Nids d'aigle traverse des paysages vallonnés où le sol calcaire ne laisse pousser qu'une herbe rase. Quelques arbres, essentiellement des résineux, se blottissent autour d'affleurements rocheux et buttes, témoins parfois spectaculaires. Entre deux châteaux, vous pouvez vous arrêter dans l'une des multiples **réserves**, comme celle de **Parkowe** (Rezerwat « Parkowe ») au sud de la ville de Janów, ou celles de **Sokole Góry** et de **Góra Zborów**, et vous dégourdir les jambes dans leurs paysages tourmentés.

Château d'Ogrodzieniec (Zamek w Ogrodzieńcu) – *avr.-août : 9h-20h ; sept.-nov. : 9h-18h - 5,5/4,5 PLN*. Construit au 14e s. sur l'éminence la plus élevée de la région, il fut complètement remanié au milieu du 16e s. dans le style Renaissance par un banquier du roi Sigismond Ier. Il fut détruit par les Suédois au 17e s. et en partie reconstruit avant d'être définitivement abandonné vers 1810. Ses ruines les plus spectaculaires forment un enchevêtrement de tours crénelées et de murailles dans un paysage tourmenté.

Un peu plus au nord, les châteaux de **Mirów** du 14e s. et la tour de **Bobolice** méritent aussi une visite. Ces forteresses jumelles furent désertées respectivement aux 17e et 18e s.

À 5 km au sud-est de Częstochowa, les vestiges et le donjon cylindrique caractéristique du **château d'Olsztyn★** (Zamku w Olsztynie) s'élèvent sur l'herbe rase d'une colline isolée. Ce palais résidentiel fut aussi détruit par les forces suédoises.

Le Jura polonais pratique

Code postal (Ojców) – 32-047.

Adresses utiles

Bureau d'information – *Ojców 15 - ✆ 012 389 20 89 - www.ojcowianin.pl - lun.-vend. 9h-17h. Au-dessus de l'épicerie « Bazar Warszawski »*. Personnel anglophone.

Site Internet du parc – *www.ojcow.pl.*

Transports

Minibus – Des minibus partent de Cracovie à Ojców de la rue Helców (quartier Nowy Kleparz). *Horaires sur www.ojcow.pl/dojazd/busem.htm.*

Voiture – Attention, les parkings au pied des châteaux d'Ojców et de Pieskowa Skała sont rapidement pleins les week-ends et les jours de congé.

Se loger

Aucun hôtel dans le parc mais de nombreuses chambres chez l'habitant.

Bazar Ojcowski – *Ojców 20 - ✆ 012 389 20 51 - 4 ch. chez l'habitant dont 3 doubles 30 PLN l'hiver, 25 PLN l'été*. Sdb communes. Ce n'est pas un magasin mais une agréable maison aux teintes sombres au bord de la rivière, tout près de la poste d'Ojców. L'une des chambres bénéficie d'une grande terrasse. Accueil charmant.

Camping Zazamcze – *Ojców 3 - ✆ 012 389 20 91 - 14 PLN pour 2 avec voiture et tente*. Quelques places de camping près de la route mais surtout au bord de la rivière. Le patron prépare d'excellentes grillades.

Zajazd Zazamcze – *Ojców 1 - ✆ 012 389 20 83 - www.zajazdzazamcze.ojcow.pl - 5 ch. 140 PLN*. Dans une grande maison entre la rivière et l'orée du bois. 5 chambres lambrissées et mansardées à l'étage de ce restaurant au menu polonais.

Se restaurer

Les restaurants sont rares dans le parc d'Ojców. Aux beaux jours, d'appétissantes gargotes improvisées fleurissent sur le bord des routes avec *bigos*, saucisses grillées et pain de campagne au pavot.

Gospoda pod Kazimierzem – *Ojców 12 - ✆ 012 389 20 71 - 30 PLN*. L'un des seuls restaurants de la vallée, qui fait aussi office de bar. La cuisine y est sobre mais copieuse avec quelques poissons à la carte.

En soirée

Piwnica pod Nietoperzem – *Ojców 15 - ✆ 012 389 20 89*. À l'enseigne de la chauve-souris. Petit pub au sous-sol de la poste d'Ojców. On y sert essentiellement de la bière, ainsi que quelques snacks. Et, comme son nom l'indique, l'endroit est un repaire de noctambules.

Częstochowa★

242 300 HAB.
CARTE GÉNÉRALE C3 – CARTE MICHELIN N° 720 H10 – VOÏVODIE DE SILÉSIE

Sur la colline de Jasna Góra, la flèche du monastère de la Vierge Noire signale au voyageur qu'il approche de la Lourdes polonaise. Près de 5 millions de pèlerins se rendent ici chaque année, dont près de 200 000 entreprennent le voyage à pied. Si la ville en elle-même est peu attrayante, la visite du sanctuaire plongera le visiteur dans une ambiance unique de piété et de sincère ferveur religieuse.

- **Se repérer** – À 114 km au nord-ouest de Cracovie, à 222 km au sud-ouest de Varsovie.
- **À ne pas manquer** – La vue depuis le clocher.
- **Organiser son temps** – La visite du sanctuaire peut s'effectuer en 2h.

Comprendre

La foi et l'industrie – Au 13e s., la bourgade de Częstochowa sise sur les rives de la rivière Warta excelle dans l'extraction et le traitement du minerai de fer. Un siècle et demi plus tard, l'édification du couvent de Jasna Góra sur la colline calcaire proche fait entrer la ville dans l'ère des pèlerinages. Les pèlerins affluent, les pillards aussi. Pendant plusieurs siècles, la cité résiste aux invasions et gagne en puissance et en taille. Au 19e s., l'emblématique avenue de la Très-Sainte-Vierge-Marie (Najświętszej Marii Panny abrégée en Al. NMP) relie le sanctuaire à la ville. Au siècle suivant, les autorités communistes tentent vainement de contrer la dimension religieuse de la ville en la transformant en un important centre industriel.

Visiter

Monastère de Jasna Góra (Sanktuarium Jasno Górskie)

www.jasnagora.pl - 5h30-21h30 - gratuit.

Le duc Ladislas d'Opole fonde en 1382 le monastère pour les frères pauliniens qui, deux ans plus tard, reçoivent l'icône de la Vierge qui en fera la renommée de Częstochowa. La légende l'attribue à saint Luc, mais elle fut plus probablement réalisée à Byzance vers le 6e s. Les bâtiments du monastère occupent 5 ha sur une colline calcaire et sont entourés de fortifications pour les protéger des pillards. En 1655, les remparts, et, dit-on, l'intervention miraculeuse de la Vierge, retiennent l'invasion suédoise. Ainsi naît un symbole. C'est sur la colline de Częstochowa que s'est manifesté le sentiment national polonais sous la protection de l'icône que l'on proclamera reine de Pologne. Au 18e s., plusieurs sièges se briseront sur les remparts de l'ardeur et de la foi. Au 19e s., le tsar Alexandre Ier ordonne la destruction d'une partie des murs. Il reste cependant une enceinte carrée aux angles renforcés de bastions à laquelle on accède par quatre portes successives. À l'intérieur, les bâtiments sont groupés en un ensemble compact que l'on peut admirer du haut des 106 m du **clocher** *(avr.-nov. 8h-16h).*

Chapelle de l'Icône miraculeuse★ (Kaplica Matki Bożej Częstochowskiej) – Une foule compacte et recueillie se presse en permanence dans cette petite chapelle gothique aux murs couverts d'ex-voto. L'icône de la Vierge apparaît, minuscule, enchâssée dans un autel baroque en ébène. On notera les deux balafres au visage, souvenir du vandalisme des Hussites en 1430, et les pierres et tissus qui l'ornent, offerts par les pèlerins.

Basilique (Bazylika) – Ce vaste édifice à trois nefs fut construit entre le 15e et le 17e s. Remarquez le maître-autel de style baroque italien ainsi que le décor chargé de stucs des voûtes.

Salle des Chevaliers★ (Sala Rycerska) – Au 1er étage. Souvent délaissée par les pèlerins, elle abrite pourtant une reproduction de l'icône que l'on peut admirer ici en toute quiétude. Une série de neuf tableaux fixés aux murs en hauteur raconte les grands épisodes de l'histoire du sanctuaire, dont sa fondation et le siège de 1655.

R. Soberka / MICHELIN

Icône de la Vierge Noire.

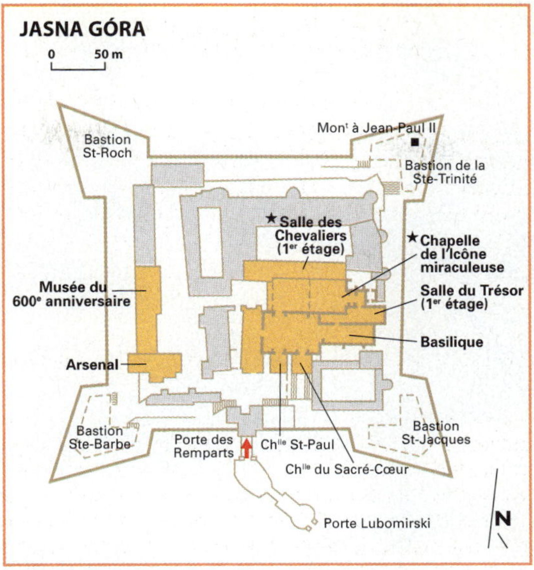

Musée du 600e Anniversaire (Muzeum 600-lecia) – Ses collections évoquent l'histoire des Pauliniens et le culte de l'icône. Belle collection d'instruments de musique.
Arsenal (Arsenał) – Armes et trophées orientaux rappellent l'histoire militaire du sanctuaire et les sièges qu'il a victorieusement soutenus au cours des siècles.
Salle du Trésor (Skarbiec) – Les ex-voto les plus précieux déposés au sanctuaire y sont exposés. Belles pièces d'ambre et quelques vaisselles ornées de coraux.
Bibliothèque – Malheureusement réservée aux chercheurs, elle compte plus de 8 000 volumes dont un grand nombre de manuscrits précieux.
Remparts – Belle vue sur les jardins et sur le grand chemin de croix qui les parcourt. Un monument à Jean-Paul II y a été inauguré en 1999.
Quitter le sanctuaire par la rue Barbary occupée par les marchands de souvenirs qui proposent, comme à Lourdes, Vierges en plastique, portraits du pape et gadgets profanes.

Musée de l'Archidiocèse (Muzeum Archidiecezji Chęstochowskiej)

Ul. Św. Barbary 41 - mar.-sam. 9h-13h - 2 PLN.
On trouve dans ses salles une belle collection d'art sacré de Częstochowa et de sa région : sculptures, peintures, médailles. Les pièces les plus anciennes remontent au 15e s.

Częstochowa pratique

Code postal – 42-200.

Adresses utiles

Office de tourisme – *Al. NMP 65 - ✆ 034 368 22 50 - www.czestochowa.pl/languages-fr - tlj sf dim. 9h-17h.* Personnel anglophone.

Centre d'information du sanctuaire de Jasna Góra – *✆ 034 365 38 88 - bop.jasnagora.pl/home - mai-15 oct. : 7h-20h ; 16 oct.-avr. : 8h-17h - fermé pendant les grandes fêtes religieuses.* Personnel francophone.

Transports

Parking – Gratuits près du sanctuaire, le plus difficile est d'arriver à trouver une place.

Gare ferroviaire – *Al. Wolności 21 - ✆ 034 366 47 89 - www.pkp.pl.*

Gare routière – *Al. Wolności 45 - ✆ 034 324 66 16 - www.pks.pl.*

Se loger

⊖ **Camping Oleńka** – *Ul. Oleńki 22/30 - ✆ 034 360 60 66 - 30 PLN pour 2 pers. avec voiture et tente, 90 PLN pour un bungalow pour 3.* Tout le confort souhaitable, à une rue du sanctuaire. Réservation conseillée.

⊖ **Hotel Wenecki** – *Ul. Berka Joselewicza 12 - ✆ 034 324 33 03 - 30 ch. 140 PLN.* Un peu loin du sanctuaire mais très propre et un air italien. Chambres claires, neuves et parfaitement tenues.

Se restaurer

⊖⊖ **Karczma « U Braci Kiemliczów »** – *Ul. Wieluńska 16 - ✆ 034 372 62 64 - 12h-22h - 60 PLN.* Excellente cuisine traditionnelle.

Événements

3 mai – Fête de la reine de Pologne.

26 août – Fête de la Vierge Noire.

1er dim. de sept. – Fête de la Moisson.

Dans la région de Zakopane

R. Mattès / MICHELIN

PETITE POLOGNE ET CARPATES

Bochnia

29 444 HAB.
CARTE GÉNÉRALE C4 – CARTE MICHELIN N° 720 I12 – VOÏVODIE DE PETITE-POLOGNE

Bochnia n'a que peu d'intérêt touristique, mais vaut un arrêt pour la visite de la mine de sel et de quelques sites alentour dont le château historique de Nowy Wiśnicz et le circuit des églises en bois classées au patrimoine mondial par l'Unesco.

Se repérer – 55 km à l'est de Cracovie, sur la route E 40, entre Cracovie et Tarnów.

Organiser son temps – Compter environ 3h pour la visite de la mine de sel, 1h pour le château et environ une demi-journée pour le circuit des églises en bois.

Avec les enfants – La visite ludique et insolite de la mine de sel.

Visiter

Mine de sel★ (Kopalnia Soli)

À deux pas du Rynek - Ul. Solna 2 - ✆ 014 615 36 36. Visite en groupe lun.-vend. 9h30, 11h30, 15h30, w.-end 11h-16h, départ ttes les heures - avr.-sept. 25 PLN ; oct.-mars 19 PLN - www.kopalniasoli.pl.

L'exploitation de la mine de Bochnia débute en 1248. L'ascenseur plonge le visiteur dans les entrailles des filons de sel gemme, entre 170 et 290 m de profondeur. Un petit train conduit vers les chapelles sculptées dans le sel et vers des aménagements pédagogiques.

On y découvre les wagonnets et les roues permettant d'évacuer l'eau ou des mannequins accrochés au filon illustrant les difficultés d'exploitation. Tout cela peut être captivant pour un adulte amateur de patrimoine industriel. Les enfants adoreront le toboggan en bois, long de 140 m, que vous descendrez assis sur un coussin, comme si vous pilotiez une luge. À la sortie du toboggan, on arrive directement dans une salle d'exploitation transformée en complexe omnisports où l'on joue au basket ou au volley.

D'autres salles sont meublées de lits superposés. En effet, la mine est aussi utilisée en tant que sanatorium, car l'air qu'on y respire est recommandé pour les bronches et les poumons. On peut donc y réserver une nuit complète, comme dans une auberge de jeunesse.

Aux alentours

Château de Nowy Wiśnicz★

De Bochnia, prendre la route au sud vers Nowy Wiśnicz sur 6 km, puis suivre le panneau « Zamek » (château) - ✆ 014 612 85 89 - avr.-oct. : lun.-vend. 9h-15h, sam. 10h-17h, dim. 10h-18h ; nov.-mars : lun.-vend. 9h-14h - visites en polonais seulement, documents en français à la caisse - 8 PLN.

A. Galy / MICHELIN

Le château de Nowy Wiśnicz, longtemps foyer artistique et culturel.

Le château, qui domine le village et les collines boisées, s'admire depuis la route. Sa masse blanche d'inspiration Renaissance lui donne un côté décor de théâtre en trompe-l'œil. Cette impression se confirme lors de la visite, car de nombreuses salles sont totalement vidées de leurs meubles et de toute atmosphère. Pourtant, le château de Nowy Wiśnicz est un précieux témoignage de l'histoire politique et artistique du pays. Le premier édifice fut construit au Moyen Âge alors que la région vivait de l'extraction du sel et du commerce entre l'Orient et la mer Baltique, *via* la Hongrie. Le château de Nowy Wiśnicz connut son apogée culturelle grâce à la présence du grand maréchal de la Couronne, Piotr Kmita, qui mourut en 1553. C'est lui qui y apporta la touche Renaissance. Le château devint lieu de villégiature pour les membres de la famille royale et les plus grands écrivains polonais. À la mort de Piotr Kmita, Nowy Wiśnicz fut racheté par la richissime famille Lubomirski. Sebastian Lubomirski fortifia le château et lui donna son aspect extérieur. Il fallut diverses invasions suédoises au 17e s. et surtout l'incendie de 1831 pour nous priver de la somptueuse collection d'œuvres d'art attestée par les inventaires, notamment des œuvres des peintres Raphaël, Titien, Véronèse ou Dürer et une bibliothèque de manuscrits. Le village de maisons à pans de bois entourant le château fut incendié en 1850, éliminant à son tour ce qui serait aujourd'hui un précieux témoignage. Faire revivre le glorieux passé n'est pas chose facile. Trente ans de restauration après guerre ont stabilisé l'édifice, dans lequel on peut découvrir des fresques mythologiques, des maquettes du château à différentes époques et une étonnante galerie de photos illustrant la rénovation. On y trouve aussi des maquettes d'autres sites historiques de la région, tels les châteaux de Wawel à Cracovie, Baranów Sandomierz ou Łańcut. La cuisine, très bien aménagée, rassemble argenterie, cuivres et samovars. Les terrasses offrent un panorama sur un paysage aux reliefs précarpatiques.
À noter que la grande place – Rynek – de Nowy Wiśnicz est un lieu de détente parfait pour une pause. Les terrasses des cafés et les bancs à l'ombre de grands arbres sont très accueillants.

Églises en bois autour de Lipnica Murowana★

Au départ de Bochnia, prendre la route de Limanova. À 12 km, dans le village de Muchówka, tourner à gauche vers Lipnica Murowana à environ 5 km.

En 2003, l'Unesco a classé l'**église St-Léonard** à Lipnica Murowana (Kościół Św. Leonarda) au patrimoine mondial de l'humanité. Elle est bâtie au pied d'un majestueux tilleul sur les vestiges d'un temple païen de 1141. En bois de mélèze et de chêne, l'église est réputée pour ses peintures et fresques datées du 15e s. Elle constitue un point de départ idéal pour un circuit de découverte d'églises en bois datées du 15e au 18e s. Une dizaine sont à admirer dans l'environnement proche de Lipnica Murowana. Vers le sud, les églises de **Rajbrot** et **Iwkowa**, et vers le nord en retournant vers Bochnia, celles de **Pogwizdów** et **Sobolów** sont les plus caractéritistiques de l'architecture en bois des 15e et 16e s.

Bochnia pratique

Code postal – 32-700.

Adresses utiles

Office de tourisme – *Ul. Bernardyńska 10 - ✆ 014 612 27 62 - poczta@bochnia.pttk.pl.*

Informations et organisation de visites guidées des églises en bois – *Ul Wiślna 12, 31-007 Cracovie - ✆ 012 430 20 96 - dci@diecezja.krakow.pl.*

Se loger

Hotel Atlas – *Kopaliny - Stary Wiśnicz - 32-720 Nowy Wiśnicz - ✆ 014 612 91 25 - 10 ch. 140 PNL.* Sur la route E 40 entre Cracovie et Tarnów, à Bochnia, prendre la route de Limanowa au sud, sur 3 km. Hôtel familial tenu par un personnage convivial et polyglotte. Chambres spacieuses et confortables, jardin et terrasse pour longues soirées estivales.

Se restaurer

Pub 19 Pizzeria – *Rynek 19, Nowy Wiśnicz - ✆ 014 612 83 03.* Sur la très vaste place verdoyante du village. Ambiance « far west » pour une pizzeria de bonne qualité.

Tarnów★

116 118 HAB.
CARTE GÉNÉRALE C4 – CARTE MICHELIN N° 720 I13 – VOÏVODIE DE PETITE-POLOGNE

Tarnów est située au pied du massif montagneux des Carpates à la limite de la plaine. Aujourd'hui siège d'une importante industrie chimique, Tarnów vit dans la nostalgie de son prestigieux passé, lorsqu'elle était le fief de la puissante famille Tarnowski.

- **Se repérer** – À 84 km à l'est de Cracovie sur la route de Rzeszów.
- **À ne pas manquer** – Un petit tour dans le monde du voyage des Tsiganes grâce à la visite du Musée ethnographique.
- **Organiser son temps** – Comptez 4h pour la visite de Tarnów et des musées.

Comprendre

Un foyer culturel à la Renaissance – Carrefour commercial entre la Russie et l'Europe de l'Ouest et entre la Hongrie et les pays de la Baltique depuis 1330, Tarnów devient au 16e s. un important foyer culturel et artistique grâce à Jan Tarnowski. Ce riche érudit, gouverneur de la région de Cracovie, fait venir des artistes italiens et s'impose par sa tolérance envers les Juifs et les nombreux immigrants ukrainiens, autrichiens, tchèques ou écossais qui s'y installent et prospèrent. Mais dès la fin du siècle, les guerres, les incendies et la cupidité des occupants de l'hôtel de ville provoquent l'assoupissement de Tarnów et de ses 2 000 habitants. À la fin du 18e s., Cracovie redonne de l'importance à Tarnów en la choisissant comme siège politique de la région, comme quartier général de l'armée et évêché. Un siècle plus tard, Tarnów compte plus de 20 000 habitants et devient la troisième ville de Galicie, après Cracovie et L'viv (aujourd'hui en Ukraine). En 1939, près de la moitié de ses 56 000 habitants étaient Juifs et Tarnów représentait un des hauts lieux de la culture et de la pensée juives. De nombreux scientifiques, juristes, artistes ou hommes d'affaires participaient à cette renommée. C'est ici que furent rassemblés les 728 premiers Juifs déportés au camp d'Auschwitz (Oświęcim) le 14 juin 1940.

Se promener

L'entrée principale de la ville s'effectue depuis la route de Cracovie. La commerçante rue Krakowska monte légèrement de la gare au quartier historique autour du Rynek.

Rynek★

Il est dominé au centre par l'imposant **hôtel de ville★** (Ratusz) dont le rez-de-chaussée abrite le Musée régional. Ce bâtiment gothique fut remanié à de nombreuses reprises et présente aujourd'hui une allure Renaissance. Sur la tour se trouve le blason des princes Sanguszko, les derniers souverains de Tarnów. Tout autour, la place est bordée de maisons à arcades de style Renaissance. Celle portant le n° 20, construite en 1565,

B. Brillion / MICHELIN

Au centre du Rynek, l'hôtel de ville, un édifice gothique remanié à la Renaissance.

a toujours été un lieu d'influence : demeure de riches commerçants écossais, siège de la Loge maçonnique ou chapelle, elle est aujourd'hui rattachée au Musée régional. Remarquez aussi la maison du n° 21, datée de 1568.

Cathédrale (Katedra)

Datant du 14e s., mais remaniée au 19e s. dans le style néogothique, elle abrite les très beaux **tombeaux** muraux Renaissance de la famille Tarnówski ainsi que des stalles gothiques. Dans la ruelle derrière la cathédrale se trouve la maison Mikołajowski, construite en 1524 dans les styles gothique et Renaissance et dans laquelle est installé le **musée du Diocèse** (Muzeum Diecezjalne).

En prenant la rue Żydowska, en prolongement des maisons des nos 20 et 21 du Rynek, on entre dans l'un des anciens quartiers juifs. Le seul vestige de la synagogue, construite en 1661 et brûlée en novembre 1939 par les nazis, est la **Bimah** où étaient lues les Saintes Écritures et dont ne subsistent que quatre colonnes de pierre. Pour se rendre au cimetière juif, qui compte de nombreuses tombes plus ou moins bien entretenues, il faut sortir de la Vieille Ville par la rue de L'viv (Lwowska) puis remonter vers le nord la grande artère appelée « Starodąbrowska » sur environ 200 m. Le cimetière est sur la gauche.

Au sud de la Vieille Ville se trouve le cimetière catholique. Une **église en bois** datée de 1440, caractéristique de la région des Carpates, s'y élève. Pour s'y rendre, depuis le Rynek, descendre vers le boulevard encerclant la Vieille Ville (Targowa Bernardyńska) et prendre la rue Panny Marii jusqu'à l'église et le cimetière.

Visiter

Musée ethnographique régional★ (Muzeum Etnograficzne)

Ul. Krakowska 10 - ✆ 014 622 06 25 - merc.-vend. 9h-15h, mar. 9h-17h, dim. 10h-14h - 4 PLN. Installé dans une belle maison rustique, le Musée ethnographique régional de Tarnów consacre la majeure partie de ses collections à l'histoire et aux **traditions des Tsiganes**. La présentation de costumes, photos, tableaux ou instruments de musique plonge le visiteur dans l'atmosphère de ce peuple nomade. Avec modestie et pédagogie, chaque salle éclaire une part d'ombre. On suit la migration de ce peuple venu d'Inde vers l'Europe ou le Moyen-Orient. Des panneaux présentent la langue rom et ses déclinaisons au fil des siècles et des migrations. La discrimination n'est pas oubliée. Au-delà des lois répressives édictées par les souverains de tous pays au 18e s., l'Holocauste dont les Tsiganes furent des victimes privilégiées est rappelé sans concession. De sobres présentations rappellent que 35 000 Tsiganes d'origine polonaise furent exterminés dans les camps de Treblinka ou Auschwitz ainsi que 15 000 autres Français, 36 000 Roumains et 28 000 Hongrois. Le voyage culturel continue dans le jardin où sont exposées des roulottes de bois peintes aux motifs traditionnels rom. L'été, le jardin se transforme en campement et résonne aux sons des violons, cymbalums ou voix des groupes qui s'y produisent parfois. Qu'ils soient sédentarisés ou nomades, qu'ils se nomment Tsiganes, Gitans, Bohémiens ou Manouches, les Roms d'Europe disposent là d'un outil de communication.

Musée de l'hôtel de ville (Muzeum Okręgowe)

Au centre du Rynek - mar. et jeu. 10h-17h, merc. et vend. 9h-15h, w.-end 10h-14h - 4 PLN.

Il retrace l'histoire de la ville. D'intéressantes collections d'armures, cottes de maille, armes à poudre ou armes blanches sont exposées au rez-de-chaussée. À l'étage, la grande salle présente des dizaines de portraits des différents Hetmans – commandant en chef – qui ont régné sur la ville entre le 16e et le 18e s. Remarquez la gravure représentant Tarnów, protégée par ses remparts en 1655, et une magnifique eau-forte de Bernardo Belloto illustrant Dresde avec la légende écrite en français : *« Perspective de la façade de la gallerie Roïale avec une partie de l'église Notre-Dame »*. La France et la langue française sont curieusement à l'honneur, le musée s'attachant à rappeler les relations diplomatiques, politiques et militaires entre la Pologne et la France à travers des gravures, des livres et des tableaux.

Aux alentours

Zalipie

Depuis Tarnów, prendre la route de Kielce pendant 19 km jusqu'à Dąbrowa Tarnowska. De cette ville, suivre à gauche le panneau indiquant « Dom Malarek Zalipie » (12 km).

Zalipie est un village connu pour ses maisons et ses fermes de pisé peintes où l'expression « art populaire » conserve toute sa valeur. Les habitants peignent des fresques à motifs géométriques colorées ou des bouquets de fleurs sur les maisons, les granges, les puits, parfois les meubles et les outils.

Musée de Zalipie : la maison des Femmes peintres (Dom Malarek) – *En arrivant de Tarnów, sur la gauche de la route, en entrant dans le village - ouvert tous les jours ; en cas de fermeture, les clefs sont disponibles à la ferme en face, de l'autre côté de la route - 3 PLN - vente d'artisanat local (✆ 014 641 19 12).* Le musée ressemble à une petite maison de poupée. Du bleu, du jaune et de grandes arabesques de fleurs s'étalent sur les murs. Cette maison était celle de la première artiste du village, Felicja Curylowa. Depuis 1978, elle est transformée en maison des Femmes peintres, « Dom Malarek » en polonais. La tradition remonte au début du 20e s. Les habitants la perpétuent chaque année depuis 1948 en organisant, en juin, le concours des maisons peintes, mais la tradition se perd un peu et il devient difficile de les repérer dans le village. Le musée est le point de départ d'un itinéraire « informel » : laissez le musée sur votre gauche et prenez la première route à droite. Là, en roulant lentement, vous apercevrez quelques autres peintures sur les façades.

Château de Dębno

À 22 km à l'ouest de Tarnów, sur la route de Cracovie, prendre à gauche une petite route signalée par le panneau « Zamek » (château). - avr.-nov. : mar. et jeu. 10h-16h, merc. et vend. 9h-15h, w.-end 11h-14h - dernière entrée 1h avant la fin des visites - fermé déc.-mars - visites guidées en polonais, visites libres interdites.

Le château de Dębno vaut un crochet autant pour son environnement que pour sa restauration exemplaire. Il domine un paysage vallonné arrosé par la rivière Niedźwiedzia, à l'abri d'un bouquet d'arbres et de douves asséchées. Depuis sa construction pour la famille Dębiński dans la seconde moitié du 15e s., cette résidence fortifiée de briques rouges a connu guerres, invasions et incendies avant d'être restaurée après la Seconde Guerre mondiale. Un petit tour du château permet de mieux comprendre la simplicité de son plan : quatre bâtiments disposés en rectangle, hauts de deux étages, reliés par quatre tours défensives. La visite commence dans la cour intérieure, assez dépouillée, mais qui restitue bien l'atmosphère à la fois militaire et élégante. L'intérieur surprend par la richesse de ses collections de meubles et de tableaux du 16e au 19e s. À noter la cuisine et ses cuivres, la salle de concert dont le piano est utilisé pour des récitals occasionnels et une pharmacie étonnante par son mobilier en marqueterie. Chaque année, en septembre, le château est le cadre d'un tournoi de combats à l'épée en costume de chevalier. Cent mètres au-dessus du château se trouve la **chapelle** en pierre et à pans de bois.

Tarnów pratique

Code postal – 33-100.

Adresses utiles

Office de tourisme – *Rynek 7 - ✆ 014 688 90 90 - www.it.tarnow.pl - mai-sept. : lun.-vend. 8h-20h, w.-end 9h-17h ; oct.-avr. : lun.-vend. 8h-18h, w.-end 9h-17h.*

Police – *✆ 997.*

Pompiers – *✆ 998.*

Taxi – Express *✆ 96 69* ; Euro *✆ 96 25* ; Viva *✆ 96 26.*

Transports

Les gares routière et ferroviaire – *En bas de la rue Krakowska - 10mn à pied de la Vieille Ville.* Des trains relient Tarnów à Cracovie toute la journée ; le trajet dure environ 1h.

Se loger

⊖⊖⊖ **Hotel Bristol** – *Ul. Krakowska 9 - ✆ 014 621 22 79 - www.bristol.tarnow.com.pl - fermé déc. et janv. - [P] - 15 ch. 320 PLN - ☕ 20 PLN.* À 5mn à pied du Rynek, cet hôtel, présentant une belle façade sur la principale rue commerçante de la ville, offre d'agréables chambres décorées dans des tons de rose.

Se restaurer

⊖ **Restauracja Impresja** – *Rynek 12 - ✆ 014 621 53 33 - 11h-22h - 25 PLN.* Au 1er étage d'un immeuble du Rynek, une grande salle joliment décorée où l'on peut déguster une cuisine assez raffinée avec des recettes originales : poulet aux gambas, filet mignon aux champignons.

⊖⊖ **Restauracja Tatrzańska** – *Ul. Krakowska 1 - ✆ 014 622 46 36 - 9h-22h - 50 PLN.* Chic et convivial, ce restaurant sert une cuisine polonaise raffinée par sa saveur et sa présentation. Glacier le plus réputé de la ville. Ambiance musicale de qualité.

Kielce★

205 902 HAB.
CARTE GÉNÉRALE C3 – CARTE MICHELIN N° 720 H13 – VOÏVODIE DE PETITE-POLOGNE

Au 12e s., les évêques de Cracovie ont fait de Kielce le siège d'une de leurs résidences. Le contraste entre l'animation de cette ville étudiante et commerçante et son riche passé architectural en fait une étape agréable. Construite sur une colline, Kielce est à proximité du Parc national Świętokrzyski dont les paysages vallonnés offrent de nombreuses possibilités de promenade.

- **Se repérer** – Kielce est la limite nord de la région de Petite Pologne (Małopolska), à 120 km au nord de Cracovie, sur la route de Varsovie.
- **À ne pas manquer** – Une balade dans les Planty.
- **Organiser son temps** – Comptez une demi-journée pour la ville et les musées, une demi-journée pour le Skansen de Tokarnia puis le musée des Cadrans solaires de Jędrzejów et enfin une demi-journée pour se promener dans le Parc national Świętokrzyski.

Comprendre

Une ville étudiante et culturelle – Kielce a su se forger une image culturelle et joyeuse. Éloignée des plus beaux joyaux de l'architecture polonaise, elle aurait pu sombrer dans la grisaille des villes anodines. Au contraire, elle se nourrit du dynamisme des étudiants et des enseignants qui représentent environ 20 % de la population. Une vitalité qui en a fait un haut lieu artistique au travers de son centre culturel et de maisons dédiées à la musique, au théâtre, à la photographie ou à la danse. L'emblème de cette réussite n'est-il pas Miles Davis, dont la statue rayonne devant le centre culturel et qui attire les jeunes skaters et bikers qui l'utilisent comme une piste d'envol ?

J. Malburet / MICHELIN

Le palais épiscopal édifié au 17e s.

Se promener

Sur la hauteur, le quartier historique

La meilleure manière de découvrir la ville est d'atteindre son sommet. Depuis le Rynek, monter la rue Mała, traverser la rue Sienkiewicza pour atteindre la **cathédrale** et le **palais épiscopal**, qui abrite le Musée national *(voir dans « Visiter »)*.

Cathédrale de l'Assomption-de-la-Sainte-Vierge (Katedra Wniebowzięcia NMP)

Elle fut fondée par Gédéon, un évêque de Cracovie, en 1171. Remaniée et en partie reconstruite aux 13e et 19e s., elle se présente aujourd'hui comme une église baroque ayant gardé le plan simple de l'édifice roman d'origine.
Traversez ensuite le jardin planté sur les ruines du mur d'enceinte de la **forteresse** et basculez sur l'autre versant de la colline. Pelouse, jeux pour enfants, statues ou arbres ponctuent **les Planty**. Cet espace vert escarpé descend jusqu'à des plans d'eau où musardent étudiants et jeunes parents. L'ambiance est familiale et décontractée. Depuis le bas du jardin, la vue sur l'ensemble architectural surprend par son étendue.

Rue Sienkiewicza

Dans l'artère commerçante et piétonne de Kielce, outre les magasins, les banques ou Kantors qui s'y multiplient, on peut admirer quelques maisons historiques. En partant de la gare, arrêtez-vous devant le n° 47, la **banque de l'Économie alimentaire** (Bank Gospodarki Żywnościowej), puis au n° 31, l'**hôtel Wersal** avec ses balcons et sa tour. Au n° 32, on verra le **théâtre Żeromskiego** inauguré en 1879 et, en face, au n° 21, l'**hôtel Bristol**, le plus vieil établissement de Kielce.

Visiter

Palais et Musée national★★ (Pałac Biskupów Krakowskich)

Plac Zamkowy 1 - ✆ 041 344 40 14 - mar. 10h-18h, merc.-dim. 9h-16h - 10 PLN.

Le palais des Évêques de Cracovie, construit entre 1637 et 1641 par l'un d'entre eux, Jakub Zadzik, est caractéristique de l'architecture des résidences de la période Vasa. La majeure partie des salles ainsi que la façade n'ont été altérées ni par le temps, ni par les reconstructions. Depuis les années 1970, il est occupé par les collections du Musée national dont le principal intérêt réside dans la galerie de peintures polonaises des 19e et 20e s., l'une des plus riches de Pologne. À l'étage, de nombreuses tapisseries des Gobelins habillent les murs, et les plafonds sont, pour la plupart, couverts de fresques historiques. Celles représentant l'incendie de Moscou en 1612 et l'accueil des délégations suédoises en 1635, peintes par Tomasso Dolabelli, sont particulièrement impressionnantes.

Le musée mène aussi une politique d'expositions temporaires où la photographie est souvent à l'honneur. Une annexe, sur le Rynek, présente les collections ethnographiques et géologiques.

Musée du Jouet★ (Muzeum Zabawek i Zabawy w Kielcach)

Pl. Wolności 2 - ✆ 041 344 40 78 - www.muzeumzabawek.eu - tlj 10h-18h - 6 PLN.

On y découvre tout un univers de poupées de porcelaine, certaines du 18e s., de modèles réduits d'avions, de voitures ou de trains offerts au musée par des collectionneurs privés. La collection de maquettes évoque de prestigieux voiliers tels le *Mayflower*, le *Cutty Sark* ou le trio formé par la *Niña*, la *Pinta* et la *Santa Maria*. Le plus célèbre des voiliers polonais, le *Młodzieży*, est aussi là. Dans une autre salle est exposée l'œuvre naïve de Tadeusz Żak, spécialiste du cheval de bois et des oiseaux. Sans oublier les représentations traditionnelles de la sorcière Baba Jaga connue de tous les enfants polonais.

Réserve forestière Karczówka (Rezerwat Leśny Karczówka)

En ville, sortie ouest en direction de Cracovie. Suivre les panneaux « Hotel Karczówka ».

C'est une petite colline surmontée d'une église et d'un monastère. Karczówka vaut surtout le détour par son environnement sauvage et le **panorama** qu'elle offre sur la ville et la région.

Réserve naturelle Kadzielna (Rezerwat Ścisły Kadzielna)

Promenade d'environ 1h, dans la partie sud de Kielce. La carrière est aujourd'hui transformée en amphithéâtre. De nombreux concerts ou festivals se déroulent dans cet univers minéral.

Grotte « Raj » (Jaskinia Raj)

Sur la route de Cracovie à environ 5 km de la sortie de Kielce - ✆ 041 346 55 18 - www.jaskiniaraj.pl - avr.-nov. : 10h-17h - 15 PLN - il faut réserver les billets au moins un jour avant la visite. Couverte de stalagmites et de stalactites, elle est un exemple parfait de grottes karstiques utilisées par l'homme de Néandertal.

> **Promenades géologiques**
>
> Kielce est réputée pour son environnement karstique. À la limite de la ville, des sentiers permettent de découvrir des paysages insolites et quelques grottes karstiques de renom. Entre autres, la réserve naturelle Kadzielna et la grotte « Raj ».

Aux alentours

Oblęgorek

À 10 km de Kielce sur la route de Łódź. Dès la sortie de Kielce, suivre Oblęgorek sur la gauche - tlj sf lun. 10h-16h - 5 PLN.

Dans ce village se trouve la **maison de Henryk Sienkiewicz** (Dwór Henryka Sienkiewicza). Sienkiewicz (1846-1916), auteur de romans tels que *Le Déluge*, *Quo Vadis ?* ou *Les Chevaliers Teutoniques*, fut récompensé par le prix Nobel de littérature en 1905. Sa demeure, transformée en musée, est une magnifique maison tarabiscotée dont l'aménagement soigné retrace la vie et l'œuvre de l'écrivain et recrée l'atmosphère des intérieurs aristocratiques au tournant du 19e et du 20e s.

Musée ethnographique de Tokarnia★★ (Park Etnograficzny w Tokarni)

De Kielce, prendre la route de Cracovie pendant 20 km. Le musée se trouve sur la droite de la route, à la sortie du village de Tokarnia - ✆ 041 315 41 71 - avr. : tlj sf lun. 9h-16h ;

mai-juin : tlj sf lun. 9h-18h ; juil.-août : tlj sf lun. 10h-18h ; sept. : tlj sf lun. 10h-16h ; oct.-mars : mar.-vend. 10h-16h - 10 PLN, hors saison 6 PLN - visite complète : 2h.

Le Skansen de Tokarnia regroupe les différentes architectures paysannes, villageoises et nobiliaires de la région de Kielce. Les trente édifices en bois disséminés dans un parc d'environ 80 ha ont été déplacés de leur lieu d'origine dans les années 1970. Ils sont aussi divers que des corps de ferme, un moulin à vent, une église, une école ou une hutte d'herboriste. Tous furent construits au 18e ou au 19e s. La nostalgie n'a pas sa place, sans doute car l'immense village reconstitué semble être habité. Des hommes travaillent dans les champs et les jardins. Les chevaux ou les volailles colonisent les prairies et, surtout, chaque parcelle est sous la responsabilité d'une femme qui entretient le jardin et s'occupe du ménage des logis. Pour les plus curieux, le conservateur du musée a fait imprimer des fiches explicatives en français. Trois lieux méritent amplement que l'on s'y attarde :

La **pharmacie** (Apteka), située à l'entrée du Skansen. Au 19e s., elle était en fonction dans le village de Bieliny. Outre les instruments de cuivre, les pots de porcelaine, le microscope et les éprouvettes, le visiteur ne se privera pas de sourire en lisant la fiche francophone. On y apprend que la pharmacie vendait des poudres, des plantes et... de la vodka rafraîchissante.

La **maison de Jan Bernasiewicz** (Dom Jana Bernasiewicza), du nom de l'artiste naïf, décédé en 1984, qui a laissé une œuvre attachante. Ses statues de bois, religieuses ou païennes, nous rappellent avec force que l'art naïf polonais a toujours été vivace. De nombreuses photos de cet homme sont exposées dans une des pièces. Malicieux, bourru, modeste, ces portraits le présentent comme un grand-père rêvé. Et si les photos sont trompeuses, ses œuvres parlent pour lui.

A. Galy / MICHELIN

L'abbaye bénédictine de la Ste-Croix (Święty Kryż) de Nowa Słupia.

Le **manoir de Suchedniów** (Dwór z Suchedniowa), l'un des derniers lieux du circuit, contraste fortement avec le monde paysan majoritairement représenté à Tokarnia. Il fut construit par un noble local en 1812. Ici, les poutres sont en mélèze et finement assemblées, le chauffage provient de splendides poêles de faïence et le mobilier, des meilleurs artisans.

Parc national Świętokrzyski★ (Świętokrzyski Park Narodowy)

À environ 35 km de Kielce. Prendre la route de Lublin. À Radlin, tourner à gauche vers Ciekoty. Les deux villages principaux du parc sont Święta Katarzyna et Nowa Słupia.

Abbaye bénédictine de Nowa Słupia (Opactwo Benedyktyńskie w gminie Nowa Słupia) – *De Nowa Słupia, deux possibilités s'offrent à vous pour rejoindre l'abbaye : en voiture, prendre la route qui longe le côté droit de l'église, direction Święty Krzyż. Faire 500 m jusqu'au parking payant et gardé. Des boutiques de souvenirs et des bars-restauration rapide sont ouverts près du parking et du sommet.*

À pied, comptez 2h AR de marche, plus le temps de visite. Ascension parfois raide mais accessible à tous. Chaussures de ville déconseillées.

Le chemin taillé dans le rocher grimpe au milieu de la forêt. C'est parfois pentu, mais toujours praticable. La présence, au sommet, d'une abbaye et d'un calvaire, incite des Polonais âgés à monter y prier en suivant le chemin de croix.

Une fois sur le plateau, il reste une grande pelouse à parcourir pour accéder à l'abbaye. Celle-ci est toujours occupée par des bénédictins, et des messes sont données dans l'église. L'abbaye est accessible par la route, mais ce serait dommage de céder à la facilité ! Le parfum des mélèzes et le chant des oiseaux sont inimitables. Une fois en haut, vous pouvez monter sur le relais de télécommunications. De l'étage accessible au public, on domine l'ensemble du Parc national Świętokrzyski.

Jędrzejów – Le musée des Cadrans solaires★★ (Muzeum Przypkowskich w Jędrzejowie)

À 38 km de Kielce, sur la route de Cracovie - Plac Tadeusza Kościuszki 7-8 - ✆ 041 386 24 45 - tlj sf lun. et lendemain de jours fériés - oct.-mars : 8h-15h ; avr.-sept. : 8h-16h - 10 PLN.

Ce lieu est envoûtant, y compris pour ceux qui ne goûtent guère au plaisir de la gnomonique – la science des cadrans solaires. Nous sommes dans la maison de la famille Przypkowski. Cadrans solaires, horloges, montres, mappemondes sont ici chez eux. Tous les membres de la famille ont passé leur vie la tête dans les étoiles, les yeux rivés sur l'astre solaire et se sont abîmé la vue à force de compulser les ouvrages anciens et les parutions modernes. Ce musée, aboutissement de cette généalogie persévérante et méticuleuse, est un émerveillement. Beaucoup de pièces ont conservé le mobilier familial et seule une pièce n'est occupée que par des vitrines remplies de cadrans solaires miniatures. Ils datent pour la plupart du 16e ou du 17e s. et viennent de Prague, Madrid, Paris, Augsbourg ou Londres. Richement décorés, fabriqués dans les matériaux les plus nobles comme l'ivoire, ces centaines de cadrans solaires constituent la troisième collection au monde. Moins sérieux, dans une vitrine se trouve une publicité vraisemblablement découpée dans un journal. Elle vante les mérites des productions de la maison du Cadran solaire de Carcassonne. Le papier est jauni mais ne porte pas de date. Avant de quitter les lieux, prenez le passage couvert jusqu'au petit jardin et reculez-vous le plus loin possible. On constate alors que la famille Przypkowski a fait construire, en 1906, un observatoire astronomique sur son toit.

Kielce pratique

Code postal – 25-000.

Adresses utiles

Office de tourisme – *Pl. Niepodległości 1 - ✆ 041 345 86 81 - informacja. turystyczna@um.kielce.pl - lun.-vend. 9h-16h, sam. 10h-15h.*

Transports

Il est difficile de pénétrer dans Kielce, car la ville est contournée par des axes routiers qui s'entrecroisent et les panneaux indiquant « Centrum » ne sont pas toujours faciles à repérer.

Après avoir trouvé le Rynek, garez la voiture et privilégiez la marche. Chaque point d'intérêt est accessible depuis cette place. Les tickets autorisant le parking sont en vente dans les petits « kiosk » du Rynek.

Gare routière et ferroviaire – *Pl. Niepodległości.* Bus et trains desservent très régulièrement Varsovie, Cracovie, Wrocław, Lublin, Gdańsk ou Zakopane. Les bus relient également Sandomierz et le Parc national Świętokrzyski.

Se loger

⊖⊖ **Hotel Karczówka** – *Ul. Karczówkowska 64 - ✆ 041 366 26 26 - P - 31 ch. 180 PLN.* Les chambres sont petites mais confortables et soignées. Bois vernis et dentelle leur confèrent un côté cosy. À l'écart de la ville, calme assuré. Wi-fi.

Se restaurer

⊖ **Pałacyk Zielińskiego** – *Ul. Zamkowa - ✆ 041 368 20 55 - 10h-0h - 30 PLN.* La rue Zamkowa démarre du jardin du Musée national. Le Pałacyk Zielińskiego sert une cuisine polonaise traditionnelle dans une atmosphère romantique. On y donne parfois des récitals de piano.

⊖ **Restauracja Bernasiówska** – *Pl. Żwirki - 26-010 Bodzentyn - ✆ 041 311 54 51 - repas complet 25 PLN.* Situé au nord du Parc national Świętokrzyski à Bodzentyn, ce restaurant familial et convivial vous réservera le meilleur accueil.

Faire une pause

Entrakt – *Pl. Moniuszki 2 - ✆ 041 343 20 46 - 11h-0h.* Situé dans le centre culturel, ce salon de thé aux baies vitrées gravées des mots : « Bordeaux - Armagnac - Cognac » sert de succulentes pâtisseries. À l'intérieur, la Goulue et Toulouse-Lautrec sont omniprésents.

Sandomierz★★

24 795 HAB.
CARTE GÉNÉRALE C3 – CARTE MICHELIN N° 720 H15 – VOÏVODIE DE PETITE-POLOGNE

Sandomierz est l'un des joyaux gothiques de la Petite Pologne, riche de 800 ans d'histoire. Autrefois port de commerce très actif sur la Vistule, elle a su prospérer et s'embourgeoiser. Pour le plus grand plaisir des yeux.

- **Se repérer** – À l'extrême nord de la Petite Pologne, à l'écart de la route 74 reliant Kielce à Lublin.
- **À ne pas manquer** – Une promenade sur les berges de la Vistule.
- **Organiser son temps** – Comptez une journée complète pour visiter la ville et ses musées. Passer une soirée à flâner sur le Rynek est plus que conseillé.

Comprendre

Un patrimoine exceptionnellement bien conservé – L'histoire de Sandomierz est teintée de l'esprit de tolérance. En 1367, la communauté juive fut l'une des premières à être juridiquement protégée de toute discrimination. Deux siècles plus tard, en 1570, les accords de Sandomierz scellaient le respect mutuel entre les calvinistes, les luthériens et les frères moraves. La cité est le fruit de cette harmonie, seulement bafouée par les invasions tatares ou suédoises. On peut s'étonner de l'exceptionnelle conservation de ce patrimoine. Ni les ravages de la Seconde Guerre mondiale, ni les délires des architectes bétonneurs de type « soviétique » ne se sont abattus sur ce pittoresque ensemble. Aujourd'hui, Sandomierz échappe même aux pollutions visuelles des zones commerciales aux abords des villes. Les grandes surfaces, ne pouvant s'installer sur les sept collines, sont reléguées plus loin. Le seul véritable problème de Sandomierz est son sous-sol instable, sujet à des glissements de terrain. Dans les années 1960, le pire fut évité de justesse et il fallut injecter de grandes quantités de béton dans les fondations pour consolider l'ensemble.

Visiter

Que l'on arrive par la **porte d'Opatów**★ (Brama Opatowska), vestige de la forteresse construite par Casimir le Grand au 14e s., ou par les ruelles pavées montant du château, tout conduit au Rynek.

Rynek★★

L'**hôtel de ville**★ (Ratusz) construit au 14e s. est planté au cœur de cette vaste place en pente de plus de 100 m de côté. D'architecture gothique, il est simplement rehaussé d'un attique Renaissance. Les maisons bourgeoises ou historiques les plus typiques sont le bureau de poste, appelé **« maison Oleśnicki »** (Kamienica Oleśnickich), au n° 10, l'ancien poste de garde néoclassique occupé par le bureau d'informations touristiques PTTK, et les maisons des nos 3, 31 ou 27, aujourd'hui l'hôtel Pod Ciżemką.

A. Galy / MICHELIN

Au centre du Rynek, l'imposant hôtel de ville.

Galerie souterraine (Podziemna Trasa Turystyczna)

Ul. Oleśnickich - 10h-18h, hors saison 10h-16h - 7,50 PLN - entrée à l'arrière de la maison Oleśnicki.

Ce labyrinthe souterrain avait pour but de relier les maisons et les commerces du Rynek pour protéger les marchandises des invasions tatares ou suédoises. Les 500 m de galeries maçonnées de briques rouges qui serpentent sous la place représentent un travail titanesque. Pourtant, la pauvreté de la mise en scène et les visites exclusivement en polonais laissent un goût d'inachevé.

Rue Zamkowa, à proximité de l'hôtel Basztowy, vous trouverez le **« chas de l'aiguille »**, minuscule passage reliant la Vieille Ville à la rue menant au château.

Cathédrale Notre-Dame-de-la-Nativité★ (Kościół Katedralny)

Avr.-sept. : mar.-sam. 10h-14h et 15h-17h, dim. 15h-17h ; oct.-mars : mar.-sam. 10h-14h, dim. 15h-17h - 2 PLN. Les Tatars et les Lituaniens ayant, respectivement au 13ᵉ s. et en 1349, méticuleusement détruit la collégiale romane initiale, le roi Casimir le Grand fit construire l'édifice actuel en 1360. Depuis, ce massif témoignage gothique a pris de la prestance. Il devint cathédrale en 1818 et basilique en 1960. L'intérieur est décoré d'autels rococo, de marbre noir ou rose, qui proviennent de différents ateliers de Cracovie et de L'viv (aujourd'hui en Ukraine). Sur les murs de la nef, des tableaux représentent avec réalisme la prise et la destruction de la ville par les Tatars ou les Suédois. D'autres, groupés sous le nom de « **Kalendarium** »★, retracent en douze scènes les différentes morts violentes possibles ! On s'y embroche, découpe ou décapite avec ferveur.

Maison de Jan Długosz (Musée diocésain)★★ (Dom Długosza - Muzeum Diecezjalne)

Ul. Długosza 9 - avr.-sept. : mar.-sam. 9h-16h, dim. et fêtes 13h-16h ; oct.- mars : mar.-sam. 9h-16h, dim. et fêtes 13h30-15h - visite 30mn - 5 PLN.

Cette maison gothique en briques rouges, derrière la cathédrale, fut bâtie par Jan Długosz en 1476. Au nord, ses ouvertures offrent une vue imprenable sur la Vistule. Depuis 1937, elle abrite le Musée diocésain. L'entrée se fait par un petit jardin aux arbres peuplés de personnages sculptés en bois. L'intérieur, tortueux, est digne d'intérêt, même si on n'est pas amateur d'art sacré. Salle V, la musique diffusée a été enregistrée sur le petit orgue du 17ᵉ s. à l'abri dans une vitrine. Salle VI, on découvre une crèche en costume 18ᵉ s. Salle VII, une étrange bibliothèque présente des livres en bois dont les pages sont remplacées par des scarabées, des glands ou des mousses séchées. Le musée expose aussi de magnifiques faïences – 16ᵉ au 19ᵉ s. – utilisées pour recouvrir les poêles, des vêtements sacerdotaux richement ornés, et de nombreuses sculptures et peintures religieuses des 15ᵉ et 16ᵉ s., notamment les trois saintes *Marthe, Agnès et Claire* peintes par un inconnu en 1518 ou *Marie avec l'Enfant et sainte Catherine* peintes par Lucas (Łukasz) Cranach.

Château - Musée régional★ (Zamek - Sandomierskie Muzeum Okręgowego)

Avr.-sept. : lun.-vend. 9h-17h ; oct.-mars : lun.-vend. 9h-15h, sam. 9h-15h, dim. 10h-15h - 5 PLN.

De ce château d'inspiration Renaissance, il ne reste que l'aile ouest. Les trois autres ailes entourant une cour à arcades furent détruites par l'armée suédoise en 1656. Il abrite un petit musée régional dont deux expositions attirent l'attention. La première est consacrée à des artistes contemporains utilisant comme matière première les roches sédimentaires datées de 150 millions d'années, venant principalement de la région de Świętokrzyski, qui deviennent bijoux ou objets miniatures. La seconde nous plonge avec délice dans les vêtements, tissus et traditions des Polonais du début du 20ᵉ s. Des photos de cette époque nous invitent à remonter le temps.

Église St-Jacques (Kościoł Św. Jakuba)

À une centaine de mètres au-dessus du château, cette église, bâtie à partir de 1226, est l'une des plus anciennes en briques rouges de Pologne. Bien que de style roman, elle se distingue par un maître-autel de 1599 et des vitraux modernes.

Circuit des Châteaux

Circuit au départ de Sandomierz - environ 100 km - compter une demi-journée.

L'un est une ruine baroque, l'autre un édifice Renaissance utilisé comme hôtel de luxe. Contraste saisissant !

Prendre la route de Kielce. Avant Opatów, à Lipnik, prendre à gauche vers Klimontów. Là, direction Iwaniska. La ruine du château Krzyżtopór est sur la commune d'Ujazd.

Ujazd - Le château Krzyżtopór (Zamek Krzyżtopór)

Édifié au 16e s., ce palais fortifié qui consacra la grandeur de la richissime famille Krzyżtopór n'est plus qu'un vaste courant d'air. Seuls les corbeaux et les tôles ondulées faisant office de toit résonnent en ces lieux. De la forteresse en forme d'étoile à cinq branches armée de canons, il ne reste que le squelette. Du palais, que les maîtres des lieux appelaient le « pallazzo » pour se donner un air d'Italie, ne restent que les fenêtres écroulées et le souvenir des fêtes majestueuses.

On quitte Ujazd en repartant à Klimontów. Là, prendre la route de Rzeszów. Après Łoniów, tourner à droite. Un panneau indique un bac pour traverser la Vistule. 1 km plus loin, prendre à gauche au carrefour en T, sans panneau indicateur (4 km sur une route défoncée). Le bac offre un service gratuit, deux voitures à chaque passage. Environ 2mn de traversée. Sur l'autre rive, le village de Baranów est à quelques centaines de mètres. Au premier carrefour, près du poste de police, prendre à droite. Le château est à la sortie du village.

Château de Baranów Sandomierski★

À l'écart du village, le château Baranów prouve bien que l'esprit de la Renaissance italienne fut à la mode en Pologne dans les familles nobles, à la fin du 16e s. Ici, les Leszczyński firent appel à l'architecte italien Santi Gucci pour dessiner et bâtir cette élégante demeure. Nichée au cœur d'un parc boisé et composé de parcelles « à la française » de 14 ha, elle a perdu son caractère militaire et défensif pour ne conserver que l'aspect résidentiel. Quatre tours surmontées d'une coupole – tour Falconi – et quatre corps de bâtiments constituent une cour intérieure ornée d'un escalier remarquable menant à une galerie au plafond décoré de fresques (galerie Tylmanowska). Habité jusqu'à la Seconde Guerre mondiale et peu endommagé durant le conflit, c'est un lieu préservé et riche en mobilier qui a poussé l'Agence de développement touristique régionale à le transformer en hôtel de luxe.

Sandomierz pratique

Code postal – 27-600.

Adresses utiles

Office de tourisme (PTTK) – *Rynek 12 - ✆ 015 832 26 82 - www.pttk-sandomierz.pl - 8h-18h en été, 8h-15h en basse saison.*

Transports

Se garer – Le centre historique étant interdit aux voitures, il est préférable de se garer sur le bd Mickiewicza ou dans un parking. Ensuite, il suffit de longer le parc face à la ville nouvelle. Au bout du parc, après 5mn de marche, on dépasse l'église St-Joseph puis on arrive à la porte d'Opatów.

Gare routière – *Ul. Listopadowa 22 - ✆ 015 832 23 02.* Lublin, Kielce, Rzeszów et Cracovie sont régulièrement reliées à Sandomierz.

Se loger

⊖⊖ **Hotel Basztowy** – *Pl. Ks. J. Poniatowskiego 2 - ✆ 015 833 34 50 - www.hotelbasztowy.pl - 25 ch. 270 PLN.* Le plus moderne et luxueux au cœur de la Vieille Ville. L'atmosphère y est joyeuse malgré une façade plutôt froide.

⊖⊖ **Hotel Pod Ciżemką** – *Rynek 27 - ✆ 015 832 05 50 - www.sandomierz-hotel.com.pl - P 20 PLN - 9 ch. 300 PLN.* Il est installé dans une maison classée et les fenêtres de l'hôtel donnent sur le Rynek. Impossible d'être plus au cœur de la ville. L'atmosphère, le mobilier et la décoration respectent l'histoire des lieux. Charme et luxe.

⊖⊖ **Motel Królowej Jadwigi** – *Ul. Krakowska 24 - ✆ 015 832 29 88 - www.motel.go3.pl - P - ♿ - 10 ch. 170 PLN.* Oubliez tous vos *a priori* sur les motels. Celui-ci est meublé comme une boutique d'antiquités. Des horloges, des aquarelles et des photos de famille vous entourent dans le restaurant. Les patrons et le personnel tentent de placer des mots de français. Cuisine familiale excellente et très bon marché. Chambres modestes mais propres. Accès Internet.

Se restaurer

⊖ **30-tka** – *Rynek 30 - ✆ 015 644 53 12 - 30 PLN.* La terrasse domine la place et le point de vue y est agréable. Les prunes et les pruneaux sont à toutes les sauces et dans presque tous les plats. Original.

⊖ **Oriana** – *Mariacka 5 - ✆ 015 832 27 24 - 30 PLN.* À l'écart de l'animation du Rynek. Possiblité d'avoir une table dans une cour intérieure. Gastronomie traditionnelle polonaise. Une des meilleures tables.

Faire une pause

Café Mała – *Ul. Sokolnickiego 3.* Un salon de thé où tout est jeune : la couleur, la musique, le personnel. C'est minuscule (*Mała* signifie « petite ») et épatant !

Achats

Antiquités – *Sur Rynek 11 et 18, Ul Opatowska 4, 17 et Ul. Sokolnickiego 10.*

Orfèvrerie – Deux ateliers de créateurs de bijoux : Ryszarda et Tomasz Krzesimowscy, *Ul. Opatowska 3* ; Cezary Łutowicz, *Pl. Poniatowskiego.*

Château de Łańcut★★★

CARTE GÉNÉRALE D4 – CARTE MICHELIN N° 720 I15 – VOÏVODIE DES PRÉCARPATES

Célèbre pour sa vodka, Łańcut l'est encore plus pour son château qui fut la propriété des illustres et richissimes familles Lubomirski, Czartoryski et Potocki qui le transformèrent au fil des modes et des siècles.

- **Se repérer** – À 20 km à l'est de Rzeszów, sur la route de Przemyśl.
- **Organiser son temps** – La visite complète du château, du parc et des musées mérite une journée complète.

Comprendre

Au 17e s., Stanisław Lubomirski commande un palais résidentiel baroque à l'Italien Matteo Trapola. Ce palais est entouré d'un système de fortifications à cinq branches. Au 18e s., la princesse Izabella Lubomirska, femme cultivée et voyageuse, représentante du siècle des Lumières, entreprend le réaménagement complet de l'intérieur en style rococo. Puis, à la fin du 19e s., Roman Potocki invite l'architecte français Armand Beauqué et des confrères viennois et italiens à donner une touche romantique au château et au parc avec l'orangerie et les écuries conçues comme des ailes de palais. Le dernier propriétaire, le richissime Alfred Potocki, expédia meubles et objets à l'étranger en 1944. Devenu monument national, le château est meublé de collections d'État.

Visiter

✆ 017 225 20 08 - www.zamek-lancut.pl - muzeum@zamek-lancut.pl (à cette adresse une visite guidée en français peut être réservée) - juin.-sept. : lun. 9h-15h30 (visite non guidée), mar.-sam. 9h-17h, dim. 10h-18h ; fév.- mars et oct.-nov. : mar.-sam. 9h-16h - dernière entrée 1h av. fermeture - fermé déc.-janv., sam. et dim. de Pâques, 3 mai, 1er et 11 nov. - 25 PLN (le billet inclut la visite du château, du parc, des musées), gratuit lun.

Château et orangerie

Sorte de musée des intérieurs polonais, le château présente une multitude de salles, certaines claires décorées de sculptures, de boîtes à musique, de porcelaines chinoises ou de mobilier raffiné, d'autres sombres aux meubles massifs et aux vitrines remplies d'armes ou d'armures. Au 1er étage, tout commence par la galerie des portraits de la famille Potocki. Grâce aux nombreuses baies vitrées et fenêtres, le parc est un élément de décor au même titre que le mobilier et les multiples chinoiseries essaimées sur les meubles ou dans les vitrines. Salles de bains jaunes ou roses, salles de musique, salle de danse, salle à manger de marbre rose se succèdent puis on découvre la longue galerie antique avec amphores en trompe-l'œil et bas-reliefs. Au rez-de-chaussée, une sombre galerie est dédiée aux armes blanches, sabres et pistolets.

De l'orangerie, se diriger ensuite vers l'extérieur du parc et traverser la rue 3 Maja.

Anciennes écuries

Dessinées par le français Armand Beauqué, elles abritent aujourd'hui le **musée des Carrosses★** (Muzeum Powozów) et sa superbe collection de véhicules (19e et 20e s.), léguée par la famille Potocki et venant de Paris, Vienne ou Londres, mais aussi de Varsovie et de Kielce, et le **musée des Icônes** (Muzeum Ikon), riche d'œuvres uniates, des 16e et 17e s., réalisées dans les régions de Przemyśl, Sano, et en Slovaquie.

Le parc

Au fil de la balade dans les allées plantées de hêtres ou de marronniers séculaires, on découvre la maison des Orchidées, le manège à chevaux ou l'école de musique.

Łańcut pratique

Se loger

Hôtel et restaurant Pensjonat Pałacyk – *Ul. Paderewskiego 18 - ✆ 017 225 20 43 - www.palacyk-lancut.pl - 10 ch. 150 PLN - repas 25 PLN.* C'est l'un de nos coups de cœur. Un palais miniature dont l'intérieur ressemble à une bonbonnière. Tout y est convivial, élégant et moderne. Côté restaurant, la carte propose des cuisines polonaise, balte ou ukrainienne. Les gâteaux à la cannelle et la *zupa gulaszowa* sont savoureux !

Se restaurer

Restaurant Zamkowa – *Situé dans le château - ✆ 017 225 26 71 - 35 PLN.* Un cadre très élégant et une cuisine polonaise raffinée sans toutefois atteindre le niveau que l'on attend dans un tel endroit.

Przemyśl★★

66 867 HAB.
CARTE GÉNÉRALE D4 – CARTE MICHELIN N° 720 J16 – VOÏVODIE DES PRÉCARPATES

Au cœur de toutes les stratégies militaires durant près de 1 000 ans, Przemyśl jouit enfin d'une relative tranquillité. Autrefois plus grande forteresse de l'Empire austro-hongrois, puis ville chère aux espions durant la guerre froide, elle préfère célébrer aujourd'hui son artisanat de pipes et de cloches connu dans tout le pays.

- **Se repérer** – Ville frontière avec l'Ukraine, à 265 km à l'est de Cracovie, sur la E 40.
- **À ne pas manquer** – Une visite des ateliers de fabrication de cloches et de pipes.
- **Organiser son temps** – Comptez une journée pour une promenade en ville et la visite des musées. Prévoir aussi une journée pour découvrir la forteresse et les environs de la cité.

Comprendre

1 000 ans d'histoire militaire – Depuis son origine, Przemyśl a toujours suscité la convoitise. Sa situation géographique l'a placée au centre des invasions, des conflits mondiaux ou des tensions internationales. Tatars, Cosaques ou Transylvaniens et plus tard Austro-Hongrois, Russes, occupants nazis ou soviétiques ont tous cherché à s'accaparer cette voie de passage entre l'Europe et l'Orient. Seuls les 16e et 17e s. permirent à la cité de se constituer un patrimoine architectural et une économie prospère. La majeure partie des monuments historiques visibles aujourd'hui datent de cette époque. Pourtant, le calamiteux 18e s., qui vit la Pologne se diviser, sonna la destruction du plus grand nombre d'entre eux. L'histoire militaire connaît son apogée sous le règne de l'empereur François-Joseph qui voulait faire de Przemyśl la « porte de la Hongrie ». Le quartier général de l'armée décide d'en faire la plus importante forteresse de l'Empire. Il s'agit de créer un double réseau de fortins, des souterrains et des dépôts d'armes tout autour de la ville, parfois à près de 10 km. La planification et les travaux de fortification commencent en 1853 et se chevauchent dès 1855 avec la construction d'une ligne de chemin de fer reliant la Galicie à la Hongrie. Ces deux chantiers simultanés offrirent à la ville un développement économique et une augmentation de population conséquents. Przemyśl comptait 9 500 habitants en 1850 et près de 55 000 en 1910. Au début du 20e s., les communautés catholique, orthodoxe, gréco-catholique et juive y coulaient des jours paisibles, avant que les deux conflits mondiaux ne redonnent à Przemyśl son intérêt militaire, à nouveau source de déclin et de misère. 100 000 soldats périrent dans la forteresse lors de la Première Guerre mondiale.

Visiter

Le bouillonnant **San** qui descend des Bieszczady polonaises et ukrainiennes sépare la ville moderne et la ville historique. La majeure partie des curiosités se trouve sur les hauteurs de la rive droite.

En partant du **Rynek** et de ses maisons à arcades, remonter la rue commerçante et piétonne Kazimierza Wielkiego jusqu'à la tour de l'Horloge.

Musée des Cloches et des Pipes
(Muzeum Dzwonów i Fajek)

Ul. Władycze 3 - ✆ 016 671 83 16 - mar.-sam. 10h30-17h30, dim. 11h-19h - 5 PLN.

Installé dans la **tour de l'Horloge** (Wieża Zegarowa), de style baroque, ce musée présente, sur ses sept étages, deux artisanats encore actifs à Przemyśl : les cloches et les pipes.

Les cloches – La collection couvre des productions du 17e au 20e s. On y découvre notamment l'ancienne cloche de l'hôtel de ville de 1740, des productions des ateliers de Gdańsk et de nombreuses cloches de navire.

A. Galy / MICHELIN

Musée des Pipes et maîtres-pipiers pour tout savoir sur cet artisanat.

Les pipes – Issues de différents ateliers de la ville, elles sont taillées dans le bois ou moulées en porcelaine. Les plus anciennes remontent aux 17e et 18e s. À noter, une pipe en forme de tête de cheval ayant appartenu à un chef cosaque ukrainien, ou celle d'un Morave représentant avec humour ses chasses.

De la terrasse, au sommet de la tour : panorama sur la Vieille Ville et la rivière.

Retourner vers le Rynek en empruntant la rue Franciszkańska.

Église des Franciscains (Kościół Franciszkanów)

Elle est bâtie sur les vestiges de la première église de Przemyśl, édifiée en 1379. Détruite au 18e s., elle fut remplacée par l'église actuelle de style néobaroque. Les artistes de l'école de L'viv ont réalisé les sculptures en bois et les fresques.

Remonter la rue Asnyka jusqu'à la cathédrale gréco-catholique, le Musée national et, plus haut, l'ancienne église des Carmélites Sainte-Thérèse.

Cloches et pipes

On peut rendre visite aux artisans prêts à montrer leur savoir-faire. L'accueil des touristes n'y est pas organisé mais la porte est agréablement ouverte à ceux qui respectent le travail des employés. Rendez-vous à Ostrów, à 5 km du centre de Przemyśl, sur la route de Sanok. Les ateliers sont en bordure de route.

Zbigniew Bednarczyk, surnommé « Bróg », est un des maîtres-pipiers influents de Przemyśl. Chaleureux, il passionnera les amateurs. *Ostrów 324 - ✆ 016 671 08 40.*

La famille Felczyński, depuis sept générations, vend les cloches fondues dans son atelier aux églises et aux bateaux des cinq continents. Odlewnia Dzwonów, Janusz Felczyński – *Ostrów - ✆ 016 670 73 52 - visite de l'atelier sur RV.*

Cathédrale byzantine ukrainienne (Archikatedra Greckokatolicka)

Autrefois catholique, elle fut donnée aux gréco-catholiques par le pape Jean-Paul II en 1991, ce qui explique la présence d'une iconostase.

Musée national (Muzeum Narodowe Ziemi Przemyskiej)

Pl. Berka Joselewicza 1 - ✆ 016 679 30 00 - mar. et vend. 10h30-17h30, merc., jeu. et w.-end 10h-14h - 6 PLN (actuellement en déménagement et restructuration).

Des photos, dessins ou objets illustrent la vie quotidienne et la pratique religieuse de la communauté juive locale au 19e et au début du 20e s. Mais on remarquera surtout la **collection d'icônes** des 16e et 17e s. due à la présence historique de chrétiens orthodoxes et gréco-catholiques. À voir, la Passion datée de 1703, un des joyaux de la collection. Le deuxième étage est consacré à l'histoire de la forteresse. De nombreux documents et photos attestent de son rôle militaire et économique. Grâce à sa protection, Przemyśl fut une ville prospère, avant les grandes guerres.

Cathédrale catholique (Archikatedra Rzymskokatolicka)

De style gothique, elle possède une tour baroque de 71 m.

W. Buss / MICHELIN

Le château Renaissance de Krasiczyn avec ses décors de sgraffite.

On rejoint **le château** en suivant les rues Katedralna puis Zamkowa. On y découvre les premières traces de construction que les archéologues font remonter à 992. Le château, dont la base date de 1340, fut très remanié. En grande partie détruit, il offre son cadre à la terrasse d'un café et à la scène d'un théâtre. L'ensemble domine la vallée et est entouré d'un grand parc arboré. La descente vers le Rynek s'effectue par les rues Kmity puis Grodzka, dans laquelle se trouve l'ancien monastère dominicain.

Forteresse (Forty Twierdzy Przemyśl)

La forteresse de Przemyśl a souvent été comparée à celle de Verdun. On compte une trentaine de sites fortifiés entourant la ville d'une ceinture de 45 km. Les constructions sont parfois imbriquées dans les reliefs du terrain, parfois souterraines, disposées en ligne, ou plus rarement en arc de cercle. Les fortins avaient diverses fonctions : résister à l'avancée de blindés, abriter les pièces d'artillerie ou les troupes d'infanterie et protéger des postes de commandement ou des stations télégraphiques. Militairement, la forteresse semblait imprenable. Néanmoins, à diverses reprises lors des grands conflits du 20e s., les assaillants profitèrent d'une faille irrémédiable : la faim ! Le circuit peut s'effectuer à pied ou à vélo en suivant les indications. Trois sites principaux et leurs environs proches sont à visiter en priorité :

Siedliska et Jaksmanice : *prendre la route E 40, à l'est vers Medyka (frontière ukrainienne). À 10 km de Przemyśl, prendre à droite vers Siedliska.*

Duńkowiczki et Orzechowce : *prendre la E 40, au nord vers Rzeszów. À 8 km de Przemyśl, prendre à gauche vers Duńkowiczki et Orzechowce.*

Łętownia : *Prendre la route 884, à l'ouest de Przemyśl pendant environ 8 km.*

Il est conseillé de s'équiper d'une lampe torche.

Aux alentours

Château de Krasiczyn★★

Prendre la route de Sanok pendant 8 km. Le château est en bord de route. Visite guidée mai.-nov. : 9h-16h, départ ttes les h - 8 PLN.

Bâti pour Stanisław Krasicki en 1580, le château qui porte son nom est de style Renaissance. Une cour, décorée de fresques représentant les familles nobles, est délimitée par quatre tours. La tour du Pape, la tour de Dieu contenant la chapelle et une crypte, la tour du Roi dont les étages sont transformés en salle d'exposition d'œuvres contemporaines, et la tour du Noble dont le sommet offre un panorama sur le parc. Celui-ci est remarquable grâce à la majesté de certains arbres. Des chênes plusieurs fois centenaires, un ginkgo biloba, des magnolias ou des haies de tilleuls en font une promenade aussi agréable que la visite du château.

Przemyśl pratique

Code postal – 33-700.

Adresses utiles

Office de tourisme – *Ul. Grodzka 1 - ✆ 016 675 21 64 - www.przemysl.pttk.pl - avr.-sept. : lun.-vend. 10h-18h, w.-end 9h-17h ; oct.-mars : lun.-vend. 9h-17h, sam. 10h-14h.* Personnel anglophone.

Banque – *Les principales banques se trouvent autour du Rynek.*

Café Internet – *Ul. Ratuszowa 8 - très proche de l'hôtel de ville.*

Transport

Gare ferroviaire et routière – *Ul. Czarnieckiego.* Sur la rive droite, à l'ouest de la Vieille Ville. Varsovie, Cracovie, Radom, Lublin et Zakopane sont desservies très régulièrement.

Se loger

⊖ **Agritourisme - Elżbieta Skrzyszowska** – *Leszczawa dolna 16, 37-740 Bircza, environ 36 km de Przemyśl en direction de Sanok - ✆ 016 672 61 23 - organistowka@gmail.com - 50 PLN.* Une charmante maison en campagne offrant tout le confort. Calme et produits naturels assurés. Ouvert tte l'année.

⊖⊖ **Hotel Zamkowy w Krasiczynie** – *Dans le château de Krasiczyn - ✆ 016 671 83 21 - www.hotele.zamkowe.pl - 40 ch. 220 PLN dans l'hôtel, 260 PLN dans le château.* Le cadre Renaissance du château offre un lieu de séjour exceptionnel. Les chambres et les prestations sont luxueuses. Se réveiller au cœur du château et de son parc est un moment inoubliable.

Se restaurer

⊖ **Restauracja Wyrwigrosz** – *Ul. Rynek 20 - ✆ 016 678 58 58 - 10h-23h - 30 PLN.* Dans une grande salle voûtée, ce restaurant sert une cuisine polonaise parfumée d'un zeste de cuisine asiatique. Curry et bambou accompagnent le chou !

⊖⊖ **Restauracja « Jutrzenka » - M. Tomaszewska** – *Pl. Konstytucji 3 Maja 6 - ✆ 016 670 72 40 - www.mtomaszewska.com.pl - 10h-22h - 40 PLN.* Élégant cadre nostalgique de l'époque autrichienne. Excellente cuisine, galerie de photos d'antan et ambiance valse. Épicerie fine et salon de thé.

Les Bieszczady★★★

CARTE GÉNÉRALE D4 – CARTE MICHELIN N° 720 J15-K16 – VOÏVODIE DES PRÉCARPATES

Ce petit massif de moyenne montagne s'étend sur la Pologne, la Slovaquie et l'Ukraine, à l'extrême sud de la région de Podkarpackie. Très peu peuplées, du fait de leur topographie et de leur histoire politique récente, les Bieszczady sont aujourd'hui une des régions les plus appréciées des amoureux de la nature et du patrimoine religieux. La nature y est à l'état sauvage avec une alternance de petites montagnes rondes et verdoyantes et de vallées boisées parcourues d'eaux vives. Sanok en est la porte d'entrée.

- **Se repérer** – À 80 km au sud de Rzeszów, à la frontière de l'Ukraine et de la Slovaquie.
- **À ne pas manquer** – L'exposition du peintre contemporain Zdzisław Beksiński, au dernier étage du Musée historique de Sanok.
- **Organiser son temps** – Compter au minimum deux jours pour randonner dans les Bieszczady, profiter du bateau sur le lac de Solina ou du petit train de montagne. À Sanok, compter une journée pour la visite du Skansen et du musée.

Comprendre

L'histoire d'une désertification – Peuplé au Moyen Âge d'hommes venant des régions de Cracovie puis de Ruthènes de l'Est, ce petit territoire perdu au bout du royaume de Pologne passa à la fin du 18e s. sous la domination des Autrichiens. Pendant la Première Guerre mondiale, le front qui séparait les armées russe et autrichienne traversait les montagnes jusqu'à Przemyśl et, lors des combats très violents, 100 000 Autrichiens trouvèrent la mort. Le second conflit mondial épargna la région mais l'immédiat après-guerre fut dramatique. Les autorités polonaises et soviétiques entrèrent en conflit avec les populations d'origine ukrainienne. En 1947, les autorités polonaises décidèrent de « résoudre le problème » en expulsant la totalité des membres de la communauté ruthène *manu militari* dans un bain de sang qui marqua longtemps les esprits. De nombreux villages furent totalement vidés de leurs habitants.

Aujourd'hui, dans le cœur de bien des Polonais, les Bieszczady sont une sorte de « far west » pour les Varsoviens ou les Cracoviens stressés et amoureux de grands espaces. Les habitants accueillants sont empreints de valeurs humaines propres à leur culture montagnarde. Depuis 1973, le **Parc national des Bieszczady** est chargé de maintenir un équilibre entre le développement touristique, source de revenus presque exclusive de la région, et la protection de l'environnement. Botanistes, géologues ou zoologistes partagent ce terrain de jeu écologique avec les randonneurs.

Une faune riche mais difficile à voir

Étendu sur 292 km², le **Parc national des Bieszczady** ne couvre que la partie la plus élevée de ce massif montagneux recouvert en grande partie de forêts (80 %). La faune y est particulièrement riche. On verra sans problème les nombreuses **cigognes** qui ont élu domicile sur les toitures ou les poteaux électriques. La plupart des autres espèces – bisons, ours, loups – sont difficiles à observer. Environ 200 **bisons** d'Europe ont été réintroduits dans la région dans les années 1960. Les mâles furent chassés dans les années 1970 et 1980 par les « élites communistes » en quête de trophées, ce qui compromit fortement leur sauvegarde. Les **ours**, dont on estime le chiffre à 90 individus, peuvent atteindre 2,50 m de hauteur et 450 kg. Ils déambulent, notamment dans les forêts autour du lac Solina et dans les montagnes Słonne au sud-est de Sanok. En cas de rencontre fortuite avec l'un d'eux, il est conseillé de garder son calme et de quitter les lieux sans précipitation. Autre animal de légende dont le seul nom effraie, le **loup** ! On en dénombre environ 210, vivant par petites bandes de 5 à 8 individus. Là encore, la rencontre n'aura lieu que grâce au hasard, et l'animal disparaîtra sans demander son reste. On dénombre aussi 230 **castors**, 120 **lynx** et de nombreux rapaces dont l'**aigle doré**. Son envergure qui peut atteindre 2 m et son exceptionnelle vision en font un prédateur redoutable. Sans oublier le très pacifique **Hucuł,** petit cheval très résistant, idéal pour la randonnée. Originaire du massif des Carpates, il est ici chez lui. Le Parc des Bieszczady et un propriétaire privé l'élèvent et le traitent comme une espèce à protéger tant son image est associée à celle de la région.

A. Galy / MICHELIN

Paysage des Bieszczady.

1 Le tour des Bieszczady à partir de Lesko★★★

Environ 150 km. À Lesko, prendre la route 893 vers Baligród, le long de la rivière Hoczewka.

Baligród

Cette petite ville, créée au début du 17e s., est connue pour la qualité de son eau de source. Au cœur du village, une carcasse de char rappelle les heures sombres de la Seconde Guerre mondiale. Un cimetière juif niché dans un sous-bois sur une colline (panneaux « Cmentarz Żydowski ») et une église gréco-catholique en ruine sont les derniers vestiges de l'époque où les communautés religieuses vivaient en harmonie.

Cisna

Ligne ferroviaire Cisna – Majdan - Dołżyca - Przysłup (11 km)★★

Biuro Fundacji Bieszczadzkiej Kolejki Leśnej Majdan 17 - 38-607 Cisna - ✆ 013 468 63 35 - www.kolejka.bieszczady.pl - juil.-août : 2 départs/j à 10h et 13h ; mai-juin et sept. : uniquement le w.-end. - environ 2h30 -19 PLN AR.

L'attraction principale de Cisna est la réhabilitation d'une ligne de chemin de fer. À la fin du 19e s., l'enclavement du sud de la Podkarpackie était tel que les Autrichiens décidèrent de relier Cisna à la voie de chemin de fer L'viv – Budapest. La ligne fut utilisée au cours du 20e s. tantôt par les armées autrichiennes, tantôt par l'occupant nazi, puis par les Russes. Chacun, selon ses propres objectifs, trouvait là le moyen de transport de marchandises le plus efficace. Après guerre, les villages détruits furent reconstruits grâce aux matériaux transportés par le train. Plus tard, la voiture et le transport routier remplacèrent la locomotive à charbon et, aujourd'hui, un segment de la ligne fait le bonheur des touristes. À la gare de Cisna – Majdan, un petit **musée**, sans prétention mais fort émouvant, présente des matériaux divers utilisés par les cheminots, des uniformes et de nombreuses photos illustrant les travaux de construction et de rénovation.

La société qui exploite la ligne propose plusieurs formules, selon les saisons. En haute saison touristique, il est préférable de monter à Majdan, et non aux arrêts suivants, car les places assises sont limitées.

Ici, pas de nostalgie excessive ! Les cheminots et la locomotive sont résolument modernes : ni costume d'antan, ni visages noircis par le charbon. Seuls les wagons, tout en bois, sentent bon une autre époque. La première partie de la ligne traverse des forêts. La locomotive s'arrête quelques instants à Dołżyca, un village totalement rasé en 1947 qui reprit vie dans les années 1960 grâce à l'industrie du bois. Dès que le train redémarre de la gare de Dołżyca, la montée offre de merveilleux paysages. Le train s'arrête quelques minutes à Przysłup où les habitants connurent le même sort que ceux de Dołżyca. Au terminus, au sommet d'une montagne, le conducteur et ses collègues détachent la locomotive et lui font faire demi-tour… juste le temps de boire un verre et visiter une galerie artisanale avant de retourner à Majdan.

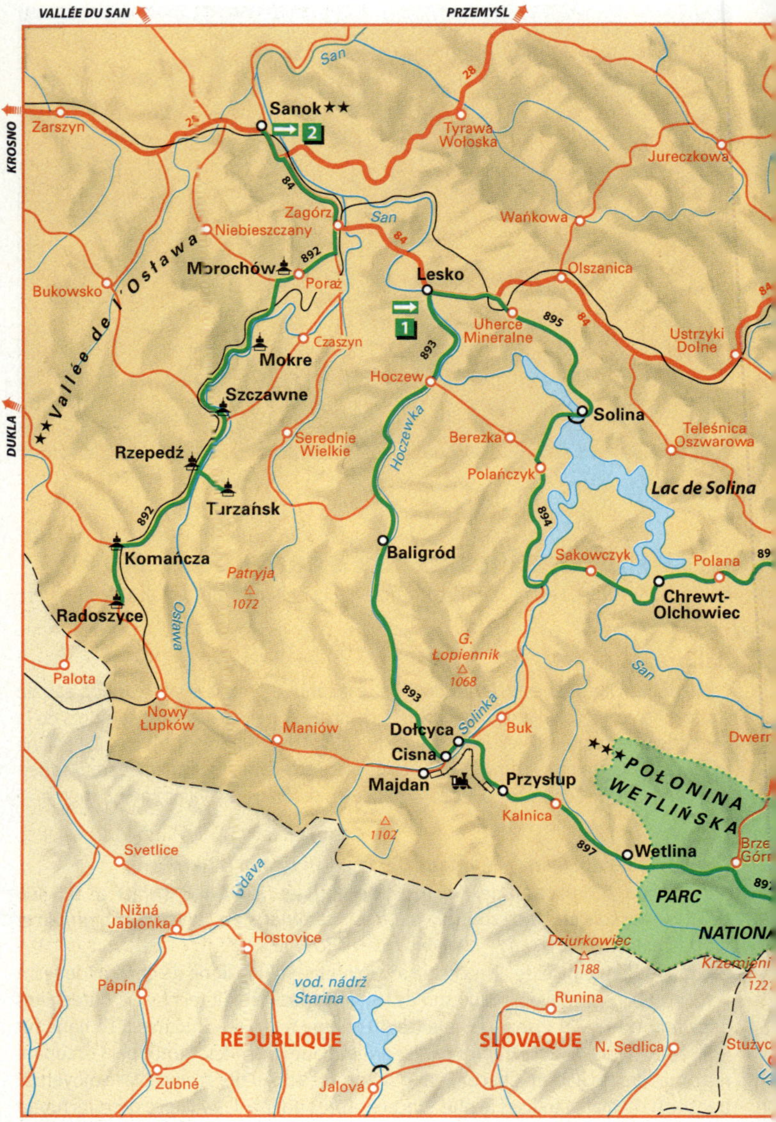

Wetlina

Ce village, au pied du massif Połonina Wetlińska, est un haut lieu de la randonnée.

Randonnée dans le massif Połonina Wetlińska ★★★

À la sortie du village, la route s'élève avant d'arriver sur un grand plateau où se trouve le départ d'une randonnée - 2h15 AR - parking et entrée dans le parc 9 PLN.

La randonnée ne présente aucune difficulté particulière. Il est toutefois conseillé d'emmener un coupe-vent ; ça souffle au sommet ! La montée s'effectue sur un chemin pierreux et assez pentu dans un sous-bois. Dans les dernières centaines de mètres, le sentier traverse une grande prairie. Au sommet se trouve un refuge et, surtout, un incroyable **panorama.** À 360° on domine un paysage qu'aucun obstacle ne perturbe. Les Bieszczady polonaises, ukrainiennes et les massifs slovaques s'étendent à perte de vue. Aucun village, aucune trace humaine n'est visible.

Ustrzyki Górne

Ce village d'une centaine d'habitants est un carrefour apprécié des randonneurs. Le village de Wołosate, sur la droite de la route, est le point de départ de l'ascension (2h) du plus haut sommet des Bieszczady polonaises à 1 346 m, le Tarnica (marque bleue). Le parc des Bieszczady dispose à Wołosate d'un élevage de chevaux Hucuł.

Quelques kilomètres au nord d'Ustrzyki Górne se trouve l'une des plus belles églises orientales des Bieszczady. Elle se dresse peu avant le village de **Smolnik★★**. C'est une église à l'origine gréco-catholique aujourd'hui utilisée par la communauté catholique romaine. Construite en 1791 dans le pur style de l'architecture Bojko, elle a échappé à la destruction massive de 1947.

Lutowiska

Lutowiska est le village de tous les contrastes. Il est surnommé « l'Alaska polonaise », non pas en rapport avec son climat, mais à cause de sa faible densité de population. On dit que le district de Lutowiska est le moins peuplé de Pologne, environ 5 hab./km^2. Pourtant, avant guerre, le village était un centre important peuplé de catholiques, de gréco-catholiques, d'orthodoxes et de Juifs. En 1939, on comptait 3 500 habitants ; en 1951, il ne restait plus que 28 familles. Entretemps, 650 Juifs avaient été exécutés par les nazis, en 1942, et la majeure partie des habitants, expulsés ou tués par les troupes soviétiques en 1947. Il ne reste de ces communautés que les cimetières et une église catholique romaine. En revanche, le district compte environ 1 000 lits à disposition des touristes.

À la sortie de Lutowiska, continuer vers Czarna Górna, puis à gauche vers Polana.

Chrewt –Olchowiec

À la sortie de Chrewt, se trouve un hameau appelé « Olchowiec ». Sur la gauche de la route, on distingue d'épaisses fumées et on sent une forte odeur de bois. Sur une butte est installée une production traditionnelle de charbon de bois. Loin d'être un site touristique, cet endroit étonnant, où les hommes maîtrisent le feu, mérite un arrêt. Les ouvriers, noircis par des conditions de travail d'un autre temps, auront la gentillesse de vous laisser jeter un œil. Un sourire, un geste de la main et le respect de leur travail suffisent à entrouvrir les portes.

Jusqu'à Solina, une route escarpée offre de magnifiques paysages sur ce que l'on appelle parfois « la mer des Bieszczady ».

Solina et son lac

La « mer des Bieszczady » est le plus grand lac artificiel de Pologne, alimenté par les rivières San et Solinka. Il s'étend sur 22 km^2. Ses 150 km de côtes découpées forment parfois de petits fjords. Cette réserve d'eau, dont la profondeur atteint jusqu'à 60 m, doit son existence à la construction d'un barrage de plus de 650 m de long. Depuis sa création, dans les années 1960, le lac de Solina est un immense espace de jeux nautiques entouré de forêts propices à la cueillette des baies et des champignons. Les propositions d'activités sportives, de loisirs pour les jeunes et les nombreux bars, restaurants et discothèques en font un lieu de divertissement.

Minicroisière sur le lac★

Laisser la voiture au parking en bord de route *(3 PLN)*, puis traverser à pied le barrage pour atteindre les plages, la base nautique et les restaurants. La vue est magnifique sur la vallée du San en aval et sur le lac en amont. Une compagnie propose une minicroisière d'environ 50mn *(10 PLN)*. Sans être inoubliable, cette balade permet de mieux profiter de l'environnement végétal et minéral exceptionnel. Attention, le bateau ne part qu'une fois rempli !

Reprendre la route en direction de Lesko.

Sanok★★

(40 052 hab.)

Sanok est la porte d'entrée des Bieszczady. Les premiers écrits attestant la naissance de Sanok remontent à 1150, mais ce n'est qu'en 1366 que le roi Casimir le Grand lui donna le statut de ville. En 1417, le mariage du roi Ladislas Jagellon et d'Elżbieta Granowska, au château de la ville, la consacra définitivement ville royale, ce qui amena des familles nobles à s'installer dans la région. Le rôle politique et économique de Sanok ne se démentit pas jusqu'à la fin du 19e s. Les familles Beksiński et Lipiński initièrent alors l'industrie de carrosses et de wagons, qui allait devenir le moteur économique de la région. Au fil de l'évolution des techniques, les carrosses furent remplacés par des engins motorisés. Le développement de Sanok, au 20e s., s'est fait grâce à des industries lourdes dans les secteurs du caoutchouc et de l'équipement mécanique. La grisaille et la pollution rythmaient alors la vie quotidienne d'une population écartelée entre sa culture montagnarde et son activité industrielle. Le déclin du secteur industriel à la fin du 20e s. a obligé Sanok à réorienter son développement. Aujourd'hui, riche d'un beau patrimoine culturel et religieux, et très proche des Bieszczady, une des régions préférées des touristes polonais, slovaques ou ukrainiens, Sanok a toutes les cartes en main pour se construire un avenir en couleurs.

Musée d'Architecture populaire★★ (Muzeum Budownictwa Ludowego w Sanoku)

Ul. Rybickiego 3 - ✆ 013 463 16 72 - www.skansen.sanok.pl - mai-sept. : 8h-18h ; oct. : 8h-16h ; nov.-mars : 8h-14h ; avr. : 9h-16h - 9 PLN.

Établi sur la rive droite de la rivière San, au pied des petites montagnes Słonne, le Skansen de Sanok jouit d'une renommée internationale. Il fut ouvert au public en 1958. Ses 38 ha abritent les témoignages architecturaux et artistiques représentatifs des quatre groupes ethniques qui vivaient dans cette région jusqu'en 1947. Les constructions édifiées par les Łemkowie et les Bojkowie sont concentrées sur la partie haute et boisée du musée. Les maisons et fermes des Pogórzanie et des Dolinianie ont été réinstallées dans la partie basse. Les emplacements choisis sont fonction des habitats d'origine, les uns ayant été principalement des montagnards, les autres ayant plutôt vécu dans les plaines. Le musée présente une centaine de bâtiments construits initialement entre le 17e et le 20e s., sauvés ainsi du délabrement qui guette les édifices en bois. Les principales curiosités sont des maisons d'habitation, des fermes et aussi des églises. On notera principalement une église catholique romaine en bois de 1667 ainsi qu'une église gréco-catholique Łemko de 1801 et deux églises gréco-catholiques Bojko datées de 1731 et 1750. Plusieurs ateliers d'artisans sont reconstitués (vannerie, poterie, tissage ou sculpture sur bois), ainsi que des moulins.

Musée historique★★

(Muzeum Historyczne)

Ul. Zamkowa 2 - ✆ 013 463 06 09 - www.muzeum.sanok.pl - juin-sept. : lun. 8h-10h, mar.-dim. 9h-17h ; oct.-mai : lun. 8h-10h, mar. et merc. 9h-17h, jeu.-dim. 9h-15h - 10 PLN. Le musée habite le manoir Renaissance de Sanok, sur le site d'une ancienne forteresse ruthène. L'intérêt et le charme du lieu tiennent sans doute aux atmosphères radicalement opposées générées par les deux expositions majeures. Sur plusieurs étages, le musée présente une collection d'icônes ayant peu d'équivalent en Pologne. Près de 300 œuvres permettent au visiteur de se faire une idée précise de la production d'icônes du 15e au 18e s. et de mieux percevoir l'importance artistique et liturgique de l'icône dans les cultes

Les quatre groupes ethniques

Quatre groupes ethniques occupaient la région : les **Pogórzanie** autour de Gorlice, Jasło et Krosno ; les **Dolinianie** dans les environs de Sanok ; les **Łemkowie** de la zone frontière avec la Slovaquie ; les **Bojkowie** occupant l'actuel sud des Bieszczady aux confins de l'Ukraine et de la Slovaquie. Bojkowie et Łemkowie furent les principales victimes des déportations massives à partir de 1947. Il reste peu de témoignages de la culture Bojko en dehors du Skansen de Sanok et des villages de Berehy Górne, Dwernik ou Hulskie.

Maison des Pogorze au Skansen de Sanok.

catholiques orientaux. Au dernier étage du musée se tient l'exposition d'un peintre natif de Sanok mondialement connu, Zdzisław Beksiński. Ce peintre contemporain ne laisse jamais indifférent. Son réalisme, sa noirceur et son style ont fait le tour des galeries du monde entier. Le musée d'Osaka au Japon lui consacre même une exposition permanente. Sanok a le privilège et l'honneur d'être le dépositaire d'une partie de son œuvre. Zdzisław Beksiński a été assassiné à Varsovie en 2005, victime d'un crime crapuleux.

2 Les routes des Églises en bois

Vallée de l'Osława, la route des Églises du peuple Łemko★★

Depuis Sanok, environ 100 km AR. À Sanok, prendre au sud la route de Lesko jusqu'à Zagórz. Là, prendre à droite vers Komańcza.

C'est à Zagórz que la rivière Osława se jette dans le San. Sur une quarantaine de kilomètres, la route qui serpente dans un paysage vallonné et boisé est ponctuée d'églises en bois construites par le peuple Łemko au 19e s. Si le voyageur est étonné de trouver tant de merveilles architecturales et d'icônes, il faut pourtant rappeler que la majorité des églises de ce type ont été détruites lors des conflits ou durant la période communiste. Raison de plus pour savourer cet itinéraire.

À la sortie de Zagórz, prendre à droite vers Poraż et Morochów.

Église de Morochów – *Un prêtre vit au presbytère. Grâce à lui, on peut entrer dans l'église.* Édifiée sur une butte, on y accède en empruntant un chemin qui démarre de la route. C'est une église orthodoxe depuis 1961, mais qui fut construite par les gréco-catholiques en 1837. À l'intérieur, on peut admirer une iconostase du 19e s.

Continuer la route vers le village de Mokre.

Église de Mokre – *La visite se fait en compagnie des habitants de la maison 42 en bord de route.* L'église gréco-catholique en briques ne date que de 1992 et n'a que peu d'intérêt par rapport à ses voisines. Néanmoins, l'iconostase de 1900, prêtée par le musée des Icônes de Łańcut, vaut que l'on s'y arrête.

À la sortie de Mokre, on remarque les installations d'un ancien puits de pétrole. Continuez vers Szczawne. Traverser le village jusqu'à un passage à niveau. L'église est sur la colline à droite après la ligne de chemin de fer.

Église de Szczawne – *Les clefs sont disponibles à la maison 20, sur la route de Bukowsko. (Attention, il est recommandé de suivre le chemin entre la route et l'église et non de traverser le champ… marécageux !).* L'église de la Dormition-de-la-Vierge, construite en 1888 par les gréco-catholiques, est aujourd'hui utilisée par les orthodoxes. Elle est surmontée d'un étonnant toit vert à bulbe. Le clocher en bois, séparé de l'église, fut construit un an plus tard. L'iconostase est contemporaine mais, sur les murs, se trouve une belle polychromie de 1925.

Continuer vers le village de Rzepedź. À l'entrée du village, prendre à droite la route qui longe le torrent jusqu'à l'église.

Église de Rzepedź – *Sławomir Jurowski, qui habite la première maison sur la droite après l'église, dispose des clefs.* Construite en 1824 et restaurée en 1896, l'église St-Nicolas fut construite par les gréco-catholiques avant d'être utilisée par les catholiques romains après la Seconde Guerre mondiale. Elle fut restituée aux gréco-catholiques récemment. L'iconostase et le clocher à trois étages sont contemporains de la construction. La polychromie à l'intérieur est datée de 1896.

Dans le village, prendre à gauche vers Turzańsk. Traverser une partie du village, l'église est sur la gauche de la route.

Église de Turzańsk – *Teodor Tchoryk, demeurant à la maison 63, fait visiter l'église.* L'église de l'Archange-Michel fut édifiée par les gréco-catholiques en 1803. Elle est aujourd'hui réservée aux orthodoxes. Outre son iconostase de la fin du 19e s. et ses deux autels latéraux datés du début du 19e s., elle se caractérise par un clocher considéré comme le plus haut de Pologne pour ce style d'églises.

Revenir à Rzepedź, reprendre la route vers Komańcza. Traverser le village vers Dukla.

Églises de Komańcza – La première est en bord de route. Sa partie inférieure est en briques et sa partie supérieure en bois. Une vaste coupole recouvre l'ensemble. L'histoire de sa construction explique l'étrangeté du lieu. Dans les années 1985-1988, pour contrer les difficultés administratives et les tracasseries causées par un pouvoir rigide, les gréco-catholiques appliquèrent les directives en jouant avec l'absurdité de celles-ci. Au final, il construisirent une église en briques et la surmontèrent d'une église en bois abandonnée, du proche village de Dudyńce, transférée pour l'occasion. La seconde église de Komańcza – église de la Protection-de-la-Vierge – est beaucoup plus classique. C'est un magnifique monument de bois construit en 1802, dont l'iconostase date de 1832. Elle est aujourd'hui utilisée par les orthodoxes, bien que construite par les gréco-catholiques. Elle est entourée d'un clocher-portail en bois et du cimetière.

Dans Komańcza, suivre la route vers Radoszyce. L'église est sur une colline, à gauche de la route. On y accède à pied par un chemin goudronné.

Église de Radoszyce – *Les clefs de l'église sont chez Zofia Gusztak, à la maison 12, proche de l'église.* L'église St-Dimitri est gréco-catholique. Le chemin qui y mène passe sous un clocher-portail en briques, puis rejoint le plateau où se trouve le cimetière. À l'intérieur, ne manquez pas les peintures dans le chœur qui illustrent des scènes de la vie quotidienne et de la vie spirituelle des Łemki (pluriel de Łemko).

Vallée du San, la route des Icônes et des Églises orientales★★

Environ 80 km AR depuis Sanok.

Un autre itinéraire, au nord de Sanok, permet de découvrir d'autres églises gréco-catholiques en bois. Il longe la rivière San, en direction de Mrzygłód. Les églises les plus caractéristiques se trouvent au nord de cette petite ville dans les villages de **Hłomcza, Łodzina** (excentrés à gauche de la route), **Dobra Szlachecka** et **Ulucz**. C'est incontestablement à **Ulucz** que se situe le joyau de la région. L'**église de l'Ascension** (Cerkiew Wniebowtąpienia Pańskiego ; *clefs disponibles à l'entrée du village, chez Genowefa Filip, au n° 16*) est la plus ancienne église en bois de type oriental de Pologne. Elle fut construite en 1510. Elle est administrée et entretenue par le musée d'Architecture populaire de Sanok.

Les Bieszczady pratique

Adresses utiles

Office du tourisme – *Rynek 14 - ✆ 013 464 45 33 - 38-500 Sanok - www.sanok.pl - mai-sept. : 9h-17h, w.-end 9h-13h ; oct.-avr. : lun.-vend. 9h-17h.* Personnel anglophone.

Office du tourisme – *✆ 013 468 64 65 - 38-607 Cisna - www.cisna.pl - juil.-sept.: tlj sf dim. 8h-20h ; hors saison mar.-sam. 8h-16h.*

Siège administratif et informations : *38-714 Ustrzyki Górne 19 - ✆ 013 461 06 50.*

Centre d'informations : *38-713 Lutowiska 2 - 38-500 Sanok - ✆ 013 461 03 50.*

Police – *✆ 997.*

Pompiers – *✆ 998.*

Urgence en montagne – *✆ 985 (gratuit).*

Transports

Les Bieszczady doivent leur succès à leur relatif isolement. Heureusement que les transports publics veillent à ce que l'enclavement ne pénalise pas trop son développement.

Les gares routière et ferroviaire – Elles sont situées, face à face, à environ 10mn à pied au sud du centre-ville, sur la route de Lesko. Les trains relient régulièrement Krosno, d'où partent les liaisons avec les grandes villes du sud de la Pologne.

Bus fréquents pour Cracovie et Rzeszów.

Des bus, de toutes les tailles et à toutes les fréquences, relient entre eux les villages des Bieszczady.

Se loger

À SANOK

Hotel Sanvit – *Ul. Łazienna 1 - 013 465 50 88 - www.sanvit.sanok.pl - P - ♿ - 31 ch. 150 PLN.* En plein centre de Sanok, donnant sur un parc boisé, cet hôtel est sans doute le plus moderne et confortable de la ville bien qu'un peu froid. Sauna, salle de sports et bains sont à votre disposition.

EN MONTAGNE

Cottage Piotrowa Polana – *38-608 Wetlina 73 - 013 468 46 17 - www.bieszczady.pl/pp - 160 places dans des cottages en bois 4 à 6 pers. 25 PLN/pers.* Géré par la même famille que « Pensjonat Leśny Dwór ».

Pensjonat Leśny Dwór – *38-608 Wetlina - 013 468 46 54 - www.bieszczady.pl/dwor - 13 ch. 1/2 P. 260 PLN.* Perdue dans les collines, cette grande maison familiale a tout pour séduire. Le piano, la bibliothèque et l'aménagement raffiné vont de pair avec la salle de sports, le sauna, les VTT, le ski de fond, les raquettes et les bons petits plats. L'accueil y est remarquable.

PTTK Hotel Górski – *38-714 Ustrzyki Górne - 013 461 06 04 - www.hotelgorski.webpark.pl - 63 ch. 200 PLN.* Ce lieu sent bon la randonnée et les chaussures boueuses. Bien que confortable, cet établissement est à réserver à ceux qui aiment les longues discussions nocturnes entre amoureux de la nature et ceux qui profitent de leurs vacances pour se lever avec le soleil. C'est un hôtel de qualité doté d'une ambiance d'auberge de jeunesse !

AGRITOURISME

Ryszard Krzeszewski – *Chmiel 28 - 38-713 Lutowiska - 013 461 08 34 - www.konie.bieszczady.info.pl - 1/2 P. 80 PLN/pers.* Ryszard Krzeszewski est un homme influent dans le milieu équestre. Les cavaliers peuvent louer des Hucuły et partir en randonnée en sa compagnie. Sa connaissance de la montagne et des chevaux et sa personnalité en font un des personnages forts des Bieszczady. Ici, bien que confortable et moderne, la qualité du logement n'est pas la priorité des clients.

Se restaurer

À SANOK

Karczma Jadło Karpackie – *Rynek 12 - 013 464 67 00 - www.bieszczady.pl/karczma - 10h-0h - 50 PLN.* Idéal pour faire le plein de calories et découvrir les plats de la montagne. L'intérieur est un mini-Skansen et la terrasse, très agréable pour boire un verre au coucher du soleil. La meilleure adresse pour satisfaire papilles et yeux. Menu en français.

Restaurant de l'hôtel JagiellOński – *Ul. Jagiellońska 49 - 013 463 12 08 - 11h-22h - 60 PLN.* La cuisine y est délicieuse et tranche avec l'aspect général de l'établissement qui est surprenant. Il est possible de déguster des plats sortant des classiques servis dans les auberges. L'endroit vaut le coup d'œil et le coup de fourchette !

EN MONTAGNE

Karczma Chata Wędrowca – *38-608 Wetlina - 11h-23h - 40 PLN.* Au bord de la route, l'auberge se tient dans une grande bâtisse en bois à mi-chemin entre les Bieszczady et le « far west ». Randonneurs et locaux animent le lieu en parlant encore et toujours du bonheur de respirer l'air d'ici tout en mangeant d'énormes bols de soupe et des fricassées de champignons.

Achats

Riches de leurs traditions et de leurs arts populaires, les artisans des Bieszczady se sont regroupés au sein d'une agence de promotion des produits locaux. Des objets en bois, des icônes, du miel, des meubles, des tissus ou du fromage, la gamme de produits « faits dans les Bieszczady » est étonnante. Le catalogue édité se trouve dans les offices de tourisme et les bureaux du Parc des Bieszczady.

Rens. : *Lutowiska 74a - 38-713 Lutowiska - 013 461 01 63 - lutgok@poczta.biszczady.pl*

Sports et loisirs

CYCLISME

Les Bieszczady à vélo – Association des cyclistes des Bieszczady – *Ul. 29 Listopada 51/1 - 38-700 Ustrzyki Dolne - 013 461 18 78 - www.btc.bieszczady-online.pl.*

ÉQUITATION

Monter à cheval sur un Hucuł – De nombreuses fermes équestres proposent des randonnées avec ce petit cheval des Carpates. Le Parc des Bieszczady possède un élevage et une petite structure d'hébergement. L'accueil du parc pourra aussi vous indiquer des adresses selon votre niveau d'équitation. Le Centre d'élevage des chevaux Hucuł administré par le parc est à Wołosate, à quelques km d'Ustrzyki Górne.

Club de tourisme équestre des Bieszczady – *Rynek 16 - 38-700 Ustrzyki Górne - 013 461 14 15 - lun.-vend. 10h-14h.*

Ferme d'élevage de chevaux Hucuł – *Wołosate, 38-714 Ustrzyki Górne - 013 461 06 50 - konie@oie.bdpn.pl.*

Krynica et les Beskides★★

Beskides Sądecki – Beskides Niski

CARTE GÉNÉRALE C4 - CARTE MICHELIN N° 720 J13-14
VOÏVODIES DE PETITE-POLOGNE ET DES PRÉCARPATES

À l'est des Tatras, les Beskides se partagent en deux territoires de moyenne montagne. Le premier, appelé Beskides Sądecki suit une ligne verticale entre Nowy Sącz et Krynica à la frontière slovaque. Ses stations thermales sont appréciées des curistes et des touristes adeptes de son architecture colorée et de ses paysages vallonnés et verdoyants. Le second, plus à l'est, appelé Beskides Niski, couvre une surface allant de Nowy Sącz à Krosno dans sa partie nord et descendant au sud jusqu'à la frontière slovaque vers le col de Dukla. L'architecture religieuse en bois en est le principal attrait. Krynica est le point de départ le plus intéressant.

- **Se repérer** – Au sud-est de Cracovie.
- **À ne pas manquer** – Le musée du Pétrole à Bóbrka, près de Krosno.
- **Organiser son temps** – Comptez une demi-journée pour la visite de Nowy Sącz et Stary Sącz, deux jours pour profiter du charme de la station thermale de Krynica et de ses alentours, et une demi-journée autour de Krosno.

Krynica

(11 679 hab.)

Krynica séduit par les couleurs très vives de ses maisons de bois peintes en vert pomme, bleu ou jaune qui, ajouté à la nature luxuriante des parcs et des collines, donnent une atmosphère joyeuse.

Promenade Nowotarskiego★★

À Krynica, tous les chemins mènent à cette promenade, appelée aussi « **Deptak** ». Elle prolonge le bd J. Piłsudskiego où sont situés les principaux commerces, et est parallèle à la route qui conduit à Muszyna. À l'entrée de la promenade se trouve une **statue du poète Adam Mickiewicz**, non loin d'un kiosque à musique. Cette large esplanade, longée par la rivière Kryniczańska, concentre la majeure partie de l'activité thermale. L'architecture du 19e s. répond à celle du 20e s. dans un contraste saisissant.

Sources

Les principales sources se situent dans les sites appelés Nowy Dom Zdrojowy, Pijalnia Główna et Stare Łazienki Mineralne. Une autre source, Pijalnia Jana, est cachée dans un parc à proximité du départ du téléphérique Góra Parkowa. Chacun y déambule tenant un gobelet de plastique ou un verre à la forme biscornue remplis d'une eau à l'odeur souvent repoussante, mais paraît-il curative !

De l'eau et des artistes

La ville existe depuis 1547, mais les bienfaits de son eau ne furent reconnus qu'à la fin du 18e s. La renommée de la station et de ses voisines, Muszyna et Piwniczna, se propagea rapidement et de nombreux médecins y installèrent des centres de soins et de remise en forme. À partir de 1856, Józef Dietl, un médecin renommé de l'université Jagellone de Cracovie lança un véritable projet de station thermale. Les bains, les buvettes publiques et les logements se multiplièrent, accueillant des personnes aisées et des artistes, tels que l'écrivain Sienkiewicz, les peintres Matejko et Nikifor, ou le musicien Jan Kiepura charmés par l'atmosphère apaisante et le style architectural en bois. La construction d'un téléphérique, l'aménagement de pistes de ski et l'arrivée du chemin de fer ne firent qu'accentuer le phénomène de mode. En 1919, environ 10 000 personnes venaient chaque année en quête de bien-être. Une population de passage qui s'éleva jusqu'à 40 000 individus avant le deuxième conflit mondial. Après guerre, la station poursuivit son travail de modernisation et perdit son caractère aristocratique. La classe ouvrière de la Pologne communiste fut invitée à se ressourcer dans les nombreux sanatoriums et pensions de famille installés dans de grands bâtiments grisâtres qui firent perdre une partie de son cachet à la petite ville. Fort heureusement, les autorités actuelles ont bien compris l'importance qu'accordent les visiteurs à l'environnement, et Krynica retrouve avec délice les atouts qui firent son succès.

Publicité pour une eau minérale locale.

Musée Nikifor (Muzeum Nikifora)

Bulwary Dietla 19 - tlj sf lun. 10h-13h et 14h-17h - 4 PLN.

Nikifor (1893-1968) est considéré comme le plus grand artiste naïf polonais. Au sommet de son art dans les années 1920 et 1930, Nikifor s'est illustré en peignant des autoportraits et des paysages. Le musée est situé dans son atelier ; il comprend une centaine de toiles de l'artiste et expose temporairement d'autres peintres polonais.

Autour de Nowy Sącz

Nowy Sącz (84 421 hab.)

Situé à 35 km au nord de Krynica.

C'est la plus grande ville de la région. Créée en 1292, Nowy Sącz a connu tout au long de son histoire de nombreux incendies. Au début du 17e s., presque la totalité de la ville, les églises et la forteresse furent détruites. Puis, à la fin du 19e s., le feu ravagea la partie nord de la ville. Enfin, lors de la libération de la ville, en janvier 1945, les partisans firent exploser le château royal qui servait de dépôt d'armes aux troupes du Reich. Nowy Sącz est donc loin de posséder encore un riche patrimoine historique. Aujourd'hui, la ville s'impose sur le plan industriel et commercial. Elle est le siège d'une société informatique performante, fleuron de la Bourse de Varsovie.

Outre le **Rynek**, construit en 1895 en style néo-Renaissance et néobaroque, il est conseillé de visiter la Maison gothique, aussi appelée la **maison des Chanoines** (Dom Kanoniczny – *mar.-jeu. 10h-15h, vend. 10h-17h, w.-end 9h-14h30 ; 6PLN*) qui a été bâtie au début du 16e s. Depuis les années 1960, elle abrite des collections d'art religieux et ethnographique et montre l'histoire des monuments détruits au cours des siècles.

Nowy Sącz possède un **Skansen** (Sądecki Park Etnograficzny – *sortie sud de la ville sur la route de Stary Sącz ; mai-sept. : tlj sf lun. 10h-18h ; oct.-avr. : lun.-vend. 10h-14h ; 10 PLN*), symbolisant la richesse et la diversité culturelle de la région. Une église orthodoxe en bois du 18e s., un manoir, des fermes et des témoignages de campements tsiganes en font une promenade agréable et très instructive sur la cohabitation entre les différentes communautés.

Stary Sącz★ (8 949 hab.)

De Nowy Sącz, prendre la route 87, vers le sud, direction Piwniczna-Zdrój. Stary Sącz est sur le côté droit de la route, environ 6 km après la sortie de Nowy Sącz.

La ville fut au Moyen Âge un carrefour commercial important entre la Hongrie et le nord de l'Europe. La princesse Kinga y fit construire un **couvent** pour l'ordre des Clarisses (Klasztor Klarysek) dont elle devint la première abbesse à la mort de son mari le roi Bolesław Wstydliwy (Boleslas le Pudique). Ce monument fortifié, dont les chapelles sont ornées d'œuvres baroques, est encore dédié à son illustre inspiratrice. Le trésor de l'**église de la Trinité** (Kościół Św. Trójcy) conserve de nombreuses reliques se rapportant à la princesse. Comme sa grande voisine, Nowy Sącz, la petite cité de Stary Sącz ne fut pas épargnée par les incendies et les conflits. Le cœur de la ville, détruit en 1795, ne fut reconstruit qu'après la Seconde Guerre mondiale. Aujourd'hui, le **Rynek** est une grande place pavée, encore bordée de quelques maisons de style,

comme le n° 6, la maison « Na Dołkach », qui accueille le **Musée régional** (Muzeum Okręgowe). À l'exception du couvent des Clarisses, l'ensemble architectural ne traduit pas l'atmosphère et la grandeur passées de la ville.

Autour de Gorlice

Églises en bois inscrites au patrimoine mondial de l'Unesco★★

Sękowa

À 4 km au sud-est de Gorlice, sur la route 977.

L'**église St-Philippe-et-St-Jacques** (Kościół Św. Filipa i Jakuba) date de 1520. Sa nef est entièrement couverte de bardeaux, et sa tour carrée est surmontée d'une flèche à bulbe. Bien que dévasté lors de la Première Guerre mondiale, l'intérieur conserve encore des fonts baptismaux gothiques de 1522 et une polychromie datée de 1888.

Binarowa

À Gorlice, prendre la route 28 jusqu'à Biecz puis la 980 vers le nord jusqu'à Binarowa.

Érigée vers 1500, l'**église de l'Archange-St-Michel** (Kościół w. Michała Archanioła) est entièrement en bois de sapin. Les ornements au pochoir du plafond et les sculptures gothiques sont du début 16e s. et les peintures baroques du 17e s.

Autour de Krosno

Bóbrka

Musée du Pétrole★ (Skansen Muzeum Przemysłu Naftowego)

Rejoindre Krosno, à 105 km à l'est de Nowy Sącz par la route 98. À Krosno, prendre la direction de Dukla par les routes 98 puis 9. À environ 8 km de Krosno, prendre à droite direction Bóbrka et Chorkówka. Suivre pendant environ 5 km les panneaux « Skansen Muzeum Przemysłu Naftowego » - mai-sept. : 9h-17h ; oct.-avr. : 7h-15h - 7 PLN.

Perdu au cœur de la campagne des Beskides, ce musée en plein air couvrant une superficie de 20 ha dévoile une part fort méconnue de l'économie polonaise du 19e s. : l'extraction, le raffinage et le transport du pétrole. Le chroniqueur Jan Długosz, dans le courant du 15e s., avait déjà noté dans ses écrits la présence de la précieuse huile. Quelques tentatives d'exploitation et d'utilisation eurent lieu au début du 19e s., néanmoins il fallut attendre les années 1850 pour que le père de l'industrie pétrolière Ignacy Łukasiewicz structure la première compagnie. Mais la proche région de Krosno n'est pas la seule concernée par l'or noir. Le sous-sol d'une large bande de terre allant de Jasło à L'viv (Ukraine), en passant par Sanok et les Bieszczady, contenait aussi le précieux combustible. De loin en loin, sur cet itinéraire, sont présents quelques vestiges ou salles thématiques dans des musées. Néanmoins, Bóbrka est sans conteste le lieu le plus éducatif et le plus pertinent. Le musée occupe un ancien site d'exploitation et de nombreux matériels d'origine ou copiés y sont rassemblés. Technologie, développement industriel, conditions de travail : toutes les composantes de l'activité sont abordées. Un lieu aussi étonnant que pédagogique.

Église en bois de Haczów

Depuis Krosno, prendre la route d'Iskzynia, puis de Haczów. L'église de la Vierge-Bénie-et-de-l'Archange-Michel (Kościół Św. Michała Archanioła) fut édifiée dans la première moitié du 15e s. Son décor polychrome gothique date de la fin du 15e s. Au début du 16e s., elle fut entourée d'un rempart défensif. Sa toiture, endommagée en 1914, fut restaurée en 1915. Aujourd'hui, elle est inscrite au patrimoine mondial de l'Unesco.

Krynica et les Beskides pratique

Code postal à Krynica – 33-380.
Code postal à Nowy Sącz – 33-300.

Adresses utiles

Offices de tourisme

Krynica – *Ul. Pułaskiego 4 - ✆ 018 471 56 54 - www.krynica.pl - lun.-vend. 9h-17h, sam. 9h-13h.* Personnel anglophone.

Nowy Sącz – *Ul. Piotra Skargi 2 - ✆ 018 444 24 22 - www.cit.com.pl - lun.-vend. 8h-18h, sam. 9h-14h.*

Transports

La gare ferroviaire – *Ul. Kolejowa.* Varsovie, Cracovie, Gdynia, Budapest (Hongrie) et Kosice (Slovaquie) sont reliées à Nowy Sącz.

La gare routière – *Située sur une place au croisement de la rue Długosza et de l'allée Wolności.* Des bus partent régulièrement en direction des stations thermales et des villages des Beskides autour de Nowy Sącz. Nowy Sącz et Krynica sont reliées par de nombreux bus et minibus *(environ 30mn de trajet).* Toutes les grandes villes du sud et du centre de la Pologne sont desservies par des bus : Varsovie, Cracovie, Zakopane, Lublin ainsi que Bardejov en Slovaquie.

Se loger

À KRYNICA

⊖⊖ Hotel Nikifor – *Ul. Świdzińskiego 20 - Krynica - ✆ 018 477 87 00 - www.nikifor.pl - P - 32 ch. 300 PLN, hors saison 176 PLN.* L'hôtel est une véritable galerie d'art. Tableaux, fresques, sculptures sont omniprésents. Le sauna et les salles de détente semblent creusés dans la roche. À l'étage, un restaurant aux plats inventifs et, au rez-de-chaussée, une auberge des plus traditionnelles complètent cet endroit plein de charme. Wi-fi.

⊖⊖ Pensjonat Małopolanka – *Ul. Bulwary Dietla 13 - ✆ 018 471 58 96 - www.malopolanka.com.pl - P - 20 ch. 185 PLN, hors saison 130 PLN.* Idéalement situé aux abords de la promenade, le « pensjonat » est dédié aux personnes en recherche de relaxation et de détente. Le yoga est l'activité vedette proposée aux clients. Accès Internet dans les chambres.

⊖⊖ Pensjonat Willa Witoldówka – *Ul. Bulwary Dietla 10 - ✆ 018 471 55 77 - www.witoldowka-krynica.pl - P - 40 ch. 200 PLN, hors saison 160 PLN.* Construit au cœur de la station thermale, cette grande bâtisse à l'architecture en bois typique de Krynica est un des « pensjonat » les plus célèbres. L'ambiance un peu désuète n'altère en rien le plaisir de loger dans un monument historique confortable. Accès Internet dans les chambres.

Se restaurer

À KRYNICA

⊖⊖ Zielona Górka – *Ul. Nowotarskiego 5 - ✆ 018 471 21 77 - 11h-22h - 40 PLN.* Cette auberge colorée se tient à l'entrée de la promenade (Deptak). La cuisine traditionnelle et les pizzas font bon ménage. Des musiciens viennent parfois animer les soirées où la bière remplace l'eau soufrée !

Achats

À NOWY SĄCZ

Cepelia – *Rynek 21 - ✆ 018 442 00 45 - www.cepelia.pl.* Loin des grands lieux touristiques, cette petite galerie d'artisanat expose tissus, objets en bois, œufs peints ou encore services à thé.

Événements

Festival Jan Kiepura – Le célèbre chanteur lyrique polonais avait ses habitudes à Krynica. Chaque année, ses admirateurs, de nombreux orchestres et chanteurs se rassemblent deux semaines mi-août pour une série de concerts en son hommage. *Informations : www. kiepurafestival.pl.*

Zakopane★★

27 085 HAB.
CARTE GÉNÉRALE C4 – CARTE MICHELIN N° 720 K12 – VOÏVODIE DE PETITE-POLOGNE

Au pied du massif des Tatras, dans la région de Podhale, Zakopane est une ville attachante tant par sa situation géographique que par son style d'architecture. Ville verdoyante, à 838 mètres d'altitude et dominée par des sommets culminant à près de 2 500 mètres, elle affiche clairement sa culture montagnarde et en préserve l'authenticité. Une volonté de ne pas perdre ses racines qui se perpétue depuis sa découverte par l'aristocratie polonaise vers 1850.

- **Se repérer** – À 100 km au sud de Cracovie par la E 77 puis la 95.
- **À ne pas manquer** – Les nombreuses galeries d'art dans la ville.
- **Organiser son temps** – Deux journées sont nécessaires pour la visite des musées et la découverte à pied des longues rues aux maisons de bois.

Comprendre

Un développement respectueux de la tradition – Depuis 150 ans, Zakopane fait preuve d'un fantastique esprit d'adaptation et de mutation. Jusqu'au 19e s., le village n'était connu que pour sa population de bergers à l'esprit frondeur épris de liberté, parfois enclin au brigandage. C'est alors que l'intelligentsia cracovienne prit en main le destin de la bourgade. Médecins, scientifiques et artistes allaient découvrir les bienfaits de l'air de la montagne et le potentiel touristique qu'elle recelait. Parmi eux, le père Józef Stolarczyk qui, dès 1850, invita ses fidèles à louer des chambres aux visiteurs puis lança l'idée de construire des pensions. Le médecin et botaniste Tytus Chałubiński, quant à lui, imposa les vertus thérapeutiques des Tatras pour vaincre la tuberculose. Cet érudit comprit que les malades ne seraient bientôt pas les seuls à venir en villégiature et qu'il fallait structurer l'accueil et divertir les touristes. Il fut à l'origine de la création de la Compagnie des guides, et invita des musiciens et des danseurs à venir animer les soirées dans les restaurants. La légende retient que « le bon docteur » établit les bases d'une vraie station de montagne. Enfin, **Stanisław Witkiewicz**, l'homme qui pensait que le développement de la station n'avait de sens que s'il respectait les règles de l'architecture locale. Poète, critique d'art et écrivain, Stanisław Witkiewicz demeura à Zakopane de 1890 à 1908. On lui attribue la naissance du « style de Zakopane », véritable école d'architecture ancrée dans la tradition de la région de Podhale. L'artiste soutenait qu'il aurait été dommageable que l'architecture régionale fût modifiée par l'apport de critères suisses ou tyroliens, comme dans d'autres régions montagneuses de Pologne.

La plupart des maisons au moins centenaires sont constituées de deux bâtiments : la maison d'habitation et la ferme. La maison est partagée en deux parties séparées par une entrée : la pièce noire à gauche et la pièce blanche à droite. À l'origine, seule la pièce noire était habitée par la famille, car chauffée, la fumée expliquant la couleur des murs et du mobilier. La pièce blanche avait comme principale fonction la réception des invités. C'était le lieu des fêtes ou cérémonies : mariage, repas d'enterrement ou fêtes religieuses. Sa décoration et son ameublement attestaient de la richesse ou du savoir-vivre des propriétaires. Sur une poutre apparente *(sosreb)* est gravé un cercle enfermant une étoile, la date de construction de la maison et le nom de la famille. Les montants des portes d'entrée, les bordures des fenêtres sont aussi ornés de décorations. Si l'aménagement intérieur est aujourd'hui remodelé, l'aspect extérieur des maisons modernes respecte souvent les critères du « style de Zakopane », ce qui permet à la ville de conserver une harmonie générale.

« L'air pur comme du cristal »

Tel est le slogan qui anime Zakopane depuis des années. Avant les années 1990, la ville était recouverte d'un infect nuage dû au chauffage au charbon des habitations. Cette brume polluée n'est qu'un lointain souvenir depuis que la municipalité utilise les sources d'eau chaude, captées à 2 000 mètres de profondeur, pour alimenter les chauffages de la ville. Des prêts à 0 % furent accordés aux habitants pour les inciter à changer leur équipement et ce fut un succès. La municipalité s'est aussi engagée à conserver les espaces de verdure et de forêt intégrés aux limites de Zakopane qui représentent 12 % de sa superficie, notamment Równia Krupowa, la prairie qui accueille promeneurs et animations d'été.

À la découverte du « style de Zakopane »★★

Zakopane se découvre à pied. Il est important de noter que les maisons de « style Zakopane » sont très majoritairement des propriétés privées ; il est donc impératif de respecter les règles de bienséance. Plusieurs itinéraires sont envisageables. L'un d'entre eux commence à la gare routière et ferroviaire.

Rue Chramcówki

Remontez cette rue et n'hésitez pas à entrer dans les ruelles piétonnes sur sa gauche. Les maisons traditionnelles les plus typiques sont souvent en deuxième rideau. À noter, au n° 22a, **la villa Pyszna**, preuve que les constructions récentes respectent les codes architecturaux. À voir aussi, la **maison Polonia** au n° 22. Sur la droite de la rue se dresse une église contemporaine, surmontée d'une originale toiture de bardeaux.

Rue Nowotarska

De chaque côté de cette rue, aux environs du n° 30, se trouve un bel ensemble de maisons. Arrivé au carrefour qui rejoint la rue Krupówki, continuer vers la rue Kościeliska.

Rue Kościeliska

Cette longue rue est le chef-d'œuvre architectural de Zakopane. Outre des dizaines de maisons, on y découvre **la plus ancienne église** de la ville (1845) et son cimetière dans lequel sont enterrés un grand nombre d'écrivains, d'artistes ou d'alpinistes qui appartiennent à la légende de la station. Les monuments funéraires sont de véritables œuvres d'art, parfois ornés d'**icônes sur verre** traditionnelles de Podhale.

Plus loin, au n° 18, se trouve la maison dite **« Koliba »**. Construite en 1893, d'après le projet de Stanisław Witkiewicz, elle abrite aujourd'hui le **musée Stanisław Witkiewicz du style Zakopane**★★ (Muzeum Stylu Zakopańskiego – *merc.-sam. 9h-17h, dim. 9h-15h ; 7PLN*). À la fin du 19e s., un ethnologue passionné par les Tatras, Zygmunt Gnatowski, voulut se faire construire une résidence d'été à Zakopane. Stanisław Witkiewicz parvint à le convaincre de lui donner carte blanche afin de mettre en pratique ses théories architecturales. La villa « Koliba », construite en 1892, est donc la première application du « style Zakopane ». Elle est située dans un sous-bois bordé d'un turbulent ruisseau. C'est aujourd'hui un musée présentant les collections personnelles de mobilier et d'artisanat de Zygmunt Gnatowski et l'endroit idéal pour comprendre les critères de construction des maisons. Des décorations au mode d'isolation, des objets de la vie quotidienne au mobilier, tout semble sorti d'un charmant conte de fées. Cela masque sans doute la dureté de la vie dans les Tatras à cette époque.

Maisons des Witkiewicz

Plus éloignées, à l'est du centre-ville, se trouvent trois exemples d'architecture signés de Stanisław Witkiewicz ou de son fils : la **villa Pod Jedlami** au n° 1 de la rue Koziniec ; la **villa Witkiewiczówka**, construite dans les années 1930 dans l'allée Antałówka ; et plus loin la **chapelle Jaszczurówka** (Kaplica na Jaszczurówce) bâtie entre 1904 et 1908 pour la famille Uznański. *Pour y aller, suivre les panneaux « Kaplica Jaszczurówka » sur la route du poste-frontière polono-slovaque de Łysa Polana.*

A. Galy / MICHELIN

Intérieur de la maison « Koliba», transformée en musée consacré au style Zakopane.

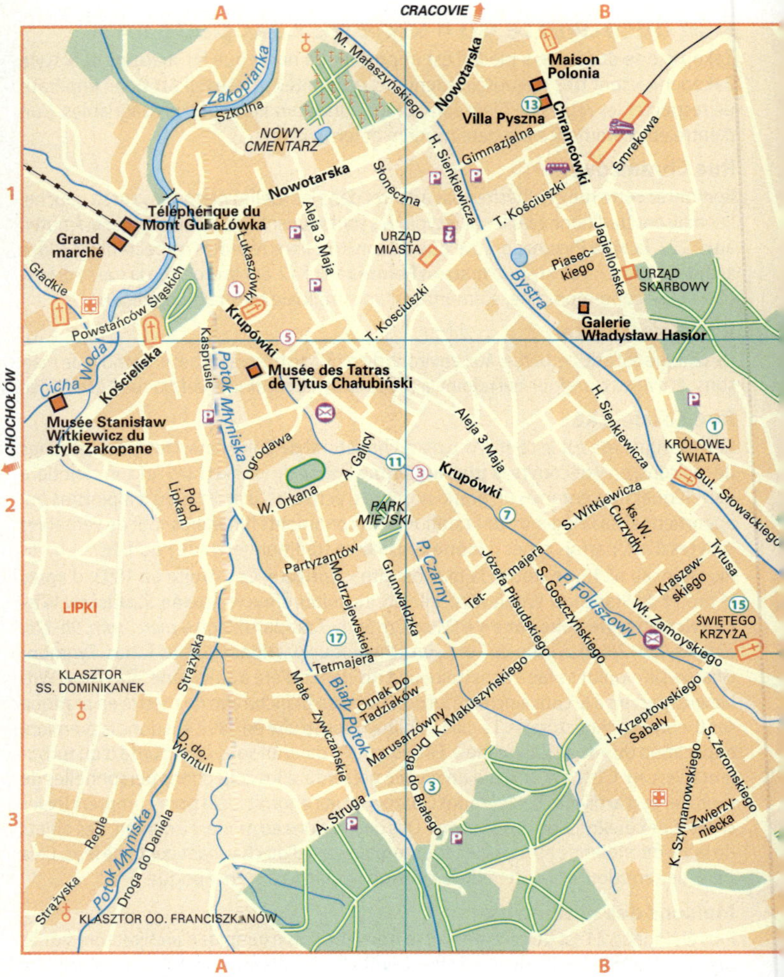

Rue Krupówki★

Cette longue artère piétonne traverse la ville et se termine par le chemin d'accès au téléphérique qui mène au **mont Gubałowka**. Si elle n'est pas la plus riche en patrimoine, la rue Krupówki est sans doute la plus fréquentée par les visiteurs. Commerces, restaurants, hôtels de luxe et animations de rue en font le passage obligé.

Au n° 10 se tient le **musée des Tatras de Tytus Chałubiński★** (Muzeum Tatrzańskie – *✆ 018 201 52 05 ; merc.-sam. 9h-17h, dim. 9h-15h ; 7 PLN*). Fondé par le docteur Tytus Chałubiński et son fidèle compagnon, le conteur montagnard Jan Krzeptowski Sabała, ce musée se tient dans l'un des rares bâtiments « de style Zakopane » en pierre. Il retrace la mutation du village de bergers en station thermale et sportive. La section ethnographique se divise en deux parties majeures : la première s'attache à décrire l'aménagement des maisons, notamment le rôle des pièces noires et des pièces blanches. La seconde présente l'activité économique de Podhale : chasse, élevage des moutons et agriculture. De nombreuses vitrines ou galeries présentent des costumes, outils, poteries ou peintures sur verre. Le 1er étage est consacré à l'aspect géologique des Tatras et du massif des Pieniny, au nord-est de Zakopane. Le musée présente aussi de nombreux panneaux pédagogiques et des collections qui rappellent la richesse florale et animalière d'un massif montagneux aux caractéristiques alpines. Chamois et marmottes vous guettent du coin de l'œil !

Le musée des Tatras administre aussi la **galerie Władysław Hasior** *(Ul. Jagiellońska 18b ; merc.-sam. 11h-18h, dim. 9h-15h ; 7 PLN)* qui expose les œuvres de cet artiste (1928-2000) qui a longtemps vécu à Zakopane et qui connut son heure de gloire dans les années 1960. Władysław Hasior appartient à la famille des inclassables, créant aux frontières du dadaïsme, du surréalisme et du pop art des œuvres animées par le vent ou juxtaposant des objets de la vie courante.

ZAKOPANE

SE LOGER

Antałówka (Pensjonat)............ 1
Belvedere (Hotel)..................... 3
Fian (Hotel).............................. 5
Kasprowy Wierch (Hotel).................................... 7
Litwor (Hotel)........................... 11
Pyszna (Willa).......................... 13
Renesens (Pensjonat) 15
Sosnica et Lipowy Dwór (Pensjonat)............................ 17

SE RESTAURER

Gazdowo Kuźnia...................... 1
Karcma Zapiecek...................... 3
Sabała (Restauracja)................ 5

À quelques mètres du musée, les carrioles à chevaux et leurs maîtres aux couleurs de Podhale attendent le touriste en quête d'une balade dans les rues les plus pittoresques. Au bas de la rue, après le carrefour avec la rue Kościeliska, on entre dans le **grand marché** de Zakopane. Vêtements en laine, objets en bois et célèbres **fromages de brebis « Oscypek »** sont omniprésents, jusqu'à l'entrée du téléphérique.

Aux alentours

Randonnées autour de Zakopane★★★

Elles sont décrites dans la partie suivante intitulée « Les Tatras ».

Dans Zakopane même *(au sud-est de la ville)*, vous pouvez visiter la **maison du Parc des Tatras** (Muzeum Przyrodnicze Tatrzańskiego Parku Narodowego) qui abrite un petit musée sur la faune et la flore.

Chochołów★

Sortir de Zakopane par la rue Kościeliska. Le village de Chochołów est à environ 15 km, en direction de Czarny Dunajec, sur la route 958 (voir carte des Tatras).

Le village fut fondé au 16e s. mais les maisons actuelles sont, pour la plupart, datées du 19e s. Elles bordent la route sur près d'un kilomètre et sont remarquables par leur cohérence et leur originalité. Les rondins de sapins empilés les uns sur les autres sont de taille impressionnante. On est loin du raffinement des ornements du « style de Zakopane ». Face à l'église en pierre, se tient le petit **musée de Chochołów** (Muzeum Powstania Chochołowskiego – *merc.-dim. 10h-14h ; 6 PLN*) implanté dans une maison de 1798. Outre l'aspect ethnographique, ce lieu minuscule nous apprend que le village est célèbre pour sa bravoure face aux divers occupants. Les rois de Pologne accordèrent à Chochołów et à ses habitants un statut particulier et avantageux dès le 17e s. en remerciement de leur lutte contre l'envahisseur suédois. De même, en 1846, les valeureux villageois prirent les armes, deux ans avant le reste du pays, pour bouter les Autrichiens hors de leurs terres. Malgré l'échec de la manœuvre, Chochołów continua d'accueillir clandestinement des patriotes en cavale et vit naître des sociétés secrètes ayant pour seul objectif la libération de Podhale. Si la plupart des activistes furent capturés et exécutés par les Autrichiens avant d'avoir mené à bien leur mission, ils sont toujours considérés comme de valeureux combattants de la liberté et de l'indépendance.

Zakopane pratique

Code postal – 34-500.

Adresses utiles

Office de tourisme – *Ul. Kościuszki 17 - ✆ 018 201 22 11 - www.zakopane.pl - 10h-17h.*

Poste principale – *Ul. Krupówki 20.*

Police – *✆ 997.*

Pompiers – *✆ 998.*

Secours en montagne – *Ul. Piłsudskiego 63a - ✆ 018 206 34 44.*

Transports

Les gares routière et ferroviaire sont accolées l'une à l'autre, à une centaine de mètres de l'office de tourisme.

Gare ferroviaire – *Ul. Chramcówki 23 - ✆ 018 201 45 04.*

Gare routière – *Ul. Kościuszki 25 - ✆ 018 201 46 03.* Les bus desservent tous les points de départ des randonnées des Tatras, ainsi que les quartiers excentrés de Zakopane. Cracovie est la destination la plus reliée à Zakopane (nombreux bus et trains quotidiens). Comptez environ 1h30.

Aéroport – Les aéroports internationaux les plus proches sont ceux de Cracovie et de Poprad en Slovaquie.

Postes-frontières – Les deux postes-frontières entre la Pologne et la Slovaquie les plus fréquentés autour de Zakopane sont Chochołów et Łysa Polana. Ils sont ouverts aux véhicules particuliers et aux transports de marchandises de moins de 3,5 t, mais seul le second autorise le passage de marchandises sans restriction de tonnage. *Ils sont ouverts 24h/24.*

Se loger

⊖ Chambre Willa Pyszna – *Ul. Chramcówki 22 - ✆ 018 206 85 42 - pyszna@zakopane.biz - 3 ch. 40 PLN, 1 appart. 6-8 pers. 300 PLN.* Le plaisir de séjourner dans une maison moderne et confortable dans le style de l'architecture locale.

⊖⊖ Hotel Fian – *Ul. Chałubińskiego 38 - ✆ 018 201 50 71 - www.fian.pl - 38 ch. 165 PLN.* Loin du centre-ville, l'hôtel Fian est familial, moderne et confortable. C'est un compromis parfait entre la qualité des prestations et les prix raisonnables.

⊖⊖ Hotel Kasprowy Wierch – *Ul. Krupówki 50b - ✆ 018 201 27 38 - www.mati.zakopane.pl-kasprowy - 30 ch. 260 PLN, hors saison 220 PLN.* Hôtel très chaleureux doté d'une grande cour calme à l'écart de la rue parfois remuante. Le plaisir d'habiter une vieille demeure parfaitement confortable.

⊖⊖ Pensjonat Antałówka – *Ul. Wierchowa 2 - ✆ 018 201 32 71 - anatalowka@polskietatry.pl - P - 22 ch. 220 PLN - 21 appart. 300 PLN.* L'établissement dispose d'un équipement et d'une décoration sans charme régional mais remplissant parfaitement les besoins d'un séjour prolongé. Sauna, jacuzzi, sont à disposition. Personnel anglophone.

⊖⊖ Pensjonat Renesans – *Ul. Chałubińskiego 26 - ✆ 018 206 62 02 - www.renesans.pl - P - ♿ - 23 ch. 270 PLN, hors saison 210 PLN.* Dans cette belle demeure de caractère, tout le confort est mis à votre disposition. Des soirées de chants et danses des montagnes y sont organisées et on pourra vous conseiller des guides ou des activités de loisirs.

⊖⊖ Pensjonat Sośnica et Lipowy Dwór – *Ul. H. Modrzejewskiej 7 - ✆ 018 206 67 96 - www.sosnica.pl - P - 240 PLN.* Deux grands chalets de bois situés à 5mn du centre-ville. Accueil convivial. De beaux meubles et des tissus artisanaux donnent une atmosphère élégante.

⊖⊖⊖⊖ Hotel Belvedere – *Droga do Białego 3 - ✆ 018 202 12 00 - www.belvederehotel.pl - 144 ch. 745 PLN.* Au centre de Zakopane, c'est un établissement luxueusement aménagé dans un style années 1920, teinté de régionalisme. Remise en forme, centre de beauté et gastronomie sont les mots d'ordre.

⊖⊖⊖⊖ Hotel Litwor – *Ul. Krupówki 40 - ✆ 018 202 42 00 - www.litwor.pl - 58 ch. 613 PLN.* Très lumineuses, la plupart des chambres offrent un panorama sur les Tatras. L'atmosphère y est chaleureuse tant par l'accueil que par la décoration. Piscine, solarium, sauna…

Se restaurer

⊖ Pizzeria Dominium – *En haut du téléphérique qui monte au sommet du Kasprowy Wierch, à 1 988 m - 30 PLN.* Les pizzas sont tout à fait convenables, mais l'intérêt tient surtout dans la galerie de photos qui représentent tous les grands skieurs et alpinistes polonais du siècle.

⊖⊖ Gazdowo Kuźnia – *Ul. Krupówki 1 - ✆ 018 201 72 01 - 40 PLN.* La salle ressemble à un magasin d'antiquités ou à un Skansen ! Côté gastronomie, pas de surprise, mais de traditionnels plats montagnards des plus parfumés et goûteux.

⊖⊖ Karcma Zapiecek – *Ul. Krupówki 43 - ✆ 018 201 56 99 - 11h-23h - 40 PLN.* Pour ceux qui veulent se plonger dans l'atmosphère d'une « koliba ». Le palais et les oreilles sont alimentés de saveurs et de notes folkloriques.

⊖⊖ Restauracja Sabała – *Ul. Krupówki 11 - ✆ 018 201 50 92 - 10h-23h - 40 PLN.* Le grand chalet, qui renferme aussi un hôtel haut de gamme, domine la rue. On y déguste des plats roboratifs en admirant l'incessant mouvement des passants et des chevaux.

Faire une pause

Sanacja – *Ul. Krupówki 77 - ✆ 018 201 31 40 - 18h-3h.* Pour ceux qui sont lassés d'entendre la musique folklorique montagnarde, ce minuscule café en sous-sol diffuse du jazz, du latino ou du blues.

En soirée

Ampstrong-Club de Jazz – *Ul. Jagiellońska 18 - ✆ 018 201 29 04.* À partir de 19h, on y boit un verre en écoutant du jazz ou, selon le programme, on assiste à un concert.

Paparazzi – *Ul. Gen. Galicy 8 - ✆ 018 206 32 51 - lun.-vend. 16h-1h, w.-end 12h-1h.* Un endroit à la mode chez les jeunes, alliant musique et cyber-espace.

Galeries d'art

De nombreux artistes ouvrent des ateliers et des galeries à Zakopane. La plupart sont peintres, sculpteurs, photographes ou graphistes. Les expositions sont temporaires et les styles ou matières varient. Les heures d'ouverture ne sont pas toujours fixes, selon la saison et le travail des artistes. Il est préférable de se renseigner à l'office de tourisme avant de se déplacer. Entre autres :

Galeria Podróży i Przygody « Globus » – *Ul. Nowotarska 10.*

Galeria Politechniki Krakowskiej « Stara Polana » – *Ul. Nowotarska 59 - ✆ 018 206 40 15.*

Galeria Sztuki im. W. i J. Kulczyckich – *Ul. Koziniec 8 - ✆ 018 201 29 36.*

Miejska Galeria Sztuki – *Ul. Krupówki 41 - ✆ 018 201 27 92.*

Achats

Galerie marchande ABC (Elegancki Pasaż Handlowy) – *Ul. Krupówki 29.* La galerie se tient sous une architecture contemporaine en bois. On y trouve antiquaires, galeries d'art, disques, articles de sports, vêtements ou souvenirs.

Sports et loisirs

Patinoire, avec anneau de vitesse – *Ul. Br. Czecha 1 - ✆ 018 201 22 74.*

Piscine couverte – DW Sośnika - *Ul. Modrzejewskiej 7 - ✆ 018 206 67 96.*

Piscine et tennis en plein air – Aqua Park - *Ul. Jagiellońska 31 - ✆ 018 200 11 22 - www.aquapark.zakopane.pl.*

Événements

Mai – La Partie de campagne (Wielka Majówka Tatrzańska). Début mai, parfois fin avril, une semaine de fête célèbre l'arrivée des beaux jours. L'opportunité de découvrir les fromages *(Oscypek)*, de randonner en VTT, ou de danser au son des instruments des Carpates.

Août – Festival international du folklore des terres de montagne (Międzynarodowy Festiwal Folkloru Ziem Górskich) – Dernière semaine d'août. Des troupes polonaises et internationales se retrouvent à Zakopane pour de grandes parades dansantes et colorées..

R. Mattès / MICHELIN

Maisons de bois caractéristiques, le long de la route, à Chochołów.

Les Tatras★★★

CARTE GÉNÉRALE C4 – CARTE MICHELIN N° 720 K11-12 – VOÏVODIE DE PETITE-POLOGNE

Frontière naturelle entre la Pologne et la Slovaquie, les Tatras (Tatry) sont le plus haut massif montagneux des Carpates occidentales. Certains l'appellent « la montagne de poche ». En effet, malgré sa modeste superficie, ce massif possède toutes les caractéristiques géologiques alpestres. Zakopane et sa proche région en sont la porte d'entrée, ouvrant sur de multiples randonnées et stations de sports d'hiver.

- **Se repérer** – À 100 km de Cracovie, elles dominent Zakopane et délimitent la frontière avec la Slovaquie.
- **À ne pas manquer** – La randonnnée vers le lac Morskie Oko.
- **Organiser son temps** – Deux journées pour les randonneurs occasionnels et beaucoup plus pour les amoureux de la montagne.

Comprendre

La genèse d'un parc – Jusqu'au développement touristique et économique de Zakopane, les montagnes n'étaient peuplées que de bergers, de chasseurs, d'ours, de chamois ou de marmottes. Au 19e s., la chasse sportive et aristocratique vint s'ajouter à la chasse vivrière, ce qui perturba l'équilibre naturel. En 1869, la Diète nationale de Lwów (aujourd'hui L'viv en Ukraine), qui administrait la Galicie, avait déjà pressenti le danger en interdisant la chasse aux marmottes et aux chevreuils. Cette prise de conscience ne fut pourtant pas suffisante et bientôt de nombreux scientifiques et amoureux des Tatras s'inquiétèrent du processus de destruction. Au fil des années, avec le développement économique et touristique de Zakopane, la faune dut cohabiter avec les montagnards du dimanche et les chamois luttèrent à armes inégales avec les chasseurs de trophées. En 1873, des scientifiques épaulés par les autorités locales créèrent l'Association des Tatras (Towarzystwo Tatrzańskie), destinée à faciliter l'accueil des touristes et à préserver les espèces animales et florales menacées. En 1885, l'association lança un grand projet de sauvegarde des forêts autour de Zakopane. L'idée de structurer un parc germait dans l'esprit des membres de l'association, mais la volonté politique et les financements manquaient encore. Au début du 20e s., deux camps vont s'affronter. Ceux qui s'opposent à l'implantation de la civilisation des loisirs, et ceux qui en attendent les recettes quel qu'en soit le prix écologique. Les deux conflits mondiaux coupèrent court aux initiatives des uns et des autres. Dès 1947, le dossier reprit ses droits et, en 1954, le Conseil des ministres créait le **Parc national des Tatras** (Tatrzański Park Narodowy - TPN). Aujourd'hui, ce parc a pour mission première d'explorer et de protéger les ressources naturelles de 21 164 ha de forêts, vallées et sommets rocailleux. Au-delà du strict aspect environnemental, le TPN est consulté sur les problématiques agricoles, culturelles ou architecturales. Cette mission est réalisée en étroite coopération avec son homologue slovaque (TANAP) qui couvre une superficie environ cinq fois plus grande.

Un peu de géographie et de toponymie

Les Carpates, qui s'étendent de l'Ukraine à la Pologne en passant par la Roumanie et la Hongrie, sont une chaîne de moyenne montagne. À l'extrémité occidentale, le massif des Tatras fait exception. Chevauchant la Pologne et la Slovaquie, il culmine à plus de 2 000 m. Le sommet polonais, le Rysy, pointe à 2 499 m, alors que du côté slovaque, le Gierlach s'élève à 2 654 m. Les Tatras polonaises sont divisées en 3 parties : à l'est, **Tatry Bielskie**, une petite superficie de 67 km² comprenant de nombreuses grottes autour de Łysa Polana. Plus au sud, **les Hautes Tatras (Tatry Wysokie)** qui s'étendent sur 335 km² et possèdent les plus hauts sommets (Gierlach, Rysy et Świnica...). Enfin, les **Tatras de l'Ouest (Tatry Zachodnie**) couvrant environ 400 km². Le Kasprowy Wierch en est le sommet le plus fréquenté.

Randonner autour de Zakopane

À savoir avant de partir : *l'entrée du parc et le parking sont payants. Les tarifs sont modestes (environ 4 PLN), mais permettent d'assurer une partie du financement du TPN. Quelles que soient les randonnées choisies, la montagne réserve parfois des surprises. Il est impératif d'être chaussé convenablement et d'anticiper les changements de temps en prévoyant des vêtements chauds et imperméables.*

Chaque année, plus de trois millions de touristes parcourent les sentiers et les pistes du TPN. Afin de préserver l'intégrité des richesses naturelles et d'assurer la sécurité des visiteurs, il est indispensable de respecter les règles élémentaires.

Les règles élémentaires du randonneur

- Marcher sur les sentiers balisés.
- Ne cueillir ni fleurs ni fruits.
- Éviter de faire du bruit.
- Ne pas déposer d'ordures.
- Ne pas camper ni allumer de feu.
- Ne pas approcher les animaux sauvages.
- Ne laisser aucune nourriture.

1 Mont Gubałówka★★

L'accès au mont Gubałówka, par le téléphérique ou à pied, se situe près du marché aux artisans de Zakopane. Comptez 50mn à pied et 5mn par le téléphérique.

Le sommet du Gubałówka n'est qu'à 1 120 m d'altitude et son ascension ne représente en rien un exploit sportif. C'est pourtant une des promenades favorites des touristes et des habitants de Zakopane. Outre les restaurants et magasins situés aux environs de la gare d'arrivée du téléphérique, le sommet offre un panorama fantastique au sud sur Zakopane et la chaîne des Tatras et vers le nord sur la région de Podhale et les Beskides. À proximité du sommet, des fermes aux couleurs chatoyantes et une petite église en bois construite en 1971 donnent une ambiance de carte postale d'antan. Le chemin qui relie le Gubałówka à Butorowy Wierch en 40mn est accessible à tous sans équipement particulier.

2 Randonnée vers le lac Morskie Oko (l'Œil de la Mer)★★★

Au départ de Zakopane, prendre vers l'est la route de Łysa Polana. Laisser le poste-frontière sur la gauche de la route et poursuivre jusqu'au parking à l'entrée du parc.

Comptez environ 20 km pour l'aller, le retour et le tour du lac. 450 m de dénivelé. 6h de marche minimum. Aucune difficulté n'est à signaler jusqu'au lac. Il est possible de louer les services d'une carriole à cheval qui s'arrête à moins de 2 km du lac (45 PLN AR).

Plusieurs lacs dans le monde portent le nom d'« Œil de la Mer » en raison des nombreuses légendes qui relient les mers aux lacs de montagne.

La montée vers le lac Morskie Oko s'effectue par une route asphaltée, interdite aux voitures, taillée au milieu d'une forêt de sapins, le long de la rivière Białka qui délimite la frontière polono-slovaque. Les arbres sont parfois déchiquetés du fait du vent violent (le foehn) qui tourbillonne dans le couloir formé par la vallée. Dès le début de l'ascension, on aperçoit le plus haut sommet des Tatras slovaques, le **mont Gierlach** (2 654 m). Peu après, on arrive à plusieurs chutes d'eau. Les **chutes Mickiewicz** (Wodogrzmoty Mickiewicza) furent baptisées ainsi en l'honneur du poète. En hiver, la montée s'arrête à cet endroit, car les avalanches sont fréquentes au-delà. Plus haut, après 6 km de marche, on arrive sur une grande clairière, Polana Włosienica, où les carrioles déposent et reprennent leurs clients. Là, on peut admirer une partie du panorama appelé Mięguszowieckie. Il s'agit de l'ensemble de sommets qui entoure le lac Morskie Oko. Arrivé au refuge qui domine celui-ci, on embrasse

Les crêtes des Tatras au Kasprowy Wierch.

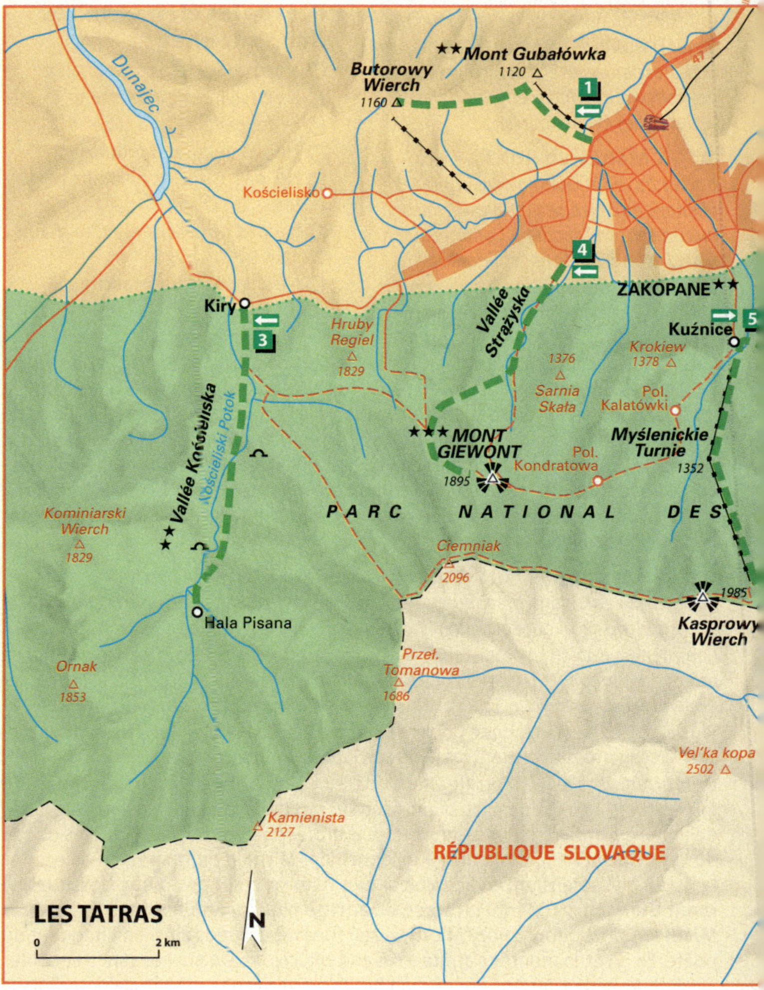

toute la chaîne composée, entre autres, du **Rysy (2 499 m)**, du **Czarny (2 410 m)** et du **Wielki (2 438 m)**. Les 35 ha du lac Morskie Oko sont situés à 1 395 m d'altitude. Ses 50 m de profondeur constituent la plus importante réserve de truites des Tatras polonaises. Un sentier, balisé de rouge, en fait le tour sans aucune difficulté et offre de magnifiques paysages sur l'étage appelé « pays des forêts ». Les sapins et les hêtres laissent peu à peu la place aux épicéas. Puis ceux-ci s'effacent pour laisser le terrain aux broussailles et aux pins nains. Enfin, au-delà de 1 800 m, les gazons alpins recouvrent la totalité du sol, avant de céder la place à leur tour aux roches arides qui culminent à plus de 2 200 m.

3 Randonnée vers la vallée Kościeliska★★ (Dolina Kościeliska)

Sortir de Zakopane par la rue Kościeliska, jusqu'au village de Kiry à 5 km. Des bus relient Zakopane à Kiry. Prendre la ligne Zakopane - Ciche Górne, s'arrêter à « Dolina Kościeliska ». Comptez environ 3h de marche pour les 6 km et 180 m de dénivelé.

La randonnée ne présente aucune difficulté et n'est marquée d'aucune couleur. La piste est suffisamment large pour permettre à des carrioles à chevaux de mener les marcheurs aux embranchements de sentiers plus éloignés. On longe alors un ruisseau turbulent, le Kościeliski Potok, qui sépare une vaste prairie peuplée de troupeaux et la forêt. Après avoir dépassé une maison de forestiers, le sentier traverse un pont sur le Kościeliski Potok. *Sur la gauche commence une randonnée plus longue, bordant la frontière slovaque vers les Czerwone Wierchy (4h) et Kasprowy Wierch (6h). Le sentier s'élève à plus de 2 000 m et la randonnée est à réserver aux plus expérimentés. À noter qu'un téléphérique descend du Kasprowy Wierch jusqu'à Zakopane-Kuźnice.*

Sur la droite, quelques centaines de mètres après le pont, un chemin s'enfonce à droite, vers la vallée de Chochołów (Dolina Chochołowska). Comptez environ 3h pour atteindre Polana Chochołowska, le terme de la randonnée.

En suivant l'itinéraire principal, le sentier débouche sur la vaste vallée offrant un splendide panorama sur les sommets qui délimitent la frontière slovaque. Un pittoresque autel construit autrefois par les mineurs cherchant du fer marque la deuxième partie de la randonnée. Le long du sentier, les **grottes** sont nombreuses et parfois ouvertes aux visiteurs. Les entrées sont payantes et la visite est obligatoirement guidée. Des vêtements chauds et une lampe torche sont conseillés. Les dénivellations sont presque nulles et les visites accessibles à tous. Les grottes les plus appréciées des Polonais sont les **Jaskinia Mroźna et Jaskinia Zimna**. Ce sont des tunnels de plusieurs centaines de mètres, dont les chambres sont ornées de stalactites et de stalagmites. Le sentier se poursuit vers Hala Pisana et son refuge qui termine la randonnée. Pour ceux qui ne souhaitent pas revenir sur leurs pas, plusieurs itinéraires partent vers la Slovaquie à l'est et rejoignent la vallée de Chochołów à l'ouest.

4 Randonnée vallée Strążyska et ascension du mont Giewont ★★★

La randonnée commence dans Zakopane. À l'entrée de la rue Kościeliska, prendre à gauche la rue Kasprusi qui se prolonge en rue Strążyska. Celle-ci se termine par un parking et l'entrée du parc. Comptez en tout 5h de marche. Il faut 45mn pour effectuer la première partie de la randonnée dont la dénivellation est de 250 m, puis plus de 2h pour gravir les 600 m de dénivelé jusqu'au sommet du Giewont.

La première partie de la randonnée longe un ruisseau, dans une forêt assez dense. Le chemin pierreux grimpe parfois de façon abrupte, mais la promenade reste accessible en famille. Il débouche sur une prairie pentue où se trouve **une maison de bergers transformée en « salon de thé et de tisane »**. Le cadre est enchanteur et les produits comestibles de la maison sentent bon le naturel. Quelques dizaines de mètres plus haut, dans la forêt, résonnent des chutes d'eau fort agréables et rafraîchissantes l'été. De nombreux promeneurs polonais font de ce lieu convivial le but de leur marche. Pourtant, il est possible de poursuivre sur un terrain plus accidenté et raide pour atteindre un des sommets de légende des Tatras : le Giewont. L'ascension permet de passer de l'étage des forêts de sapins à celui des broussailles subalpines avant de terminer dans la rocaille des gazons alpins. Marche et apprentissage de la géologie vont de pair. Du haut de ses 1 895 m, le Giewont offre une vue sur l'ensemble de la vallée de Zakopane et sur les **petites montagnes des Pieniny**, éloignées d'une cinquantaine de kilomètres. Le Giewont est surmonté d'une croix de métal de 17 m, plantée par les paroissiens de Zakopane en 1901.

5 Mont Kasprowy Wierch au départ de Zakopane-Kuźnice★★

Kuźnice se situe à 3 km au sud-ouest de Zakopane. Son accès étant interdit aux voitures, on peut s'y rendre à pied ou par le bus 59. Le Kasprowy Wierch s'élève à 1 985 m. Son sommet est accessible par un sentier ou par un téléphérique. Le trajet prend 20mn par le téléphérique et 5h à pied aller-retour.

Montée au Kasprowy Wierch par téléphérique

Le téléphérique du Kasprowy Wierch est le premier du genre construit en Pologne. Il fut mis en fonction en 1936 après une longue polémique qui opposa les membres de l'Union des skieurs polonais et ceux qui craignaient pour la protection de l'environnement. Sa longueur totale est de 4 000 m sur une dénivellation de 936 m. Deux cabines se croisent à chaque trajet, chacune contenant 36 personnes. L'ascension est constituée de deux segments, séparés par une station intermédiaire, Myślenickie Turnie, accrochée à la paroi à 1 028 m d'altitude. Lors de la montée du premier segment, le regard se porte sur le Giewont et les Czerwone Wierchy. Le deuxième segment, long de 2 290 m, monte à près de 30 degrés et offre de **splendides panoramas** sur les vallées et le domaine skiable de Sucha Dolina Kasprowa de Zakopane. Le sommet du Kasprowy Wierch, souvent battu par les vents et noyé dans les nuages, est équipé d'un restaurant, de boutiques de souvenirs et d'un observatoire météorologique. Le panorama est grandiose, car il est constitué d'une **barrière rocheuse** d'une altitude moyenne de 2 200 m (Świnica 2 301 m ; Krywań 2 495 m). La Slovaquie s'étend au-delà de cette barrière aux pics couverts de neiges éternelles.

Descente vers Kuźnice

Deux sentiers descendent du Kasprowy Wierch à Kuźnice. Le premier *(compter environ 2h30 de marche)* suit le tracé du téléphérique. Le second, plus accidenté *(compter 3h30 de marche)*, est marqué de jaune jusqu'à Hala Gąsienicowa, puis de jaune ou de bleu jusqu'à Kuźnice.

À noter qu'un sentier de randonnée relie Hala Gąsienicowa au lac Morskie Oko *(compter environ 6h de marche)*.

Découvrir les Pieniny

Pieniny et descente en radeau des gorges du Dunajec★★★

Au départ de Zakopane, aller à Nowy Targ. Là, suivre la 969, en direction de Krościenko. À Krośnica, prendre à droite vers Sromowce Wyżne-Kąty. L'embarcadère est en bord de route ; suivre les panneaux « Polskie Stowarzyszenie Flisaków Pienińskich ».

Embarcadère de Sromowce Wyżne-Kąty - www.flisacy.com.pl - avr. : 9h-16h ; mai-août : 8h30-16h ; sept. : 8h30-16h ; oct. : 9h-15h - fermé nov.-mars, dim. de Pâques et Fête-Dieu - 39 PLN pour Szczawnica, 48 PLN pour Krościenko - environ 3h.

Parc national des Pieniny (Pieniński Park Narodowy) – Il englobe presque toute la chaîne de calcaire jurassique des Pieniny. Ses sommets ne culminent qu'à 982 m pour le **Trzy Korony** et 1 000 m pour le **Wysoka**. Réputées pour la richesse de leur flore et pour la luxuriance de leur végétation, les Pieniny ont un charme indéniable. Du haut des crêtes, on aperçoit à l'horizon les Tatras, au bout d'une large vallée agricole assez dépeuplée. Le massif est traversé par la rivière Dunajec qui descend des Tatras avant de se jeter dans la Vistule au nord-est de Cracovie. La descente en bateau des gorges du Dunajec est l'attraction principale de la région.

La descente des gorges – Elle est remarquablement organisée, en toute sécurité, grâce à la coopération entre le Parc des Pieniny et l'Association des bateliers. Ceux-ci font profiter les touristes de leur savoir-faire en matière de navigation dans les eaux turbulentes de cette frontière naturelle entre la Pologne et la Slovaquie. Sur les berges de la rivière à Sromowce Wyżne–Kąty, les hommes en costume régional font grimper les apprentis navigateurs dans de petites embarcations à fond plat, dont l'étanchéité est assurée par des branches de sapin enfoncées entre les planches. Chaque bateau, dirigé par deux hommes, emmène une dizaine de passagers.
La descente débute au pied du **mont Macelowa** (802 m). Sur les premiers kilomètres, le Dunajec est large et paisible. Très vite, on aperçoit les hauts sommets des Tatras, puis le bateau arrive au bord de villages slovaques sur la rive droite, polonais sur la rive gauche. Environ 6 km après le départ commence le passage des gorges. Les falaises abruptes sont parfois couvertes de végétation, parfois totalement dénudées, faisant le bonheur des grimpeurs. À vol d'oiseau, les gorges s'étendent sur 3 km, mais les **sept longs méandres** qui les découpent triplent presque cette distance. Le lit de la rivière se réduit brutalement et on arrive bientôt à l'endroit appelé **« le Saut du brigand Janosik »** (Zbójnicki Skok). La légende veut qu'un célèbre brigand, Janosik, luttant contre l'oppression des riches souverains, échappa à ses poursuivants en profitant de l'étroitesse de la rivière. L'endroit est très profond et mesure tout de même 10 m ! Après un passage tumultueux, la rivière reprend un cours qualifié de « Leniwe » (paresseux). Une autre légende veut que la source slovaque qui jaillit au lieu-dit Stuletnie Źródło, nom qui signifie « source de cent ans », fasse centenaires les bienheureux ayant goûté son eau. Le Dunajec poursuit son chemin jusqu'au débarcadère de **Szczawnica**. De nombreux restaurants sont installés sur le bord de la berge de cette petite station thermale. *La gare routière où attendent les bus qui retournent à Sromowce Wyżne-Kąty se trouve en contrebas du pont, sur la droite. Les minibus ne démarrent que lorsqu'ils sont complets. Un moment d'attente est possible.* La route empruntée pour le retour permet **une vue** exceptionnelle sur la vallée et les Tatras.
À noter que **Szczawnica** est le point de départ de plusieurs pistes cyclables ou sentiers de randonnée permettant d'entrer dans le parc des Pieniny et d'aller jusqu'au point culminant, le Wysoka (1 100 m) ou les Trzy Korony (les Trois Couronnes).

Autour du lac de Czorsztyn, châteaux de Czorsztyn et de Niedzica

La construction d'un barrage hydraulique sur la rivière Dunajec est à l'origine du lac de Czorsztyn. Quelques constructions en bois, dont plusieurs chapelles, qui auraient dû être inondées par la montée des eaux, ont été transportées dans un petit Skansen, à Kluszkowce, à quelques kilomètres au nord-ouest de Czorsztyn. Protégés par leur situation, deux châteaux ont résisté aux travaux et à la mise en eau de la vallée.
Depuis la route 969, dans le village de Krośnica, prendre vers le sud la direction de Czorsztyn puis Niedzica.

Château de Czorsztyn

Mai-sept. : 9h-18h ; oct.-avr. : tlj sf lun. 10h-15h - 4 PLN.

La visite des ruines du château de Czorsztyn vaut surtout pour la vue panoramique qu'elle offre sur le lac, la chaîne des Pieniny et les Tatras. Cette petite forteresse, construite au 13e s. sous l'ère de Casimir le Grand pour les sœurs clarisses de Stary Sącz, a été foudroyée en 1790, ce qui provoqua son incendie. Elle ne fut jamais reconstruite.

Château de Niedzica

Mai-sept. : 9h-19h ; oct.-avr. : tlj sf lun. 9h-16h - fermé 1er janv., 1er nov., 25 et 26 déc., fêtes de Pâques - 7 PLN.

Sur l'autre rive du lac se dresse le château de Niedzica. Les deux châteaux se faisant face, ils offrent le même type de vue grandiose sur la nature environnante. Néanmoins, le château de Niedzica est historiquement plus riche que son voisin. Construit en 1325 en

W, Buss / MICHELIN

La descente en radeau des gorges du Dunajec.

style gothique, il servit pendant plusieurs siècles de forteresse de frontière. Tantôt polonais, tantôt hongrois, il fut convoité et conquis successivement par les deux camps. Aujourd'hui, il est administré par l'Association des historiens d'art qui l'ont transformé en lieu d'exposition. Des salles sont consacrées à l'histoire locale et à l'archéologie.

Église de Dębno★★

Située sur la route 969 entre Nowy Targ et Krościenko - lun.-vend. 9h-12h, 14h-16h30, sam. 9h-12h.

L'église de l'Archange-St-Michel de Dębno est mentionnée pour la première fois en 1335. La tour fut ajoutée en 1601, les arcades extérieures et le porche au 17e s. Les murs extérieurs et le toit sont couverts de bardeaux de mélèze. L'intérieur est exceptionnel par la beauté des **peintures au pochoir** et des sculptures gothiques datées des 15e et 16e s. Son joyau est une polychromie médiévale remarquablement préservée. L'objet le plus ancien est un crucifix daté du 14e s. Depuis 2003, elle est classée au patrimoine mondial de l'Unesco. Plusieurs églises en bois sont édifiées autour de Dębno. Les plus caractéristiques de l'art religieux des 15e et 16e s. sont situées dans les villages de Grywałd et Harklowa sur la route 969, et à Trybsz au sud de Dębno.

Les Tatras pratique

Adresses utiles

Office du tourisme du Parc national des Tatras – *Ul. Chałubińsiego 44 - 34-500 Zakopane - ✆ 018 202 32 88 - www.tpn.pl - juin-sept. : 7h-18h ; oct. et janv.-mars : 7h-16h ; nov.-déc. : 7h-15h, ; avr.-mai : 7h-17h.* Personnel anglophone, dépliants en français.

Le Parc national des Tatras - Tatrzański Park Narodowy – *Ul. Chałubińskiego 42a - 34-500 Zakopane - ✆ 018 202 32 00 - www.tpn.pl.*

Le Parc national des Pieniny - Pieniński Park Narodowy – *Ul. Jagiellońska 107b - 34-450 Krościenko - ✆ 018 262 56 01 - www.pieninypn.pl.*

Office de tourisme – *Ul. Drohojowskich 7 - 34-440 Czorsztyn - ✆ 018 255 03 66 - www.czorsztyn.pl.*

Se loger

La majeure partie des hôtels sont implantés à Zakopane ou dans le très proche environnement de la ville (*voir aussi « Zakopane pratique »*).

Association d'agritourisme - Galicyjskie Gospodarstwa Gościnne – *Ul. Meisselsa 1 - 31-063 Kraków - www.galicyjskie.pl.*

⊖ **Chmiel Jadwiga et Stanisław** – *Ul. Ks. J. Kosibowicza 41 - 33-443 Sromowce Wyżne - ✆ 018 262 97 80 - www.chmiel.pieniny.net - 4 ch. 42 PLN.* De belles chambres, un sauna et un solarium dans une maison estampillée « hébergement écologique », à deux pas des descentes de la rivière Dunajec avec une vue sur la Slovaquie.

⊖ **Pańszczyk Bożena et Józef** – *Dom Wczasowy « Borowy » - 34-425 Biały Dunajec - Ul. Jana Pawła II 35 - ✆ 018 207 35 42 - www.borowy.zakopane.biz - 140 lits 80 PLN.* C'est un centre de vacances de style montagnard, à 12 km de Zakopane, vers Nowy Targ. Randonnées, soirées folkloriques, aire de jeux pour les enfants et bien d'autres services en font un lieu idéal pour les familles nombreuses ou des groupes d'amis aimant la nature.

⊖ **Wróbel Zofia et Stanisław** – *Bańska Niżna - 15434-424 Szaflary - ✆ 018 275 42 62 - www.gazda.info.pl - 4 ch. 1/2 P. 80 PLN.* Entre Zakopane et Nowy Targ. Un lieu montagnard où les propriétaires prêtent des costumes folkloriques pour des photos souvenirs et où le feu de cheminée crépite.

Sports et loisirs

Aéro-club de Nowy Targ – *Vols panoramiques au-dessus des Tatras et de la Podhale - Ul. Lotników 1 - 34-400 Nowy Targ - ✆ 018 264 66 16 - www.aeroklub.nowy-targ.pl.*

Association polonaise des guides de haute montagne – *www.pspw.pl.*

École centrale de parachute – *Ul. Lotników 1 - 34-400 Nowy Targ - ✆ 018 266 23 23.*

École de kayak de montagne et de rafting – *Ul. Maszyńskiego 28 - 30-698 Kraków - ✆ 012 654 73 45 - www.retendo.com.pl.*

École de vol (aile volante et parapente) – *34-500 Zakopane Nosal - ✆ 018 206 31 81.*

Pêche en rivière et en lac – Association polonaise de pêche (Polski Związek Wędkarski - PZW) – *Ul. Ochronek 24 - 33-100 Tarnów - ✆ 014 621 33 92. L'association fournit les informations générales sur la pêche et les conditions de pratique.*

Fondation du développement régional du lac de Czorsztyn (Fundacja Rozwoju Regionalnego Jeziora Czorsztyńskiego) – *Al. Tysiąclecia 37 - 34-400 Nowy Targ - ✆ (18) 264 13 30.* La fondation gère l'activité de pêche sur le lac de Czorsztyn.

Spéléologie – Visite des grottes – *Rens. auprès du Parc national des Tatras.*

Les Beskides Ouest★★

Beskid Żywiecki

CARTE GÉNÉRALE B-C4 – CARTE MICHELIN N° 720 J10-11 – VOÏVODIE DE SILÉSIE

Du haut de ses 1 725 mètres, le mont Babia Góra est le point culminant des Beskides Ouest, appelées à cet endroit les Beskides Żywiec (Beskid Żywiecki). Classée parmi les réserves mondiales de la biosphère par l'Unesco, cette région frontière avec la Slovaquie maintient avec fierté un folklore et des traditions qui font le bonheur des Cracoviens en promenade dominicale ou en vacances vertes. Sucha Beskidzka et surtout Zawoja sont les points de départ de nombreuses découvertes hors des sentiers battus.

- **Se repérer** – À 80 km au nord-ouest de Zakopane, et à 80 km au sud-est de Cracovie, à la frontière slovaque.
- **À ne pas manquer** – La vue sur le mont Babia Góra depuis le Skansen Józef Żak à Zawoja.
- **Organiser son temps** – Comptez une journée pour découvrir la nature autour du Babia Góra et de Zawoja et une demi-journée pour visiter Sucha Beskidzka.

Comprendre

Une reconnaissance internationale de son environnement – Après le massif des Tatras, celui de Babia Góra est le second plus élevé de Pologne. Dans son niveau inférieur, moins de 1 400 m, la végétation est composée de hêtres, d'épicéas, de sapins et de quelques érables blancs. En altitude, les broussailles et les herbages se disputent le terrain avec la rocaille. Lynx, ours, loups et grands tétras colonisent les espaces naturels assez peu peuplés et peu affectés par l'industrie. L'élevage ovin perpétué par des bergers transhumants, l'exploitation de la forêt de pins et le travail du bois sont les principales activités économiques, soutenues par un développement touristique maîtrisé. En 1976, l'Unesco décida de hisser la région du Babia Góra au rang de laboratoire vivant pour l'étude de la biosphère et particulièrement de l'eau. En devenant les autochtones d'une réserve mondiale de la biosphère, les scientifiques et acteurs locaux s'engagèrent à étudier et à surveiller différents paramètres tels que l'impact du tourisme sur l'environnement, la gestion de la forêt, la qualité de l'eau, la survie des espèces rares, tout en favorisant le développement économique et humain. La gestion de l'ensemble de ces problématiques a été facilitée par la création du Parc de Babia Góra, dont le siège est à Zawoja.

Autour du Parc de Babia Góra

Zawoja

Le siège du parc est installé dans ce village qui s'étend le long de la route 957, au pied du mont Babia Góra. En hiver, il se transforme en station de sports d'hiver familiale.

A. Galy / MICHELIN

À Zawoja : le retour des troupeaux.

Église en bois St-Clément (Drewniany Kościół św Klemensa) – Située au centre du village, sur une butte qui domine la route, elle date de 1759 mais a été reconstruite et rénovée à de nombreuses reprises, la dernière fois en 1888. L'intérieur est décoré de peintures murales. L'autel en bois et les fonts baptismaux en pierre sont d'inspiration baroque.

En quittant Zawoja-centre vers le sud en direction de Zubrzyca Górna, tourner à droite à Zawoja-Widły vers le Skansen et le lieu-dit Markowa.

Maison du parc de Babia Góra (Muzeum Narodowego Parku Babiogórskiego) – *Mai.-sept. : tlj sf dim. 9h-16h30 ; oct.-avr. : tlj sf dim. 9h-16h30 - 3 PLN.* Les expositions sont consacrées à l'espace naturel du parc et aux traditions folkloriques de la région. Le petit Skansen Józef Żak se situe à quelques pas de la maison en poursuivant la route.

Randonnée vers le Babia Góra – *Du lieu-dit Markowa, environ 500 m en voiture jusqu'au refuge « PTTK Markowa Szczawiny ».* De là, comptez moins de 2h pour monter au sommet du Babia Góra d'où l'on domine les Beskides, la Slovaquie et plus loin les Tatras. La piste (marques jaunes) ne présente aucune difficulté, à condition d'être correctement chaussé et habillé.

Zubrzyca Górna

Parc ethnographique d'Orawa (Orawski Park Etnograficzny) – *À 20 km au sud de Zawoja par la route 957 - ✆ 018 285 27. 09 - www.orawa.eu - mai-sept. : 8h30-17h ; oct.-avr. : 8h30-14h30 - fermé 1er janv., Pâques, Fête-Dieu, 1er nov. et 25 déc. - 9 PLN.* Le Skansen retrace l'établissement des différentes communautés de bergers et paysans venues de Moldavie ou du nord de la Petite Pologne. Le chemin s'enfonce dans des bois et dans de vastes prairies ponctuées de fermes, de moulins ou d'ateliers de tissage. À noter une belle collection de ruches. L'ensemble est de la fin du 18e et du 19e s. La plupart des constructions viennent de la très proche région.

Sucha Beskidzka (9 737 hab.)

Palais (Zamek) – *✆ 033 874 26 05 - mai-oct. : mar.-vend. 9h-17h, w.-end 10h-18h ; nov.-avr : mar.-vend. 8h-16h, w.-end 9h-15h - 7 PLN.*

En 1614, Piotr Komorowski, riche érudit local, fit construire l'extension d'une petite maison-forte bâtie en 1554. L'ensemble, transformé en palais Renaissance, devint un haut lieu de la culture. Une bibliothèque, forte d'environ 55 000 ouvrages collectés par le propriétaire puis par ses descendants, des peintures et des dessins garnirent les ailes du palais jusque dans les années 1930. Les collections sont aujourd'hui disséminées dans les plus grands musées de Pologne. Bien que dépourvu de ses illustres collections, le palais poursuit son œuvre culturelle en organisant régulièrement des expositions temporaires de peinture ou de sculpture. Une promenade dans le très beau parc conduit à une orangerie de type néogothique anglais délabrée dont les 1 200 citronniers ou orangers fournissaient un revenu convenable à la famille de sa créatrice Anna Konstancja Wielopolska. Plus loin, la **maison du Jardinier** (Domek Ogrodnika) est un petit musée ethnographique retraçant la vie spirituelle et artisanale des habitants de la région du Babia Góra au 19e s.

Sucha Beskidzka compte aussi un bel ensemble d'architecture religieuse composé d'un monastère et de plusieurs chapelles du 17e s. Toutefois, ce lieu, dont l'église de l'Annonciation est le cœur, est plus un lieu de culte très fréquenté qu'un lieu touristique proprement dit.

Au centre du village se tient l'**Auberge de Rome** (Karczma Rzym), construite au 17e s. Bien que rénovée en 1960, elle conserve intégralement son architecture traditionnelle en bois. Il semble que le poète Adam Mickiewicz l'ait utilisée comme cadre d'une de ses nouvelles, ce qui conforte son rang de lieu de mémoire.

Église en bois de Lachowice

Depuis Sucha Beskidzka, prendre la route 946 jusqu'à Stachówska. Là, tourner à gauche vers Lachowice.

L'église des Apôtres-Pierre-et-Paul fut construite entre 1789 et 1790 sur l'ancien cimetière du village. Elle se distingue par son toit qui tombe presque au ras du sol, formant une galerie portée par des colonnes. L'intérieur est de style baroque classique.

Église en bois de Łętownia

Allez à Jordanów, à 25 km au sud de Sucha Beskidzka par la route 28.

Construite entre 1760 et 1765 sur l'emplacement de deux églises du 15e s., l'église St-Simon-et-St-Jude est l'une des plus grandes de toute la zone subcarpatique. Sa décoration intérieure est de style baroque-rococo. Le grand autel, l'orgue et la chaire sont très représentatifs du patrimoine de cette époque.

Beskides Ouest pratique

Code postal (Jordanów) – 34-240.

Code postal (Sucha Beskidzka) – 34-200.

Code postal (Zawoja) – 34-223.

Adresses utiles

Office de tourisme – Il existe peu de structures d'information pour les étrangers. La Maison du parc de Babia Góra à Zawoja peut toutefois remplir ce rôle - *www.bgpn.pl.* Il est conseillé d'écrire en anglais. Site Internet en polonais.

Les services d'informations touristiques de Sucha Beskidzka et Zawoja ont des sites Internet rédigés en polonais mais ils peuvent recevoir des demandes formulées en anglais. Sucha Beskidzka : *www.powiatsuski.pl* ; Zawoja : *www.zawoja.pl.*

Transports

Sucha Beskidzka et Zawoja sont reliées par de nombreux bus à Cracovie. *Comptez 1h30 de trajet.*

Se loger

À ZAWOJA

Pensjonat Jawor – *033 877 51 98 - www.pensjonat-jawor.pl - 16 ch. 120 PLN, 1/2 P. 399 PLN/sem.* Sur la route montant à la Maison du parc de Babia Góra, cette grande maison neuve dispose de tout le confort et d'un accueil chaleureux. Tout est fait pour faciliter les vacances vertes ou blanches selon la saison.

Hotel Lajkonik – *033 874 51 00 - www.lajkonik.pl - 20 ch. 300 PLN.* À la sortie de Zawoja, sur la route de Jabłonka. Adossé à une colline boisée, l'hôtel habite une grande maison de pierre des années 1930. La décoration est élégante et toutes les prestations de haute qualité. Des activités sportives ou de découverte touristique sont organisées.

Se restaurer

À JORDANÓW

Karczma « Przykiec » – *033 277 35 61 - www.przykiec.ia.pl - 11h-22h - 35 PLN.* Sur le bord de la route 28, entre Sucha Beskidzka et Jordanów. C'est une véritable auberge gastronomique traditionnelle. Goûtez la soupe à l'oignon dans une miche de pain.

Événements

Un **festival de danses et chants folkloriques** se déroule à Zawoja, fin septembre, à l'époque du retour de la transhumance.

L'hôtel de ville de Wrocław.

SILÉSIE ET SUDÈTES

Pszczyna

50 062 HAB. – CARTE GÉNÉRALE C4 – CARTE MICHELIN N° 720 I10 – VOÏVODIE DE SILÉSIE

Six consonnes – dont cinq alignées au début – pour un nom de huit lettres, de quoi surprendre les habitués des langues latines. Derrière ce nom – qui se prononce « Pchtchyna » – se cache une petite ville provinciale au charme discret surnommée « la perle de la Haute Silésie ». Une appellation quelque peu flatteuse mais qui n'a rien d'usurpé pour cette ville entourée de lacs et de forêts qui contraste avec le paysage industriel houiller de Haute Silésie.

- **Se repérer** – À 28 km à l'ouest d'Auschwitz, 88 km à l'ouest de Cracovie.
- **À ne pas manquer** – « Les Soirées chez Telemann » : un festival de musique baroque dans le château en sept. et oct. *(se renseigner auprès de l'office de tourisme).*
- **Organiser son temps** – Comptez 2h pour visiter la ville et le château, davantage si vous voulez profiter du parc.

Comprendre

À l'image de la région silésienne (Śląsk), Pszczyna a connu une histoire bien mouvementée. Annexée à la Petite Pologne par son premier monarque Mieszko Ier à la fin du 10e s., elle devint silésienne en 1178 en tombant sous l'autorité des princes Piast. Passée dans les possessions des princes de Bohême, Pszczyna devint avec sa forteresse le centre d'un petit État indépendant qui, sous la coupe de la duchesse Helena Korybutówna, résista aux attaques hussites. En 1546, l'État libre est vendu à l'évêque de Wrocław, Balthasar von Promnitz. Sous le règne de cette famille puis des Anhalt-Köthen, les liens des princes de Pless, du nom allemand de la ville, avec la Couronne royale polonaise de Wawel sont resserrés. La passation du domaine à la famille des comtes von Hochberg, en 1846, s'accompagne d'une germanisation et d'une industrialisation forcées de la région silésienne. À l'aube du 20e s., deux imprimeries y sont établies, dont l'une édite le premier journal de Haute Silésie en polonais, et en août 1919 a lieu la première des trois insurrections silésiennes. Lors du référendum de 1921, 74 % des votants du district se prononcèrent pour un rattachement à la Pologne, qui s'effectua le 22 juin 1922.

Visiter

Rynek★

Cette jolie place, formée par un bel ensemble de maisons basses des 18e et 19e s., est dominée par la très large façade néobaroque de l'**église évangélique** (Kościół Ewangelicki) accolée à l'**hôtel de ville** (Ratusz). L'hôtel de ville, érigé au début du 17e s., fut remanié en style néo-Renaissance en 1931. Dans l'angle nord-ouest de la place s'ouvre, dans le bâtiment de corps de garde du 17e s., l'élégante **porte des Élus** (Brama Wybrańców), passage obligé pour accéder au château.

W. Buss / MICHELIN

L'ancien château des Piast, aujourd'hui musée, a été méthodiquement restauré après 1945.

Musée du Château (Muzeum Zamkowe)★

Ul. Brama Wybrańców 1 - ✆ 032 210 30 37 - www.zamek-pszczyna.pl - nov.-15 déc. et 15 janv.- mars : mar. 11h-15h, merc. 9h-16h, jeu.-vend. 9h-15h, sam. 10h-15h, dim. 10h-16h ; avr.-juin et sept.-oct. : lun. 11h-15h, mar. 10h-15h, merc. 9h-17h, jeu.-vend. 9h-16h, sam. 10h-16h, dim. 10h-17h ; juil.-août : lun. 11h-15h, mar. 10h-15h, merc.-vend. 9h-17h, sam. 10h-17h, dim. 10h-18h - fermé 10 déc.-14 janv., dim. de Pâques, Corpus Christi, 1er et 11 nov. - dernière entrée 1h av. fermeture - 12 PLN.

Ce château d'origine gothique (15e s.) fut reconstruit entre 1870 et 1876 dans le style néoclassique par un architecte français du nom d'Alexandre Destailleur. Fief jusqu'à la fin du 14e s. de la dynastie des Piast, il passa de 1548 à 1765 dans les mains de la famille Promnitz, puis des Anhalt-Köthen-Pless avant de devenir en 1846 la propriété des comtes von Hochberg qui l'habitèrent jusqu'à sa nationalisation en 1945. Cette famille, originaire du château médiéval de Książ en Basse Silésie, fut autorisée à conserver le titre de princes von Pless. Durant la Première Guerre mondiale, l'état-major allemand s'y installa et l'empereur Guillaume y établit sa résidence. Rare château à ne pas avoir été pillé – sans doute en raison des origines allemandes de ses anciens propriétaires – lors de la Seconde Guerre mondiale, il fut transformé dès 1946 en musée. Les très vastes et somptueux appartements ont été reconstitués dans le moindre détail d'après des photographies anciennes. Toutes les salles furent décorées selon le principe déclaré de l'*horror vacui*, autrement dit « l'horreur du vide ». Le must est sans doute le cabinet de travail du prince, travail qui manifestement consistait essentiellement à chasser, si l'on en juge par le nombre plus qu'impressionnant de trophées de chasse. Depuis 1979 se déroule chaque année en septembre, dans la majestueuse salle des Miroirs, un **festival de musique baroque** (Sviatoslav Richter s'y est produit à trois reprises) en hommage au compositeur Georg Philipp Telemann (1681-1767) qui passa entre 1704 et 1707 ses mois d'été au château.

Le château doit aussi une grande part de sa renommée à son **parc à l'anglaise** de 156 ha (Zabytkowy Park Pszczyński), traversé par la rivière Pszczynka, où de nombreux chemins de randonnée pédestre et cycliste ont été aménagés. Malheureusement, la réserve de bisons *(rezerwat żubrów)* qui participait à la réputation du parc vient de fermer.

Musée ethnographique régional (Zagroda wsi Pszczyńskiej)

Dans le parc du château vers l'est - avr.-oct. : mar.-sam. 10h-15h, dim. 10h-18h (20h en été), en hiver sur RV au 032 212 99 99 - 5 PLN.

Ce modeste mais ravissant Skansen se compose d'une maison et de ses dépendances aménagées au cœur de la forêt. On notera également juste avant d'y arriver l'existence d'un restaurant baptisé Stary Młyn, installé dans un vieux moulin en bois à l'architecture traditionnelle, semblable aux bâtiments du Skansen.

Pszczyna pratique

Code postal – 43-200.

Adresses utiles

Office de tourisme – *Brama Wybrańców 1, sur le côté gauche de la porte ouvrant sur le château - ✆ 032 212 99 99 - www.pszczyna.info.pl - avr.-sept. : lun.-vend. 8h-16h, w.-end et j. fériés 10h-16h ; oct.-déc. : lun.-vend. 8h-16h, w.-end et j. fériés 10h-15h ; janv.-mars : lun.-vend. 8h-16h.* Personnel anglophone.

Transports

Minibus, bus et trains (dans l'ordre de facilité) relient Pszczyna à Cracovie *(compter 2 à 3h).*

Se loger

⊖ **Hotel Michalika** – *Ul. Dworcowa 11 - ✆ 032 210 13 55 - fax 032 210 13 88 - www.umichalika.pl* - P - ♿ - *16 ch. 150 PLN* ☕. À mi-chemin entre la gare et le Rynek, cet hôtel moderne et confortable comporte aussi un restaurant. Wi-fi.

⊖ **Rezydencja Retro** – *Ul. Warowna 31 - ✆ 032 210 22 45 - www.retro.pl* - P - *16 ch. 130 PLN.* Tout près du Rynek, cette vraie pension familiale porte bien son nom. Vous pourrez apprécier le charme rétro des chambres. Sauna.

Se restaurer

⊖⊖ **Restauracja Kmieć** – *Ul. Piekarska 10 - ✆ 032 210 36 38 - 12h-21h - 50 PLN.* Cette maison du vieux bourg aux surprenantes couleurs se targue d'une solide cuisine traditionnelle polonaise. Terrasse dans la cour intérieure.

⊖⊖ **Restauracja Va Banque** – *Ul. Bankowa 2 - ✆ 032 210 34 72 - www.va-banque.pl - lun.-vend. 12h-0h, w.-end 10h-0h - 50 PLN.* Présenté comme le meilleur de la ville, ce restaurant s'honore d'avoir reçu comme client l'ancien châtelain, VIe prince von Pless en titre, et sa famille. Cuisine raffinée.

Opole

126 748 HAB. – CARTE GÉNÉRALE B3 – CARTE MICHELIN N° 720 H8 – VOÏVODIE D'OPOLE

Capitale de voïvodie née d'une île sur l'Oder, c'est une cité agréable, claire, aérée et d'une grande unité architecturale. Elle est célèbre à travers tout le pays pour le festival de chanson polonaise qui s'y tient depuis 1963. Ne manquez pas, dans les environs, les chapelles aux fresques gothiques et le château de Brzeg.

- **Se repérer** – À 100 km au sud-est de Wrocław et à l'ouest de Częstochowa.
- **À ne pas manquer** – Le calme du Rynek d'Opole, les églises gothiques.
- **Organiser son temps** – Comptez une demi-journée pour Opole, quelques heures pour les églises éparpillées dans la campagne et 2h pour le château de Brzeg.

Comprendre

Opole naît au 8e s. sur un îlot au milieu de l'Oder. Protégée par son château dont ne subsiste que la **tour Piast** (Wieża Piastowska) du 13e s., elle devient le centre de l'autorité des Piast de Silésie entre le 13e s. et 1532. La ville passe ensuite sous le contrôle des Habsbourg et plus tard des Hohenzollern. Au cours des siècles, le centre s'est déplacé pour occuper aujourd'hui la rive droite du fleuve.

Visiter

Rynek

Il est entouré de maisons baroques et Renaissance minutieusement restaurées après la guerre. Au centre, l'**hôtel de ville** (Ratusz), construit en 1936, est inspiré du Palazzio Vecchio de Florence. Toutes les curiosités se trouvent à proximité du Rynek.

Église des Franciscains (Kościół Franciszkanów)

Ul. Zamkowa, au sud du Rynek.

Un profond sentiment de recueillement émane de la nef que dominent des plafonds peints d'un entrelacs de feuilles. Dans la minuscule **chapelle Ste-Anne** ★ (Kaplica Św. Anny), le mausolée des Piast, dont l'arbre généalogique est peint au mur, abrite depuis la fin du 14e s. les gisants de Bolko I, Bolko II, Bolko III et sa femme Anna d'Oświęcim. Les voûtes gothiques sur croisées d'ogives sont ornées de feuilles de chêne, d'anges et de blasons de couleurs vives.

Musée de la Silésie d'Opole (Muzeum Śląska Opolskiego)

Mały Rynek 7 - ✆ 077 453 66 77 - mar.-vend. 9h-16h, sam. 10h-15h, dim. 12h-17h - 3 PLN.

Cet intéressant musée occupe un ancien collège de jésuites et retrace l'histoire de la région. Au sous-sol, métier à tisser et poteries évoquent la préhistoire. Un bateau en bois de l'âge du bronze (7,4 m) et des urnes funéraires occupent le rez-de-chaussée. L'étage est consacré à la peinture et à la sculpture religieuses du 19e s. et comporte une partie ethnographique (costumes traditionnels, outils agricoles).

ONT Pologne

Maisons baroques du Rynek.

L'histoire de la ville est évoquée par des fouilles archéologiques et à travers la presse et des documents du 19e s. Le dernier étage abrite une modeste collection de peintures du 19e s.

Au nord du Rynek s'élèvent les tours jumelles de la **cathédrale Sainte-Croix** (Katedra Św. Krzyża).

Aux alentours

Musée de la campagne d'Opole (Muzeum Wsi Opolskiej)

À 5 km du centre-ville en direction de Brzeg - Ul. Wrocławska 174 - ✆ 077 457 23 49 - www.muzeumwsiopolskiej.pl - avr.-oct. : mar.-dim. 10h-18h, lun. 10h-15h ; nov.-mars : lun.-vend. 10h-15h - 8 PLN. Véritable village d'une quarantaine de maisons traditionnelles silésiennes, ce musée en plein air raconte la vie rurale de la Silésie aux 18e et 19e s.

Brzeg★ (12 905 hab.)

À 45 km au nord-ouest d'Opole en direction de Wrocław.

La ville possède un intéressant hôtel de ville Renaissance du 16e s., œuvre des architectes italiens Francesco Parra et André Walther. Mais c'est le **musée des Piast silésiens★** (Muzeum Piastów Śląskich – *✆ 077 416 32 57 ; www.zamek.brzeg.pl ; mar. et jeu.-dim. 10h-16h, merc. 10h-18h ; 8 PLN, gratuit sam. ; commentaires en polonais*) situé place Zamkowy qui fait tout l'intérêt de la ville. Le château qui l'abrite est l'un des plus beaux exemples d'architecture Renaissance en Pologne. Les Piast l'occupèrent jusqu'à l'extinction de la dynastie en 1675. La façade, minutieusement sculptée d'ornements et d'armoiries, est dominée par les bustes de membres de l'illustre famille et les trois niveaux d'arcades de la cour intérieure rappellent le Wawel de Cracovie. Présentées dans les belles salles restaurées où subsiste parfois un monumental encadrement de porte ou une cheminée, les collections sont de toute beauté. Au sous-sol, consacré à l'art funéraire, on verra des copies de gisants des 13e et 14e s. et des sarcophages de plomb ornés. Au rez-de-chaussée, l'histoire de la ville est racontée à travers gravures et maquette de Brzeg à l'époque médiévale et au 18e s. Le 2nd étage est plus intéressant. Consacré à l'art silésien, on y découvre de délicates peintures et sculptures du 15e au 18e s., dont sept grandes statues d'une Crucifixion de 1420 jadis exposée en l'église Ste-Élisabeth de Wrocław.

Route des églises gothiques★★

Les petites églises de **Małujowice**, **Krzyżowice**, **Pogorzela**, **Strzelniki** et **Łosiów**, dans les environs de Brzeg, valent bien un détour. Leurs fresques, réalisées autour du 14e s., furent systématiquement recouvertes de plâtre par les protestants. Elles furent ainsi préservées des outrages du temps et on redécouvre aujourd'hui d'émouvantes polychromies représentant des scènes de la vie et de la Passion du Christ. Coup de cœur absolu pour celle de Małujowice et celle de Strzelniki aux murs intégralement recouverts. *Demandez la clé aux maisons voisines.*

Opole pratique

Code postal : 45-000.

Adresses utiles

Office de tourisme – *Ul. Krakowska 15 - ✆ 077 451 19 87 - mai-août : lun.-vend. 10h-18h, sam. 10h-17h ; sept.-avr. : lun.-vend. 10h-17h, sam. 10h-13h.* Personnel anglophone.

Transports

Gare ferroviaire – *Ul. Krakowska 48 - ✆ 077 453 22 80 - www.pkp.com.pl.*

Gare routière – *Ul. 1 Maja 4 - ✆ 077 454 51 64 - www.pks.opole.pl.*

Se loger

⊖⊖⊖ **Hotel Piast** – *Ul. Piastowska 1 - ✆ 077 454 97 10 - www.hotelpiast.com.pl -* P *- 25 ch. 329 PLN.* Idéalement situé près du centre-ville, cet hôtel de grand standing domine l'Oder. Grandes chambres et service de qualité.

Se restaurer

⊖ **Maska** – *Rynek 4 - ✆ 077 453 92 67 - 25 PLN.* Une excellente cuisine polonaise inventive servie en terrasse ou dans une adorable salle voûtée dont les murs artistiquement écaillés laissent apparaître des fresques.

⊖ **Starka** – *Ul. Ostrówek 19 - ✆ 077 453 12 14 - 35 PLN.* Perché au-dessus de l'Oder, ce restaurant, bien fourni en bières et cocktails, propose une cuisine polonaise raffinée. Quelques spécialités à la demande dont le jambonneau et l'oie à la polonaise.

Événements

Festival de la chanson polonaise – Fin juin. Une institution depuis plus de 40 ans.

Wrocław★★★

632 930 HAB.

CARTE GÉNÉRALE B3 – CARTE MICHELIN N° 720 G7 – VOÏVODIE DE BASSE-SILÉSIE

La capitale de la Basse Silésie, qui est aussi la plus grande ville du sud-ouest de la Pologne, présente bien des visages. À l'effervescence du Rynek aux façades colorées répond la sérénité des rues d'Ostrów Tumski, le quartier de la cathédrale. Avec ses 110 ponts sur l'Oder et sa douzaine d'îles, la Venise polonaise est une ville étudiante en perpétuelle évolution dont le dynamisme se mesure aussi à ses paris architecturaux.

- **Se repérer** – À 340 km au sud-est de Varsovie, 270 km au nord-ouest de Cracovie.
- **À ne pas manquer** – Les balades nocturnes dans Ostrów Tumski, le panorama sur la ville depuis la tour de la cathédrale.
- **Organiser son temps** – Wrocław mérite qu'on lui consacre au moins deux ou trois jours pour apprécier ses différents aspects. Les sites et musées demandent quelque attention et la ville, la nuit, ne manque pas d'attraits.
- **Avec les enfants** – Ne manquez pas la visite du zoo.

M. Ostrowska / MICHELIN

Le pont de la cathédrale qui relie l'île de Sable à Ostrów Tumski.

Comprendre

Wrocław naît vers le 9e s. sur l'île d'Ostrów Tumski. En 1000, le premier roi polonais Boleslas le Vaillant la dote d'un évêché et d'une cathédrale. Wrocław, qui s'est fièrement battue contre les incursions diverses, devient en 1138 la capitale de la Silésie, région vite prospère. La croissance de la ville entraîne le déplacement de son centre sur la rive gauche de l'Oder. En 1335, la Pologne perd le contrôle de la région qui passe sous la domination de la Bohême. Les Habsbourg l'investissent à partir du 16e s., puis les Prussiens en prennent le contrôle en 1741 et l'acquièrent définitivement en 1763 à la fin de la guerre de Sept Ans contre les Autrichiens. Ils lui donnent le nom de Breslau et en font une forteresse réputée imprenable. Au 19e s., la ville devient un des grands centres industriels de la Silésie. Après la Seconde Guerre mondiale, elle revient à la Pologne à la suite des accords de Potsdam. La population allemande a fui, et la ville, meurtrie par les bombardements, est repeuplée par quelques dizaines de milliers de Polonais exilés de Lwów (aujourd'hui en territoire ukrainien sous le nom de L'viv). Ils apportent leur mode de vie et une partie de leur patrimoine culturel dont la statue de l'écrivain Aleksander Fredro, le panorama Racławice et la bibliothèque de l'Institut Ossoliński.

La proximité de la frontière avec l'Allemagne suffit à expliquer l'afflux de touristes allemands qui, souvent, reviennent en pèlerinage sur les lieux de leur enfance.

Se promener

RYNEK A-B2

Ce vaste rectangle de 173 x 208 m est le cœur de la ville médiévale dessinée en 1241 selon un plan en damier. À l'est de l'hôtel de ville s'élève une reproduction du pilori qui servait aux supplices à partir du 15e s. Côté ouest, la statue de l'auteur comique Aleksander Fredro a été importée de Lwów (ou L'viv) après la guerre. Les maisons qui entourent la place, gothiques à l'origine, furent plus tard remaniées dans les styles Renaissance, baroque ou classique. La plupart furent restaurées après 1945. La silhouette massive d'un bâtiment gris à l'angle sud-ouest devait préfigurer un nouveau Rynek qui, on peut s'en féliciter, est resté à l'état de projet. Remarquez, au no 8, la **maison des Sept Électeurs** (Kamienica Pod Siedmioma Elektorami), au no 5, la **maison au Soleil d'Or** (Kamienica Pod Złotym Słońcem), au no 2, la **maison des Griffons** (Dom Pod Gryfami) et dans l'angle nord-ouest, les **maisons Jeannot et Margot** (Domki Zwane Jasiem i Małgosią). Au centre de la place, l'hôtel de ville jouxte un complexe enchevêtrement de ruelles que séparent différents bâtiments administratifs dont ceux de l'actuel hôtel de ville construit à l'emplacement d'une halle aux draps. La fontaine de verre qui trône dans la partie ouest du Rynek est un lieu de rendez-vous prisé des habitants.

Vous verrez sans doute sur le Rynek vos premiers **gnomes**. Une quinzaine de ces lutins de bronze se nichent dans les recoins de la cité, adossé à un réverbère, repu sur le seuil d'une pizzeria ou encore assoupi sur la place de l'église Ste-Élisabeth. L'office de tourisme dispose d'une brochure qui les répertorie tous.

Hôtel de ville (Ratusz)★★★ B2

La silhouette complexe de ce bâtiment, maintes fois remanié, forme un vrai patchwork de styles où le gothique tardif prédomine. Un premier édifice en bois se dressait ici au 13e s., vite remplacé par un bâtiment en briques. De forme rectangulaire, l'édifice, accolé de tourelles d'angle Renaissance coiffées de toits coniques, abritait jadis l'administration de la ville, et son sous-sol faisait office de cave à bière. Le décor flamboyant de la façade est sert d'écrin à une horloge astronomique de 1580. La façade sud est richement décorée de sculptures figurant des scènes et des personnages de l'époque médiévale. Sur la façade ouest s'ouvre l'entrée principale.

Intérieur – *✆ 071 347 16 93 - merc.-sam. 11h-17h, dim. 10h-18h - 7 PLN.* Richement décoré, il se compose d'une succession de salles où prennent place les collections du musée municipal, régulièrement remplacées par des expositions temporaires. Les pièces les plus remarquables sont la petite **salle du Conseil** à l'étage et la **salle des Bourgeois** au rez-de-chaussée à laquelle on accède par une porte de bois travaillée aux montants de pierre finement sculptés. Près de la porte d'entrée, un plan multicolore montre les périodes de construction des différentes parties de l'édifice. Au sommet de la tour figure la plus ancienne représentation des armoiries dont la ville s'est dotée en 1534.

Place au Sel (Plac Solny) A2

Prolongeant l'angle sud-ouest du Rynek dont elle est contemporaine, elle est entourée de maisons où prédominent les styles baroque et classique. Remarquer aux nos 2/3, la **maison à l'enseigne du Nègre** (Kamienica Pod Murzynem), et au no 16, sur le flanc sud, le bâtiment de l'**ancienne Bourse** (Stara Giełda) de 1822. Aujourd'hui, autour d'une fontaine et d'une sculpture moderne, un marché aux fleurs se tient 24h/24.

Église Ste-Élisabeth (Kościół Św. Elżbiety) A1

Dans l'angle nord-ouest du Rynek.

Le porche qui relie les maisons Jeannot et Margot garde aujourd'hui symboliquement l'entrée au parvis de l'église. La disposition des pavés au sol rappelle le tracé du sentier qui serpentait jadis jusqu'à l'entrée de Ste-Élisabeth entre les tombes du cimetière qui se tenait là. Longtemps principal sanctuaire de la ville, cette église des 14e et 15e s. fut protestante jusqu'à la fin de la Seconde Guerre mondiale. L'intérieur conserve de très belles épitaphes Renaissance, baroques et maniéristes. Très belle vue sur la ville et parfois jusqu'aux montagnes depuis le **clocher** haut de 83 m, accessible après l'escalade de 302 marches *(✆ 071 343 16 38 ; été : lun.-vend. 9h-19h, sam. 11h-17h, dim. 13h-18h ; hiver : lun.-sam. 10h-17h, dim. 13h-17h ; 5 PLN)*. Une flèche, détruite par le feu, portait jadis sa hauteur à 128 m.

VERS L'UNIVERSITÉ

Descendre la rue Kiełbaśnicza en direction de l'Oder. Tourner à droite dans la minuscule rue Stare Jatki.

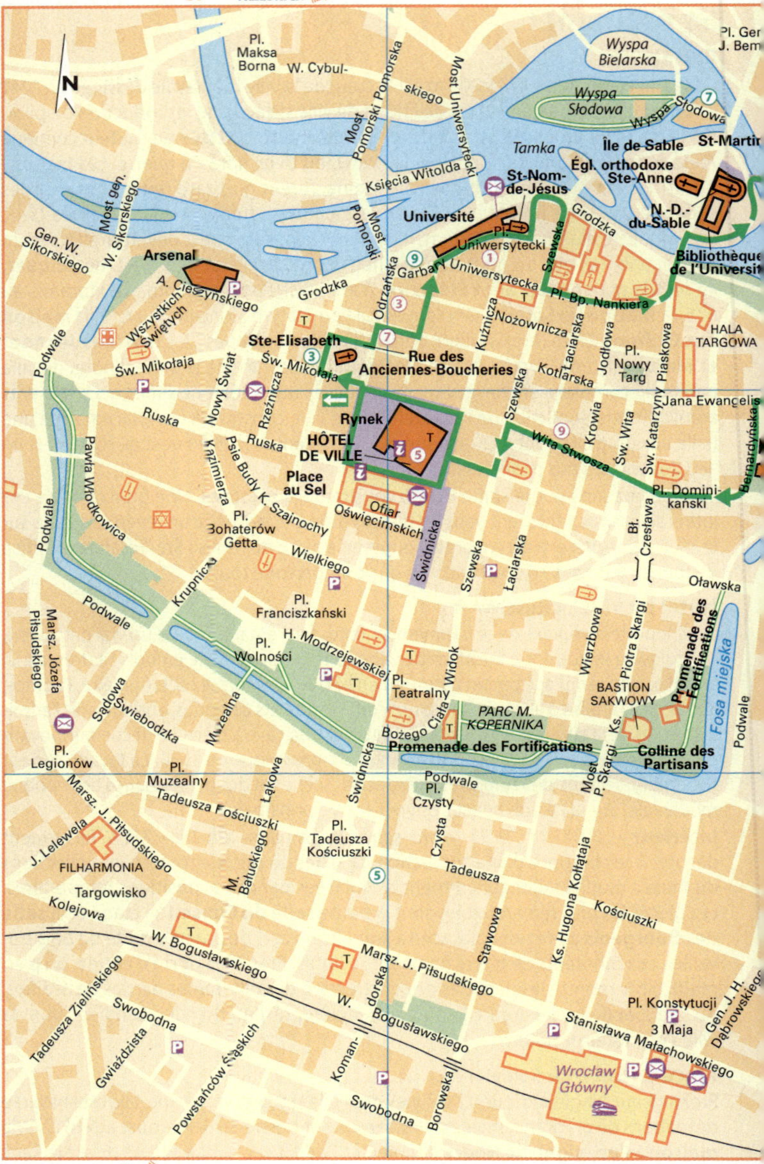

Rue des Anciennes-Boucheries (Uliczka Stare Jatki) A1

Une atmosphère hors du temps imprègne cette étroite rue pavée qui donne une idée du Wrocław de jadis. Les anciennes boutiques des bouchers abritent aujourd'hui des galeries d'artistes et de créateurs. À l'extrémité de la rue, une sculpture représentant cochon et chèvre rend hommage aux animaux qui ont péri ici depuis le 12e s.

La rue Kotlarska rejoint la rue Więzienna où se dresse une ancienne prison aujourd'hui transformée en pub. Poursuivre jusqu'à l'université.

Université (Uniwersytet)★★ B1

Pl. Uniwersytecki 1 - ✆ 071 375 22 45 - lun.-mar. et jeu.-vend. 10h-15h30 - 10 PLN.

Le plus grand ensemble monumental baroque de la ville fut fondé par les jésuites en 1670 à l'emplacement du château ducal des Piast. La guerre entre la Prusse et l'Autriche transforma le bâtiment en hôpital militaire. À partir de 1811, les autorités prussiennes assument la direction de l'université fondée en 1702 par l'empereur Leopold Ier. Ce bâtiment baroque fut bâti de 1728 à 1742. La tour carrée de l'observatoire qui le domine est couronnée par quatre statues représentant les allégories de la médecine, de la philosophie, du droit et de la théologie, matières jadis enseignées ici.

WROCŁAW

SE LOGER

Dom Jana Pawła II.......................... 1
Patio (Hotel)..................................... 3
Savoy (Hotel)..................................... 5
Tumski (Hotel)................................... 7
Zaułek (Hotel).................................... 9

SE RESTAURER

Bazylia.. 1
Bistrot Parisien 3
Kurna Chata...................................... 7
Gospoda Wrocławska.......................... 5
Paśnik.. 9
Wieża Ciśnień.................................... 13

Au rdc, on peut visiter l'**Oratorium Marianum** où se donnent toujours des concerts et la salle **Longchamps** (sala Longchamps) où une exposition retrace trois siècles d'histoire du collège des jésuites et de l'université. À l'étage, poussez la lourde porte de bois finement sculptée de la **Salle léopoldine** (Aula Leopoldina), impressionnante salle baroque du 18e s. ornée d'angelots et de dorures avec, autour, les portraits des pères fondateurs de l'université. Le plafond peint surplombe de vénérables bancs de bois qui font face à la chaire surmontée d'une statue de l'empereur Leopold Ier. Il semble veiller sur les réceptions et les colloques qui se tiennent souvent en ce lieu. Devant le bâtiment, que jouxte l'**église du St-Nom-de-Jésus** (Kościół Najświętszego im. Jezusa), la statue d'un bretteur nu érigée en 1904 est depuis toujours la cible d'étudiants facétieux. Régulièrement, ils remplacent son fleuret par les accessoires les plus incongrus. À côté, au no 35 de la rue Kuźnicza, on peut visiter un petit musée universitaire anthropologique (*✆ 071 344 94 23 ; mar.-sam. 12h-16h, sam. 9h-17h ; 5 PLN*).

Tourner à gauche après l'église et prendre à droite sur le quai. Remonter l'étroite rue Szewska et tourner à droite dans la rue Bp. Nankiera. Prendre le pont Piaskowy (Most Piaskowy), le plus ancien de la ville, mentionné dès le 12e s. Il traverse le fleuve devant les halles (Hala Targowa) qui rappellent les marchés de l'époque communiste et rejoint l'île de Sable.

Île de Sable (Wyspa Piaskowa) B1

La rue, que se partagent tramways et voitures, est bordée à gauche par l'**église orthodoxe Ste-Anne** (Cerkiew Św. Anny) et à droite par le bâtiment baroque de la **bibliothèque de l'Université**, ancien couvent d'augustines. À côté de ce dernier s'élève l'église gothique **Notre-Dame-du-Sable** (Kościół NMP na Piasku). Une de ses chapelles, consacrée aux sourds et aveugles, renferme une collection hétéroclite de jouets animés.

Prendre le pont métallique (Most Tumski) qui mène à la rue de la Cathédrale (Ul. Katedralna). Il est gardé par les statues des saints patrons de la Silésie (sainte Hedwige) et de Wrocław (saint Jean-Baptiste).

OSTRÓW TUMSK C1

C'est la partie la plus ancienne de Wrocław. La ville est née ici au 9e s., sur une île qui cessa de l'être en 1810, lorsque fut comblé le bras de l'Oder qui l'isolait de la rive. Dans ses rues, où l'on peut encore à la nuit tombante observer le ballet des allumeurs de réverbères, règne une atmosphère paisible, sereine et presque insulaire. Siège de l'autorité ducale, fortifiée pour la protéger des envahisseurs, elle accueille l'évêché au 11e s. Au 13e s., après la création de la nouvelle ville sur la rive gauche du fleuve, l'île devient l'apanage exclusif de l'autorité religieuse.

Église Ste-Croix-et-St-Barthélemy (Kościół Św. Krzyża i Św. Bartomieja) C1

Bâti aux 13e et 14e s., cet édifice gothique présente la structure unique de deux églises superposées. L'église inférieure est dédiée à saint Barthélemy, saint patron de la dynastie Piast.

En remontant la rue Św. Marcina, on atteint la petite **église St-Martin** (Kościół Św. Marcina), ancienne chapelle castrale du 13e s. mêlant styles roman et gothique.

Revenir à la rue Katedralna et continuer jusqu'à la cathédrale. L'édifice est entouré par le siège de l'archevêché, ainsi que par l'ancien palais des archevêques.

Cathédrale St-Jean-Baptiste★ (Katedra Św. Jana Chrzciciela) C1

Elle occupe l'emplacement de la première cathédrale romane bâtie autour de l'an mil, et détruite par le duc bohémien Bratislav vers 1037, puis reconstruite au 12e s. et à nouveau ruinée par les Mongols en 1241. La construction de la nouvelle cathédrale en briques actuelle, la première édifiée en Pologne, commence sans tarder. La première pierre est posée en 1244, mais il faudra deux siècles pour venir à bout des travaux qui s'achèvent par la couverture du toit en plaques de cuivre. En 1945, la cathédrale est détruite à 70 %. L'état actuel du portail médiéval en pierre, où l'on peut voir près du sol la statue d'un lion provenant du sanctuaire du 12e s., témoigne de la violence de l'outrage. À l'extrémité de la nef, le grand autel porte un triptyque, peint à Lubin en 1522, représentant la Dormition de la Vierge. Dans la partie est de la cathédrale, de part et d'autre de la chapelle de la Vierge, la chapelle baroque de sainte Élisabeth, décorée de sculptures italiennes, fait pendant à celle de la Fête-Dieu. Remarquez aussi, le long du mur nord, la chapelle des Trépassés de forme ovale. Une porte à côté de cette dernière ouvre sur un étroit escalier en spirale menant à l'ascenseur qui monte au sommet de la tour nord *(✆ 071 322 25 74 - tlj sf dim. 10h-18h sauf au cours des messes*

R. Mattès / MICHELIN

Sur une berge de l'Oder, l'élégante façade de l'université.

et lors des fêtes religieuses - 4 PLN). Ce belvédère, surmonté en 1941 comme sa jumelle d'une flèche de 45 m, permet d'embrasser toute la ville du regard.

Sortir de la cathédrale et la contourner par le nord. Tourner à gauche, sous l'arche, à l'angle de la petite église en briques consacrée à saint Gilles (Kościół Św. Idziego), et certainement la plus ancienne d'Ostrów Tumski. On atteint l'une des entrées des Jardins botaniques.

Jardins botaniques★ (Ogród Botaniczny) C1

Entrée par la rue Kanonicza et par la rue Sienkiewicza 23 - ✆ 071 322 59 57 - avr.-oct. : 8h-18h (serre 10h-18h) - 7 PLN.

Ici se dressaient jadis une partie des fortifications de la ville érigées le long du bras de l'Oder, aujourd'hui comblé. La nature est savamment mise en scène dans un espace qui compte plus de 11 000 espèces végétales autour de deux vastes plans d'eau où s'ébattent des canards. C'est l'endroit idéal pour se couper de l'agitation de la ville. Plusieurs bâtiments abritent une serre, un aquarium, une palmeraie, une collection de plantes succulentes, dont de nombreux cactus, ainsi qu'une exposition retraçant la succession des temps géologiques.

Rejoindre la cathédrale et poursuivre vers l'est en direction de la place Katedralny.

Musée de l'Archidiocèse (Muzeum Archidiecezjalne) C1

Pl. Katedralny 16 - ✆ 071 327 11 78 - tlj sf lun. 9h-15h - 3 PLN. Légendes en français.

Ce musée, l'un des plus anciens de la ville, présente des objets religieux : calices, chasubles, ainsi que quelques tableaux et sculptures dont une terrible statue de Christ flagellé, le tout sans réel effort de mise en scène. On prêtera cependant attention à la remarquable salle située au dernier étage. Là est exposée une collection qui comprend d'impressionnantes armoires à archives de 1455, une statue équestre de saint Georges terrassant le dragon ainsi que, entre deux antiphonaires du 15e s., un superbe manuscrit, le *Livre de Henryków* (Księga Henrykowska). Datant des 13e et 14e s., on peut y lire le premier texte rédigé en polonais.

Contourner la place Katedralny, prendre la rue Św. Józefa puis regagner la rive sud de l'Oder par le pont Pokoju jusqu'au Musée national.

Visiter

Musée national★ (Muzeum Narodowe) C1

Pl. Powstańców Warszawy 5 - ✆ 071 343 88 39 - merc., vend. et dim. 10h-16h, jeu. 9h-16h, sam. 10h-18h - 15 PLN, 12 PLN sur présentation d'un ticket d'entrée du panorama de la bataille de Racławice, gratuit sam.

Il occupe les trois étages d'un bâtiment néo-Renaissance de la fin du 19e s., autour d'une gigantesque cage d'escalier centrale. Le 1er étage est consacré à l'art silésien. La superbe collection médiévale rassemble des sculptures sur bois polychrome, un Chemin de croix d'onze personnages presque grandeur nature provenant de l'église Ste-Marie-Madeleine de Wrocław, et quelques peintures, dont une flagellation du 15e s. au rendu des plus réalistes. Les salles qui explorent la période de la Renaissance au 19e s. renferment peintures et sculptures maniéristes et modernistes. Ces collections ont été augmentées ces dernières années de belles pièces de mobilier, de bibelots du 17e s., d'argenterie, de verroterie, de céramique et de serrurerie. Le 2e étage présente l'art polonais du 17e au 19e s. L'intéressante collection d'art contemporain comprend des œuvres expressionnistes, surréalistes et abstraites. Une salle, réservée à l'artiste Magdalena Abakanowicz, montre sa sculpture *Crowd* évoquant l'anonymat de l'homme dans la foule. Une dernière salle expose des réalisations contemporaines en céramique et en verre.

Panorama de la bataille de Racławice★★ (Panorama Racławicka) C2

Ul. Purkyniego 11 - ✆ 071 344 23 44 - été : tlj sf lun. 9h-17h ; hiver : tlj sf lun. 9h-16h - 20 PLN, le ticket vaut aussi pour le Musée national - prêt d'audioguides en français.

Un sujet épineux

Le tableau *Panorama de la bataille de Racławice* fut réalisé à Lwów (L'viv) à la fin du 19e s. par Jan Styka et Wojciech Kossak pour célébrer le centenaire de la bataille de Racławice. Elle connut aussitôt un succès populaire et entretint le sentiment nationaliste polonais contre les Russes. Après la guerre, L'viv étant devenue ukrainienne, les autorités soviétiques envoyèrent l'œuvre à Wrocław. Mais le sujet fut jugé trop sensible par les autorités communistes et il fallut attendre la construction d'un lieu apte à la recevoir pour que l'œuvre soit enfin exposée en 1985.

Cette peinture panoramique monumentale de 120 x 15 m est une véritable institution nationale (réservation indispensable). Elle illustre de façon réaliste la bataille de Racławice le 4 avril 1794 qui, à la suite de l'insurrection menée par le général **Tadeusz Kościuszko** sur l'envahisseur russe, vit la victoire des armées et du peuple polonais. *Remonter la rue Jana Ewangelisty Purkyniego, puis à droite la rue Bernardyńska.*

Musée d'Architecture (Muzeum Architektury) C2

Ul. Bernardyńska 5 - ✆ 071 344 82 78 - mar., merc., vend. et sam. 10h-16h, jeu. 12h-18h, dim. 11h-17h - 7 PLN.

Il occupe une ancienne église et son cloître attenant. D'un intérêt quelque peu limité, il présente des éléments architecturaux du 12e au 20e s. disposés sans recherche dans des salles au demeurant restaurées avec attention. On peut cependant voir dans l'église quelques beaux vitraux ainsi qu'une curieuse collection de poêles en céramique. *Rejoindre le Rynek par l'avenue J. Słowackiego et la rue Wita Stwosza qui la prolonge.*

Arsenal (Arsenał) A1

Ul. Cieszyńskiego 9.

Au nord-ouest du centre-ville, au bord de l'Oder, l'ancien arsenal du 15e s., récemment rénové, abrite les musées archéologique et militaire.

Musée archéologique (Muzem Archeologiczne) – *✆ 071 347 16 96 - merc.-sam. 11h-17h, dim. 10h-18h - 7 PLN, gratuit merc.* Les indications uniquement en polonais ne rendent pas justice à la scénographie et à la qualité des pièces exposées. Les urnes funéraires côtoient fibules, haches et épées de bronze, poterie sigillée, et même la tombe d'un cavalier enterré avec son cheval. Au 2nd étage, nombreux objets de l'époque néolithique : outils de pierre polie et taillée, reconstruction d'un métier à tisser, artefacts des débuts de l'âge du bronze.

Musée militaire (Muzeum Militariów - Arsenał Miejski) – *✆ 071 347 16 96 - merc.-sam. 11h-17h, dim. 10h-18h - 7 PLN, gratuit merc.* Le 1er étage, consacré aux armes à feu, abrite une impressionnante variété d'armes de poing et d'infanterie, mais surtout l'une des plus grandes collections de casques militaires d'Europe. Une petite salle résume l'histoire des armes blanches depuis le silex taillé jusqu'aux épées médiévales. Au 2nd étage, belle collection de sabres polonais des 19e et 20e s.

Promenade des Fortifications (Promenada Staromiejska) B2

Aménagée dès le début du 19e s., cette promenade noyée dans la verdure suit le tracé des anciennes fortifications qui encerclaient la rive gauche de l'Oder. La partie la plus intéressante se situe au sud-est du centre-ville, de part et d'autre de la rue P. Skargi. La **colline des Partisans** (Wzgórze Partyzantów), emplacement d'un ancien bastion, a été aménagée en 1868 et l'on peut toujours parcourir les terrasses panoramiques néo-Renaissance, hélas, quelque peu laissées à l'abandon.

Halle du Centenaire (Hala Stulecia)

Ul. Wystawowa 1 - ✆ 071 347 72 00 - 8h-19h - 3 PLN.

EditingServer.com / Reporter / Witold Skrzypczak

L'impressionnante Salle ducale (15 m de haut) de l'abbaye de Lubiąż.

Cet immense bâtiment circulaire en verre et béton armé bordé de quatre absides et couvert d'un dôme, haut de 23 m et d'un diamètre de 67 m, fut bâti en 1912-1913 suivant les plans de l'architecte moderniste Max Berg pour célébrer le centenaire de la défaite de Napoléon à Leipzig. Il accueille expositions, concerts et manifestations sportives. Sur le parvis, une aiguille de 95 m de haut fut érigée après la guerre par les autorités communistes pour prouver leur savoir-faire et peut-être surpasser ce chef-d'œuvre de l'architecture allemande inscrit depuis 2006 au patrimoine mondial de l'Unesco.

Jardin japonais (Ogród Japoński)

Parc Szczytnicki - ✆ 0 662 169 226 - avr.-oct. : 9h-19h - 3 PLN.

Inclus dans le parc Szczytnicki, ces jardins furent créés en 1913 et remodelés en 1997 avec le concours de spécialistes nippons ; ils proposent une promenade apaisante dans une ambiance de cascades tumultueuses, de savantes compositions florales et minérales agrémentées de constructions typiques du pays du Soleil Levant.

Jardin zoologique (Ogród Zoologiczny)

Ul. Wróblewskiego 1 - ✆ 071 348 30 25 - avr.-sept. : 9h-18h ; oct.-mars : 9h-16h - 10 PLN.

Fondé en 1865, c'est l'un des plus anciens d'Europe. Ses presque 5 000 pensionnaires furent, dans les années 1970, les vedettes d'une émission de télévision « Une caméra parmi les animaux », qui enchanta les enfants pendant plus de trois décennies, réunissant 9 millions de spectateurs à chaque diffusion. On peut aujourd'hui y voir des kangourous, des girafes, des lions, des éléphants, des antilopes, des panthères noires, des tigres ou encore visiter le pavillon des reptiles et amphibiens.

Cimetière juif (Cmentarz Żydowski)

Ul. Ślężna 37/39 - ✆ 071 791 59 03 - 9h-18h - 7 PLN - visite guidée gratuite le dim. à 12h.

Situé dans la partie sud de la ville, il fut ouvert en 1856. Comptant parmi les cimetières juifs les mieux conservés de Pologne, il comporte quelque 1 200 tombes. Fermé en 1942, il ne fut rouvert qu'en 1991 après de sérieux travaux de rénovation. Il est aujourd'hui considéré comme un musée en plein air d'art funéraire juif.

Aux alentours

Trzebnica

À 22 km au nord de Wrocław par la E 261.

La ville est liée au destin du **couvent des Cisterciennes** (Klasztor Cysterek), le premier établi en Pologne au 13e s. par le duc Henri le Barbu à la demande de sa femme Hedwige. Celle-ci fit admettre en 1218 l'abbaye de Trzebnica comme premier monastère féminin dans l'ordre de Cîteaux et sa fille Gertrude en fut l'une des premières abbesses.

Du vaste ensemble monastique, on ne visite que la basilique Ste-Hedwige, à l'origine construite dans un mélange de gothique et de roman. Maintes fois détruit, l'édifice gothique fut presque entièrement remanié au 18e s. dans le plus pur style baroque. L'église conserve sa structure gothique. Un clocher précède désormais l'entrée. On remarquera sur son côté gauche les vestiges d'un portail roman dont le tympan sculpté représente le roi David jouant du psaltérion à la reine Bethsabée et à ses suivantes. Il fut redécouvert derrière un mur du 18e s. C'est l'un des trois portails qui ouvraient jadis dans l'église. À l'intérieur, le paroxysme du foisonnement baroque est atteint dans la chapelle dédiée à la sainte qui repose dans un **tombeau★** de marbre noir que semble veiller un Christ crucifié du 15e s. Le 16 octobre, jour de la fête de la sainte, une foule de pèlerins converge dans cette paisible région de collines.

Sainte Hedwige, patronne de Silésie

La sainte, née en 1178, était la fille du duc de Moravie Bertold IV. À l'âge de 12 ans, son père l'envoie à Wrocław, à la cour du prince Boleslas le Grand dont elle épouse le fils Henri le Barbu. Elle s'occupa des pauvres, organisa pour eux un hôpital ambulant, entretint une léproserie. Après la mort de son fils Henri le Pieux à la bataille de Legnickie Pole, elle se retire au monastère de Trzebnica où elle meurt en 1243. Après sa mort, son culte se propagea rapidement et des pèlerins affluèrent auprès de sa tombe. Elle fut canonisée en 1267 et sa fête patronale est le 16 octobre.

Lubiąż★★

À 55 km à l'ouest de Wrocław - ✆ 071 389 71 66 - avr.-sept. : 9h-18h ; oct.-mars : 10h-15h - 10 PLN.

Situé en pleine campagne, émergeant d'un bouquet d'arbres plantés sur la rive droite de l'Oder, l'immense complexe abbatial a une histoire mouvementée. Les bénédictins occupent les lieux dès 1150, bientôt remplacés par les cisterciens. Après une période de déclin, le couvent prospère à nouveau au 17e s. De grands travaux, de 1690 à 1720, donnent au complexe sa forme actuelle, préservant dans l'église désormais baroque, quelques éléments gothiques. C'est alors l'un des plus grands ensembles monastiques d'Europe, long de 223 m et large de 118 m, qui ne compte pas moins de 300 pièces. En 1810, l'abbaye est abandonnée et sera pendant les deux siècles suivants dépouillée de ses meubles et ornements. Aujourd'hui en cours de restauration, ce majestueux site a quelque chose de fantomatique. La vertigineuse façade semble écraser le visiteur qui n'a accès qu'à quelques rares salles occupées par une exposition sur l'histoire de l'abbaye, un musée ferroviaire, un autre dédié au sucre et un dernier consacré à la navigation fluviale sur l'Oder. Au fond d'un couloir, le 1er étage réserve une surprise de taille. Derrière une porte monumentale que soutiennent les statues géantes de deux Africains, la gigantesque **Salle ducale** baroque vaut à elle seule le voyage. Sous un plafond immense orné de fresques, deux niveaux de vastes fenêtres laissent la lumière jouer avec les reliefs des stucs, des statues et le brillant des marbres roses.

Wrocław pratique

Code postal – 50-6000 à 53-000.

Adresses utiles

Office de tourisme – *Rynek 14 - ✆ 071 344 31 11 - www.wroclaw-info.pl - 9h-21h.* Géré par une équipe dynamique, compétente et polyglotte, c'est une mine d'informations sur la ville et la région.

Bureau d'information culturelle – *Ul. Sukiennice 12 - ✆ 071 342 01 85 - www.wroclaw-info.pl - avr.-oct. : 9h-21h.* En face du précédent, ce petit centre dispose de toutes les informations sur les spectacles et réserve les billets. Borne Internet gratuite.

Consulat de France – *Ul. Świdnicka 12/16 - ✆ 071 341 02 80 / 071 8?6 22 23.*

Police – *✆ 997 et 112 sur les mobiles.*

Poste – Bureau principal : *Rynek 28. Ouvert 24h/24.*

Pharmacies ouvertes 24h/24 – Apteka pod Lwami - *Pl. Jana Pawła II 7a* ; Apteka Katedralna - *Ul. H. Sienkiewicza 54/56.*

Café Internet – W Sercu Miasta - *Przejście Żelaźnicze 4 - 12h-0h. Au centre du Rynek - 4 PLN/h.*

Visites

Deux petits magazines en anglais vous donneront de précieuses informations : *Wroław in your Pocket* pour les hôtels, restaurants et lieux de sortie, et le mensuel *The Visitor* pour l'actualité culturelle.

Transports

La circulation en voiture dans le centre parcouru de rues piétonnes est ardue. Préférez les transports en commun (54 lignes de bus et 23 lignes de tramway). *Cartes à 25 PLN/5 j, 10 PLN/1 j.*

Gare ferroviaire – *Ul. Piłsudskiego 105 - ✆ 071 367 58 82 - www.pkp.pl.* La gare principale se trouve à 1 km au sud du centre-ville. Il y a des liaisons avec Varsovie, Cracovie et Poznań plusieurs fois/j.

Gare routière – *Ul. Sucha 1/11 - ✆ 30 300 122 - www.pks.pl.* Juste à côté de la gare ferroviaire.

Aéroport – *Ul. Skarżyńskiego 36 - ✆ 71358 11 00 - www.airport.wroclaw.pl.* À 12 km au nord-ouest du centre. Accès en 20mn par le bus 406. Liaisons avec Varsovie plusieurs fois/j.

Location de voitures – Budget *(✆ 71358 12 92)*, Avis *(✆ 71372 35 67)*, Hertz *(✆ 71353 77 43)* et Europcar *(✆ 71358 12 91)* à l'aéroport.

Taxis – Plusieurs compagnies dont Radio Taxi Serc *(✆ 071 9629)*, MPT Radio Taxi *(✆ 071 9191).*

Se loger

⊖ **Hotel Savoy** – *Pl. Kościuszki 19 - ✆ 071 344 32 19 - www.savoy.wroc.pl - 26 ch. 170 PLN, 150 PLN le w.-end - ☕ 12 PLN.* Proche de la gare, relativement bon marché et récemment rénové dans un style fonctionnel, le Savoy vaut bien mieux que le sentiment mitigé que suscite sa façade austère. Réservation conseillée.

⊖ **Hotel Tumski** (Auberge de jeunesse) – *Wyspa Słodowa 10 - ✆ 071 322 60 99 - www.hotel-tumski.com - 7 ch. 50 à 70 PLN. Voir texte sur l'hôtel ci-contre.* Malgré une décoration et un aménagement un peu plus spartiates, les quelques chambres bon marché situées au RdC n'ont rien à envier à celles louées au prix fort en étage.

⊖⊖ **Dom Jana Pawła II** – *Ul. Św. Idziego 2 - ✆ 071 327 14 00 - www.pensjonat-jp2.pl - P - 60 ch. 295 PLN, 257 PLN le w.-end ☕.* Sur Ostrów Tumski, entre la cathédrale et les Jardins botaniques, cet hôtel flambant neuf affiche un luxe tout sauf monacal. Le restaurant renommé accueille communions et mariages et l'on s'y presse pour goûter à l'heure du thé la pâtisserie préférée de Jean-Paul II. Internet dans les chambres.

Hotel Zaułek – *Ul. Garbary 11 - 071 341 00 46 - www.hotel.uni.wroc.pl - P - 12 ch. 290 PLN, 245 PLN le w.-end.* Un charme certes un peu vieillot, mais bien situé dans le quartier de l'université, à deux pas de l'animation du centre-ville. Il n'est pas de meilleur rapport qualité-prix.

Hotel Patio – *Ul. Kiełbaśnicza 24 - 071 375 04 00 - www.hotelpatio.pl - P - 49 ch. 360 PLN, 280 PLN le w.-end.* À 50 m du Rynek. Les chambres sont vastes et de tout confort. Préférez celles sur la rue, bien plus claires et plaisantes.

Hotel Tumski – *Wyspa Słodowa 10 - 071 322 60 99 - www.hotel-tumski.com- 55 ch. 380 PLN, 340 PLN le w.-end.* Sur une petite île entre le centre-ville et Ostrów Tumski, cet hôtel bien tenu convient à tous les budgets *(voir ci-contre)*.

Se restaurer

Bazylia – *Pl. Uniwersytecki - 071 375 20 65 - 8h-20h - 15 PLN.* Ce restaurant universitaire ouvert à tous propose une cuisine soignée. Probablement l'un des établissements les plus design de la ville, il est situé au RdC des nouveaux bâtiments de l'université de droit, et on y plonge au cœur de l'animation estudiantine.

Bistrot Parisien – *Ul. Nożownicza 7 - 071 343 76 98 - lun.-sam. 10h-1h, dim. 11h-23h - 20 PLN.* Des bouquins de Balzac, Boris Vian et Malraux s'entassent derrière les vitrines et donnent le ton du lieu. Ce repaire francophone et francophile sert de copieux plats hexagonaux (salades, crêpes).

Kurna Chata – *Ul. Odrzańska 7 - 071 341 06 68 - lun.-vend. 10h-0h, w.-end 12h-0h - 20 PLN.* Dans un décor rustique aux airs de ferme, on sert une solide cuisine traditionnelle des plus abordables. La clientèle est variée et de tous âges.

Paśnik – *Ul. Wita Stwosza 37 - 071 342 57 18 - 11h-0h - 30 PLN.* C'est un bar à lait au menu des plus classiques mais aussi le repaire des joueurs d'échecs de la ville. Dans ce décor un rien stylé, on peut aussi déguster de savoureux gâteaux.

Gospoda Wrocławska – *Ul. Sukiennice 7 - 071 342 74 60 - 12h-0h - 50 PLN.* Dans une ruelle du Rynek. Une déco sans doute un peu trop médiévalisante mais avec tous les classiques de la cuisine polonaise (cochon rôti et spécialité de soupe au sang…). Dans une autre salle, on sert poissons frais et produits de la mer avec le même soin.

Wieża Ciśnień – *Ul. Sudecka 125a - 071 367 19 29 - 13h-23h - 90 PLN.* Ce restaurant, perché dans un ancien château d'eau néogothique, est un peu éloigné du centre mais il vaut largement une course en taxi. Cadre raffiné et service sans faute pour une cuisine soignée et fine où les produits de saison sont à l'honneur. Bonne cave de surcroît.

Faire une pause

K2 – *Ul. Kiełbaśnicza 2 - 11h-23h.* Perché dans une impasse, en haut d'une volée de marches, ce minuscule salon de thé décoré de tons pastel offre pâtisseries et thés dans une atmosphère intimiste et cosy.

Mleczarnia – *Ul. Włodkowica 5 - 8h-4h.* Un parquet aux lames patinées, des photos rétros aux murs et des tables en bois, ce grand café tout en profondeur évoque les années 1930. Calme en journée, on peut y déguster de délicieuses pâtisseries maison.

Pod Kalamburem – *Ul. Kuźnicza 29 - lun-mar. 10h- 0h, jeu.-sam. 12h-4h, dim. 16h-0h.* Déco Art nouveau et grands miroirs donnent un cachet unique à ce bistro étudiant et bohème près de l'université.

En soirée

Mañana – *Ul. Św. Mikołaja 11 - 071 343 43 70 - 17h-5h.* Le cadre un rien sélect de ce club évoque plus l'appartement privé que la boîte de nuit d'étudiants. Incontournable.

Pracoffnia – *Ul. Więzienna 6 - lun.-vend. 12h-2h, w.-end 15h-5h.* Cette ancienne prison située dans un bâtiment en briques est aujourd'hui plus accueillante. La cour pavée sert de terrasse aux beaux jours, mais pour atteindre le bar, il vous faudra pénétrer dans la cave voûtée remplie d'habitués et d'objets hétéroclites.

Achats

Marché couvert – *Ul. Piaskowa 6 - 16h-1h.* Cette halle marchande majoritairement alimentaire donne un aperçu des marchés de l'époque communiste dans une ambiance très authentique.

Stare Jatki – *Ul. Stare Jatki.* 20 boutiques d'artistes et de créateurs occupent les maisons de la rue des Anciennes-Boucheries et proposent des articles de qualité : papiers, fournitures d'artistes, vêtements en lin, verrerie, peinture, poterie, sculpture ou bijouterie fantaisie.

Événements

Festival des acteurs chantants – Concerts et récitals ainsi que concours de chant. Mars.

Journées de la francophonie – Tout au long du mois de mars, concerts, conférences, concours et projections de films, en français !

Festival de jazz de Wrocław – Festival de renommée mondiale. 3 jours en avril.

Wrocław Non Stop – Le spectacle vivant s'empare des sites et des rues de la ville. Fin juin.

Vratislavia Cantans – Festival international de musiques ancienne, sacrée et classique. 10 jours en septembre.

Pays de Kłodzko★★

CARTE GÉNÉRALE B3 – CARTE MICHELIN N° 720 I6 – VOÏVODIE DE BASSE-SILÉSIE

C'est une pointe de Pologne qui semble s'enfoncer en République tchèque, un pays maintes fois convoité qui passa de mains en mains au cours des siècles. C'est aussi une région de souterrains et de grottes, de formations rocheuses spectaculaires et de thermalisme.

- **Se repérer** – Kłodzko se situe à 80 km au sud de Wrocław par la E 67.
- **À ne pas manquer** – N'hésitez pas à vous perdre sur les petites routes de traverse qui serpentent dans les collines. Chapelles isolées, sous-bois et villages perdus sont légion.
- **Organiser son temps** – L'idéal serait de consacrer trois jours à la région qui vous offrira alors monuments, randonnées, grottes et flânerie dans les villes.
- **Avec les enfants** – Le parcours des Roches Errantes.

L. Gontier / MICHELIN

Le pont gothique avec ses statues de saints.

Kłodzko (29 031 hab.)

Blottie à flanc de colline Kłodzko est une cité millénaire, autrefois ceinte de remparts, qui, comme ses consœurs silésiennes, passa des Polonais aux Habsbourg et aux Prussiens avant de redevenir polonaise en 1945.

Ses rues étroites, pentues et tortueuses, qui se transforment parfois en escaliers, lui confèrent beaucoup de charme. Son joli **Rynek**, sur lequel s'élève un hôtel de ville remanié au 19e s., est entouré de maisons élégantes qui cachent parfois de discrets détails décoratifs.

Pont gothique (Most Gotycki)

La fierté de la ville fut bâtie en 1390 et évoque quelque peu une version miniature du pont St-Charles de Prague. Il enjambe le canal Młynówka et porte sur ses parapets six groupes de statues de saints érigées aux 17e et 18e s.

Église de l'Assomption (Kościół Wniebowzięcia NMP)

Elle occupe le centre d'une agréable place à une rue du Rynek. Construite au 14e s., seul l'extérieur, décoré de sculptures et de gargouilles, conserve un aspect gothique. L'intérieur fut entièrement remanié à partir du 17e s. et aujourd'hui le style baroque domine. Dans la nef principale, les voûtes gothiques du 16e s. sont ornées de stucs de 1673. L'autel baroque date de 1729.

Musée du Pays de Kłodzko (Muzeum Ziemi Kłodzkiej)

Ul. Łukasiewicza 4 - ✆ 074 867 35 70 - mar.-vend. 10h-16h, w.-end 11h-17h - 5 PLN.

Son principal intérêt consiste en une impressionnante collection d'horloges. Coucous, mécanismes en bois, cadrans émaillés, en porcelaine ou en boiserie occupent tout le deuxième étage. Dans une étrange salle obscure, le sol dallé de miroirs réfléchit une multitude de pendules accrochées au plafond. Le musée abrite aussi des œuvres d'art contemporaines en verre réalisées dans les années 1950-1960.

Parcours touristique souterrain (Podziemna Trasa Turystyczna)

Accès par le n° 3 de la rue Zawiszy Czarnego sous l'église de l'Assomption et sortie au pied de la forteresse - ✆ 074 867 30 48 - mai-oct. : 9h-17h ; nov.-avr. : 10h-15h - 5 PLN.

Découvert dans les années 1970 à la suite d'une série d'effondrements, ce vaste réseau de tunnels remontant au Moyen Âge relie certaines caves des maisons de la ville. Les marchands s'en servaient jadis comme entrepôts. On parcourt aujourd'hui 600 m de galeries (le reste, fragilisant le sous-sol de la ville, ayant été comblé) que la fraîche température rend agréable les chaudes journées d'été. Les multiples salles de cet itinéraire souterrain sont parfois agrémentées de mises en scène et d'objets qui tentent naïvement d'instaurer une ambiance lugubre et mystérieuse.

Forteresse (Twierdza Kłodzka)

✆ 074 867 34 68 - avr.-oct : 9h-18h ; nov.-mars : 9h-16h - 4 PLN.

Châteaux et fortins ont toujours occupé la colline stratégique qui domine Kłodzko et défend la zone de contact qu'a constituée cette partie de la Silésie au cours des siècles. La forteresse actuelle fut bâtie au 18e s. par les autorités prussiennes. Le relief a littéralement été sculpté de profonds fossés et de glacis, et renforcé par de hautes murailles. La place subit onze sièges sans jamais céder. Un ingénieux système de défense, ancêtre du champ de mines, contribuait à son invulnérabilité. Sous ses fondations courent 45 km de galeries sombres, basses et étroites dont on faisait sauter les portions situées sous les positions ennemies. On en visite aujourd'hui 600 m (feuillet en français), véritable labyrinthe dont les galeries ne dépassent parfois pas 50 cm de hauteur.

À l'ouest de Kłodzko

C'est la partie la plus riche en sites de la région, tous dignes d'intérêt. N'hésitez pas à y faire une halte pour la nuit. Si vous ne disposez que d'une journée, privilégiez le musée de la Papeterie, la chapelle des Crânes et le site des Roches Errantes.

LA ROUTE DES STATIONS THERMALES

Cet itinéraire forme une boucle au départ de Kłodzko et va jusqu'au Parc des monts Tabulaires à l'ouest.

Polanica Zdrój

À 15 km à l'ouest de Kłodzko.

Cette très agréable station blottie dans une vallée étend ses promenades ombragées le long de la rivière Bystrzyca.

Duszniki Zdrój

À 23 km à l'ouest de Kłodzko.

C'est la deuxième station thermale sur la route de la République tchèque. Les vertus des eaux de la région sont connues dès le Moyen Âge, mais c'est au 19e s. que la station prend son essor et atteint même une renommée internationale. Chopin y fit une cure en 1826 et y donna des concerts de charité. Un festival en son honneur y a lieu tous les ans.

Musée de la Papeterie★★ (Muzeum Papiernictwa) – *✆ 074 866 92 48 - www.muz-pap.pl - mai-oct. : lun.-sam. 9h-17h, dim. 9h-15h ; nov.-avr. : tlj sf lun. 9h-15h - fermé j. fériés - 8 PLN.* Ce beau musée vaut le détour pour le superbe travail de scénographie, la beauté du bâtiment et les activités proposées. Tirant son énergie d'une roue à aubes mue par le courant de la rivière, la papeterie fut construite en 1605. On admirera l'élégance de cette architecture baroque toute en volutes de bois et façade lambrissée. Récemment restaurée, la fabrique est à nouveau en activité. Elle produit du papier suivant des techniques de fabrication artisanales agréablement présentées dans le musée qu'elle abrite. Échantillons de papier, collection de filigranes en illustrent parfaitement le propos. Possibilité de mettre la main à la pâte.

Kudowa Zdrój

À 35 km à l'ouest de Kłodzko.

La station la plus importante de la région culmine à 400 m d'altitude et n'est qu'à quelques kilomètres de la frontière avec la République tchèque. Un pavillon néo-baroque situé au milieu de son parc de style anglais entouré de vallons permet de prendre les eaux de huit sources chaudes et froides riches en minéraux (inhalation, bains et boisson à la fontaine publique). On peut aussi visiter un petit mais charmant **musée du Jouet** (Muzeum Zabawek – *Ul. Zdrojowa 41 ; ✆ 074 866 49 70 - mai-sept. : 9h-17h ; oct.-avr. : 9h-16h*).

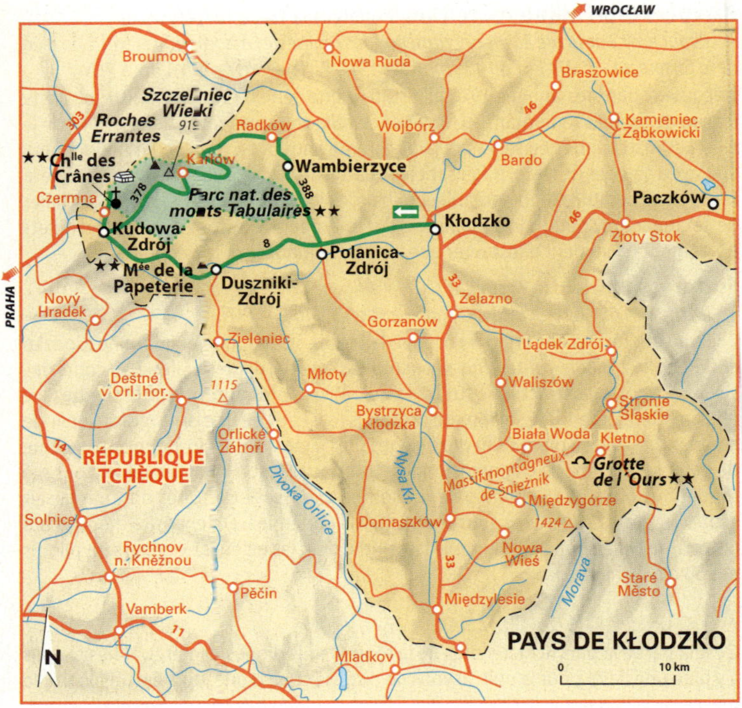

Chapelle des Crânes★★ (Kaplica Czaszek)

À Czermna près de Kudowa Zdrój. Ul. Kościuszki.

Située dans un ensemble paroissial comportant une église, un cimetière et un clocher du 17e s., cette petite chapelle d'apparence anodine ne laisse rien transparaître du spectacle qu'elle réserve au visiteur. Son intérieur est entièrement tapissé d'ossements, soit près de 3 000 crânes et tibias de victimes tuées lors des guerres de Silésie et de Sept Ans, et par les épidémies qui ont endeuillé la seconde moitié du 18e s. On doit cette mise en scène au curé du lieu, Wacław Tomaszek, qui accomplit son œuvre macabre entre 1776 et 1804. Le guide conclut la visite en soulevant d'un air grave la trappe de la crypte où sont entreposés 20 000 os supplémentaires.

Musée en plein air de la Culture populaire des Sudètes à Pstrążna

(Muzeum Kultury Ludowej Pogórza Sudeckiego w Pstrążnej)

074 866 28 43 - mai-oct. : tlj sf lun. 10h-18h - 6 PLN.

Ce musée, reconstituant un village de vallée traditionnel, se dresse au bout de la route (5 km) qui longe la chapelle des Crânes. La forge, le four à pain, l'atelier de potier s'animent lors des fêtes de plein air qui battent leur plein en été.

Parc national des monts Tabulaires★★ (Park Narodowy Gór Stołowych)

À 30 km à l'ouest de Kołdzko. Accès par la route qui relie Kudowa Zdrój à Radków.

La nature s'est ici laissée aller à toutes les excentricités que lui permet une structure géologique horizontale unique en Pologne. L'érosion a creusé un paysage spectaculaire, sculptant dans la roche calcaire des formes les plus étranges. Le parc national, créé en 1993, est couvert d'une forêt où dominent les résineux, refuge d'une flore et d'une faune protégées

Le site le plus spectaculaire, et aussi le plus discret, est celui de la réserve des **Roches Errantes** ★★ (Błędne Skały – *accès alterné depuis la route toutes les 45mn 8h-19h15 - 5 PLN - entrée du labyrinthe 5 PLN*). Ce labyrinthe rocheux de 21 ha creusé dans la roche sédimentaire atteint 6 à 8 m de hauteur et ne dépasse pas, par endroits, 20 à 30 cm de largeur. Il serpente entre des rochers, polis par le ruissellement des eaux, qui semblent parfois prêts à basculer.

Depuis le bourg de Karłów, on gagne à pied *(1h AR)* la réserve de **Szczeliniec Wielki**★★ où les monts culminent à 919 m et à laquelle on accède par un escalier taillé dans le roc de 665 marches. De ce belvédère qui couvre 50 ha, la vue porte à l'est sur la région de Kłodzko et à l'ouest au-delà de la frontière tchèque. Plus loin, entre les villes de Radków et Wambierzyce, les vallées boisées de la réserve des **Champignons rocheux** (Skalne Grzyby) sont parcourues de sentiers de randonnée.

Wambierzyce

À 20 km au nord-ouest de Kłodzko.

Au pied des monts Tabulaires, ce sanctuaire marial de style baroque italien à la façade ocre est précédé d'un escalier monumental de 56 marches. La basilique abrite une statue d'une quarantaine de centimètres de Notre-Dame de Wambierzyce à laquelle on prête des propriétés miraculeuses. On peut y voir une crèche mobile de 800 personnages en bois de tilleul construite pièce à pièce par un serrurier local à partir de 1882. Il mit 28 ans à finir son chef-d'œuvre. Sur la colline qui fait face au sanctuaire, un chemin de croix géant de 29 stations attire les pénitents et les pèlerins depuis la fin du 18e s.

Au sud-est de Kłodzko

Grotte de l'Ours★★ (Jaskinia Niedźwiedzia)

À Kletno, à 30 km au sud-est de Kłodzko. Compter 20mn de marche à travers les bois depuis le parking - réservation indispensable au 074 814 12 50 - zutrezerwacja@jaskinia.pl - fév.-nov. 9h-16h40 - fermé lun. et jeu. en sept.-avr. - visite de 45mn - 19 PLN, hors saison 12 PLN - penser à bien s'équiper : la température ne dépasse pas 6° et l'humidité extrême rend la balade glissante et « pluvieuse ». La visite est déconseillée aux jeunes enfants.

Elle fut découverte au cours de l'exploitation d'un gisement de marbre non loin du village de Kletno, dans le massif montagneux de Śnieżnik. C'est certainement l'une des plus belles grottes de Pologne. Elle concentre sur près de 2 km vastes salles – dont la plus grande mesure 60 m de long et 45 m de haut –, boyaux étroits et forêts de stalactites. Les concrétions les plus fines évoquent des draperies, la plus spectaculaire prenant la forme d'une cascade de calcite de 8 m de haut. On y a trouvé des restes d'animaux, lions, renards, mais surtout un imposant squelette d'ours datant de la période glaciaire. La visite culmine lorsque le guide, éteignant les lumières, plonge l'assistance dans l'obscurité et le silence absolus.

Paczków

À 33 km à l'est de Kłodzko.

Située dans la province d'Opole, dans une zone frontière avec l'ancienne principauté des évêques de Wrocław, Paczków passe pour être la Carcassonne polonaise. Le parallèle, un peu hardi toutefois, fait référence à la ceinture de **remparts** fort bien conservée qui protège la ville depuis le 14e s. Longs de 1,2 km et hauts de 9 m, ils sont jalonnés de 19 demi-tours et percés de quatre portes protégées par des tours.

La ville est bâtie suivant un plan en damier au centre occupé par un petit **Rynek** sur lequel s'élève un **hôtel de ville** (Ratusz) du 16e s. dont le beffroi évoque les tours Renaissance du nord de l'Italie. Du **sommet du beffroi** (Wieża – *accès 10h-17h ;*

C. Hervé-Bazin / MICHELIN

La station thermale Kudowa Zdrój.

3 PLN), on découvre l'ovale presque parfait que forment les remparts. La **tour dite « de Wrocław »** (Wieża Bramnej Wrocławskiej – *lun.-sam. 7h30-18h, dim. 10h-17h ; 3 PLN, billets au kiosque à journaux*) qui ferme l'enceinte au nord-est offre aussi un beau panorama jusque vers les montagnes derrière lesquelles s'étend la République tchèque. Au sud-est du Rynek, l'**église St-Jean l'Évangéliste** (Kościół Św. Jana Ewangelisty), trapue, presque cubique et couronnée de créneaux défensifs, est un exemple caractéristique d'église fortifiée de la première moitié du 14e s. Au nord des remparts, au no 6 de la rue Pocztowa, un beau **musée** installé dans une ancienne usine à gaz (Muzeum Gazownictwa – *lun.-vend. 9h-16h ; gratuit*) parvient à rendre captivant le destin du gaz de ville, de sa production à sa consommation.

Pays de Kłodzko pratique

Code postal (Kłodzko) – 57-300, 03 et 05.
Code postal (Kudowa Zdrój) – 57-350 à 51.
Code postal (Lądek Zdrój) – 57-540.
Code postal (Myędzygórze) – 57-514.
Code postal (Polanica Zdrój) – 57-320.

Adresses utiles

Office du tourisme de Kudowa Zdrój – *Ul. Zdrojowa 44 - ✆ 074 866 13 87 - www.kudowa.pl - mai-sept. : lun.-vend. 9h-20h, sam. 8h-18h, dim. 9h-17h ; oct.-avr. : 9h-18h.* Il recèle toutes les informations nécessaires sur les monts Tabulaires et quelques guides et brochures (parfois en français !) concernant les stations thermales.

Office du tourisme de Paczków – *Ul. Słowackiego 4 - ✆ 077 431 69 87 - www.paczkow.pl - lun.-vend. 9h-17h, sam. 9h-13h ; hors saison lun.-vend. 8h-18h.* Accueil sympathique et compétent. Personnel aglophone et germanophone. Accès Internet gratuit.

Visites

Le pays de Kłodzko est très bien couvert par tous types de cartes : routières, des monuments, de randonnée. Il existe pour les monts Tabulaires une carte très précise où sont notés les chemins de randonnée et les temps estimés pour les parcourir. Très utile pour randonner sereinement à pied dans le parc national.

Transports

Gare ferroviaire – Kłodzko est desservie par deux gares. Gare principale – Ul. Dworcowa - *✆ 074 867 34 72.* Gare ville – Pl. Jedności - *✆ 074 367 34 72, www.pkp.pl.*

Gare de Kudowa Zdrój – Ul. Obrońców Pokoju - *✆ 074 866 17 85.*

Gare routière – Pl. Jedności - *✆ 074 867 37 32.* Des bus au départ de Kłodzko rallient les différents sites et villes de la région.

Voiture – Aucun problème pour se garer dans les villes de la région sauf, peut-être, dans les stations thermales en haute saison. Nombreux parkings à Kłodzko.

Se loger

Kłodzko est pauvre en hébergements. Les villes alentour, vouées au thermalisme, possèdent des hôtels de grand standing souvent dotés d'équipements de remise en forme. Laissez-vous aller aux joies de l'écotourisme ; la région regorge de chambres chez l'habitant où confort et cadre champêtre n'ont rien à envier aux hôtels haut de gamme.

À KŁODZKO

Hotel Korona – *Ul. Noworudzka 1 - ✆ 074 867 37 37 - www.hotel-korona.pl - P - 18 ch. 150 PLN* ☕. À l'entrée nord de la ville. Bon marché et d'un confort des plus simples, il jouit d'un bon rapport qualité-prix. Wi-fi.

À KUDOWA ZDRÓJ

Chez Tadeusz et Agnieszka Jesionowscy – *Ul. Kościuszki 95 - ✆ 074 866 23 85 - www.kudowa.zdroj.pl/agro - 30 PLN par pers.* À la sortie de la ville, dans un vallon boisé à 3 km après la chapelle des Crânes. Quelques chambres chez l'habitant avec lequel on partage deux étages, une cuisine et un coin salon. Accueil familial des plus chaleureux dans cette belle maison restaurée de 1877.

À LĄDEK ZDRÓJ

Cztery Kąty – *À 1,5 km en continuant sur la route après la précédente adresse - ✆ 074 814 78 05 - www.sudety.info.pl/kuczwalska - 4 ch. avec sdb 28 PLN/pers. - ☕ 10 PLN.* 4 adorables chambres d'hôtes, dont deux avec balcon, dans une maison rénovée qui a su préserver le charme de jadis. L'endroit est calme, au cœur d'un hameau niché dans un vallon. Salon et cuisine communs.

Dom « Skowronki » – *À 3 km avant le bourg en venant de Kłodzko par la route 392, suivre les panneaux depuis la route principale - ✆ 074 814 78 02 - www.sudety.info.pl/skowronki - 4 ch. avec sdb 40 PLN, 80 PLN/pers. en pension complète.* Dans une maison qui porte bien ses 200 ans. L'accueil, familial, est à la hauteur des prestations. Le maître des lieux se laisse parfois aller à quelques notes d'accordéon en fin de repas. Vous aurez du mal à repartir. Pour le même prix et pour plus d'autonomie, vous pouvez louer la petite maison attenante pour 5 personnes, avec son intérieur traditionnel et son poêle en faïence.

À MIĘDZZGÓRZE

Słoneczna Willa – *Ul. Śnieżna 27 - 074 813 52 70 - www.slonecznawilla.tp2.pl - 22 ch. 140 PLN en 1/2 P.* Après le village, la route continue de serpenter et atteint finalement cette maison aux airs de grand pavillon de chasse. Cossu et familial. Après, c'est la montagne. Wi-fi.

Villa Millenium – *Ul. Wojska Polskiego 9 - 074 813 52 87 - www.millenium.ta.pl - 10 ch. 99 PLN.* À l'entrée du bourg. Toutes les chambres sont semblables. Propres, claires, certaines possèdent même un balcon. L'ensemble est cosy et l'accueil, prévenant.

À POLANICA ZDRÓJ

Camping nr 169 – *Ul. Sportowa 7 - 074 868 12 10 - www.osir.polanica.net - 30 PLN pour deux avec tente et voiture.* Au nord de la station, pas loin de la route mais suffisamment pour être au calme. Bien ombragé, il dispose de bons emplacements sur l'herbe.

Pod Rogaczem – *Au lieu-dit Studzienna, à 15 km au nord-ouest de Polanica Zdrój - 074 868 17 97 - http://gory.info.pl/pod_rogaczem - 40 PLN par pers.* C'est une maison d'hôte à flanc de vallon où loger à la bonne franquette ne rime pas avec inconfort. L'idéal pour qui souhaite randonner dans la région en lisière du Parc national des monts Tabulaires. Équitation et pêche possibles, solide collation de fin de rando sur demande. Logement en dortoir ou chambres doubles. Accès Internet.

Se restaurer

À KŁODZKO

Pan Tadeusz – *Ul. Grottgera 7 - 074 867 02 16 - 40 PLN.* Sans aucun doute le meilleur restaurant de la ville. Dans un cadre très cosy, une excellente cuisine, où se côtoient les influences italienne et hongroise, servie avec la plus grande prévenance. Les portions sont gargantuesques et les desserts succulents.

W Ratuszu – *Pl. B. Chrobrego 3 - 074 865 81 45 - www.wratuszu.pl - 40 PLN.* Dans le bâtiment de l'hôtel de ville, une grande salle aux boiseries sombres et aux chaises tendues de velours bleu. La cuisine, raffinée, joue la carte de l'inventivité : porc sauce raisin ou bœuf à la portugaise (brochettes au fromage). C'est délicieux et fort bien servi.

À POLANICA ZDRÓJ

Beaucoup de restaurants dans cette station thermale animée, particulièrement dans la rue Zdrojowa, ombragée par des marronniers.

Krokus – *Ul. Zdrojowa 3 - 074 869 08 90 - 30 PLN.* Un tout petit restaurant fort agréable à l'ambiance détendue. Plats classiques de viandes et de poissons, ainsi que des pizzas, servis en salle ou sur les tables disposées dans la rue piétonne.

Swojska Chata – *Ul. Sienkiewicza 24 - 074 868 30 12 - 40 PLN.* À 3 km dans la direction de Kudowa. Ce restaurant au cadre rustique chaleureux sert une cuisine polonaise roborative. Pommes de terre et cochonailles au menu. Belle terrasse et jeux pour enfants.

Faire une pause

Deux pubs agréables ont leur terrasse sur le Rynek de Kłodzko. Quelques bars oubliables s'alignent le long de la rue principale de Kudowa Zdrój. Mais Polanica Zdrój reste la ville qui est de loin la plus agréable pour une pause à la terrasse d'un bar ou d'un glacier.

POLANICA ZDRÓJ

Zielony Domek – *Ul. Zdrojowa 8 - 074 868 21 45.* Excellent glacier dans l'une des rues piétonnes les plus agréables de la station thermale.

Événements

Festival international de musique (Międzynarodowy Festiwal Moniuszkowski) – *À Kudowa Zdrój.* Consacré au père de l'opéra polonais, Stanisław Moniuszko. En août.

Festival Chopin de Duszniki Zdrój – en août.

Festival de théâtre de Kłodzko – en septembre.

C. Hervé-Bazin / MICHELIN

Une petite fille se régalant de chocolat.

Legnica

104 754 HAB.
CARTE GÉNÉRALE B3 – CARTE MICHELIN N° 720 G5 – VOÏVODIE DE BASSE-SILÉSIE

Legnica est la ville la plus occidentale de notre itinéraire polonais. Dans cette ancienne capitale des Piast silésiens, la vie s'organise paisiblement entre le Rynek et le château ducal. À quelques kilomètres de là, le bourg de Legnickie Pole garde intact le souvenir de l'effroyable bataille qui opposa en 1241 les armées silésiennes aux hordes tatares.

Se repérer – À 62 km à l'ouest de Wrocław.
À ne pas manquer – La silhouette du château, les vieilles maisons du Rynek.
Organiser son temps – Une petite pause vous permettra de découvrir la ville.

Comprendre

La ville des Piast silésiens – Legnica, où existait déjà une bourgade défendue par un fort, se développe vraiment au lendemain de la bataille de Legnickie Pole. Les Piast silésiens en font l'une de leurs capitales, la ceignent de remparts (quelques tours subsistent) et la dotent de l'une des premières forteresses polonaises en pierre avant de lui préférer Brzeg à partir du 18e s. Le partage de 1745 la donne à la Prusse qui la rebaptise Liegnitz. La Pologne la récupère en 1945, meurtrie par la guerre.

Se promener

On part du **Rynek** bordé de quelques immeubles élégants ainsi que d'autres, moins heureux, de béton gris, construits pour panser les plaies de la guerre. Le centre de la place est dominé par le beffroi de l'**hôtel de ville** (Ratusz), belle bâtisse construite dans un style baroque à laquelle s'adosse le théâtre. Derrière s'alignent huit maisons dont les arcades, jadis réservées aux marchands de harengs, mènent à une **maison du 16e s.** à la façade ornée de sgraffites dépeignant des scènes de chasse. Au sud de la place s'élèvent les deux clochers en briques de la **cathédrale St-Pierre-et-St-Paul** (Katedra Św. Piotra i Pawła). Trapue et de plan presque carré, elle abrite les gisants de Wacław Ier, duc de Legnica vers 1400, et de sa femme Anna de Cieszyn. Le tympan de l'entrée nord est sculpté d'une représentation de l'Adoration des Rois mages.
Du Rynek, la rue Św. Jana mène à un petit **musée du Cuivre** (Muzeum Miedzi – *Ul. Partyzantów 3 ; ✆ 076 852 02 89 ; mar.-sam. 11h-17h ; 6,5 PLN*), où se tiennent expositions historiques et contemporaines. À l'extrémité de la rue, l'**église St-Jean** (Kościół Św. Jana – *lun.-vend. 9h-15h*) dresse sa façade baroque. De la première église gothique, elle conserve une chapelle où s'élève le mausolée de la dynastie des Piast silésiens.
Par la rue Partyzantów, on atteint le **château des Piast** (Zamek Piastowski), édifice allongé dominé par deux tours de briques gothiques aux airs de minarets. Bâti au 13e s., c'est un curieux mélange architectural. On remarquera le superbe portail Renaissance dessiné en 1532 par l'architecte George d'Amberg. Agrandi au 16e s. puis partiellement reconstruit dans un style romantique au 19e s., le château ne se visite pas. Dans la cour intérieure, un pavillon abrite les **vestiges de la chapelle romane** au curieux plan dodécagonal, dont le duc Henri le Barbu dota la forteresse primitive au 13e s. *(pour la visite de la chapelle, il faut s'adresser au musée du Cuivre).*

Aux alentours

Legnickie Pole

À 10 km au sud-est de Legnica.

C'est ici que, le 9 avril 1241, les armées silésiennes du duc Henri le Pieux furent écrasées par l'invasion tatare. Selon la légende, on reconnut le duc décapité à son sixième orteil et une chapelle gothique fut érigée là où il gisait au milieu de ses compagnons. Plusieurs fois remaniée, la chapelle abrite aujourd'hui un petit **musée** (Muzeum Bitwy w Legnickim Polu – *✆ 076 858 23 98 ; merc.-dim. 11h-17h ; 4,50/2,50 PLN, valable aussi pour le monastère)*. La bataille est racontée par un plan interactif, des reproductions d'armes, une copie du gisant d'Henri le Pieux et des fac-similés du *Codex Lubiński* qui décrit l'arrivée des Mongols et le rêve prémonitoire de la mère du duc, sainte Hedwige. C'est sous le vocable de cette dernière qu'est placée l'église de l'imposant **monastère bénédictin** (Klasztor Benedyktyński) construit à proximité au début du 18e s. par l'architecte Kilian Ignatius Dientzenhofer. Remarquer les sculptures extérieures exécutées par Wacław Laurentius Reiner et les fresques intérieures relatant la funeste bataille de 1241. Demander l'ouverture de l'église auprès du musée.

Églises de Świdnica et Jawor★★

CARTE GÉNÉRALE B3 ET A3 – CARTE MICHELIN N° 720 H6 ET G5 – VOÏVODIE DE BASSE-SILÉSIE

Classées au patrimoine mondial de l'Unesco, ces églises à l'architecture à colombages, blotties dans la campagne silésienne, constituent à la fois une prouesse technique et un symbole de résistance religieuse.

Se repérer – Świdnica et Jawor, que séparent 30 km, sont respectivement à 50 et 60 km au sud-ouest de Wrocław.

Organiser son temps – Compter moins d'une heure pour la visite des églises.

Comprendre

Les églises de la Paix (Kościoły Pokoju) – Le traité de Wesphalie, qui scelle en 1648 la guerre de Trente Ans, accorde aux protestants de la très catholique Silésie la liberté de croyance. Mais sans doute pour contraindre la pratique religieuse, les temples devaient remplir certaines conditions : construction en bois, paille et terre, aucun clocher ni signe trahissant une fonction religieuse. Enfin, l'édifice devait être bâti à une portée de canon du centre-ville. Loin de céder au découragement, les protestants accomplirent un véritable acte de foi. Ils édifièrent les plus grands bâtiments religieux à charpente d'Europe dont l'austérité extérieure contraste avec les fastes et l'exubérance de leurs intérieurs baroques. Trois temples furent bâtis, mais seuls ceux des bourgs de Świdnica et de Jawor, dessinés par l'architecte Albrecht von Saebisch, subsistent de nos jours.

Visiter

Les églises sont ouvertes d'avr. à oct. : 9h-13h, 15h-17h, hors saison sur RV au 74 852 28 14 - 6 PLN.

Église de Świdnica★★

Ul. Pokoju 6. Construite à partir de 1656 selon un plan cruciforme, ses côtés sont flanqués de porches et d'absides qui la font un peu ressembler à une église catholique. Elle s'élève au centre d'un cimetière aux tombes centenaires et peut accueillir 7 500 personnes dont 3 000 dans les deux niveaux de galeries aux balustrades chargées d'épitaphes. Consacrée à la Sainte Trinité, elle abrite un grand autel installé en 1752 et une chaire baroques.

Église de Jawor★★

Park Pokój. Édifiée en 1654-1655, elle pouvait recevoir 6 000 fidèles dans sa nef rectangulaire au plafond polychrome et dans les quatre galeries qui l'entourent. Les balcons sont décorés de scènes de l'Ancien et du Nouveau Testament et ornés des armoiries des donateurs qui ont financé le bâtiment. Placée sous le vocable du Saint Esprit, elle fut tardivement dotée d'un clocher qui, conformément à la règle, ne dépasse pas du toit.

ONT Pologne

Un chef-d'œuvre de l'art baroque, l'intérieur de l'église de Jawor.

Jelenia Góra★

85 782 HAB.
CARTE GÉNÉRALE A3 – CARTE MICHELIN N° 720 H4 – VOÏVODIE DE BASSE-SILÉSIE

Cette ancienne ville frontière occupe une place stratégique dans la région de collines boisées qui précède les sommets de Silésie et le Parc national des Karkonosze. L'atmosphère y est presque montagnarde et, à quelques kilomètres de là, les amateurs de thermalisme goûteront la sérénité de la station de Cieplice Zdrój.

- **Se repérer** – À 125 km au sud-ouest de Wrocław.
- **À ne pas manquer** – La vue sur la région depuis la colline Szybowisko.
- **Organiser son temps** – N'hésitez pas à rester une nuit. Les environs regorgent de forêts et de sites où faire de belles balades suggérées par l'office de tourisme.

Comprendre

La colline du Cerf (Jelenia Góra) – La légende raconte qu'au 12e s., le prince Boleslas le Bouche-Torse (Bolesław Krzywousty) poursuivit jusque sur cette éminence un cerf blessé au cours d'une chasse. L'endroit changea de mains plusieurs fois au cours des siècles, dominé tour à tour par les Tchèques tout proches, les Autrichiens et les Allemands, avant d'être enfin restitué à la Pologne après 1945. Ce fut un centre important de cristal taillé.

Visiter

Commencer la visite depuis le parking gardé qui jouxte l'office de tourisme.

Tout près, une tour cylindrique de la fin du 16e s., tardivement rehaussée d'un étage polygonal, évoque l'architecture du nord de l'Italie. Elle marque la limite occidentale des anciennes fortifications de la ville jadis flanquées à cet endroit d'un châtelet. De là, gagner le Rynek.

Rynek (Plac Ratuszowy)

De taille modeste et en pente, il est bordé de maisons à arcades baroques et rococo des 17e et 18e s. peintes d'agréables couleurs allant de l'ocre au bleu. C'est le cœur de la minuscule Vieille Ville et l'un des Rynki (Rynek au pluriel) les mieux préservés de Basse Silésie. Derrière une fontaine baroque dominée par une effigie de Neptune, l'**hôtel de ville** (Ratusz), bâti au 18e s. dans un style mixte baroque-classique, remplace un édifice du Moyen Âge. Il est prolongé de bâtiments connus sous le nom des **Sept Maisons** (Siedem Domów). Les principales curiosités de la ville s'alignent à l'est du Rynek, autour de la rue Konopnickiej et de la rue 1 Maja (1er Mai) qui la prolonge.

Église St-Érasme-et-St-Pancrace (Kościół Św. Erazma i Pankracego)

Un peu à l'écart de la rue Konopnickiej, cette austère église gothique date du 14e s. Son aménagement intérieur a été modifié à l'époque baroque tout comme la coupole qui coiffe son clocher.

Rue 1 Maja

On peut reconnaître le tracé des anciennes fortifications à la présence de la minuscule **chapelle Ste-Anne** (Kaplica Św. Anny) qui semble écrasée par une tour qui faisait partie des fortifications de la ville. Prenant appui sur la chapelle, la porte **Wojanowska** (Brama Wojanowska) est tout ce qui reste du mur d'enceinte du Moyen Âge. Elle est surmontée d'ornementations dans le style rococo dont un cartouche portant les armes de Jelenia Góra, de la Silésie et de la Prusse.

Un peu plus loin au milieu de la rue se trouve l'église orthodoxe **St-Pierre-et-St-Paul** (Kościół Św. Piotra i Pawła), ancienne chapelle Notre-Dame. Construite au 18e s. à l'emplacement d'un sanctuaire détruit pendant la guerre de Trente Ans, on peut voir dans sa partie nord deux croix de pénitence.

Église de la Ste-Croix (Kościół Świętego Krzyża)

Au milieu d'un vaste terre-plein, elle affecte la forme d'une croix grecque et remonte aux années 1709-1718. Elle fut construite par un architecte suédois qui s'inspira du plan d'une église de Stockholm. Un festival de musique d'orgue s'y tient tous les ans. Des dalles funéraires gravées d'épitaphes aux belles calligraphies couvrent ses murs extérieurs. Elles proviennent du cimetière qui entoure l'église et où l'on peut voir, le long de son mur d'enceinte ouest, chapelles funéraires et caveaux.

Dans les environs de Jelenia Góra.

Musée du Karkonosze★ (Muzeum Karkonoskie)
Ul. Matejki 28 - ✆ 075 752 34 65 - mar.-vend. 9h-15h30, w.-end 9h-16h30 - 6 PLN, gratuit dim. Son impressionnante collection d'objets en verre ne contient pas moins de 8 000 pièces. Belles salles consacrées à la peinture, l'ethnographie et l'archéologie de la ville.

Aux alentours

Szybowisko Góra★
À 5 km au nord de Jelenia Góra. Cette colline offre une vue superbe sur la région.

Cieplice Zdrój
À 5 km au sud-ouest de Jelenia Góra.
L'eau qui jaillit ici à 86° est indiquée contre les rhumatismes et les affections oculaires. La station thermale, célèbre pour ses vertus curatives dès le 12e s., fut offerte aux chevaliers de St-Jean en 1281. À l'ombre de son église baroque, le minuscule centre piétonnier fréquenté par les curistes est fort agréable. Mais le plus plaisant reste les balades dans les deux grands parcs boisés, dont l'un abrite un petit **musée d'Histoire naturelle** (Muzeum Przyrodnicze) installé dans un pavillon à l'architecture d'inspiration norvégienne.
À 3 km au sud-ouest de la station, le château de **Chojnik** se dresse sur son rocher. L'altière forteresse, toujours impressionnante, conserve dans sa cour intérieure un pilori de pierre qui laisse imaginer avec frisson les châtiments réservés aux criminels. Du sommet de la plus haute tour, belle **vue** sur les environs.

Jelenia Góra pratique

Code postal – 58-500.

Adresses utiles

Office de tourisme – *Ul. Bankowej 27 - ✆ 075 767 69 25 - www.jeleniagora.pl - lun.-vend. 9h-18h, sam. 10h-14h, dim. (juil.-sept.) 10h-14h.* Personnel anglophone, dépliants en français.

Transports

Gare ferroviaire – *Ul. 1 Maja - ✆ 94 36 et 075 752 93 27 - www.pkp.pl.*

Gare routière – *Ul. Obrońców Pokoju 2 - ✆ 075 642 21 01 - www.pks.jgora.pl.*

Se loger

⊖⊖ **Pałac Staniszów** – *Staniszów, à 3 km au sud de Jelenia Góra – ✆ 075 755 84 45 - www.palacstaniszow.pl - P - 23 ch. 295 PLN.* Chambres et repas raffinés dans un véritable manoir au sein d'un paysage de vallons paisibles. Inoubliable. Wi-fi.

Se restaurer

⊖ **Kaligrafia** – *Dans les caves de l'hôtel de ville – ✆ 075 645 00 55 - 12h-0h - 25 PLN.* Dans de superbes caves voûtées, une cuisine créative qui fait la part belle aux viandes et aux poissons. Le soir c'est plutôt l'ambiance d'un pub.

⊖ **Kurna Chata** – *Pl. Ratuszowy 23/24 - ✆ 075 642 58 50 - 15 PLN.* Excellente cuisine polonaise très bon marché sous les arcades du Rynek.

⊖⊖ **Quirino** – *Pl. Piastowski 23 à Cieplice - ✆ 075 755 02 50 - 13h-23h - 50 PLN.* En plein centre, un restaurant aux airs de bar à vin. Cuisine polonaise fine.

Parc national des Karkonosze★★

Karkonoski Park Narodowy

CARTE GÉNÉRALE A3 – CARTE MICHELIN N° 720 H4 – VOÏVODIE DE BASSE-SILÉSIE

Frontière naturelle entre la Pologne et la République tchèque, les montagnes des Karkonosze s'élèvent brutalement au-delà de la région de collines qui couvre la partie méridionale des Sudètes. Entre la forêt dense et les hauts sommets soumis à un rude climat, c'est le paradis des skieurs l'hiver et des randonneurs l'été.

Se repérer – Karpacz est à 125 km au sud-ouest de Wrocław, 20 km au sud de Jelenia Góra.

À ne pas manquer – L'ascension du mont Śnieżka.

Organiser son temps – 2h sont suffisantes pour saisir l'atmosphère de Karpacz mais consacrez au moins une journée à randonner dans le parc national.

Avec les enfants – Certains sentiers de randonnée leur sont accessibles.

Comprendre

Les monts des Géants – Ce nom de « monts des Géants » (« Karkonosze » en polonais) fut donné à ces montagnes dès le Moyen Âge. Le parc couvre 5 575 ha de reliefs composés de roches cristallines et s'étend sur 35 km le long d'un axe nord-ouest sud-est. Les forêts d'épicéas, érables et tilleuls, qui en couvrent les deux tiers, s'effacent peu à peu avec l'altitude où ne croissent que les pins qui font à leur tour place à une lande parfois couverte de tourbières. Au sommet du mont Śnieżka qui, du haut de ses 1 603 m, domine le reste de la chaîne de 200 m, ce ne sont plus que vastes étendues caillouteuses. Sur les pentes de la montagne, cirques post-glaciaires, lacs d'altitude, torrents et cascades attendent les randonneurs qui croiseront peut-être au détour d'un sentier des mouflons de Corse ou des sangliers. La nature y a sculpté des formations rocheuses granitiques spectaculaires comme **les Pèlerins** (Pielgrzymy), trois éminences hautes d'une vingtaine de mètres, ou **le Tournesol** (Słonecznik), rocher visible depuis le fond de la vallée de Jelenia Góra. Les premiers mineurs, venus de Wallonie, s'intéressèrent au 14e s. à ses vallées riches en minerais. Le tourisme naît au 19e s. du pèlerinage à l'église baroque St-Laurent (Św. Wawrzyniec), patron des guides de montagne, qui coiffe le mont Śnieżka. Il n'a cessé de se développer depuis, attirant randonneurs et skieurs.

Randonner dans le parc national

Accès – *Depuis Karpacz et Szklarska Poręba - 4,60 PLN/1 j, 12 PLN/3 j, 24 PLN/7 j.* Le parc est le paradis des randonneurs.

Mont Śnieżka – Si vous n'avez que peu de temps, prenez le télésiège *(9h-16h30 ; 20 PLN, moins cher à partir de 13h)* qui part de Karpacz pour vous rendre au mont Kopa. Le mont Śnieżka est alors à 1h de marche.

M. Ostrowska / MICHELIN

Au cœur du Parc national des Karkonosze.

Les autres sentiers de randonnée

Ils partent tous de la partie haute de Karpacz, à côté de la station-service où l'allée Konstytucji 3 Maja devient l'allée Karkonoska, sauf le sentier bleu qui part de la chapelle Wang. Compter 4 à 5h pour chacun des itinéraires. Tous sont de difficulté moyenne.

Le sentier rouge mène au **cirque Łomniczka** (Kocioł Łomniczki) et au **mont Śnieżka**. Au sommet, avec son air de soucoupe volante échouée, l'**observatoire météorologique** (Wysokogórskie Obserwatorium Meteorologiczne – *10h-16h*) abrite un refuge de montagne et fait désormais concurrence à la chapelle St-Laurent. Lorsque le temps le permet, la vue peut porter jusqu'à Wrocław.

Les sentiers bleu, vert et jaune rejoignent les **lacs Wielki et Mały** (Wielki Staw et Mały Staw, autrement dit Grand Étang et Petit Étang) lovés dans d'impressionnants cirques glaciaires.

Visiter

Karpacz (5 311 hab.)

Karpacz déroule ses maisons le long d'une route qui serpente dans la partie est des monts Karkonosze. Les prospecteurs qui, au 14e s., cherchent or et pierres précieuses dans les vallées de Łomnica et de Łomniczka, y construisent le premier village. Fuyant les persécutions religieuses, les protestants de Bohême les rejoignent vers 1622. Habiles botanistes, ils tirent parti de la richesse de la flore en herbes médicinales. Les premiers touristes arrivent au 19e s. séduits par la chapelle Wang et par l'accès que le bourg offre aux montagnes. De nos jours, sept remontées mécaniques et des canons à neige assurent le fonctionnement et l'accès à une dizaine de pistes de ski.

Dans la partie haute de Karpacz se trouve la **chapelle Wang★★** (Kościół Wang – *✆ 075 76 192 28 ; www.wang.com.pl ; 15 avr.-oct. : lun.-sam. 9h-18h, dim. 11h30-17h ; nov.-14 avr. : lun.-sam. 9h-17h, dim. 11h-17h ; office le dim. à 10h, en été à 9h en allemand ; 5 PLN*). Construite en pin au 12e s. dans le nord de la Norvège, elle fut achetée par le roi de Prusse Frédéric-Guillaume IV en 1841. La comtesse Frederika von Reden lui suggère d'en faire don à la communauté luthérienne de Karpacz. Après un long voyage *via* Berlin, la chapelle, remontée ou plutôt restaurée, ouvre ses portes le 28 juillet 1844. De l'édifice original subsistent seulement les portails d'entrée et des chapiteaux de colonnes intérieures ornés d'animaux, de motifs floraux et d'entrelacs. On admirera l'élégante architecture où se marient les styles viking et roman ainsi que la finesse de la charpente retenue par de simples chevilles de bois. Isolant les fidèles du froid extérieur, une galerie percée de fenêtres aux mille disques de verre s'enroule tout autour du chœur.

Le **musée du Sport et du Tourisme** (Muzeum Sportu i Turystyki – *Ul. M. Kopernika 2 ; ✆ 075 761 96 52 ; ouvert tlj sf lun. 9h-17h ; 4 PLN, gratuit merc.*) est installé dans un chalet à l'écart de la route principale. Il évoque l'environnement naturel de la région, le développement du tourisme et celui des sports d'hiver.

Plus haut se trouve un **musée local de Jouets** (Miejskie Muzeum Zabawek).

Szklarska Poręba

À 25 km à l'ouest de Karpacz.

Station sœur de Karpacz, Szklarska Poręba est située dans la vallée de la Kamienna à l'extrémité est des Karkonosze. La ville est née de l'artisanat du verre aux alentours du 14e s. Elle possède aussi un vaste domaine skiable. On pourra faire du ski de fond à Jakuszyce, un peu plus loin, où se tient tous les ans la compétition de la Course des Piast (Bieg Piastów).

Karkonosze pratique

Code postal (Karpacz) – 58-540.

Adresse utile

Office de tourisme de Karpacz – *Ul. Konstytucji 3 Maja 25 – ✆ 075 761 97 16 - www.karpacz.pl - tlj sf dim. 9h-17h.* Personnel anglophone. Nombreuses brochures (en français) sur les activités sportives possibles dans la station ainsi que des cartes d'état-major détaillant les différents sentiers de randonnée.

Se loger

À KARPACZ

Villa Rosa – *Ul. Okrzei 8 - ✆ 075 761 95 50 - www.rosa.karpaczinfo.pl - 5 ch. 140 PLN, 120 PLN avec sdb partagée, 1 appart. pour 6 pers. 250 PLN.* Cette pension occupe une magnifique maison du 17e s. en lisière d'une forêt de sapins. Certaines chambres disposent d'une véranda ou d'un balcon. Ambiance familiale et grand jardin à disposition.

Le Rynek de Toruń.

GRANDE POLOGNE

Kalisz

108 031 HAB.
CARTE GÉNÉRALE E3 – CARTE MICHELIN N° 720 F8 – VOÏVODIE DE GRANDE-POLOGNE

Au confluent des rivières Prosna et Bernardynka, Kalisz s'enorgueillit du titre de plus vieille cité de Pologne. Et même si les ravages du temps et particulièrement ceux de la Première Guerre mondiale ont quelque peu altéré son aspect ancien, elle reste une ville agréable au riche patrimoine religieux.

Se repérer – À 140 km au nord-est de Wrocław, à 115 km au sud-est de Poznań et à 107 km à l'ouest de Łódź.

À ne pas manquer – Les promenades dans les parcs de Gołuchów.

Organiser son temps – Réservez une à deux heures pour flâner dans les rues.

Comprendre

L'orgueil de Kalisz (Calisia en latin), c'est sa présence, au 2e s., sur la célèbre carte de Ptolémée. Pendant la période romaine, et même bien avant, elle est en effet une étape sur la route de l'ambre. Au 9e s., une forteresse surveille ce confluent stratégique et la petite cité que Boleslas le Pieux dote d'une charte en 1257. En 1343, la paix entre la Pologne et les chevaliers Teutoniques y est signée. À partir de 1583, les jésuites contribuent à son rayonnement intellectuel et artistique. Mais l'incendie de 1792 et l'occupation prussienne jusqu'en 1806 annoncent le déclin qui se déclenche en août 1914, avec la destruction de la ville par les Allemands, lesquels déporteront en 1942 sa population juive. Rendue à la Pologne en 1920, elle est rebâtie dans le respect de sa structure médiévale.

Visiter

Rynek

Clair et aéré, il est entouré de belles maisons dont une, à arcades, est ornée de médaillons sculptés. Au centre s'élève l'hôtel de ville restauré en 1920. Du haut du beffroi *(visite uniquement avec un guide, s'adresser au bureau PTTK – Ul. Targowa 2 ; ✆ 062 598 24 33)*, belle vue sur les clochers qui émergent des toits.

Monastère franciscain (Zespół Klasztorny OO. Franciszkanów)

Au sud-est du Rynek, entre les rues Kazimierzowska, Sukiennicza et Rzeźnicza.

L'église, fondée en 1257 mais décorée dans le style Renaissance, abrite un reliquaire de sainte Jolanta ainsi qu'une curieuse chaire en forme de navire. Les bâtiments du monastère remontent quant à eux au 17e s.

Rejoindre le Rynek, prendre les rues Zamkowa et Kanonicka vers la cathédrale.

Cathédrale St-Nicolas (Katedra Św. Mikołaja)

Érigée au 13e s., elle fut souvent modifiée au cours des siècles. Sous les voûtes Renaissance, le maître-autel porte la copie d'une Descente de croix de Rubens. À l'extérieur, on peut voir les derniers vestiges de l'enceinte médiévale de la ville, jadis percée de quinze tours et deux portes, détruite au 19e s. par les autorités prussiennes.

ONT Pologne

Le château de Gołuchów.

Reprendre la rue Zamkowa puis à droite l'étroite rue Chodyńkiego pour atteindre la place Św. Józefa où se dresse le sanctuaire St-Joseph et la basilique.

Basilique de l'Assomption (Bazylika Wniebowzięcia NMP)

Cet édifice baroque conserve un chœur du 14e s., un beau polyptyque gothique et un tableau représentant la Sainte Famille, aux vertus supposées miraculeuses. Le clocher de style classique fut édifié en 1820.

Musée régional de Kalisz (Muzeum Okręgowe Ziemi Kaliskiej)

Ul. Kościuszki 12 – ✆ 060 757 16 08 - mar. et jeu. 10h-15h, merc. et vend. 11h-17h30, w.-end 10h30-14h30 - 4 PLN.

Si la collection ethnographique ressemble à un véritable capharnaüm, les salles d'histoire présentent un réel intérêt. Préhistoire, présence romaine et ville médiévale côtoient des photos de la ville avant la destruction de 1914.

Aux alentours

Château de Gołuchów

À 16 km au nord-est de Kalisz - ✆ 062 761 50 94 - mar.-sam. 10h-15h15, dim. 10h-16h - 8 PLN.

Blotti dans un décor de vallons, d'étangs et de forêts, ce manoir Renaissance, bâti en 1560, a peut-être été inspiré par les châteaux de la Loire. Abandonné au 17e s., il est restauré à partir de 1872 par Izabela Działyńska qui y installe un riche musée. Dans ce château trapu, flanqué de tours polygonales au toit pointu, mille passages mènent à des salles où les parquets et les boiseries des plafonds néogothiques rivalisent avec les œuvres exposées. On peut y voir des vases grecs, des peintures et des sculptures médiévales et classiques ainsi que de superbes tentures.

Palais d'Antonin

À 40 km au sud de Kalisz.

Le prince Antoni Radziwiłł, alors gouverneur du grand-duché de Poznań, fit construire cet élégant palais de chasse en bois entre 1822 et 1824. Au centre d'un plan en croix, le grand hall octogonal, entouré de deux étages de galeries, s'articule autour d'une gigantesque colonne dont les massacres de cerfs rappellent les chasses dans les bois alentour. Ami des arts, le prince sut s'entourer d'artistes que le romantisme de cette demeure au bord du lac ne manquait pas de séduire. Chopin y fit deux séjours en 1827 et 1829. Un festival de piano annuel rend hommage à l'illustre visiteur.

C'est aujourd'hui un hôtel moyen *(✆ 062 734 83 00)* et un restaurant de gibier des plus honorables.

Kalisz pratique

Code postal - 62-800.

Adresses utiles

Office de tourisme – *Ul. Zamkova, s/n - ✆ 062 598 27 31 - www.kalisz.pl - lun.-vend. 9h-17h, w.-end 10h-14h.* Cartes et guides dont un petit fascicule fort précis sur la ville (en anglais). Personnel anglophone.

Police – *Ul. Jasna 1-3 - ✆ 062 765 59 00 et 997.*

Pharmacies ouvertes 24h/24 – *Ul. Babina 4, Ul. Kanonicka 6, Ul. Serbinowska 10 A (à tour de rôle).*

Transports

Gare ferrovière – *Ul. Dworcowa 1 - ✆ 94 36.* À 2 km au sud-est du centre-ville.

Gare routière – *Ul. Górnośląska 82-84 - ✆ 062 768 73 70 et 94 33 - www.pks.kalisz.pl.* Proche de la précédente. Bus pour Wrocław et Poznań.

Se loger

⊖⊖ **Hotel Calisia** – *Al. Ul. Nowy Swiat 1-3 - ✆ 062 767 91 00 - www.hotel-calisia.pl - ♿ - P - 37 ch. 220 PLN, 140 PLN le w.-end* ☕. Un hôtel récent au confort moderne sans surprise à 1 km au sud de la Vieille Ville. Wi-fi.

⊖⊖ **Hotel Europa** – *Al. Wolności 5 - ✆ 062 767 20 32 - www.hotel-europa.pl - P - 50 ch. dont 25 avec clim. 210 PLN, 190 PLN hors saison* ☕. Entièrement refait à neuf, il offre, proche du centre-ville, des chambres calmes et bien équipées. Accès Internet dans les chambres.

Se restaurer

Le restaurant de l'hôtel Calisia est de loin le plus recommandable de la ville.

Événements

Festival international de jazz – 3 à 4 jours en automne.

Poznań★★

560 932 HAB.
CARTE GÉNÉRALE B2 – CARTE MICHELIN N° 720 E6-7 – VOÏVODIE DE GRANDE-POLOGNE

La capitale de la Grande Pologne possède bien des atouts. Ville dynamique à taille humaine, elle se visite à pied et concentre autour d'un des plus beaux Rynek du pays un riche patrimoine culturel et monumental. Les rues étroites invitent à la flânerie tout comme les environs qui promettent escapades vers des châteaux merveilleux et randonnées sylvestres. Berceau de l'État polonais au 10e s., Poznań est aujourd'hui une cité jeune et animée, célèbre pour ses foires commerciales héritées du Moyen Âge.

- **Se repérer** – À 300 km à l'est de Varsovie, 147 km au sud de Toruń et 170 km au nord de Wrocław.
- **À ne pas manquer** – Les petites rues étroites autour du Rynek, la cérémonie des douze coups de midi au pied de l'hôtel de ville.
- **Organiser son temps** – Compter une grosse journée pour la visite de la ville et des principaux musées.
- **Avec les enfants** – Le parc de Malta, ses multiples activités et son petit train, les zoos et le jardin botanique.

Comprendre

À l'origine de l'État polonais

Au 10e s., Mieszko Ier fait de la petite bourgade blottie sur une île de la rivière Warta l'une des capitales de son duché. Il y installe en 968 le premier évêché de Pologne

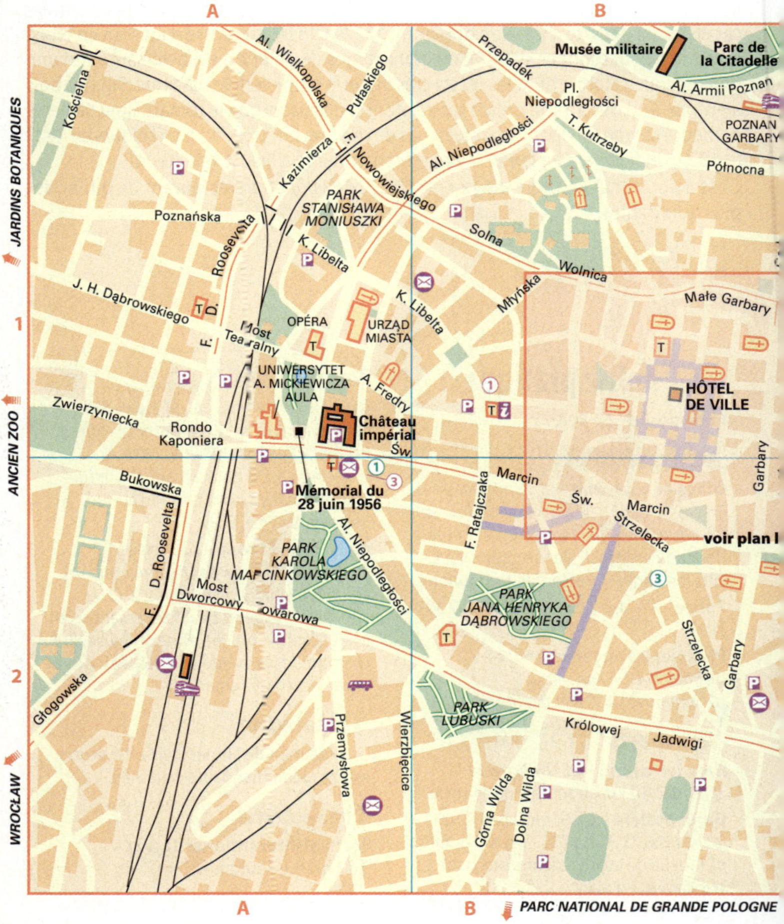

qu'il dote bientôt d'une cathédrale. Poursuivant l'œuvre paternelle, Bolesław Chrobry (le Vaillant) accède, et il est le premier, au trône de Pologne. Poznań gagne en importance et sa situation proche des frontières ouest du royaume en fait une cible pour ses turbulents voisins.

La cité se sent bientôt à l'étroit sur son île et, en 1253, le centre se déplace à l'ouest du fleuve et les privilèges qui lui sont alors accordés stimulent l'activité commerciale des foires. L'apogée de sa puissance est atteinte au 16e s., mais un incendie la détruit en partie marquant le début d'une période sombre. Le déclin, commencé au 17e s. avec l'invasion suédoise, se poursuit au siècle suivant avec les invasions prussiennes et russes, la peste et les inondations.

La ville finit par tomber sous domination prussienne en 1793, et devient Posen, capitale du grand-duché du même nom. En décembre 1918, la révolte de la Grande Pologne, commencée à Poznań, conduit à l'émancipation de la région. Le répit est de courte durée puisque, après 1939, la province est annexée par l'Allemagne nazie. La ville souffre des bombardements qui la détruisent à plus de 50 %.

Sous le régime communiste, c'est ici qu'a lieu le 28 juin 1956 le premier soulèvement contre le régime. La terrible répression qui s'ensuit cause la mort de 76 manifestants.

Aujourd'hui, Poznań vit au rythme de ses universités et des grandes foires héritées du Moyen Âge. La plus symbolique de ces foires, qui se tenait jadis à la Saint-Jean d'été, a toujours lieu le 24 juin. Elle rassemble désormais sur le Rynek antiquaires et collectionneurs, tandis que d'autres foires, internationales cette fois, font de Poznań le grand centre polonais du commerce international.

La Vieille Place du Marché et l'hôtel de ville.

Se promener

LA VIEILLE PLACE DU MARCHÉ★★★ (STARY RYNEK) PLAN II

C'est un carré parfait au sol pavé, le centre de la ville, celui où tous, habitants comme visiteurs, finissent par converger. Il est entouré de maisons gothiques, Renaissance ou baroques, dont la plupart, détruites en 1945, furent superbement restaurées après la guerre. Les façades aux teintes pastel chaudes sont parfois ornées de peintures comme aux n°s 58, 66 ou 73. Remarquez aux n°s 78-79, la façade au fronton surmonté de sculptures du **palais Działyński** (Pałac Działyńskich) érigé au 18e s. dans le style baroque et dominé par un pélican aux ailes déployées.

La place, où il n'est pas rare d'entendre un accordéoniste pousser la chansonnette, bruisse sans cesse de monde et, aux beaux jours, se couvre de terrasses de bois et de parasols.

Centre du Rynek A2

Devant l'hôtel de ville se dressent la **fontaine baroque de Proserpine** (Fontanna Prozerpiny) et la copie du **pilori** de 1535 dont l'original se trouve au Musée historique de la ville. À côté s'alignent les arcades des anciennes **maisons de marchands**★ (Domki Budnicze). Une ruelle mène à la fontaine dite **« Bamberka »** qui rappelle qu'une partie de la population est originaire de la ville allemande de Bamberg. Derrière, la silhouette élégante du bâtiment de la **balance municipale** (Waga Miejska) compense l'austérité et l'absence de charme du bloc érigé à sa gauche pendant la période communiste. Enfin, le petit **corps de garde** (Odwach) du 17e s. dresse vers l'ouest sa colonnade menue de style classique.

Hôtel de Ville★★★ (Ratusz) B1

Stary Rynek 1 - ✆ 061 856 81 91 - mar. et vend. 9h-16h, merc. 11h-18h, dim. 10h-15h - 5,50/3,50 PLN - gratuit vend.

Posé au centre du Rynek comme une grosse pâtisserie dominée par son haut beffroi, il est l'un des plus spectaculaires de Pologne. L'Italien Jean-Baptiste Quadro le restaura dans le style Renaissance après qu'un incendie l'eut détruit en 1536. La façade à triple rangée d'arcades est dominée par trois clochetons. Celui du milieu est l'objet de toutes les attentions lorsque sonnent les douze coups de midi annonçant l'apparition des chevreaux de Poznań.

À l'intérieur, le **Musée historique de Poznań** (Muzeum Historii Miasta Poznania) occupe les deux étages et les caves gothiques. Il raconte l'histoire de la ville du

Les chevreaux de Poznań

On raconte qu'en 1511, le cuisinier chargé du banquet d'inauguration de l'hôtel de ville en laissa malencontreusement brûler les viandes. Deux chevreaux furent amenés mais, bien décidés à ne pas finir sur le gril, ils parvinrent à fuir au sommet de l'édifice et s'affrontèrent sous les yeux de la foule ébahie. Le gouverneur, y voyant un heureux présage, ordonna que leurs effigies mécaniques soient couplées à l'horloge afin de célébrer quotidiennement l'événement. Depuis, les chevreaux mécaniques répondent par douze coups de cornes aux douze coups de midi.

10e s. à la guerre de 1945. Découvertes archéologiques de la région, peintures, sculptures côtoient une exposition de photos saisissante montrant l'état de la ville à la fin de la guerre et permettant d'apprécier l'incroyable travail de restauration effectué. La visite du musée vaut essentiellement par la **Grande Salle** (Wielka Sień). Ce joyau Renaissance présente un plafond à caissons de 1555 supporté par deux imposantes colonnes et richement décoré d'armoiries, de scènes peintes et de motifs finement ciselés.

Musée des Instruments de musique★ (Muzeum Instrumentów Muzycznych) B2

Stary Rynek 45 - ✆ 061 852 08 57 - mar.-sam. 11h-17h, dim. 11h-15h - 5,50/3,50 PLN, gratuit sam.

Cet intéressant musée présente une collection unique d'instruments de musique. Au rez-de-chaussée, on voit de curieuses boîtes à musique dont le mécanisme, à mi-chemin entre l'orgue de barbarie et le 78 tours, utilise des disques perforés, puis des harmoniums et des instruments à vent. L'étage abrite des instruments à cordes ainsi qu'un grand clavecin orné, comme un retable baroque, de peintures et d'ors. Une pièce dédiée à Chopin présente son masque mortuaire, un moulage de sa main droite ainsi qu'un piano qu'il utilisa vers 1820. L'étage supérieur, aux airs de musée ethnographique, est consacré aux instruments anciens et traditionnels de Pologne, d'Asie, d'Afrique, d'Océanie et d'Amérique.

Musée littéraire de Henryk Sienkiewicz (Muzeum Literackie Im. H. Sienkiewicza)

Stary Rynek 84 - ✆ 061 852 24 96 - lun.-vend. 10h-17h - 3/2 PLN.

Les inconditionnels de l'auteur de *Quo Vadis ?* seront comblés, les autres profiteront de l'opportunité de visiter une des majestueuses demeures du Rynek. Parmi les souvenirs liés à l'auteur, prix Nobel en 1905, on pourra voir des tirages de ses œuvres en 39 langues, des manuscrits originaux, ainsi que son masque mortuaire.

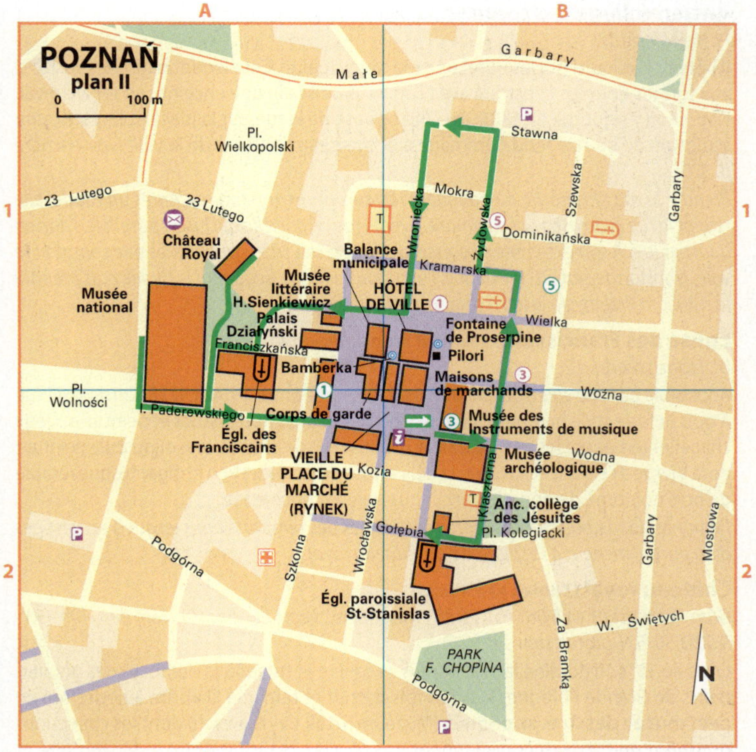

SE LOGER		SE RESTAURER	
Brovaria (Hotel)	1	Bażanciarnia	1
Dom Polonii	3	Cymes	3
Rezydencja Solei	5	Chimera	5

LE TOUR DE LA VILLE

Les principaux sites sont concentrés dans les abords immédiats du Rynek dans l'angle sud-est duquel on commencera la visite. Emprunter la rue Wodna. Face aux arcades se dresse la façade du palais Górka (Pałac Górka) qui abrite aujourd'hui le Musée archéologique.

Musée archéologique★ (Muzeum Archeologiczne) B2

Ul. Wodna 27 - ✆ 061 852 82 51 - mar.-vend. 10h-16h, sam. 10h-18h, dim. 10h-15h - 6/3 PLN, gratuit sam.

Une grande salle présente la préhistoire de la Grande Pologne, entre l'âge de pierre et celui des grandes migrations. Des reconstitutions en taille réelle montrent les découvertes archéologiques et décrivent la vie des peuples chasseurs, cueilleurs et cultivateurs. Mais la partie la plus intéressante concerne l'art funéraire dans l'Égypte antique. La collection, qui peut paraître modeste, renferme la momie d'un garçon, celles d'un chat et d'un crocodile ainsi que des papyrus funéraires et un « guide de l'au-delà ».

Revenir sur ses pas et prendre à gauche la rue Świętosławska. Le spectacle de la rue dominée par la façade de l'église paroissiale est majestueux sous l'éclairage nocturne.

Église paroissiale St-Stanislas★★ (Kościół Farny Św. Stanisława) B2

Ul. Klasztorna 11.

Édifiée pour les jésuites, cette monumentale église baroque à trois nefs soutenues par des colonnes corinthiennes remplit parfaitement son rôle : présenter au fidèle un avant-goût de la magnificence divine. Stucs, peintures et sculptures dorées à la feuille, ainsi qu'un dôme en trompe-l'œil, enserrent l'autel principal de 1727 réalisé par Pompeo Ferrari. Des concerts gratuits y ont lieu tous les jours à 12h15 de juin à septembre et le samedi le reste de l'année.

En sortant de l'église, prendre à droite dans la rue Gołębia. Au n° 8, la cour flanquée d'arcades de l'ancienne école des jésuites (Dawna Szkoła Jezuicka) abrite aujourd'hui une école de ballet. Plus loin s'élève l'élégante porte-clocher de l'ancien collège des jésuites.

Ancien collège des jésuites (Kolegium Pojezuickie) B2

Pl. Kolegiacki 17.

Il héberge aujourd'hui les bureaux de la municipalité. Cet élégant bâtiment du 18e s. aux formes épurées constitue avec l'église paroissiale une enceinte en fer à cheval. Napoléon y séjourna en 1806. Du côté opposé de la rue, sur la place Kolegiacki, une sculpture de bronze rend hommage aux chevreaux fétiches de la ville *(voir encadré p. 320).*

Prendre la rue Klasztorna où s'alignent restaurants et antiquaires. Après un coude, elle rejoint la rue Żydowska qui délimitait, avec la rue Wroniecka qui lui est parallèle, l'ancien quartier juif. À son extrémité se dresse la dernière des trois synagogues que comptait la ville, transformée en piscine depuis l'occupation nazie. Regagner le Rynek puis prendre la rue Góra Przemysła jusqu'à l'église des Franciscains.

Église des Franciscains (Kościoł Franciszkanów) A1

Ul. Franciszkańska 2.

Accessible par une volée de marches, elle fut érigée entre 1674 et 1728. Cette basilique à trois nefs de style baroque tardif est décorée de sculptures, stucs et peintures. Deux chapelles terminent les bras du transept. Dans celle de gauche, une minuscule peinture de la Vierge à l'Enfant éclipse par la délicatesse de sa réalisation le gigantesque retable de bois noir orné de dorures dans lequel elle est enchâssée.

Remonter la rue puis gagner à droite les ruines des remparts dans lesquels les vestiges d'un portail mènent à l'esplanade du château royal.

Château royal (Zamek Królewski) A1

Góra Przemysła 1 - ✆ 061 852 20 35 - mar., merc., vend. et sam. 10h-16h, dim. 10h-15h - 5,50/3,50 PLN, gratuit sam.

Érigé au 13e s., il domine la ville depuis sa colline et fut jadis la demeure des gouverneurs de Grande Pologne. Maintes fois détruit et remanié, il abrite aujourd'hui un petit **musée des Arts appliqués** (Muzeum Sztuk Użytkowych) dont les collections occupent un étage et comprennent des œuvres réalisées entre le Moyen Âge et l'époque contemporaine. Il intéressera particulièrement les amateurs de bibelots, de meubles, de céramiques et de verres. Quelques épées et un costume d'apparat parfaitement conservé complètent l'ensemble. Belle vue depuis la terrasse sur les toits de Poznań jusqu'à la cathédrale et sur l'hôtel de ville.

On atteint le Musée national de peinture par les rues Ludgardy et Paderewskiego.

Musée national★★ (Muzeum Narodowe) A1

Al. Marcinkowskiego 9 - ✆ 061 852 59 69 - mar. 10h-18h, merc. 9h-17h, jeu. et dim. 10h-16h, vend.-sam. 10h-17h - 10/6 PLN, gratuit sam.

Rénové il y a quelques années, il occupe un austère bâtiment du début du 20e s. auquel a été ajoutée une extension moderne à l'architecture épurée. Cette dernière réserve de larges volumes aux collections contemporaines, voire parfois avant-gardistes, de peinture et de sculpture. L'ancien bâtiment abrite, lui, des œuvres romanes et gothiques ainsi qu'une grande collection de peintures italiennes des 15e et 18e s., flamandes du 16e s. et hollandaises du 18e s. Le musée conserve aussi l'une des plus importantes collections de peinture espagnole parmi laquelle on remarquera des œuvres de Jose Ribera et Francisco Zurbaran.

Rejoindre le Rynek par la rue Paderewskiego.

ONT Pologne

Le grand vestibule de l'hôtel de ville.

Visiter

OSTRÓW TUMSKI PLAN I

C'est ici, sur cette île aujourd'hui à l'écart du centre, que sont nés à la fois Poznań, l'État et l'Église de Pologne. Dans une ambiance de quartier ecclésiastique un peu austère, on y trouve les plus anciens monuments de la ville.

Cathédrale★ (Katedra) C1

La cathédrale St-Pierre-et-St-Paul fut en 968 la première cathédrale construite en Pologne. Plusieurs fois détruite et remaniée, c'est une basilique gothique à trois nefs, où subsistent par endroits des vestiges d'architecture romane. Les deux clochers coiffés de coupoles baroques dominent le portail d'entrée fermé de portes qu'ornent des scènes de la vie de saint Paul et de saint Pierre. Une quinzaine de chapelles entourent la nef parmi lesquelles la Chapelle dorée mérite une attention particulière. Aménagée dans le style byzantin au 19e s., elle recèle le sarcophage et les statues de Mieszko Ier et de son fils le roi Bolesław Chrobry (le Vaillant). Dans la crypte, tout aussi importante sur le plan symbolique, on découvre les traces de l'édifice roman primitif ainsi que les vestiges de fonts baptismaux et ceux des tombeaux originaux des deux souverains.

Église de la Vierge-Marie (Kościół Najświętszej Marii Panny) C1

Le côté du parvis opposé à la cathédrale est dominé par la silhouette élancée de cette église gothique en briques au toit fort pentu. Érigée dans la première moitié du 15e s., elle fait l'objet de restaurations et ne se visite hélas pas. Des fouilles dans son sous-sol ont révélé les vestiges d'un palais royal, premier siège de l'État polonais.

Psałteria C1

À côté de l'église, ce bâtiment en briques rouges du début du 16e s. était la résidence des chanteurs de psaumes de la cathédrale.

À L'OUEST DE LA VILLE

À l'extrémité de la rue Św. Marcin, près de la gare, le quartier s'anime lors des grandes foires qui se tiennent dans un vaste centre **(Międzynarodowe Targi Poznańskie)** de l'autre côté de la voie de chemin de fer.

Château impérial (Dawny Zamek Cesarski) A1

Ul. Św. Marcin 80/82.

Cet imposant édifice de pierre de style néoroman fut érigé au début du 20e s. et fortement altéré lors de la Seconde Guerre mondiale. Il abrite aujourd'hui un centre culturel et un théâtre. Le joli parc qui se trouve derrière offre un autre regard sur la façade dont les arcades évoquent le style mauresque.

À côté, les gigantesques croix entrelacées du **mémorial du 28 juin 1956** (Pomnik Poznańskiego Czerwca 1956) rendent hommage aux 76 victimes tuées lors des affrontements avec la police. Le soulèvement, le premier en Pologne contre la domination communiste, avait mobilisé près de 120 000 personnes.

PARCS ET JARDINS PLAN I

Les espaces verts foisonnent à Poznań. Simples lieux de balade ou riches en activités ludiques, ils feront le bonheur des enfants.

Parc du lac Malta D1

À 2 km à l'est du centre-ville en direction de Varsovie.

Ce vaste lac artificiel entouré d'espaces verts est le centre de loisirs favori des habitants de Poznań. On peut s'y baigner, pratiquer l'escalade et même le ski sur une piste artificielle de 150 m. Des régates et autres concours y sont organisés. Un petit **train** *(mai-sept. et w.-end ; 4,20/2,70 PLN)* traverse le parc depuis son extrémité ouest (rue Zamenhofa) et rejoint le **nouveau zoo** (Nowe Zoo – *℘ 061 877 35 17 - 9h-19h ; 9/6 PLN*). Près de 2 000 animaux y vivent dans une zone boisée parcourue par un ruisseau. Un pavillon est consacré aux espèces nocturnes.

Ancien zoo (Stare Zoo) A1

Ul. Zwierzyniecka 19, à 1 km à l'ouest du centre-ville - ℘ 061 848 08 63 - 9h-19h - 9/6 PLN.

Installé dans la seconde moitié du 19e s., ce vénérable zoo couvre 4,4 ha et abrite éléphants, lions, hippopotame nain, girafes et quelques singes. Un aquarium côtoie un pavillon aux reptiles et ue volière.

Jardins botaniques (Ogród Botaniczny) A1

À 3 km à l'ouest du centre-ville - ℘ 061 829 20 13 - mai-oct. : 9h-18h - gratuit.

Établis en 1925, ils sont la propriété de l'université Adam Mickiewicz et rassemblent, sur 22 ha, près de 8 000 espèces de plantes du monde entier et de tous les écosystèmes : steppe, dunes…

Parc de la Citadelle (Park Cytadela) B1

Parties de pique-nique, jeux sur les vastes pelouses, étudiants révisant ou couples alanguis à l'ombre des arbres, difficile d'imaginer que le lieu de farniente préféré des habitants de Poznań fut autrefois une puissante forteresse. Seuls le relief et quelques vestiges rappellent qu'ici les Prussiens édifièrent une citadelle que se disputèrent en 1945 les armées allemande et soviétique. Un cimetière rappelle ces événements ainsi qu'un **Musée militaire** installé dans une casemate (Muzeum Uzbrojenia – *℘ 061 820 45 03 ; mar.-sam. 9h-16h, dim. 10h-16h ; 4/2 PLN, gratuit vend.*). Importante collection d'armes et exposition en plein air de chars, d'avions et de véhicules militaires.

Aux alentours

Il est possible de faire une grande boucle en voiture reliant les sites suivants. Compter alors une bonne journée et prévoyez de quitter Poznań tôt dans la matinée. Les sites de Rogalin et surtout de Swarzędz seront les plus rapides à visiter. Consacrez l'après-midi au parc national si vous avez l'intention d'entreprendre une randonnée.

Musée apicole de Swarzędz (Skansen i Muzeum Pszczelarstwa)

À Swarzędz, à 10 km à l'est de Poznań, en bordure de la route E 30 - ℘ 061 651 18 17 - tlj sf lun. 9h-15h - fermé jours fériés - 5 PLN.

Établi en 1963 par le professeur Ryszard Kostecki, ce petit musée rassemble plus de 200 objets dont une importante collection en plein air de ruches. De taille imposante, leurs formes sculptées représentent des personnages ou des animaux, dont un ours plus vrai que nature. La plus ancienne remonte au 15e s. et la plupart d'entre elles abritent toujours des abeilles.

Parc national de Grande Pologne (Wielkopolski Park Narodowy)

À 15 km au sud de Poznań par la route 430.

On accède au Parc de Poznań en train ou en bus par Mosina et Puszczykowo à l'est du parc et Stęszew à l'ouest. Le parking de Mosina en lisière de forêt est proche des sites les plus intéressants (lac Góreckie, vallons les plus pittoresques).

Le parc est parcouru par 85 km de sentiers répartis en cinq itinéraires de 10 à 14 km. Une carte détaillée est disponible à l'office du tourisme de Poznań.

D'une superficie de 7 584 ha, ce parc national est le poumon de Poznań. Le paysage, jadis modelé par les glaciers, est marqué par des collines culminant à 130 m, une douzaine de lacs dont six sont ouverts à la baignade, des zones marécageuses et des bois profonds de résineux mais aussi de chênes. Ces derniers servent de refuge aux cerfs, aux sangliers et à bien d'autres espèces protégées alors que les oiseaux, dont beaucoup ne sont que de passage, s'ébattent sur les eaux calmes des lacs ou dans les marais.

Si vous voulez suivre les sentiers :

Sentier jaune : boucle à partir de Puszczykowo à travers les bois jusqu'au lac Jarosławieckie.

Sentier rouge : le plus intéressant, il quitte le parking de Mosina, longe les lacs Kociołek et le lac Góreckie avant de rejoindre Puszczykowo. On peut aussi en le suivant rejoindre Rogalin 15 km plus loin.

Sentier noir : du sud au nord, il longe le lac Łódzko Dymaczewskie et passe par le seul bourg du parc, Trzebaw.

Sentier vert : explore le nord-ouest du parc, entre Szreniawa et Stęszew.

Sentier bleu : il part du centre de Mosina et rejoint Stęszew. Autant de forêts que de lacs propices à la pêche.

Si votre temps est compté, suivez le sentier bleu depuis le parking à Mosina puis bifurquez sur le sentier rouge (à droite) au bord du lac Góreckie. Les oies sauvages qui y ont élu domicile paressent autour d'une minuscule île dominée par les ruines d'un château. Poursuivez jusqu'au sentier jaune (à droite à nouveau) qui vous ramènera à travers un vallon boisé à la gare de Puszczykowo ou à Mosina si vous continuez par la route.

Château de Kórnik

À 20 km au sud-est de Poznań par la route 11 - ✆ 061 817 00 33 - 9h-16h (arboretum fermé déc.-mars) - 10 PLN.

Une forteresse occupait au Moyen Âge cette motte entourée d'une douve à deux pas de la rivière Warta. Plusieurs fois remanié, c'est un palais baroque du 18e s. que Tytus Działyński fait transformer en un château trapu de style néogothique anglais au 19e s. Il y établit sa demeure et fait transférer les impressionnantes collections que l'on voit aujourd'hui. Les patins que l'on chausse à l'entrée rendent la visite aussi ludique que glissante (attention aux escaliers). Sur deux étages, bibelots, parquets marquetés et meubles d'époque présentent autant d'intérêt que les collections de

ONT Pologne

Le château de Kórnik.

tableaux et d'armes qu'affectionnait l'ancien propriétaire. On remarquera au premier étage la superbe salle mauresque où s'alignent des armures de hussards. Le château domine à l'extérieur le plus ancien et le plus grand jardin botanique de Pologne. 3 000 espèces végétales d'Europe, d'Asie et d'Amérique occupent un parc de 30 ha. Il est au sommet de sa splendeur lors des floraisons de printemps qui voient éclore de magnifiques fleurs de magnolias.

Palais de Rogalin★

À 10 km à l'ouest de Kórnik - ✆ 061 813 80 30 - en travaux jusqu'en juillet 2009.

La somptueuse résidence néoclassique de la famille Raczyński fut construite au bord de la rivière Warta par Kazimierz Raczyński, administrateur de Grande Pologne à la fin du 18e s. Une vaste pelouse bordée de châtaigniers mène au bâtiment en fer à cheval dont l'aile droite abrite une reconstitution du cabinet londonien de l'ancien président polonais en exil, Edward Raczyński. Dans celle de gauche, meubles (dont un curieux berceau doré à la feuille d'or) et bibelots constituent les seules curiosités. À l'extérieur, des dépendances abritent une exposition de peintures polonaises modernes et on peut voir, dans un garage, calèches et carrioles du 19e s. Derrière le palais, un magnifique jardin à la française ouvre sur un autre à l'anglaise aux airs de forêt. Ici, dans un site magique au bord de la rivière, croissent 945 chênes parmi les plus vieux d'Europe. Les trois plus célèbres portent les noms des légendaires frères Lech, Czech et Rus, fondateurs de la Pologne, de la Tchéquie et de la Russie.

Poznań pratique

Code postal – 60-900.

Adresses utiles

Office de tourisme – *Stary Rynek 59/60 - ✆ 061 852 61 56 - mai-15 oct. : lun.-vend. 9h-20h, sam. 10h-20h, dim. 10h-18h ; 16 oct.-avr. : lun.-vend. 10h-19h, sam. 10h-17h.* D'excellent conseil, il diffuse brochures, cartes et livres sur Poznań et sa région. Beaucoup de documentation gratuite. Personnel francophone.

Centre municipal d'information – *Ul. Ratajczaka 44 - ✆ 061 851 96 45 - lun.-vend. 10h-19h, sam. 10h-17h.* Information sur les manifestations culturelles.

Glob-Tour – *Ul. Dworcowa 1 - ✆ 061 866 06 67.* Bureau d'informations touristiques dans la gare. *Ouvert 24h/24.*

Consulat de France – *Ul. Mielżyńskiego 27/29 - ✆ 061 851 94 90.*

Maison de la Bretagne (Dom Bretanii) – *Stary Rynek 37 - ✆ 061 851 68 51 - www.dombretanii.org.pl - lun.-vend. 8h-18h.* Pour leurs conseils avisés et en français.

Police – *✆ 997, 112 depuis un mobile.* Commissariat principal - *Al. K. Marcinkowskiego 31 - ✆ 061 841 24 12.*

Poste – Bureau principal - *Ul. Kościuszki 77.* Bureau de la Vieille Ville - *Ul. Wodna 17.*

Pharmacie ouverte 24h/24 – Centralna - *Ul. 23 lutego 18 - ✆ 061 852 26 25 ;* Galenica - *Ul. Strzelecka 2/6 - ✆ 061 852 99 22.*

Café Internet – Ecafe - *Ul. Roosevelta 10/5 - lun.-vend. 8h-0h, w.-end 11h-23h - 3 PLN/h.*

Visites

Le guide trimestriel *Poznań In your Pocket* est une mine d'informations pratiques traitant aussi bien des hôtels, restaurants et lieux de sortie que des sites et musées.

Bureau PTTK – *Stary Rynek 90 - ✆ 061 852 37 56 - www.bort.pl (en français).* Accès par le Londoner Pub. Visites guidées de la ville.

Poznańska Karta Miejska – Une carte d'accès gratuit aux transports en commun ainsi qu'aux principaux musées. Réductions dans certains restaurants et attractions *(30 PLN/j, 40 PLN/2 j, 45 PLN/3 j).*

Transports

Aéroport de Ławica – *Ul. Bukowska 285 - ✆ 061 849 23 43 - www.airport-poznan.com.pl.* À 7 km à l'ouest du centre.

Agence de voyages – Wasteels - *Ul. Dworcowa - ✆ 061 865 26 26 - www.wasteels.com.pl.* Billets de train et de bus. Personnel anglophone.

Parking – La circulation autour du Rynek est rendue délicate à cause des rues à sens unique. Garez-vous plutôt dans l'un des parkings gardés situés à sa périphérie.

Gare ferroviaire – *Ul. Dworcowa 1 - ✆ 061 866 12 12 - www.pkp.pl.* La gare principale est à 1 km à l'ouest du Rynek. Liaisons avec Varsovie *(3h)*, Cracovie et Wrocław plusieurs fois par jour.

Gare routière – *Ul. Towarowa 17 - ✆ 061 664 25 25 - www.pks.pl.*

Se loger

La majorité des hôtels se groupent autour du Rynek ainsi que le long de l'avenue Św. Marcin. Les prix flambent lors des foires commerciales, de 50 à 150 % !

⊖⊖ **Dom Polonii** – *Stary Rynek 51 - ✆ 061 853 19 61 ou 061 852 71 21 - ✉ - 2 ch. 230 PLN.* Deux chambres sous les toits, vastes, un peu défraîchies mais bon marché, idéalement placées au dernier étage d'un immeuble du Rynek.

⊖⊖ **Rezydencja Solei** – *Ul. Szewska 2 - ✆ 061 855 73 50 - www.hotel-solei.pl - 12 ch. 289 PLN ☕, 239 PLN le w.-end.* De toutes petites chambres dans un hôtel aux airs de pension de famille situé à quelques rues du Rynek. On parle anglais.

⊖⊖⊖ **Hotel Brovaria** – *Stary Rynek 73/74 - ✆ 061 858 68 68 - fax 061 858 68 69 - www.brovaria.pl - 17 ch. 290 PLN ☕, 310 PLN avec vue sur le Rynek.* Idéalement situé sur le Rynek, cet hôtel au grand confort a du cachet et brasse ses propres bières, dont une délicieuse bière au miel. Bar et restaurant sont fréquentés par la clientèle branchée de la ville.

⊖⊖⊖ **Hotel Royal** – *Ul. Św. Marcin 71 - ✆ 061 858 23 00 - fax 061 858 23 06 - www.hotel-royal.com.pl - P - 31 ch. 420 PLN ☕, 294 PLN le w.-end.* À proximité de la gare et un peu à l'écart de la Vieille Ville, c'est un hôtel de charme agréable par son décor mais un peu froid pour l'accueil.

⊖⊖⊖ **Hôtel Stare Miasto** – *Ul. Rybaki 36 - ✆ 061 663 62 42 - www.hotelstaremiasto.pl - 23 ch. 340 PLN ☕, 255 PLN le w.-end.* Excentré, comme son nom ne l'indique pas (« Hôtel Vieille Ville »), à 20mn à l'ouest du Rynek. C'est un fort bel hôtel dans un bâtiment neuf aux chambres claires et confortables.

Se restaurer

⊖ **Chimera** – *Ul. Dominikańska 7 - ✆ 061 852 03 17 - lun.-sam. 10h-0h, dim. 12h-0h - 35 PLN.* Un adorable restaurant-salon de thé aux couleurs pastel. Derrière le comptoir, une centaine de bocaux à thé diffusent les senteurs les plus envoûtantes. Petit menu aux plats soignés : camembert rôti au sésame et saumon au poivre vert. Salle non-fumeurs.

⊖ **Cymes** – *Ul. Woźna 2/3 - ✆ 061 851 66 38 - mar.-dim. 13h-0h, lun. 16h-0h - 30 PLN.* Minuscule restaurant de spécialités juives, simple, généreux et joliment décoré. On sert, sur des tables de bois, hareng, *gefilte fisch* ou encore un délicieux steak hongrois au lard.

⊖ **Mykonos** – *Pl. Wolności - ✆ 061 853 34 36 - lun.-vend. 11h-23h, w.-end 12h-23h - 35 PLN.* Entre la déco façon village immaculé et la cuisine délicate qui, du tarama à la moussaka, propose tous les classiques, l'illusion grecque est parfaite.

⊖ **Ptasie Radio** – *Ul. Kościuszki 74/3 - ✆ 061 853 64 51 - 8h-2h - 20 PLN.* Sous le signe des oiseaux, l'endroit évoque une cabane dans les arbres aux couleurs pastel. On y savoure salades et tartes salées ou sucrées et il n'est pas rare qu'on y oublie le temps jusqu'à l'heure du thé.

⊖⊖⊖ **Bażanciarnia** – *Stary Rynek 94 - ✆ 061 855 33 59 - 12h-23h - 90 PLN.* Une institution. Dans la salle digne de grandes réceptions où dominent les beaux bois, on sert une cuisine polonaise raffinée. Venaisons et gibiers ne sont détrônés que le jeudi, jour d'arrivage des fruits de mer.

Faire une pause

Dans les environs du Rynek, vous aurez l'embarras du choix. Les cafés situés le long de la façade est de la place (**Arvezo** et **Pub Columbus**) sont parfaits pour une glace les après-midi d'été.

Cacao Republika – *Ul. Zamkowa 7 - lun.-sam. 10h-0h, dim. 10h-23h.* Le temple du chocolat chaud à deux pas du Rynek. Quelques tables au RdC mais surtout des canapés et des coussins à l'étage. Quinze sortes de chocolats et pâtisseries maison.

Cocorico – *Ul. Świętosławska 9 - lun.-jeu. 10h-0h, vend.-dim. 10h-1h.* Si l'atmosphère des deux salles aux accents parisiens est des plus douces, impossible de résister à la petite cour fleurie où l'on déguste au frais glaces et boissons !

U Przyjaciół Kawiarnia – *Ul. Mielżyńskiego 27/29 - lun.-jeu. 11h-22h, vend.-sam. 11h-2h.* Ce bar est un repère d'artistes et de théâtreux. Dans deux minuscules salles où les voiles forment des cloisons vaporeuses, les habitués devisent à voix basse, assis sur de vieux strapontins. Bonnes glaces et pâtisseries.

En soirée

Behemot Cafe – *Ul. Kramarska - lun.-vend. 10h-23h, sam. 11h-23h, dim. 12h-23h.* Un bar intimiste à l'atmosphère douce et espiègle comme la féline mascotte qui orne son enseigne. Bières et cocktails à gogo.

Lizard King – *Stary Rynek 86 - www.lizardking.pl - 12h-2h.* C'est la nuit que l'on découvre l'ambiance survoltée du Roi Lézard. Concerts rock et blues le vendredi vers 22h. Côté déco, violoncelles en guise de colonnes et bar en forme de gigantesque saxophone.

Achats

Antykwariat – *Ul. Klasztorna 1 - lun.-vend. 11h-18h, sam. 11h-14h.* Un choix restreint d'objets mais chinés avec soin : bibelots, sceaux, quelques précieux livres et documents, du petit mobilier aussi.

Événements

Le calendrier est dominé par les grandes foires commerciales qui se tiennent tout au long de l'année.

Festival de théâtre international de Malta – Juin.

Fête de Saint-Jean – Artisans et brocanteurs investissent les rues. 24 juin.

Festival de jazz – Mars.

Off Cinéma – Festival de cinéma. Novembre.

Masks – Festival international de théâtre. Novembre.

Fête de la rue Św. Marcin – Fête de la rue Saint-Martin. Novembre.

Gniezno

69 732 HAB.
CARTE GÉNÉRALE B2 – CARTE MICHELIN N° 720 E8 – VOÏVODIE DE GRANDE-POLOGNE

Le berceau de l'État polonais est une petite ville tranquille bâtie sur une éminence dominant un lac. La vie s'y écoule paisiblement à l'ombre des tours de la cathédrale qui abrite les reliques de saint Adalbert, patron de la Pologne.

- **Se repérer** – À 50 km au nord-ouest de Poznań.
- **À ne pas manquer** – Le panorama sur la ville depuis les tours de la cathédrale.
- **Organiser son temps** – Comptez deux heures pour Gniezno, autant pour Ostrów Lednicki.
- **Avec les enfants** – Le parc ethnographique et ses animations les raviront.

Comprendre

Le berceau de l'État polonais – Selon la légende, c'est ici que Lech, l'ancêtre légendaire de tous les Polonais, dit au revoir à ses frères Rus et Czech et fonda la première cité de sa tribu. Le duc Mieszko Ier y introduisit le christianisme en 966, mais choisit d'établir le premier évêché de Pologne à Poznań. Son fils Boleslas le Vaillant, le premier roi de Pologne, y fut couronné et la tradition se perpétua pendant des siècles. Autour de l'an mil, l'empereur Otton III, venu en pèlerinage sur la tombe de saint Adalbert, reconnut la toute nouvelle nation polonaise et fit de Boleslas le Vaillant son roi.

Visiter

Cathédrale (Katedra)★

Édifiée à la fin du 14e s. la cathédrale est en fait la quatrième à occuper le site depuis la fin du 10e s. La crypte conserve quelques vestiges de l'édifice préroman. Ce symbole du christianisme polonais abrite le tombeau en argent (17e s.) du saint patron de la Pologne, Adalbert, qui veilla silencieusement pendant des siècles sur le couronnement des rois polonais. L'intérieur gothique abrite une nef baroque entourée d'un déambulatoire où l'on peut voir les plaques tombales des archevêques Zbigniew Oleśnicki et Ignacy Krasicki. Une porte en bois du mur sud dissimule deux immenses **portes en bronze★★★** *(accès depuis l'extérieur ; 12,50 PLN, gratuit dim.)*. Datées de 1175, elles racontent en 18 tableaux la vie de saint Adalbert. Ce chef-d'œuvre de l'art médiéval justifie à lui seul la visite de la cathédrale. Beau panorama depuis le sommet des tours *(3 PLN)*.

ONT Pologne

Tombeau en argent (17e s.) du saint patron de la Pologne, Adalbert.

Musée de l'Archidiocèse (Muzeum Archidiecezji)

Ul. Kolegiaty 2 - ✆ 061 426 37 78 - mai-sept. : lun.-sam. 9h-17h30, dim. 9h-16h ; oct.-avr. : mar.-sam. 9h-13h - 3 PLN.

Des sculptures en bois du 16e s. côtoient une grande Mise au tombeau de 1430 ainsi que trois superbes calices romans de l'abbaye de Trzemeszno. L'un en or et agate du 10e s. est dit « de saint Adalbert », un autre du 12e s. est décoré de reliefs. On trouve aussi des objets liturgiques, chasubles, sceaux épiscopaux. Belle collection de portraits de cercueil représentant les défunts lors de leur cérémonie funèbre. À l'étage, une miniature du tombeau de saint Adalbert permet d'en admirer tous les détails. Une grande galerie présente une série de statues en bois polychromes et de panneaux de bois peints de scènes religieuses.

Musée des Origines de l'État polonais (Muzeum Początków Państwa Polskiego)

Ul. prof. Józefa Kostrzewskiego 1 - tlj sf lun. 9h30h-17h30 - 6 PLN.

Dans un grand bâtiment à l'architecture glaciale. Quelques maquettes montrent l'évolution de la ville depuis le Moyen Âge. À l'étage, une austère exposition raconte l'histoire de Gniezno à travers des documents, objets, sceaux et cartes. On peut aussi y voir une amusante série de gravures françaises représentant des allégories de métiers. Au sous-sol, une mise en scène son et lumière (en français) raconte les origines de la société, du christianisme et de la royauté de Pologne. Projections, maquettes, manuscrits et objets archéologiques rendent le spectacle passionnant.

Saint Adalbert (Święty Wojciech)

Fils d'un prince tchèque, né en Bohême vers 956, Adalbert étudie à Magdebourg puis devient évêque de Prague. Depuis Rome où il s'était établi, il part en mission à travers l'Italie, l'Allemagne et la Hongrie puis se rend à la cour de Boleslas le Vaillant à Gniezno. Assassiné par les païens en 997 au cours d'une mission d'évangélisation sur les rives de la Baltique, sa dépouille est rachetée contre son poids en or par Boleslas qui le fait inhumer à Gniezno. Le corps du saint, volé en 1039 puis en partie retrouvé, a une seconde tombe à Prague.

Aux alentours

Réserve archéologique et ethnographique du lac Lednica (Ostrów Lednicki)

À 15 km à l'ouest de Gniezno en direction de Poznań.

On visite sur une île de ce lac les vestiges de la résidence fortifiée où fut sans doute baptisé Mieszko Ier au 10e s. Sur la rive, le **musée des Premiers Piast** (Muzeum Pierwszych Piastów) rassemble les résultats des fouilles de cet ensemble palatial doté d'une chapelle et entouré d'une levée de terre défensive. Sur la rive sud du lac, le **parc ethnographique de Grande Pologne** (Wielkopolski Park Etnograficzny – *061 427 50 10 ; www.lednicamuzeum.pl ; 15 avr.-oct. : tlj sf lun. 9h-17h ; fév.-14 avr. : tlj sf lun. 9h-15h ; 10 PLN*) reconstitue sur 20 ha un véritable village traditionnel animé par des figurants. À voir, la très belle église en bois et, un peu à l'écart, juste après le cimetière et sa minuscule chapelle en rondins, une grande maison de propriétaire terrien.

Gniezno pratique

Code postal – 62-200.

Adresse utile

Office de tourisme – *Rynek 14 - 061 428 41 00 - www.szlakpiastowski.com.pl - avr.-sept. : lun.-vend. 8h-18h, sam. 9h-15h, dim. 10h-14h ; oct.-mars : lun.-vend. 8h-16h.* Situé sur la place centrale (Rynek). Personnel anglophone.

Transports

Gare ferroviaire – *Ul. Dworcowa 13 - 061 863 43 99 - www.pkp.com.pl.*

Gare routière – *Ul. Dworcowa 15 - 061 426 38 93 - www.pks.gniezno.pl.*

Se loger

Hotel Awo – *Ul. Warszawska 32 - 061 426 11 97 - www.hotel-awo.pl - 27 ch. 190 PLN.* Sis au fond d'une cour donnant sur une rue calme, ce petit hôtel récemment rénové propose des chambres très bon marché.

Hotel Pietrak – *Ul. Chrobrego 3 - 061 426 14 97 - www.pietrak.pl - P - ♿ - 26 ch. 210 PLN.* Un hôtel de chaîne de grand standing installé dans une maison au centre de la Vieille Ville. L'établissement est tout neuf et offre de belles chambres hautes de plafond et meublées avec goût. Accès Internet dans les chambres.

Se restaurer

Beaucoup de restaurants, en particulier sur la rue Chrobrego où ils sont coude à coude. La meilleure option reste le restaurant de l'hôtel Pietrak. D'un bon rapport qualité-prix, il reste ouvert tard.

Événement

La **fête de la ville**, avec de nombreuses animations, se tient au mois de mai.

Biskupin★★

CARTE GÉNÉRALE B2 – CARTE MICHELIN N° 720 D8 – VOÏVODIE DE CUJAVIE-POMÉRANIE

Blotti à l'extrémité de la presqu'île d'un lac marécageux situé entre Toruń et Poznań, Biskupin est un site archéologique majeur pour la compréhension de la préhistoire en Pologne. On a même utilisé l'expression « Pompéi polonaise » pour souligner le remarquable état de conservation des vestiges et la plongée dans le passé que constitue la passionnante visite de ce parc archéologique.

Se repérer – À 30 km au sud-ouest de Toruń et à 85 km au nord-est de Poznań.

Organiser son temps – Deux heures suffisent pour visiter le site. Compter une après-midi pour faire le tour des animations, surtout au mois de septembre.

Avec les enfants – La découverte ludique de l'archéologie lors des festivités du mois de septembre.

Comprendre

Une découverte due au hasard – Un instituteur local, au cours d'une balade, fait en 1933 ce qui sera l'une des plus captivantes découvertes archéologiques de Pologne. Dans la tourbe arrachée au sol de la presqu'île du lac de Biskupin, il reconnaît des fragments de bois fossile jadis travaillé par l'homme. Les fouilles commencent l'année suivante sous la direction du professeur Jósef Kostrzewski de l'université de Poznań. Elles constituent une véritable aventure humaine aussi bien que technologique, acte fondateur de l'archéologie polonaise moderne. On utilise des ballons captifs pour guider les recherches, repérer d'éventuelles traces et cartographier le site qui couvre près de 2 ha. Grâce à la nature marécageuse du lieu, les vestiges en bois sont parfaitement conservés. Les éléments au sol sont demeurés en place et le déblaiement des débris provenant des toits et des murs permettent de reconstituer la structure des bâtiments. Apparaissent alors les rondins juxtaposés qui constituent les rues, l'emplacement des maisons et le tracé ovale des remparts hauts de 6 m constitués d'une muraille en caissons surmontée d'un chemin de ronde. Une porte fortifiée défendait l'accès au village et, en dégageant la chaussée de bois qui y mène, on réalise qu'un fossé isolait jadis la forteresse du rivage. En 1936, on entreprend la reconstitution du site qui est à moitié exploré dès 1939. La guerre interrompt les fouilles qui, reprises en 1946, s'achèvent définitivement en 1974. On décide alors de remblayer le site pour le préserver de la destruction.

Des siècles d'histoire – L'étude du site combinée à celles d'autres sites similaires a permis de se faire une idée assez précise de la vie des populations au cours des siècles. Il y a 10 000 ans, le recul des glaciers vers le nord de l'Europe transforme la physionomie de la région, et les abords des lacs se couvrent de forêts. C'est un véritable paradis pour les tribus nomades qui vivent de la cueillette, de la chasse et de la pêche. La révolution agricole qui suit voit apparaître au néolithique les premiers établissements. Puis au début de l'âge du fer, probablement pour causes de rivalités naissantes entre communautés, apparaissent des campements fortifiés comme celui de Biskupin.

Un havre au milieu des marais – Bâti aux alentours de 700 av. J.-C., le site de Biskupin est rattaché à la culture lusacienne. Il semble qu'une montée des eaux au 6e s. av. J.- C. entraîne l'abandon du village qui sera très vite repeuplé. Il accueille alors près de 1 000 personnes, soit une centaine de familles, réparties dans autant de maisons disposées en 13 rangées parallèles. Chaque demeure comprend deux ou trois pièces dont la principale s'organise autour d'un foyer de pierre de 2,5 m de diamètre. Le lac fournit aux habitants une protection que renforcent encore des rondins taillés disposés en chevaux de frise au pied des remparts. On en tire aussi poissons et gibier d'eau, ainsi que le roseau utilisé dans la confection des toitures. L'arrière-pays, défriché, est aménagé pour l'agriculture et l'élevage de bétail, moutons, chèvres et porcs. Le cheval, comme l'atteste une peinture sur un vase, est quant à lui utilisé pour la chasse au gibier qui peuple les bois alentour. Au centre des routes commerciales qui relient les quatre points cardinaux, la communauté échange poteries, fourrures, textiles et objets métallurgiques. On a découvert des perles d'ambre ainsi que des objets provenant d'Égypte. Le déclin de Biskupin semble brutal. On évoque une exploitation intensive des cultures qui en aurait épuisé les sols, une montée des eaux due aux changements climatiques du 5e s. av. J.-C. ou encore des

Vue générale du site archéologique.

raids de pillards scythes. Quoiqu'il en soit, la disparition des cimetières de la culture lusacienne atteste de la désertion des populations. Le site sera occupé par intermittence jusqu'au 12e s. où il apparaît comme la propriété du diocèse de Gniezno dans une bulle du pape Innocent II.

Visiter

Site archéologique de Biskupin★★ (Muzeum Archeologiczne w Biskupinie)

Accès par la E 261 jusqu'à Żnin. De là, 15 km en voiture au sud de Żnin ou petit train à voie étroite jusqu'au site (✆ 052 302 04 92 ; mai-août ; 10PLN, 18PLN AR ; 40mn).
Pour le musée : ✆ 052 302 54 20 ou 052 302 50 55 - www.biskupin.pl - 8h-18h - 8 PLN. Excursions en bateau sur le lac, tlj sf lun. 10h-17h.

Depuis le vaste parking bordé d'échoppes et de fast-foods, on gagne l'entrée du site en traversant le minuscule quai de chemin de fer à voie étroite qui rejoint la ville de Żnin. Le parc archéologique couvre 28 ha.

Le **Musée archéologique** se dresse à côté d'une ferme reconstituée du 18e s. Des panneaux en anglais et en polonais relatent l'histoire de la découverte et évoquent les différents peuples qui ont habité la région du paléolithique jusqu'au Moyen Âge. On découvre les aspects de la vie à Biskupin à l'époque lusacienne grâce aux objets retrouvés au cours des fouilles. Flotteurs en écorce, harpons et hameçons renseignent sur les techniques de pêche ; poteries et poids de métiers à tisser évoquent l'artisanat. Des urnes illustrent les rites funéraires de la culture lusacienne qui pratiquait l'incinération. Une grande maquette de la forteresse présente le site à son apogée et met en évidence l'optimisation de l'espace compris dans l'enceinte.

À l'extérieur, un **parc animalier** rassemble les différentes espèces élevées jadis. Sur la colline, une série d'**ateliers** en plein air occupent une clairière. L'endroit prend vie le troisième week-end de septembre lors du plus **grand festival archéologique de Pologne**, héritier des rencontres annuelles d'archéologie expérimentale. Les visiteurs peuvent assister à la fonte des métaux, au travail des potiers ou à celui des vanniers. On y montre aussi les techniques archéologiques de reconstitution et de datation.

Ancrée sur sa presqu'île, la **forteresse** est accessible par deux portes, dont l'une est l'entrée fortifiée historique reliée par un ponton de bois et protégée à sa base par des chevaux de frise. La moitié des remparts ainsi que deux longs bâtiments, sur les treize que comptait jadis le village, ont été reconstruits et abritent une exposition de photos racontant les fouilles ainsi que deux maisons avec leur mobilier, métier à tisser et foyer de pierre. L'été, des figurants recréent l'animation qui régnait ici plusieurs siècles avant notre ère. Une zone marécageuse de la presqu'île restée non fouillée montre l'aspect du site avant les premiers coups de pioche.

Des promenades en bateau sur le lac permettent de varier les points de vue sur le site et de mieux saisir son environnement.

Au cours de l'année, Biskupin est souvent pris d'assaut par des classes d'élèves polonais venus appréhender ce pan de leur histoire nationale.

Toruń★★

206 619 HAB.
CARTE GÉNÉRALE B2 – CARTE MICHELIN N° 720 D9 – VOÏVODIE DE CUJAVIE-POMÉRANIE

Difficile de résister à Toruń dont le charme incite à rester quelques jours. Lovée sur la rive droite de la Vistule, blottie dans ses remparts, elle dégage une impression de sérénité tout en étant très animée par son importante population étudiante. Fière d'avoir vu naître Copernic, elle s'enorgueillit aussi de son passé de port de la Hanse dont les greniers étaient toujours pleins. Hôtels agréables, restaurants variés, nombreux cafés, théâtres complètent la liste des attraits de Toruń, sans oublier la richesse de son patrimoine architectural qui lui a valu l'inscription en 1997 au patrimoine mondial de l'Unesco.

- **Se repérer** – À 200 km au nord-ouest de Varsovie sur la route de Gdańsk.
- **À ne pas manquer** – Les points de vue sur la ville depuis le clocher de la cathédrale des Sts-Jean et le beffroi de l'hôtel de ville.
- **Organiser son temps** – Compter une bonne journée pour la visite de la cité et de ses curiosités, musées et monuments. Une nuit sur place permet d'apprécier les multiples visages de la ville.

Comprendre

Une riche cité marchande

En 1233, le grand maître de l'ordre des chevaliers Teutoniques Hermann von Salza accorde à Toruń une charte de fondation. Afin d'en protéger la construction, un château est érigé au bord du fleuve. L'agglomération croît rapidement. Le commerce, stimulé en 1252 par des exonérations fiscales, fait bientôt sa fortune et, sur les marchés s'échangent draps, sel, épices, bois, fruits ou encore poissons. Fortifier la cité et la doter d'un conseil municipal devient vite indispensable. Une charte de 1264 érige en ville nouvelle le faubourg est où s'installent de nouveaux habitants venus de toute l'Europe. À la fin du 13e s., Toruń, alors baptisée Thorn et surnommée la « Reine de la Vistule », intègre la puissante Ligue hanséatique. Le développement atteint son apogée aux 14e s. et 15e s. Les constructions en bois, jugées peu sûres, disparaissent au profit de la brique. Mais au fil des années, la cité en vient à contester l'autorité politique et économique des chevaliers Teutoniques et, en 1454, la population s'empare de la forteresse de l'ordre et chasse les chevaliers. La guerre ouverte prend fin en 1466 avec la signature d'un second traité qui rend à la Pologne un territoire allant jusqu'à Gdańsk. C'est à cette époque que Copernic voit le jour. Le déclin s'amorce au 17e s. Les guerres avec la Suède portent un rude coup à la ville plusieurs fois endommagée par les armes et par le feu. En 1793, à la suite de la partition de la Pologne, Toruń tombe sous domination prussienne. Elle devient au cours du 19e s. une forteresse qu'entoure en 1878 une ceinture de forts longue de 22 km. 127 ans plus tard, le traité de Versailles la rend à la Pologne qui l'érige en capitale de la grande voïvodie de Poméranie, et c'est pratiquement intacte qu'elle traverse la Seconde Guerre mondiale.

> **Le blason de la ville**
> Porté par un ange, il figure un rempart surmonté de trois tours et percé d'une porte. Un battant entrebaillé symbolise la ville ouverte aux influences extérieures qui firent sa richesse et l'autre, fermé, est symbole de protection.

Se promener dans la Vieille Ville

À l'intérieur des remparts, on distingue la Vieille Ville que prolonge vers l'est la Ville Nouvelle. La première, à l'ouest, ayant pour centre le Rynek Staromiejski, et la seconde à l'est le Rynek Nowomiejski. En réalité, les deux quartiers sont imbriqués et nous proposons un seul itinéraire pour les deux.

Commencer le circuit sur le Rynek devant l'office de tourisme.

LE RYNEK STAROMIEJSKI★★ B1-2

Long de 109 m et large de 104, le Rynek Staromiejski est le cœur historique de la cité. La place est dominée par l'hôtel de ville de la Vieille Ville (Ratusz Staromiejski). Sur le côté ouest, l'imposante **poste (Poczta)** néogothique de 1881 jouxte l'**église du St-Esprit** (Kościół Św. Ducha) érigée en 1756. Devant, une **fontaine** représentant un jeune violoniste charmant une assemblée de grenouilles évoque la version locale de la légende du joueur de flûte de Hamelin.

Vue de la ville depuis le fleuve.

Hôtel de ville de la Vieille Ville★★ (Ratusz Staromiejski) B1

Mai-sept. : 10h-20h ; oct.-mars : 10h-16h ; avr. : 10h-18h - 10 PLN.

Sa massive silhouette de briques rouges occupe le centre du Rynek. L'hôtel de ville primitif élevé au 13e s. fut remanié en 1393 dans le plus pur style gothique avec deux niveaux enserrant une cour intérieure. En 1602-1604, l'architecte hollandais Anton van Obberghen lui ajouta un étage, l'orna de sculptures en pierre et coiffa ses angles de tourelles octogonales de style maniériste hollandais. Incendié par les Suédois lors du siège de 1703, le bâtiment fut reconstruit de 1722 à 1738 et se vit ajouter des éléments de style baroque tardif. Aujourd'hui, l'ancienne salle de conférence accueille des concerts.

Le **Musée régional** (Muzeum Okręgowe) y fut installé en 1958. Au 1er étage, on remarquera un imposant tableau du 19e s. célébrant la signature du traité de Toruń en 1466. Plus loin, la Chambre royale ornée de portraits de souverains polonais ouvre sur d'autres salles consacrées à des peintres polonais des 18e, 19e et 20e s. Le musée abrite aussi des collections de vitraux, peintures et sculptures gothiques et une exposition d'art sacré. Ne manquez pas le **panorama** sur la ville depuis la tour *(mai-sept. : 10h-20h ; oct.-mars : 10h-16h ; avr. : 10h-18h ; 10 PLN).*

Maison d'Artus (Dwór Artusa) B2

Bâtie entre 1889 et 1891 dans le style néo-Renaissance, cette grande demeure occupe le site d'un bâtiment détruit au début du 19e s. où fut signé le traité de Toruń qui, en 1466, scella la fin de la guerre avec les chevaliers Teutoniques. Elle abrite aujourd'hui un centre culturel.

Monument de Copernic (Pomnik Kopernika) B2

Lieu de rendez-vous incontournable des habitants de Toruń, cette statue de bronze érigée en 1853 est l'œuvre du sculpteur berlinois Friedrich Tieck. Sur son socle, on peut lire en latin « Nicolas Copernic, de Toruń, arrêta le Soleil et le ciel et mit la Terre en mouvement ». Rappelons que Copernic fut le premier à prouver que la Terre tournait autour du Soleil et non le contraire. Pointant le ciel d'un doigt, l'astronome tient une sphère armillaire dans sa main gauche.

Maison sous l'Étoile★★ (Kamienica pod Gwiazdą) B1-2

Mai-sept. : tlj sf lun. 11h-18h ; oct.-avr. : 10h-16h - 7 PLN, gratuit merc.

Cette élégante demeure était à la fin du 15e s. la résidence de Filippo Buonacorsi, précepteur des fils du roi Casimir Jagellon. Le bâtiment gothique, restauré à la fin du 17e s., devint l'édifice baroque d'inspiration italienne à façade ornée de stucs que l'on voit aujourd'hui avec, au sommet de son pignon, l'étoile dorée qui lui a donné son nom. Elle abrite un musée d'art oriental, petit mais non dénué d'intérêt, dont les collections comprennent des porcelaines et des peintures chinoises, des estampes et des céramiques japonaises, des sculptures indiennes ainsi que des bronzes remontant au 17e s. av. J.-C. Le premier étage abrite aussi une salle à manger Empire d'inspiration égyptienne.

Église Notre-Dame (Kościół NMP) A1

Ul. Panny Marii.

Cette massive église-halle en briques fut bâtie pour les franciscains entre 1343 et 1370. Conformément à la règle de l'ordre, trois clochetons remplacent ici l'habituel clocher.

À l'intérieur, les trois nefs culminant à 27 m de hauteur abritent de grandes fresques de la fin du 14e s. représentant des acteurs et des scènes de la vie du Christ. Les voûtes en étoile, décorées de motifs floraux, complètent l'ensemble qui semble orné comme le furent jadis les manuscrits médiévaux. Remarquer les stalles du 15e s., l'autel de 1731 figurant la Visitation et le mausolée baroque de la princesse suédoise Anna Vasa, sœur du roi Sigismond III.

LE TOUR DE LA VILLE

Du Rynek, prendre la rue Różana dont les arcades hébergent des marchands de gaufres, puis à gauche la rue Piekary. La rue Pod Krzywą Wieżą longe les remparts et la Tour penchée (Krzywa Wieża).

Tour penchée (Krzywa Wieża) A2

L'un des symboles de la cité, aussi discret que surprenant. Cette tour carrée du 13e s. fut convertie en prison au 18e s. avant de devenir une maison d'habitation. Quelques légendes courent sur son compte et si son gîte (1,40 m) est en réalité dû à un affaissement de terrain, certains y voient une punition infligée à la ville qui vit naître Copernic, l'astronome aux théories hérétiques.

La rue Rabiańska s'engouffre entre deux greniers, l'un gothique, l'autre baroque, promis à la réhabilitation. À droite, les montants des fenêtres du second rappellent des sacs de blé. Prendre ensuite à gauche dans la rue Ducha Św. puis à droite dans la rue Kopernika.

Maison de Copernic★ (Dom Kopernika) B2

Ul. Kopernika 15/17 - mai-sept. : mar.-dim. 10h-18h ; oct.-avr. : mar.-dim. 10h-16h - 10 PLN.

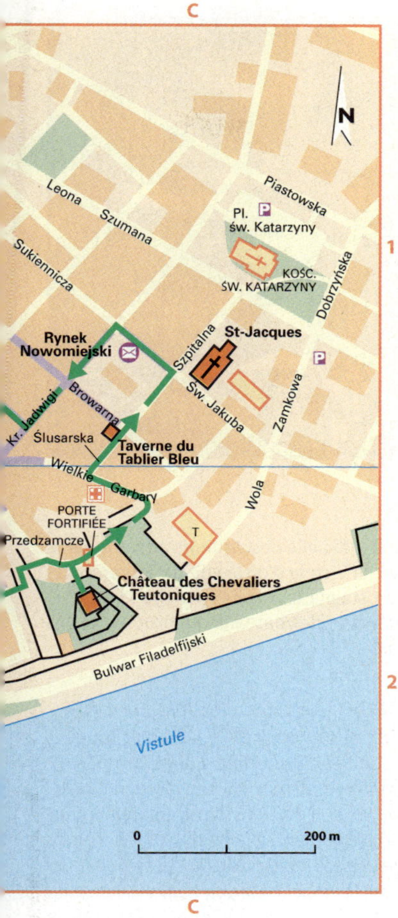

TORUŃ

SE LOGER

- Heban (Hotel) ... ②
- Petite Fleur ... ⑤
- Pod Or em ... ⑦
- Retman (Hotel) ... ⑨
- Spichrz (Hotel) ... ⑪

SE RESTAURER

- Czarna Oberża ... ②
- Manekin ... ⑤
- Zaczazowana Dorożka ... ⑦

Ces deux maisons gothiques du 15e s. aux élégants pignons furent restaurées au début des années 1960. Le musée occupe les deux bâtiments mais c'est le n° 15 qui vit naître Copernic le 19 février 1473. Sur cinq niveaux, une exposition évoque la vie et l'œuvre de l'astronome à travers une collection de documents et d'objets. Elle replace ses théories, alors peu orthodoxes, dans les grands courants qui révolutionnèrent la façon de concevoir l'univers. Dans une salle se trouve aussi une maquette de la ville au 15e s.

On découvre dans le bâtiment de gauche l'intérieur d'une maison gothique reconstitué avec sa cuisine et son bureau de changeur. D'autres pièces regroupent des portraits de Copernic et des fac-similés de ses travaux.

Cathédrale des Sts-Jean★ (Katedra Św. Janów) B2

Ul. Żeglarska

Placée sous le vocable de St-Jean-Baptiste-et-St-Jean-l'Évangéliste, sa construction commence peu après la fondation de la ville. Un clocher de 52 m lui est ajouté en 1433. Il abrite la deuxième plus grande cloche de Pologne, la Tuba Dei (« trompette de Dieu »), coulée en 1500. L'édifice en briques, aux murs couverts de fresques gothiques, est remanié jusqu'à la fin du 15e s. et c'est probablement là que Copernic fut baptisé. Les protestants l'occupent à partir de 1530 et font disparaître sous la chaux les fresques dont seule une, représentant la Crucifixion, est visible aujourd'hui dans la partie gauche du chœur. Rendue aux catholiques en 1596, l'église devient en 1992 cathédrale du diocèse de Toruń. Du haut du clocher, point de vue saisissant sur la ville et le fleuve.

En descendant la rue Żeglarska en direction du fleuve, on remarquera sur la droite, au n° 8, la façade ornée de stucs baroques du **palais Dąmbski** (Pałac Dąmbskich) érigé en 1693 pour l'évêque de Kujawy et qui abrite aujourd'hui les locaux du département des beaux-arts de l'université Copernic. On accède aux rives de la Vistule par la **porte**

Le Rynek.

des Bateliers (Brama Żeglarska), jadis entrée officielle des visiteurs arrivant par le fleuve, puis prison. Puis on longe les quais de la Vistule d'où la vue sur les remparts de la cité est la plus dégagée. C'est ici qu'accostaient les navires marchands et que, aujourd'hui, sont ancrés un restaurant flottant et des bateaux qui proposent des balades sur le fleuve. *Remonter la rue Łazienna.*

Palais Esken (Pałac Eskenów) B2

Ul. Łazienna 16 - mai-sept. : mar.-dim. 10h-18h ; oct.-avr. : mar.-dim. 10h-16h - 7 PLN.

Cette ancienne maison médiévale, aujourd'hui surnommée le « Grenier rouge », appartenait vers 1460 à la famille Esken. L'édifice fut modifié à la fin du 16e s. et devint un palais Renaissance orné d'un portail sculpté par Willem van den Blocke, un sculpteur originaire de Gdańsk. À la fin du 19e s., il est transformé en grenier puis en réserve pour l'armée prussienne avant d'être restauré à la fin du 20e s. Ses murs abritent désormais le département d'histoire et d'archéologie du Musée régional. On peut voir au 1er étage des souvenirs des différentes étapes de la domination allemande au 19e s. Une exposition d'armes et une autre sur la vie quotidienne à Toruń de la préhistoire au Moyen Âge occupent le 2e étage. Le 3e étage est consacré à l'histoire de la découverte de l'héliocentrisme, depuis Copernic jusqu'à Newton.

Prendre la rue Ciasna et traverser la rue Mostowa au fond de laquelle on aperçoit la porte du Pont (Brama Mostowa) d'où appareillaient les bacs pour l'autre rive. Un pont, longtemps le seul avec celui de Cracovie à traverser la Vistule, fut construit vers 1500 et subsista jusqu'au 18e s. Continuer dans l'étroite rue Ciasna et traverser les remparts jusqu'au château des chevaliers Teutoniques.

Château des chevaliers Teutoniques (Zamek Krzyżacki) C2

Ul. Przedzamcze - ✆ 056 621 08 89 - 10h-18h - 4 PLN.

Érigé vers 1235 pour accueillir le siège de l'autorité teutonique et protéger les bâtisseurs de la ville des raids prussiens, il se situait à l'origine à l'angle sud-est des fortifications. Le 8 février 1454, il est pris et détruit par la population révoltée contre la domination de l'ordre.

Aujourd'hui, ses ruines se répartissent sur un espace vert ouvrant sur le fleuve, enserré par les remparts qui séparaient la Vieille Ville de la Nouvelle Ville. Formant un plan en fer à cheval, elles s'organisent autour de la base d'une grande tour octogonale et donnent une assez bonne idée de ce que devait être cette imposante forteresse à l'austère architecture de briques. Sa partie la mieux conservée, la tour Gdanisko, à laquelle on accède par une galerie suspendue comme un pont, servait à l'origine de latrines. Les caves accueillent aujourd'hui concerts et manifestations culturelles.

Passer par la porte fortifiée qui permet de rejoindre la rue Wielkie Garbary et gagner le Rynek Nowomiejski par la rue Ślusarska.

Place de la Ville Nouvelle (Rynek Nowomiejski) C1

C'est le centre de la Nouvelle Ville édifiée lorsque, en 1264, la Vieille Ville devint trop petite pour faire face à l'afflux de nouveaux habitants. À l'angle sud se tient la **Taverne du Tablier Bleu** (Gospoda Pod Modrym Fartuchem) ouverte en 1489. Au milieu, l'église évangélique, construite au 19e s., occupe l'emplacement de l'ancien hôtel de ville gothique. C'était, jusqu'en 1945, le temple luthérien de la cité. Dans l'angle est de la place se dresse la haute silhouette de l'église St-Jacques.

Église St-Jacques (Kościół Św. Jakuba) C1

Construite à partir de 1309 pour être l'église de la Nouvelle Ville, elle n'est achevée qu'en 1424. Son plan basilical – unique à Toruń – est composé d'une nef centrale de 21 m deux fois plus haute que les deux nefs qui la flanquent. L'ensemble est dominé par un curieux clocher à double toiture. Le portail du 14e s. en arc brisé annonce l'intérieur où dominent les briques vernies vertes et jaunes. Il ouvre sur des fresques polychromes de la fin du 14e s. qui, aux murs et au plafond, représentent des personnages du Nouveau Testament. Remarquez au fond de la nef droite un crucifix gothique dit « Christ à l'Arbre de Vie » hérité d'une ancienne église dominicaine et, dans le chœur, un maître-autel baroque du 18e s. à l'effigie de saint Jacques. L'église changea plusieurs fois de mains au cours de son histoire. D'abord confiée aux cisterciens, elle passe ensuite aux bénédictins puis devient temple protestant entre 1557 et 1667. Les bénédictins l'occupèrent à nouveau jusqu'à la dissolution de leur ordre en 1834.

Le pain d'épice de Toruń

La recette du Piernik Toruński, attestée dès le 14e s. et longtemps restée secrète, n'a été dévoilée qu'en 1725 dans un ouvrage médical. Miel et épices en sont les principaux ingrédients. De formes variées ouvragées avec soin (personnages, bâtiments), les pains tirent leur goût et leur craquant d'une longue maturation en cave. C'est un cadeau de choix que l'on retrouvait jadis aussi bien dans les dots des jeunes filles que dans les présents offerts aux rois.

Rejoindre la rue Małe Garbary par la rue Król. Jadwigi puis poursuivre jusqu'au bd Wały Gen. Sikorskiego.

Parc ethnographique (Muzeum Etnograficzne) B1

Ul. Wały Gen. Sikorskiego 19 - ✆ 056 62 280 91 - 15 avr.-sept. : lun., merc. et vend. 9h-16h, mar., jeu. et w.-end 9h-18h ; oct.-14 avr. : tlj sf lun. 9h-16h - 8,50 PLN.

Un arsenal prussien de 1824 et un bastion hérité des fortifications du 19e s. gardent l'entrée de ce village traditionnel érigé en pleine ville. S'y côtoient des maisons typiques des environs de Toruń, évoquant l'architecture rurale des régions de Kujawy au sud, Ziemia Chełmińska et Bory Tucholskie au nord, et Ziemia Dobrzyńska à l'est. On peut y voir des fermes, des moulins à eau et à vent, un four à pain, une forge et des ruches, regroupant quelque 50 000 meubles, outils, ustensiles et objets de la vie quotidienne. Le complexe prend vie l'été lorsque des dizaines de figurants et d'artisans en costume refont les gestes d'antan.

Traverser le boulevard en direction de la Plac Teatralny (place du Théâtre) puis regagner le Rynek Staromiejski par la rue piétonne Chełmińska.

Aux alentours

Golub Dobrzyń

À 37 km au nord-ouest de Toruń par la route 52.

La ville résulte de la fusion en 1951 de Golub avec le bourg de Dobrzyń, séparés par la rivière Drwęca. Golub, mentionnée pour la première fois vers 1258, est protégée par un château gothique érigé par les chevaliers Teutoniques à partir de 1309. Elle est plusieurs fois endommagée, entre 1414 et 1422, par les guerres qui opposent les Polonais à l'ordre et rejoint les possessions de la Couronne polonaise à la suite du traité de Toruń de 1466. La cité prospère sous le règne de Sigismond III (1611-1625) dont la sœur, Anna Vasa, vient habiter le château. Elle adoucit l'austère bâtisse de briques d'éléments de style Renaissance, rehausse les murs et égaye les angles de tourelles rondes. Anna Vasa vécut entourée d'érudits et sembla si bien apprécier le château que son fantôme est réputé revenir les nuits de Nouvel An dans l'espoir d'une invitation à danser la polonaise. La cité est endommagée pendant les guerres contre la Suède et lors de la guerre de Sept Ans de 1756 à 1763. Elle passe de mains en mains avant d'être finalement rendue à la Pologne en 1920.

Perché sur une colline, le **château** *(7h-19h ; 10 PLN)* protège de sa silhouette massive la rivière Drwęca. Accolé à la muraille, un logis flanqué d'une tour ronde garde l'entrée. Sur deux étages, les bâtiments s'organisent autour d'une cour carrée pavée. L'un d'eux abrite, au rez-de-chaussée, un petit musée présentant des objets de la vie quotidienne de jadis. Tour de potier et rouet côtoient une pirogue de bois et un intérieur traditionnel reconstitué dans un angle de la pièce. Une salle à l'étage évoque, à travers une collection d'armures, le tournoi qui se tient pendant trois jours tous les ans au mois de juillet sur le terre-plein devant le château. C'est l'un des plus célèbres de Pologne. Il voit se succéder, depuis 1976, joutes, parades de chevaliers et concours de tir à l'arbalète.

Chełmno (20 626 hab.)

À 45 km au nord-ouest de Toruń.

La « cité aux Neuf Collines » est bâtie sur un promontoire dominant la Vistule. La ville apparaît dans une chronique de 1065 sous le nom de Culmen, mais son développement remonte à l'arrivée des chevaliers Teutoniques. En 1226, le prince Conrad de Mazovie leur accorde le pays de Chełmno qui s'étend entre la Vistule et les rivières Drwęca et Osa. La ville se voit accorder une charte de fondation le 28 décembre 1233 qui marque le début de son essor. Affiliée à la Ligue hanséatique, la ville prospère rapidement. La signature de la seconde paix de Toruń en 1466 voit l'éviction des chevaliers Teutoniques et la restitution de la ville à la Pologne. Mais le déclin s'amorce au 18e s. Après la peste et les guerres de Succession et de Sept Ans, Chełmno tombe sous la domination prussienne. Rendue à la Pologne en 1920, elle subit à nouveau les outrages de la guerre en 1939.

La ville est aujourd'hui une cité paisible qui conserve son plan en damier original. Le centre est occupé par un vaste **Rynek**, clair et aéré, dominé par un bel **hôtel de ville★** (Ratusz) qui abrite un petit musée. Construit en 1298 dans le style gothique, il présente aujourd'hui une élégante silhouette Renaissance. On peut voir sur sa façade sud-ouest le mètre étalon, unité de mesure de la ville à partir du Moyen Âge.

Chełmno compte six églises et complexes monastiques. L'**église paroissiale de l'Assomption** (Kościół Farny Wniebowzięcia NMP) est la plus imposante. Cet édifice gothique en briques, l'un des plus grands de Poméranie, abrite les reliques de saint Valentin, patron des amoureux.

Tout autour de la ville, les remparts médiévaux subsistent, arborant çà et là quelques tours. Depuis la **porte Grudziądzka** (Brama Grudziądzka) qui ferme la partie nord-ouest de l'enceinte, une promenade boisée descend jusque dans les fossés.

Torún pratique

Code postal – 87-100.

Adresses utiles

Office de tourisme – *Rynek Staromiejski 25 - ✆ 056 621 09 31 - fax 056 621 09 30 - www.it.torun.pl - lun. et sam. 9h-16h, mar.-vend. 9h-18h, dim. (mai-août) 9h-13h.* Bien fourni en guides et cartes, en particulier un petit guide et une carte en français, parfaits pour se repérer en ville. Personnel anglophone.

Police – *✆ 637 (central). Bureaux - Ul. PCK - ✆ 056 637 24 30 ; Ul. Grudziądzka ✆ 056 637 23 80.*

Poste – *Rynek Staromiejski 15 ; Rynek Nowomiejski 24.*

Pharmacie ouverte 24h/24 – *Ul. Św. Faustyny 14/4a.*

Café Internet – *Jeremi - Rynek Staromiejski 33.*

Visites

Balades en bateau sur la Vistule – *Statek Pasażerski Wanda – guichet au 0501 07 83 05.* Balades de 40mn. Départ toutes les heures entre 9h et 19h, sauf en hiver.

Transports

Agence de voyages – **Kompas** - *Ul. Kopernika 5 - ✆ 056 621 05 87 - lun.-vend. 10h-18h, sam. 10h-13h.*

Gare ferrovière – *Ul. Kujawska 1 - ✆ 94 36.* La gare principale se trouve sur l'autre rive du fleuve. Accès par les bus 22 et 27 depuis l'avenue Jana-Pawła II. Trajet en train Varsovie-Toruń *(2h30)*, Poznań-Toruń *(2h30)*.

Gare routière – *Ul. Dąbrowskiego 8-24 - ✆ 056 655 53 33 – www.pks.torun.com.*

Location de voitures – *Firma Bonus - ✆ 056 648 07 47.*

Parking – Une place dans la rue revient à quelques złotys à acquitter à un gardien ambulant. Compter 30 PLN pour une nuit dans un parking clos gardé.

Se loger

La majorité des hôtels se situent dans la Vieille Ville, aux alentours du Rynek.

⊖⊖ **Hotel Retman** – *Ul. Rabiańska 15 - ✆ 056 657 44 60 - www.hotelretman.pl - 29 ch. 250 PLN ☕, 200 PLN le w.-end.* Des chambres simples mais de très bon confort dans une maison tout en hauteur située entre le Rynek et la Vistule. Rapport qualité-accueil-prix parfait. Personnel anglophone. Wi-fi dans les chambres.

⊖⊖ **Hotel Spichrz** – *Ul. Mostowa 1 - ✆ 056 657 11 40 - fax 056 657 11 44 - www.spichrz.pl - P - ♿ - 19 ch. 270 PLN ☕.* Adossé à la porte Mostowa, l'hôtel occupe un ancien grenier construit en 1719 et restauré en 2003. Les chambres aux profondes fenêtres sont d'un confort chaleureux où dominent le bois et les fibres naturelles. Petit-déjeuner copieux et varié. Internet et wi-fi dans les chambres. Personnel anglophone.

⊖⊖ **Petite Fleur** – *Ul. Piekary 25 - ✆ 056 621 51 00 - fax 056 621 51 20 - www.petitefleur.pl - 22 ch. 250/290 PLN ☕.* L'hôtel est aussi réputé que son restaurant qui sert une bonne cuisine franco-polonaise à des prix abordables. De belles chambres à la décoration soignée avec une préférence pour celles qui, en façade, donnent sur l'animation de la rue. Internet dans les chambres et accueil anglophone.

⊖⊖ **Pod Orłem** – *Ul. Mostowa 17 - ✆ 056 622 50 24 - www.hotel.torun.pl - 41 ch. 150-195 PLN, ☕ 15 PLN.* Une vénérable institution âgée de plus d'un siècle dont le caractère vieillot disparaît au fil des rénovations. Les chambres sont propres, sans fioritures et l'accueil familial du personnel anglophone, sympathique.

⊖⊖⊖ **Hotel Heban** – *Ul. Małe Garbary 7 - ✆ 056 652 15 55 - www.hotel-heban.com.pl - 22 ch. 300 PLN ☕.* Cet établissement de haut niveau occupe une ancienne maison Renaissance aménagée dans un style moderne. L'accueil, très professionnel, et les chambres impeccables en font une adresse de choix. Wi-fi dans les chambres et personnel anglophone.

Se restaurer

⊖ **Czarna Oberża** – *Ul. Rabiańska 9 - ✆ 056 621 09 63 - 11h-0h - 15 PLN.* Dans une ambiance rustique au mobilier et à la déco de bois, ce self propose une solide cuisine polonaise à des prix défiant toute concurrence. Accueil plus que sympathique et, si la carte est en polonais, on peut toujours choisir ses plats de visu.

⊖ **Manekin** – *Stary Rynek 16 - ✆ 056 621 05 04 - lun.-jeu. 10h-23h, w.-end 10h-0h - 30 PLN.* Un restaurant populaire au succès mérité où les crêpes sont reines. Pas moins de 40 recettes salées et sucrées. Aux beaux jours, une terrasse dressée sur le Rynek permet de manger au cœur de l'animation de la ville. Carte en polonais.

⊖⊖ **Zaczarowana Dorożka** – *Ul. Łazienna 24 - ✆ 056 621 14 01 – lun.-jeu. 13h-23h, vend.-sam. 12h-23h, dim. 12h-22h - 50 PLN.* Une cuisine assez créative (agneau aux tomates et céleri marinés et strudel de pommes de terre) servie dans un cadre raffiné au beau plafond de bois et aux fresques figurant en trompe-l'œil les rues d'une ville. Chaises en velours et lumière tamisée créent une atmosphère des plus intimistes. Carte en anglais.

Faire une pause

Kafeteria Artus – *Rynek Staromiejski 6 - ✆ 056 621 11 43 - 10h-0h.* Un bar-salon de thé très classe et un rien guindé installé dans la cour intérieure de la maison d'Artus.Le verre et le métal de l'architecture moderne se marient ici avec la brique du bâtiment historique. Café, bières et grosses glaces à la carte.

Pod Aniołem – *Sous l'hôtel de ville, entrée face à la statue de Copernic - ✆ 056 658 54 82 - www.podaniolem.art.pl.* Ce lieu de rendez-vous incontournable occupe les superbes caves voûtées de l'hôtel de ville où l'on peut aussi assister à des concerts (programme affiché à l'entrée).

Róże Izen – *Ul. Podmurna 18 - ✆ 056 621 05 21 – lun.-jeu. et dim. 11h-22h, vend.-sam. 11h-23h.* Un endroit délicieux et fort discret dont l'impressionnante carte propose aussi bien à manger qu'à boire. C'est surtout le thé que l'on vient chercher ici. À déguster dans la salle années 1930 très cosy ou dans la cour aménagée comme une maison en plein air avec buffets, miroirs et tableaux aux murs et escaliers menant à un étage imaginaire.

Achats

Emporium – *Ul. Piekary 28 - ✆ 056 657 61 08 - www.emporium.torun.com.pl - juil.-août : lun.-vend. 10h-18h, sam. 10h-16h, dim. 10h-16h.* Pain d'épice et t-shirts à l'effigie de Copernic et de ses théories.

Pierniczek – *Ul. Żeglarska 24 - 10h-20h.* Spécialité de pains d'épice.

Événements

Festival Son of Songs – Festival international œcuménique de musique chrétienne. Début juin.

Fête de Toruń – Le 24 juin, jour de la fête de saint Jean-Baptiste, patron de la ville.

Toruń Muzyka i Architectura – Concerts dans des monuments. Juillet et août.

Jazz Old Nova Festival – 2 à 3 jours fin février.

Klamra – Festival de théâtre. 7 jours en mars.

Toruński Festiwal Nauki i Sztuki – Festival des arts et de la science. 4 jours fin avril.

Kontakt – Festival de théâtre. 1er w.-end de mai.

Le château de Malbork.

C. Hervé-Bazin / MICHELIN

POMÉRANIE

Gdańsk★★★

455 717 HAB.
CARTE GÉNÉRALE B1 – CARTE MICHELIN N° 720 B9 – VOÏVODIE DE POMÉRANIE

Si certains ignorent encore jusqu'à l'existence de cette « perle de la Baltique », son nom allemand résonne pour d'autres en revanche comme un douloureux souvenir. La ville libre de Dantzig, vieille cité hanséatique, fut en effet de toutes les conversations dans les premiers jours de septembre 1939 alors qu'Hitler envahissait le pays. Son retour à la Pologne se fit à la lueur d'un incendie dévastateur qui la laissa exsangue sous un tas de briques fumant. Réduite à néant, la ville fut pourtant relevée et certains quartiers méticuleusement reconstitués brique par brique, comme si rien n'avait été. Voilà qui en dit long sur le caractère de cette fière cité ressuscitée dont l'architecture vous rappellera les villes des Flandres et où il fait bon aujourd'hui musarder. Berceau du mouvement social Solidarność enfanté au sein de son chantier naval, la capitale de l'ambre, qui a fêté ses mille ans en 1997, est en effet loin d'être une ville sans âme. Elle forme aujourd'hui avec Gdynia et Sopot, ses deux sœurs cadettes complémentaires axées également vers la mer, la Triville (Trójmiasto), une conurbation portuaire longue de 35 km et riche de près de 750 000 habitants qui semble s'être parfaitement réparti les rôles. À Gdańsk, celui du tourisme historique et culturel, à Sopot, celui du tourisme balnéaire et à Gdynia, le rôle économique, actif et industriel (petite industrie).

- **Se repérer** – À 348 km au nord-ouest de Varsovie, en bordure de la baie de Gdańsk *(Zatoka Gdańska)*, le long de la mer Baltique.
- **À ne pas manquer** – La Voie Royale, le retable du Jugement dernier de Hans Memling au Musée national, la vue depuis la tour de Notre-Dame, la croisière fluviale vers Westerplatte, le concert d'orgue de la cathédrale d'Oliwa, la jetée de Sopot.
- **Organiser son temps** – Un minimum de deux jours pour explorer le vieux Gdańsk, une demi-journée pour un bol d'air à Westerplatte, une autre pour découvrir le quartier d'Oliwa et une journée au moins pour profiter de Sopot et Gdynia.

Comprendre

Une histoire tumultueuse – Visitée par l'évêque évangélisateur Adalbert de Bohême en 997, l'année d'obtention de sa charte urbaine, « Gyddanyzc » devient la capitale des ducs de Poméranie au cours du 12e s. Tombée en 1308 aux mains des chevaliers Teutoniques, elle amorce son destin de ville marchande en rejoignant la Ligue hanséatique en 1361, et reste sous la domination de l'ordre jusqu'en 1454, date de la révolte des habitants polonais qui détruisent la forteresse. Quelques années plus tard, en 1466, toute la frange littorale revient à la Couronne polonaise qui octroie progressivement de nombreux privilèges et libertés à la cité. Ouverte aux influences de la Renaissance, celle-ci s'épanouit et prospère jusqu'à connaître aux 16e et 17e s. son véritable âge d'or. Assiégée par deux fois au 17e s. par les Suédois puis en 1734 par les Russes, elle devient prussienne en 1793, sous le nom de Danzig, après le second partage de la Pologne, et perd nombre de ses privilèges. Entre 1807 et 1815, sous le contrôle des Français, la partie orientale du littoral gdańskois (Sopot incluse) est incorporée à la ville libre de Gdańsk, tandis que la partie occidentale du littoral reste à la Pologne, créant ainsi une enclave en pays polonais. Redonnée à la Prusse par le congrès de Vienne en 1815 du fait de sa population majoritairement germanophone, elle connaît à nouveau un statut identique à la fin de la Première Guerre mondiale, lorsqu'en vertu des clauses du traité de Versailles elle redevient ville libre. La Pologne gagne un accès à la mer, séparant ainsi l'Allemagne de la Prusse orientale. C'est pour percer le **corridor de Dantzig** que, le 1er septembre 1939, le cuirassé *Schleswig-Hollstein* ouvre le feu sur la garnison polonaise de Westerplatte, provoquant ainsi l'étincelle qui allait déclencher le grand désastre. Les durs combats menés pour sa libération par les troupes russes en mars 1945 laisseront Gdańsk tel un champ de ruines, mais à présent définitivement polonaise.

Dantzigois, Gdańskois ?

La ville a été dominée selon les périodes par des populations cachoubes, polonophones et germanophones, d'où les variations de son nom. L'influence des Prussiens au 18e s. et surtout au 19e s. a fait que le gentilé (le nom des habitants) le plus utilisé en français était celui de Dantzigois. Mais depuis que la ville est redevenue polonaise, il paraît logique de se servir du terme de Gdańskois, plus conforme à l'évolution historique.

Une ville anéantie – À l'heure du bilan en avril 1945, la vie semble presque arrêtée. Environ 90 % du centre historique est totalement détruit, comme 60 % de la périphérie. Quelque 6 000 bâtiments sont entièrement anéantis, 1 300 le sont partiellement. Trois millions de m^3 de décombres restent à déblayer. Mais la fin de la guerre n'est pas l'occasion seulement d'un bilan patrimonial, elle est synonyme également d'importants et profonds changements démographiques. Lors du recensement effectué le 16 juin 1945, on dénombre quelque 8 000 Polonais pour 124 000 Allemands, qui, en 1946, seront forcés de partir vers l'Allemagne. Expurgée de sa population germanophone et vidée de la quasi-totalité de ses habitants d'origine, la toute fraîche polonaise Gdańsk peut faire place nette et envisager son repeuplement puis sa reconstruction. En 1947-1948, l'opération « Vistula » consiste à déplacer en Poméranie, en Warmie et en Mazurie plusieurs milliers de familles polonaises originaires de Galicie qui se retrouvaient, en vertu des nouvelles frontières, rattachées à l'Union soviétique. À la recherche d'un toit et de travail, de nouveaux immigrants polonais en provenance de la région de Vilnius arrivent également pour ressusciter la ville. En 1948, la décision d'une reconstruction à l'identique est prise. Si le changement de population est tel qu'aujourd'hui vous n'aurez guère de chance de croiser un Gdańskois de vieille souche, la volonté de préserver l'âme de la ville, sans faire table rase de son passé et effacer à jamais les traces de son caractère germanique, s'impose rapidement comme évidente.

Un miracle de reconstruction – Amorcée en 1949, elle dura près de 20 ans et ne fut réellement entreprise qu'au début des années 1960 et n'est, pour tout dire, à considérer l'île aux Greniers qui en est déjà à son troisième plan de réaménagement avorté depuis 1945, pas tout à fait terminée. Tandis que les abords de la ville étaient couronnés de béton, on décida de relever de ses ruines en priorité le quartier de la Ville Principale (Główne Miasto), autrement dénommé la Ville-de-Droite par rapport à la Vieille Ville (Stare Miasto), qui ne constituait certes pas le quartier le plus ancien, mais, de fait, le quartier le plus important et le plus densément riche et peuplé. À partir des carcasses de monuments et de maisons subsistants, cette partie de la ville fut reconstruite grâce à des documents d'époque (photos et souvenirs, car nombre des archives de la ville sont parties en fumée en 1945). Plusieurs maisons furent aussi reconstituées avec les éléments ornementaux retirés des décombres, telle la Maison dorée. Quelques rues furent cependant élargies, et si on s'attela à une restitution fidèle au niveau des façades, les intérieurs furent évidemment modernisés. De même, afin d'accroître le confort des logements, les arrière-cours n'ont pas été rebâties, afin d'assurer un maximum de luminosité. D'où le vide au milieu des îlots d'habitation, qui ne manque pas de surprendre, notamment à la vue de photos aériennes. Aujourd'hui, cette méticuleuse reconstitution ne se reconnaît plus comme telle, et la patine qui recouvre les édifices semble comme une garantie d'origine. Du reste, personne ne soupçonnerait que la majorité des bâtiments qu'il a sous les yeux n'excèdent pas une cinquantaine d'années d'existence. Une splendeur totalement recouvrée d'autant plus agréable à parcourir à pied que la circulation automobile dans cette partie de la ville y est des plus réduites.

Who's Who de Gdańsk

Gdańsk peut s'enorgueillir d'avoir donné naissance à d'illustres enfants, tels l'astronome **Jan Heweliusz** (1611-1687), l'inventeur du thermomètre à mercure **Gabriel Daniel Fahrenheit** (1686-1736), le philosophe **Arthur Schopenhauer** (1788-1860) ou encore le prix Nobel de littérature, **Günter Grass**, né en 1927. L'acteur **Klaus Kinski** (1926-1991) est originaire de Sopot.

Le berceau de Solidarność – Après celles de Poznań en 1956, les manifestations ouvrières de Gdańsk en décembre 1970, réprimées dans le sang par la milice, ont accru l'hostilité des Polonais envers les dirigeants communistes. Dix ans plus tard, le mécontentement social persistant, le chantier Lénine se met en grève le 14 août 1980. Les ouvriers, menés par un électricien licencié, Lech Wałęsa, occupent le chantier naval et présentent une liste de 21 revendications, parmi lesquelles la construction d'un monument aux victimes de décembre 1970. Après d'âpres négociations, un accord signé voit la naissance du premier syndicat indépendant légalisé, Solidarność. Mais après l'emprisonnement de ses dirigeants dans la nuit du 12 au 13 décembre 1981, le syndicat ne retrouvera sa légitimité qu'en avril 1989, juste avant que n'éclatent les événements qui allaient contribuer à faire de Lech Wałęsa, lauréat du prix Nobel de la paix, le premier président de Pologne élu démocratiquement au suffrage universel. Pour fêter le 25e anniversaire du syndicat Solidarność, un grand concert de Jean-Michel Jarre a eu lieu dans l'enceinte du chantier naval le 26 août 2005.

C. Hervé-Bazin / MICHELIN

Les quais de la Motława.

Les quartiers – Localisée à l'extrémité du bras ouest de la Vistule dit « Vistule morte » (Wisła Martwa), la ville historique de Gdańsk était globalement implantée entre la rivière Motława et le canal de la Radaune (Kanał Raduni). Elle était autrefois formée par la **Vieille Ville** (Stare Miasto) au nord, la **Ville Principale** (Główne Miasto), le **Vieux Faubourg** (Stare Przedmieście), **l'île aux Greniers à blé** (Wyspa Spichrzów) et par la **Ville Basse** (Dolne Miasto) au sud. Après les destructions engendrées par la guerre, seule la Ville Principale a bénéficié d'une reconstruction à l'identique, la Vieille Ville n'ayant vu se relever que certains de ses bâtiments publics et quelques églises. Le plan de Gdańsk est celui d'une ville portuaire médiévale dont les rues sont parallèles et perpendiculaires au quai.

La Ville Principale★★★ (Główne Miasto) PLAN II

1 LA VOIE ROYALE★★★ (Trakt Królewski ou Droga Królewska) B-C3

Reliant la Porte haute à la Porte verte perpendiculairement à la rivière Motława, elle forme l'artère centrale de la ville, sur laquelle s'effectuait la parade solennelle des rois de Pologne qui faisaient une visite officielle à Gdańsk chaque année. Amorcée par la rue Długa, littéralement la rue Longue, qui, paradoxalement, ne dépasse pas les 200 m, depuis la Porte dorée jusqu'à l'hôtel de ville, la Voie Royale se prolonge par le Long Marché (Długi Targ) qui abritait autrefois le marché et constituait la place d'honneur du vieux Gdańsk, à proximité du port.

Porte haute (Brama Wyżynna) B3

Entrée d'honneur principale de la ville et point de départ de la Voie Royale, elle fut édifiée en 1574-1576 comme un poste avancé des fortifications médiévales. Le roi y recevait les clefs de la ville remises par les autorités municipales. Côté ouest, les frises figurent les armoiries de la Prusse royale (encadrées par deux licornes), de la Pologne (les armes des « Ciołek ») et de Gdańsk (deux lions). Côté est, les armoiries de la famille Hohenzollern furent ajoutées en 1884. Trois sentences latines inscrites sous les armoiries précisent que *« Justice et Piété sont les fondements de tout Royaume »*, que « les biens les plus recherchés par les citoyens sont la Paix, la Liberté et la Concorde », enfin que « tout ce qui est fait pour la communauté est le plus sage ».

Juste derrière se dresse l'**avant-porte gothique** de la rue Długa (Zespół Przedbramia ul. Długiej), une barbacane formée par l'association de la **tour de la Prison** (Wieża Więzienna) et de la **maison de la Torture** (Katownia), côté ville. Ses bâtiments abritent depuis 2006 le **musée de l'Ambre★** (Muzeum Bursztynu – *☎ 058 301 47 33; 16 sept.-14 juin : merc.-sam. 10h-16h, dim. 11h-16h ; 15 juin-14 sept. : lun. 10h-15h, mar.-sam. 10h-18h, dim. 11h-18h ; 10 PLN, gratuit mar. 10h-15h en hiver*). Les cinq étages sont dévolus au musée : présentation multimédia de la formation de la précieuse résine avec un fond sonore qui vous plonge au sein des forêts primaires peuplées de moustiques, collection de toutes les variétés d'ambre naturelle et d'ambre fossile contenant des inclusions de petits organismes bien visibles grâce aux jeux de lumière et aux microscopes disponibles (y compris les contrefaçons), pièces d'art et bijoux à base d'ambre. Les informations sont en anglais.

Porte dorée★ (Złota Brama) B3

Elle fut érigée entre 1612 et 1614 dans le style Renaissance par l'architecte Jan Strakowski d'après un projet d'Abraham van den Blocke. Ajoutées en 1648 par Piotr Ringering, les huit sculptures qui la surmontent figurent les allégories des vertus citoyennes (côté ouest : Paix, Justice, Gloire et Concorde ; côté est : Prudence, Piété, Liberté et Unité). Côté ville, juste au-dessus du porche, une inscription latine proclame que « la concorde fait croître les petits États, la discorde disparaître les grands ».

Halle St-Georges★ (Dwór Bractwa Św. Jerzego) B3

Jouxtant la porte sur la gauche, cette halle gothique en briques est coiffée d'une altière lanterne (16e s.) surmontée par la copie d'une statue de saint Georges terrassant le dragon (l'original de 1556 est au Musée national). Bâtie entre 1487 et 1494 par Hans Glotau pour une confrérie militaire, elle abrite aujourd'hui le siège de l'Association des architectes polonais.

En allant vers la gauche sur la place du Marché-au-Charbon (Targ Węglowy), vous parviendrez devant le tout argenté **Arbre du millénaire** (Drzewo Milenijne), « planté » en 1997 par des forgerons pour célébrer le millième anniversaire de la ville.

Rue Długa★ B3

La rue Longue (Długa) adopte une courbure qui fait ressortir à son extrémité la gracile silhouette de la tour de l'hôtel de ville. Elle est bordée de hautes et étroites maisons patriciennes aux somptueuses façades et riches pignons sculptés allant du 15e au 20e s. et pour la

plupart reconstruites. Au **n° 12**, la façade rococo de la **maison Uphagen** (Dom Uphagena) abrite un **musée** consacré aux intérieurs bourgeois du 18e s. *(même ticket, tél. et horaires que le Musée historique de la ville de Gdańsk).* Derrière sa façade à larges fenêtres, l'entrée est marquée par un haut vestibule – typique des maisons de négociants – doté d'un bel escalier menant à l'étage. Les pièces assez dénudées sont presque fidèles à l'agencement original si l'on en juge par certaines photographies anciennes. On observera aussi :
Au **n° 28**, une maison de style Renaissance construite en 1560. Au **n° 35**, la maison dite « du Château aux Lions » (Lwi Zamek, 1569). Au **n° 37**, la belle façade de pierre sculptée en 1563. Au **n° 47**, une niche dans le mur abrite une mosaïque originale

figurant saint Georges. Les édifices des **n°s 69 et 70** (fin 19e s.) sont les rares bâtiments de la rue à avoir survécu à la guerre et à nous être parvenus intacts. Le bout de la rue est marqué à l'est, côté droit, par la **maison des Schumann★** (Dom Schumannów) du 16e s. (siège de l'office du tourisme et de la pension éponyme), une des plus élégantes de la ville, mais surtout, côté gauche, par l'hôtel de ville.

Hôtel de ville de la Ville Principale★★ (Ratusz Głównego Miasta) C3

Bâti en 1379-1381 par Henryk Ungeradin sur un édifice antérieur mentionné en 1327, il fut remanié, après l'incendie d'octobre 1556, dans le style de la Renaissance flamande. Sa gracile tour, réalisée par le Hollandais Dirk Daniels, est surmontée d'une longue

R. Mattès / MICHELIN

La fontaine de Neptune se détachant sur les façades baroques.

flèche, coiffée d'une statue dorée du roi Sigismond II Auguste qui toise la ville du haut des 82 m de l'édifice. Un hommage de la population à celui qui, par la promulgation d'un édit, avait accordé les mêmes droits aux catholiques et aux protestants.
Il abrite le **Musée historique de la ville de Gdańsk★★** (Muzeum Historii Miasta Gdańska – *Ul. Długa 47 ; ✆ 058 767 91 00 ; www.mhmg.gda.pl ; 16 sept.-14 juin : merc.-sam. 10h-16h, dim. 11h-16h ; 15 juin-14 sept. : lun. 10h-15h, mar.-sam. 10h-18h, dim. 11h-18h ; 8 PLN, gratuit mar. 10h-15h en hiver ; la caisse se trouve sur la gauche du bel escalier d'accès, au fond à gauche du passage conduisant au restaurant Palowa*). Niché dans les étages supérieurs de l'hôtel de ville, qui fut totalement détruit à la fin de mars 1945, sa visite vaut surtout pour ses salles d'apparat, dont notamment la grande **salle du Conseil★★★** (Wielka Sala Rady, également Salle rouge – Czerwona – ou d'Été – Letnia), décorée dans le style maniériste hollandais en 1589-1591 par les remarquables sculptures de Szymon Herle et les sept peintures murales du Hollandais Hans Vredeman de Vries. Les 25 tableaux mythologiques et bibliques du plafond sont dus à son compatriote, Izaac van den Blocke, auteur de la célèbre ***Apothéose de Gdańsk★★★*** (1608) qui figure dans un ovale en son milieu. On y aperçoit, posée au sommet d'un monumental arc de triomphe, la ville de Gdańsk, dressée, côté ouest, derrière sa Porte haute et ses fortifications. Crevant les nuages, la main droite du Créateur saisit la flèche de la tour de l'hôtel de ville, entourée d'un aigle, pour symboliser la présence divine incarnée sur terre par le conseil municipal. Unis par un arc-en-ciel divin, les sources de la Vistule avec à droite, les reliefs des Tatras et un panorama du château royal de Wawel à Cracovie, alors capitale de la Pologne, et à gauche, son embouchure dans la Baltique, gardée par la forteresse de Wisłoujście. En bas, les eaux du fleuve baignent la place du Long-Marché, où, devant la façade de la cour d'Artus (avant sa transformation de 1616), sont regroupés, discutant entre eux, des membres des diverses communautés composant la ville. Les trésors de cette pièce furent heureusement démontés et cachés durant la guerre, ce qui explique leur conservation.
Autres pièces remarquables mais restituées, la petite salle du Conseil ou salle d'Hiver, la grande Salle blanche du tribunal précédée par un beau portail (1520) de pierre rapporté d'une maison de la rue Longue, et le grand vestibule doté d'un superbe escalier à colimaçon en bois du 17e s. Belle exposition de cartes anciennes à l'étage supérieur, lieu également d'intéressantes expositions temporaires concernant l'histoire de la ville. L'une des dernières salles dresse le calendrier des destructions endurées par la ville pendant la dernière guerre, depuis le premier bombardement anglais en juillet 1942, jusqu'à ceux particulièrement dévastateurs des Soviétiques survenus le 25 mars 1945. De suggestives photos montrent toute l'ampleur du désastre. En été, on peut accéder au sommet de la tour.

Long Marché★★★ (Długi Targ) C3

Bordée des plus remarquables maisons de la ville, qui ont conservé leurs perrons caractéristiques, cette place, fermée par un simple élargissement de la rue Longue, constitue le véritable cœur de la ville. Ces riches maisons patriciennes furent patiemment reconstruites après guerre.

Dans le coin supérieur nord-est se tient la **fontaine de Neptune★★★** (Fontanna Neptuna), construite en 1633. Emblème de la ville et symbole de l'opulence de la fière cité, cette superbe fontaine est surmontée d'une statue en bronze fondue en 1615 par Peter Hussen. Neptune, dieu de la mer et de la navigation, symbolise le lien étroit qui lie la ville à la mer. Démonté durant la guerre, il ne brandit son trident à nouveau qu'en 1954. Il constitue depuis le lieu de ralliement favori des Gdańskois.

Dos à Neptune se dresse la somptueuse façade à arcades de la **cour d'Artus★★★** (Dwór Artusa). Lieu de réunion de six corporations bourgeoises de la ville, cette halle gothique fut bâtie entre 1476 et 1481. Son nom évoque les chevaliers de la Table ronde auxquels s'identifiaient les riches négociants dans leur fonctionnement démocratique. Le bâtiment fut doté en 1616-1617 d'une façade maniériste réalisée par Abraham van den Blocke. Son portail royal est orné de deux médaillons à l'effigie des Vasa, Sigismond III et son fils Ladislas IV. Au niveau des arcades des fenêtres, on trouve les statues de Scipion l'Africain, Thémistocle, Marius Camillus et Judas Maccabée, surmontées sous la balustrade de l'attique par les allégories personnifiées de la Force et de la Justice. Surplombant l'édifice, une statue bien choisie de la déesse Fortune. Le bâtiment est précédé d'un vaste perron original gardé par deux lions en pierre tenant les blasons de la ville, tandis qu'à gauche, la porte menant à la cave est flanquée d'une coupole coiffée d'une statue du saint patron des marchands, Mercure nu pointant un doigt vers le ciel. Derrière sa seule façade épargnée, l'édifice, totalement reconstruit, abrite un musée, auquel on accède sur la gauche par la **vieille maison du Jury** (Stary Dom Ławy) attenante, mais qui est également reliée par l'intérieur à la maison contiguë sur la droite, la **nouvelle maison du Jury★** (Nowy Dom Ławy). Également dénommé **« maison des Échevins »** ou encore **« vestibule de Gdańsk »** (Sień Gdańska), cet édifice possède une façade, en grande partie gothique, dotée d'un beau porche Renaissance, et son pignon rajouté au 18e s. est devenu le siège d'une sympathique attraction locale : la « Demoiselle de la fenêtre » *(voir encadré)*.

Visite de la cour d'Artus – *Mêmes ticket, tél. et horaires que le Musée historique de la ville de Gdańsk.* À l'entrée de la grande salle de 450 m^2 à la belle **voûte★★** étoilée et palmée soutenue par quatre graciles colonnes de granit, vous serez accueilli par un modèle de bateau suspendu, dont les minuscules canons tiraient une salve d'honneur lors des grandes occasions. Au fond à droite se tient la pièce maîtresse du lieu, un grand **poêle en faïence★★★**, dressé tel un obélisque à cinq degrés, réalisé en 1545 par le maître potier Georg Stelzener. Haut de 10,64 m et large de 2,5 m à sa base, ce « roi des poêles » est recouvert de 520 carreaux peints (dont 437 originaux) qui forment un véritable trombinoscope représentant les plus grandes figures du monde catholique et luthérien du début du 16e s. Y figurent notamment Charles Quint, son frère Ferdinand Ier et leurs épouses respectives, mais aussi les figures allégoriques des vertus cardinales et des planètes. Le sommet du poêle porte les écussons de Gdańsk, de la Prusse royale et de la Pologne. Son alimentation en charbon se faisait par une ouverture située dans la face nord du mur. Démonté et caché en 1943 pour sa partie supérieure, tandis que sa base était endommagée par le feu, il n'a vu sa restauration achevée qu'en 1995. Les peintures du *Jugement dernier* (1603) d'Anton Möller et d'*Orphée parmi les animaux* (1594) par Hans Vredeman de Vries, dont on aperçoit des copies, n'ont pas eu la même chance. Sur sa gauche, un expressif **bas-relief★** polychrome du gothique tardif réalisé par Hans Brandt figure saint Georges terrassant le dragon. La visite se poursuit par le vestibule de la maison contiguë (nouvelle maison des Échevins), également propriété des nobles citoyens gdańskois, totalement restituée. L'étage abrite des expositions temporaires.

Une femme peut en cacher une autre

La Demoiselle de la fenêtre (Panienka z Okienka) est un roman écrit en 1891 par Deotyma, alias Jadwiga Łuszczewska, dans lequel une blonde jeune fille gdańskoise du 17e s., Hedwige, emprisonnée par son oncle, observe le monde depuis sa lucarne. Elle apparaît désormais à sa fenêtre, localisée depuis peu dans le pignon de la maison des Échevins. Proie convoitée des photographes, la belle ne s'offre toutefois aux regards qu'à 13h quelques secondes durant... aussi pensez à préparer votre appareil photo. Qui ne sera d'aucune utilité dans la Maison dorée contiguë, où une légende tenace veut que le fantôme de la femme du bourgmestre Jan Speymann qui l'habita, une certaine Judyta Bahr, hante les couloirs en murmurant ces rassérénantes paroles : « Fais tout ce qui est juste, n'aie peur de personne ».

Maison dorée★★★ (Złota Kamieniczka) C3

Deux pignons plus à droite de la cour d'Artus (au n° 41), la belle façade de cette maison attire l'attention par sa riche ornementation. Construite en 1609 par Abraham van den Blocke pour le maire d'alors, elle mélange les trois ordres architecturaux, mais vaut surtout pour ses douze frises réalisées entre 1609 et 1618 par l'artiste de Rostok, Johann Voigt. Ces dernières sont séparées, au niveau de chaque corniche, par quatre bustes, dont ceux des rois polonais Ladislas Jagellon et Sigismond III Vasa, tandis qu'au sommet, le haut de la balustrade est surmonté par les statues de personnages antiques que sont, de gauche à droite, Cléopâtre, Œdipe, Achille et Antigone.

Porte verte★ (Zielona Brama) C3

Fermant la perspective du Long Marché devant le quai de la Motława, elle est percée de quatre arches. Elle fut construite entre 1568 et 1571 par Jan Kramer et Regnier, sur l'emplacement d'une porte à vocation défensive du 14e s. nommée « Koga », pour constituer la résidence royale. Exceptée Marie-Louise de Gonzague juste avant son mariage avec Ladislas IV Vasa en 1646, aucun monarque polonais n'y vint cependant jamais habiter et c'est aujourd'hui l'ex-président de la République polonaise, Lech Wałęsa, qui y bénéficie d'un bureau.

En passant sous les arcades, l'axe du Long Marché est prolongé par le **Pont vert** (Most Zielony) qui enjambe la Motława pour relier l'**île aux Greniers** (Wyspa Spichrzów) tandis que le **Long Quai** (Długie Pobrzeże), conduisant vers la célèbre grue en bois, s'ouvre sur la gauche.

2 DE LA RIVE DE LA MOTŁAWA VERS LA VIEILLE VILLE

Long Quai★★ (Długie Pobrzeże) C3

Avant d'être déplacé dans la seconde moitié du 19e s. sur la Vistule morte et ses canaux latéraux, le port de Gdańsk s'étirait le long de la Motława, au pied de la ville. Toutes les rues perpendiculaires qui menaient au port s'ouvraient vers la rivière par des portes fluviales fortifiées qui perçaient l'enceinte médiévale. Devant, des appontements en bois sur pilotis, perpendiculaires à la rive, permettaient aux bateaux d'accoster. L'augmentation du trafic maritime eut raison de ses multiples jetées et, au début du 17e s., un long et unique quai de bois fut créé pour servir au transbordement des marchandises. Reste aujourd'hui la promenade du quai, bordée de belles maisons dont les pignons se reflètent dans les eaux calmes de la Motława et rythmée par la percée de portes qui ouvrent sur les rues perpendiculaires.

Depuis la Porte verte, la première de ces portes, et sans doute la plus ancienne, est la **porte du Pain** (Chlebnicka Brama) qui ferme la rue du même nom. Édifiée vers 1450, elle est surmontée d'un écusson figurant les armoiries les plus anciennes de la ville : deux croix sans couronne, le symbole des chevaliers Teutoniques. Au n° 12 de la rue Chlebnicka, la **maison Schlieff** (Dom Schlieffów) ne doit pas sa reconstruction à l'identique aux destructions engendrées par la guerre, mais au fait que l'empereur de Prusse, Frédéric-Guillaume III, ait décidé en 1820 de son complet démontage pour l'installer à Postdam, en Allemagne, où elle se trouve toujours. Au n° 16 de la même rue, pointe le large pignon de la **Maison anglaise★** (Dom Angielski) ou « maison des Anges », anges qui couvrent sa façade. Édifiée en 1569-1570, elle formait du haut de ses 30 m et de ses huit niveaux la plus haute maison de la classe bourgeoise. Siège au 17e s. des négociants anglais et un temps d'une loge maçonnique, c'est aujourd'hui une annexe de l'Académie des beaux-arts.

Au **n° 26** du quai se dresse la haute et curieuse silhouette d'une maison dont seules les façades furent conservées en 1945. Coiffée d'une tourelle qui constituait un poste d'observation des vaisseaux avant d'être transformée en un observatoire astronomique, elle se distingue par un bel encorbellement de cinq étages. Construite en 1598 par Anton van Obberghen pour un riche marchand, elle devint en 1845 la **maison de la Société des naturalistes** (Dom Towarzystwa Przyrodniczego, fréquentée par Humboldt) et abrite depuis 1962 le **Musée archéologique** (Muzeum Archeologiczne – *✆ 058 322 21 00 ; juil.-août : tlj sf lun. 10h-17h ; hors sais. : mar., jeu. et vend. 9h-16h, merc. 10h-17h, w.-end 10h-16h ; 6 PLN musée, gratuit sam., 3 PLN tour*). Ce musée est consacré au peuplement de la région durant les périodes protoslave et slave. Une salle présente les campagnes de fouilles polonaises menées au Soudan, une autre l'ambre de la Baltique, objet d'un important commerce transeuropéen depuis l'Antiquité. Le sommet de la tour offre un joli panorama sur la ville et la rivière Motława. Vous pouvez apercevoir, plantés devant le musée, deux exemples de « Baba », ces statues féminines de tribus païennes protoslaves.

Perçant la maison aux deux tourelles contiguës, l'embrasure gothique de la **porte Ste-Marie** (Brama Mariacka), surmontée des armes de la ville, s'ouvre sur la fameuse rue, au cachet si particulier, du même nom. Avant de vous y engager, vous pouvez continuer sur le quai et passer devant la **porte du St-Esprit** (Brama Św. Ducha), la **porte de la Grande Grue** (Brama Żuraw), la **porte St-Jean** (Brama Świętojańska) suivie par la **porte d'Étalage** (Brama Straganiarska), avant de parvenir devant la place du **Vieux-Marché-au-Poisson** (Targ Rybny) au **beffroi du Cygne** (Baszta Łabędź) qui marquait l'extrémité nord de l'enceinte médiévale. Au-delà, entre les rues Grodzka et Na Dylach, s'étendait le **castrum de Gdańsk** avec le **château des chevaliers Teutoniques** (Zamczysko), construit en 1340 et détruit par les habitants en 1454, qui a laissé son nom au quartier.

Revenir sur ses pas.

Vieille grue médiévale★★★ (Stary Żuraw) C3

Une promenade le long du quai ne pourrait vous faire manquer la majestueuse et photogénique silhouette de cette grue en bois qui servait jadis au chargement et déchargement des marchandises. Plus grande machine élévatoire portuaire de l'Europe médiévale, elle reste aujourd'hui l'emblème de la ville, dont elle constituait également une porte. Mentionnée en 1367, elle fut reconstruite en 1444 après un incendie. Ajoutée au 17e s., la grue supérieure était destinée au soulèvement de poids jusqu'à deux tonnes à la hauteur de 27 m, mais aussi à l'assemblage des longs mâts sur les bateaux. Le treuil était actionné par deux roues-tambours en bois de 6 et 6,5 m de diamètre mues par des hommes qui, tels d'inlassables hamsters, n'en finissaient pas de monter les marches à l'intérieur. Très endommagée durant la guerre, elle a été restaurée entre 1955 et 1962, et fait partie intégrante du Musée maritime central, dont les bâtiments principaux se trouvent dans l'île du Plomb, en face.

Île aux Greniers et île du Plomb★ D2-3

De nos jours, les splendides voiliers de la Baltique n'y sont plus amarrés et l'extrémité septentrionale de l'**île aux Greniers** (Wyspa Spichrzów) ressemble parfois à un dépotoir, mais de là s'offre une superbe **vue panoramique★★★** sur la perspective du Long Quai avec la ligne de découpe du vieux Gdańsk en arrière-fond.

Face à la grue en bois, sur l'**île du Plomb** (Wyspa Ołowianka), les trois greniers accolés d'Oliwa (Oliwski), du Cuivre (Miedź) et de la Vierge (Panna), abritent désormais le siège du **Musée maritime central** *(voir p. 356)* dont fait partie le bateau **Sołdek**. Plus loin, se dresse la non moins fière et caractéristique silhouette du **Grenier royal★** (Spichrz Królewski), élevé entre 1606 et 1608 aux frais de la ville pour entreposer les marchandises issues des domaines royaux, et récemment mué en un bel hôtel moderne. Derrière s'étendent les massifs bâtiments du nouvel **Opéra philarmonique** (Polska Filharmonia Bałtycka) venu remplacer une ancienne centrale thermoélectrique.

Pour vous rendre sur l'île du Plomb, vous pouvez soit emprunter le ferry Motława (1 PLN l'aller) devant la vieille grue, soit vous y rendre à pied (30mn). Traversez l'île aux Greniers par la rue Stągiewna, bordée côté droit par d'anciens greniers reconvertis en bureaux, pour atteindre le bras de la nouvelle Motława, précédé sur la droite par la porte gothique Stągiewna, dont il subsiste d'anciennes cuves à lait formées par deux tours attenantes. Le pont franchi, bifurquez sur la gauche en longeant la marina avant d'emprunter le premier pont qui rejoint l'île du Plomb.

Rue Mariacka★★ C3

Lieu emblématique du vieux Gdańsk, cette charmante rue est l'une des plus pittoresques de la ville. Pratiquement rasée durant la guerre, elle fut méticuleusement reconstituée dans les années

Que faire de l'île aux Greniers ?

C'est à partir du 13e s. que fut bâti, face à la ville principale, ce quartier d'entrepôts qui comptait au 14e s. déjà plus de 200 greniers à blé ; mais leur nombre ne cessa de s'élever et les chroniques relatent que l'incendie de 1536 en anéantit près de 340. Quelques années après, en 1576, un fossé (la nouvelle Motława) fut creusé pour éviter la propagation des incendies, formant ainsi une presqu'île. Celle-ci connut encore d'autres incendies mais les 200 greniers épargnés furent transformés en un champ de ruines – bien visibles encore – par les bombardements de 1945. Depuis les années 1990, elle fait l'objet de toutes les convoitises (archéologues, promoteurs, etc.) et d'incessants projets, qui devraient aboutir dans la perspective de l'Euro 2012.

1970 avec ses façades, ses perrons, ses grilles et ses enseignes. Aujourd'hui y sont concentrés la plupart des magasins de souvenirs et notamment les bijouteries d'ambre.

Basilique Notre-Dame★★

(Bazylika Mariacka) C3

Entrée libre, participation à l'entretien et à la restauration de l'église (2 PLN).

Surnommée la « couronne de la ville de Gdańsk », cette imposante basilique qui domine sans concurrence le centre de la cité est la plus grande église d'Europe jamais construite en briques (105,5 x 66 m). Couvrant une surface au sol de 4 900 m², elle peut contenir 20 000 personnes (soit la population de la ville vers 1450), comme ce fut souvent le cas durant la période de loi martiale pour soutenir les membres du syndicat Solidarność qui s'y réfugiaient. Initiée en 1343, elle fut bâtie par étapes et ne fut achevée qu'en 1502. D'abord utilisée par les catholiques, elle fut ensuite affectée au culte protestant en 1572, après la mort du roi Sigismond II Auguste, avant de redevenir catholique en 1945.

R Mattès / MICHELIN

La rue Mariacka.

Avec ses combles incendiés, 40 % de ses voûtes détruites et la totalité de ses fresques disparues, elle a sérieusement souffert durant la guerre, mais 80 % de ses trésors artistiques ont pu cependant être évacués et sauvés. Beaucoup n'ont toutefois pas réintégré leur place d'origine, tel le triptyque de Hans Memling, un Jugement dernier, dont l'original est aujourd'hui conservé au Musée national de Gdańsk. L'autre joyau de l'église reste, dans le transept nord, la magnifique **horloge astronomique★★** (Zegar Astronomiczny) réalisée par Hans Düringer entre 1464 et 1470. Haute de 14 m et partagée en trois sections, elle fonctionna jusqu'en 1553 avant sa remise en état en 1993. En bas, le *calendarium* à deux écrans indique l'heure et la date mais aussi le calendrier liturgique. Au milieu, le *planetarium* précise les phases de la Lune, des signes zodiacaux mais aussi les positions du Soleil et de la Lune par rapport à ceux-ci. Au-dessus, un théâtre de personnages laisse apparaître en rotation et sur deux niveaux les douze apôtres, les quatre évangélistes, les Rois mages et la Mort munie d'une faux pour sonner les heures (c'est à midi que c'est le plus spectaculaire). Tout en haut, Adam et Ève, debout autour de l'Arbre de la Connaissance, font sonner les cloches. Dignes également d'intérêt, les **fonts baptismaux** octogonaux (1553), le **maître-autel**, un polyptyque du gothique tardif réalisé par le maître Michel d'Augsbourg dans les années 1511-1517, une belle **pietà** (1410), œuvre d'un maître inconnu, également auteur de la belle **Madone de Gdańsk** située dans la chapelle Ste-Anne (nef nord), ainsi que les belles **orgues** baroques entièrement reconstruites après la guerre. Les plus courageux ne manqueront pas de gravir les 408 marches de l'unique tour pour atteindre, à 82 m au-dessus des toits, une plate-forme qui offre un beau **panorama★★** *(lun.-sam. 9h-17h, dim. 13h-17h ; 3 PLN).*

Chapelle royale (Kaplica Królewska) C3

Accolée au presbytère, au nord de la basilique, sa construction fut décidée par le roi Jean III Sobieski après que la municipalité eut refusé, en 1677, de restituer la

Les « salons de Gdańsk »

Éléments caractéristiques de l'architecture du vieux Gdańsk, les *przedproże* sont ces avant-logis ou perrons qui précédaient les riches maisons bourgeoises de part et d'autre de la rue. Tandis que les terrasses se transformaient en salon bourgeois ou en salle à manger en été, les sous-sols servaient de boutiques, d'entrepôts ou d'ateliers. Entourés de balustrades et de sculptures en pierre de taille joliment ouvragée, ces perrons étaient souvent encadrés de gouttières terminées par de magnifiques dégorgeoirs d'eau à tête de gargouilles. Si le bel exemple formé par la rue Mariacka a été reconstitué, les perrons de la rue Długa ont été démolis au 19ᵉ s. pour laisser place au tramway… lui aussi aujourd'hui disparu.

cathédrale aux catholiques. Érigée entre 1678 et 1683 d'après le projet du Hollandais Tylman van Gameren en forme de croix grecque et surmontée par un dôme à lanternon, elle constitue l'unique église baroque de la ville, seule marque de la Contre-Réforme *(ne se visite pas)*.

Grand arsenal★★ (Wielka Zbrojownia) B3

Fermant la perspective de la rue Piwna (rue des Brasseries), cet élégant édifice est le plus bel exemple de l'influence de la Renaissance flamande. Construit entre 1600 et 1605, il demeura en usage jusqu'au 19e s. Au-dessous de la statue de Minerve s'ouvrait un puits d'où étaient remontées les munitions. Le rez-de-chaussée abrite contre toute attente un petit supermarché et une modeste galerie commerciale, tandis que les étages supérieurs hébergent l'Académie des beaux-arts. Parvenu de l'autre côté, sur la **place du Marché-au-Charbon** (Targ Węglowy), on se retournera sur la superbe façade, constituée par quatre pignons accolés et reliée sur la droite à la **tour de Paille** (Baszta Słomiana, 14e s.). On notera, au milieu de la façade côté ouest, la présence de la statue dite « du Cosaque ».

De la basilique à la Vieille Ville

Revenir vers le flanc nord de la basilique et prendre la rue baptisée successivement Grobla (Digue) I à IV, puis tourner à droite dans la rue Świętojańska.

Église St-Jean (Kościół Św. Jana) C2

Initiée dans la seconde moitié du 14e s., sa construction fut achevée à la fin du 15e s. Détruite durant la guerre, elle est toujours en restauration. Entourée d'une ruelle pittoresque, elle aussi reconstruite, ses alentours sont jonchés de pierres sculptées issues des ruines et réunies là pour former un musée lapidaire.

Église St-Nicolas★ (Kościół Św. Mikołaja) C2

Considérée comme la plus ancienne de la ville, elle existait vraisemblablement en bois au 12e s. Reconstruite en briques par les dominicains arrivés en 1227, son aspect actuel résulte des années 1340-1380. C'est une miraculée qui n'a que très peu souffert du dernier conflit. On remarquera le grand orgue de 1755 et le retable à cinq registres de 1643. Toujours restée catholique, elle fut recouvrée en 1945 par des religieux venus de Lwów (aujourd'hui L'viv en Ukraine).

En prolongeant la rue Pańska, vous parviendrez à l'octogonale **tour Hyacinthe** (Baszta Jacek) érigée vers 1400 sur l'emplacement des anciennes fortifications médiévales qui marquaient la ligne de partage entre la Vieille Ville et la Ville Principale. Surnommée le « Regard dans la Cuisine », elle servait de tour de guet. En face, la belle **halle** (Hala Targowa) du 19e s. fait toujours office de marché couvert.

La Vieille Ville★★ (Stare Miasto) PLAN II

En poursuivant de l'autre côté du Podwale Staromiejskie, on pénètre dans la Vieille Ville, où, paradoxalement, aujourd'hui, seuls quelques bâtiments reconstruits émergent du tissu urbain modernisé.

Monument aux Défenseurs de la poste polonaise (Pomnik Obrońców Poczty Polskiej) C1

Ce monument fut érigé en 1979 devant la **poste** (Poczta Polska) qui fut, le matin du 1er septembre 1939, attaquée par les nazis en même temps que Westerplatte. Une cinquantaine de postiers polonais la défendit quatorze heures durant. Quatre employés réussirent à s'enfuir au moment de la reddition, les 35 rescapés furent fusillés le 5 octobre et leurs corps jetés dans une fosse à Wrzeszcz, mise au jour en 1991 seulement. Cet épisode est évoqué par Günter Grass dans son roman *Le Tambour* adapté au cinéma par Volker Schlöndorff. Le bâtiment reconstruit abrite un petit musée dont une salle est consacrée à ce tragique événement, les autres étant dévolues aux techniques de communication (Muzeum Poczty Polskiej – *☏ 058 767 91 00 ; mar. et jeu. 10h-15h, merc. et vend. 10h-16h ; 3 PLN, dim. gratuit*).

Église Ste-Catherine★ (Kościół Św. Katarzyny) C2

À classer parmi les plus vieilles églises paroissiales de Gdańsk, elle fut fondée à la fin du 12e s., mais sa construction s'effectua par étapes entre le 14e et le 15e s. C'est dans cette église que la pierre tombale de l'astronome Jan Heweliusz (1611-1687) a été identifiée en 1985 et que se trouve son épitaphe. Le 22 mai 2006, les toitures ont brûlé dans un incendie, mais sont restées sur les voûtes en béton issues de la restauration complète de 1989. L'intérieur, noyé sous l'eau, n'a pas trop souffert, mais est en cours de restauration grâce à des donations publiques et privées. On ne peut qu'entrer dans le vestibule où quelques photos montrent l'étendue des destructions. Ne sont pas encore visibles les pièces d'art majeures. La tour de l'église et le **musée d'Horloges de la tour** (Muzeum Zegarów Wieżowych), qui réunit des mécanismes du 15e au 20e s., sont aussi actuellement fermés pour rénovation *(après les travaux, probablement ouvert toute la semaine et toute l'année, les groupes peuvent s'annoncer au 058 305 64 92)*.

Église Ste-Brigitte (Kościół Św. Brygidy) C2

Derrière Ste-Catherine, l'église Ste-Brigitte, édifiée en 1396 pour abriter la dépouille de la sainte ramenée de Rome en 1374, fut surmontée au 17e s. d'une curieuse tour trapue. Totalement détruite pendant la guerre, elle fut reconstruite au début des années 1970 et montre une décoration très contemporaine dont un monumental autel en ambre. Elle est devenue le sanctuaire du syndicat Solidarność lors des grèves des années 1980, après que des ouvriers grévistes s'y furent réfugiés.

Grand moulin★ (Wielki Młyn) B2

Parvenu à hauteur du canal de la Radaune, vous distinguerez sur la gauche la silhouette de cet imposant moulin qui, de sa fondation en 1350 par les chevaliers Teutoniques jusqu'à son incendie en 1945, ne cessa de moudre, grâce à ses 18 roues hydrauliques, près de 200 tonnes quotidiennes de céréales. Reconstruit en 1962, cet impressionnant bâtiment gothique abrite aujourd'hui une galerie commerciale. Presque en face, vous apercevrez le **petit moulin** (Mały Młyn) du 14e s. qui enjambe un bras du canal.

Dans le prolongement du moulin, le bout de l'îlot est occupé par la maison (17e s.) de la corporation des meuniers (Dwór Młyński), aujourd'hui un café-restaurant doté d'une agréable terrasse arrière.

Hôtel de ville de la Vieille Ville★★ (Ratusz Staromiejski) B2

Face au square et au monument à Heweliusz, l'élégante façade de cet édifice, caractéristique de l'architecture flamande maniériste, est surmontée d'une gracile tourelle. Il fut construit entre 1587 et 1595 par Anton van Obberghen et demeure lié au souvenir du célèbre astronome, également brasseur, Heweliusz. QG des troupes soviétiques en 1945, il abrite aujourd'hui, de part et d'autre du vestibule occupé par un sympathique café, une salle dédiée à des expositions d'art et une librairie, qui forment le **Centre culturel de Gdańsk** (Nadbałtyckie Centrum Kultury – *10h-18h; entrée libre*). À l'étage, la grande salle du conseil municipal vaut le coup d'œil pour sa riche décoration; peintures d'Adolf Boy et d'Herman Han du 17e s., bel escalier en bois à colimaçon, carreaux de faïence de Delft et divers éléments décoratifs du 19e s. provenant de maisons détruites.

Après l'hôtel de ville, on passera devant la **maison** dite « des **Abbés de Pelplin** » (Dom Opatów Pelplińskich) datant de 1612, l'une des rares maisons épargnées par la guerre, qui possède une belle **façade★** Renaissance.

Le chantier naval PLAN II - en direction au nord

Poursuivre l'itinéraire vous amènera à franchir les limites de la Vieille Ville pour atteindre la place Solidarność qui marque l'entrée du chantier naval (Stocznia Gdańska), l'ex-chantier Lénine débaptisé en 1980.

Monument aux Ouvriers morts du chantier naval★ (Pomnik Poległych Stoczniowców)

Dominant la place, il est constitué par un ensemble de trois gigantesques croix en acier inoxydable de 133 tonnes supportant, du haut de leurs 42 m, des ancres marines crucifiées, symboles d'espoir. À leur base, douze bas-reliefs illustrent des scènes de la vie ouvrière accompagnées par plusieurs inscriptions pour le moins emphatiques comme : « Ils ont sacrifié leur vie pour que vous viviez dignement ». Inauguré le 16 décembre 1980 pour évoquer la mémoire des morts et des blessés lors des grèves ouvrières survenues dix ans plus tôt, les 16 et 17 décembre 1970, il constitue le premier monument commémoratif consenti par les autorités d'un pays communiste reconnaissant les victimes de son propre régime. Derrière, apposée au mur, une série de plaques commémoratives déposées par des syndicats du monde entier rend hommage aux victimes du communisme. Remarquez celle, accompagnée d'une expressive sculpture, dressée à la mémoire du **père Jerzy Popiełuszko**, assassiné en 1984. Sur la droite de l'entrée du chantier naval, un passage conduit vers l'historique « Sala BHP » qui abrite l'exposition du musée de Solidarność : « Chemin vers la liberté ».

Exposition « Chemin vers la liberté »★★ (Wystawa « Drogi do Wolności »)

✆ 058 308 44 28 - mai-sept. : tlj sf lun. 10h-17h ; oct.-avr. : 10h-16h - 6 PLN (avec fasc.), 2 PLN le merc. Cette exposition multimédia située à l'entrée de l'ex-chantier naval

Lénine a pour vocation de retracer l'histoire du syndicat Solidarność (Solidarité) qui déclencha la fameuse grève du 14 août 1980. Un parcours, depuis la place du même nom, jalonné notamment par des fragments du mur de Berlin et du mur du chantier naval (franchi par l'électricien Lech Wałęsa pour s'introduire dans l'établissement dont il venait d'être licencié pour son activité syndicale), mène, sur le Chemin vers la liberté, jusqu'au bâtiment devenu musée. On peut y voir la fameuse **salle « Hygiène et Sécurité du travail »** (Sala Bezpieczeństwa i Higieny Pracy) où eurent lieu le 31 août 1980 les négociations et où furent signés les accords historiques. Une installation audiovisuelle avec de nombreux diaporamas et films d'archives relate la chronologie des événements (en anglais) et, à l'endroit même des faits, une reconstitution plus vraie que nature permet d'imaginer les conditions de négociations avec des tables jonchées de dossiers, de radios (celle du chantier retransmettait en direct les entretiens du comité de grève interentreprises - MKS - avec la commission gouvernementale) et de cendriers débordant de mégots face à l'estrade sur laquelle intervenaient les représentants de Solidarność.

Les hauteurs de Gdańsk PLAN II A1

On pourra terminer l'itinéraire en grimpant, derrière la gare routière, sur les hauteurs de la ville dominées par le **fort Grodzisko**, un ensemble de constructions militaires liées au siège de la ville par les Russes en 1734 puis à l'intrusion des troupes napoléoniennes menées par le maréchal Lefebvre en 1807.

B. Brillion / MICHELIN

Vue sur la croix du Millénaire et le chantier naval.

Au sommet de la colline (64 m), près du bastion Jérusalem, se dresse depuis l'an 2000 la **croix du Millénaire** (Krzyż Milenijny), qui offre un beau **point de vue** ★ sur la ville et son chantier naval et permet de se faire une idée de l'étendue de la Triville et de la baie de Gdańsk.

En redescendant, vous apercevrez, près de l'église du St-Sacrement, le très symbolique **monument-cimetière des Cimetières inexistants** (Pomnik-Cmentarz Nieistniejących Cmentarzy), destiné à commémorer les populations de Gdańsk dont les nécropoles ont disparu, effacées par le temps ou par les fureurs de l'histoire.

Visiter les musées

Musée national★★ (Muzeum Narodowe) PLAN II B4

Ul. Toruńska 1 - ✆ 058 301 68 04 - mar.-vend. 9h-16h, w.-end 10h-16h - 10 PLN, gratuit sam. - www.muzeum.narodowe.gda.pl.

Établi dans un ancien couvent franciscain du **Vieux Faubourg** (Stare Przedmieście), ce beau musée abrite dans les galeries du cloître et les salles voûtées du rez-de-chaussée une belle série de statues gothiques, de l'orfèvrerie religieuse ainsi que de beaux exemples de ferronnerie d'art. On y admire également l'original du saint Georges terrassant le dragon (1556) qui surmontait la lanterne de la Maison de la confrérie de Saint-Georges. Une aile est consacrée au mobilier ancien, dont un genre

Bien mal acquis profite parfois

Le retable du Jugement dernier, joyau du maître de Bruges, aura connu bien des vicissitudes. Commandité par l'Italien Angelo Tani (au revers avec son épouse Catherine), banquier des Médicis à Bruges, pour orner une église de sa Florence natale, l'œuvre en transit *via* l'Angleterre fut interceptée dans le cadre du blocus des ports anglais imposé par les villes hanséatiques. Rapporté à Gdańsk, le triptyque fut offert à l'église Notre-Dame. À l'empereur Rodolphe II qui voulut l'acheter ou au tsar Pierre le Grand qui le réclama au titre de « supplément » aux contributions de la ville, la municipalité s'opposa toujours catégoriquement. Napoléon, moins scrupuleux, chargea Vivant Denon de le rapporter en 1807 à Paris. Transféré du Louvre à Berlin après la défaite de Waterloo, il retourna à Danzig en 1817 où les nazis n'eurent qu'à s'en emparer. Récupéré par les Russes, il transita par Leningrad avant d'être rendu aux Polonais en 1956 et placé... non pas dans l'église d'où il était parti, mais, sous la pression des dirigeants communistes, au sein du Musée national.

d'armoire sculptée, typique de Gdańsk et autrefois célèbre dans toute l'Europe. L'étage est consacré à la peinture ; les toiles sont exposées selon un agréable parti pris de fond coloré vif.

Immédiatement sur la gauche, s'imposera à votre regard le **retable du Jugement dernier★★★** (Ołtarz Sądu Ostatecznego), le très fameux triptyque de Hans Memling (v. 1433-1494) déployé sous une vitrine. Il représente au centre l'archange saint Michel parmi les morts sortant de leurs tombes, avec, sur le panneau à sa droite, les élus, et, sur celui à sa gauche, les damnés. Faites le tour pour voir les magnifiques portraits des donateurs.

Commencez à gauche par le département consacré à la peinture locale des 16e-18e s. (Malarstwo Gdańskie) dont la première salle, la plus intéressante, précède une longue galerie de portraits. Enchaînez par le département de peinture flamande et hollandaise (Malarstwo Flamandzkie i Holenderskie) qui réserve quelques belles surprises avant de conclure par le département de peinture polonaise des 19e et 20e s. (Malarstwo Polskie), où figurent notamment des œuvres de Wyspiański, Malczewski et Pankiewicz.

À proximité du musée, l'**église de la Ste-Trinité★** (Kościół Św. Trójcy) est dotée d'une belle voûte et d'une précieuse décoration intérieure. Achevée en 1514, elle présente la particularité de posséder à l'est un chœur séparé de la nef par un mur, le long duquel on trouve de beaux polyptyques du gothique tardif. Érigée à la demande du roi Casimir Jagellon pour être dévolue à la population polonaise catholique, la **chapelle Ste-Anne** (Kaplica Św. Anny, 1480-1484) abrite une chaire de 1721 et des orgues baroques de 1710.

Musée maritime central★★ (Centralne Muzeum Morskie) PLAN II D3

Ul. Ołowianka 9/13 - ✆ 058 301 86 11 - www.cmm.pl - 19 juin-août : 10h-18h ; sept.-18 juin : tlj sf lun. 10h-16h - 6 PLN (greniers ou bateau Sołdek ou vieille grue), 15 PLN pass + ferry. L'entrée n'est pas évidente à trouver ; contournez l'édifice par la droite. Des livrets explicatifs très complets sont disponibles en français dans chaque salle. Le modeste restaurant-cafétéria Tawerna Marina permet de se sustenter sur place. Ne comptez pas moins de deux heures pour une visite même sélective.

Les trois greniers sur l'île du Plomb – Les collections sur plusieurs étages retracent, à grand renfort de tableaux, documents, gravures, maquettes et objets, la vie fluviale et portuaire à Gdańsk et la vie maritime sur le littoral de la Baltique, des origines à nos jours. La longue enfilade de salles aborde en effet tout ce qui touche de près ou de loin au domaine maritime, depuis l'évocation de la bataille navale de la rade de Gdańsk, ou bataille d'Oliwa le 28 novembre 1627 contre les Suédois, jusqu'à celle des grandes découvertes ou de l'émigration polonaise et des grands voyageurs, avec une partie consacrée au jeune marin d'origine polonaise, Józef Korzeniowski, mieux connu sous son nom d'écrivain anglophone, Joseph Conrad.

Le vaisseau-musée Sołdek (Statek-Muzeum Sołdek) – La visite se prolonge par la visite fléchée, de fond en comble, du premier bateau polonais sorti des chantiers navals de la ville en 1948, dont le capitaine s'appelait Stanisław Sołdek. Ce bateau, amarré devant sur le quai, incarne la fierté retrouvée et demeure un symbole de l'indépendance nationale.

On conclura la visite en traversant, à bord du ferry, la Motława pour rejoindre l'annexe du musée située en partie dans la vieille grue médiévale.

Annexe du musée (Skład Kolonialny) et grue en bois (Żuraw) – On y découvrira notamment une salle consacrée aux embarcations traditionnelles des quatre coins du monde, tandis que la grue, transformée partiellement en habitation au 17e s., abrite plusieurs reconstitutions scéniques avec mannequins, évoquant les métiers traditionnels liés à la mer et à la pêche. On pourra, en outre, admirer son mécanisme élévatoire.

Westerplatte★ PLAN I B2-3

À 7 km au nord de la ville historique. Des ferries y mènent depuis le Long Quai (voir « Transports »). 40mn l'aller (29 PLN), 1h40 le tour complet (43 PLN) - avr.-nov. : 10h-16h ; juil.-août : 9h-19h. Le débarcadère est situé entre le monument et la forteresse. Le trajet peut se faire en bus (n°106) depuis la Gare centrale à travers les jardins ouvriers (et 606 en saison).

Implantés au nord-est de la ville, principalement à l'est de l'estuaire de la Vistule, les **chantiers navals** couvrent une surface considérable. On ne peut les visiter mais on en a un bon aperçu en se rendant par bateau à Westerplatte, qui constitue l'extrémité orientale du canal portuaire. Véritable ville dans la ville, cette zone fascinante où tout semble voué à la rouille donne l'impression paradoxale d'un lieu désaffecté débordant d'activité. Cette succession ininterrompue de hangars et d'entrepôts, plus délabrés les uns que les autres, et cette forêt d'énormes grues se détachant telles des silhouettes fantomatiques sur fond de ciel, ne manquent pas d'impressionner.

Monument aux Défenseurs de Westerplatte
(Pomnic Obrońców Wybrzeża) B2

Ne manquez pas d'aller goûter l'air vivifiant de la Baltique en vous rendant sur cette petite bande de sable où les nazis déclenchèrent la Seconde Guerre mondiale. Le 1er septembre 1939 à 4h47 du matin, le cuirassé *Schleswig-Hollstein* ouvrait le feu sur la garnison polonaise en charge du dépôt militaire de transport créé à cet emplacement en 1924 par décision de la SDN. Malgré la disproportion des effectifs et des moyens militaires opposés, les 182 soldats dirigés par le major Henryk Sucharski ne capitulèrent que le 7 septembre, après une résistance acharnée (qui força l'admiration des Allemands et valut à son héroïque combattant lors de sa reddition les honneurs militaires et le droit de conserver en prison son épée). Le 21 septembre, Hitler en personne venait inspecter les lieux où plus de 300 de ses soldats avaient péri contre seulement quinze Polonais. Un des bâtiments pilonnés a été laissé en l'état pour le souvenir et un **musée**, installé dans l'ancien poste de garde n° 1, sur la gauche du parking, évoque (en polonais) ces heures terribles *(☎ 058 767 91 00 ; mar. 11h-15h, merc.-sam. 10h-16h, dim. 11h-16h ; 3 PLN, gratuit mar.)*.

Pour commémorer cet événement, symbole de la résistance polonaise, un monolithique **monument** de 25 m, censé évoquer une poignée d'épée plantée dans le sol, a été dressé en 1968 au sommet d'un tertre artificiel de 22,5 m. Un nouveau musée pourrait ouvrir sur cet emplacement pour le 70e anniversaire du déclenchement de la guerre *(Muzeum Pola Bitwy Westerplatte)*. On aperçoit presque en face, sur l'autre rive, le **phare maritime** *(Latarnia Morska)* du quartier de **Nowy Port** (Nouveau Port). Haut de 90 m, il fut construit en 1893. On peut y voir une collection d'anciens instruments optiques et un superbe **panorama★** depuis son sommet *(mai-sept. 10h-19h)*.

Forteresse Wisłoujście★★ (Twierdza Wisłoujście) B3

Chargée de surveiller l'accès de l'estuaire de la Vistule (et *a fortiori* de la Pologne tout entière !) que les navires devaient emprunter pour rejoindre le port de Gdańsk sur la Motława, cette belle forteresse cernée par les eaux, constituée à l'origine d'une tour-phare gothique (1482), fut entourée en 1572 d'un fort bastionné remanié entre 1584 et 1587 par Anton van Obberghen. La mer était à cette époque toute proche. Malgré l'apparente proximité supposée depuis le débarcadère de Westerplatte, la forteresse n'est accessible par la route qu'après une bonne vingtaine de minutes de marche *(le bus n° 106 s'arrête non loin de la bifurcation qui y conduit)*. Longtemps abandonné à la patine du temps, cet ensemble, rendu très photogénique grâce aux logis de garnison (17e s.) qui ceinturent la tour, subit actuellement de fond en comble une restauration musclée qui devrait prendre encore plusieurs années.

Oliwa★★ PLAN I A2-3

Oliwa est accessible par les trams nos 6 et 12 (descendre lorsque le rail tourne autour d'un rond-point). Par les trains du réseau régional SKM, descendre à la gare Gdańsk Oliwa et emprunter le passage côté gauche. Au sortir de la gare, 1re à dr. puis 1re à g. Parvenu devant une grande artère, traverser et prendre sur la droite. Pas d'office de tourisme et le bureau supposé IT, face à la cathédrale, est en fait une boutique de souvenirs d'ambre.

Ce quartier tranquille voisinant Sopot au pied de la colline arborée de Pachołek, à 5 km au nord-ouest de Gdańsk, est fameux pour son parc moitié à la française au sud-ouest et moitié à l'anglaise au nord, attenant à une ancienne abbaye cistercienne devenue cathédrale en 1926, l'année de son incorporation à la ville de Gdańsk. On rejoindra l'entrée orientale du **parc Oliwski**★ *(5h-18h/20h/23h selon la saison)* pour longer un petit canal bordé d'arbres. Parvenu à la hauteur du bassin (porte principale), s'orienter vers la droite du parc pour rejoindre le palais abbatial et la cathédrale.

Palais abbatial★ (Pałac Opatów) A2

Ul. Cystersów 15a - ✆ 058 552 12 71 - mai-sept. : mar.-vend. 10h-17h, w.-end 10h-18h ; oct.-avr. : 9h-16h - 9 PLN, gratuit mar., dernière entrée 45mn av. fermeture.

Ce bel édifice baroque, édifié en 1754-1756, abrite aujourd'hui le très ignoré mais reposant **département d'Art contemporain**★ (Oddział Sztuki Współczesnej), une annexe du Musée national de Gdańsk qui offre un beau panorama de l'art polonais du 20ᵉ s. On déambulera à travers une enfilade de belles salles d'une blancheur immaculée réunissant environ 300 œuvres modernes et contemporaines allant des œuvres très figuratives des premières salles jusqu'à celles d'abstraction pure ou encore d'art cinétique des salles situées dans l'aile est (gothique remaniée). Une salle est entièrement dédiée à Henryk Stażewski (1894-1988), chef de file du mouvement Blok. À voir également, par curiosité, deux œuvres de Tadeusz Kantor, lorsque celui-ci était encore peintre.

Juste à côté, dans l'ancien grenier de l'abbaye (Spichlerz Opacki) se trouve le **Musée ethnographique** (Muzeum Etnograficzne – *Ul. Cystersów 19 ; mai-sept. : tlj sf lun. 10h-17h ; oct.-avr. : 9h-16h ; 8 PLN, gratuit sam.*). Autre annexe du Musée national, il abrite une exposition consacrée à l'art populaire du Bas Powiśle et de la Cachoubie.

Longer le mur du cloître pour atteindre l'entrée de la cathédrale, mitoyenne du parc.

Cathédrale d'Oliwa★★ (Katedra Oliwska) A2

Une histoire mouvementée et de nombreux remaniements – Invités en 1186 par le duc de Poméranie Sambor Iᵉʳ, des moines cisterciens venus du Danemark fondèrent là leur abbaye en 1188. Construite sur un premier oratoire en briques bâti vers 1200, la basilique à trois nefs fut érigée au 13ᵉ s., puis reconstruite après l'incendie de 1350 en style gothique. Brûlée d'abord par les païens Prussiens, puis quatre fois par les chevaliers Teutoniques, elle le fut encore en 1577 par la population protestante de Gdańsk, en représailles du soutien des abbés au roi Stefan Batory qui voulait réduire l'indépendance de la ville. Finalement, le roi les obligea à payer pour sa reconstruction, achevée en 1582. En 1626, les Suédois ruinent à nouveau l'église, mais c'est dans ses murs qu'en 1660 la **paix d'Oliwa** est signée avec ces derniers. C'est au 18ᵉ s., sous l'autorité du dernier abbé polonais, Jacek Rybiński, qu'elle connaîtra son âge d'or, se parant notamment de magnifiques grandes orgues et du palais des Abbés. Entre les 16ᵉ et 19ᵉ s., elle s'entoure de nombreuses installations industrielles (moulins à poudre et à foulon, papeteries, forges, scieries). En 1831, l'abbaye cistercienne est définitivement dissoute par le roi de Prusse. Elle devient cathédrale en 1925 et est relativement peu endommagée lors de la Seconde Guerre mondiale.

Intérieur – Claire et blanche, elle constitue, avec sa longue nef étroite et son chœur allongé, une des trois plus longues églises de Pologne (107 m). Joyau incomparable de l'église, le magnifique **orgue**★★★ de bois sombre sculpté est magistralement enchâssé autour d'un vitrail d'une Vierge à l'Enfant. Conçu sur l'initiative de l'abbé Jacek Rybiński, il est l'œuvre d'un moine cistercien, Jan Wulf d'Orneta qui, 25 ans durant, de 1763 à 1788, s'attela à sa réalisation qui fut terminée par le maître d'orgue Friedrich R. Dalitz entre 1791 et 1793. C'est un atelier local dirigé par le moine Alanus et Joseph Gross qui réalisa le somptueux décor de boiseries. Il y a souvent foule, notamment le dimanche, pour assister aux fameuses démonstrations de l'étonnant instrument (*✆ 058 320 62 50 - nov.-mars : lun.-sam. 12h, dim. 15h ; avr. : lun.-sam. 11h et 12h, dim. 15h et 16h ; mai : lun.-sam. 10h-12h, dim. 15h et 16h ; juin : lun.-vend. 10h-16h, sam. 10h-15h, dim. 15h-17h ; juil.-août : lun.-vend. 10h-17h, sam. 10h-15h, dim. et 15 août 15h-17h ; sept : lun.-sam. 10h-13h, dim. 15h-16h ; oct. : lun.-sam. 11h et 12h, dim. 15h. Il est conseillé d'arriver en avance, les portes ferment pendant la démonstration).* Les religieuses demandent que l'on se lève et invitent à la récitation d'un *Pater Noster* avant que ne soit entamé le programme qui mêle des musiques très variées. Des sons étonnants et d'une puissance sonore incomparable émanent de ses 101 registres possibles s'échappant de ses 7 876 tuyaux.

Le chœur est doté d'un **maître-autel baroque★** (1688) constitué par une impressionnante colonnade de marbre noir qui offre un contraste saisissant avec la voûte de stuc blanc cotonneux évoquant un ciel nuageux peuplé de quelque 150 têtes d'anges. Délicatement sculpté, l'ancien **maître-autel Renaissance★** (1606) de la Sainte Trinité a été déplacé dans le transept nord. Côté opposé, on trouve le sobre **sarcophage** de marbre noir des ducs de Poméranie (1615). Belles **stalles★** du 17e s. et superbe **chaire★** du 18e s., ornée de scènes de la vie de saint Bernard, à l'amorce du chœur. Dans le déambulatoire, on retiendra l'autel des quatre évangélistes et l'autel de saint Pierre et de saint Paul, tous deux ornés de peintures du 17e s. de Hermann Han. De belles stèles funéraires des 17e et 18e s. ornent le bas-côté voûté gauche. Avant de sortir, jetez un œil, côté droit, au singulier monument funéraire (1620) de la famille Kos.

On pourra prolonger sa visite d'Oliwa au nord vers le cimetière bien entretenu et très fleuri, toujours scintillant de mille bougies, ou bien à l'est en direction de la **vallée de la Joie** (Dolina Radości), vers l'ancienne forge hydraulique et le **zoo**.

La paix d'Oliwa

Oliwa a laissé son nom dans l'histoire avec la paix d'Oliwa signée en 1660 entre la Pologne, la Prusse et la Suède. Par ce traité, qui mettait fin à la terrible invasion suédoise surnommée « le Déluge », Jean II Casimir de Pologne perdait la Livonie (entre l'Estonie et la Lettonie actuelles) et renonçait à sa suzeraineté sur la Prusse orientale.

Sopot PLAN I A2

(39 624 hab.)

Sopot, à 12 km au nord du centre historique de Gdańsk, est accessible en train depuis les plate-formes nos 3 à 6 de la gare du réseau régional SKM. Trains ttes les 10mn, durée du trajet 25mn, 9e arrêt (Sopot) depuis Gdańsk Główny.

Coincée entre les deux grandes villes de Gdańsk et Gdynia d'une part, entre la mer et l'escarpement boisé de la falaise d'autre part, Sopot, qui constitue la station balnéaire la plus huppée du pays, n'a pourtant, excepté une longue jetée pénétrant la mer Baltique, guère de monuments pour se distinguer.

Le « Deauville polonais » créé par un Alsacien – Concédé au 13e s. aux moines de l'abbaye cistercienne d'Oliwa, cet ancien village de pêcheurs doit son véritable essor à l'Alsacien Georges Haffner, ancien chirurgien de l'armée napoléonienne, qui s'y fixa et y fit construire en 1823 les premiers bains, suivis l'année suivante d'un établissement thermal. Malgré son succès croissant, Sopot n'obtiendra pourtant des droits urbains qu'en 1901 et, au lendemain de la Première Guerre mondiale, la ville est incluse dans les limites de la ville libre de Gdańsk. Destination privilégiée des grands de ce monde, elle connaît alors son heure de gloire (grâce notamment à son casino créé en 1920) avant de redevenir polonaise en 1945. C'est aujourd'hui un lieu apprécié de villégiature. Elle constitue, surtout le soir venu, une échappatoire pour les noctambules en mal d'animation et, de façon générale, pour tous les gens en quête de restaurants et de bars branchés.

A. Léonard / ONT Pologne

La façade du 53 Bohaterów Monte Cassino à Sopot.

Se promener dans Sopot

PLAN III

Vous descendrez la **rue Bohaterów Monte Cassino** (**B2-C1**), voie piétonne qui doit son nom à la bataille et qui est surnommée « Monciak ». Elle conduit depuis la voie ferrée jusqu'à la plage. Comme exposée devant une glace déformante, la **façade du n° 53** *(Rezydent)* attirera votre regard, même si l'intérieur est décevant, abritant pléthore de cafés sans âme. En vous rapprochant du bord de mer, vous traverserez une zone en pleine reconstruction, où devraient voir le jour d'ici 2014 un opéra de verdure, une maison de retraite, un tunnel automobile et une marina. Tout au bout, vous atteindrez la Place thermale, face au **môle★** en bois (*molo*, **C1**) qui constitue la principale attraction du front de mer *(10h-20h ; 2,50 PLN lun.-vend., 3,70 PLN mai-sept. et le w.-end)*. Présentée comme la plus longue de Pologne, cette jetée-promenade de 511 m de long vous donnera l'impression de marcher au-dessus de la mer durant au moins 450 m. La première, de 41 m, bâtie par Haffner, fut prolongée de 22 m en 1842. Agrandie à 94 m en 1882, elle atteignit ses dimensions actuelles en 1925, à l'occasion du 25e anniversaire de la fondation de la ville. Une **plage** de sable fin s'étend des deux côtés. Près de l'amorce de la jetée, la montée dans un **phare-panorama** (Latarnia Morska – *1 PLN mai-sept. et le w.-end*) permet d'élever son regard sur les alentours.

Au nord se dresse la massive silhouette du **Grand Hotel** où Hitler séjourna en septembre 1939 alors que ses troupes fonçaient vers Varsovie. Longer la plage par la promenade, qui s'étend vers le sud, vous mènera au **musée de Sopot** (Muzeum Sopotu, **C2** – *Ul. Poniatowskiego 8 ; ✆ 058 551 22 66 ; mar.-vend. 10h-16h, w.-end : 11h-17h ; 5 PLN, gratuit mar.*). Installé dans une belle villa de 1903, il abrite un petit musée de la maison bourgeoise reconstituée et des expositions temporaires. Belle série de photos, dans l'escalier, du Sopot d'avant guerre. Le rez-de-chaussée abrite un petit café-restaurant agréable.

Si la fraîcheur manque côté plage, vous pourrez toujours vous diriger à l'opposé, vers la forêt, sur les hauteurs de la ville, propices à de belles promenades. Construit en 1909 et modernisé au début des années 1960, l'**opéra de verdure** (Opera Leśna – *Ul. Moniuszki 12,* **A2**) est un amphithéâtre de quelque 5 000 places niché au cœur de la forêt et protégé par un impressionnant toit pliant. En été, s'y déroule un fameux festival de la chanson qui accueille des pointures internationales. Une remontée mécanique mène au sommet du mont Chauve (Łysa Góra), point culminant des environs.

Gdynia PLAN I A1

(251 844 hab.)

Gdynia, à 12 km au nord du centre historique de Gdańsk, est accessible en train depuis les plate-formes nos 3 à 6 de la gare du réseau régional rapide SKM. Trains toutes les 10mn, 40mn de trajet, 14e arrêt (Gdynia Główna Osobowa) depuis Gdańsk Główny.

Fille cadette de la Triville, cette ville ambitieuse, qui ne cesse de se développer et d'attirer de nombreux investisseurs, pourra sembler d'emblée moins accueillante et

moins gracieuse que ses deux aînées. Si elle n'offre que peu de curiosités, elle est cependant moins avare en réjouissances grâce à ses nombreux cafés et restaurants et à ses belles boutiques, où les Gdańskois aiment à venir faire leur shopping. Le dimanche, cette cité portuaire fournit surtout l'occasion aux familles d'une promenade sur les quais.

L'accès à la mer – Élevée sur l'emplacement d'un village de pêcheurs cachoube fondé au 13e s., cette ville nouvelle symbolise l'effort déployé par les Polonais pour retrouver un accès perdu à la mer. À la fin de la Première Guerre mondiale, alors que Sopot et Gdańsk forment à nouveau une ville libre, la nouvelle République indépendante de Pologne ressent la nécessité de posséder un port digne de ce nom sur la bande littorale d'à peine 72 km qui lui était alors consentie. En 1921, l'ingénieur Tadeusz Wenda s'attelle à la construction du port qui accueille en août 1923 son premier bateau, le *Kentucky*, battant pavillon français (les Français ayant investi dans le financement du port). En 1934, il constituait déjà le plus grand et le plus moderne port de la Baltique. Suivant l'extraordinaire développement de la cité, sa population, qui comptait 1 268 habitants en 1921, dépassait les 127 000 en 1939, alors que les Allemands annexaient la ville en la rebaptisant Gothafen. Fortement endommagé durant la Seconde Guerre mondiale, le port fut reconstruit et modernisé pour former aujourd'hui le principal port de commerce du pays.

Se promener dans Gdynia

Dénuée de plages, les principales attractions touristiques de Gdynia sont regroupées autour du square Kościuszko (Skwer Kościuszki) prolongé par une très large jetée. Le quai nord est bordé par deux **navires-musées** (Statki-Muzea) : le destroyer *Błyskawica (l'Éclair)*, construit en 1937, et le voilier trois-mâts *Dar Pomorza (Don de Poméranie)*, qui restent amarrés à longueur d'année pour être visités. Le dernier faisait autrefois office de navire-école et fut remplacé par le *Dar Młodzieży (Don de la Jeunesse)* que l'on peut voir amarré ici. Au bout, fermant la perspective de la jetée, deux monuments commémoratifs : l'un en métal baptisé le *Jeu des mâts (Gra Masztów)*, l'autre en pierre, dédié au célèbre écrivain d'origine polonaise Józef Konrad Korzeniowski (Joseph Conrad).

Côté droit, le **Musée océanographique et l'aquarium** (Muzeum Oceanograficzne i Akwarium Morskie – *9h-16h30 ; fermé 1er janv., dim. de Pâques, 1er nov., 24, 25 et 31 déc. ; 12 PLN*), même s'il n'est pas le plus moderne du monde, ravira tous ceux qui peuvent rêver fixement des heures durant devant le ballet croisé des poissons.

À l'ouest, la **montagne de Pierre** (Kamienna Góra), du haut de ses 52,40 m, constitue le point culminant pour observer l'étendue du port et le cordon littoral de la presqu'île de Hel. À ses pieds, le **musée de la Marine de guerre** (Muzeum Marynarki Wojennej) renferme une riche collection d'armement.

Aux alentours

Île de Sobieszewo (Wyspa Sobieszewska)

À 15 km du centre de Gdańsk, prendre les bus n° 112 et 186 (devant la gare) ou E et 512.

Les réserves naturelles du « Paradis des oiseaux » *(Ptasi Raj)* et du « Banc de sable aux mouettes » *(Mewia Łacha)* côtoient des plages propres et larges et de belles forêts. Au sud, la zone de dépression du delta de la Vistule *(Żuławy Wiślane)* est constituée de polders situés au-dessous du niveau de la mer, qui ont été autrefois aménagés par des colons néerlandais et qui sont traversés de multiples canaux, ponts mobiles et écluses. Une île charmante à parcourir à vélo, à cheval ou en bateau.

Péninsule de Hel★ (Mierzeja Helska)

60 km au nord de Gdańsk, 32 km au nord de Gdynia. Hel est accessible par le train depuis Gdynia, mais aussi de mi-mai à fin sept. par bateau depuis Gdańsk, Sopot ou Gdynia.

Cette étroite presqu'île couverte de pinèdes, longue de 34 km et dont la largeur varie de 200 m à sa base à 2,9 km à son extrémité, ferme la baie de Gdańsk. Son nom lui vient de l'occupation danoise, Hel désignant le royaume des morts dans la mythologie nordique. La péninsule alterne stations balnéaires (Chałupy, Kuźnica et Jurata) et villages de pêcheurs (Władysławowo, Jastarnia, Hel côté baie) et elle est bordée de belles plages de sable aux eaux claires sur son rivage maritime au nord. Au bout de la presqu'île, la petite ville portuaire de Hel possède un **musée du Pêcheur** installé dans une ancienne église gothique, un aquarium pour phoques (Fokarium), et permet de belles promenades dans la forêt, admirable depuis les hauteurs du phare.

Camp de Stutthof et cordon de la Vistule (Mierzeja Wiślana)

60 km à l'est de Gdańsk. Gare PKS dir. Krynica Morska (quai n° 2, 1h40 jusqu'au terminus).

Vous pouvez d'abord choisir de vous arrêter à Stegna pour traverser à bord d'un pittoresque train les **polders du delta de la Vistule** *(voir « Transports »)*. Sinon, descendez du bus à Sztutowo pour visiter (après 1 km de marche en retournant en arrière) le **musée de Stutthof** (Państwowe Muzeum Stutthof) sur l'emplacement d'un des quinze grands camps de concentration nazis où ont péri entre 65 000 et 85 000 personnes et où fonctionnait la tristement célèbre fabrique produisant du savon à partir de graisse humaine. La visite, qui dure environ 2h, est interdite aux moins de 13 ans. *Ul. Muzealna 6, 82-110 Sztutowo - ✆ 055 247 83 53 - www.stutthof.pl - mai-sept. : 8h-16h ; oct.-avr. : 8h-15h - entrée gratuite - dernière entrée 1h av. fermeture - en été, tlj sf lun., projections documentaires ttes les 30mn, 3 PLN.*

En reprenant le bus, vous atteignez le cordon lagunaire. Vous pouvez faire une halte au premier arrêt (**Kąty Rybackie**) où se trouve la plus grande station de cormorans en Europe ou pousser jusqu'à la station balnéaire de **Krynica Morska**.

Gdańsk pratique

Code postal (Gdańsk) – 80-000 à 80-900.

Code postal (Sopot) – 81-700 à 81-900.

Code postal (Gdynia) – 81-300 à 81-600.

Adresses utiles

GDAŃSK (PLAN II)

Gdańska Informacja Turystyczna PTTK – *Ul. Długa 45 - ✆ 058 301 91 51 - fax 058 301 13 43 - www.pttk-gdansk.pl - lun.-vend. 9h-18h, w.-end 10h-18h.* Dans la maison des Schumann. Un grand nombre de services sont proposés : centrale de réservation pour l'hébergement chez les particuliers *(5 PLN pour l'agence)*, vente de cartes, livres, guides, tickets de bus et de ferry, organisation de visites guidées et de circuits *(en 3h, 6h ou 8h)*.

Gdańska Organizacja Turystyczna – *Ul. Podwale Grodzki 1 - www.got.gdansk.pl - 9h-17h (devrait fermer plus tard à partir de cet été).* Située au fond du hall central de la gare principale. Dispose d'un autre bureau excentré, près de l'hôtel Mercure - *Ul. Heweliusza 29 - ✆ 058 301 43 55 - fax 058 301 66 37 - lun.-vend. 8h-16h.*

Nadbałtyckie Centrum Kultury Gdańsk – *Ul. Korzenna 33/35 - ✆ 058 301 10 51 - www.nck.org.pl - 10h-18h.* L'occasion de visiter l'ancien hôtel de ville de la Vieille Ville, où se déroulent expositions et concerts gratuits. Agréable café dans le vestibule. Librairie.

Bon à savoir – La brochure bimensuelle en anglais *Gdańsk in your Pocket* (5 PLN, *www.inyourpocket.com*) constitue un excellent vade-mecum. 2 brochures gratuites en anglais sont disponibles à Gdańsk : le mensuel *Gdansk City Map* et le bimensuel de 76 p. *The Visitor Guide Bałtyk (www.thevisitor.pl)*, avec les adresses à connaître et les événements à venir.

Alliance française – *Ul. Sienkiewicza 5a - ✆ 058 341 49 02 - www.af.gda.pl.*

Change – Un Kantor reste ouvert 24h/24 à l'intérieur de la Gare centrale.

En cas de difficultés – Tout étranger peut se faire aider ou conseiller – en anglais, allemand ou russe – en joignant les numéros : *0800 200 300 (gratuit d'un tél. fixe) ou +48 608 599 999 (payant d'un tél. portable) - juin-oct. 8h-20h.*

Hôpitaux – Wojewódzki Szpital - *Ul. Nowe Ogrody 1/6 - ✆ 058 302 30 31.*

Medicover Center – *Ul. Beniowskiego 23 - ✆ 058 557 55 55.*

Internet – Jazz'n'Java Internet Cafe - *Ul. Tkacka 17/18 - ✆/fax 058 305 36 16 - 10h-22h - 1 PLN/10mn, 3 PLN/30mn, 5 PLN/1h.* Pratiquement au coin de la rue Długa vers la Porte haute.

Internet Café (Krewetka) – *Ul Karmelicka 1 - ✆ 058 320 92 30 - lun.-sam. 9h-1h, dim. 9h30-1h.* Au RdC, côté gauche, du cinéma Krewetka, situé face à la gare.

Pharmacie 24h/24 – Apteka Dworcowa - *Gare centrale - ✆ 058 346 25 40.*

Police – *✆ 997 ou 112* - poste de police : *Ul. Piwna 32/35 - ✆ 058 301 09 42.*

Pompiers – *✆ 998.*

Poste – Urząd Pocztowy - *Ul. Długa 23/28 - lun.-vend. 8h-20h, sam. 9h-15h.* Une belle poste fin 19e s. Central téléphonique sur la droite de l'entrée. Bureau annexe dans le bâtiment du musée de la Poste.

Service d'urgences – *✆ 999.*

SOPOT (PLAN III)

Office de tourisme (Informacja Turystyczna Sopot) – *Ul. Dworcowa 4 - ✆ 058 550 37 83 - fax 058 555 12 27 - www.sopot.pl - juin-sept. : 9h-20h ; oct.-mai : 10h-18h.* Sur la gauche en sortant de la gare, derrière l'hôtel Rezydent en remontant la rue B. Monte Cassino. Gère les possibilités de logement chez l'habitant. Un autre bureau, situé en bordure de la grande route pour Gdynia, est surtout destiné aux automobilistes.

PTTK – *Al. Niepodległości 771 - ✆/fax 058 551 06 18 - pttk@sopot.pl - lun.-vend. 9h-17h, sam. 10h-15h, dim. 11h-15h.*

Consulat honoraire de France – *Ul. Kościuszki 16 - ✆ 058 550 32 49.*

Pharmacie 24h/24 – Par roulement, *www.goia.org.pl, « Apteka Dyżurna ».*

Poste – *Ul. Kościuszki 2 - ✆ 058 551 08 26 - www.poczta-polska.pl.*

Sauvetage en mer – *✆ (+48) 601 100 100.*

GDYNIA (PLAN I)

Office de tourisme (Miejska Informacja Turystyczna Gdynia) – *Plac Konstytucji 1 - ✆/fax 058 721 24 66 - www.gdynia.pl - mai-sept. : lun.-vend. 8h-18h, sam. 9h-19h, dim. 9h-15h ; oct.-avr. : lun.-vend. 10h-17h, sam. 10h-15h.* Dans le hall de la gare ferrovière de Gdynia Główna. Au fond du couloir à gauche en se dirigeant vers la sortie. Une boutique avec accès à Internet.

Point d'information touristique de la Baltique (Bałtycki Punkt Informacji Turystycznej) – *Al. Jana Pawła II - ✆/fax 058 620 77 11 - bpit@gdynia.pl - mai-sept. : lun.-vend. 9h-18h, sam. 10h-17h, dim. 10h-16h.* Un véritable poste de vigie, à l'extrémité droite du Long Quai, derrière l'aquarium.

Visites

Un pass collectif permet, pour 15 PLN (9 PLN tarif réduit), de cumuler les visites des greniers de l'île du Plomb, du bateau Sołdek, de la vieille grue et l'AR en ferry. Renseignements à la caisse devant la vieille grue.

Transports

Aéroport Lech-Wałęsa de Gdańsk – *Ul. Słowackiego 200 - Rębiechowo - ✆ 058 348 11 54 - www.airport.gdansk.pl.* 14 km à l'ouest du centre. Pas de vols directs avec la France. Liaisons avec Varsovie et plus de 30 villes d'Europe.

Bus B pour la Gare centrale ou n° 110 pour la gare de Gdańsk Wrzeszcz.

Gares ferroviaires – La Gare centrale **(Stacja Kolejowa Gdańsk Główny)** est à 10mn à pied du centre-ville *(Ul. Podwale Grodzkie 1 - informations ✆ 94 36)*.
La gare du réseau régional rapide SKM (en dir. de Sopot et Gdynia) est située juste à côté (prendre le souterrain). Trains ttes les 10mn depuis les plate-formes n°s 3 à 6.

Ferries vers la Suède – L'embarcadère pour ferries se trouve à Nowy Port *(Ul. Przemysłowa 1)*, à 7 km au nord du centre. Accès par le train depuis la gare de Gdańsk Główny et arrêt à Gdańsk-Brzeźno. Cies **Polferries** *(✆ 058 +48 91 322 61 40, www.polferries.pl)* et **Stena Line** *(✆ 058 660 92 00, www.stenaline.pl)*.

Bâteaux le long des quais – La Cie de transports urbains **ZTM** *(Ul. Na Stoku 49 - ✆ 058 309 13 23 - www.ztm.gda.pl/ferry.html)* dispose d'un embarcadère près du beffroi du Cygne, ouvert de mai à mi-sept., reliant Hel *(1h50, 16 PLN)* via Sopot *(65mn, 8 PLN)*. La Cie **Żegluga Gdańska** *(Ul. Pończoszników 2 - ✆ 058 301 49 26 - www.zegluga.pl)* assure depuis 1946 les navettes en été vers Sopot *(60 PLN)*, Hel ***(60 PLN)*** et Gdynia *(70 PLN)*. D'avr. à nov. vers Westerplatte *(40mn, 43 PLN AR)*. Guichet près du pont après la Porte verte, en retrait du quai surbaissé. Enfin, la Cie **Ustka-Tour** *(✆ 601 62 91 91, www.rejsyturystyczne.pl)* propose de naviguer dans son galion du 17e s. *(mai-oct., 45mn, 20 PLN)* depuis le beffroi du Cygne.

Gare routière – Dworzec Autobusowy PKS - *Ul. 3 Maja 12 - ✆ 058 302 15 32*. Derrière la gare ferroviaire par le passage souterrain.

Location de voitures – **Avis** *(aéroport - ✆ 058 348 12 89 ; Ul. Podwale Grodzkie 9 - ✆ 058 300 60 05 ; www.avis.pl)*, **Budget** *(aéroport - ✆ 058 348 12 98 ; Ul. Ogarna 15-19b - ✆ 058 305 61 55 ; www.budget.pl)* et **Hertz** *(aéroport - ✆ 058 349 48 08 ; Ul. Brygidki 14b - ✆ 058 301 40 45 ; www.hertz.com.pl)*.

Trains touristiques – La Żuławska Kolej Dojazdowa (ZKD) relie Mikoszewo, Jantar, Stegna, Sztutowo et Nowy Dwór Gdański à travers les polders de la dépression de la Vistule. *✆ 055 247 36 72 - www.zkd.kom.pl - en été - 5/8 PLN.*

Trams touristiques – La Gdańska Linia Turystyczna (GLT) relie la Porte haute au front de mer (Brzeźno) par les trams *Bergmann 1927* et *Konstal N 1952 (juil.-août : w.-end ; 5 PLN)*.

Se loger

GDAŃSK (PLAN II)

Chambres chez l'habitant

⊖ Grand-Tourist – *Ul. Podwale Grodzkie 8 - ✆ 058 301 26 34 - fax 058 301 63 01 - www.grand-tourist.pl - ⊠ - lun.-vend. 10h-18h, sam. 10h-14h (juil.-août : 8h-20h)*. Situé en sous-sol du City Forum, galerie commerciale de l'hôtel Holiday Inn. De la gare, prendre le souterrain puis, à sa sortie, à droite. Enseigne jaune et porte coulissante. Cette agence centralise les offres de locations privées dans le centre-ville. Elle dispose d'un parc d'une cinquantaine de chambres *(100 PLN au centre, 80 PLN en périphérie)* et d'une trentaine d'appart. *(1 pièce + cuisine + sdb = 200 PLN)*. Pas de petit-déj. On paye en liquide au bureau qui vous fournit des clefs. Une employée parle français.

Chambres universitaires, hostels

⊖ Almatur – *Ul. Długi Targ 11 - ✆ 058 301 24 03 - fax 058 301 78 18 - www.almatur.gda.pl - lun.-vend. 10h-17h (juin-août 18h), sam. 10h-14h*. Cette agence de voyages pour étudiants gère l'hébergement en résidences universitaires de juin à septembre : une dizaine de sites regroupés notamment autour de l'université de technologie, située entre les stations de train de Gdańsk Politechnika et de Gdańsk Wrzeszcz. Propose également quelques chambres, plus bohèmes, au sein de la résidence d'étudiants de l'Académie des beaux-arts, sise dans l'altière Maison anglaise.

⊖ Auberge de jeunesse – *Ul. Wałowa 21 - ✆/fax 058 301 23 13 - www.mokf.com.pl - 96 lits 70 PLN*. Au fond d'un petit parc, à la lisière de la Vieille Ville, non loin de l'entrée des chantiers navals, la plus centrale des trois auberges de jeunesse permanentes de la ville dispose de chambres de 1 à 10 pers. 17,50 PLN en dortoir et 35 PLN par pers. en chambre double.

⊖ Baltic Hostel – *Ul. 3 Maja 25 - ✆ 058 721 96 57 - www.baltichostel.com.pl - ⊠ - 6 ch. 100 PLN*. Cette annexe du Gdańsk Hostel est localisée au sein d'un gigantesque logement collectif de briques rouges qui se dresse derrière la Gare centrale (entrée du côté du pont). L'escalier, franchement décati, contraste avec l'intérieur flambant neuf, joliment décoré aux tons vifs des couleurs primaires. Cette *guesthouse* plutôt destinée aux jeunes propose des chambres de 3/4 à 6 lits *(50 PLN par pers.)* et des dortoirs *(35 PLN)*, avec sdb commune.

Hôtels et pensions

⊖ Gryfhotel – *Ul. Jana z Kolna 22/26 - ✆ 058 300 01 30 - fax 058 320 24 65 - www.owgryf.pl - 68 ch. 140 PLN - ☕ 20 PLN*. Cet hôtel à la façade jaune-vert défraîchie et peu avenante se trouve dans le quartier ouvrier et jouxte l'entrée du chantier naval (réservez de ce côté). L'intérieur a été récemment rénové et les chambres sont simples mais bien équipées. De loin le meilleur rapport qualité-prix pour le centre-ville.

⊖⊖ Dom Aktora – *Ul. Straganiarska 55/56 - ✆ 058 301 59 01 - fax 058 301 61 93 - www.domaktora.pl - 2 ch. 340 PLN ☕ et 10 appart*. Un personnel exclusivement féminin et plus volontiers germanophone qu'anglophone gère cette sympathique pension, bien située au nord de la Vieille Ville dans un petit immeuble moderne à double pignon. Des chambres plutôt spacieuses mais également des appart. tout équipés pour 2 à 4 pers. de 400 à 540 PLN. Réception 8h-22h.

Dom Schumannów – *Ul. Długa 45 - 058 301 52 72 - fax 058 301 91 51 - www.domschumannow.pl - 6 ch. 320/350 PLN*. Cette pension, située dans la plus belle rue de la ville et dans un édifice du 16e s. classé monument historique, est gérée par l'office touristique PTTK. La décoration est basée sur du mobilier en bois du 19e s. Un cadre splendide pour un séjour. Prix négociables. Également deux appart. pour 2 pers. à 440 et 550 PLN.

Hotel Królewski – *Ul. Ołowianka 1 - 058 326 11 11 - fax 058 326 11 10 - www.hotelkrolewski.pl - 30 ch. 400 PLN*. Discret derrière sa belle et austère façade percée de fenêtres caractéristiques, l'un des rares greniers royaux du début du 17e s. de l'île du Plomb encore debouts a été rénové en 2003 pour faire place à un bel hôtel de quatre étages. Pour le même prix, réservez une chambre – toutes décorées de la même façon dans des tons jaunes et verts – avec vue sur les quais. Belles suites sous les toits. Restaurant de 19h à 21h.

Hotel Podewils Gdańsk – *Ul. Szafarnia 2 - 058 300 95 60 - fax 058 300 95 70 - www.podewils.pl - 10 ch. 800 PLN*. Magnifiquement situé, face à la célèbre grue, de l'autre côté de la rivière Motława près de la marina, dans une rare maison rescapée du 18e s. Un petit hôtel 5 étoiles avec groom devant la porte baroque surmontée d'un écusson figurant une « tête de nègre ». Chambres à la décoration classique pouvant bénéficier de tarifs dernière minute. Dispendieux mais ravissant restaurant avec terrasse tranquille sur l'arrière.

À OLIWA (PLAN I)

Hotel Oliwski – *Ul. Piastowska 1 - 058 761 66 10 - fax 058 761 66 20 - www.hotel-oliwski.pl - 54 ch. 270 PLN*. Cet hôtel flambant neuf se situe à proximité de la gare d'Oliwa. C'est une excellente localisation pour se rendre rapidement à Gdańsk, Gdynia ou Sopot et profiter au retour du charme du parc d'Oliwa. Le design intérieur est épuré et minimaliste mais le confort certain (vous pouvez choisir votre sdb avec douche ou baignoire).

À SOPOT (PLAN III)

Pensjonat Irena – *Ul. Chopina 36 - 058 551 20 73 - fax 058 551 34 90 - www.pensjonat-irena.gda.pl - 16 ch. 250 PLN*. Empreinte d'un charme discret, cette pension nichée dans une massive villa balnéaire de quatre niveaux offre un bon rapport qualité-prix. Les chambres sont réparties sur deux étages autour du vaste hall d'entrée. Petites mais hautes de plafond, elles sont toutes recouvertes du même papier beige doré. Très agréable salle de restaurant pour déjeuner *(50 PLN-8h-19h)*, où le temps semble avoir suspendu son vol en 1925, et magnifique pub *Karczma* au rez-de-chaussée : un étonnant restaurant de vieille cuisine polonaise *(13h-0h)* se référant à l'époque du roi Jean III Sobieski.

Hotel Orbis Grand – *Ul. Powstańców Warszawy 12/14 - 058 520 60 00 - fax 058 520 60 99 - www.orbis.pl - 127 ch. 460 PLN*. Imposante côté rue avec sa colossale double rampe d'accès pour les voitures, cette gigantesque bâtisse Art nouveau construite en 1924-1927 l'est plus encore côté plage. De très vastes couloirs desservent, de part et d'autre de l'élégante coupole centrale, des chambres lumineuses et hautes de plafond. Il faudra débourser davantage *(550 à 650 PLN)* pour obtenir une chambre avec vue sur la Baltique. Un luxe que s'octroya Hitler en septembre 1939. Élégante salle de restaurant face à la mer.

Hotel Villa Sedan – *Ul. Pułaskiego 18-20 - 058 555 09 80 - fax 058 551 06 17 - www.sedan.pl - P - 21 ch. 320 PLN*. Dans une belle villa du début du 20e s., cet hôtel paisible propose des chambres agréables au confort standardisé sans fausses notes. Réductions le w.-end sauf en juillet et août. Lumineux restaurant au cadre reposant *(70 PLN ; 11h-23h)*.

Hotel Zhong Hua – *Al. Wojska Polskiego 1 - 058 550 20 20 - fax 058 551 72 75 - www.zhonghua.com.pl - 49 ch. 550 PLN*. En bord de plage dans d'anciens bains reconvertis en pagodes, cet hôtel propose, outre des chambres « classiques », des appart. avec terrasse privative « pieds dans le sable ». Location de vélos *(5 PLN/h ou 25 PLN/j)*. L'aile nord abrite un restaurant – très recommandé et apprécié des Polonais – au décor orientalisant, qui offre surtout l'avantage d'être face à la mer. De moins exotiques Polonais au service comme apparemment en cuisine pour de bons et copieux plats d'inspiration chinoise revus et corrigés à la sauce locale *(13h-23h ; 60 PLN)*.

Se restaurer

Même en matière gastronomique et festive, les villes de Gdańsk et Sopot semblent s'être réparti les rôles. Après les restaurants classiques de Gdańsk, vous pourrez, à Sopot, essayer des restaurants plus tendance et de jolis cafés. Notez que tous les hôtels de Sopot cités possèdent des restaurants recommandables.

À GDAŃSK (PLAN II)

Bar Mleczny Neptun – *Ul. Długa 33/34 - www.barneptun.pl - lun.-vend. 7h30-18h, w.-end 10h-17h -* -

15 PLN. Un bar à lait connu comme le loup blanc, bien situé au beau milieu de l'artère la plus prestigieuse de la ville. Parfait pour déjeuner sur le pouce d'un menu express de cuisine familiale polonaise.

« Turystyczny » Bar Mleczny Wiesława Zwierzycka – *Ul. Szeroka 8/10 - lun.-vend. 8h-18h, w.-end 9h-16h - 15 PLN.* Les Polonais se pressent nombreux dans cet établissement providentiel où manger sans trop bourse délier est possible. Ambiance jaune canari-vert perruche pour cet authentique « bar à lait », reliquat de l'ancien régime communiste à honorer désormais tel un monument historique.

Restauracja Kresowa – *Ul. Ogarna 12 - 058 301 66 53 - 12h-23h - 65 PLN.* Ce « restaurant des confins » est l'endroit à ne pas manquer si vous souhaitez découvrir les plats typiques de Lituanie et d'Ukraine et la gastronomie traditionnelle arménienne, juive et caucasienne. Vous serez accueilli à bras ouverts par la propriétaire russe Tatiana, qui saura vous conseiller et vous faire apprécier ses plats. Réservez en saison.

Restauracja Kubicki – *Ul. Wartka 5 - 058 301 00 50 - 12h-22h (0h en été) - - 60 PLN.* Sur le quai, de fait, le plus vieux restaurant de la ville à l'activité ininterrompue depuis 1918. Ambiance feutrée et temps suspendu dans cette grande salle à dominantes pourpre et or flanquée latéralement de deux plus petites salles de couleur vert pomme. Cuisine traditionnelle sommaire mais aussi moins onéreuse que le cadre raffiné ne le laisserait supposer. Ne vous y présentez pas trop tard *(hors saison à 21h30).*

Restauracja Turbot – *Ul. Korzenna 33/35 - 058 307 51 48 - 12h-dernier client - 70 PLN.* Un escalier à droite de l'entrée de l'ancien hôtel de ville de la Vieille Ville mène dans les entrailles du Turbot, un agréable restaurant situé dans une cave. Son polyglotte et flegmatique patron, fin lettré, est président de l'Association des amis de Günter Grass, avec lequel il entretient un mimétisme certain. Turbot évidemment à l'honneur pour ce restaurant qui fait référence au roman du même nom, dans lequel les hommes qui font l'histoire s'avèrent de fait sous l'emprise de l'art culinaire des femmes. Un débat à ouvrir en croquant une des fameuses pommes de terre provenant de la baie de la Vistule.

Złota Rybka – *Ul. Piwna 50/51 - 058 301 39 24 - dim.-jeu. 11h-22h, vend.-sam. 11h-0h - 35 PLN.* Situé au rez-de-chaussée du Klub Yesterday (ce qui permet aux noceurs de se sustenter à bon marché en début de soirée), ce petit snack à l'atmosphère informelle propose un menu en français. On pourra s'installer dans la mezzanine dont le plafond est décoré de coquillages. Les stars locales ont laissé aux murs leurs signatures et commentaires sur le « Poisson d'or ».

Restauracja Pod Łososiem – *Ul. Szeroka 52/54 - 058 301 76 52 - www.podlososiem.com.pl - 12h-1h - 100 PLN.* À classer sans conteste parmi les plus élégants de la ville, le « restaurant au saumon » se targue d'une ouverture en 1598. Détruit durant la guerre, il n'a rouvert ses portes qu'en 1976. On y sert un succulent canard à la peau croustillante. Il faut goûter la spécialité de l'endroit : la *goldwasser*, une boisson liquoreuse sucrée à base d'herbes et… d'or 22 carats (l'alcool favori de la tsarine Catherine II). Ce breuvage de tradition allemande de Poznań était fabriqué en ces lieux, dans la distillerie du Saumon fondée en 1598.

À SOPOT (PLAN III)

Bar Przystań – *Al. Wojska Polskiego 11 - 058 555 06 61 - www.barprzystan.pl - 11h-23h - 25 PLN.* Au sud de la promenade littorale, ce resto-plage constitue une véritable institution sopotienne. Un long vaisseau échoué dans le sable où l'on vient passer la commande et éventuellement s'installer, doublé d'une large terrasse d'où l'on peut contempler la mer et les bateaux de pêche. Au menu (en anglais), des spécialités de poisson pour ce « fast-food » de la mer.

Klub Wieloryb – *Ul. Podjazd 2 - 058 551 57 22 - www.klub-wieloryb.com.pl - 13h-2h - 60 PLN.* Un décor presque inquiétant que ne renierait certainement pas Enki Bilal, à moins que l'atmosphère gris verdâtre n'évoque les entrailles d'une baleine, du nom de l'endroit. Ce restaurant furieusement tendance, à la cuisine d'inspiration française, pourra sembler considérablement surfait mais au moins surprenant. Terrasse extérieure.

À GDYNIA (PLAN I)

Bar Mleczny Słoneczny – *Au coin de Ul. Władysława IV et de Ul. Żwirki i Wigury - lun.-vend. 6h30-19h - 15 PLN.* Ce bar à lait occupe une vaste salle derrière de grands rideaux blancs à fleurs. Ses rangées de tables resserrées vous amènent à partager votre repas avec des inconnus venus se délester d'un minimum de złotys en échange d'une cuisine roborative.

Restauracja w Ogrodach – *Ul. Władysława IV 49- 058 781 53 77 - www.wogrodach.pl - lun.-vend. 11h-22h, w.-end 13h-22h - 40 PLN.* On sera libre d'apprécier la décoration de cette adresse, un tantinet trop sophistiquée, mais pas question de rester insensible à la simple mais excellente cuisine élaborée avec soin à partir de produits frais et pour des prix fort raisonnables.

Faire une pause

À GDAŃSK (PLAN I)

Cafe π Kawa – *Ul. Piwna 5/6 - 058 309 14 44 - 10h-22h -* . Ce charmant petit café, qui ne semble jamais désemplir, offre un cadre cosy pour une pause à l'heure du goûter. L'élément décoratif marquant reste ces sacs de magasins chic – oubliés par ces dames ou œuvres d'artistes ? – suspendus au plafond. Café des fortes têtes, « 3,1416… Café » possède une succursale à Gdynia.

Costa Coffee – *Ul. Długa 5 - www. costacoffee.pl - 10h-21h.* La chaîne de cafés Costa, créée en 1971, a un local dans la rue la plus touristique de la ville. L'occasion de déguster un très bon café italien.

Grycan – *Ul. Długa 73 - 10h-20h.* Les amateurs de délices glacés fondront de plaisir dans l'antre du Häagen Dazs polonais.

À SOPOT (PLAN III)

Cafe Art déco – *Ul. B. Monte Cassino 9 A - ✆ 058 555 01 60 - 11h-22h.* Situé au tout début de l'inévitable rue B. Monte-Cassino, au-dessus de la voie de chemin de fer, en renfoncement de la rue, côté droit. Ce minuscule mais adorable petit café d'atmosphère littéraire est décoré de photos anciennes. Café confectionné et servi dans des cafetières italiennes *(5,50 PLN)* et thés *(5 PLN)*. Excellent gâteau au fromage blanc et raisins.

Kawiarnia u Hrabiego – *Ul. Czyżewskiego 12 - ✆ 058 550 19 97 - www.uhrabiego.pl - 10h-22h.* Ce très agréable café-salon de thé-galerie d'art occupe l'une des plus vieilles maisons (200 ans d'âge) de Sopot. Patrimoine municipal, cette belle villa de plain-pied, aujourd'hui en plein cœur de la ville, propose une exposition différente chaque mois et des concerts le jeudi soir. Agréable petit jardin d'été. Café, thé *(4,50 PLN)*.

À GDYNIA (PLAN I)

Kawiarnia Cyganeria – *Ul. 3 Maja 27/31 - ✆ 058 620 77 22 - 10h-0h (1h30 le sam.).* Avec ses allures de vieux paquebot transatlantique, ce très beau café au joli volume répand une délicate atmosphère Art déco prononcée. Avec ses canapés fatigués où s'affaler autour de belles tables en bois, agréablement espacées pour protéger l'intimité des conversations, il se révèlera parfait pour rêvasser à des horizons lointains.

En soirée

Des trois sœurs, Gdańsk est la plus sage. Les noctambules pousseront jusqu'à Sopot ou Gdynia.

À GDAŃSK (PLAN II)

Klub Yesterday – *Ul. Piwna 50/51 - ✆ 058 301 39 24 - dim.-jeu. 18h-2h, vend.-sam. 18h-4h.* LE bar alternatif du centre-ville enfoui dans de vastes caves à deux pas de l'église Notre-Dame. Musiques actuelles lancées par un DJ qui, même avec une assistance limitée, prend son rôle très au sérieux.

À SOPOT (PLAN III)

Błękitny Pudel – *Ul. B. Monte Cassino 44 - ✆ 058 551 16 72 - 10h-1h.* Face à la prétentieuse façade du Centrum Rezydent, le très discret mais surprenant Caniche Bleu semble relever d'un collage surréaliste. Qui penserait cependant en pénétrant dans cette sombre cour pavée (avec fausse plaque d'égout) remplie d'objets hétéroclites provenant de brocantes qu'il s'agit d'un pur décor dont la patine n'a pas dix ans d'âge !

Pub Galeria Kiński – *Ul. Kościuszki 10 - ✆ 058 550 48 91 - 11h-3h.* Un café entièrement consacré à l'acteur Klaus Kinski, alias Nikolaus Gunther Nakszyński. Pas de quoi s'étonner ici puisque celui-ci est né en 1926 dans cette maison (érigée en 1898).

Spatif – *Ul. B. Monte Cassino 52/54 - ✆ 058 550 26 83 - 15h-dernier client.* À l'étage en haut d'un abrupt escalier, il faudra sonner et montrer patte blanche pour espérer accéder à la vaste salle à la décoration farfelue ou bien au joli bar doté d'un énorme miroir démultipliant les bouteilles. Vodkas entre 6 et 8 PLN.

À GDYNIA (PLAN I)

Cafe Strych – *Plac Kaszubski 7b - ✆ 058 620 30 38 - www.cafestrych.pl - 14h-1h.* Un café hors du commun, sis dans une ancienne maison de marin au toit escarpé (d'où son nom qui signifie « grenier »). La décoration est faite de mobilier ancien en bois et métal. Des concerts sont organisés régulièrement. En été, une terrasse se déploie dans le jardin.

Achats

La rue Mariacka, le Long Marché et le Long Quai concentrent les boutiques d'**artisanat d'ambre** dont Gdańsk s'est fait une grande spécialité.

Ogród Sztuk – *Ul. Piwna 48/49 - ✆ 058 305 76 82 - juin-sept. : 9h-21h ; oct.-mai : 11h-20h.* Face à la cathédrale, une boutique bien fournie en livres sur Gdańsk et sa région.

Événements

Foire dominicaine (depuis 1260) – Deux premières semaines d'août.

Festival du film de long métrage polonais de Gdynia – En septembre.

Foire de Sainte-Catherine – Fin novembre.

Festival international de musique d'orgue – Dans la cathédrale d'Oliwa de la mi-juin à la fin août (les mar. et vend.).

Festival des Étoiles – Début juillet.

Festival du folklore des peuples du Nord – Mi-juillet.

Festival des théâtres de rue – Mi-juillet.

« Baltic Sail » – Régate internationale de voile la 3e semaine de juillet.

Festival de carillons – Fin juil.-déb. août.

Festival Shakespeare – Début août.

Festival international de la chanson de Sopot – Opéra de verdure, en août.

Parc national de Słowiński★★

Słowiński Park Narodowy

CARTE GÉNÉRALE B1 – CARTE MICHELIN N° 720 A7-8 – VOÏVODIE DE POMÉRANIE

Les surprenantes dunes mouvantes *(ruchome wydmy)* formées par ce Sahara polonais constituent l'attraction principale du parc national établi en bordure du littoral, à la limite de la Poméranie occidentale (Pomorze Zachodnie, *pomorze* signifiant « pays de la côte ») et de la Poméranie orientale. Son nom dérive d'une ancienne petite tribu slave, les Slovines, dont la présence s'était pérennisée au sud-ouest du lac Łebsko, autour des villages de Smołdzino et notamment de Kluki, où l'on pourra découvrir un petit musée-Skansen d'architecture traditionnelle villageoise. La station balnéaire de Łeba constitue la principale porte d'entrée du parc.

Se repérer – Łeba, située dans la partie orientale du parc, se trouve à 110 km au nord-ouest de Gdańsk, 55 km au nord-est de Słupsk, 30 km au nord de Lębork.

À ne pas manquer – Grimper au sommet des dunes mouvantes, la belle plage de Łeba, le tour du lac Łebsko en vélo avec retour vers Łeba par la plage.

Organiser son temps – Une pleine journée minimum est indispensable pour profiter du parc, davantage si l'on veut savourer les plaisirs balnéaires de Łeba.

Comprendre

Créé en 1967, le Parc national de Słowiński a rejoint la liste des réserves mondiales de la biosphère de l'Unesco en 1977. Il s'étend sur les 33 km de côte entre Łeba à l'est et Rowy à l'ouest et son paysage allie plages, dunes, marécages, landes et tourbières. Un quart de ses 186 km² de superficie est occupé par la forêt, et un autre quart par un cordon de quatre lacs (Jezioro Łebsko, Jezioro Gardno, Jezioro Sarbsko et Jezioro Dołgie Wielkie), qui étaient d'anciennes baies maritimes progressivement refermées par l'action de l'ensablement. Avec quelque 250 espèces différentes d'oiseaux, migrateurs ou non, dont le rare pygargue à queue blanche, les rives du lac Łebsko – le plus grand de Poméranie avec ses 70 km² – forment un véritable paradis pour ornithologues. La partie la plus spectaculaire du parc est la fine langue de sable, recouverte de pins, qui sépare le lac Łebsko de la mer Baltique. C'est là que l'on trouve les dunes semi-circulaires dont la particularité est de se déplacer, balayées par les vents, vers l'est et l'intérieur des terres. Montagnes de sable de près de 5 km², avoisinant pour la plus haute les 42 m, les dunes progressent de plusieurs mètres chaque année (jusqu'à 9 m) et l'on peut constater le processus inexorable de la pinède prise au piège des sables offrant une image de désolation émouvante et très photogénique.

Au début de la Seconde Guerre mondiale, les troupes de l'Afrikakorps du général Rommel firent des dunes leur terrain de manœuvre et y établirent les rampes de lancement des missiles V1 et V2 pointés vers l'Angleterre.

ONT Pologne

Dunes de sable du parc de Słowiński.

Découvrir Łeba

(3 848 hab.)

Encadré par deux lacs, la mer Baltique et une rivière du même nom, le tranquille petit port de pêche de Łeba (prononcez Weba) se métamorphose chaque été en une station de villégiature très prisée des estivants polonais.

Ce village cachoube fondé au 10e s., à l'ouest de l'embouchure de la rivière Łeba, fut dévasté par une terrible tempête en 1558. La ville fut reconstruite sur l'autre rive alors que les ruines de l'ancien village disparaissaient sous le sable. Victime par la suite de l'ensablement des cultures et de celui du port, la ville connaît un déclin économique qui sera stoppé par la construction d'une digue protégeant l'entrée du nouveau port à la fin du 19e s. et par l'arrivée d'habitants d'origine juive qui contribueront à son dynamisme. Avec la construction de la route vers Lębork en 1869 et de la voie ferrée en 1899, Łeba est désenclavée et peut commencer, à l'aube du 20e s., son développement touristique, comme en témoigne l'ancien hôtel Kurhaus (aujourd'hui appelé **« Hotel Neptun »**), impressionnante bâtisse édifiée sur le front de mer en 1903. Le peintre expressionniste du groupe « Die Brücke », Max Pechstein, vécut à Łeba entre 1921 et 1945.

Revenue à la Pologne en 1945, la petite ville, dénuée du moindre patrimoine historique, vaut surtout pour sa belle **plage** qui rend son séjour agréable, même si la température de l'eau peine à dépasser les 20° en été. Elle est surtout la meilleure porte d'entrée du Parc national de Słowiński.

Se promener dans le parc national★★

L'administration du parc se trouve à Smołdzino (Ul. Bohaterów Warszawy 1a ; ✆ 059 811 72 04 ; fax 059 811 75 09 ; www.slowinskipn.pl), mais on peut trouver les informations à l'office du tourisme de Łeba (voir « Parc national de Słowiński pratique »).

L'accès au parc, que l'on pourra parcourir à pied ou à vélo, est payant en haute saison, 4 PLN (et 0,50 PLN par bicyclette). Mai-sept. : 7h-21h ; oct.-avr. : 8h-16h. Les voitures et les bus ne sont pas autorisés au-delà du parking de Rąbka situé à 2,5 km de Łeba.

Dune de Góra Łącka★★

Du parking de Rąbka, compter 3h30 AR à pied ou 1h en vélo.

Cette dune, la plus haute des dunes mouvantes avec ses 42 m, est facilement accessible et on peut y contempler ce curieux paysage « quasi saharien ».

Tour du lac Łebsko (Jezioro Łebsko) en vélo

Environ 50 km. Compter la journée. Location de vélos à Rąbka, 6 PLN/h.

Partir au sud du lac. Après 21 km, on arrive au village de Kluki, où se trouve le musée décrit ci-dessous. Continuer par Czołpino et revenir à Łeba par la « route de la plage », sur la portion de sable dur, à la lisière des vagues, flirtant avec la mer Baltique.

Kluki : Skansen slovinien (Muzeum Wsi Słowińskiej w Klukach)

Annexe du musée de Poméranie centrale de Słupsk. Si vous n'êtes pas à vélo, le Skansen de Kluki est accessible en véhicule depuis Słupsk (prononcez « Swoupsk »), situé à 41 km. En haute saison, un bateau-navette assure régulièrement la traversée du lac, entre Rąbka et Kluki. Kluki 27 - 76-214 Smołdzino - ✆ 059 846 30 20 - fax 059 832 66 00 - www.muzeumkluki.pl - 15 mai-15 sept. : lun. 9h-15h, mar.-dim. 9h-18h ; 16 sept.-14 mai : 9h-15h - 8 PLN, gratuit lun.

Isolé au sud-ouest du lac Łebsko, dans le périmètre du Parc national de Słowiński, le village historique de Kluki (Klucken en allemand) a été transformé en musée ethnographique en 1963. Cet authentique village, constitué de maisons originales (et non déplacées) était habité par des Cachoubes de l'ouest de la Poméranie appelés « Słowińcy » (Slovines). Isolées par la germanisation massive et imposée de la région menée au 19e s., les traditions et la culture slovines ont perduré dans cette microrégion plus longtemps, mais il ne subsistait toutefois après guerre que quelques individus ne conservant que de vagues notions d'un dialecte aujourd'hui perdu. Chaque année, du 1er au 3 mai, s'y déroule à l'occasion de la « fête du mariage noir » une grande fête traditionnelle, aux allures de kermesse, destinée à faire renaître les traditions slovines, qui attire une foule considérable. On trouve le long de la route, avant l'entrée du village, le vieux cimetière établi au 18e s. sur une élévation.

Smołdzino

En dehors du circuit à vélo. Compter 10 km de plus aller-retour.

Siège de l'administration du parc national, Smołdzino abrite aussi le **musée du Parc** (Muzeum Parku), qui présente la flore et la faune sur son territoire.

Au sud-ouest du village, à 1 km, un sentier mène *(en 15mn)* au sommet du **mont Rowokół** (114 m). Du haut de la tour d'observation s'offre une superbe vue sur toute la région.

Czołpino

Depuis Czołpino (ultime point accessible en voiture), on pourra grimper *(10mn)* jusqu'au **phare** (Latarnia Morska) qui coiffe la plus haute dune qui culmine à 55,10 m au-dessus de la mer *(juin-août : 10h-19h ; 3 PLN)*.

La Cachoubie★ (Kaszuby)

Avec ses beaux paysages parsemés de lacs, de forêts et de collines morainiques, la Suisse cachoube (Szwajcaria Kaszubska) est une région au folklore pittoresque située à l'ouest de Gdańsk. Elle est habitée par une communauté de quelque 200 000 individus usant non pas d'un dialecte polonais mais d'une langue originale empruntant à l'allemand et mêlant de vieux archaïsmes slaves. C'est grâce à l'attachement profond des Cachoubes pour la Pologne que le pays avait obtenu en 1918 un accès à la mer de 72 km.

Kartuzy

33 km à l'ouest de Gdańsk.

Capitale officieuse de la région, la petite ville tient son nom des chartreux qui y fondèrent un monastère à la fin du 14e s.

Monastère de chartreux (Klasztor Kartuzów) – De ce monastère au bord du lac Klasztorne subsiste l'église collégiale gothique dotée d'un curieux toit baroque, censé rappeler aux moines la forme d'un cercueil et donc l'imminence de la mort. Un surprenant ange blanc de la mort fauchant symboliquement tout nouvel entrant dans l'église et un *memento mori* placé au sommet d'un des contreforts du chevet complètent ce tableau macabre.

Musée ethnographique (Muzeum Kaszubskie) – *Ul. Kościerska 1 - ☏ 058 684 02 01 - fax 058 681 03 78 - www.muzeum-kaszubskie.gda.pl - mai-sept. : mar.-vend. 8h-16h, sam. 8h-15h, dim. et fêtes 10h-14h ; oct.-avr. : mar.-vend. 8h-16h, sam. 8h-15h - 7,50 PLN.* Il présente costumes, jouets et objets évoquant les traditions du peuple cachoube.

Parc national de Słowiński pratique

Code postal (Łeba) – 84-360.

Adresses utiles

Office de tourisme (Informacja Turystyczna) – *Ul. 11 Listopada 5a à Łeba - ☏/fax 059 866 25 65 - juil.-sept. : lun.-vend. 8h-20h, sam. 8h-18h, dim. 10h-16h ; oct.-juin : lun.-vend. 8h-16h.*

Internet – Accès Internet à la poste *(lun.-vend. 8h-18h, sam. 9h-13h).*

Transports

Train et bus – Accès depuis la gare de Gdynia *(4 trains/j)* pour Lębork puis liaison par bus *(1h)* jusqu'à Łeba.

Bus – Des bus relient Gdynia à Łeba *(94 km)* ; 2 à 4/j selon la saison.

Vélo – Location de vélos à la sortie de Łeba en dir. de l'entrée du parc. Compter environ 40 PLN pour la journée.

Se loger à Łeba

Ne pas trouver à se loger à Łeba relèverait de la mauvaise volonté tant l'offre locative privée est importante.

⊖⊜ **Arkun** – *Ul. Wróblewskiego 11 - ☏/fax 059 866 24 19 - www.arkun.ta.pl - P - 22 ch. 160 PLN - ☕ 35 PLN.* Proche du canal, cet hôtel de briques jaunes était destiné à l'origine aux employés de la banque Handlowy, récemment rachetée par la City Bank américaine. Espérons que les prix modiques soient maintenus.

⊖⊜⊜⊜ **Hotel Neptun** – *Ul. Sosnowa 1 - ☏ 059 866 14 32 - fax 059 866 23 57 - www.neptunhotel.pl - P - 32 ch. 810 PLN ☕.* Atmosphère Grand Hôtel (depuis 1903) dans cette belle bâtisse aux allures de château régnant sans partage sur le front de mer. Demi-pension obligatoire en été. Hors saison, chambre double à 420 PLN.

Se restaurer à Łeba

⊖⊜ **Karczma Kaszubianka** – *Ul. Kościuszki 28 - 12h-0h - 60 PLN.* Une salle sombre, pas trop désagréable si l'on parvient à supporter « l'avant-fond » musical. *Fish & chips (Smażalnie)* en terrasse extérieure.

Château de Malbork★★★

CARTE GÉNÉRALE B1 – CARTE MICHELIN N° 720 B10 – VOÏVODIE DE POMÉRANIE

Autrefois connu sous le nom de Marienburg (la forteresse de Marie), le château de Malbork fut la résidence des grands maîtres de l'ordre des chevaliers Teutoniques, puis leur capitale de 1308 à 1457. C'est le plus grand château médiéval d'Europe, une forteresse de briques rouges couvrant 21 hectares, qui se dresse, impressionnante, sur la rive droite du fleuve Nogat. Bien que la patine du temps y semble parfois artificielle, ce château, rêvé par le romantique 19e s. comme un « modèle », figure depuis 1997 au patrimoine mondial de l'Unesco.

Se repérer – À 58 km au sud-est de Gdańsk, 30 km à l'ouest d'Elbląg.
À ne pas manquer – La vue d'ensemble du pont piétonnier sur la Nogat.
Organiser son temps – Minimum 3h pour le tour complet du château.

Comprendre

Sous les chevaliers Teutoniques – En 1309, le IVe grand maître de l'ordre des chevaliers Teutoniques, Hermann von Salza, installe la capitale de l'ordre à Marienburg (Malbork). Le château s'agrandit alors tout au long du 14e s. En 1457, au cours de la la bataille de « Treize Ans » (1454-1466), pendant laquelle la bourgeoisie d'origine allemande alliée à la noblesse d'origine polonaise se révolte contre l'ordre, le roi polonais Casimir IV s'empare du château. L'issue de cette guerre verra la défaite des chevaliers Teutoniques. En 1525, à la dissolution de l'État teutonique, Malbork devient alors le siège de la voïvodie.

Démolitions et reconstructions – Partiellement détruit lors des guerres suédoises de 1655-1660, le château fut transformé en caserne par les Prussiens après le premier démembrement de la Pologne en 1772, avant de faire, d'abord dans la première moitié du 19e s., l'objet d'un projet de reconstruction plus romantique que médiéval, puis, à partir de 1882, d'une restitution historique plus sérieuse. C'est cette copie, plus ou moins fidèle du château teutonique original qui fut pour moitié détruit en 1945, que les Polonais ont relevée de ses ruines.

Visiter

Muzeum Zamkowe w Malborku – *Billetterie sur l'esplanade face à l'entrée du château - ✆ 055 647 09 78 - fax 055 647 09 77 - www.zamek.malbork.pl - 15 avr.-15 sept. : tlj sf lun. 9h-20h (expositions jusqu'à 19h, billetterie jusqu'à 19h30) ; 1er avr.-15 avr. et 16 sept.-30 sept. : tlj sf lun. 9h-19h (expositions jusqu'à 17h, billetterie jusqu'à 18h30) ; 1er oct.-31 mars : tlj sf lun. 10h-16h (expositions jusqu'à 15h, billetterie jusqu'à 15h30) - 25 PLN + 6 PLN pour visiter la Tour carrée. Seule la cour est accessible le lun.*

Les chevaliers Teutoniques (Krzyżacy)

Fondé au cours de la 3e croisade en Terre Sainte en 1190, l'ordre des chevaliers Teutoniques de l'hôpital Ste-Marie de Jérusalem avait vocation militaire et religieuse. Établis à Venise, les chevaliers sont en l'an 1226 appelés à la rescousse par le duc polonais Conrad de Mazovie pour soumettre les Prussiens, une tribu balte païenne des bords de la Baltique, qu'ils exterminent sans ménagement. Récompensés par l'octroi du fief de Chełmno, ils finissent par imposer leur puissance militaire et consolident leur pouvoir sur toute la Poméranie puis la côte balte, menaçant le royaume de Pologne. Conséquence de leur politique d'expansion territoriale vers l'est, ils installent derrière eux des colons allemands qui participent, grâce à l'essor du commerce, à accélérer le développement des villes telles que Toruń, fondée en 1233 par l'ordre, ou Gdańsk, conquise en 1308. Un an plus tard, la capitale de l'ordre est transférée de Venise à Marienburg (Malbork). Leur domination sur la région durera 146 ans. En butte à une rivalité croissante avec la Couronne polonaise à qui ils empêchaient l'accès à la mer, l'ordre voit son déclin s'amorcer en 1410, après sa défaite infligée par l'alliance polono-lituanienne lors de la bataille de Grunwald-Tannenberg, et, à la suite du traité de Toruń, en 1466, doit restituer à la Pologne la « Prusse royale » ou Poméranie de Gdańsk. Dissous en 1525, l'État teutonique se transforme alors en un duché protestant de Prusse orientale, vassal de la Pologne.

Le gigantisme du château de Malbork ne manquera pas de vous étonner au fur et à mesure de votre approche. Le meilleur moyen de s'en rendre compte est d'aller sur le pont piétonnier qui rejoint la rive opposée.

La monumentale forteresse, entourée par une double enceinte de remparts, est constituée de trois châteaux : au nord, le Château bas, ou Esplanade, qui couvre la moitié de la superficie, au milieu, le Château moyen avec le palais des Grands Maîtres et enfin au sud, le Château supérieur.

B. Brillion / MICHELIN
Le pélican surmontant le toit du puits.

Château bas (Zamek Niski) ou Esplanade (Przedzamcze)

D'accès libre, cette partie, pour l'essentiel du 14e s., rassemble des bâtiments annexes tels que l'arsenal, l'armurerie ou la fonderie des cloches, ainsi que des structures de défense gothiques.

Château moyen★★ (Zamek Średni)

Une fois franchi le pont-passerelle surplombant les larges douves, vous pénétrez dans la grande cour du Château moyen. À l'ouest, vers la rivière Nogat, se dresse le **palais des Grands Maîtres★★★** (Pałac Wielkich Mistrzów), initié au début du 14e s. mais achevé entre 1383 et 1393, et dont on admirera la belle façade, notamment au 3e étage. Ouverte au public après une longue restauration, cette partie est composée de trois corps de bâtiment différents. Le **palais** proprement dit, édifié avant 1305, destiné à l'habitat des grands maîtres, la tour dite « **réfectoire d'Hiver** » (Refektarz Zimowy), construite entre 1330 et 1340, et le corps principal abritant le « **réfectoire d'Été** » (Refektarz Letni) édifié entre 1330 et 1390. Situés au 3e étage, ces deux réfectoires présentent une splendide voûte en palmier et des traces de polychromies. Contiguë au palais des Grands Maîtres, sur toute la longueur de l'aile ouest, s'étend la plus vaste pièce du château (450 m²), la **salle des Chevaliers** (Sala Rycerska) ou **Grand Réfectoire** (Wielki Refektarz), dotée d'une voûte palmée, qui ne se visite pas en raison du caractère instable de ses fondations. Le bâtiment situé dans l'aile orientale, de l'autre côté de la cour, abrite une remarquable **collection d'ambre★★** (Dzieje Bursztynu).

Château supérieur★★★ (Zamek Wysoki)

La visite se poursuit par la troisième section de la forteresse, le Château supérieur, la plus ancienne et la mieux conservée des trois, où était enfermé le trésor de l'ordre. Vous l'atteindrez en empruntant, à droite des sculptures de quatre grands maîtres de l'ordre, le second pont-levis surmontant le « Fossé sec ». Notez le bas-relief en céramique figurant un chevalier Teutonique au-dessus de la porte d'entrée. Vous pénétrerez dans une cour encadrée de galeries gothiques centrée autour d'un puits abrité et surmonté par un pélican nourrissant ses petits. Son faux air de cloître vient du fait que cette construction quadrangulaire, édifiée à partir de 1280 avant le transfert du siège à Malbork, constituait alors une place forte pour abriter les moines soldats.

Après la visite des **cuisines** et des **dépendances** au rez-de-chaussée (attention, pas de sens de visite très élaboré, soyez curieux), on atteindra au 1er étage les **chambres** des dignitaires et les **dortoirs** puis au 2e étage, le **réfectoire★** (Refektarz) et la **salle aux Deux Cheminées** (Sala z Dwoma Kominami) avant d'atteindre la **salle commune de la Convention** (Izba Konwentu). En redescendant, on parviendra par l'aile nord du cloître à la belle **Salle capitulaire★★★** (Sala Kapitulna) avant d'atteindre la fameuse **porte d'Or★★★** (Złota Brama) qui marque l'entrée de l'**église de la Vierge★★★** (Kościół NMP), accessible et intéressante du fait qu'elle n'est toujours pas restaurée. Ce joli portail sculpté du 13e s., recouvert d'un décor peint polychrome, encadre une rare porte en chêne du début du 14e s. De là, on pourra accéder au sommet de la **Tour carrée** (Wierza Główna – *15 avr.-15 sept.*), d'où la **vue★★★** s'étend sur toute la surface des polders (Żuławy) alentour. Une promenade sur les terrasses entourant le château vous mènera à la **crypte Ste-Anne★** (Kaplica Św. Anny), une chapelle funéraire, aux entrées nord et sud ornées de beaux portails, abritant notamment trois stèles funéraires des 14e et 15e s. de grands maîtres de l'ordre. La terrasse au-dessus servait de cimetière pour les moines. Un escalier en colimaçon (près de la grande porte) donne accès par les douves du « Fossé sec » aux structures de défense.

Aux alentours

Gniew★ (6 771 hab.)

33 km au sud de Malbork.

Cette charmante petite bourgade, située sur une haute berge de la rive gauche de la Vistule, est l'une des plus anciennes de Poméranie. Fondée en 1297, Gniew (« Gnief » qui signifie « colère » en polonais) possède elle aussi depuis 1282 son **château Teutonique** et des **remparts** du 14e s., en partie conservés, qui l'ont parfois fait comparer à une « Carcassonne polonaise ». La silhouette de la colline du château (Wzgórze Zamkowe) impose de loin cette massive place forte. En grande partie détruite par un incendie en 1921, elle retrouve son aspect originel grâce à de scrupuleux travaux de restauration. Aujourd'hui, la forteresse, véritable conservatoire en pratiques et traditions médiévales, abrite la **section médiévale du Musée archéologique de Gdańsk** (Oddział średniowieczny Muzeum Archeologicznego w Gdasku – *☏ 058 535 35 29 ; mai-oct. : tlj sf lun. 9h-17h ; 8 PLN*). La fête annuelle de la ville (Gniewinki), du 24 au 29 juin, s'emploie à faire revivre les riches heures de la cité.

La petite **ville médiévale** possède aussi un joli **Rynek** en pente douce, avec, au centre, l'hôtel de ville gothique du 14e s. et, sur le côté, une église paroissiale gothique.

Cathédrale de Pelplin★★

14 km au nord-ouest de Gniew.

Bien que surnommée « l'Athènes de la Poméranie », la petite ville de Pelplin n'a d'autre intérêt que sa **cathédrale gothique**, ancienne église et abbaye des cisterciens fondée en 1274 par le duc de Poméranie. L'église en briques, construite ente 1280 et 1320, frappe par ses dimensions et sa voûte gothique (de la fin du 15e s.). Son aménagement intérieur somptueux compte, outre son monumental maître-autel Renaissance de 1623 encadrant un tableau de Herman Han (1625) et ses 21 autres autels, un orgue et une belle chaire baroques ainsi que d'admirables stalles gothiques.

Malbork pratique

Code postal – 82-200.

Code postal (Gniew) – 83-140.

Adresses utiles

Centre d'information touristique – *Ul. Piastowska 1 - ☏ 055 273 49 90 - www.mwc.malbork.pl - mar.-vend. 10h-18h, w.-end 10h-14h.* Plus une galerie qu'une véritable IT, mais le « Malbork Welcome Center » est en cours d'achèvement *(Ul. Kościuszki 54).*

Transports

Gare ferroviaire – La gare de Malbork est à 15mn à pied du château. Plusieurs trains par jour vers les grandes villes.

Se loger

⊖ **Auberge de jeunesse** – *Ul. Żeromskiego 45 - ☏/fax 055 272 24 08 - www.ssmmalbork.webpark.pl - 2 ch. 50 PLN.* À 500 m du château. Ouverte toute l'année, cette AJ, homologuée HI, contiguë à un gymnase scolaire accessible, ne possède que deux chambres doubles.

⊖ **Château** – Hébergement type auberge de jeunesse dans le château *(33 PLN).*

⊖⊖ **Hotel Restauracja Pałac Marysieńki** – *Ul. Zamkowa 3, à Gniew - ☏ 058 535 25 37 - fax 058 535 49 39 - 40 ch. 175 PLN* ☕. Jolie vue sur la Vistule depuis certaines des chambres arrière de ce palais du 17e s., résidence de Marie de La Grange d'Arquien, l'épouse française de Jean III Sobieski. Le restaurant associé est agréable et peu cher *(50 PLN).*

⊖⊖⊖ **Hotel Stary Malbork** – *Ul. 17 Marca 26/27 - ☏ 055 647 24 00 - fax 055 647 24 12 - www.hotelstarymalbork.com.pl - 30 ch. 340 PLN* ☕. Tout en nuances de vert pastel, cet hôtel style Art nouveau propose de belles prestations dans deux maisons jumelles du 19e s. bien restaurées.

⊖⊖⊖ **Hotel Zamek** – *Ul. Starościńska 14 - ☏/fax 055 272 84 00 - 42 ch. 379 PLN* ☕ - 🅿. On retrouvera un peu de l'ambiance du château, sombre et austère, dans ce lieu occupant l'ancien hôpital teutonique, dans la partie du Château bas. Salle de restaurant *(60 PLN).*

Se restaurer

⊖ **Pizzeria D.M. Patrzałkowie** – *Ul. Kościuszki 25 - ☏ 055 272 39 91 - 11h-21h - 25 PLN.* Au tout début de la rue, une salle lumineuse décorée de vieilles photos du Marienburg d'autrefois où se rassasier de moelleuses pizzas.

Événements

Fête de la ville – 1re semaine de juin.

Grand festival de mai – 1er w.-end de mai.

NOTES

Cracovie : villes, curiosités et régions touristiques.
Copernic, Nicolas : noms historiques et termes faisant l'objet d'une explication.
Les sites isolés (châteaux, abbayes, grottes...) sont répertoriés à leur propre nom.

A

B

C

D

E

I

J

K

L

M

W

Y – Z

CARTES ET PLANS

CARTES GÉNÉRALES

CARTE THÉMATIQUE

PLANS DES VILLES

PLANS DE MONUMENT

CARTES DES CIRCUITS DÉCRITS

Manufacture française des pneumatiques Michelin
Société en commandite par actions au capital de 304 000 000 EUR
Place des Carmes-Déchaux - 63000 Clermont-Ferrand (France)
R.C.S. Clermont-Fd B 855 200 507

Compogravure : Nord Compo à Villeneuve-d'Ascq
Impression et brochage : La Tipografica Varese (Italie)
Dépot légal 11-2008 – ISSN 0293-9436
Printed in 11-2008.

Ich schenk dir einen Stern

Illustrationen von Martina Schloßmacher,
Texte von Stella Jakoby

arsEdition

Sternschnuppenwünsche
für: ....

Ein kleiner Stern nur für dich …

… weil du ein so besonderer Mensch für mich bist.
In jeder Nacht soll er für dich leuchten
und dich stets daran erinnern,
dass es jemanden gibt,
der gerade an dich denkt.
Schau einfach in den Himmel,
dort wartet er schon auf dich,
dein ganz persönlicher Stern.

Luftschlösser am Sternenhimmel ...

... sollst du dir bauen und den Regenbogen
entlang balancieren.
Was kann schöner sein, als seinen Träumen
und seiner Fantasie zu folgen?

Stell dich einfach auf die Zehenspitzen
und greife nach den Sternen!

Hast du die Sternschnuppe gesehen?

Dann darfst du dir etwas wünschen,
und dein Wunsch wird ganz bestimmt
bald in Erfüllung gehen.
Aber Vorsicht, du musst die Augen schließen,
ganz fest an deinen Wunsch denken,
und niemandem ein Sterbenswörtchen davon erzählen.

Hoch hinaus
bis zu den Sternen ...

... das ist wirklich ganz einfach.
Glaub nur immer fest an dich, sei mutig
und bleib dir selbst treu,
dann eröffnet sich dir der Weg
zu den Sternen von allein.
Spürst du die Unendlichkeit des Sternenhimmels?
Schöpfe aus diesem Gefühl die Kraft,
die du für ein zufriedenes Leben brauchst.

Sternschnuppenwünsche nur für dich!

Ich wünsche dir ...

... dass dir das leuchtende Funkeln deines Sterns
immer den richtigen Weg weist,

... dass dir das Wissen um die Kraft der Sterne
immer Mut und Selbstbewusstsein schenkt,

... dass dein Glück so unendlich ist
wie die Zahl der Sternlein am Himmel,

... dass du durch den Blick in die grenzenlose Weite
des Himmels Hoffnung schöpfst,

... dass es immer jemanden gibt, der dir jeden Stern
vom Himmel holt,

... dass alle deine Wünsche
in Erfüllung gehen.

Glückssterne

und Luftsprünge ...

Ich habe den schönsten Stern zu deinem
persönlichen Glücksstern gemacht.
Du wirst sehen, er wird dir immer Glück bringen
und dir das Gefühl verleihen,
die ganze Welt immer und immer wieder
umarmen zu können.
Lache, singe, mache Luftsprünge
und trage das Glück tief in deinem Herzen.

Ich schenk Dir einen Stern
er beschützt
er bringt Dir Glück und
wo auch

Rezept zum Glücklichsein

Zutaten:

- 3 vierblättrige Kleeblätter
- eine Engelsfeder
- vier Freudentränen
- eine Glücksfeenumarmung
- ein Tropfen Honig aus dem Zauberwald
- eine Prise Sternenstaub

Zunächst zähle man die Sterne und die Schäfchen am Himmel, nehme dann alle Zutaten und mische sie zu einem süßen Traum.
Man wache dann auf, und siehe da, alle Wünsche sind gewiss in Erfüllung gegangen!
Traumzeit: ca. eine Stunde nach Mitternacht.

Moonwalker

Siehst du, wie viel Sternlein stehen?

Schau mal da oben! Es gibt so viel zu entdecken!
Kennst du alle Sternzeichen oder den Kleinen Wagen
und den Großen Bären?
Der Himmel und seine Sterne
erzählen viel über uns:
Wo kommst du her?
Wo willst du hin?
Wer bist du?
Die Sterne werden
die Antworten
für dich bereithalten.

Ich schenk dir einen Stern ...

... weil wir uns auch ohne Worte verstehen,

... weil du für mich einmalig bist,

... weil du mir immer eine starke Schulter
zum Anlehnen gibst,

... weil man mit dir durch dick und dünn gehen kann,

... weil du mich oft so zum Lachen bringst,
dass ich Bauchmuskelkater bekomme,

... weil ich mich so wohl fühle, wenn du da bist,

... weil ich dich einfach lieb habe.

Sternengeflüster

Auf einem Stern, so weit und fern,
sitzt eine Fee und hat dich gern,
träumt von dir und hat dich lieb,
weint, weil es dich hier nicht gibt!

Sieh hinauf zum Himmelszelt,
such dir den Stern, der dir gefällt,
dein soll er sein ab diesem Tag,
ich schenk ihn dir, weil ich dich mag!

Nicht nur dein Stern wacht über dich ...

... sondern auch ein anderes wunderbares Geschöpf des Himmels ist immer an deiner Seite! Spürst du die Nähe deines Schutzengels?

Eine tief sitzende Sehnsucht nach Liebe und Geborgenheit erlaubt dir, in einem Meer von Gedanken und Empfindungen aufzugehen und darauf zu hoffen, dass er sich um dich kümmert, sich um dich sorgt und dich nicht im Stich lässt.

Glaube an deinen Engel, er wird immer ganz nah bei dir sein.

Sternenpoesie

Wenn du nachts zum Himmel schaust
und dir dort ein Sternchen klaust,
küss es lieb und denk an mich,
denn das Sternchen, das bin ich!

Und wenn du heut auch traurig bist,
glaube mir, ich tröste dich!

Ich wünsche dir von Herzen …

… dass du gute Freunde hast,
die immer für dich da sind
und für die du etwas ganz Besonderes bist.

Lies einfach mal im Märchen »Sterntaler«,
und du wirst sehen, dass es sich lohnt,
anderen Menschen Liebe
und Freundschaft zu schenken,
ihnen gut zuzuhören
und immer
mit Rat und Tat beiseite zu stehen.

Weißt du eigentlich ...

... dass du das Größte für mich bist?
... dass du mir Geborgenheit gibst,
wenn ich mich mal so richtig schlecht fühle?
... dass ich einige der schönsten Momente meines bisherigen Lebens mit dir verbracht habe?
... dass unsere Freundschaft mich unendlich glücklich macht?
... wie dankbar ich dir bin, dass du nicht zulässt, dass ich aufgebe?

Weißt du eigentlich, dass du
mein ganz persönlicher Glücksstern
bist, der mir unendlich viel Hoffnung schenkt?

Don't worry,
be happy

Wenn an einem schweren Tag alles schief gegangen ist,
dann gehe an einen Ort, an dem es leise und stille ist.
Gönne dir einen Stern und lausche auf seine Atemzüge,
dann kommst du ganz allmählich wieder zur Ruhe.

Wenn du vierundzwanzig Stunden lang
nur Gutes hast vollbracht,
wandeln sich alle Unglückssterne
in Glückssterne über Nacht!

Das Leben ist
so wunderschön ...

... man muss nur ganz besonders achtsam sein
und die vielen Kleinigkeiten des Lebens
zu funkelnden Sternjuwelen machen!
Sieh in allen Dingen das Schöne
und mache aus allen Situationen das Beste,
sei heiter und vergnügt,
und du wirst unendlich glücklich sein!

Ich mag dich so gern ...

... weil wir uns auch über große Entfernungen
nie aus den Augen verlieren,
... weil es gut tut, zu wissen, dass du an mich denkst,
... weil wir laute Worte wechseln,
nur um die leisen schätzen zu lernen,
... weil du Lachkrämpfe auch nicht albern findest,
... weil du Fehler eingestehst und meine verzeihst.

Worte wie Sterne, nur für dich

Die Sonne scheint für dich –
deinethalben,
und wenn sie müde wird,
fängt der Mond an, und dann
werden die Sterne angezündet.

Søren Kierkegaard

Wünsch dir was!

Trage in jeden Stern einen Wunsch ein,
schließe fest die Augen
und stelle dir vor,
dass sich für jeden Wunsch
eine zauberhafte Sternschnuppe
auf den Weg macht.

Du wirst sehen, deine Wünsche
werden in Erfüllung gehen!

Zuckersüße Freundschaftssterne mit Puderzucker wie Sternenstaub

Du brauchst
- 3 Eier
- 250 g Zucker
- 500 g Mehl
- 250 g Butter
- Puderzucker zum Verzieren

Schlage die Eier nach und nach mit dem Zucker schaumig. Gib dann die Hälfte des Mehls dazu und rühre gut um. Zerpflücke die Butter und gib diese zusammen mit dem restlichen Mehl dazu. Verknete alles zu einem glatten Teig und stelle den Teig einige Stunden kalt. Jetzt kannst du den Teig ausrollen und mit einem Messer Sterne ausschneiden. Backe die Plätzchen etwa 10 Minuten bei mittlerer Hitze. Wenn die Sternchen kalt sind, kannst du sie vorsichtig mit Puderzucker bestreuen.

Träum schön, kleiner Stern!

Sterne sind Bilder für Zuversicht, Glaube, Hoffnung und Licht! Träumst du von Sternen, bedeutet es, dass du dich zurzeit auf dich selbst besinnst, sie erhellen sozusagen die Nacht des Unbewussten und geben dir den Blick auf dein nächstes Lebensziel frei. Wenn dir ein sternenklarer Himmel im Traum erscheint, dann stehen dir die Sterne sehr günstig.
Ein Stern symbolisiert allgemein das Streben nach höheren Zielen und Idealen.
Funkelnde Sterne kündigen großes Glück in der Liebe an und regenbogenfarbene erzählen von fantastischen Ideen und Einfällen.
Ein sternenloser Himmel kann ein Zeichen für Unklarheiten sein, die dich zum Nachdenken anregen sollten!

Mit der Magie der Sterne ...

... wird mein sehnlichster Wunsch in Erfüllung gehen:
dass wir immer füreinander da sind und unsere
Freundschaft hält – für Tage, Jahre und
die ganze Ewigkeit!

Wir brauchen dazu Wunderkerzen
und eine sternenklare Nacht.
Wir suchen uns den schönsten Stern
und geben ihm einen Namen.
Dann zünden wir die Wunderkerzen an.
Sieh, wie sie viele funkelnde Sterne versprühen!
Jetzt müssen wir nur die Augen schließen
und unser Wunsch wird garantiert in Erfüllung gehen!

Texte: Stella Jakoby
Illustrationen: Martina Schloßmacher
ISBN-13: 978-3-7607-2238-2
ISBN-10: 3-7607-2238-5
Printed by Tien Wah Press
www.arsedition.de